中共澂江县委
澂江县人民政府 主办

2011
（总第19期）

澂江县史志办公室 编
德宏民族出版社

图书在版编目（CIP）数据

澂江年鉴·2011 / 澂江县史志办公室　编．—潞西：德宏民族出版社，2011.9
ISBN 978-7-80750-481-8

Ⅰ.澂…　Ⅱ.澂…　Ⅲ.①澂江县－2011－年鉴　Ⅳ.①Z527.44

中国版本图书馆 CIP 数据核字（2011）第 105767 号

书　　名　澂江年鉴 2011
作　　者　澂江县史志办公室　编

出版·发行	德宏民族出版社	责任编辑	方　萍
社　　址	芒市勇罕街 1 号	责任校对	银传秀
邮　　编	678400	封面设计	王基宇
电　　话	0692-2124877　2112886	排　　版	陈连全　朱晓虹
网　　址	www.dmpress.cn	印　　刷	昆明鹰达印刷有限公司
开　　本	大 16	版　　次	2011 年 9 月第 1 版
印　　张	28.25	印　　次	2011 年 9 月第 1 次
字　　数	1000 千	印　　数	1-1000
书　　号	ISBN 978-7-80750-481-8/Z·148	定　　价	150.00 元

《澂江年鉴》（2011）撰稿人员

（按部类顺序排列）

崔　明	杨兴荣	苏绍华	许绍锦	张同安	汤之德	李云川
钟丽聪	王基宇	郭东梅	钟丽清	徐绍光	李　祥	阮梅萍
郑永莉	董子云	刘丽萍	郭保明	李国皇	梁　青	杨正华
李贵松	适丽招	陈菊兰	蒋鸿文	金　晶	孟　杰	袁　新
吴　勇	李章贵	杨明辉	张丽亚	袁淑敏	赵天和	徐春婧
戎胜凯	施　燕	马　瑞	徐正才	吴家其	皆明祥	杨明启
业艳花	罗清实	万艳萍	李春华	王艳琼	吴文成	马继莲
李　晶	阮洪林	沈智文	赵梓斐	张晓明	马菊华	万　文
苏永寿	沐昆涛	鲁　鹏	岳　霞	曾敬涛	韩云芬	王凤梅
保长喜	杨　妹	白　芳	邓永森	胡丽华	苗玉平	苏　娜
普艳艳	薛红丽	谢赵金	施菊焕	杨增学	张鸿英	张　琼
叶云惠	李　兰	朱正忠	华玉萍	王　才	李晓瑜	刘　熊
孙宏波	殷文涛	洪彦东	鲁利云	朱有红	李跃辉	鲁绍芬
张新蕾	李兴生	马庆福	杨应康	李　勇	刘　伦	王　丽
杨进书	徐学英	张　垚	业艳华	毕忠能	胡秀英	奚　祥
张丽萍	祁加彬	张顺强	奚媛春	马兰春	张爱萍	崔成刚
李永林	吴　玲	苏志刚				

编辑说明

一、《澂江年鉴》（2011）是一部政府公报性质的地方综合性年鉴。该书全面、系统地反映了澂江县2010年政治、经济、文化、社会等各方面的新发展、新成就、新情况和新问题，为各级领导决策和各行各业的发展提供翔实的资料和信息，为海内外各界人士认识澂江、了解澂江提供可靠而准确的资料，为以后编撰和续修地方志书积累资料。

二、全书设特载、专文、大事记、概况、政治、军事、法制、经济管理、城建·环保、农林·水利、财政·税务、工业、交通·邮电、贸易、金融·保险、教育·卫生、科学技术、文化·体育、旅游、动物化石群、社会、先进集体、人物、附录等24个部类，各部类下按行业设条目记述。

三、为便于读者检索，本书卷首有详细目录和大类的英文目录，卷末有按音序排列的主题索引。条目标题用黑体字加“【】”号。全书约100万字。

四、全书稿件由县直各单位指定专人撰写，并经各单位领导审核认可。各项主要数据以县统计公报为准。

五、该期年鉴的编辑出版，得到县委组织部、县委宣传部、县保密局、县统计局等有关单位和社会各方面的关怀支持，特此表示衷心感谢。由于时间紧，篇幅较大，编辑水平有限，不妥之处，请读者提出宝贵意见。

澂江县史志办公室

中共澂江县委书记崔明作工作报告

2011年1月18日，中共澂江县委十届七次全体会议召开。

中共澂江县委书记杨兴荣作工作报告

2011年6月8日，中国共产党澂江县第十一次代表大会召开。

县人大常委会主任许绍锦作工作报告

县人民政府县长苏绍华作工作报告

2011年2月15日，澂江县第十五届人民代表大会第四次会议召开。

县政协主席张同安作工作报告

2011年2月16日，政协澂江县第七届委员会第四次会议召开。

工作调研

2011年8月15日，省委常委、常务副省长罗正富（左二），市委常委、常务副市长谢兴荣（左三），在县委书记杨兴荣（右三），县长苏绍华（左一），县委常委、常务副县长李自乔（右二），县委常委、副县长吴正坤（右一）等陪同下察看烤烟长势。

2011年2月15日，市长高劲松（右二）、副市长李洪云（左二）在县委书记崔明（右一）、县长苏绍华（左一）等陪同下实地察看右所水库建设情况。

2010年11月11日，副市长杨洋（前排左[illegible]）在县长苏绍华（前排左二）等陪同下检查澄江县“两基”迎国检工作。

工作调研

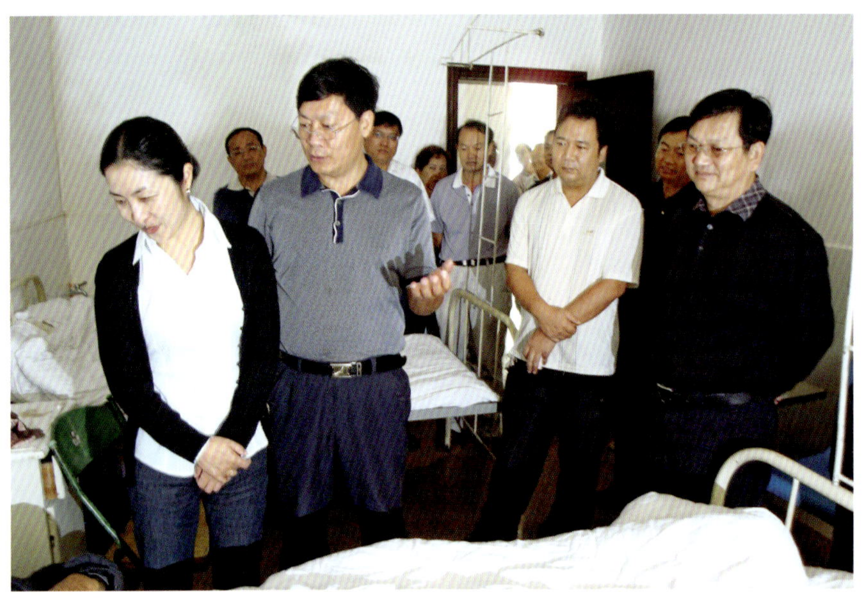

2011年8月16日，副市长杨洋（左一）在县委书记杨兴荣（右一）、县长苏绍华（左二）陪同下到澂江县医院调研。

2011年5月19日，县委书记杨兴荣（左一）、县长苏绍华（右二）调研澂江县三元德隆铝业。

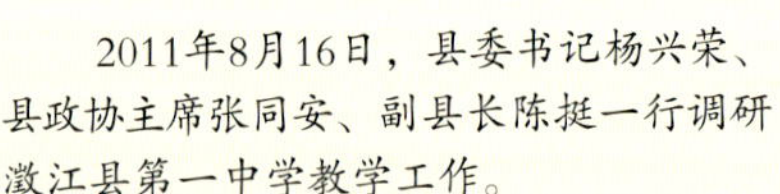

2011年8月16日，县委书记杨兴荣、县政协主席张同安、副县长陈挺一行调研澂江县第一中学教学工作。

重点项目建设

2010年6月2日，县长苏绍华（左三），县委常委、组织部部长冯以春（右一）一行察看湖畔圣水二期工程建设情况。

2010年8月18日，县污水处理厂二期工程扩建奠基。

2011年5月11日，县委、县人大、县政府、县政协领导视察县行政中心建设情况。

在建的县行政中心大楼

新农村建设

2011年5月5日，副省长孔垂柱（左二）在县长苏绍华（左一）等陪同下调研澂江县“三农”工作。

2010年10月20日，澂江县新农村建设现场会在九村镇蛟龙潭村举行。

2011年8月11日，县委书记杨兴荣，县委副书记、县新农村建设工作总队总队长张云孙，县委副书记康凌华出席新农村建设指导员座谈会。

农村新貌——蛟龙潭新农村远眺

廉租房项目实施

2011年1月19日，县委书记崔明（中）、县长苏绍华（右一）、县人大常委会主任许绍锦（右二）、县政协主席张同安（左二）一行察看廉租房内部设施建设情况

分房现场

新建的廉租房

申遗工作

2011年6月24日，副市长杨洋（左三）在县委书记杨兴荣、县长苏绍华、县化石管委会主任李云兆、县化石管委会副主任李康等陪同下踏勘澂江化石地申遗专家组考察路线。

2011年4月29日，澂江县化石地申报世界自然遗产现场推进会召开。

2011年4月15日，澂江县举办领导干部申遗讲座。

环保行动

2011年8月19日，县委书记杨兴荣（前排左三）、县人大主任许绍锦（前排左二）、县政协主席张同安（前排右一）调研海口湖滨带生态修复情况。

2010年7月2日，县长苏绍华（右二）、副县长朱应生（右一）察看蒿芝箐至海口村湖滨带生态修复工程建设情况。

机关事业单位干部职工清理入湖河道垃圾

环保小卫士在行动

特色产业

西红柿

水　稻

大棚花卉

烤烟连片种植

街道办事处挂牌成立

2011年3月31日，县委书记杨兴荣（右）为中共澂江县凤麓街道党工委授印。

2011年3月31日，县长苏绍华（右）、县人大主任许绍锦（左）为中共澂江县龙街街道工作委员会、纪律检查工作委员会揭牌。

2011年7月22日，县委副书记康凌华（左）为龙街街道办事处尖山社区总支委员会、居民委员会成立揭牌。

送温暖活动

2011年1月24日，市委常委、常务副市长谢兴荣（左二），在县委书记崔明（右一），县委常委、常务副县长李自乔（后）陪同下看望慰问老党员。

2011年7月29日，县委书记杨兴荣（左一）、县委常委师燕忠、县人大副主任马金瑞、县政协副主席牛夕荣一行走访慰问退伍军人。

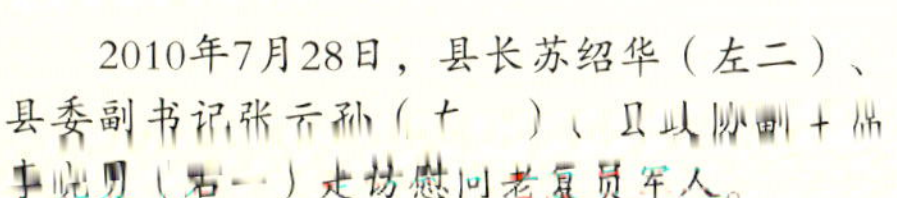

2010年7月28日，县长苏绍华（左二）、县委副书记张云孙（[illegible]）、县政协副主席[illegible]（右一）走访慰问老复员军人。

交流学习

2010年12月9~28日，县委、县政府组织全县正科级以上党政干部及部分企业家分两批赴广州中山大学学习。图为中山大学与澂江县互赠礼物。

创先争优 总结表彰

2011年5月13日，县委书记杨兴荣（左一）、县委副书记张云孙（左二）等领导为2010年思想文化先进单位颁奖。

市级文明单位

优秀班子

澂江县庆祝中国共产党成立90周年表彰会

大会现场

新党员入党宣誓

获奖的先进党组织

县领导为获奖的优秀个人颁奖

澂江县庆祝中国共产党成立90周年歌咏比赛

党群代表队演唱

县领导为获奖代表队颁奖

澂江县庆祝中国共产党成立90周年书法、摄影、绘画展

县委常委、宣传部长赵丽华致辞

县委书记杨兴荣（左一）观看展览

书法、摄影、绘画开展日现场

观　展

澂江县庆祝中国共产党成立90周年歌舞晚会

大合唱《沁园春·雪》

县委副书记康凌华致辞

晚会现场

澂江县代表队参加第二届中国聂耳音乐（合唱）周玉溪市“聂耳杯”合唱比赛获一等奖

颁奖现场

2011年6月15日，澂江县代表队在“第二届中国聂耳音乐（合唱）周”颁奖晚会上表演。

文体活动

2011年3月8日，澂江县举行“迎建党·庆三八”文艺演出。

2010年10月30日，玉溪市首届“艾维杯”环抚仙湖自行车邀请赛途经澂江抚仙湖畔。

2010年11月 《澂江年鉴》(2008)
荣获全国地方志系统第二届年鉴评奖三等奖

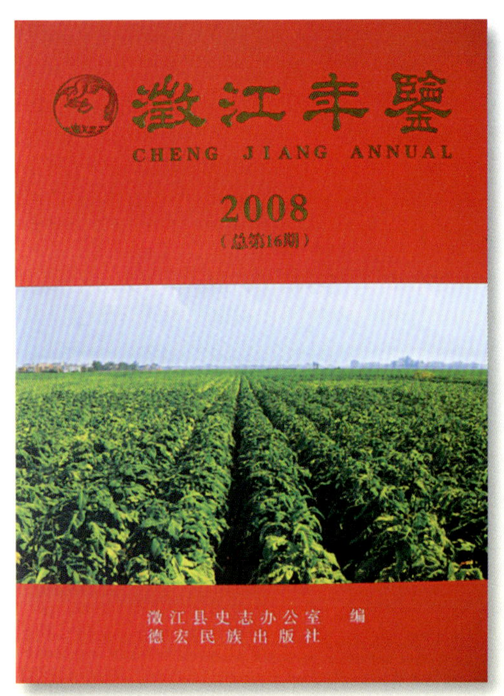

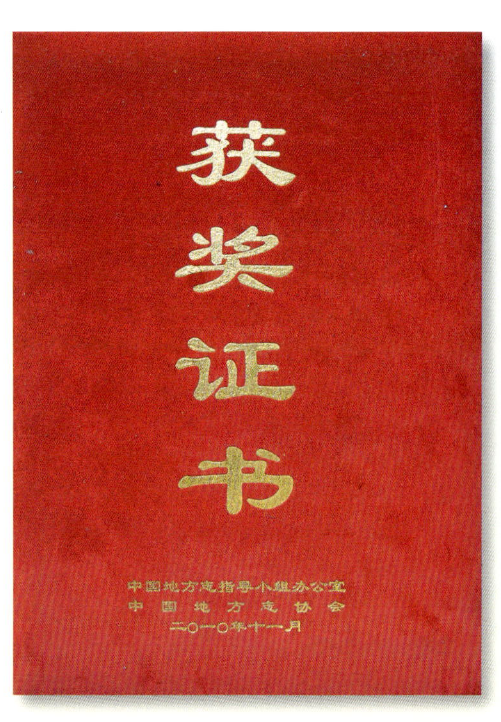

目　录
contents

特　载

专　文

大事记

概　况

政　治

·中共澂江县委员会·

军　事

法　制

经济管理

城建·环保

农林·水利

财政·税务

工　业

交通·邮电

贸　易

金融·保险

教育·卫生

科学技术

文化·体育

旅　　游

澂江动物化石群

社　　会

先进集体

人　　物

附　　录

CHENGJIANG ANNUAL

(2011)

CONTENTS

SPECIAL RECORDS

SPECIAL LITERARY

MAJOR EVENTS

GENERAL INTRODUCTION

POLITICS

MASS ORGANIZATIONS

MILITARY

LEGAL SYSTEM

ECONDMICS MANAGEMENT

URBAN CONSTRUCTION AND ENVIRONMENTAL PROTECTION

AGRICULTURE , FORESTRY AND WATER CONSERVANCY

FINANCE AND TAXATION

INDUSTRY

TRANSPORTATION , POSTS AND TELECOMMUNICATION

TRADS

BANKING AND INSURANCE

EDUCATION AND HYGIENE

SCIENCE AND TECHNOLOGY

CULTURE AND GYMNASTICS

TOURISM

ANIMAL FOSSILS IN CHENGJIANG

SOCIETY

ADVANCED GROUPS

PERSONS

APPENDIX

以科学发展为主题　转变发展方式为主线
努力开创澂江经济社会又好又快发展的新局面

——在县委十届七次全会上的报告

崔　明

（2011 年 1 月 17 日）

同志们：

我受县委常委会委托，向全会作工作报告。

这次会议的主要任务是：高举中国特色社会主义伟大旗帜，以邓小平理论、“三个代表”重要思想和科学发展观为指导，认真学习贯彻党的十七届五中全会、中央经济工作会议和省委八届九次、十次全会以及市委三届七次全会精神，以科学发展为主题、加快转变经济发展方式为主线，科学谋划 2011 年及“十二五”期间经济社会发展，动员全县广大党员干部和各族群众继续坚定不移地落实“两大政治任务”、实施“五大战略”和走“三大经济发展路子”，努力实现好中求快、稳中求快、全面发展、力争上游的目标，开创澂江经济社会又好又快发展的新局面。

一、在战胜重重困难中成绩显著的 2010 年和“十一五”

2010 年，在市委的正确领导下，县委坚持以科学发展观统揽经济社会发展全局，团结带领全县干部群众攻坚克难、奋发进取，坚定不移地落实“两大政治任务”、实施“五大战略”和走“三大经济发展路子”，抗大旱、保民生、促发展，战胜了百年一遇的特大旱灾，各项工作取得了显著成绩。全县预计完成生产总值 35.3 亿元，按可比价计算比上年增长 13.4%；财政总收入 5.4 亿元，增长 17.4%；地方财政收入 3.4 亿元，增长 26%；固定资产投资 24.2 亿元，增长 40.5%；社会消费品零售总额 8.4 亿元，增长 25.4%；城镇居民人均可支配收入 17014 元，增长 14.1%，农民人均纯收入 6374 元，增加 773

元，增长13.8%，经济保持了平稳较快发展的势头。

（一）产业结构调整步伐加快。受百年一遇干旱影响，全县烤烟、粮食生产小幅减产减收，在市场引导下，蔬菜、花卉、畜牧、林果等产业效益明显，蓝莓、黄金梨、大樱桃、核桃等特色种植规模扩大。农业综合开发、水库除险加固、基本烟田基础设施建设和中低产田地改造等工作扎实有效，集体林权制度配套改革和供销社“二次创业”稳步推进。以蛟龙潭为代表的社会主义新农村建设成效显著。工业项目引进建设成效明显，宝泰轻化机械不锈钢设备生产线、金山化工高纯度磷酸、120万吨旋窑水泥（二期）等项目竣工投产，冶钢集团高纯度磷酸、华业集团和盘虎公司黄磷尾气发电节能减排综合利用等项目前期工作有序开展。淘汰落后水泥产能22万吨，圆满完成省级下达的节能减排任务。《工业园区总体规划》修编完成并通过市级评审，5户企业被认定为省、市成长型中小企业。出台《加快旅游产业发展的决定》，开展“旅游服务质量提升年”活动，旅游服务质量和水平大幅提升。抚仙湖悦椿度假酒店正式营业，太阳山项目奠基开工，抚仙湖国际养生园、国际老年康体养生度假中心完成项目征地，仙湖山水、仙湖圣境等项目稳步推进。澂江动物化石群基础设施建设稳步实施，申遗文本通过专家评审并上报遗产中心预审。成功举办玉溪抚仙湖第二届云南户外运动联盟大会、抚仙湖首届原创音乐节等节事活动，完成科普电影《生命大爆发》的拍摄，“生命摇篮·山水澂江”主题形象宣传力度加大，旅游知名度和美誉度不断提高。财税、金融、保险工作服务全县发展的能力不断增强，房地产、物流、信息服务业等稳步发展，以旅游业为主的现代服务业发展成绩显著。

（二）生态文明建设取得新进展。动员组织全社会力量开展生态文明创建活动，全县各级领导干部和群众的生态环保意识不断增强。“十一五”水污染综合防治目标责任书项目建设顺利实施，启动抚仙湖东岸蒿芝箐—大石洞生态农业试验示范区建设，完成禄充景区排水管网及提升泵站改造、梁王河流域环境综合治理、抚仙湖北岸生活垃圾转运站等工程建设，东岸截污治污、海口湖滨带生态修复工程完工，东大河流域水污染治理与清水产流机制修复试点工程前期工作启动。凤麓、龙街、海口创建生态乡镇工作通过市级审核。成立抚仙湖综合行政执法大队，开征抚仙湖资源保护费，环境综合整治和执法力度加大，依法保护管理抚仙湖的能力明显增强，抚仙湖综合水质保持国家地表水Ⅰ类。

（三）城市和基础设施建设扎实推进。城市总体规划修编成果通过专家评审，启动城市修建性详规和特色规划，城市绿化、亮化改造成效明显，城市管理力度加大，县城居住环境明显改善。“新城抓开发，老城抓改造”步伐加快，行政中心、文化服务中心、碧湖园居住小区、垃圾焚烧厂、县档案馆等项目稳步推进，文庙恢复改造、原政府办公区开发、澂福园等项目前期工作有序开展。城市污水处理管网配套二期工程建设基本完工。完成翠竹中路等三条城区道路改造修缮和老城区环城南路等部分街道的路灯改造，启动澂阳公路联络线梨花路、上庄至大竹箐农村公路建设。澂阳二级公路、三湖一海公路（澂江段）、矣旧至独发箐农村公路完工通车。

（四）社会事业全面进步。完成尖山、广龙、万海小学异地迁建，职业教育办学规模不断扩大，一中、四中等8所学校被列为云南省“现代教育示范学校”，投入1400余万元完善教育教学设施，“两基”各项指标达到国检要求。龙街、右所卫生院改扩建完工，县医院住院楼项目开工，积极抓好狂犬病、手足口病、甲型H1N1流感防控工作，新型农村合作医疗参合率达96.01%。整村推进扶贫、农村民居危房改造、农村民居地震安全工程建设、廉租房建设、文化信息共享工程扎实推进。完成粮食储备中心库和生猪定点屠宰厂建设。“万村千乡”市场工程通过验收，家电下乡、汽车摩托车下乡、“贷免扶补”等各项惠民工程成效明显。第六次全国人口普查工作顺利推进。就业再就业工作扎实有效。社会保险范围不断扩大，参保人数明显增加。食品药品安全监管成效明显。文化、广电、体育事业繁荣活跃，老龄、残联、气象、档案、史志、文联等工作取得实效。

（五）民主法治水平进一步提高。坚持加强党的领导和发扬民主、依法办事有机结合，高度重视和支持人大、政府、政协、公检法司开展工作，工会、共青团、妇联、工商联等群团组织的桥梁纽带作用进一步发挥。“五五”普法工作顺利通过市级验收，基层司法所、人民调解组织、法律服务所规范化建设和公安信息化建设水平得到提高，全民法治意识不断增强。政法三项重点工作、“平安和谐澂江”建设、社会治安综合治理扎实推进，公民社会安全感进一步增强。统战、民族、宗教、信访、老干部等工作扎实有效，社会和谐稳定、人民安居乐业的大好局面进一步巩固。

（六）党的建设全面加强。深入学习贯彻党的十七届四中、五中全会精神，学习实践科学发展观、深化“创先争优”、学习型党组织建设、“三个一”主题实践活动取得成效，各级党组织的执政能力明显提高。深化和拓展“云岭先峰”工程和基层党建示范点创建工作，圆满完成村（社区）“两委”换届选举工作和村级活动场所建设，全面推行村级组织和干部绩效考核制度，基层组织的领导核心作用进一步发挥。开展“共产党员抗旱救灾特别捐献”、“共产党员抗旱先锋行动”等活动，动员广大党员和社会各界向旱区捐款1300余万元。完善干部选拔任用体系，推行晋升科级领导职务资格基本知识考试、中层干部竞争上岗等制度，“四项监督制度”全面实施。严格执行“三重一大”、述职述廉、诫勉谈话和党员领导干部报告个人有关事项等制度，认真学习贯彻落实《中国共产党党员领导干部廉洁从政若干准则》，加强反腐倡廉教育，违纪违法案件查处力度加大，党风廉政建设扎实有效。

回顾一年来的工作，在大旱之年取得优异的成绩，来之不易。这些成绩的取得是市委、市政府正确领导和关心支持的结果，是全县各族干部群众、社会各界、驻澂单位和广大离退休干部同心同德、奋发进取的结果。在此，我代表县委，向过去一年来为全县发展付出辛勤劳动的同志们表示衷心的感谢和崇高的敬意！

2010年是全县上下开拓进取、克难奋进，各项任务圆满完成的一年，也是“十一五”规划的收官之年。

五年来，县委始终坚持发展第一要务，秉承“五大战略”，提出“两大政治任务”，确立“三大经济发展路子”，明确“好中求快、稳中求快、全面发展、力争上游”的奋斗目标，团结带领全县广大党员干部群众解放思想、开拓创新、抢抓机遇、扎实苦干，提前两年完成了“十一五”规划目标，并结合新形势新任务的要求，自加压力，重新调整提高了规划目标。经过全县人民的共同努力，调整后的“十一五”规划目标圆满完成，全县经济社会发展迈上了新台阶。“十一五”末，预计生产总值从“十五”末的15.6亿元增加到35.3亿元，增长100.3%；财政总收入从1.98亿元增加到5.4亿元，增长173.6%；地方财政收入从1.04亿元增加到3.4亿元，增长226.3%；全社会固定资产投资从4.5亿元增加到24.2亿元，增长433.5%；社会消费品零售总额从3.4亿元增加到8.4亿元，增长148.4%；城镇居民人均可支配收入从9078元增加到17014元，增长87.4%；农民人均纯收入从3497元增加到6374元，增长82.3%。

五年来，县委始终坚持加快转变发展方式，推进产业结构调整，着力调优一产业、调强二产业、调快三产业，向“退一进二、退一进三”转变。巩固烤烟产业，积极发展现代化、生态、休闲、观光农业，发展壮大蔬菜、花卉、畜牧、蓝莓、大樱桃、黄金梨、竹子等特色产业，预计第一产业增加值从2005年的3.5亿元增加到2010年的6亿元，增长48.5%。坚持走磷电结合，做强磷化工，做大建筑建材业，引进发展高新技术产业的路子，整合磷矿资源，加快淘汰落后产能和技改升级，大力发展循环经济，逐步形成以磷化工、水电、建筑建材、农产品加工为主的工业经济发展格局，预计第二产业增加值从2005年的6.2亿元增加到2010年的13.8亿元，增长91.3%。按照“抓开发、打基础、树品牌、拓市场、增效益”的思路，狠抓项目建设，充分整合资源，加强品牌建设，改革创新发展模式，以旅游业为主的现代服务业得到了较大发展，预计第三产业增加值从2005年的5.9亿元增加到2010年的15.5亿元，增长148.4%。全县一、二、三产业比重由2005年的23∶40∶37调整为2010年的17∶39∶44，产业结构呈现“三、二、一”的新格局。

五年来，县委始终坚持抓项目、促投资就是抓发展的理念，对县情进行深入分析和再认识，结合我县生态、资源和区位优势，坚持“广泛接触、深入谈判、重点选择”和“有利于环保、有利于经济发展、有利于群众增收”的原则，强化招商引资和选商选资工作，通过艰苦努力，成功引进了太阳山、湖畔圣水等一批重大旅游项目。完成了七江、田坝、鲊取电站和120万吨旋窑水泥等一批工业项目。同时，立足打基础、利长远、惠民生，全面推进道路交通、环保、农田水利等基础设施建设，固定资产投资相继突破了10亿元、20亿元大关，五年累计投资达68.1亿元，为澄江“十二五”期间科学发展奠定了坚实基础。

五年来，县委始终坚持正确处理保护与发展的关系，把“生态立县”放在“五大战略”之首，把“生态文明建设”作为两大政治任务之一。坚持一手抓经济发展，一手抓以抚仙湖、帽天山为重点的环境保护和生态建设，工程措施与非工程措施并举，推进以东岸截污治污为重点的工程建设，实施入湖河道河（段）长责任制，开展抚仙湖月检、周检。成立环保司法机构，组建抚仙湖综合行政执法大队、环境监测站和镇级环保中心，保持环境执法严管态势。科学处置环境污染事件，开展全民生态文明意识教育，逐步形成了全民参与生态文明建设的格局，为抚仙湖保持Ⅰ类水质作出了巨大牺牲和重要贡献，抚仙湖成为全国高原湖泊保护治理的典范。

五年来，县委始终坚持以人为本，把群众利益放在首位，大力推进以改善民生为重点的社会建设。城乡居民收入大幅提高，农民人均纯收入增幅较“十五”期间提高5.8个百分点。大力实施农村公路路面硬化工程，开通10条公交线路，群众出行条件得到较大改善。实施积极的就业政策，就业规模不断扩大。在全市率先实施被征地农民养老保险制度，城镇基本医疗保险、基本养老保险覆盖率和新型农村合作医疗参合率逐年提高，社会保障体系逐步完善。不断改善办学条件，教育发展水平持续提高。公共卫生服务体系和疾病预防控制体系不断完善，低生育水平趋向稳定。树立还债也是政绩的思想，五年共偿还以教育和基础设施建设为主的政府性债务2.32亿元。

五年来，县委始终坚持稳定第一责任，牢固树立“稳定压倒一切”的思想，坚持发展中的问题靠发展来解决，主动面对社会矛盾和各种历史遗留问题。抓基层、打基础，建立健全维稳工作机制，强化基层维稳组织建设，紧紧围绕土地征用、企业改制、环境保护等社会热难点问题，深入开展大接访、大下访活动，各种社会矛盾做到“早发现、早控制、早解决、矛盾不上交”，圆满完成了北京奥运会、建国60周年庆典、广州亚运会等重大节会庆典期间的维稳工作。影响社会和谐稳定的社会矛盾、民间纠纷、信访问题和突出治安问题逐年减少，人民群众安全感逐年提高。

五年来，县委始终坚持全面加强和改进党的建设，不断提高党的执政能力。巩固扩大先进性教育成果，在全县范围内开展解放思想大讨论、深入学习实践科学发展观、“创先争优”、建设学习型党组织等活动，先后组织大批干部到四川、中山大学考察学习，阻碍科学发展的思想观念不断革除，广大领导干部思想有解放、认识有提高、作风有转变、创业有干劲。党的基层组织建设不断加强，基层党组织的战斗堡垒作用和党员的先锋模范作用进一步发挥。不断深化干部人事制度改革，完善干部选拔任用体系，干部公选、交流、挂职锻炼和教育、监督、管理的力度加大。加强党风廉政和反腐倡廉教育，严格执行“三重一大”、述职述廉等制度，认真落实廉洁从政的各项规定，加大违纪违法案件查处力度，惩治和预防腐败体系建设成效明显。

实践证明，“十一五”时期，是我们坚定信心，沉着应对国际金融危机和战胜各种自然灾害，实现经济社会持续健康发展的五年；是澂江改革开放深入推进、社会全面进步、综合实力大幅提升的五年；是澂江生态建设和环境保护取得显著成效的五年；是党的建设不断加强，党员干部和广大人民群众团结拼搏的五年；是为“十二五”时期科学发展、快速发展打基础、创条件的五年。回顾五年的发展历程，澂江的发展极不寻常，澂江的发展困难重重，澂江的发展成绩显著。五年取得的成绩来之不易，积累的经验弥足珍贵，创造的精神财富影响深远。

在充分肯定成绩的同时，我们也清醒地认识到，经济社会发展还面临着许多困难和问题：产业结构调整缓慢，以旅游业为主的现代服务业尚未形成支柱产业，财政收支矛盾突出，农民持续增收难，科学发展的质量和效益不高；生态建设和环境保护任务繁重，干部群众的环保意识有待进一步提高；城市建设管理滞后，距以旅游业为主的现代服务型生态城市差距还很大；社会事业发展还存在许多薄弱环节，社会稳定、党风廉政建设等工作还存在一些问题；少数领导干部贯彻落实科学发展观的能力不强、作风不实，推动科学发展的办法措施不多。这些问题，我们将切实加以解决。

二、转方式、调结构　促进澂江经济社会科学发展

“十二五”时期是澂江深化改革开放、加快转变经济发展方式的攻坚时期，也是全面建设小康社会的关键时期。科学谋划“十二五”时期经济社会发展，对于夺取澂江全面建设小康社会新胜利具有十分重要的意义。必须坚持以科学发展为主题、加快转变经济发展方式为主线，坚持“两大政治任务”不动摇，深入实施“五大战略”不懈怠，坚定不移走“三大经济发展路子”不折腾，努力推进经济社会好中求快、稳中求快、全面发展、力争上游。

建议“十二五”时期经济社会发展目标是：全县地区生产总值年均增长13%以上，财政总收入年均增长10%以上，地方财政收入年均增长20%以上，全社会固定资产投资年均增长30%以上，社会消费品零售总额年均增长20%以上，城镇居民人均可支配收入年均增长10%以上，农民人均纯收入年均增长8%以上，城镇登记失业率控制在3%以内，人口自然增长率控制在6‰以内，万元GDP综合能耗下降13%。

未来五年，我们必须把转变经济发展方式作为科学发展的主攻方向。继续按照调优一产业、调强二产业、调快三产业，向“退一进二、退一进三”转变的思路，积极发展现代化、生态、休闲、观光农业，推动传统农业向现代农业转型；以园区建设为载体，努力实现工业总量扩张、质量提升，推进新型工业化；抓住云南旅游“二次创业”和“抚仙湖—星云湖生态建设与旅游改革发展综合试验区”建设的机遇，坚定信心，加快发展以旅游业为主的现代服务业；继续按照“新城抓开发，老城抓改造”的思路，加快推进新城区建设，带动老城区改造，加大城市综合管理，初步建成以旅游业为主的现代服务型生态城市。

未来五年，我们必须把生态文明建设作为科学发展的前提。坚持“生态立县、环保优先”，把加强生态环境保护，建设生态文明澂江放在更加突出的位置，认真贯彻落实环境保护基本国策，实行最严格的环境保护制度，继续抓好以抚仙湖、帽天山、南盘江为重点的环境保护和生态建设，打好生态牌、走好生态路、作好水文章，努力把抚仙湖Ⅰ类水质一届一届、一代一代地传递下去，多给子孙后代留好处，为澂江科学发展奠定坚实基础。

未来五年，我们必须把项目建设作为科学发展的重要支撑。实施项目带动战略，坚持把项目建设作为牵动发展全局的关键之举、重中之重来抓，更加重视招商选资，引进建设符合产业导向的大项目，以大项目带动大转变、大发展。“十二五”期间，要扎实抓好太阳山、国际养生园、国际老年康体养生度假中心等在建、签约和在谈项目，促进经济发展方式实现重大转变。

未来五年，我们必须把保障和改善民生作为科学发展的出发点和落脚点。在经济发展的基础上，更加重视保障和改善民生，扩大公共服务，完善社会管理，在公共资源的配置上体现城乡一体化。坚持以人为本，推进教育均衡发展，加快医疗卫生改革，统筹发展文化体育等各项社会事业，健全完善覆盖城乡的社会保障体系，多渠道增加就业岗位，促进人民群众收入普遍较快增长，让全县各族人民共享改革发展成果。

未来五年，我们必须把保持社会和谐稳定作为科学发展的基础。始终把维护社会稳定作为第一责任，尊重群众、深入群众、依靠群众，坚持科学决策、依法行政，避免产生新的矛盾。继续在矛盾纠纷排查调处、重信重访和重点领域突出信访问题的解决、强化防范措施等方面下功夫，推进平安澂江建设，维护社会和谐稳定，促进社会公平正义，确保人人都有安全感，不给上级添麻烦，为“十二五”期间科学发展营造安定和谐的社会环境。

未来五年，我们必须把推动文化大发展、大繁荣作为科学发展的强大动力。抓住省委、省政府建设“民族文化强省”和市委、市政府实施“文化和市”的战略机遇，依托澂江丰富的文化资源，做好本土文化的保护、研究和开发，大力发展公益性文化事业，深化文化体制改革，建成具有一定实力和市场竞争力的文化产业体系，以文化建设和文化产业的培育发展促进旅游业及相关产业的发展。

未来五年，我们必须把加强党的建设作为科学发展的保障。不断加强党的执政能力和先进性建设，抓好各类学习教育活动，深入推进学习型党组织建设；强化干部教育培训，创新和完善干部选拔任用机制，进一步健全领导班子和领导干部考核评价制度；创新体制机制，加强基层组织建设；深化党性党风党纪教育，推进反腐倡廉制度创新，切实为经济社会科学发展提供保障。

当前和今后一段时期，和平、发展、合作仍是世界的时代潮流，世界经济有望继续恢复增长，中央实施积极的财政政策和稳健的货币政策，加快推进经济结构调整，为澂江科学发展创造了良好的国际国内环境。国家实施新一轮西部大开发，云南省实施“两强一堡”战略、推进滇中城市经济圈和“抚仙湖—星云湖生态建设与旅游改革发展综合试验区”建设，为澂江科学发展提供了难得机遇。经过“十一五”时期的不断探索和艰辛努力，我们的发展思路越来越清晰，干部群众的忧患意识、发展意识不断增强，贯彻科学发展观的能力进一步提高，深层次矛盾和不稳定因素逐步化解，基础设施日益完善，项目引进和建设水平不断提升，资源禀赋的潜力进一步显现，为我县科学发展奠定了坚实基础。站在新的起点上，面对新的机遇，全县各级各部门和广大干部群众要科学把握发展规律，主动适应环境变化，积极应对挑战，在解放思想上比胆识，在攻坚克难上比干劲，在转变经济发展方式上比力度，在科学发展上比成效，形成全县上下争先恐后谋发展、全力以赴促发展的生动局面，努力建设经济实力更加雄厚、生态环境更加优美、人民生活更加幸福的“生态、富裕、开放、文明、民主、和谐”新澂江。

2011年是“十二五”规划的开局之年，也是夯实基础、巩固提升、科学发展的关键一年。抓好今年各项工作，对于开好头、起好步，确保“十二五”规划目标圆满完成至关重要。

全县经济社会发展的预期目标是：生产总值增长13%以上，财政总收入增长10%以上，地方财政收入增长20%以上，全社会固定资产投资增长35%以上，社会消费品零售总额增长20%以上，城镇居民人均可支配收入增长10%以上，农民人均纯收入增长8%以上，万元生产总值能耗下降3%，城镇登记失业率控制在3%以内，人口自然增长率控制在6‰以内。

完成上述目标，2011年重点要抓好六个方面的工作：

（一）加快生态文明建设步伐，夯实可持续发展基础。坚持生态建设产业化、产业发展生态化，深入实施“七彩云南·澂江保护行动”，加快构建资源节约、环境友好的生产和消费模式，加强以抚仙湖、帽天山、南盘江为重点的环境保护和治理。按照“统一规划、分类立项、分期实施、试点先行、重点突破、整体推进”的思路，稳步推进实施“一退够、二调优、三保护”决策部署，实现抚仙湖保护由应急治理向长效管理转变、由局部治理保护向全流域生态建设转变。加快转变发展方式，淘汰落后产能，推行清洁生产，发展循环经济、低碳经济，构建生态文明产业支撑体系。加大环保工程建设力度，加快帽天山地质环境恢复治理、县城污水处理厂扩建、垃圾焚烧厂等重点工程建设，抓好抚仙湖北岸径流区污染源综合治理项目前期工作，逐步推进径流区村落“两污”治理、东大河流域水污染治理与清水产流机制修复等项目。完善入湖河道河（段）长责任制和垃圾清运处置机制，继续推行分段定员负责制和承包试点责任制并举的环卫管理工作机制，加大农业农村面源污染治理力度。科学、依法做好抚仙湖资源保护费的征收，广泛深入开展生态文明意识教育、生态绿色创建活动，使“生态立县、治湖为先”、“湖清民富”等理念深入人心，努力形成人人都是环保宣传员、监督员和保洁员的环保工作格局。强化执法监督，特别是对抚仙湖流域的建设项目，要加大指导、帮助、管理、监督力度，确保环保措施到位，施工生产安全，规划符合要求。严格污染物排放标准和环境影响评价，健全重大环境事件和污染事故责任追究制度，坚决杜绝重大环境污染事件的发生，不断展示澂江经济社会与生态环境协调发展的良好形象。

（二）推进产业结构调整，促进经济发展方式转变。坚持巩固提升传统产业与加快发展以旅游业为主的现代服务业相结合，坚持转变发展方式与加速发展并重，持续有效扩大经济总量，不断壮大县域经济实力。

——巩固提升农业基础地位。更加重视“三农”工作，以推进现代烟草农业建设为抓手，以基础设施建设为重点，稳定政策，完善措施，促进烤烟提质增效，完成600万公斤的烤烟生产任务。加强农业实用科技的推广运用，全面提高科学种养水平。抓好粮食、蔬菜等传统产业，扩大蓝莓、大樱桃、黄金梨种植面积，加大新特优作物品种和绿色无害高效农业生产技术的试验示范及推广力度。科学规划、合理布局，推广生态养殖技术，稳步发展生猪和家禽养殖，发展特色养殖。加快实施中低产林改造，在适宜地区大力发展核桃、竹子等传统经济林。推进供销社“二次创业”，抓好“乡村流通工程”建设，健全完善农产品市场和服务体系。采取财政贴息、适当补助等手段，引导社会资金投向“三农”，扶持发展一批规模大、辐射强、带动面广的龙头企业。抓好农产品质量安全检测，促进农业标准化生产、规模化经营，提高农业产业化水平。加强农村劳动力的培训和转移，培养和造就一批有文化、懂技术、善经营的新型农民，拓宽农民就业路子和增收渠道，扎实抓好社会主义新农村建设。制定规范和促进农村土地承包经营权流转的措施办法，由财政安排1000万元资金用于鼓励通过土地承包经营权流转发展现代化、生态、休闲、观光农业。

——强化工业支撑作用。正确处理保护与发展的关系，充分发挥资源和区位优势，按照重大项目抓落户、龙头企业抓扩改、磷化工产品抓精细、高新技术产业抓引进的思路，推进新型工业化。鼓励运用高新技术和先进适用技术改造现有企业，提高企业技术创新、产品研发能力，发展磷化工精深加工，支持建材产业在淘汰落后产能中实现转型升级。坚持走产业入园、要素集聚、集约发展的路子，采取政府扶持引导、企业联合投入等形式，积极推进园区土地收储和水、电、路等基础设施建设，加快“一园三片”工业园区建设。推进德春藕粉厂、广龙实业公司、云南红塔卷烟胶厂异地搬迁，抓好冶钢集团新型干法旋窑水泥异地技改和高纯度磷酸生产、恺达塑胶公司直缝管、宝泰公司钢衬塑成套设备项目建设。发展农产品及旅游商品加工业，引进一批无污染、技术含量和附加值高的项目，把新材料、新能源、生物制药、节能环保等新产业作为澂江的前瞻性产业，有选择、有重点地引进培育。按照政策优先扶持、资金优先投入、要素优先保障、矛盾优先协调、困难优先解决的要求，积极主动为企业提供全面、优质、高效的服务。

——加快发展以旅游业为主的现代服务业。抓住“抚仙湖—星云湖生态建设与旅游改革发展综合试验区”的机遇，加大协调争取力度，加快太阳山项目老鹰地一期、湖畔圣水二期等在建项目建设，确保抚仙湖国际养生园、抚仙湖国际老年康体养生度假中心开工，力争启动仙湖山水国际度假园、仙湖圣境、波息湾健康管理中心建设，做好抚仙湖云南民族文化城项目前期工作。加快高端康体休闲度假旅游新产品开发，促进旅游业提档升级，加快观光资源型旅游向康体休闲度假旅游转变、旅游大县向旅游强县转变步伐。尽快完成旅游用地专项规划，编制全县乡村旅游发展规划，配套完善旅游设施，推进龙街、海口、右所三个旅游小镇和海口、立昌、矣旧等旅游特色村的开发建设。积极推进帽天山申报世界自然遗产和金莲山、学山申报国家级重点文物保护单位工作，加大对地方特色文化的保护、挖掘整理、包装推介，丰富澂江旅游的文化内涵，增强旅游产品吸引力。加大"生命摇篮·山水澂江"主题形象宣传力度，加强旅游营销和市场拓展工作。发挥旅游业辐射范围广、带动力强的优势，打造一批环境优美、特色鲜明的地方餐饮娱乐品牌。发展壮大交通、金融、保险、物流、房地产，加快培育商务会展、信息咨询、社区服务、文化体育、创意产业等现代新型服务业。

——抓好项目引进和建设。强化抓项目就是抓发展和大项目带动大发展的共识，把上项目作为增投资、扩增量、转方式、调结构、惠民生的重要手段，坚持走开放、争取、引进、盘活的路子，围绕有利于产业结构优化升级、有利于改善民生、有利于节约资源能源和环境保护的要求争取和引进项目。紧紧围绕国家的投资方向和重点，加强与省、市的协调联系，积极做好中央投资计划项目的争取上报。坚持"竣工投产一批、开工建设一批、谋划储备一批"的原则，抓好在建项目的推进，做好预开工项目的准备及储备项目的促成工作，提高项目实施的科学化水平。按照"有意向项目广泛接触，在谈项目紧盯不放，签约项目狠抓落实，在建项目加快进度"的要求，继续完善和落实县级领导联系项目、倒逼工期、跟踪问效等制度，着力破解制约项目建设的瓶颈，快速有序推进项目建设，确保固定资产投资任务圆满完成。

（三）深入推进改革开放，增强经济社会发展活力。坚持用改革的办法破解难题、用开放的理念谋划发展，不断完善体制机制，拓展发展空间。以政府机构改革为契机，理顺职责关系，转变政府职能，强化经济调节、市场监管、社会管理和公共服务职责，加快形成与市场经济相适应的社会事业管理体制和运行机制，提高政府办事效率和工作透明度。推进社会管理创新，加快推进城乡统一的户籍管理制度改革，建立与社会转型相适应的社区管理和公共服务体系。完善县镇财政管理体制和金融服务体系，强化审计力度，加大税收和非税收入征管，严格财政资金监管，增强基层政府提供公共服务的能力。支持和引导企业深化内部改革，完善法人治理结构，建立现代企业制度，提高经营管理水平。改善非公有制经济发展环境，放宽市场准入和投资领域，大力推动非公经济和中小企业加快发展。加强区域经济合作，主动融入滇中城市经济圈，强化与玉溪高新区的合作，密切与马金铺高新技术产业基地的对接，实现共同发展、互利双赢。大力营造有利于对外开放的环境氛围，不断拓展新的开放领域和空间，抓住东部产业向西部转移、省内产业结构加速调整等有利时机，加快引进资金、智力、人才和技术，借力推动澂江发展。

（四）加强城市和基础设施建设，推进城乡统筹发展。完善县城专业规划和集镇规划，继续按照"新城抓开发，老城抓改造"的总体思路，坚持"单体讲景观、局部讲风格、整体讲协调"和"高容积、低密度、大绿化"的新城区发展理念，加快推进以旅游业为主的现代服务型生态城市建设。新城区重点要抓好土地收储和路网基础设施建设，搭建新城区整体框架，加快推进行政中心建设，实施文化服务中心、澂福园、县档案馆、碧湖公园、南北大街、新华路、龙溪路延长线建设和凤翔路南片区开发，加快实施揽秀三组和仪凤一组、二组居民安居工程，力争启动电力调度中心、公安警务用房等项目建设。老城区要注重特色，保护与改造并举，重点推进原政府办公区开发、文庙公园恢复改造。大力实施城市绿化、亮化、美化提升工程，加大城市管理综合行政执法力度，巩固"云南省甲级卫生县城"创建成果，塑造城市良好形象。结合和谐社区建设，规范小区管理。围绕促进公共资源在城乡合理配置，促进城乡均衡发展，科学统筹城乡基础设施建设。完成老澂华路县城至新河口段、澂阳公路联络线梨花路、上庄至大竹箐农村公路建设，实施"三湖一海"公路（澂江段）景观建设，配合做好呈澂高速公路、新昆明至我县轻轨项目和昆明绕城高速公路东南段建设等各项工作。完成五中、右所和忠窑小学教学综合楼等教育基础设施项目，抓好县医院住院楼和村级卫生所建设，推进镇村两级文化信息资源共享工程建设，积极争取县文化馆项目，夯实城乡社会事业发展基础。加快实施病险水库除险加固、安全饮水、农业综合开发、中低产田地改造等为主要内容的农业基础设施建设，完成马槽地水库除险加固和左所水库建设工程验收，力争实施西大河水库除险加固工程，改善农村生产生活条件。坚持以城带乡、以镇带村、以产业带发展，整合资金和项目，重点抓好省、市确定的重点村、示范村建设，完成九村镇鱼塘村、箐水滩和龙街镇尖山代头村异地搬迁及10个整村推进扶贫项目。

（五）保障和改善民生，推进基本公共服务均等化。坚持把以人为本作为一切工作的出发点和落脚点，让人民群众共享经济社会发展成果。深入落实税费减免、社保补贴、小额信贷等优惠政策措施，鼓励灵活就业，多渠道增加就业岗位。扩大城镇职工基本养老、基本医疗、工伤、生育、失业保险和被征地农民养老保险覆盖面，完善新型农村合作医疗和农民工工资保证金等制度，健全社会保障体系。加快保障性住房建设，重点抓好城市廉租住房、农村民居危房改造和地震安全工程建设。广泛开展科技服务和科技普及活动，着力提高人民群众学科技、用科技的能力和水平。深化教育教学改革，推动学前教育、义务教育、高中教育、职业教育均衡协调发展。深化医疗卫生体制改革，完善城镇支援农村的医疗救助制度，健全公共卫生服务体系，加强卫生人才的教育、培养，提高医疗质量和服务水平。加强食品药品监管，确保人民群众饮食用药安全。

加大计划生育管理和服务，稳定低生育水平。深入推进文化惠民工程，建立完善广播电视“村村通”长效管理维护机制，完善公共文化基础设施，积极开展群众性文体活动，丰富群众文化生活。推进殡葬改革，规范丧葬行为。积极推进档案、史志、外事、台侨、保密、气象等工作。重视老龄工作，发展妇女、儿童、残疾人等事业。

（六）加强民主法治建设，巩固社会和谐稳定局面。充分发挥县委的领导核心作用，积极支持人大、政府、政协依法履行职能，支持工会、共青团和妇联等群团组织依照法律和各自章程积极开展工作，更好地发挥联系群众的桥梁和纽带作用。深化“六五”普法和“三五”依法治县工作，巩固扩大基层民主法治建设成果。全力做好统战民族宗教工作，不折不扣地贯彻落实党的民族宗教政策，发展平等、团结、互助的社会主义民族关系，营造民族团结进步繁荣的良好氛围。深入推进社会主义核心价值体系建设，广泛开展群众性精神文明创建活动，加强未成年人思想道德建设，综合运用教育、法律、行政、舆论手段，提高全民思想道德素质，培育奋发进取、理性平和、开放包容的社会心态，引导人们知荣辱、讲正气、尽义务，营造健康向上的生活环境和良好社会风尚。加强社会建设，创新社会管理，强化流动人口、社会组织和“虚拟社会”建设管理，突出特殊人群帮教和校园周边等重点地区治安综合整治。强化综治维稳基层组织规范化建设，深入推进基层维稳网络和“三调联动”大调解工作体系建设，健全社会稳定风险评估机制，畅通群众信访渠道，妥善解决群众合理诉求。提高各级领导干部做好新形势下群众工作、化解矛盾纠纷、依法管理社会的能力，统筹协调各方利益，切实解决好群众反映的热点难点问题。适时组织开展“严打”专项斗争，深入推进新一轮三年“禁毒人民战争”，加大打击邪教力度，始终保持对违法犯罪的高压态势，进一步提高群众的安全感。全面落实安全生产责任制，强化防灾减灾体系建设，完善公共安全应急管理体系，提高有效应对和妥善处置自然灾害、事故灾难、公共卫生、社会安全等突发公共事件的能力。全面推进平安创建工作，巩固和发展平安县创建成果，努力营造平安、和谐、稳定的社会环境。

三、全面加强党的建设 为实现经济社会科学发展提供坚强保障

党的领导是实现今年和“十二五”经济社会发展目标的根本保证，必须加强党的执政能力和先进性建设，不断提高党领导经济社会发展的能力和水平，为开创澂江科学发展新局面提供坚强保障。

（一）推进学习型党组织建设，着力提高党的执政能力。今年是中国共产党成立90周年，要隆重热烈举行纪念宣传活动，鼓舞全县人民意气风发投身澂江改革开放和社会主义现代化建设，唱响共产党好、社会主义好、改革开放好、伟大祖国好、各族人民好的主旋律。进一步深化用中国特色社会主义理论体系武装全党的重要性、紧迫性和必要性认识，把建设马克思主义学习型政党作为一项重大而紧迫的战略任务来抓，认真总结深入学习实践科学发展观活动的成功经验，推动学习实践活动向深度和广度发展。落实好各级党委（党组）中心组理论学习、为基层讲党课等制度，不断加强和改进学习教育方式，拓宽教育培训手段，注重学习效果。坚持以学求新，在创新发展中形成科学发展共识；坚持以学求真，在研究现实问题、探索特点规律中掌握工作的主动权；坚持以学求实，在抓好成果转化中推动工作落实，努力提升党的执政能力和水平。把理想信念教育作为全体共产党员学习践行社会主义核心价值体系的重中之重，教育引导全县党员干部做远大共产主义理想和中国特色社会主义共同理想的信仰者，把爱党、爱国、爱家乡体现在具体行动中，增强全县党员干部和各族群众的凝聚力、向心力。

（二）进一步解放思想和更新观念，着力提高党的创新能力。解放思想是我们党正确认识自己、加强自己、提高自己的必由之路。思想越解放，创新的办法越多，创业的空间就越大。全县各级党组织要按照加快发展、科学发展的目标要求，不断解放思想、更新观念，以新的思想解放激发全县人民的创造活力，促进新的发展。要按照发展的需要、群众的意愿解放思想，纠正工作中不合时宜的旧观念、旧理论、旧模式、旧做法，及时摒弃因循守旧、安于现状，得过且过、无所作为，不敢干、不愿干的思想观念，增强忧患意识、创新意识、拼搏意识，运用创新的理论、创新的思路和创新的方法破解难题。既要立足实际认真总结经验，又要根据时代的发展和群众的愿望，坚持实践第一，把实践作为检验一切工作的标准；既要统筹兼顾，正确认识妥善处理发展中的各种关系，协调推进，又要抓住牵动全局的主要工作和事关群众利益的突出问题，重点突破；既要对比先进找差距，善于学习借鉴，又要坚定信心，抢抓发展机遇，后来居上；既要保持昂扬向上的精神状态，大胆试、大胆闯，又要把发展的热情和求实态度结合起来，一步一个脚印，求真务实。领导干部既要有当先导作示范的勇气和抢抓机遇的意识，又要有科学决策，推进发展的本领和实实在在的创新能力。要切实保护真抓实干、勇于创新的人，努力形成崇尚创新、鼓励创新、保护创新、全民创新的良好氛围，以新的思路、新的举措、新的作风、新的活力推进全县经济社会实现新的发展。

（三）加强领导班子和干部队伍建设，着力提高领导科学发展的能力。做好县、镇党委领导班子换届选举工作，按照“政治坚定，求真务实，开拓创新，勤政廉政，团结协作”的要求，努力把各级领导班子建设成为推动经济社会科学发展的坚强领导核心。健全和完善领导班子和领导干部考核评价机制，不断增强领导班子和党员干部的凝聚力、战斗力和执行力。坚持党管干部和民主、公开、竞争、择优原则，在提高选人用人公信度、选拔培养年轻干部、从严监督管理干部和推进组织制度创新等方面进行积极探索，建立竞争择优、能上能下、监督严格、激励有效的干部选拔任用机制。严格执行《党政领导干部选拔任用工作条例》和“四项监督制度”，坚持德才兼备、以德为先的用人标准，加大公开选拔领导干部力度，全面推行晋升科级领导职务资格基本知识考试、中层干部竞争上岗制度。加大优秀年轻干部、女干部、少数民族干部和党外干部选拔力度。合理使用各年龄段的干部，保持各级领导班子老中青梯次配备的年龄结构，充分调动各年龄段干部的积极性。加强干部经常性教育和日常管理，强化干部监督，注重在发展的主战场选拔干部，在基层和生产一线考核干部，在重点项目、重要工作、重大事项和关键时刻中的现实表现考察干部。认真做好离退休干部工作，落实好老干部政治、生活等各项待遇。统筹抓好全县人才队伍建设，切实加强农村实用人才、农村中小学师资人才和医疗卫生等人才队伍建设，根据重点产业、重大项目的需要合理引进和使用人才，为全县经济社会发展提供坚强的组织保障和人才支持。

（四）*强化基层组织建设，着力提高党的战斗力。*党的基层组织是党全部工作和战斗力的基础，全面加强党的基层组织建设，是落实“十二五”目标任务，提高党的执政能力和永葆党的先进性的重要保障。全县各级党组织要继续开展好深化“创先争优”和“三个一”主题实践活动，积极拓展“云岭先锋”工程，推进“三级联创”，保持和发展好党的先进性。坚持党要管党，进一步强化党委管党建、书记抓党建的基层党建工作责任。找准基层党建工作与中心任务的结合点，不断创新党的基层组织发挥作用的途径和方式，增强基层党组织服务大局、推动科学发展、维护社会和谐稳定的能力。积极探索城乡一体的基层党组织设置模式，努力构建城乡统筹的基层党建格局，逐步实现城乡基层党建工作双向开放、资源共享、优势互补、相互促进，推动城乡、区域基层党建工作协调发展。全面加强机关党组织建设，切实提高机关党员干部队伍素质，以“带好头、树先进”为目标，树立办事高效、服务优质、廉洁勤政的机关良好形象。以构建和谐社区为主要内容，积极推进“三有一化”建设，全面加强和改进社区党建工作。推进“强基固本”工程，充分发挥农村党组织在富民工程、农村稳定中的领导核心作用，加强农村党建工作。抓好新选任的镇、村基层党组织干部教育培训，继续加大从优秀村（社区）干部中考录镇公务员、公开选拔科级领导的力度，做好下派新农村指导员、选聘高校毕业生到村任职等工作。切实做好新时期党员发展工作，优化党员队伍结构，提高党员队伍素质，加强党员的教育、管理、培训和监督。进一步健全和完善党内激励、关怀、帮扶机制，关心爱护基层干部、老党员和生活困难党员。广泛开展党员设岗定责、评星挂牌等主题实践活动，不断创新党组织活动方式，充分发挥党员的先锋模范作用。抓好创建基层党组织建设先进县和创建基层党建示范点工作，全力提升基层党建整体水平。

（五）*加强和改进党的作风建设，着力加强党同人民群众的血肉联系。*各级领导干部必须按照科学发展观的要求，坚持全心全意为人民服务的根本宗旨和党的群众路线，做到思想上尊重群众，感情上贴近群众，行动上深入群众，始终保持党同人民群众的血肉联系。大力弘扬求真务实的工作作风，着力推进党委系统电子政务内网和信息化建设，严格控制文件、会议数量，开短会、讲短话、行短文，进一步改进文风会风，把主要精力放到经济社会发展和解决民生问题上，真正把工作落在实处。严格执行党风廉政建设责任制，坚持“标本兼治、综合治理、惩防并举、注重预防”的方针，以领导干部为重点，以规范和制约权力为核心，以体制改革和制度创新为关键，紧紧抓住容易滋生腐败的重点领域和关键环节，积极探索从源头上防治腐败的有效途径，切实加强新形势下党风廉政建设和反腐败斗争。把廉政教育列入领导干部教育培训计划，深化党性党风党纪教育，在思想上筑牢拒腐防线。建立健全惩治和预防腐败体系各项制度，推进反腐倡廉制度创新，提高制度执行力，增强制度实效。严格执行领导干部个人重大事项报告、经济责任审计等制度，建立健全监督管理机制，完善党务公开、政务公开，切实加强对领导干部尤其是党政领导“一把手”的管理监督。坚持从严治党，继续加大查办案件工作力度。坚决纠正征地拆迁、食品药品安全、环境保护、安全生产、劳动争议、涉法涉诉等民生领域的突出问题。继续深化行政审批、教育收费、医疗卫生体制改革，拓宽防腐领域，努力营造风清气正的干事创业环境，以党风廉政建设的成效取信于民。

同志们，2011年是“十二五”规划的第一年，任务艰巨，责任重大，使命光荣。我们要高举中国特色社会主义伟大旗帜，团结带领全县广大干部群众，以科学发展为主题、加快转变经济发展方式为主线，解放思想、实事求是，与时俱进、开拓创新，艰苦奋斗、扎实工作，努力开创澂江科学发展的新局面，以优异的成绩迎接中国共产党成立90周年！

全面贯彻落实科学发展观
努力开创澂江经济社会又好又快发展新局面

——在中国共产党澂江县第十一次代表大会上的报告

杨兴荣

（2011 年 6 月 9 日）

各位代表：

我受中国共产党澂江县第十届委员会委托，向大会作工作报告。

这次大会的主要任务是：以邓小平理论和“三个代表”重要思想为指导，全面总结十届县委的工作，研究部署今后五年的工作，选举产生新一届县委和县纪委班子，动员全县广大干部群众全面贯彻落实科学发展观，为促进澂江经济社会又好又快发展而努力奋斗。

一、十届县委工作回顾

县第十次党代会以来，在市委的正确领导下，县委始终坚持以科学发展观统揽经济社会发展全局，团结带领全县干部群众积极应对国际金融危机、克服各种自然灾害的影响，坚定不移地落实“两大政治任务”、实施“五大战略”和走“三大经济发展路子”，全力做好打基础、调结构、增后劲的各项工作，圆满完成了县第十次党代会以及历次县委全会确定的目标任务，开创了澂江经济社会好中求快、稳中求快、全面发展的新局面。

（一）坚持发展第一要务，国民经济快速发展

2005 年至 2010 年，全县生产总值从 15.6 亿元增加到 36.2 亿元，增长 96.6%，年均增长 11.6%；财政总收入从 1.98 亿元增加到 5.4 亿元，增长 173.6%，年均增长 22.3%；地方财政收入从 1.04 亿元增加到 3.4 亿元，增长 226.3%，年均增长 26.7%；固定资产投资从 4.5 亿元增加到 24.2 亿元，增长 433.7%，年均增长 39.8%；城镇居民可支配收入从 9078 元增加到 17014 元，增长 87.4%，年均增长 13.4%；农民人均纯收入从 3497 元增加到 6374 元，增长 82.3%，年均增长 12.8%。全县经济发展速度和质量不断提升，主要经济指标在全市的排名逐年上升。农业基础地位得到巩固，生态、休闲、观光农业发展步伐加快；新型工业化稳步推进，逐步形成以磷化工、水电、建筑建材为主的工业经济发展格局；抚仙湖、帽天山等资源优势不断转化为发展优势，以旅游业为主的现代服务业开始起步。一、二、三产业比重由 2005 年的 22∶40∶38 调整为 2010 年的 18∶40∶42。

（二）生态建设成效明显，可持续发展基础得到巩固

五年来，县委始终坚持正确处理保护与发展的关系，扎实推进生态文明建设。深入实施“七彩云南·澂江保护行动”等生态文明创建活动，干部群众的环保意识逐年增强。实施入湖河道河（段）长责任制和农村农业垃圾集中清运机制，开展抚仙湖周检、月检，开征抚仙湖资源保护费。成立环保司法机构，组建抚仙湖综合行政执法大队、环境监测站和镇级环保中心，依法保护和管理抚仙湖的能力明显增强。强化环保工程措施，圆满完成抚仙湖东岸截污治污、县城污水管网配套等“十一五”水污染综合防治目标责任书项目建设。加强重要水源地周边环境监管和保护，完成小流域治理 66.2 平方公里，建设及管护国家重点公益林 29.13 万亩，累计退耕还林 3.4 万亩。抚仙湖综合水质总体保持国家Ⅰ类标准，我县被国家环保部授予“国家级生态示范县”称号。

（三）改革开放迈出新步伐，项目建设取得重大突破

五年来，县委始终坚持把改革开放贯穿经济社会发展全过程，着力破除影响科学发展的体制机制障碍。旅游综合改革试点工作稳步实施，国库集中支付、公务卡改革等深入推进，集

体林权制度改革、义务教育阶段教师和事业单位绩效工资改革顺利完成，农村综合改革和投融资体制改革稳步推进，教育和卫生体制改革不断加快，资源性产品收费改革取得新进展，政府机构改革和凤麓、龙街撤镇设街道工作顺利完成，科学发展的动力和活力不断增强。牢固树立大项目带动大建设、大建设带动大发展理念，着力提高招商引资和选商选资水平，成功引进并实施湖畔圣水、太阳山等一批重大旅游项目，田坝、鲊取电站建成发电，完成15万吨黄磷电炉技改、120万吨旋窑水泥等一批工业项目建设，固定资产投资五年累计达62.4亿元，比“十五”期间增长了2.3倍。

（四）基础设施极大改善，城乡面貌显著变化

五年来，县委始终坚持立足打基础、利长远、惠民生，全面推进城乡基础设施建设。完成澂阳路、环湖路、澂马路和11条农村公路新（改）建，开通了13条公交线路，全县通车里程达884.5公里，群众出行条件得到极大改善。加大农业基础设施建设，改造中低产田地5.33万亩、完成25个水库除险加固和8475件水利工程，农业综合生产能力大幅提升。扎实做好扶贫帮困工作，完成61个整村推进扶贫、5750户农村民居地震安全工程、450户农村民居危房改造、12项库区和移民安置区后期扶持等项目建设，解决了3.01万农村人口安全饮水问题。以提古、蛟龙潭等为代表的新农村建设成效明显。加大县城规划建设管理力度，完成56件市政公共配套工程、7个居住小区、2.65万平方米廉租房建设，城镇污水收集处理率达83%以上，城镇化率达35.3%。

（五）社会建设不断加强，民主法治水平明显提高

五年来，县委始终坚持以人为本，大力推进以改善民生为重点的社会建设。全面落实各项惠民利民政策，及时足额兑付农资综合直补、家电下乡等补贴资金。扎实做好就业再就业和“贷免扶补”工作，城镇零就业家庭保持动态清零。在全市率先出台被征地农民养老保险制度，城乡各类社会保障提标扩面。坚持优先发展教育，“两基”成果得到巩固和提高，荣获云南省首批“教育工作先进县”和“云南省两基工作先进单位”称号。宣传、文化等工作繁荣活跃，澂江化石地申报世界自然遗产工作已进入到迎接世界自然保护联盟专家实地考察评估的关键阶段，金莲山、学山申报国家级重点文物保护单位和关索戏申报国家级非物质文化遗产通过评审。启动实施县医院住院综合楼改扩建项目，新（改）建卫生院（所）27个，城乡卫生服务体系不断完善，城镇基本医疗保险和新型农村合作医疗覆盖面不断扩大、保障水平不断提高。低生育水平趋向稳定。科技、老龄、残疾人等工作富有成效。高度重视和支持人大、政府、政协开展工作。工青妇等群团组织的桥梁纽带作用进一步发挥。统战、民族宗教、“双拥”等工作稳步推进。“五五”普法圆满完成，依法治县深入实施。安全生产和食品药品安全工作成效明显。防范和处理邪教工作深入开展，社会治安综合治理扎实有效，影响社会稳定的重点矛盾纠纷、信访问题和突出治安问题逐年减少，人民群众安全感逐年提高。

（六）党的建设全面推进，领导科学发展的能力显著增强

五年来，县委始终坚持全面推进党的思想、组织、作风、制度和反腐倡廉建设，不断提高党的执政能力。巩固扩大先进性教育成果，在全县范围内开展解放思想大讨论、深入学习实践科学发展观、“创先争优”、向杨善洲同志学习等活动，推进学习型党组织建设，先后组织大批干部到四川、中山大学考察学习，各级党组织和广大领导干部领导科学发展的能力和水平明显提高。不断强化党的基层组织建设，深入实施“云岭先锋”工程、基层党建示范点创建和环湖文明党建工程，全面推行村级组织和干部绩效考核制度，扎实推进选聘高校毕业生到村任职工作，基层党组织的战斗堡垒作用和党员的先锋模范作用进一步发挥。不断深化干部人事制度改革，完善干部选拔任用和干部考核评价体系，干部公选、交流、挂职锻炼和教育、监督、管理的力度逐年加大。加强党风廉政和反腐倡廉教育，严格执行“三重一大”、述职述廉等制度，加大违纪违法案件查处力度，惩治和预防腐败体系建设成效明显。

回首过去五年的历程，取得的成绩来之不易，积累的经验弥足珍贵。五年的实践，使我们深刻认识到，要实现富民强县的目标：必须始终坚持以科学发展观统领经济社会发展全局，解放思想，转变观念，完善思路，走符合澂江县情实际、具有澂江特色的发展路子；必须始终坚持发展第一要务，把加快发展作为解决一切问题的根本途径，千方百计推动经济社会又好又快发展；必须始终坚持用生态文明的理念指导全县经济社会发展，正确处理好保护与发展的关系，努力实现经济效益、社会效益和生态效益相统一；必须始终坚持把保障和改善民生作为一切工作的出发点和落脚点，加快发展社会各项事业，让人民群众共享改革发展成果；必须始终坚持把维护社会和谐稳定作为第一责任，正确处理好改革发展与稳定的关系，营造团结和谐的良好环境，为经济社会发展保驾护航；必须始终坚持弘扬求真务实的作风，团结带领全县各级领导班子和干部群众，凝心聚力、干事创业，以优良的作风凝聚党心民心。

各位代表，五年来取得的显著成绩，是市委、市政府正确领导的结果，是历届县委打下良好基础和离退休老领导献计献策、鼎力支持的结果，是县几套班子精诚团结、真抓实干的结果，是全县广大干部群众团结一致、共同奋斗和社会各界关心帮助、共谋发展的结果。在此，我代表县委向各位代表和长期以来关心支持澂江发展的各级领导、离退休老同志以及社会各界人士表示衷心的感谢和崇高的敬意！

在充分肯定成绩的同时，我们也清醒地认识到，发展不充分、经济总量小仍是澂江的主要问题，发展和保护仍是澂江的主要矛盾，我们仍面临许多困难和问题：重大项目推进难，产业结构调整慢，经济持续增长的基础还不牢固；持续推进生态文明建设，确保抚仙湖总体Ⅰ类水质任重道远，环境保护任务十分艰巨；社会事业发展还存在许多薄弱环节，保障和改善民生任务繁重；城市规划建设管理滞后，新农村建设步伐不够快，农民持续增收难，统筹城乡经济社会一体化发展压力较大；部分党员干部思想、作风、能力与科学发展的要求还不完全适应，惩治和预防腐败工作仍须加强。这些问题，我们必须

通过坚持不懈的努力，采取有效措施加以解决。

二、坚定信心 乘势而上 努力开创澂江科学发展新局面

今后五年是我县转方式、调结构的攻坚时期，是全面建设小康社会的关键时期。当前，世界经济结构加快调整，我国宏观经济调控能力不断增强，经济发展方式转变步伐不断加快，经济增长长期向好的趋势不会改变。国家提出重点发展战略性新兴产业，增长动力更加重视内需拉动，生产要素更加突出技术创新，将为澂江转变经济发展方式、调整产业结构提供良好的环境。国家新一轮西部大开发和云南“两强一堡”战略的深入实施，为我县进一步扩大对外开放，打牢基础、培育产业，增强经济发展活力提供了难得的机遇。滇中城市经济圈、昆玉一体化建设的快速推进，有利于我县发挥区位和资源等优势，有效承接产业转移和辐射带动，培育具有比较优势和较强竞争力的产业，提高外向型经济发展水平。“抚仙湖—星云湖生态建设与旅游改革发展综合试验区”的深入推进，有利于我县探索推进以管理体制、建设模式、运行机制、发展平台和政策创新为主的旅游综合改革，加快生态建设和旅游开发，推进以旅游业为主的现代服务业快速发展。站在新的起点，面对新的机遇，我们必须进一步解放思想，坚定信心，抢抓机遇，始终保持知难而进的责任感、只争朝夕的紧迫感、不进则退的危机感，找准发展定位，选准比较优势，努力开创澂江科学发展新局面。

今后五年经济社会发展的指导思想是：以邓小平理论和“三个代表”重要思想为指导，深入贯彻落实科学发展观，以科学发展为主题、加快转变经济发展方式为主线，坚定不移落实“两大政治任务”、实施“五大战略”、走“三大经济发展路子”，调优一产业、调强二产业、调快三产业，全面提高县域经济综合实力、自主创新能力和可持续发展能力，不断改善民生和促进社会和谐稳定，为在全市率先实现全面建设小康社会目标奠定更加坚实的基础。

今后五年经济社会发展的预期目标是：全县生产总值年均增长13%以上，财政总收入年均增长10%以上，地方财政收入年均增长20%以上，全社会固定资产投资年均增长30%以上，社会消费品零售总额年均增长20%以上，城镇居民人均可支配收入年均增长10%以上，农民人均纯收入年均增长8%以上，城镇登记失业率控制在3%以内，人口自然增长率控制在6‰以内，万元GDP综合能耗下降13%。

要实现以上目标，今后五年重点要抓好七方面的工作：

（一）坚持保护与开发并重，全面提升生态文明水平

坚定不移地贯彻落实“生态立县”战略，把加强生态环境保护、建设生态文明澂江放在更加突出的位置，走生态建设产业化、产业发展生态化的路子，大力发展循环经济、低碳经济，加快构建资源节约、环境友好的生产方式和消费模式，切实增强可持续发展能力。稳步推进市委、市政府确立的抚仙湖保护“一退够、二调优、三保护”战略，实施抚仙湖流域重点污染源治理、入湖河流水污染治理与清水产流机制修复等生态保护和治理工程，争取实施抚仙湖北岸截污治污等重大环保工程，配套完善污染治理设施，实现抚仙湖保护由局部治理保护向全流域生态建设转变，确保抚仙湖总体保持Ⅰ类水质。深入实施“七彩云南·澂江保护行动”，加强水源地周边环境保护治理和帽天山生态修复，稳步实施抚仙湖面山退耕还林，加快建设绿色生态屏障。探索完善生态补偿机制。加快转变发展方式，积极发展湖滨生态农业和有机农业，打造生态旅游业，构建生态文明产业支撑体系。全面开展城乡清洁工程，切实加大农业面源污染治理和农村环境综合整治力度。狠抓节能减排，加大清洁生产力度，加强资源节约和管理，倡导低碳文明、节水型的生产生活方式。严格环境准入制度，强化执法监督，健全环境监管体系、环境重大事件应急处理机制和责任追究制度，坚决杜绝重大环境污染事件的发生。大力倡导“湖清民富”和“生态保护从我做起”的理念，广泛深入开展全民生态文明意识教育、生态绿色创建活动，使生态环保意识深入人心，努力形成人人都是环保宣传员、监督员和保洁员的环保工作格局，争当全市生态文明建设排头兵。

（二）加快推进经济结构战略性调整，增强县域经济综合实力

把转方式、调结构作为科学发展的主攻方向，按照调优一产业、调强二产业、调快三产业的思路，发展现代农业，优化提升工业，加快发展以旅游业为主的现代服务业，全面提升县域经济综合实力。

——着力提高农业产业化水平，发展现代农业。始终坚持把“三农”工作作为县委的重点工作，紧紧围绕农业增效和农民增收，健全以工促农、以城带乡的体制机制，持续加大涉农投入力度，夯实农业农村发展基础，着力提高农业现代化水平和农民生活水平。稳定粮食生产，发展绿色无公害蔬菜，加快发展现代烟草农业，促进烤烟提质增效。结合抚仙湖保护，加快推进农村土地承包经营权流转，大力扶持发展优质特色林果和绿化苗木，推广生态养殖，推进生态、休闲、观光农业规模化发展，推动传统农业向现代农业转型。大力扶持农业产业化龙头企业，积极发展农民专业合作组织，提高农业市场竞争力和抗风险能力。加大财政支农力度，抓好以水利为重点的农业基础设施建设，改善农村生产生活条件。深化农村综合改革，完善农村发展体制机制，健全农业社会化服务体系，增强农村经济发展活力。认真落实强农惠农政策，发展壮大劳务经济，千方百计拓宽农民就业路子和增收渠道。按照“以点带面、典型示范、稳步推进”的思路，扎实推进社会主义新农村建设。

——加快工业转型升级，推进新型工业化。坚持走“磷电结合，做强磷化工，做大建筑建材业，引进发展高新技术产业”的发展路子，按照“重大项目抓落户、龙头企业抓扩改、磷化工产品抓精细、高新技术产业抓引进”的思路，发展结构优化、技术先进、清洁安全、附加值高、吸纳就业能力强的新型工业。采取政府扶持引导、企业联合投入等形式，抓好“一园三片”工业园区土地收储和基础设施建设，增强园区承载力和吸引力，推进工业集约化、专业化、规模化发展。鼓励运用高新技术和先进适用技术改造现有传统支柱产业，大力发展磷

化工精深加工，加快发展新型、绿色建筑建材业，促进磷化工和建筑建材业在淘汰落后产能中实现转型升级。发展农产品及旅游商品加工，把新材料、新能源、生物制药、节能环保等新产业作为前瞻性产业，有选择、有重点地引进培育。突出比较优势和特色，坚持“内培外引”，促进非公经济和中小企业健康快速发展，壮大工业经济规模。

——强力推进旅游项目建设，加快发展现代服务业。积极争取政策，做好项目服务，全力推进旅游重大项目建设，加快发展高端旅游产业，促进澂江旅游由观光资源型向康体休闲度假型转变。完善旅游发展规划，优化旅游产业布局，配套完善旅游基础设施，推进特色旅游镇村建设，打造一批地方餐饮、娱乐品牌，促进旅游业提档升级。深入挖掘古滇文化、古生物文化等特色文化，创新节庆活动内容，丰富旅游文化内涵，增强澂江旅游的吸引力。继续加大“生命摇篮·山水澂江”主题形象宣传力度，加强旅游营销和市场拓展工作，切实扩大澂江旅游知名度。借助昆玉一体化效应，以市场化运作、产业化发展和社会化经营为导向，发展壮大交通、金融、保险、物流、房地产，加快培育商务会展、信息咨询、社区服务、文化体育、创意产业等现代新型服务业，推进传统服务业向现代服务业转型升级。

（三）强化项目支撑，拉动固定资产投资较快增长

坚持把抓项目作为增投资、促发展、惠民生的重要举措，继续实施大项目带动大发展战略，强化招商引资和选商选资，提高项目引进和建设水平。抓住国家实施新一轮西部大开发、加强水利改革发展和加大民生投入等重大机遇，最大限度争取农业农村、生态环保、道路交通、社会事业、科技创新等方面的项目。发挥“一园三片”工业园区的平台和集聚作用，大力引进高新技术产业项目，扩大工业项目投资，增加工业经济总量。抓住“抚仙湖—星云湖生态建设与旅游改革发展综合试验区”建设的机遇，在项目立项审批、土地利用等关键环节大胆探索，扎实推进重大旅游项目建设。进一步优化投资环境，建立健全招商引资目标管理制度和激励机制，提高招商引资成效和项目投资质量，形成“储备一批、建设一批、投用一批”的项目滚动发展机制。健全项目管理机制，继续完善和落实县级领导联系项目、倒逼工期、跟踪问效、考核评价等制度，全面服务好项目，优质高效推进项目建设。拓宽引资和融资渠道，鼓励和吸引国内外资本、民间资本投向基础设施、市政公用事业、城市建设、资源保护开发等领域，不断巩固和扩大固定资产投资规模。

（四）持续完善基础设施，全面推进现代生态宜居城市建设

抓住玉溪市打造“双百”现代宜居生态城市、三湖生态城市群和昆明中心城区拓展转移的机遇，全面提升澂江城市规划、建设、经营、管理水平。突出规划的超前性，高起点、高标准做好县城、集镇、乡村规划，实现城乡规划全覆盖。按照“新城抓开发，老城抓改造”的总体思路，坚持“单体讲景观、局部讲风格、整体讲协调”和“高容积、低密度、大绿化”的城市发展理念，突出县城核心区建设，注重城市标志性建筑和景观建设，加大城市绿化、亮化力度，构建景观优美、各具特色的城市绿化、亮化体系，促进城市从量的扩张向质的提升转变。树立经营城市的理念，用资源的眼光看待城市、用市场的机制配置城市资源、用经营的手段建设城市，把有形、无形资产都纳入城市经营范畴，注重经营城市土地，在盘活存量、增加增量、提高效益上下功夫，吸引社会、民间、外来资金和金融资金参与城市建设，提高经营城市的能力和水平。扎实抓好城市管理，建立长效机制，提高管理城市的能力，使城市管理规范化、标准化、制度化，努力形成管理全覆盖、对接无缝隙、职能不交叉、不留死角盲点的城市管理工作格局。抓住滇中一小时城市经济圈建设机遇，配合做好昆明绕城高速公路东南段、呈澂高速公路和新昆明至澂江轻轨项目等工作，完善交通基础设施，拓展城市发展空间。通过城市基础设施的不断改善，努力建设以旅游业为主、具有湖滨山水特色的现代生态宜居城市。

（五）坚持先进文化引领，大力发展文化事业和文化产业

突出文化在现代化建设全局中的战略性、先导性地位，紧紧抓住省委、省政府建设“民族文化强省”和市委、市政府实施“文化和市”战略的机遇，统筹文化事业与文化产业发展，充分发挥文化引导社会、教育人民、推动发展的功能，进一步推动文化大发展大繁荣。做好本土文化的保护、研究和开发，着力打造古生物化石文化品牌，积极推进金莲山、学山申报国家级重点文物保护单位工作，适时启动金莲山古墓群、学山居址考古遗址博物馆建设。抓紧澂江化石地申报世界自然遗产工作，举全县之力确保申遗成功，并以此为契机加大帽天山的保护开发力度，推动以旅游业为主的第三产业加快发展。将文化产业与旅游产业紧密结合，建设抚仙湖旅游文化产业带，引进国际精品赛事，打造抚仙湖赛事品牌，形成以文化促旅游、以旅游带文化的新格局。创新文化生产和传播方式，鼓励创作一批思想深刻、艺术精湛、富有澂江特色、群众喜闻乐见的文化产品。继续实施文化惠民工程，加强文化基础设施建设和管理，加快构建覆盖城乡、惠及全民的公共文化服务体系，吸引广大群众参与文化建设，共享文化成果。加强对新兴媒体的管理，拓宽对内对外宣传渠道，把握正确的舆论导向，提高传播能力。

（六）坚持以人为本，着力保障和改善民生

坚持发展为民、成果共享，把提高人民群众生活质量放到更加重要的位置，逐步完善覆盖城乡的基本公共服务体系。加大科技普及力度，提高全民科学素质。实施更加积极的就业政策，加强农村劳动力转移职业技能培训，多渠道增加就业岗位，鼓励自主创业、灵活就业，促进充分就业。扩大城镇职工基本养老、基本医疗、工伤、生育、失业保险和被征地农民养老保险覆盖面，完善职工互助医疗、新型农村合作医疗和农民工工资保证金等制度，加快推进覆盖城乡居民的社会保障体系建设。以巩固提高义务教育和加快发展高中教育、学前教育为重点，整合优化教育资源配置，做好标准化学校建设和学校布

局调整工作，强化提升职业教育，推动教育均衡发展。继续深化医药卫生体制改革，不断健全以县级医院为龙头、镇（街道）卫生院和村（社区）卫生所（室）为基础的农村医疗卫生服务网络，建立覆盖城乡居民的公共卫生服务体系、医疗服务体系和医疗保障体系，实施国家基本药物制度和公立医院改革，提高公共医疗服务质量和水平。坚持计划生育基本国策，稳定低生育水平，提高人口素质。加大保障性住房建设力度，抓好廉租房、公共租赁房等建设和农村危房改造与农村抗震民居工程。积极稳妥推进殡葬改革，规范丧葬行为。重视老龄和未成年人工作，加快发展妇女、儿童、残疾人等事业，加强民政、档案、统计、史志、保密、防灾减灾等工作，促进社会各项事业全面发展。

（七）推进民主法治建设，构建社会主义和谐社会

积极支持人大、政府、政协依法履行职能。支持法院、检察院依法独立行使职权。加强对工青妇等群团组织的领导，支持他们按照法律和各自章程开展工作。认真贯彻党的统一战线和民族宗教政策，巩固和发展平等、团结、互助、和谐的社会主义民族关系。深化“六五”普法和“三五”依法治县工作，认真做好法律援助、社区矫正和安置帮教工作。加强基层民主政治建设，健全基层党组织领导的充满活力的基层群众自治机制。以改善服务为重点，健全党委领导、政府负责、社会协同、公众参与的社会管理格局，完善社会管理机制，推进社会管理创新。正确处理改革发展与稳定的关系，严格落实维稳工作领导责任制和责任追究机制，深入推进基层维稳网络和“三调联动”、多调对接的大调解工作体系建设，全面实施重大事项社会稳定风险评估和维护社会稳定预警工作制度，不断提高各级党员干部做好新形势下群众工作的本领，从源头上有效预防和化解社会矛盾。健全社会治安防控体系，实施预防未成年人犯罪工程，继续加大防范和打击邪教力度，深入推进第三轮“禁毒人民战争”，始终保持对违法犯罪的高压态势，全力维护社会和谐稳定。加强社会公共安全应急网络建设，建立健全各种预警和应急机制，提高突发事件处置能力。加强食品药品安全监管，确保公众饮食用药安全。全面落实安全生产责任制，强化安全隐患排查整治，坚决遏制重特大安全事故的发生，保障人民群众的生命财产安全。

三、全面加强和改进党的建设　为经济社会科学发展提供坚强保障

实现澂江经济社会又好又快发展，关键在党，根本在于加强和改进党的建设。全县各级党组织必须以党的执政能力和先进性建设为主线，充分发挥党的领导核心作用，准确把握发展趋势，科学谋划发展蓝图，努力创新发展模式，全面加强和改进党的建设，不断提高党领导经济社会发展的能力和水平。

（一）加强学习型党组织建设，永葆党的先进性

进一步深化用中国特色社会主义理论体系武装全党的重要性、紧迫性和必要性认识，把建设马克思主义学习型政党作为一项重大而紧迫的战略任务抓紧抓好，努力把各级党组织建设成为学习型党组织，把各级领导班子建设成为学习型领导班子。继续落实好各级党委（党组）中心组理论学习、为基层讲党课等制度，认真总结深入学习实践科学发展观活动的成功经验，推进“创先争优”、“学习型党组织建设”等活动深入开展，用中国特色社会主义理论体系武装头脑、指导实践。广泛开展社会主义核心价值体系学习教育，大力弘扬党的优良传统，加强中华民族优秀传统文化教育，进一步强化党的宗旨意识、执政意识、大局意识和责任意识。把理想信念教育作为全体党员干部学习践行社会主义核心价值体系的重中之重，大力弘扬以爱国主义为核心的民族精神和以改革创新为核心的时代精神，自觉践行社会主义荣辱观，不断增强全县党员干部和各族群众的凝聚力和向心力。

（二）坚持解放思想和转变观念，提高党的创新能力

全县各级党组织要围绕加快发展、科学发展的目标要求，不断解放思想、更新观念、转变作风，激发全县人民的创造力，促进新的发展。要与时俱进，不断改革创新，积极探索研究新形势下党建工作的有效途径和载体，自觉运用创新的理论、思路和方法，找准切入点和突破口，解决新时期党建工作中出现的新情况、新问题，做到方法有创新、工作有创意、实践有创造。要不断强化责任意识、忧患意识和拼搏意识，始终保持昂扬向上的精神状态和求真务实的工作作风，锐意进取、艰苦奋斗，推进党建工作取得新成效。全县各级各部门要进一步强化抓决策部署落实的责任主体意识，各级党政主要领导要认真履行督促检查工作第一责任人的职责，察实情、办实事、求实效，真正把心思和精力用在推动工作上。要狠抓各项决策部署落实，盯住不落实的事，问责不落实的人，力推“一线工作法”，切实做到“干部在一线工作，决策在一线落实，问题在一线解决，创新在一线体现，成效在一线检验”。要树立效率优先的理念，坚持从实际出发，增强工作的计划性、前瞻性和科学性，倡导特事特办、大事先办、要事快办、速决速行。要努力形成崇尚创新、鼓励创新、保护创新、全民创新的良好氛围，切实保护好勇于创新的人，以新的思路、新的举措、新的作风、新的活力推进全县经济社会实现新的发展。

（三）加强领导班子和干部队伍建设，提升党的执政能力

按照“建一流班子、带一流队伍、创一流业绩”的要求，充分发挥各级党委总揽全局、协调各方的领导核心作用，在政治上把好方向、组织上搞好团结、工作上理清思路、执行上狠抓落实。坚持“民主、公开、竞争、择优”的原则，不断完善干部公开选拔、竞争上岗、资格考试等选任方式，全面落实领导干部任用延伸考察办法，健全干部选拔任用工作信息公开和满意度测评等制度，进一步提高干部选拔任用的制度化、科学化水平，提高选人用人公信度。按照“提高素质、改善结构、大胆提拔、放手使用”的要求，加强少数民族干部、妇女干部、优秀年轻干部、党外干部和基层干部的选拔培养，支持和重用想干事、敢干事、会干事、敢碰硬的干部，努力革除办事墨守成规，说得多、做得少，乱忽悠，不求有功、但求无过等行政陋习，努力建设一支能担重任、让党和人民放心的干部队

伍。进一步整合教育培训资源，加大干部教育培训力度，逐步建立以党校为主体、社会化培训为补充、网络教育为辅助的干部教育培训新模式，提高领导干部能力素质。大力实施“人才强县”战略，统筹抓好以高层次、高技能和农村实用人才为重点的各类人才队伍建设。完善干部考核激励机制，强化考核成果运用，充分调动广大干部干事创业的积极性、主动性和创造性。健全和完善党内激励、关怀、帮扶机制，关心爱护基层干部、老党员和生活困难党员，为离退休干部发挥余热创造良好条件。

（四）加强基层党组织建设，夯实党的执政基础

按照“围绕中心、服务大局、拓宽领域、强化功能”的要求，继续深化“云岭先锋”工程和“三级联创”活动，深入开展“创先争优”和“三个一”主题实践活动，建立健全党员长期受教育、永葆先进性的长效机制，努力把党的基层组织建设成坚强的战斗堡垒，切实发挥基层党组织推动发展、服务群众、凝聚人心、促进和谐的作用。积极探索城乡一体的基层党组织设置模式，努力构建城乡统筹的基层党建格局，全面推进机关、农村、企业、社区和学校等基层党建工作协调发展。不断加强机关党组织建设，使机关党建走在全县基层党组织建设的前列。以构建和谐社区为主要内容，积极推进“三有一化”建设，努力开创社区党建工作新局面。进一步健全县镇（街道）联系村、村联系组、组联系党员、党员联系群众的工作机制，认真落实“一定三有”要求，不断完善“四议三审两公开”工作法，在工作理念、工作机制、组织形式、活动载体等方面积极探索，加强农村基层党建工作。加强和改进党员发展工作，优化党员队伍结构，完善党员教育、管理、监督长效机制，提高党员素质。继续做好从优秀村（社区）干部中考录镇（街道）公务员、选聘高校毕业生到村任职等工作，切实帮助农村破解发展难题，提升基层党建整体水平。

（五）加强反腐倡廉建设，营造干事创业的良好环境

坚持“标本兼治、综合治理、惩防并举、注重预防”的方针，全面推进教育、制度、监督并重的惩治和预防腐败体系建设，确保反腐倡廉建设各项任务落到实处。强化教育在反腐倡廉中的基础作用，深入开展理想信念、党风党纪和从政道德教育，加强廉政文化建设，把反腐倡廉教育融入领导干部培养、选拔、管理、使用全过程，筑牢党员干部拒腐防变的思想道德防线。加强对党员干部行使权力的监督制约，坚决纠正损害群众利益的不正之风。认真贯彻《廉政准则》，严格执行领导干部个人重大事项报告、经济责任审计等制度，切实加强对领导干部尤其是党政领导“一把手”的监督管理。坚持以改革统揽预防腐败的各项工作，推动反腐倡廉理论、制度和实践创新，力争在关键领域和重要环节取得突破，逐步铲除腐败现象滋生蔓延的土壤。继续加大查办违纪违法案件力度，深入开展纠风治乱和专项治理工作。广大党员干部要自觉加强党性锻炼，严格遵守党的纪律，把纪律的外在约束力转化为内在自制力，干干净净做人、勤勤恳恳做事、清清白白为官，努力营造风清气正的干事创业环境，以党风廉政建设的成效取信于民。

同志们，回首过去，我们无比自豪，展望未来，我们信心百倍。我们一定要紧密团结在以胡锦涛同志为总书记的党中央周围，高举中国特色社会主义伟大旗帜，深入贯彻落实科学发展观，团结带领全县各族干部群众，进一步解放思想、开拓创新，奋发进取、真抓实干，为建设生态、富裕、开放、文明、民主、和谐新澂江而努力奋斗！

政府工作报告

——在澂江县第十五届人民代表大会第四次会议上

苏绍华

（2011年2月15日）

各位代表：

我代表县人民政府向大会报告政府工作，请各位代表连同《澂江县国民经济和社会发展第十二个五年规划纲要（草案）》一并审议，并请县政协委员提出意见。

一、十一五工作回顾

回顾过去五年，我们走过了极不平凡的历程，战胜了各种困难。五年来，在市委、市政府、县委的正确领导和县人大、县政协的监督支持下，县政府认真落实两大政治任务，实施五大战略，走三大经济发展路子，团结依靠全县各族人民，迎难而上，奋力前行，全面推行科学发展、和谐发展，各项工作取得了可喜成绩，圆满完成了十一五规划的目标任务。

发展速度明显加快。五年来，全县紧紧围绕打牢发展基础、转变发展方式、统筹社会事业发展，坚持把发展放在首位，经济发展速度明显加快。生产总值从2005年的15.6亿元增加到2010年的36.2亿元，年均增长14.5%，完成十一五目标的122.1%；五年累计完成固定资产投资62.4亿元，比十五增长2.3倍，年均增长39.8%，完成十一五目标的143.6%；财政总收入从1.98亿元增加到5.4亿元，年均增长22.3%；地方财政收入从1.04亿元增加到3.4亿元，比十五末增长2.3倍，年均增长26.7%，完成十一五目标的137.1%；农民人均纯收入从3497元增加到6374元，年均增长12.8%，完成十一五目标的113.2%；城镇居民可支配收入从9078元增加到17014元，年均增长13.4%，完成十一五目标的146.8%；社会消费品零售总额突破8亿元，为十五末的2.5倍，年均增长20%，完成十一五目标的141.1%。

发展结构趋于合理。一、二、三产业结构由2005年的22：40：38，调整为2010年的18：40：42。农业基础地位得到巩固，产业化进程加快，农业总产值由2005年的5.1亿元增加到2010年的9.7亿元，年均增长13.7%。发展经济果木林3.5万亩、市级龙头企业4家、农民专业合作社39家、无公害生产基地5个、养殖专业村10个、规模养殖户1057户，认证无公害农产品产地1.4万亩、无公害农产品9个、绿色食品2个。工业经济稳步发展，磷化工、水电、建筑建材及农副产品加工初具规模，工业总产值由2005年的19.9亿元增加到2010年的36.4亿元，年均增长12.9%，工业增加值由2005年的5.4亿元增加到2010年的11.2亿元，年均增长14.1%。第三产业发展势头强劲，旅游重大项目推进、酒店提档升级、景区景点标准化建设初见成效，禄充成功创建国家AAAA级景区，累计投入旅游发展资金23亿元，接待游客746万人次，实现旅游总收入22.8亿元。

发展基础得到夯实。强化城市规划建设，投入市政建设资金1.09亿元，实施了56件市政配套设施。投资14.1亿元，建成7个居住小区，城区人均居住面积56平方米。投资6.17亿元，完成澂阳路、环湖路和11条农村公路建设，完成澂马路和横大路大修，全县通车里程884.53公里，有效改善了道路通行能力。投资2.28亿元，改造中低产田地5.33万亩、完成25个水库除险加固和8475件农田水利工程，新增蓄水能力127万立方米，改善灌溉面积5.34万亩，全县水利化程度从十五末的90.2%提高到92.5%，农业综合生产能力得到提升。湖畔圣水、太阳山等一批重大旅游项目开工建设，15万吨黄磷电炉技改、华荣120万吨旋窑水泥技改等重点工业项目投产运营。建成220千伏抚仙变、110千伏象山变、110千伏河阳变。田坝、鲊取电站建成投产，新增水电装机容量4.02万千瓦。投入7.87亿元，实施了61项生态工程和环保措施。十一五水污染综合防治20个目标责任项目完工率100%，城镇污水收集处理率达83%以上，万元生产总值能耗下降18%，全县森林覆盖率33.2%，县城人均绿地面积6.5平方米。严格执行《云南省抚仙湖保护条例》，深入开展七彩云南澂江保护、环保百日整治等专项行动，积极妥善处置阳宗海砷污染事件。被国家环保部授予国家级生态示范区称号，抚仙湖综合水质总体继续保持国家Ⅰ类标准。

发展环境得到优化。财政体制、农业农村、社会事业、行政管理、投融资等改革纵深推进，法治政府、责任政府、阳光政府、效能政府建设得到全面加强，政府经济调节、市场监管、社会管理、公共服务职能得到强化，科学决策、依法行政、服务管理水平不断提高，行为更加规范、程序更加透明、效能明显提升。秉承经济发展、生态优先的理念，科学定位，强化重点项目县级领导联系、服务承诺、风险评估等措施，对项目推进采取目标倒逼、一线工作和跟踪问效等办法，发展环境作为生产力、吸引力、竞争力、创造力的意识不断增强，对外开放水平明显提高。区域合作进一步加强，抚仙湖—星云湖生态建设与旅游改革发展综合试验区建设初见成效。共引进项目19个，实际利用市外国内资金28.8亿元、外资1667.5万美元，完成出口总额1.99亿美元。五年来共偿还以教育、交通基础设施建设为主的政府性债务2.32亿元。统计、审计、气象、广电、通讯、工商、金融、邮政、民宗等工作取得新成绩。社会治安综合治理不断加强，一些复杂信访问题得到化解，民主法治进程有力推进，安全生产形势持续平稳，人民群众安全感和满意度逐步提升。

发展成果惠及百姓。累计发放城乡低保金2046.27万元、救灾救济金939.07万元、被征地农民养老保险金和月生活补助费508.54万元，支付城镇居民五大保险金4.03亿元。开发就业岗位7537个、实现再就业3958人、转移农村劳动力19545人，城镇登记失业率控制在2.85%，城镇零就业家庭保持动态清零。投入教育资金5.6亿元，两基指标达到国家标准，新改扩建学校17所、排危2.48万平方米，落实“三免一补”资金5159.26万元、惠及25.3万生次，荣获全省规范教育收费示范县和首批教育工作先进县称号。卫生事业投入1.93亿元，建改卫生院所27个，新农合发放补助110.7万人次5148万元。投资8272.5万元，完成30个新农村、2.65万平方米廉租房、61个整村推进扶贫项目、5750户农村民居地震安全工程、450户农村危旧房改造、4个民族团结示范村、12项库区和移民安置区后期扶持等项目建设。建成农家店、加盟挂靠店159家。兑现农资综合直补、家电下乡等补贴5320万元，发放贴息贷款4700万元。实施4463户村村通工程，有线电视覆盖率87%。计划生育工作被命名为全省计划生育优质服务先进县。文化、体育事业繁荣活跃，老龄、残疾人工作进一步加强。拥军优属、拥政爱民活动深入开展，荣获全省第八届双拥模范县称号。

各位代表，刚刚过去的2010年，县政府以科学发展观统领经济社会发展全局，千方百计抗大旱，扎扎实实惠民生，全力以赴保增长，超额完成了县十五届人大三次会议确定的目标任务，为十一五划上了圆满句号。全县完成生产总值36.2亿元，按可比价计算比上年增长13.5%；财政总收入5.4亿元，增长17.4%；地方财政收入3.4亿元，增长26%；全社会固定资产投资24.2亿元，增长40.6%；社会消费品零售总额8.4亿元，增长25.4%；城镇居民人均可支配收入17014元，增长14.1%；农民人均纯收入6374元，增长13.8%，全县经济保持了持续快速发展。

（一）*农业农村经济成效显著*。高度重视三农工作，农村经济在大灾之年保持较快增长，实现农业总产值9.7亿元，增长14.1%。投资9467万元，完成梁王河、水箐水库除险加固，马槽地和石寨河水库除险加固主体工程、马吃水水库扩建和21座病险水库治理完工，实施抗旱工程147件、五小水利工程1495件，左所水库建设进展顺利。投资4473.27万元，改造中低产田地3.34万亩。示范推广农作物新品种64个。完成10个现代烟草农业示范区建设，收购烟叶665.97万公斤，实现交售收入9650万元。粮食产值9923万元，增长5.5%；蔬菜产值3.98亿元，增长41.6%；畜牧业产值2.1亿元，增长11.6%。完成蛟龙潭搬迁，鱼塘村搬迁和提古省级新农村试点建设稳步推进，16个新农村重点村和2个典型示范村建设通过市级验收。完成新一轮土地利用总体规划、地质灾害防治规划和2010—2020年中低产林改造规划编制。成立县林权管理服务中心，集体林权制度配套改革深入推进。第二次全国土地调查进展顺利。

（二）*工业经济稳步增长*。强化工业核心动力，深入实施工业强县战略，实现工业总产值36.4亿元，增长15 %，工业增加值11.2亿元，增长7.9%。华荣120万吨旋窑水泥技改二期、金山3.5万吨高纯度磷酸、金龙5万吨食品磷酸项目建成投产，地道酒厂异地技改、宝泰轻化机械不锈钢成套设备及配件生产线竣工运营。澂江县工业园区总体规划通过市级评审，海口35千伏变电站建设进展顺利。帮助企业申报贷款3.15亿元、政府贴息资金604万元，认定省级成长型中小企业3户、市级4户。严格落实节能减排措施，削减COD357吨，淘汰西浦水泥厂落后产能22万吨，完成恺达塑胶有限公司清洁生产审核和15万吨黄磷电炉技改验收，万元生产总值能耗下降3.4%。开展第二轮矿产资源规划修编，申请设立了风口哨—黑蚂地、马吃水—红坡探矿权，政府对矿产资源整合开采的协调服务得到加强。

（三）*第三产业快速发展*。出台了加快旅游产业发展的决定。抚仙湖悦椿度假酒店开业运营，太阳山一期、湖畔圣水二期开工建设，完成竹海箐生态旅游度假村一期开发和禄充笔架山沙滩修复。抚仙湖国际老年康体养生度假中心、抚仙湖国际养生园、云南国土资源职业学院扩建项目进展顺利，仙湖圣境、仙湖山水国际度假园、波息湾健康管理中心等项目前期工作积极推进。国务院正式确定澂江化石地为中国政府2011年申报世界自然遗产唯一项目，金莲山、学山申报国家重点文物保护单位和关索戏申报国家非物质文化遗产通过评审。全年共接待游客173万人次，增长11.4%，旅游总收入6.5亿元，增长27.1%。县粮食储备中心库区、生猪屠宰场和广龙集贸市场投入运营，揽秀社区环城南路家俱城主体完工。兑付家电、汽车摩托车下乡补贴资金685万元。17个农家店、1个日用消费品配送中心通过市级验收，消费市场繁荣活跃，第三产业增加值达15.2亿元，增长15.3%。

（四）*生态建设全面推进*。抚仙湖东岸环湖截污治污、梁王河流域环境综合治理、矣旧上村农村环境综合整治、月亮湾生态湿地、蒿芝箐至海口村湖滨带生态修复等项目建设完工。抚仙湖林业生态建设、测土配方施肥技术推广、帽天山动物化石群保护区周边生态修复工程通过验收。启动县城污水处理厂5000吨/日扩建和东大河流域水污染治理与清水产流机制修复试点工程。治理小流域水土流失19.2平方公里，实施人工造林和封山育林2.3万亩。全面推行环境保护一岗双责制度，保持环境执法严管态势，严格执行污染物排放总量控制和排污许可证制度，建设项目环评率和三同时执行率达100%。加强抚仙湖保护综合执法和环卫管理体系建设，成立县抚仙湖综合行政执法大队和沿湖三镇执法中队、环卫站，开征抚仙湖资源保护费，入湖河道河段长责任制和农村农业垃圾集中收运处置体系建设得到强化，国家级生态示范区建设成果不断巩固。

（五）*发展活力不断增强*。坚持把项目建设作为加快发展的首要任务，积极做好项目引进争取和督促实施，全年完工项目30个，在建项目23个，其中，各级财政投入项目26个、总投资5.4亿元，社会资金投入项目27个、总投资18.8亿元；生产性项目15个、总投资4.2亿元，基础设施项目8个、总投资3.9亿元，其他项目30个、总投资16.1亿元。签订投资合作项目4个，实际利用市外国内资金9.03亿元，增长27.2%，利用外资385.6万美元，完成出口总额4108万美元。深化镇财县管、部门预算、国库集中支付、政府采购管理，实行预算单位公务卡改革，强化非税收入管理和重点税源监管，保障重点项目和民生支出。推进金融改革创新，成立德安小额贷款公司。加强银政银企合作，年末各项贷款余额20.78亿元，增长18.2%，存贷比50.5%，金融保险部门为全县经济社会发展作出了积极贡献。

（六）*城镇建设步伐加快*。强化规划龙头作用，县城城市总体规划通过专家评审，完成县城城市特色规划和鱼塘村、禄充老渔村、新村等3个村庄规划编制。行政中心主体工程建设进展顺利。分配廉租住房1.65万平方米，惠及群众1200余人。新建1万平方米廉租住房工程完工。容大广场交付使用，碧湖园开工建设，垃圾焚烧厂、文化服务中心、县档案馆、电力调度中心等项目前期工作有序推进。完善凤山公园公共配套设施。维修、新装路灯970盏，完成翠竹中路、仙湖路、环城东路、东大河路等城区道路维修改造。启动上庄至大竹箐农村公路建设，开展了澂阳路审计验收，完成梅玉至东山、矣旧至独岕箐等农村公路质量评定。城市管理综合行政执法局挂牌成立，清理整治县城农贸市场周边环境和红枫街占道经营。在澂阳路、凤翔路、东浦路、右所横大路等4个入城路段实施车辆限高管制，大力治理超限超载。实施绿色图章制度，开展城市绿化认建认养公益活动。笔架山庄、湖畔圣水、金色仙湖、交通培训中心、右所镇政府、县国税局、凤山小学、县污水处理厂等8家被评为市级园林单位和园林小区。省甲级卫生县城创建成果进一步巩固。

（七）*民生实事有效落实*。教育事业在两基迎国检中加速发展。投入1450万元为各中小学配备教育教学设备，完成二中、松元、吉花小学学生宿舍楼、一中食堂建设和广龙、万海、尖山小学迁建。启动县医院住院楼建设，完成龙街、阳宗卫生院和县计生服务站、龙街计生服务所改扩建。全面实施基本药物零差率销售，新农合参合率96.01%。落实奖优免补政策，人口自然增长率为3.6‰。实施住房货币化补贴发放和城镇居民医疗保险制度，社会保障体系持续完善。新增城镇就业2200人，实现再就业910人，发放小额信贷资金2800万元。开展第六次全国人口普查。实施了14个整村推进扶贫开发、6项库区和移民安置区后期扶持项目，完成2200户农村民居地震安全工程、150户农村危房改造、农村电网完善工程和177户村村通工程。九村敬老院扩建、34个农家书屋、31个农民体育健身工程、3个农村文化体育活动广场、拖柏村民族团结示范村和龙街、海口、右所综合文化站建设完工，启动龙街敬老院扩建。依法治县深入推进，五五普法通过市级验收。强化社会治安综合治理，大力化解社会矛盾，突出抓好校园安全综合整治和流动人口服务管理，为全县中小学新配备保安42名、装备安保器材61套。加大安全生产和食品药品安全监管，集中式饮用水源地安全隐患排查整治和规范管理成效明显，组建综合应急救援队伍，应对处置突发事件的能力明显增强，先进平安县创建工作通过省级考核。

（八）*政府效能不断提升*。在政府部门全面推行行政绩效管理、成本控制、行为监督、能力提升等效能政府四项制度，深入推进法治政府、责任政府、阳光政府建设，全面开展政风行风评议，机关作风明显改进，干部队伍素质不断提升，工作效率和服务质量有所提高。完善政府工作规则，自觉接受县人大、县政协监督，加强与人大代表、政协委员联系，认真办理人大代表建议80件、政协委员提案79件，办复率和满意率100%。人大代表建议解决33件，正在解决23件，尚不具备解决条件24件；政协委员提案解决35件，正在解决33件，尚不具备解决条件11件。加大政府投资项目审计力度，完成项目审计78项，核减工程投资4539万元。坚持开短会、讲短话、行短文，大力倡导厉行节约，压缩一般性支出，全县经常性项目支出缩减41.9%，庆典、节会、论坛经费压缩60%，车辆购置及运行费用降低30.4%，公务接待经费下降45.5%，出省考察经费减少50%，出国出境经费实现零增长。

各位代表，回顾过去五年的工作，我们深感成绩来之不易。这是市委、市政府和县委正确领导的结果，是历届县委、县政府打下坚实基础的结果，是县人大、县政协和社会各界人士大力支持的结果，是全县广大干部群众真抓实干、共克时艰的结果。在此，我谨代表县人民政府向全县各族人民，向关心、支持政府工作的人大代表、政协委员、老领导和社会各界人士表示衷心的感谢！

在看到成绩的同时，我们也要清醒地认识到，与科学发展观的要求相比，与人民群众的愿望相比，与发达县区的发展水平相比，我县的差距仍然很大，我们前进的道路上还面临着许多困难和问题。一是财政收支矛盾突出、平衡难的问题依然存在，以旅游业为主的现代服务业尚未形成支柱；二是生态建设和环境保护任务繁重、形势严峻，干部群众的环保意识有待进一步提高；三是社会事业发展还存在许多薄弱环节，问题依然突出；四是城市规划建设管理滞后，距以旅游业为主的现代服务型生态城市差距还很大；五是少数干部作风漂浮，抓落实不够，执行力不强。这些问题，我们一定要高度重视，采取更加扎实有效的措施加以解决。

二、十二五目标任务

十二五时期，是我县全面建设小康社会的关键时期。政府工作要坚持以邓小平理论和三个代表重要思想为指导，以科学发展为主题，以加快转变经济发展方式为主线，认真落实两大政治任务、实施五大战略和走三大经济发展路子，更加注重以人为本，更加注重全面协调可持续发展，更加注重统筹兼顾，更加注重保障和改善民生，促进经济平稳较快发展和社会和谐稳定，全面建设生态、富裕、开放、文明、民主、和谐新澂江。

主要目标为：生产总值年均增长13%以上；财政总收入年均增长10%以上；地方财政收入年均增长20%以上；全社会固定资产投资年均增长30%以上；城镇居民人均可支配收入年均增长10%以上；农民人均纯收入年均增长8%以上；社会消费品零售总额年均增长20%以上；万元生产总值能耗下降13%；人口自然增长率控制在6‰以内；城镇登记失业率控制在3%以内。

实现上述目标，我们要重点抓好以下五方面工作：

（一）调整优化产业结构，不断壮大综合经济实力

加快发展现代农业。以调整优化农业产业结构、增强农业综合生产能力、促进农民增收为目的，结合抚仙湖保护实际，建立生态农业补偿机制，实施土地合理流转，推进生态农业规模化发展。以中低产田地改造、中低产林改造、水利设施建设、农村电网升级、民居排危、农村环境整治等为重点，完善农业农村基础配套设施，扎实推进新农村建设，力争在生态农业发展、新型农民培育、现代农村发展上取得新突破。适应形势变化，合理确定烤烟种植面积和产量，促进烤烟向适宜种植的区域发展。巩固粮食、蔬菜、花卉、畜牧产业，推进农产品标准质量体系认证及出口农产品种植基地安全示范区建设，发展绿色无公害农产品，抓好米袋子、菜篮子工程。制定农业发展规划及扶持引导政策，探索和完善符合澂江实际和有鲜明区域特色的、多元化的现代农业发展之路。在抚仙湖径流区范围内，重点发展优质绿化苗木、水生植物种植、湿地建设和优质林果。用工业化的思维谋划农业，培育壮大农产品加工出口龙头企业，发展农民专业合作经济组织和营销组织。认真落实农村综合改革和强农惠农政策，加大农村劳动力培训力度，提高农民就业和创收技能，引导农村富余劳动力向非农产业和城镇有序转移。

坚持工业强县方略。把加快推进新型工业化进程作为县域经济发展的战略重点，围绕一园三片区建设，筑巢引凤，制定出台加快工业发展的政策措施，完善园区规划，加强工业项目用地储备，加快基础设施配套建设。以现有产业产品升级和新项目引进落地为基础，推动技术创新和改造，限制和转化三高一资产业，着力培育新兴产业，增强新产品开发能力和品牌创建能力。大力发展低碳循环经济和清洁生产，推进节能减排，提高企业市场竞争能力和抵御风险的能力。在东溪哨磷化工片区，大力发展黄磷、磷酸等磷化工中下游产品，力促企业已建成项目早日投产。利用磷矿渣废料开发新型干法水泥等建材产品，延伸产业链，提高产品附加值。以提古园区为平台，主动承接现代新昆明辐射带动，引进生物制药、电子电力、机械装备制造、轻型加工等高新技术产业。以绿色农副产品加工、旅游工艺纪念品、新型建筑建材为重点，加速城西轻工片区发展。力争把一园三片区建设为省级特色产业园区，2015年实现工业总产值62亿元，工业增加值17.5亿元。

做精现代服务业。坚持把发展现代服务业作为优化结构的重要途径，先行先试。立足抚仙湖、帽天山独特资源优势，抓住云南旅游二次创业和抚仙湖—星云湖生态建设与旅游改革发展综合试验区建设的机遇，实施保护式开发。大力推进太阳山、湖畔圣水二期、抚仙湖国际养生园、抚仙湖国际老年康体养生度假中心、仙湖圣境等旅游项目建设，打造世界知名、中国一流的高原湖泊康体休闲度假产品。以澂江化石地申报世界自然遗产和金莲山、学山考古发掘保护为带动，发掘旅游文化资源，着力开发科普科考探险旅游精品线路。以旅游小镇、旅游特色村开发为重点，将旅游文化与农耕文化、生态田园风光相结合，发展乡村休闲、度假和体验旅游产品，提升乡村旅游档次。强化旅游人才队伍建设，规范旅游秩序，力争2015年接待旅游人数突破200万人次，旅游总收入突破10.5亿元。加强商业网点规划，强化市场配套监管，整合、改造、提升传统商贸和餐饮业，扩大家电、汽车和摩托车下乡补贴品种和范围，加快专业市场、连锁经营、社区服务、信息中介等行业发展。抓好云南国土资源职业学院扩建，培育教育、住房等消费热点，积极引导消费行为，扩大消费信贷规模和范围，提升居民消费能力和条件，促进消费增长，切实提升以旅游业为主的现代服务业整体水平。

（二）坚持生态环保优先，全面推进生态县建设

稳步实施一退够、二调优、三保护战略，把环境保护放到经济社会发展的先导位置，下更大的决心、花更大的力气、尽最大的努力推进生态文明建设。坚持源头严管、过程严控与末端治理并举，点源治理与面源防治并重，工程措施与非工程措施同施，把抚仙湖北岸作为水污染综合防治的重点，突出抓好

三退一还及湖滨缓冲带建设、河道清水产流机制修复和村落环境综合整治，保育涵养水源，为抚仙湖提供优质水源补给。完善环境预警和监测体系建设，严格环境执法，深入开展环保专项行动，全面落实环境保护一岗双责。探索生态建设和环境管理市场化运作模式及多元化投入机制，加强环保工程运行维护管理，强化城镇污水集中入网措施，加快形成以焚烧为主的生活垃圾收处体系，使城镇污水、城镇垃圾处理率达90%以上。抓好工业污染源治理和节能减排，依法实施清洁生产审核和能源审计，探索建立环境污染赔偿、资源利用奖惩、主要污染物总量削减保证金和环境资源区域补偿等制度。加大森林保护和城乡绿化建设，力争森林覆盖率达36%。加快湖清河洁、天蓝地绿、空气清新的生态澂江建设，努力把抚仙湖Ⅰ类水质一届一届、一代一代地传递下去，多给子孙后代留好处，为澂江科学发展奠定坚实基础。

（三）改善发展基础条件，加速城镇化进程

坚持做优城市、做特乡镇、做美农村，发挥城市总体规划和土地利用总体规划龙头作用，主动承接新昆明部分城市功能转移，抓紧完善县城总体规划、专业规划和集镇村庄规划编制，以县城规划建设辐射带动周边集镇发展。科学设置街道，合理划分社区，创新城镇经营理念，拓宽融资渠道，广泛吸纳社会资本参与城镇建设和管理。修建竹园路、新华路、南北大街等城市道路，形成新城基本框架。以行政中心建设为核心，把凤翔路南片区、体育馆片区开发建设与梁王河环境综合整治和城市防洪体系建设有机结合，实施引水入城工程，改善人居生态环境，加速新城区开发，逐步为老城区改造腾出空间。以文庙公园恢复改造为重点，抓好政府原办公区开发，带动老城区改造。发挥城市综合行政执法职能，全面加强城市管理，切实改善城市形象，打造以旅游业为主的现代服务型生态城市，力争城镇化率突破48%。夯实交通基础设施，实施乡村道路硬化，推进澂川公路高速化改造，全力配合做好呈澂高速公路、昆明绕城高速公路东南段、新昆明至澂江轻轨铁路的争取和推进工作，拓展城镇发展空间。

（四）深入推进改革开放，持续增强发展活力

推进行政管理体制改革，加快政府职能转变，规范审批制度，提高行政效率，降低行政成本。健全国有资产、政府投资监管和营运体系，规范政府投资行为，实现国有资产合理流动和保值增值。大力培育后续财源，深化财税体制改革，优化财政支出结构，统筹运用财政手段，支持农业现代化、工业化、城镇化建设。整顿和规范市场秩序，大力发展资本、土地、技术等要素市场，建立公共资源交易中心，完善社会信用体系，鼓励和引导金融机构加大对地方经济的支持力度，加快非公经济和中小企业发展。坚持上争、外引、内聚，倡导非禁即入，引导民营资本进入公共事业、基础设施建设等领域。以开放的胸襟、包容的态度、主动的姿态、紧迫的责任、务实的作风，加强与新昆明等周边城市的经济技术协作，加大招商引资力度，加强重点招商项目库建设，建立健全招商引资目标管理制度和激励机制，营造放宽高、作风实、成本低、服务好的投资环境，引进一批有实力的投资主体和战略投资者前来置业。依附中国—东盟自由贸易区，优化出口商品结构，扶持培育一批出口龙头企业，不断扩大对外贸易，以外向型经济带动县域经济快速发展。

（五）加快社会事业建设，保障人民安居乐业

把民生放在更加突出的位置，重点解决群众最关切的权益保障问题、最关心的社会治安问题、最关注的社会公平正义问题，让人民群众切身感受到实实在在的变化。抓好就业再就业工作，积极增加社会就业容量，维护劳动者合法权益。全面推进素质教育，普及高中阶段教育，加快发展学前教育，实施标准化学校建设，促进教育均衡发展。加快覆盖城乡居民公共卫生、医疗服务、医疗保障和药品供应保障体系建设，鼓励引导社会办医，实施国家基本药物制度，普及城乡社区卫生服务。坚持计划生育基本国策，提高人口素质。加强社会保障体系建设，强化社保基金管理，不断扩大社保覆盖面，逐步提高保障水平，积极探索实施新型农村养老保险制度。大力发展社会福利事业，健全社会救助体系，实现城乡社会救助全覆盖。加快保障性住房建设，切实解决城镇低收入家庭住房困难，改善人民群众的居住条件，促进房地产市场健康发展。大力发展科技、文化、体育事业，倡导文明健康的生活风尚。深入推进社会管理创新、社会矛盾化解和公正廉洁执法，加强社会治安综合治理，深化禁毒防艾人民战争，严格落实安全生产、食品药品安全责任制，切实提高公共安全保障水平。抓好民族宗教、防灾减灾、广播电视、妇女、儿童、老龄、残疾人等工作，促进社会各项事业协调发展。

三、2011年工作意见

2011年是实施十二五规划的第一年。做好2011年的工作对于十二五开好局、起好步，以优异的成绩迎接建党90周年具有十分重要的意义。政府工作要认真按照县委十届七次全会的要求，全面践行科学发展观，用好新一轮西部大开发、桥头堡建设和实施积极财政政策、稳健货币政策的机遇，全力转方式、调结构、建生态、惠民生、保稳定，确保经济平稳较快发展、社会和谐稳定。2011年的主要预期目标为：生产总值增长13%以上，财政总收入增长10%以上，地方财政收入增长20%以上，全社会固定资产投资增长35%以上，社会消费品零售总额增长20%以上，城镇居民人均可支配收入增长10%以上，农民人均纯收入增长8%以上，万元生产总值能耗下降3%，城镇登记失业率控制在3%以内，人口自然增长率控制在6‰以内。

重点抓好九项工作：

（一）突出项目支撑，保持固定资产投资较快增长

坚持把项目建设作为促进发展的主要着力点，把优化投资结构与转变发展方式相结合、争取上级支持与引导各方投资相结合、基础设施建设与加快产业发展相结合，全力推进项目实施，确保固定资产投资突破33亿元。切实做好项目前期工作，提高项目筛选、储备、包装和推介水平，出台向上争取项目、资本储备融资库，加大项目前期工作投入，调动跑项目争资金

的积极性，最大限度地争取中央、省、市的项目和资金支持，力争在产业培育、基础设施、生态保护、社会事业等方面实施一批带动性强的重大项目。完善重大项目挂钩联系、跟踪问效、协调推进、考核奖惩机制，严把新上项目技术关、资源消耗关、环境保护关，依法清理闲置土地，盘活存量建设用地，提高土地供给水平，强化建设工程监督审计和质量管理，做到新上抓开工、在建抓进度、建成抓运营，扎实推进14个续建、40个新建和16个预备项目进程。加强中介招商、专业招商、以商招商，拓宽引资领域，鼓励和吸引国内外资本参与产业发展、城市建设、资源保护开发、民生保障等各个领域。做好招商引资项目跟踪落实，主动超前服务，及时协调解决困难问题，提高项目履约率和资金到位率，推动项目落地、建成、见效，力争实际利用市外国内资金突破12亿元。

（二）突出兴农富民，促进农村经济持续增长

巩固农业基础地位，加快农业产业培育，提高农业综合生产能力，推进新农村建设，促进农业增效、农民增收、农村繁荣，实现农业总产值增长6%。制定实施加快推进农村土地承包经营权流转促进生态农业建设的措施和办法，依法推进农村土地承包经营权规模流转，安排1000万元专项资金鼓励有实力、有责任、懂技术、善经营的企业，参与抚仙湖径流区绿化苗木、水生植物、中草药、绿色生态农产品、优质林果规模化种植，大力发展现代化、生态、休闲、观光农业，逐步解决农业农村发展与抚仙湖生态保护之间的矛盾。千方百计抓好烤烟生产，把烤烟生产作为农业农村经济工作的首要任务，加大烤烟生产收购政策的宣传落实力度，加强烤烟种植面积的落实和优质烟叶生产基地建设，抓好烟用物资调运供给和技术培训指导，确保完成600万公斤烟叶收购任务。加快优质、高产、高效农业示范样板区建设，稳定粮食生产面积8万亩，完成蔬菜种植12万亩、花卉种植2100亩、核桃栽种5000亩。不断扩大蓝莓、杨梅、大樱桃、黄金梨种植面积，加大新特优作物品种和绿色无害高效农业生产技术的试验示范及推广力度。强化农资市场监管，启动农产品质量监测站建设。加大畜禽良种引进力度，加快科技示范户、重点养殖基地建设，抓好重大动物疫病防控，稳步发展畜禽养殖。加强农业基础设施建设，完成马槽地、石寨河水库除险加固和鸡脖子、山冲河水库干支渠及左所水库建设，实施西大河水库除险加固、1170件五小水利工程、永和6平方公里小流域水土流失治理，抓紧开展石门水库除险加固前期工作，启动黑土地引水及九村至新村烟叶生产基础设施、东山农业综合开发、高西退耕还林基本口粮田建设，改造中低产田地2.78万亩。深入推进集体林权制度配套改革，培育和发展新型林业合作经济组织，完成中低产林改造1.5万亩。落实强农惠农政策，培育壮大农村集体经济，加快提古省级新农村建设，完成10个整村推进扶贫、2200户农村民居地震安全工程、200户农村危旧房改造工程和鱼塘村、箐水滩、代头村搬迁，实施禄充、提古、小西、热水塘、蛟龙潭5个村组农村社区建设和35千伏及以下农网改造升级。培训农村劳动力2000人，转移就业2500人。

（三）突出工业主导，加快新型工业化进程

坚持园区化承载、集群化推进、低碳型发展、企业引领、项目带动，将扩张经济总量与转变工业发展方式相结合，促进工业经济协调可持续发展，实现工业总产值增长8%，增加值增长9%。以项目建设为载体，巩固提升支柱产业，培植扶持新兴产业，出台加快工业发展的扶持政策措施，抓好项目储备引进工作，强化协调服务，完善重点企业、重点工业项目领导联系制度，推动工业经济转型升级。完成宝泰轻化机械1万套钢衬塑成套设备生产线和富强工贸公司500万只磷酸包装桶项目建设，启动冶钢集团75万吨新型干法旋窑水泥异地技改、冶钢集团2×3.5万吨高纯度磷酸、志成公司5万吨高纯度磷酸、恺达塑胶3.6万吨直缝螺旋管项目，加快开展冶钢集团6万吨六偏磷酸钠、2万吨聚磷酸铵项目前期工作。抓紧完善园区规划和配套基础设施，提升园区承载能力，完成海口35千伏变电站建设，启动德春藕粉厂、广龙实业公司、红塔卷烟胶厂异地搬迁入园，引进科技含量高、附加值高、能耗低、污染少的工业项目，加快一园三片区建设。围绕工业园区生态化和厂区园林化的目标，创新园区管理机制体制，强化环保设施建设和运行，着力整治园区环境。大力发展低碳循环经济，积极引导企业开展技术创新，实施节能减排技改，开展清洁生产和能源审计，淘汰冶钢、吉花落后水泥产能36万吨，力争启动盘虎公司黄磷尾气发电综合利用和华业公司黄磷尾气节能减排综合利用。鼓励企业引进管理和技术人才，加强企业职工培训，提升企业管理水平和整体素质。

（四）突出旅游带动，力推现代服务业快速发展

坚持把以旅游业为主的现代服务业作为最具潜力、最具活力的朝阳产业来发展，把高端休闲旅游项目开发建设作为新的经济增长点和支柱产业来培育，全力推进抚仙湖—星云湖生态建设与旅游改革发展综合试验区建设。实现第三产业增加值增长16%以上，旅游业总收入增长10%，接待游客增长5%。高位推动旅游项目实施，扎实抓好太阳山一期、湖畔圣水二期、云南国土资源职业学院扩建项目建设，力促抚仙湖国际养生园、抚仙湖国际老年康体养生度假中心项目开工建设，尽快完成仙湖山水国际度假园、仙湖圣境、波息湾健康管理中心项目前期工作，抓紧开展抚仙湖云南民族文化城项目前期工作，加快高端康体休闲度假旅游产品开发，促进旅游业提档升级。完成澂江动物化石群基础设施项目建设，加快澂江化石地申报世界自然遗产进程，力争金莲山、学山申报为国家重点文物保护单位、关索戏申报为国家非物质文化遗产，丰富澂江旅游文化内涵。加快旅游基础配套设施建设，优化旅游投资发展环境，启动抚仙湖东岸片区自来水厂、污水收集池建设和电力、通信设施改建，完成老鹰地至松子元公路改建。制定加快旅游产业发展扶持奖励办法，推进景区景点标准化建设、企业化经营、市场化运作进程。尽快完成旅游用地专项规划和乡村旅游发展规划编制，抓好龙街、右所、海口3个旅游小镇和立昌、矣旧、海口等旅游特色村开发建设。力争启动旅游文化饮食城项目。加大海口热水塘片区景区建设力度，提升景区景点品位。

抓好竹海箐生态旅游度假村二期开发，推动乡村旅游向集约化、规模化发展。加强旅游人才队伍建设，规范旅游行业管理，全面提升旅游服务质量。创新旅游宣传促销方式，大力实施引团入澂。

提升对外贸易规模和水平，稳定现有产品出口基础，优化出口商品结构，实现出口总额增长5%。完善城乡市场体系，完成商业网点规划编制，建成揽秀社区环城南路家俱城，力争启动澂波社区环城南路家俱城、翠竹湾市场二期、揽秀综合市场二期、小西综合市场、海口外浪塘集贸市场建设，完成龙王庙集贸市场改造。加强万村千乡市场工程配送管理，深入实施供销社二次创业，落实家电、汽车摩托车、太阳能下乡政策，繁荣农村消费市场。

（五）突出综合防治，切实抓好生态环境保护

以确保抚仙湖总体保持综合Ⅰ类水质为目标，持之以恒抓好生态文明建设。完成东大河流域水污染治理与清水产流机制修复一期工程，启动禄充污水处理厂扩建、42个村落整治与两污治理，抓紧做好抚仙湖北岸径流区污染综合治理、尖山河和山冲河水污染治理与清水产流修复工程、三退一还等项目前期工作。加强以西龙潭为重点的水源地周边环境监管、保护，全面开展水库坝塘整治，将梁王河、东大河、山冲河、鸡脖子、万松寺、马槽地、西大河、左所水库纳入县级统一管理，成立水库管理所，人员纳入财政供养，取缔中型、小（一）型水库养殖业，保育涵养水源。抓好林业生态建设，实施人工造林1万亩、封山育林1.5万亩、珠防工程2.5万亩，完成岩溶地区石漠化治理5万亩。积极探索生态建设和环境管理市场化运作模式，完善入湖河道河段长责任制常态管理。建立健全环境预警体系、湖泊及入湖河道水质监测系统，完成抚仙湖东岸截污治污工程管理用房、环境监察监测业务实验用房、污染源在线监测监控平台建设。开展生态示范村评比，推进生态乡镇、绿色学校、绿色小区创建。抓好抚仙湖资源保护费征收管理，全面加强抚仙湖综合行政执法监管能力建设，完善县、镇、村、组四级联动监管机制和纵横协调监管网络。强化环境卫生管理，健全农村农业垃圾集中收运处置体系，从源头控制和削减入湖污染负荷。严格执行污染物排放总量控制和排污许可证制度，确保建设项目环评率、三同时执行率达100%。加大环境监管和执法力度，深入开展环保专项行动，严肃查处环境违法行为。开展多形式、多领域、多层次的环保宣传教育，充分调动群众积极性、主动性，教育、引导广大干部群众成为抚仙湖保护的倡导者、参与者和监督者。

（六）突出增收节支，提升财税金融保障能力

坚持把财源培植与产业结构优化调整有机结合，主攻工业经济主体财源，壮大城镇开发和服务业骨干财源，扩大农业经济基础财源，积极争取上级财政转移支付及专项资金支持。充分发挥财政资金引导作用，综合运用预算、贴息、担保等财政手段，大力扶持现有主导产业加快发展，带动社会投资，培育新生财源，夯实财政增收基础。加大依法治税力度，加强重点税源监控，抓好征管服务，堵塞税收流失，做到应收尽收。依法加大农村合作基金会欠款清收力度。强化财政收支管理，改进预算编制方法，细化部门预算，严格控制一般性支出。加大财政资金监管，加强国库集中支付，坚持收支两条线管理，推进非税收入管理制度化，扩大政府采购范围和种类，加大公务卡结算实施力度。严格控制会议、购车、公务接待、出省考察、出国出境等费用支出，把有限的财力用在保工资、保运转、保民生、保生态、保重点项目投入，集中财力办大事。制定出台行政事业单位国有资产管理实施细则，积极盘活国有闲置资产和闲置土地，提高国有资产使用效益。强化政府对磷矿资源的调控能力，完成九村、马吃水磷矿资源详查工作。大力推进投融资平台建设，提高融资担保能力。营造良好的社会信用环境，推进银政银企合作，鼓励和支持金融机构优化信贷结构，扩大信贷规模，加大对三农、中小企业、基础设施建设、环保公益事业等领域的支持力度，力争金融机构年末各项贷款余额突破24亿元，各项存款余额突破44亿元。

（七）突出建管并重，着力加快城镇化步伐

实现经济社会跨越式发展，推进城乡一体化进程，必须有城市载体和宜居环境的保障与支撑。要牢固树立经营城市理念，强化城市规划引领和综合调控作用，高起点、高水平完成县城总体规划修编，启动县城城市专业规划和城市控制性详规编制，逐步实现村庄规划全覆盖。按照环境生态化、建筑特色化、功能现代化、设施配套化的要求，坚持新城开发与旧城改造同步推进，加快城市建设与设施配套协调发展。完成行政中心主体工程、1000平方米廉租住房、碧湖园、仪凤社区安居住房、揽秀百货零售市场及安居工程。实施忆成豪庭、容盛坊建设和林业危旧房改造。力争启动澂福园、电力调度中心、公安业务用房、县档案馆、文化服务中心、山水湖畔住宅小区建设，积极做好司法业务用房、文化馆建设前期工作，加快推进凤翔路南片区、政府原办公区和文庙公园开发建设。进一步完善城市路网，完成梨花路建设，实施南北大街、新华路和龙溪路延长线建设。加快城市污水及垃圾处理工程进度，进一步完善城镇管网配套设施，完成县城污水处理厂5000吨/日扩建和垃圾焚烧厂建设。完成凤麓、龙街撤镇设置街道办事处和社区划分工作。整合城市管理资源，加大城市管理行政综合执法力度，着力整治乱停乱放、占道经营、超限超载车辆入城，加强犬只管理，根治城市牛皮癣，对损坏市容环境卫生行为严管重罚。加强建设规划批后监管，依法严厉查处违规审批和违法建设行为。注重物业管理培育与监管，提升小区物业管理水平。继续做好绿化视觉补差、灯光补亮，打造环境清洁、优美、安全、舒适的县城新形象。

全面优化交通基础设施。完成澂阳路绿化和环湖路澂江段景观建设，上庄至大竹箐公路和中关至梁王山发射台路基工程建设，二中至凤兴村、二家村至东大河水库和沙河村至新河口路段修复工程。积极配合做好呈澂高速公路、昆明绕城高速公路东南段、新昆明至澂江轻轨铁路推进工作。完成县城客运站改造，整治非法客运营运行为，开通县城区内和县城至海口公交线路。加强道路货物运输源头治理超限超载，

提升公路管养能力水平，确保公路设施完好，保障群众平安、便捷、畅通出行。

(八) 突出平安和谐，着力保障和改善民生

坚持以创业带动就业，落实更加积极的就业和再就业政策，开发就业岗位900个，实现新增城镇就业1800人、下岗失业人员再就业300人，保持城镇零就业家庭动态清零，启动劳动就业服务中心建设。巩固提高两基成果，实施名师、名校、名校长、教育强县工程，促进教育资源合理配置。完成五中、右所、忠窑小学教学综合楼和吉花小学食堂建设，做好标准化学校建设和学校布局调整前期工作，逐步改善山区办学条件。全力推进医药卫生体制改革，抓好公共卫生体系建设，将新型农村合作医疗保障资金由每人140元提高到250元，完成县医院住院楼建设。落实奖优免补政策，稳定低生育水平，提高出生人口素质。持续开展爱国卫生运动，强化卫生监督执法，巩固创卫成果。广泛开展全民健身活动，完成九村综合文化站建设。推进农村数字电视整体转换，做好广播电视村村通工程建设的维护管理。加大城镇职工基本养老、医疗、工伤、生育、失业保险参保力度，扩大被征地农民养老保险和城镇居民医疗保险参保人数，争取实施新型农村养老保险制度。改善社区服务环境，完善养老服务设施，完成凤麓镇社区服务中心和揽秀、澂波社区服务站建设，启动县社会福利中心、海口老年公寓和仪凤社区老年人日间照料室项目。加快推进殡葬制度改革，完成龙街、右所、九村3个镇级和海口村级公益性公墓建设，加快凤麓镇中心城区经营性公墓建设。完成海口镇草格村民族团结示范村建设。深入开展国防教育，抓好双拥共建和人民防空工作。

巩固先进平安县创建成果。深入推进社会矛盾化解、社会管理创新、公正廉洁执法，积极开展新一轮禁毒人民战争，加大社会治安综合治理力度，强化大防控体系和基层基础建设，支持和保障司法机关严格依法独立行使职权，落实社会稳定风险评估制度，有效防范打击各类违法犯罪活动，力争实施城市视频监控报警系统二期工程。深化三五依法治县，启动实施六五普法，加强流动人口服务和管理，认真开展特殊人群帮教安置和社区矫正，预防和减少未成年人犯罪。强化大调解机制，拓宽和畅通信访渠道，规范信访秩序，把群众利益诉求纳入制度化、规范化、法制化轨道，及时化解和消除各种不稳定因素。加大安全生产宣传教育，全面落实安全生产一岗双责，大力排查整治安全隐患，强化企业安全生产主体责任落实和责任追究，遏制各类安全事故发生，切实提高公共安全保障能力和水平。

(九) 突出勤政廉政，不断加强政府自身建设

面对发展的新机遇和繁重的发展任务，对政府工作提出了更高的要求，我们必须更加勤勉、更加务实，必须进一步加强政府自身建设，切实提高政府的执行力和公信力，更好地为广大人民群众服务。

依法行政，科学决策。严格按照法定权限和程序行使权力、履行职责，不断提高依法依规办事水平，做到规范执法、公正执法、文明执法。进一步完善依法决策、科学决策、民主决策机制，健全重大决策听证、公示制度。继续推进法治政府、责任政府、阳光政府和效能政府建设，依法推进政务公开，切实提高管理水平和公共服务能力。规范行政许可和行政审批，完善行政监督机制，加强对行政权力的监管和制约。自觉接受县人大的法律监督和县政协的民主监督，认真负责地办理人大代表和政协委员的议案、建议和提案。主动接受群众监督，虚心听取各方面意见，努力建设让人民信赖的政府。

情系基层，心系群众。紧紧围绕加快发展这个主题，坚持做到抓好当前与谋划长远相结合、突出重点与统筹各方相结合、解决实际问题与建立长效机制相结合、关心弱势群体与维护大多数群众利益相结合。坚持问政于民、问需于民，解决好人民群众最关心、最直接、最现实的利益问题。对改革、发展、稳定的问题，突破定势，大胆作为；对自然灾害、安全事故、社会治安等事关和谐稳定的问题，居安思危，未雨绸缪；对就业、就学、就医、住房等事关群众切身利益的问题，创造条件，倾力解决。强化服务基层、服务企业、服务群众意识，把政府工作重点放在基层，着力为基层和群众办实事、做好事，努力建设让人民拥护的政府。

求真务实，勤政高效。在政府系统深入学习实践科学发展观，继续深化三个一主题实践活动，扎实开展创先争优活动，不断提高政府系统全体公职人员的大局意识、责任意识和纪律意识。下决心解决好少数干部作风漂浮、抓落实不力、执行力不强的问题，大力倡导团结拼搏、求实创新、埋头苦干，努力营造爱岗敬业、干事创业的良好氛围。进一步提高政府各部门的执行力，不折不扣地贯彻好上级的决策部署，层层落实目标责任，尽职尽责履行好职能职责。全面推行一线工作法，深入基层调研，帮助群众排忧解难。加大监督检查力度，狠抓各项工作落实，做到令行禁止，确保政令畅通。强化行政效能考核，加大问责力度，对失职、渎职、不作为、乱作为的行为严肃追究责任，努力建设让人民满意的政府。

规范行为，廉洁从政。深入推进教育、制度、监督并重的惩治和预防腐败体系建设，全面落实党风廉政建设责任制，切实履行一岗双责，严格遵守《廉政准则》和国家法律法规，从源头上、制度上规范行政行为，坚决惩治腐败，加大纠风治乱力度，维护社会公平正义，提高政府公信力。加强对权力的有效监督制约，支持监察、审计、财政部门依法独立履行监督职责。加大领导干部经济责任审计力度，全面推行政府投资项目前置和结算审计，对政府投资项目资金使用、工程招投标、土地出让开发、财政转移支付、政府采购和国有资产转让等实施重点监督，确保政府各项工作运行阳光透明，努力建设让人民放心的政府。

各位代表，澂江十二五发展的蓝图已经描绘，目标已经明确。让我们在中共澂江县委的领导下，进一步解放思想，开拓创新，艰苦奋斗，扎实工作，为圆满完成今年目标任务，确保十二五规划顺利实施而努力奋斗！

澂江县人民代表大会常务委员会工作报告

——在澂江县第十五届人民代表大会第四次会议上

许绍锦

（2011年2月16日）

各位代表：

我受澂江县第十五届人民代表大会常务委员会的委托，向大会报告工作，请予审议。

2010年的主要工作

2010年，在中共澂江县委的坚强领导下，澂江县人大常委会坚持以邓小平理论和“三个代表”重要思想为指导，深入贯彻落实党的十七大和十七届四中、五中全会精神，坚定不移地落实“两大政治任务”，实施“五大战略”，走“三大经济发展路子”，以科学发展观统揽全局，坚持和完善人民代表大会制度，把加强社会主义民主法制建设和构建社会主义和谐社会作为根本任务，围绕中心，服务大局，忠实履行宪法和法律赋予的职责，充分发挥地方权力机关的重要作用，认真开展法律监督和工作监督，树立了人大常委会的权威和良好形象，较好地完成了县十五届人大三次会议确定的各项任务，为促进澂江经济社会又好又快发展作出了应有的贡献。

一年来，县人大常委会依法召集县人民代表大会1次，召开县人大常委会会议7次，召开党组会议和主任会议8次，听取和审议了“一府两院”及其职能部门的工作报告10项，作出决议、决定9项，组织市、县人大代表开展调查、视察和执法检查11次，任免国家机关工作人员24人次。

一、围绕发展大局，突出监督工作重点

县人大常委会始终把监督放在重要位置，紧扣全县中心工作，突出重点，加大监督力度，增强监督实效，推动全县经济社会又好又快发展。

一是围绕重点建设项目进行监督。为了进一步促进扩大内需项目建设，带动固定资产投资实现新增长，2010年，常委会组织市、县人大代表视察了部分重点工程建设情况和旅游工作情况。要求县人民政府进一步加大对在建项目的帮扶力度，增强主动服务意识，积极协调解决项目建设中遇到的困难和问题，使已建成项目尽早发挥效益；尽快出台扶持政策，逐步把我县的旅游产业做强做大，全面提升抚仙湖的知名度和美誉度。

二是围绕“三农”工作进行监督。常委会自始至终关注民生，关注“三农”工作，立足促进农业增效、农民增收。为加快推进全县中低产田地改造项目建设，于2010年4月份就全县中低产田地改造项目建设情况进行了视察，及时向县人民政府提出了加强和改进工作的意见建议。要求县镇人民政府切实加强对中低产田地改造工作的领导，发挥各部门职能作用，健全机构，认真落实工作措施，不断提高耕地质量和产出能力。8月份对全县农村土地承包经营权流转工作情况进行了调查，针对存在的问题和困难提出了意见建议。

三是围绕生态环境保护和城市建设进行监督。常委会在强化经济工作监督的同时，十分注重对环保、城建等工作的监督。5月份，配合市人大常委会对抚仙湖入湖河道污染情况进行调研，提出应尽快启动建设垃圾处理厂及尽快做出窑泥沟综合整治方案等建议。7月份常委会听取和审议了县人民政府关于环境保护工作情况的报告，提出积极争取将抚仙湖保护和开发项目纳入全省、全国的重大项目，加大环保监管和综合执法工作的管理力度、争取因水位上升而造成的各种补偿的建议。8月份对城市建设与管理工作进行了视察，针对城市建设与管理存在的突出问题，向县人民政府提出理顺环卫站与房管所的管理体制、狠抓城市绿化、道路建设、对排水设施进行维修和改造；加强对居民小区的管理，加大环卫经费投入，新增环卫设施；加快新城区建设步伐，逐步缩小与其他县区城市发展差距的建议。

*四是围绕社会事业发展状况进行监督。*7月下旬常委会组织部分县人大代表对全县五年来实施新型农村合作医疗工作的情况进行视察。建议县镇人民政府要加大对定点医疗机构及村级卫生所的监管力度，加强农村卫生服务体系及卫生系统人才队伍建设，提高参合农民获得基本卫生服务的质量。8月初配合市人大常委会对我县“两基”迎国检工作进展情况进行视察，提出进一步加强“两基”工作的档案管理建设，确保档案资料真实、详细，加大对教育的投入，抓好各级学校的各项建设，巩固“两基”成果，确保全县“两基”工作顺利通过国家检查等建议。10月至12月，县人大常委会委托各镇人大主席团组织本选区选举产生的县人大代表，围绕各镇重点工作、重点项目建设、有关惠民政策的贯彻落实情况开展视察，提出了许多好的意见建议，有力促进了各镇的工作，一批与人民群众生产生活息息相关、为人民群众所关注的民生问题得以逐步解决。形成了县人大代表行权履职促进经济社会发展的良好社会氛围。同时也为县十五届人大四次会议提出高质量的议案、建议做好了准备。

*五是加强司法监督，促进公正司法和执法为民。*8月中旬，常委会积极配合省人大内司委对县人民检察院诉讼活动法律监督工作和人民法院环境保护诉讼工作情况进行调研，调研组对“两院”工作给予了充分肯定。8月底积极配合省人大常委会对我县贯彻执行《中华人民共和国食品安全法》情况进行执法检查，对存在的问题，督促县人民政府及有关部门认真整改落实。10月份听取并审议了县人民政府关于2010年度社会治安综合治理维护稳定工作情况的报告，就存在的不可忽视的问题，要求县人民政府及公安部门认真落实常委会的意见建议，确实抓好整改、以实际成效取信于民。

二、坚持统筹兼顾，搞好常委会常规性工作

过去的一年，县人大常委会全力推动经济社会发展、着力促进解决民生问题，全面行使法定职权，扎实开展各项工作，进一步提高了常委会工作的整体质量和水平。

常规监督工作：一是重点强化对经济调控运行的监督。8月份，常委会第十八次会议及时审议并批准了澂江县2010年上半年国民经济和社会发展计划执行情况。在肯定工作的同时，为促进2010年全县经济和社会发展计划顺利执行，建议县人民政府和相关职能部门认真分析金融危机和旱灾对我县经济的冲击和影响，认真抓好“五大”战略的落实，充分发挥资源优势和区位优势，利用大项目拉动小项目共同发展，形成新的经济增长点；加快现有大项目的建设进度和加大招商引资力度，培植新的税源，增强经济增长后劲；认真贯彻落实各项支农惠农政策，坚持不懈抓好农村基础设施建设，强化人饮及农灌抗旱应急等工程建设，加大培育蔬菜产业规模，加大劳务培训输出，弥补上半年小春作物因干旱造成的损失。二是切实加大对财政预算执行的监督。8月份，常委会依法听取和审议了2010年上半年地方财政预算执行情况。在肯定成绩的同时，向县人民政府提出了高度重视财源建设，加强对税务工作的领导，进一步强化预算约束机制，优化支出结构等意见建议。为严肃财政审计监督，在审查批准2009年县本级财政决算时，听取和审议了2009年财政审计报告，针对性地提出了提高预算编制水平、严格财经监督纪律、强化预算审查监督的意见。为严格财政预算执行，10月份，常委会第十九次会议对县人民政府年度预算调整安排进行了审议，建议县人民政府加强预算管理，狠抓财源建设，进一步落实引资项目开工力度，严格支出预算管理，保障重点支出。继续加强对农业、科技、教育、社会保障等方面的投入，加大对困难群体的补贴和救助力度，强化公务支出管理，努力降低行政成本，确保财政收支平衡。

代表工作：不断扩大代表对调查、视察和执法检查等工作的参与，坚持邀请相关代表参与常委会的各项活动。在调查、视察和执法检查活动中，多渠道听取和征询代表的意见建议。适时向代表通报全县经济社会发展情况，统一为代表订阅《云南人大》等报刊资料，积极做好服务工作。8月份，组织3名市人大代表参加市人大常委会组织的外出考察学习，通过学习，代表素质不断提高。高度重视代表意见建议的办理落实，注重与承办单位的沟通，及时了解办理情况，加大建议办理监督力度。常委会在第十九次会议上听取和审议了县人民政府关于代表意见建议办理工作情况的报告，形成监督建议，要求县人民政府和相关部门进一步提高对办理工作的认识，落实办理措施，完善办理制度，提高办理质量，加强对一些群众反映比较强烈的建议的办理落实。县人民政府高度重视，如投入368万元解决了尖山、万海、广龙三所学校异地重建及附属工程款，代表建议得到进一步落实，解决率有所提高，一些老百姓关注的热点、难点问题得到逐步解决。截止12月底，县十五届人大三次会议期间的80件代表建议，已全部解决的有33件，占41.3%，正在解决的有23件，占总数的28.7%，因受政策和资金等因素制约，暂无法解决的24件，占总数的30%。

人事任免工作：2010年，县人大常委会终止县人大代表资格1名，暂停执行代表职务1名，补选县人大代表1名；任免副县长1人次，任免县人民政府组成部门局长、主任4人次；任免县人民法院审判委员会委员、审判员7人次，人民陪审员10人次；任免县人民检察院副检察长、检察委员会委员、检察员2人次。对人事任免工作的具体做法：一是坚持党管干部和人大依法任免干部相统一的原则，有效保证了党委意图的实现；二是在任免工作中，始终按照《中华人民共和国地方各级人民代表大会和地方人民政府组织法》、《中华人民共和国法官法》、《中华人民共和国检察官法》和《澂江县人大常委会人事任免办法》的有关规定，遵守法定程序，充分发扬民主，坚持依法办事；三是实行拟任人员作任前供职发言，强化受任人员的责任意识；四是举行颁发任命书仪式，增强了受任人员的光荣感、责任感、使命感。通过以上措施，促使上任人员，更加自觉地接受人大及其常委会的监督，更好地为人民履好职，用好权。

联系指导镇人大主席团工作：一年来，常委会对各镇人大主席团年度工作计划和开展代表活动等情况进行了检查指导。督促各镇人大主席团按照代表小组活动计划组织好小组活动。同时委托各镇人大主席团组织本选区选举产生的县人大代表开展视察活动，为人代会提出高质量的议案建议做好准备。采取辅导讲座、现场观摩和讨论交流等方式，帮助镇人大主席学习掌握业务知识，提高依法开展镇人大工作的水平。坚持邀请镇人大主席参加县人大常委会会议，并在调查、视察和执法检查等活动中邀请部分镇人大主席参加，使他们熟悉有关法律和工作程序，不断规范和促进镇人大主席团的工作。

信访工作：常委会坚持把信访工作作为掌握监督信息的重要窗口和为民排忧解难的重要途径。按照“分别受理、综合分析、统一交办、定期反馈、严格督查”的原则，通过热情接待、依法疏导、及时批转和强化督办，今年共受理人民群众来信来访 23 件（次），接待群众 196 人（次），办理涉法涉诉案件 4 件。通过受理和督办信访案件，维护了人民群众的合法权益，化解了人民内部矛盾，督促司法机关公正司法，推动政府部门依法行政，有效促进了社会稳定。

三、适应新形势，不断加强自身建设

县人大常委会围绕内强素质、外树形象的目标，始终把加强自身建设摆在突出位置，在自身建设方面进行了不懈努力，取得了明显成效。

*一是认真学习培训，提高履职能力。*深入学习实践科学发展观，用科学理论武装头脑、指导实践。积极强化组织领导，紧密结合常委会工作实际，围绕“强化监督促发展、创先争优做贡献”这个主题来推动创先争优活动。以提高政治理论、政策法律素质和审议水平为重点，开展创建学习型党组织活动，不断改善干部职工知识结构，进一步增强政治意识、责任意识和大局意识，提高依法履职能力。

*二是注重调查研究，切实改进工作作风。*县人大常委会把进一步转变工作作风、深入基层开展调查研究作为服务中心、促进发展的具体行动来抓。按照县委统一部署，常委会领导认真做好领导干部联系村（社区）工作，深入基层参与烤烟生产、村“两委”换届选举、矿山处置、村组异地搬迁等工作，投身抚仙湖保护与旅游产业工作，掌握实情，反映民意，努力提高常委会审议的质量和水平，使常委会的决议、决定更加符合澂江科学发展的实际。

*三是大力加强机关建设。*县人大常委会机关扎实开展党建工作，认真落实组织生活制度，党组织的凝聚力和党员的创先争优意识进一步增强。认真学习贯彻《中国共产党党员领导干部廉洁从政若干准则》，加强党风廉政建设，切实抓好领导干部廉洁自律工作，常委会机关从节约办公经费、规范办会办文、科学安排调查视察和执法检查活动等方面入手，厉行节约，勤俭办事。面对百年一遇的旱情，机关干部职工与受灾群众共克时坚，为灾区捐款 5.2 万余元，树立了地方国家权力机关为民、务实、清廉、高效的良好形象。重视宣传舆论工作，年内编写《澂江人大工作信息》30 期。进一步完善机关管理制度，进一步加强干部队伍建设，组织干部职工开展部门联谊和机关文体活动，在市人大组织的第七届职工运动会上喜获团体第四名的好成绩。通过加强干部队伍建设，增强团队凝聚力，营造了风清气正、充满活力的和谐环境。

各位代表，县人大常委会一年来所取得的成绩，是中共澂江县委正确领导的结果，凝聚着全县各级人大代表、常委会组成人员和机关工作人员的辛劳与智慧，离不开各镇人大主席团和全县人民的大力支持，也离不开县人民政府、县人民法院、县人民检察院的密切配合。在此，我谨代表县第十五届人大常委会，向各级党委、政府、县政协和各有关部门，向全县各族人民、各位代表，向关心支持人大工作的老领导和社会各界人士表示崇高的敬意和衷心的感谢！

在肯定成绩的同时，我们也清醒地认识到，县人大常委会的工作与科学发展观的要求，和人民群众的期望相比，还存在一些差距，主要表现在：监督工作的针对性和实效性还需不断增强；闭会期间代表活动机制还需进一步完善；审议意见的督促落实工作需要改进；履职能力有待进一步提升。这些问题，我们将在今后的工作中不断加以解决。

2011 年的主要任务

各位代表，2011 年是实施“十二五”规划的第一年，任务艰巨，责任重大，使命光荣。县人大常委会将在中共澂江县委的坚强领导下，高举中国特色社会主义伟大旗帜，以邓小平理论和“三个代表”重要思想为指导，全面贯彻党的十七届五中全会和省委八届十次全会、市委二届七次全会、县委十届七次全会精神，以促进科学发展为主题，以加快转变经济发展方式为主线，以改善民生维护社会和谐稳定为出发点和落脚点，坚定不移地落实“两大政治任务”，实施“五大战略”，走“三大经济发展路子”，认真行使法定职权，全力推动各项工作的落实，为“十二五”规划开好局、起好步，促进澂江经济社会又好又快发展发挥积极作用。

一、认真行使重大事项决定权

要准确把握科学发展观对人大工作提出的新要求，始终把促进发展作为第一要务，把工作重点放在推进产业结构调整、做好“三农”工作、加快社会主义新农村建设以及坚持项目带动、实施工业强县战略、统筹城乡发展等重大问题上，放在群众最关心、最直接、最现实的民计民生问题和影响社会和谐稳定的热点问题上；放在法律法规实施中的突出问题上。综合运用专题调查、审议专项工作报告、代表视察和执法检查等形式，督促和支持“一府两院”按照目标任务做好各项工作，确保县委决策部署的贯彻落实，确保全县经济平稳较快发展。

二、进一步加强监督工作

要深入贯彻实施《中华人民共和国各级人民代表大会常务

委员会监督法》，认真总结近年来监督工作的实践经验，把工作监督与法律监督、专项监督与综合监督、推动自行整改与依法纠正结合起来，以搞好调查研究为基础，以提高审议质量为关键，以督促办理落实为保障，不断增强监督工作的实效。一是进一步加强对计划和预算执行情况的监督。听取和审议县人民政府关于国民经济和社会发展计划、财政预算、结算及审计工作情况的报告；审查批准县本级财政决算。二是加强对县十五届人大四次会议代表议案、建议、批评和意见办理工作的监督。听取和审议县人民政府关于代表议案、建议、批评和意见办理情况的报告；三是维护社会和谐稳定，促进经济社会协调发展。进一步加强人大信访工作，畅通人民群众反映问题的渠道，努力化解社会矛盾。四是促进人民群众最关心、最直接、最现实的利益问题得到解决。对大春生产备耕、抚仙湖保护、国土资源利用保护工作进行视察，对农村土地承包经营权流转情况进行调查。并适时听取"一府两院"有关专项工作报告。五是促进依法行政和公正司法。对县人民政府贯彻实施《中华人民共和国义务教育法》情况进行执法检查，对县人民法院民商事审判工作、县人民检察院公诉工作情况进行视察。六是督促"一府两院"健全完善向县人大常委会报告重大事项、提请讨论决定的制度，对事关全县改革发展稳定全局和直接关系人民群众切身利益的重大事项、重大问题，适时列入常委会会议议题，依法作出决议和决定。七是坚持党的领导，充分发扬民主，依法进行人事任免。

三、进一步加强代表工作

要把代表工作摆到更加重要的位置，紧紧依靠代表开展工作，充分发挥代表作用。县镇人大上下联动，坚持抓好代表的学习培训，不断提高代表履职能力。积极为代表履职服务，认真组织代表开展闭会期间的各项活动，定期向代表通报有关工作，每次常委会会议邀请3~5名相关代表列席，让更多代表参与调查、视察和执法检查等工作，有力保障代表的知情权、议政权和监督权。进一步密切常委会组成人员与代表以及代表与选民的联系，切实把代表依法履职的积极性保护好、引导好。认真督办代表意见建议，切实加大协调督办、跟踪督办、现场督办和重点督办力度，提高代表意见建议办理落实率。

四、进一步加强常委会自身建设

积极开展深化创先争优活动，进一步深化对澂江县情的认识，不断深化监督工作的重点，充分发挥县人大常委会的职能作用。加强学习，保持正确的政治方向，加强对政策法规、业务知识的学习，强化广大党员干部"靠学习生活、靠知识工作、靠智慧处事、靠勤廉立身"的理念，始终保持思想上的清醒和政治上的坚定。完善制度，进一步规范工作程序。健全完善人大常委会的议事程序、工作制度和机关规章制度。认真落实党风廉政建设责任制，严格遵守《中国共产党党员领导干部廉洁从政若干准则》，加强综治维稳工作，保持机关良好形象。严格执行民主集中制，集体行使职权，集体讨论决定问题，不断增强审议意见的针对性和可操作性。常委会要密切联系群众，弘扬良好的学风、文风、会风和作风。加强调查研究，掌握第一手材料，力争形成一批有价值的调研成果，使其成为县委决策、县人大常委会依法行使职权以及"一府两院"改进工作的参考依据。搞好人大工作宣传和理论研讨，精心指导镇人大主席团的工作，深入推进基层民主政治建设。

各位代表，让我们在中共澂江县委的坚强领导下，高举中国特色社会主义伟大旗帜，以邓小平理论和"三个代表"重要思想为指导，深入贯彻落实科学发展观，继续解放思想，振奋精神，开拓进取，扎实工作，更加全面有效地履行宪法和法律赋予的各项职权，为圆满完成本次会议确定的各项任务，为"十二五"规划开好局、起好步，促进澂江经济社会又好又快发展而努力奋斗！

中国人民政治协商会议
澂江县第七届委员会常务委员会工作报告

——在政协澂江县第七届委员会第四次会议上

张同安

（2011年2月14日）

各位委员：

我代表中国人民政治协商会议澂江县第七届委员会常务委员会向大会作工作报告，请予审议。

一、2010年工作回顾

2010年，县政协在中共澂江县委的领导下，在市政协的指导和县人大、政府的支持下，进一步深入学习实践科学发展观，认真贯彻中共十七大和十七届四中、五中全会精神，高举中国特色社会主义伟大旗帜，以邓小平理论和“三个代表”重要思想、科学发展观为指导，坚持团结、民主两大主题，充分发挥人民政协协调关系、汇聚力量、建言献策、服务大局的重要作用，紧紧围绕保持全县经济平稳较快增长这一首要任务，更加富有成效地履行政治协商、民主监督、参政议政职能，积极为澂江发展经济、保护生态、改善民生、维护稳定建言献策，各项工作取得了可喜的成绩。

（一）紧紧围绕落实“两大政治任务”、实施“五大战略”和走“三大经济发展路子”建言献策

一年来，县政协始终坚持团结、民主两大主题，围绕政治协商、民主监督、参政议政，强化三种理念：一是发展至上的理念，二是参政出力促发展的理念，三是参政为民的理念。并依此开展政协工作，努力搞好调查研究，积极为县委、县政府决策提供依据。精心选题并认真组织开展专题调研4次，专题视察3次。与省、市政协开展联合调研视察6次，配合市政协开展调研视察7次。通过这些有针对性、代表性、前瞻性、全局性的调研视察，提出科学合理的意见建议，积极有效地发挥了政协组织的职能作用。

面对百年一遇的干旱，为及时了解掌握全县旱情及人畜饮水和农业生产用水情况，围绕县委、政府“抗大旱、保民生、保稳定”的中心工作，县政协组织部分委员对全县农业生产用水情况进行视察，了解掌握了全县水库坝塘蓄水现状、农业和农村居民因旱受灾情况、抗旱工作中急需解决的困难和问题。提出：要充分发挥现有水利设施的作用，及时检修机器提水入库，储备大春用水；加快第三批36项抗旱工程建设，确保人畜饮水和大春灌溉；建议成立放水工作组，及早对灌区进行调整，统筹科学划分灌区，合理科学分配用水等9方面的意见建议。提出的建议受到县委政府高度重视并及时采纳。

就如何提高我县的城市建设与管理水平，建立科学、规范、高效的城市管理体制，提升城市品位，开展了城市规划建设与管理的视察。针对城市规划执行力不到位，城市设施不配套、功能不完善，行政执法管理体制不顺、形不成合力等方面的困难和问题提出了四个方面12条建议，为进一步加快我县城市建设、改善人居环境积极建言献策。

对2010年综治维稳目标管理责任制落实情况进行视察，选择了12个部门和单位对2010年社会治安综合治理目标管理责任书的执行情况、基层综治维稳组织建设情况进行察看，针对部分单位在落实综治目标管理责任书中存在的不足，提出加强日常督促检查，健全考核机制；社会建设和社会管理一起抓，两促进；以化解社会矛盾为主线，努力在确保社会和谐稳定上取得实效；以创新社会管理为重点，努力在提升社会管理水平上取得实效；以强化基层基础为根本，努力在夯实和谐稳

定根基上取得实效等六个方面的建议。全力推进综治维稳工作从传统的治安管理向社会管理转变，从重打击重整治向重建设重管理转变，从注重解决现实问题当前问题向解决源头性、根本性问题转变，力求使综治维稳工作取得新成效。

为进一步贯彻落实“工业强县”战略，促进工业园区建设，加快既定工业项目推进步伐，围绕工业园区重点工业项目推进情况开展调研。针对我县工业发展和重点工业项目推进中存在的困难和问题，从园区的规划、管理、项目的引进落实及建设等方面提出了坚定不移地实施“工业强县”战略，引进发展高新技术产业、调整工业布局和产业结构，进一步拓展工业发展空间，实现在发展中正确处理保护环境和发展工业的关系；加大园区规划的执行力度、进一步健全完善园区管理职能和责任；加强对入园项目投资强度管理，节约项目用地；加强废水、磷渣监测和治理，避免出现重大环保安全事故；加大对园区建设的投入，保证园区工作机构运转经费等7个方面的意见建议。为加快养老服务业健康发展，开展了对全县养老服务业发展情况调研，提出意见建议8条。为积极推动我县新生儿健康，有效降低新生儿出生缺陷，提高人口素质，对我县新生儿出生缺陷干预情况进行调研，提出建议7条。为促进我县社会事务健康发展，对社会保障工作情况开展调研，提出建议7条，对于保增长、保民生、保稳定、保生态，统筹我县城乡困难群众的基本生活，多渠道促进社会保障发挥了积极作用。对我县中小学危房改造情况进行调研，针对中小学校舍还存在的危房和其它危险因素，提出5方面的意见建议。通过精心选题认真组织开展以上调研视察，为我县经济社会协调发展、民生保障和社会稳定作出了积极贡献。

（二）服务大局，促进发展，切实履职尽责

常委会始终把参与经济建设，促进科学发展作为政协工作的第一要务，牢固树立维护核心的政治意识，自觉接受县委领导，积极支持政府工作，主动服务发展大局，进一步增强政治协商、参政议政的实效。七届三次全体会议期间，委员们全面协商了《政府工作报告》和计划、财政、法院、检察院工作报告，并就我县经济和社会发展重大问题提出意见建议40余条。全年召开4次常委会议，在通报、审议政协重大事项、重要报告的同时，分别听取了县人民政府上半年工作、全年工作情况和提案办理情况的通报；听取了县广播电视局、县供销社、县公安局、县计生局4个部门的工作情况通报。通过听取情况通报、对部门工作进行综合点评等方式，就改进和加强有关部门的工作提出意见建议。对县委十届七次会议工作报告、政府工作报告、十二五规划纲要等进行协商讨论，为澂江的科学发展积极建言献策。

一年来，县政协班子成员和部分机关干部参与重大项目的建设，直接参与我县村两委换届、重点项目建设、生态环境保护、发展新型工业、新农村建设、发展旅游服务业、城镇建设、民主法治建设、烤烟生产、十一五水污染防治、抚仙湖入湖河道综合治理、九村镇蛟龙谭搬迁等相关重点工作。围绕县委、县人民政府服务新农村建设，合理开发利用矿产资源，解决磷化工企业生产原料和改善山区人民群众生产生活条件，促进全县经济平稳运行，加快社会主义新农村建设步伐，县政协抽调3名同志配合县委政府实施蛟龙潭整村搬迁，以实际行动为我县社会主义新农村建设贡献力量。搬迁工作成绩显著，得到了县委政府的充分肯定和社会各界的高度赞扬。

广大政协委员在全县各行各业生产工作一线，自觉主动把个人的智慧和力量汇聚到参与中心、服务发展的具体实践中，发挥模范带头作用，认真履行委员职责，深入基层联系群众，开展调研视察，形成提案反映民生、服务大局、促进发展。政协七届三次会议期间共收到委员提案79件，立案交办79件，立案率达100%。79件提案内容丰富，涉及面广，主要围绕：建设文明卫生旅游县城，科学做好县城规划建设和管理；重视水源林地管理，切实解决农村群众饮用水紧缺问题；加强县乡公路管养和乡村道路建设，规范交通运输及公交车管理；加大旅游宣传促销力度，整顿景区旅游秩序；重视公墓规划建设，减少占用耕地等。

经政协党组、主席会议研究，从79件提案中确定了5件重点提案，即《关于加快梨花路建设的提案》、《关于实施商标战略加强我县私营企业品牌建设的提案》、《关于抓紧实施抚仙湖东北沿岸湖滨带生态修复的提案》、《关于加强对县城环境卫生管理增加垃圾处理设备的提案》、《关于加大对我县水源林管理工作力度的提案》。分别由主席、副主席牵头组织开展调研和面商，进行重点督办，推动了提案办理。很多提案意见已转化为县委、县政府及有关部门的工作决策和部署，5件重点提案已经得到解决，办理情况是：《关于加快梨花路建设的提案》由县交通局承办，到2010年12月底完成拆迁工作，正在建设中。《关于实施商标战略加强我县私营企业品牌建设的提案》，由县工商局办理，县工商局成立了领导小组，制定了工作方案，建立帮扶联系点30个，健全工作机制，做好商标监管服务工作，加强商标专用权保护，查处侵权及假冒注册商标案件35件。《关于抓紧实施抚仙湖东北沿岸湖滨带生态修复的提案》，交县环保局办理，已投资1662万元，累计建成抚仙湖北岸6块人工湿地，总面积221.4亩。投资900万元实施海口湖滨带修复工程，该工程现已完工。《关于加强对县城环境卫生管理增加垃圾处理设备的提案》，由凤麓镇办理，凤麓镇实施了县城环境卫生领导干部分片负责制，定期督促检查街道清扫保洁、垃圾清运情况。投资28万元，添置了垃圾收集车、垃圾桶，新建2个垃圾收集池；此外，凤麓镇还将进一步加强县城环境卫生管理建设的投入。《关于加大对我县水源林管理工作力度的提案》，交县林业局办理。近年来，林业局以涵养水源为核心，全面加强水源林管理，聘请138名专职水源林管护员，坚持依法治林，不断加大林政执法力度，受理查处违法案件80件，林业行政罚款3.7万元，同时加大对水源地和林业生态保护宣传力度，不断提高全民爱林护水意识。

79件提案分别交由35个部门和单位办理，到2010年底全部提案办理回复完毕，面商率、回复率和满意率（含基本满意）均达100%。其中，已完全解决或基本解决的35件，占

44.3%；正在解决或已列入计划逐步解决的 33 件，占 41.8%；因目前条件限制待今后研究解决或需要向上级请示反映的 11 件，占 13.9%。

（三）发挥界别委员作用，使政协成为实现我县发展目标进程中的重要力量

界别是人民政协的显著特色，委员是政协工作的主体。近年来我们充分发挥政协界别特色，发挥政协委员的主体作用，认真组织开展界别委员活动，进一步丰富了委员活动内容，增强了政协工作的实效性。

中共界全体委员关注社会热点焦点问题，深入调查研究，认真分析县情提出建议，为政府科学决策提供了依据：协商我县殡葬改革工作进展情况，对殡葬改革工作提出了很好的意见和建议；协商优抚对象医疗保障“一站式”服务工作，对优抚对象医疗保障“一站式”服务工作提出了较好的建议，不断探索解决重点优抚对象医疗保障的新路子，对优抚对象医疗保障“一站式”服务工作起到了积极作用。经济界委员视察湖畔圣水项目一期工程建设情况，让委员们感受招商引资、实施项目带动产生的巨大变化和效益；与中小企业主沟通交流，帮助他们出主意解决困难及向上争取资金，培育澂江贸易增长点。工商联界委员在百年一遇大旱捐资救灾活动中，发扬光彩精神，积极回报社会，积极奉献爱心，先后以个人名义或公司名义捐资救灾，主动履行社会责任。工业交通界委员分别对诚合矿业开发公司正在开采的矿点的开采情况、开采后的矿点对环境和生态的影响情况进行实地察看和调研，对年初提出的 4 件集体提案的办理情况进行追踪视察和督促。教育界开展学校安全调研活动，为学校安全工作分忧；召开“两基”迎国检研讨协商会，集委员智慧，对照国检要求分析我县的差距，积极建言献策提出三点建议，引起了教育局及学校的高度重视，通过各方面的努力，县人民政府投资 1450 多万元为各校按要求配备了教育教学设备，办学条件进一步改善。

（四）强化基础，激发活力，不断提高政协履职的整体水平

发挥政协常委会、党组、党支部在创先争优活动中的领导核心作用，创先争优活动深入开展，扎实推进，成效显著。一是认真组织学习并充分认识创先争优活动的重要性和必要性；二是认真组织签订创先争优承诺书，并在党员干部会议上公开征求意见，进行公开承诺，自觉接受广大政协委员和干部群众的监督；三是以“四项承诺”力促创先争优活动落实到位；四是落实创先争优活动各项要求，努力创建“五个好”党组织；五是教育全体党员自觉服从县委的中心工作，思发展、促发展，动员党员做好本职工作，完成县政协党组、主席会交办的工作任务，搞好调研、视察；六是抓好廉政教育，教育党员特别是党员领导干部遵守《中国共产党党员领导干部廉洁从政若干准则》、《云南省公务员八条禁令》等党风廉政建设相关规定，在履职过程中廉洁从政。

通过深入开展创先争优活动，强化了基础，激发了活力，内强了素质，外树了形象，政协机关自身建设不断得到加强，政协组织整体水平不断提升。以“工作争先、服务争先、业绩争先”为目标，努力培养一支政治坚定、作风民主、学识丰富、业务熟练的政协干部队伍，培养一支把握方向、服务大局、团结各界、履行职能、开拓创新的政协队伍。广大政协委员在各自工作岗位上，积极投身创先争优活动，发挥模范表率作用，发挥政协委员聪明才智，做好本职工作彰显委员风采。创先争优活动的深入开展，不断增强了人民政协事业发展的活力，不断规范了政协各项工作，不断把履行政协职能“三化”建设向前推进，在继承中创新，在创新中前进，在履行自身职能中实现不断提升政协工作的整体水平。

2010 年，县政协在省、市政协的指导帮助下，成功承办了玉溪市“古滇文化研讨会”、全市政协主席会、全省政协社会与法制工作座谈会。经过辛苦的工作，认真编撰出版了第二十辑文史资料《中山大学与澂江》，真实记录了中山大学与澂江人民深厚的情谊及源远流长的历史，发挥了文史资料“存史、资政、团结、育人”的作用。

同志们，过去一年所取得的成绩，是在中共澂江县委的正确领导下，在市政协的指导下，在县人大、县政府及有关部门的大力支持下，全体政协委员和政协机关干部职工团结协作、共同奋斗的结果，在此，我代表七届政协常委会，向关心支持政协工作的各位领导、全体委员和为政协工作付出努力的同志们表示衷心的感谢并致以崇高的敬意！

虽然我们取得了一些成绩，但必须清醒地看到，县政协的工作与中共澂江县委的要求，与社会各界对人民政协的殷切希望还有差距，主要是：对政协理论学习与研究还不够；履行政协三大职能的规范化、制度化、程序化还有待进一步推进；政协委员的建议、提案质量还需进一步提高；政协队伍管理和机关建设水平有待进一步加强。这些都需要我们在今后的工作中认真研究并切实加以改进。

二、2011 年工作部署

在新的一年里，县政协将紧紧围绕党和国家工作大局，着力把握新形势下人民政协工作特点和规律，充分发挥自身优势，调动一切积极因素，不断推进人民政协和统一战线事业，把思想统一到党中央决策部署上来，统一到省委、市委、县委的决策部署上来，把力量凝聚到实现我县“十二五”时期目标任务上来，为建设富裕文明新澂江作出新的更大的贡献。

（一）开好局，起好步，政协工作再上新台阶

2011 年是学习贯彻中央十七届四中、五中全会精神，实施“十二五”规划的开局之年，是中国共产党诞辰 90 周年，更是澂江深化改革开放、加快转变经济发展方式、科学发展的攻坚时期。县政协将按照县委十届七次会议的部署要求，进一步认清形势，明确任务，坚定信心，坚持以科学发展为主题，以加快转变经济发展方式为主线，以县委提出的“经济平稳较快发展，产业结构调整取得重大进展，人民群众收入普遍增加，社会建设明显增强，生态建设继续推进”为总体目标，紧紧围绕我县提出的“十二五”经济社会发展的主要目标，认真履行政治协商、民主监督、参政议政职能，充分发挥协

调关系、汇聚力量、建言献策、服务大局的重要作用，在推进富裕民主开放和谐澂江建设中，努力把人民政协事业不断推向前进。

2011年县政协工作的指导思想是：高举中国特色社会主义伟大旗帜，以邓小平理论和“三个代表”重要思想为指导，全面贯彻落实党的十七大、十七届五中全会和中央经济工作会议精神，贯彻落实胡锦涛总书记在全国政协迎新年茶话会上的重要讲话和中共云南省委政协工作会议精神，贯彻落实省委八届九次全委会、市委三届七次、县委十届七次全会精神，继续深入落实科学发展观，牢牢把握团结和民主两大主题，在中共澂江县委的正确领导下，以科学发展为主题，以加快转变经济发展方式为主线，以促进“十二五”期间经济社会发展为目标，动员全县广大政协委员和各族各界群众，继续坚定不移落实“两大政治任务”、实施“五大战略”和走“三大经济发展路子”，认真履行职能，充分发挥人民政协在各项建设中的重要作用，为全面推进澂江经济社会发展作出新的贡献。

（二）坚持求真务实，体现特色，扎实做好政协经常性工作

做好人民政协经常性工作，对于全面履行政协职能，充分发挥政协组织的作用至关重要，我们要紧扣形势发展，更加体现特色，以改革创新推动经常性工作，切实把经常性工作做深、做细、做出成效。

要继续加强理论学习，始终坚持把深入学习实践科学发展观摆在首要位置，不断增强贯彻落实科学发展观的自觉性和坚定性，注重对政协理论和统一战线理论的深入研究，把促进科学发展作为政协履职的共识和自觉行动。加强学习，牢牢把握正确的政治方向，进一步增强走中国特色社会主义政治发展道路的自觉性和坚定性。加强学习，切实把推动科学发展作为履行职能的第一要务，进一步增强为促进澂江经济平稳较快发展献计出力的积极性和主动性。加强学习，坚持把促进五大关系和谐作为重要职责，进一步增强维护社会和谐稳定大局的责任感和使命感。加强学习，解放思想、与时俱进，进一步增强以改革创新精神推进人民政协事业的信心和决心，坚持用科学发展观统领政协工作，为推动澂江经济平稳较快增长、推进社会主义民主政治建设、促进社会和谐稳定作出新的贡献。

要继续加强提案工作，积极创新提案工作方式，完善提案工作机制，更加重视集体提案，加大对提案的跟踪督办力度，不断增强提案工作实效。要围绕关系全县发展全局的重大问题，选择县委、县政府重视及人民群众关心的课题，多层次开展专题调研和协商议政活动。通过深入细致的调查研究，关注民生、体察民情、反映民意，提出高质量的提案。继续抓好提案工作，协调处理好“提”与“办”的关系，既要充分尊重、保护委员参政议政热情，又要督促提案承办单位增强责任意识，共同营造和谐共赢的良好氛围，形成提案工作整体合力，提高提案办理实效。提案工作要进一步规范和完善办理程序，进一步完善重点提案办理情况的追踪回访，切实增强提案办理的实效性，进一步增强民主监督、参政议政、政治协商的实效。

要继续加强和改进专题视察调研工作，不断提高专题视察调研的质量和水平。注重选择具有前瞻性、全局性、针对性、可操作性，涵盖经济、社会、稳定等方面的课题，选择党政虽然想到，但因条件所限顾及不到，或是党政在做，而力量不足，政协可以提供帮助和支持的课题，认真组织调研视察。要注重突出重点，突破难点，创造亮点。调研视察要切实深入到基层、深入群众，发现问题，分析原因，研究解决方法；报实情、讲实话、抒已见、进诤言；尊重实际，不说大话、空话，不说过头话，向县委、政府反映客观、真实情况，真正实现为县委政府决策提供科学依据。

要进一步发挥政协优势，为澂江经济平稳较快发展献计出力。充分发挥政协组织在协调关系、汇聚力量、建言献策、服务大局方面的优势和作用，广泛调动各方面积极性，广开言路、广集民智、广求良策，积极为县委政府科学决策、民主决策、依法决策服务。进一步加强社情民意的收集和反映工作，及时掌握社会动态，及时收集、反映群众意愿和诉求，推动形成社会和谐人人有责、和谐社会人人共享的生动局面。要切实把思想和行动统一到县委对形势的分析判断上来，统一到县委保增长、调结构的决策部署上来，紧扣发展谋划工作，围绕发展推动工作。

要进一步重视民生问题，为和谐社会建设建言献策。牢固树立以人为本、参政为民的履职理念，坚持把改善民生作为促进和谐社会建设的出发点和落脚点，始终把维护各族人民的团结和全社会稳定摆在政协工作的突出位置，正确处理好宗教关系、民族关系、阶层关系和海内外同胞关系，把关注人民生活、了解和反映社情民意作为经常性的工作来抓。

要加强同少数民族和宗教界人士的联系和沟通，宣传党的民族宗教政策和国家的法律法规，进一步巩固和壮大党的统一战线，为党和政府联系群众、团结各界、协商问题、调整关系充分发挥作用，努力为我县加快发展减少阻力、增加动力、形成合力。调动一切积极因素，团结一切可以团结的力量，更加深入了解民情，真心倾听民声，真实反映民意，广泛动员社会各方力量为改善民生做好事、办实事、解难事，主动协助县委、县政府做好解民忧、排民难、顺民心的工作，努力促进人民群众合理诉求得到有效解决。精心组织好县政协调研视察工作，为解决人民群众最关心、最直接、最现实的利益问题议政建言。

要不断建立完善工作机制，创新组织方式，加强与有关部门的联系协作，加强沟通增进理解，形成合力，共建富裕、民主、和谐、文明新澂江。要进一步重视发挥委员在反映社情民意信息中的主体作用，积极拓展信息来源渠道，不断提高政协信息工作水平。继续做好政协宣传工作，通过《云南政协报》、网络系统、广电部门等媒体大力宣传政协工作，扩大社会影响。要继续做好文史资料的收集整理工作，不断提高文史资料编辑的水平和质量。

（三）坚定信心，增强责任意识，努力提高政协的参政议政水平

2011年是中国共产党成立90周年，也是“十二五”时期开局之年。做好今年政协的各项工作，具有十分重要的意义。我们要看到我县发展的重要战略机遇，也要充分认识发展中的挑战与困难。要增强机遇意识、忧患意识、风险意识、责任意识，坚定信心把握机遇，创造性开展工作，为“十二五”时期经济社会发展贡献力量。

县政协将按照我县“十二五”规划提出的目标任务，正确把握新形势新变化新特点，以科学发展为主题，以加快转变经济发展方式为主线，紧紧围绕县委十届七次会议确定的发展目标，围绕县“两会”确定的各项工作切实履行政协职能，努力做到政治协商更加规范，参政议政更有成效，民主监督更加深入。

1、充分发挥政协常委会的核心领导职能，开好政协四次常委议。

政协瀫江县七届十三次常委会议拟定于2011年3月召开。会议主要议程是：①组织学习胡锦涛总书记在全国政协新年茶话会上的重要讲话；②组织学习贯彻全国、省、市“两会”精神；③讨论通过2011年县政协工作要点。

政协瀫江县七届十四次常委会议拟定于2011年6月下旬召开。会议主要议程是：①听取县法院、县财政局工作情况的通报；②通报调研视察情况。

政协瀫江县七届十五次常委会拟定于2011年9月下旬召开。会议主要议程是：①听取县人民政府关于提案办理工作情况的通报；②听取县教育局、县工商局工作情况的通报；③通报调研视察情况。

政协瀫江县七届十六次常委会议拟定于2011年12月下旬召开，会议主要议程是：①听取县人民政府年度工作情况通报，协商讨论《政府工作报告》；②讨论通过政协常委会工作报告、提案工作报告；③通报调研视察情况。

2、认真组织开展2项视察、4次专题调研：开展关于对农村土地流转的视察、关于新型农村合作医疗实施情况的视察。组织进行关于农产品专业市场调研、关于社区矫正开展情况的调研、关于文化市场的调研、关于抚仙湖行政执法与保护管理情况的调研。

3、积极协助配合省、市政协开展好在我县的调研视察工作。

4、认真做好政协提案工作，进一步加强对提案工作的组织领导，努力提升提案工作质量。

5、服从县委安排，主动参与全县中心工作和重点工作。

（四）坚持不懈加强自身建设，为有效履行职能提供坚强保障

加强自身建设是政协履行职能的需要，只有不断开拓创新，提高政协队伍整体素质，才能跟上时代发展要求，政协工作才能发挥优势，拓展新领域，取得新成绩。实现今年的工作目标，在新的起点上继续推进富裕民主开放和谐瀫江建设，给人民政协工作提出了更高的要求，我们要主动适应形势和任务的要求，不断加强政协自身建设，全面提高工作水平，为有效履行职能、充分发挥作用提供更加有力的保障。

进一步加强政协自身建设，自觉接受县委的领导，积极争取县人大、县政府支持，进一步建立和完善有利于政协开展工作、政协成果转化落实的工作机制，努力营造政协工作良好的社会环境；自觉适应新形势新任务的要求，把自身建设摆在重要位置，提高常委会的整体领导能力和工作水平，加强政协机关建设，完善界别活动的机制，进一步突出界别特色、发挥委员主体作用；加强专门委员会和机关建设，不断夯实基础，增强政协工作活力，提高履行职能的实效；更好地推动我县政协事业发展。

更加重视政协机关干部职工的政治理论学习，把加强学习摆在突出位置，提高其全局观念、服务意识和政策水平；加强制度建设，完善为政协履行职能服务的各项工作制度，提高工作效率和水平，推动政协工作更加规范、有序；加强机关作风建设，按照“当好参谋、搞好服务”的要求，继续深化创先争优活动，大力倡导爱岗敬业、团结协作和无私奉献精神，增强机关干部的大局意识、服务意识和创新意识，使机关干部作风进一步转变，努力形成“学习型、效能型、服务型、创新型”的政协机关和规范有序、运转协调、廉洁高效的运行机制，造就一支高素质干部队伍，不断提高机关工作水平、工作效率和服务质量。

进一步加强党风廉政建设，认真贯彻执行中央和省、市、县反腐倡廉建设的有关要求，落实责任，廉洁自律，努力形成风清气正的良好氛围，为履行好政协职能提供有力的政治和纪律保障。

各位委员，改革发展的责任和使命，激发我们的智慧和力量，前进征途的风险和挑战，考验我们的信心和勇气。让我们更加紧密地团结在以胡锦涛总书记为核心的党中央周围，在中共瀫江县委的正确领导下，高举中国特色社会主义伟大旗帜，坚持以邓小平理论和“三个代表”重要思想为指导，全面贯彻落实科学发展观，团结一切积极力量，调动一切积极因素，携手同心，开拓奋进，为构建富裕文明和谐新瀫江谱写新的篇章！

扎实推进反腐倡廉建设
为全县经济社会发展提供强有力的保障

——在县纪委十届六次全会上的报告

汤之德

（2011 年 1 月 17 日）

同志们：

我受县纪委常委会委托，向全会作工作报告，请予审议。

一、2010 年和“十一五”反腐倡廉工作取得明显成效

2010 年，澂江县纪检监察机关在县委、政府的正确领导下，按照中央、省、市纪委的总体部署，把反腐倡廉工作融入经济建设和社会发展中，认真落实惩防体系工作规划，经过全县广大干部群众的共同努力，反腐倡廉工作成效显著，人民群众满意度明显提高，各项工作取得新成绩，为全县经济社会发展提供了强有力的政治和纪律保证。

（一）宣传教育和廉洁从政工作扎实推进。通过开办专题讲座、集中学习培训，把《廉政准则》印发给 395 名科级领导干部，组织参加知识测试等方式，切实推进《廉政准则》的贯彻实施。以“廉政视窗”为阵地，大力宣传反腐倡廉建设成果。全年发送 52 条廉政短信，提醒领导干部不忘廉政。警醒和示范教育效果明显，各级领导干部带头讲廉政党课 113 场，培训干部群众 12400 人（次），党员受教育面达 90%。在 42 个单位轮流播放警示教育片，受教育干部群众 1500 多人（次）。廉政文化“六进”工作深入推进，海口镇、右所镇、卫生局等创建了廉政文化建设示范点。集中开展岗位廉政教育，对全县各级领导班子和党员领导干部进行廉政风险排查梳理，完善防范措施，查找岗位廉政风险点 297 个，编写岗位廉政教育案例 56 个，进一步深化反腐倡廉教育的形式内容，增强教育的针对性和实效性。

认真贯彻落实领导干部廉洁自律各项规定，对 60 个领导班子召开民主生活会情况进行监督。认真开展经济责任审计工作，对全县 40 个行政村的村组财务进行了全面审计，对 364 名村组干部进行了任职培训，对 352 名村（社区）两委干部进行了廉政教育和任前廉政谈话，进行廉政鉴定 47 人（次），为评先评优提供廉政情况 357 份；纪委负责人同下级党政主要负责人谈话 65 人（次）。认真落实领导干部报告个人有关事项的规定，全县 61 个单位、370 名科级领导干部对照规定进行了填报。坚持审批备案制度，对公务用车采购和外出学习考察实施备案监督。加强对规范津补贴工作的监督，追缴违反规定资金 29970 元。全面开展“小金库”专项清理，全县清查单位 164 个，清查账户 437 个，清理国有及国有控股企业 9 家。开展行政事业单位经营性国有资产清理登记工作，合理配置和有效利用国有资产，从源头上切断“小金库”资金来源。

（二）监督和纠风工作成效明显。对 46 个扩大内需项目进行监督，确保了各项政策措施的贯彻落实。全县开展专项执法监察 19 项，排查工程项目 269 个，完成工程招投标监督 63 项（次），参与政府采购 45 次，节约资金 198 万元，节约率 11%。对公路建设招投标及征地拆迁、抗旱救灾物资管理使用、廉租住房建设等重点项目进行监督检查。加强对耕地保护、资源节约和环境保护等政策落实情况监督检查。对 192 个政府投资和使用国有资金项目招投标进行现场监督。加大效能投诉督办力度，办理行政效能投诉 5 件。严格考评奖惩机制，对工作落实有力的 13 家行政效能建设责任单位进行表彰奖励。加强安全生产责任制落实情况的监督，积极参与安全事故调查处理。加大工程建设领域突出问题专项治理力度。继续治理教育乱收费，督促学校认真落实义务教育阶段的各项政策。纠正医药购销和医疗服务中的不正之风，督促3个县级医院、5个镇卫生院网上集中采购药品，金额4233.2万元。开展了强农惠农资金专项清理检查工作，收缴违规使用资金41万元。

充分发挥政府特邀监察员作用，对35个政府职能部门开展民主评议政风行风工作。积极参与“政风行风热线”直播节目，认真回复群众反映的7个问题。畅通了“96128”政务专线和“6913038”纪检监察机关统一举报电话。进一步规范行政审批，完善“一站式”审批工作机制。落实“收支两条线”的规定，全面推行部门综合预算管理、国库集中支付和规范转移支付制度。加强对效能政府四项制度落实情况的监督检查，全面实施行政行为监督制度，确定关键岗位130个、重点环节153个，设定风险点264个，制定防范措施292条。加大党务公开力度，各级党组织制定了公开目录、服务承诺，及时进行各类党务公开。深化政务公开，打造“阳光政府”，实施重大决策听证15项，重要事项公示165项，重点工作通报600项，公开政务信息6212条。加大村务公开力度，坚持“一事一议”筹资筹劳管理制度，农村基层民主决策更加规范。加强村（社区）“两委”和小组换届选举工作的监督，认真调查处理换届期间来信来访15件（次）。

（三）案件查处力度加大。健全纪委、组织、公安、检察、法院、监察、审计等联合的反腐败工作协调机制，有效整合办案资源。全年共受理信访举报60件，办结60件。立案调查23件23人，审理结束19件19人，其中科级干部5人，其他人员14人；给予行政开除5人，行政降级1人；开除党籍11人。收缴违纪款47万元。特别是严肃查处了国土局“3·15”专案，畜牧局“5·11”专案，维护了党纪国法的权威，保持了惩治腐败的强劲势头。对19名受处分人员进行回访教育。为3名拟提拔干部澄清了事实，保护了干部职工干事创业的积极性。加强案件剖析工作，完善制度、加强管理，查办案件的治本功能进一步发挥。

（四）自身建设全面发展。认真组织开展了刀会祥、杨雪斌同志先进事迹学习活动。深入开展了“三个一”学习实践活动和创先争优活动，推行党员公开承诺，巩固和深化学习实践科学发展观活动成果。通过中心组学习、干部职工会、党支部会议等形式，坚决贯彻落实中央纪委“五严守、五禁止”要求，进一步强化了对纪检监察干部的教育、管理和监督。认真落实县级纪检监察机关班子建设、人员编制、经费保障标准等政策，新增行政编制5人，增设监察局非党副局长1名；明确正科级纪检员2名、副科级纪检员5名。积极组织纪检监察干部参加各种培训157人（次）。加强反腐倡廉建设调研工作，在中央、省、市级刊物上发表信息、评论、调研文章126篇（条）。查办案件工作受到市纪委表彰，行政效能考核获市政府一等奖。

“十一五”以来，全县反腐倡廉工作成绩显著。

——深入开展反腐倡廉教育。组织全县32名副县级以上领导干部到云南省反腐倡廉警示教育基地接受教育；利用互联网、报刊、广播、电视等媒体，大力宣传反腐倡廉法规制度，开设廉政视窗12期；各级党政一把手为基层讲党课453场（次），巡回播放《廉政中国》警示教育片311场（次），发送廉政短信136条。扎实推进廉政文化“六进”活动，建立了廉政文化示范点。

——构建党风廉政建设责任体系。健全完善党风廉政建设责任制，层层签订责任书。建立了《澂江县党政领导班子“三重一大”集体决策制度实施办法》、《澂江县党政领导干部述职述廉暂行规定》等17项制度，完善保障机制。

——加强领导干部廉洁从政教育。深入治理领导干部违反规定收送现金、有价证券、支付凭证等问题，收缴礼金40余万元。对县管干部进行廉政鉴定294人（次），为评先评优提供廉政情况1727份（次）。切实整治“小金库”问题，纠正不规范资金34万元。开展厉行节约，制止奢侈浪费专项工作，节约资金765万元。

——加强行政监察工作。对教育收费、“三免一补”政策、公路建设、水利建设等监督检查574项（次）。纠正医药购销和医疗服务中的不正之风，集中采购药品2.36亿元，占用药总量的96%以上。加强对农民负担的监管，取消涉农收费项目38项，减轻农民负担2005.4万元。清理72项评比达标表彰活动。开展民主评议政风行风活动，切实纠正和解决了一批群众反映强烈的热点和难点问题。对固定资产投资、节能减排、救灾扶贫、社保基金、住房公积金等专项资金管理使用情况进行监督检查。严格行政问责制度，问责干部35名。

——加大案件查办力度。五年受理群众来信来访和电话举报345件（次），查处案件65件，给予党政纪处分64人，其中科级干部25人，其他人员39人；开除党籍35人，行政开除17人，移送司法机关30人，为国家和集体挽回经济损失286万元。查处商业贿赂案件6件。为22名受失实举报的党员干部澄清了事实，给予49名党员干部批评教育或组织处理。

——加强纪检监察机关队伍建设。切实加强对干部队伍教育，开展了“做党的忠诚卫士、当群众的贴心人”实践活动。对派出派驻机构实行统一管理改革，新增4个派出纪工委，分片负责全县56家单位的纪检监察工作。新增机关干部室，内设机构由7个增为8个。认真落实县级纪检监察机关队伍建设意见，人员编制由17名增加到40名。落实经费保障标准，办公办案条件得到有效改善，纪检监察机关建设得到加强。

经过五年的扎实工作，惩治和预防腐败体系基本建成，拒腐防变教育长效机制初步建立，反腐倡廉法规制度进一步健全，权力运行监控机制逐步形成，源头防腐深入推进，党风政风明显改进，腐败现象得到有效遏制，人民群众满意度有新提高。

在充分肯定成绩的同时，我们必须清醒地看到，少数领导干部对党风廉政建设责任制认识不到位，反腐倡廉法规制度落实不够；少数党员领导干部自律意识和法纪观念不强，违纪违法行为时有发生；少数农村基层干部宗旨意识淡薄，侵害群众利益的现象仍然存在；纪检监察工作对新情况新形势研究不够，反腐倡廉形势依然严峻。针对存在问题，我们将采取有力措施，加大工作力度，以更加负责的态度切实加以解决。

二、认真履行职责，扎实推进反腐倡廉建设

今后五年，要高举中国特色社会主义伟大旗帜，以邓小平理论、“三个代表”重要思想和科学发展观为指导，按照中央、省、市纪委全会要求，坚持标本兼治、综合治理、惩防并举、注重预防的方针，建立健全教育、制度、监督、改革、纠风、惩处并重的惩治和预防腐败体系，深入推进党风廉政建设和反腐败斗争。要以完善惩防体系为重点，切实加强党员领导干部廉洁从政教育，推进反腐倡廉工作理念、方式方法的创新，严格执行党风廉政建设责任制，坚持不懈地把党风廉政建设和反腐败斗争引向深入。要以制度创新为关键，把制度建设贯穿于反腐倡廉建设的全过程，着力从源头上治理和预防腐败。要以维护群众利益为根本，着力解决群众反映强烈的突出问题。要以强化权力运行监督为保障，着力营造风清气正的从政环境。要认真履行职责，加大查办案件工作力度，特别是严肃查处各种违反政治纪律和组织人事纪律的行为。要准确把握“十二五”时期经济社会发展的目标任务、重大举措，增强贯彻落实县委、政府决策部署的自觉性和坚定性，确保各项目标任务顺利实现。

2011 年是“十二五”发展的开局之年，重点要抓好六个方面的工作：

（一）强化宣传教育，进一步抓严廉洁自律。要增强广大党员干部的党纪法规观念和廉洁从政意识。要拓展反腐倡廉教育的深度。把党风廉政教育列入干部教育培训规划，以党性、党风、党纪教育为重点，加强对领导干部的理想信念、思想道德、职业道德教育。加大对新提拔领导干部的廉政教育，促使新任领导干部增强自律意识。强化国家政策法规的宣传教育，增强领导干部依纪依法行政的意识，提升运用法律法规解决问题的能力。深入开展岗位廉政教育、道德教育、示范教育、警示教育。充分运用电视、广播、报刊、墙报、网络等宣传媒体，加大宣传报道力度。要建立基层站所、村（社区）党风廉政建设宣传栏，及时向群众宣传反腐倡廉方面的知识。要注重反腐倡廉舆情信息运用。加强对舆情网络信息的收集、分析和研判，搞好网络评论工作，积极回应网络舆论热点问题，适时公开县域典型案件，加强正面引导，营造良好的社会舆论氛围。要不断提升廉政文化“六进”工作质量。在巩固廉政文化示范点的基础上，通过廉政知识竞答、演讲、测试等方式，进一步深化廉政文化创建活动。

要进一步加强对领导干部的廉洁自律教育，不断增强各级领导干部对党负责、对人民负责、对自己负责的责任感和使命感，加强对亲属和身边工作人员的提醒教育，以带头廉洁从政取信于民。要健全完善党内各项监督制度。坚持民主集中制原则，落实民主生活会制度，大力弘扬批评和自我批评的优良作风，坚决反对上下级和干部之间逢迎讨好、相互吹捧、营私结党拉关系等庸俗作风。完善“三重一大”制度，严格执行领导干部经济责任审计、述职述廉、廉政谈话等制度，认真落实干部问责制、廉政承诺制和行政执法责任制。认真解决领导干部廉洁自律方面的突出问题。严格执行《廉政准则》和党员领导干部廉洁自律各项规定，依纪依法查处和整治领导干部利用职务便利为本人或特定关系人谋取不正当利益等问题。要认真落实党员领导干部报告个人有关事项的规定，把党员领导干部的住房、投资、配偶子女从业情况列入报告内容，严肃查处隐瞒不报、弄虚作假等行为。要切实加强农村基层党风廉政建设，发挥村民理财小组、村务公开监督小组、纪检委员、廉政监督员的职能，逐步推行村级“监督委员会”制度，加强对农村资金、资产、资源的管理，加大对村务、财务公开的力度。要积极开展村（社区）、站所负责人述职述廉工作，切实规范站所管理和绩效考核。

（二）围绕科学发展，进一步抓实监督检查。要充分发挥纪检监察的职能作用，加强执法监察、廉政监察、效能监察，确保政令畅通。要认真落实中央关于加强和改进群众工作的各项要求，加强对党的群众路线执行情况的监督检查，督促领导干部带头做好群众工作，进一步密切党群干群关系。要把严格执行纪律作为提供服务保障的重要手段，主动介入、迅速跟进。要加强对中央、省、市、县一系列决策部署落实情况的监督检查，坚决纠正有令不行、有禁不止和上有政策、下有对策的行为，切实解决工作落实不力、推诿扯皮、效率低下等问题。要紧贴县委、政府中心工作，认真把握和精心谋划监督检查工作。加强对中央扩大内需、经济结构调整、节能减排、环境保护、基本公共服务设施建设等重大决策部署的监督检查。要加强对重点领域、重要部门、重点项目的监督检查，特别是要加大对土地、交通、城建、环保、水利、农业等在建项目的监督力度。

要以政府重大投资项目的实施为切入点，继续深入开展工程建设领域突出问题专项治理工作，确保每一个投资项目、每一笔资金都处于有效的监控之中，保证工程、资金和干部的安全。要集中开展对公务用车问题的专项治理，重点纠正超编制、超标准配备公务用车等问题。要加大公务接待的治理力度，规范党政领导干部职务消费行为。要抓紧建立完善县、镇、村三级全覆盖的监督检查体系和协调配合机制，派出纪工委要有重点地将监督职能延伸到联系部门的下属单位，完善定期检查、专项督查和纪律保障机制，确保监督检查落到实处。要健全社情民意反映、群众评议等制度，着力提升行政审批、公共资源交易、执法管理信息的电子化水平，进一步增强监督的实效。

（三）保持强劲势头，进一步抓紧案件查处。要突出办案重点。以查办党员领导干部滥用职权、贪污贿赂、腐化堕落的案件为重点，严厉查办官商勾结、权钱交易和严重侵害群众利益的案件；严肃查办规避招标、虚假招标、非法批地、低价出让土地或擅自变更规划获取利益的案件；认真查办金融领域挪用保险资金、违规处置不良资产的案件；坚决查处严重违反组织人事纪律，利用司法权索贿受贿、徇私舞弊，领导干部及执法人员为黑恶势力充当“保护伞”的案件；严格查办贪污、挪用、侵占扶贫、救灾等专项资金以及严重失职渎职的案件；依法查处商业贿赂案件，健全完善防治商业贿赂的长效机制。要整合办案力量。充分发挥县委反腐败协调小组的作用，进一步健全查办案件的协调机制。要坚持纪律处分和组织处理相结合，建立健全县委统一领导，纪检监察机关和组织人事部门相互协调的工作机制，加大组织处理工作力度，增强执纪办案的整体合力。

要提高办案水平。健全办案工作责任制，推行违纪线索统一管理和集中排查制度。认真受理群众来信来访，加大信访初核力度，妥善处理信访突出问题及群体性事件。及时调查核实群众举报反映的问题，必须做到件件有落实。对诬告陷害的行为，要给予严肃处理。加大案件调查力度，改进办案方法，严格遵守办案纪律，正确使用案件检查措施，严把审理关，加强监督管理，确保案件质量。坚持查教结合、查纠结合、查建结合，发挥查办案件治本功能。要加强督促指导。不断加大对镇纪委、派出纪检监察机构查办案件工作的指导力度，提高办案能力。要把严肃党纪政纪与调动、保护干部的积极性统一起来，综合考虑执纪办案的政治、经济和社会效果，为经济社会发展营造良好环境。

（四）维护群众利益，进一步抓细纠风治乱。要深入推进纠风治乱工作，重点治理事关人民群众生命财产安全的问题。环境保护方面，对不认真履行职责、严重损害生态环境建设的行为，要追究有关人员的责任。食品药品质量方面，要严肃处理重大质量安全事件。安全生产方面，要进一步加大责任事故调查处理力度，坚决查处事故背后的失职渎职行为和腐败问题。征地拆迁方面，要严肃查处征收征用土地和矿产资源开发中的违纪违法行为。要继续加大治理教育乱收费力度，进一步规范各类公办学校收费行为。加大纠正医药购销和医疗服务中的不正之风力度，加强对药品网上集中招标采购工作的监督。加大减轻农民负担工作力度，切实纠正面向农民的乱收费、乱罚款和各种集资、摊派行为，确保农民负担不反弹。巩固治理公路“三乱”工作成果，规范执检、执收、执罚行为。强化对社保基金、住房公积金、扶贫救灾、新农合等专项资金的监督。充分发挥政府特邀监察员和行风监督员的作用，抓好民主评议政风行风工作，建立政风行风建设的长效机制。

要大力推进行政绩效管理、行政成本控制、行政行为监督、行政能力提升建设，进一步健全举报、投诉、监督机制，全面贯彻落实党政领导干部问责办法，强化对不作为、慢作为、乱作为的责任追究，整治违反规定“吃、拿、卡、要、报”等行为。要继续抓好部门和行业作风建设，加大治慵治懒的力度，大力整治文风会风，严格控制发文数量和范围，切实转变机关干部作风。要严格控制和规范庆典、研讨会、论坛活动。认真落实中央、省、市有关厉行节约的规定，厉行勤俭节约，杜绝铺张浪费。对窗口服务单位和基层站所进行满意度测评，对测评结果进行公示和通报。要创优经济发展环境，紧紧围绕县委、政府中心工作，强化服务发展的大局意识。

（五）注重预防，进一步抓牢源头防腐。要认真贯彻落实党风廉政建设责任制的规定，进一步强化各级领导班子和领导干部的责任，切实做到职责划分清晰、任务分工具体、工作要求明确、保障措施有力，进一步完善党委统一领导、党政齐抓共管、纪委组织协调、部门各负其责、依靠群众支持和参与的反腐败斗争的领导体制机制，把党风廉政建设纳入领导班子、领导干部目标管理，与日常业务工作紧密结合，一起部署，一起落实，一起检查，一起考核。各级领导班子要对职责范围内的党风廉政负全面领导责任；领导班子主要负责人要认真履行好第一责任人的职责，做到重要工作亲自部署、重大问题亲自过问、重点环节亲自协调，切实管好班子、带好队伍；领导班子其他成员要根据工作分工，对职责范围内的党风廉政建设负起主要领导责任，切实做到“一岗双责”。各级领导干部要带头执行党风廉政建设责任制，既要以身作则、率先垂范，严格遵守廉洁从政各项规定，又要坚持原则、敢抓敢管，切实抓好职责范围内的党风廉政建设和反腐败斗争。

要认真落实民主生活会、述职述廉、诫勉谈话、质询、函询、罢免或撤换等制度。要建立健全干部选拔任用监督机制，严明县、镇换届纪律，完善监督手段，把严格监督贯穿于提名推荐、考察、公示、换届选举等各个环节。严格教育、强化监督、综合治理、严格问责，坚决纠正用人上的不正之风，切实保证换届工作顺利进行。

要加强对关键岗位和重点环节权力运行的监督。深入治理领导干部违规插手干预工程建设，以及工程建设中规避招标、围标、串标、转包、分包，房地产开发中违规变更规划、土地使用性质变更、调整容积率等问题。完善工程建设招标、项目审批、资金管理、物资采购以及土地使用权、探矿权、采矿权招标拍卖挂牌出让等制度。

加强反腐倡廉制度建设，健全完善领导干部廉政档案制度，建立党风廉政民意调查制度，切实加强制度执行落实情况的监督检查，督促领导干部做执行制度的表率，自觉维护制度的权威性。要继续开展治理“小金库”工作。要深化行政管理体制改革，进一步减少和规范行政审批。要充分发挥电子政务网络在公开中的作用，深入推进党务公开，深化政务公开、厂务公开、村务公开，努力提高各项公开工作的标准化、规范化、制度化水平。

（六）加强学习，进一步抓好队伍建设。要按照“做党的忠诚卫士，当群众的贴心人”的要求，继续深化创先争优活动，切实加强自身建设，勇于改革创新，不断完善各项内部管理制度，提升纪检监察机关推进反腐倡廉建设的能力和水平。要着力推进学习型机关建设。引导和组织纪检监察干部深入钻研业务知识，广泛学习政治、经济、法律、历史、管理等方面的知识。要进一步创新干部教育培训方式，拓宽培训渠道，采取“走出去与请进来”、“理论与实践”相结合等方式，扎实开展业务培训，切实提高服务发展和统筹协调反腐败工作的能力。要着力推进领导班子建设。进一步完善领导班子工作机制、议事规则和决策程序，提高民主决策和科学决策水平。要着力推进干部的纪律作风建设。全县各级纪检监察干部要切实强化监督者更要接受监督的意识，树立纪检监察机关良好的形象，严格遵守政治纪律、工作纪律、办案纪律和保密纪律等，带头加强党性修养，带头发扬民主，带头廉洁自律，切实打造一支组织和人民信得过的纪检监察干部队伍。

同志们，做好反腐倡廉工作，使命光荣、责任重大。让我们在县委、政府的正确领导下，恪尽职守、清正廉洁，求真务实、开拓进取，深入推进我县反腐倡廉建设，着力构建惩治和预防腐败体系建设，为开创澂江科学发展新局面提供有力保证。

在县委中心组理论学习暨社会管理及其创新专题讲座上的讲话

杨兴荣

（2011 年 5 月 24 日）

同志们：

刚才，绍华县长传达了中央和省、市相关会议精神，希望大家结合各自工作实际，认真抓好贯彻落实。

下面，我重点就加强和创新社会管理再讲三个方面的问题。

一、总结经验、认清形势，进一步深化对加强社会管理创新重要性和必要性的认识

县委、县政府历来高度重视加强和创新社会管理，始终坚持以科学发展观为指导，坚决贯彻落实中央和省、市的一系列决策部署，并结合澂江实际，把加强和创新社会管理与做好群众工作有机结合起来，积极探索加强和创新社会管理的新思路、新举措、新办法，取得了明显成效。一是立足长效管理，加强和创新社会管理的体制机制不断健全。坚持把加强和创新社会管理作为社会建设的重中之重，牢固树立“两手都要硬”的理念，坚决克服重经济建设、轻社会建设和重管理、轻服务的思想，按照“属地管理，分级负责”和“谁主管，谁负责”的原则，强化“第一责任”，初步形成了党委统一领导、各部门齐抓共管、全社会广泛参与的社会管理格局。研究制定了《澂江县重大事项社会稳定风险评估制度》、《澂江县维护社会稳定预警工作制度》、《澂江县创新流动人口服务管理机制推进流动人口基本公共服务均等化试点工作方案》等制度，建立县级领导联系镇（街道）、企业、学校和重点项目以及部门包村（社区）等制度，完善党务、政务、村务、厂务公开机制，将 62 家行政事业单位、50 家中小学校、10 家卫生院（所）的行政服务事项、政策规定、办事依据、办事条件、办事程序、办理结果等事项向社会公开并承诺办理时限，在全县 56 个单位推行重大决策听证、重要事项公开、重点工作通报、政务信息查询等四项制度，使社会管理和群众工作有章可循、有据可依。二是加强社会治安综合治理，全力维护社会和谐稳定。切实加强社会治安综合治理，健全完善社会治安防控体系，依法打击各种违法犯罪。坚持矛盾纠纷排查调处零报告制度和定期通报制度，建立县级领导包案、简易民事案件“速调速执”机制、人民调解协议诉前司法确认机制、人民调解“以案定补”激励机制、执行及涉法涉诉特殊困难群体救助等制度。深入开展党委书记大接访、党政领导干部大下访活动，将矛盾纠纷及时化解处理在基层和萌芽状态。影响社会稳定的重点矛盾纠纷从2006年的64件下降到目前的5件，公众安全感满意率达93.4%，我县被命名为全省首批“平安县”。三是强化基层组织建设，巩固党的执政基础。积极探索城乡一体的基层党组织设置模式，全面推进机关、农村、企业、社区和学校等基层党建工作协调发展，推行村级组织和干部绩效考核制度，做好从优秀村（社区）干部中考录镇（街道）公务员、选聘高校毕业生到村任职、下派新农村指导员等工作，充实基层力量。建立了镇级综治维稳信访中心，加强和谐社区建设，强化农村集体“三资”管理监督，较好地发挥了基层组织“第一道防线”的作用。四是坚持以人为本，着力保障和改善民生。坚持把保障和改善民生作为一切工作的出发点和落脚点，把人力、物力、财力重点向民生倾斜、向基层倾斜、向困难群众倾斜，着力解决好群众最关心、最直接、最现实的利益问题。大力加强交通、农田水利等基础设施建设，在全市率先实施被征地农民养老保险制度，大力发展教育、科技、文化、卫生、体育等各项社会事业，全力解决群众上学难、看病难、就业难、看电视难等问题。完成2.65万平方米廉租房、61个整村推进扶贫项目、5750户农村民居地震安全工程、450户农村危旧房改造、4个民族团结示范村、12项库区和移民安置区后期扶持等项目建设，开发就业岗位7537个、实现再就业3958人、转移农村劳动力19545人，城镇零就业家庭保持动态清零，城镇登记失业率控制在2.85%，广播电视覆盖率达到99.9%以上。

通过多年的社会管理实践，我们深刻认识到，要加强和创新社会管理，构建和谐社会：必须坚持以科学发展观为指导，牢固树立“稳定压倒一切”的思想，坚决克服重经济建设、轻社会管理的思想，坚持一手抓经济发展，一手抓社会稳定，以科学发展促进社会和谐、以社会和谐保证科学发展；必须坚持发展第一要务，把改革的力度、发展的速度和社会可承受的程度有机统一起来，把经济发展、环境保护与社会和谐稳定结合起来，走全面发展、协调发展、可持续发展之路，用发展的办法解决前进中遇到的问题，真正做到发展为了群众、发展成果由群众共享；必须坚持加强和改进对社会管理工作的领导，把群众工作贯穿于经济社会管理服务的全过程，组织动员全社会共同参与，综合利用各方力量和各种资源，形成工作合力，不断巩固党的执政基础；必须坚持以人为本、执政为民，更加关注民生，建立健全服务群众、联系群众和保障群众权益的长效机制，实现群众工作的制度化、规范化、常态化、科学化。

同时，我们也要清醒地看到，随着形势的不断变化，特别是随着经济体制深刻变革、社会结构深刻变动、利益格局深刻调整、思想观念深刻变化，社会管理还面临许多新问题新挑战。胡锦涛总书记指出，当前社会管理领域存在人民内部矛盾多样多发、流动人口和特殊人群管理和服务问题突出、刑事犯罪居高不下、公共安全事故频发、非公有制经济组织以及新社会组织管理和服务问题突出、信息网络建设管理面临严峻挑战、外部势力千方百计插手等七个方面的突出问题。这些问题以及白恩培书记指出的6个问题和孔祥庚书记指出的5个问题，我县都不同程度的存在。从澂江的实际情况看，我们面临的突出问题和特殊情况主要有：一是发展压力较大。当前，经济总量不足、发展不充分、发展不平衡、发展质量不高，仍是我们的基本县情，经济社会发展还不能满足人民群众日益增长的多元化需求，城乡收入差距明显且还有扩大趋势。二是城市社区管理面临新挑战。随着我县城市化进程日益加快，流动人口增加，利益冲突增多，社会矛盾多发，城市社区管理面临更新更高的要求。三是公共服务体系尚不健全。农村基本公共服务短缺，社会保障难以实现高水平、广覆盖。同时，随着我县经济的发展和新增项目的开发，失地农民数量呈增多趋势，在金融危机等社会因素以及守旧观念的影响下，对外劳务输出难度增大，社会就业形势严峻，一定程度上存在社会安全隐患。四是群众工作任务日益艰巨繁重。社会群体和阶层日趋多元化，群众的关注面越来越广，利益诉求不断延伸和扩大，加强社会管理、协调社会关系、化解社会矛盾、促进社会公正、保持社会稳定的任务日益艰巨。另一方面，部分干部宗旨意识不强，群众观念弱化，一定程度上影响了群众工作的开展。五是价值取向多元化带来新的公共安全风险。随着经济社会的不断发展，人们的价值选择和社会意识也日趋多元化，给公共安全带来新的隐患和风险。安全生产事故、农资、食品药品安全问题仍然不同程度的存在，危害人民群众生命财产安全。

二、以人为本、改革创新，全面加强和创新社会管理

社会管理是人类社会必不可少的一项管理活动。加强社会建设、创新社会管理，全县领导干部必须把思想和行动统一到中央和省、市委的要求部署上来，深入贯彻落实科学发展观，紧紧围绕“十二五”规划目标任务，在加快经济发展的同时，不断提高社会管理科学化水平，以社会管理的新成效推动全县经济社会又好又快发展。

（一）与时俱进，切实转变社会管理理念

加强和创新社会管理，必须顺应经济社会发展的新形势新要求，与社会主义市场经济体制和我国政治制度相适应，与开放、动态、信息化社会环境相适应，克服“四个倾向”，树立“四种理念”。

一要克服重管理防范、轻服务的倾向，树立“以人为本、服务为先”的理念。社会管理，说到底是对人的管理和服务。我们必须按照以人为本、执政为民的要求，坚持人民主体地位，把加强和创新社会管理同人民群众意愿和需要紧密结合起来，充分尊重人、理解人、关心人，寓管理于服务之中，努力实现管理与服务的有机统一。各镇（街道）、各部门要全面梳理社会管理工作中存在的不符合、不适应问题，采取有针对性的措施认真加以解决，努力向服务型管理转变，让人民群众切实感受到权益受到保障，从而自觉接受管理、主动配合管理、积极参与管理。二要克服重政府作用、轻多方参与的倾向，树立广泛参与、共同治理的理念。现代社会管理既是政府向社会提供公共服务并依法对有关社会事务进行规范和调节的过程，也是社会自我服务并依据法律和道德进行自我规范和调节的过程。在社会管理中要深化政府职能转移，逐步剥离一部分可以由社会组织承担的社会建设和管理事项。在发挥好党委领导核心作用和政府主导作用，不断提高政府社会管理能力和成效的基础上，鼓励和支持社会各方更加积极有效地参与社会管理，充分调动人民群众的积极性、主动性、创造性，发挥好各种社会力量在社会管理中的协同、自治、自律作用，不断增强社会自我管理能力，形成推动社会和谐发展、保障社会安定有序的合力。三要克服重事后处置、轻事前防范的倾向，树立积极主动解决问题和关口前移、源头治理的理念。在经济快速发展、利益格局加快调整的过程中，发生一些社会矛盾和问题在所难免。关键是要更多地把工作重心从治标转向治本、从事后救急转向源头治理，把社会管理的关口前移，不断增强工作的前瞻性、主动性、有效性，积极构建源头治理、动态协调、应急处置相互衔接的新机制，尽可能使社会矛盾和社会冲突少产生、少激化，努力摆脱事后应对的被动局面。四要克服重行政手段、轻法律道德教育的倾向，树立依法管理、综合施策的理念。做好新形势下的群众工作，一方面要适应全党全国致力于全面落实依法治国基本方略、加快建设社会主义法治国家的新形势要求，坚持依法行政、公正司法，依法调整社会关系、规范社会行为，提高群众的法制观念和法律意识，在全社会树立依法办事、守法光荣的风尚。另一方面，要立足当前社会矛盾和问题大多属于利益诉求的实际，尽可能通过平等沟通、协商、协调、引导等办法进行社会管理，更多地运用经济调节、道德约束、心理疏导、舆论引导等手段规范社会行为，调节利益关系，而不能简单地一罚了之、一关了之、一禁了之。

（二）明确职责，健全社会管理体系

加强和创新社会管理，必须健全党委领导、政府负责、社会协同、公众参与的社会管理格局，进一步形成与中国特色社会主义市场经济、民主政治、先进文化相适应的社会管理体系。

一要发挥各级党组织在社会管理中的核心领导作用。党组织覆盖全社会、延伸到最基层，有着广泛深厚的社会基础和群众基础，发挥各级党组织在社会管理工作中的核心作用，确保社会管理始终沿着正确方向前进，才能统筹好各种社会管理资源和力量，真正形成社会管理合力。全县各级党组织要支持政府履行社会管理职能，引导社会各方积极参与社会管理和服务，提高引领社会、组织社会、管理社会、服务社会的能力。特别要充分发挥基层党组织和党员服务群众、凝聚人心的作用，切实把党的政治、组织优势转化为管理、服务优势。二要在转变政府职能中强化社会管理职责。各级政府要按照转变职能、理顺关系、优化结构、提高效能的要求，健全政府职责体系，强化社会管理职能，努力建设服务型政府，提供更多更好的公共服务。要科学界定政府各职能部门在社会管理和公共服务中的职责任务，切实解决一些领域多头管理、分散管理，特别是遇到难事推诿扯皮的问题，确保各职能部门形成运转协调的社会管理和公共服务合力。要提高政府公信力，对于应该由政府负责的社会管理和公共服务，一定要做到人员到位、投入到位、工作到位、责任到位。同时，要通过完善法规政策、健全社会管理体系、培育发展和管理监督好社会组织、畅通公民参与渠道等，切实发挥政府在社会管理中的主导作用。三要发挥好群团组织、社会组织、企事业单位的协同作用。社会管理是对全社会的管理，也是全社会共同参与的管理。工青妇等群团组织要在党的领导下充分运用党委和政府赋予的工作资源和条件，完善组织群众、引导群众、服务群众、维护群众合法权益的职能，做好直接服务群众的工作，发挥好在社会管理和公共服务中的桥梁、纽带作用。对于社会组织，要坚持培育发展和管理监督并重，纳入党委和政府主导的社会组织体系，促其健康有序发展。企业要处理好企业内部的劳动关系，培育先进的企业文化、职工文化，加强对员工特别是农民工的人文关怀，改善用工环境，真正承担起社会责任。事业单位要推动公益事业更好更快发展，不断满足人民群众日益增长的公益服务需求。四要强化城乡社区的自治和服务功能。各镇（街道）要以推进和谐社区建设为载体，健全社区管理和服务体系，把城乡社区打造成政府社会管理的平台、居民日常生活的依托、社会和谐稳定的基础。要认真总结在党委和政府的领导下群众参与社会管理的成功经验，切实加强对群众社会公德、职业道德、家庭美德、个人品德教育，动员组织群众依法理性有序参与社会管理和公共服务，努力形成社会管理人人参与、和谐社会人人共享的良好局面。

（三）突出重点，创新社会管理体制机制

社会管理是一项庞大复杂的系统工程，要突出重点、瞄准难点，不断推进社会管理创新，开创社会管理的新局面。

一是加强对流动人口的管理和服务。认真落实流动人口服务和管理的政策措施，建立健全流动人口基本公共服务运行机制，落实流动人口市民化待遇，帮助流动人口解决就业、就医、住房、子女入学等问题，切实保障流动人口的合法权益，推动流动人口基本公共服务均等化，增强流动人口的归属感。二是加强对非公有制经济组织和社会组织的管理。人力资源和社会保障等有关部门和工会组织要学习借鉴外地的成功经验，建立企业特别是非公有制经济组织与员工利益共享机制，健全劳动关系预警和争议处理机制，构建和谐劳动关系。要坚持培育发展和管理监督并重，建立健全社会组织管理体制，重点发展经济类、城乡社区社会组织，推动行业协会、商会的发展。三是加强对信息网络的管理。要严格落实互联网管理责任，以促进互联网健康发展为目的，依法规范网络信息传播秩序。要加强对瀫江信息网、瀫江新闻网、瀫江手机报的建设管理，加强网络宣传队伍建设，严把信息准入关，善于运用电视、广播、报纸、互联网、手机等现代传媒，宣传政策法规，发布事实真相，用正确的舆论引导社情民意，充分发挥网络引导正面舆论、服务经济发展、维护社会稳定的作用。四是要建立社会诚信制度。行政管理效应，公信力是第一位。政府应是最讲诚信的组织机构，政府机关的行为应有连续性和可预期性，不能朝令夕改、随意改变，即便出于重大公共利益的考虑需要征用财产、调整政策、改变行为，也应按照信赖利益保护原则，对合法权益受到影响的行政相对人给予公平补偿。建立完善社会诚信行为规范，建立公民个人和企事业单位信用管理制度，形成全社会重信守诺的良好氛围。

（四）注重实效，激发社会管理创新的整体活力

加强和创新社会管理，必须始终坚持发展依靠人民、发展为了人民、发展成果由人民共享的理念，加快推进以保障和改善民生为重点的社会建设，切实解决人民群众最关心最直接最现实的利益问题，确保人民群众安居乐业。

一要坚持发展惠民。把加快科学发展、实现富民强县作为解决澂江现阶段一切问题的根本抓手，紧紧抓住“十二五”时期我县经济社会发展面临的大好机遇，着力转方式、调结构、建生态、促发展、惠民生，不断发展壮大县域经济综合实力，统筹城乡经济社会一体化发展，最大限度增加社会财富，提高人民群众生活水平，为社会管理创新打下坚实的经济基础。二要坚持把促进就业作为经济社会发展的优先目标。认真落实鼓励就业、促进就业的政策，完善就业服务体系，加强就业培训和指导，重点做好高校毕业生、农村剩余劳动力、下岗职工等人员的就业工作，千方百计推动就业创业，确保城镇居民登记失业率控制在3%以内。三要加快社会保障体系建设。进一步加大社会保障投入力度，建立城乡低保标准动态调整机制，努力扩大新型农村养老保险、城镇居民基本医疗保险覆盖范围，扩大社会救助、社会福利覆盖面，推进基本公共服务均等化。四要着力解决群众“上学难”、“看病难”、“住房难”等问题。继续加大教育投入，深化教育教学改革，优化配置教育资源，促进我县各类教育协调发展，保障群众享受到高质量的教育。深化医疗卫生体制改革，健全完善城乡医疗服务体系，切实解决群众看病就医难的问题，确保人人享有基本医疗保障服务。加快以廉租房为主的保障性住房建设，扎实做好农村危房改造、民居抗震安全工程等，解决群众住房难问题。五要着力解决突出问题。认真解决好群众反映强烈的征地拆迁、环境保护、企业改制、安全生产、涉农利益等方面的突出问题，坚决纠正行业和部门不正之风，治理“三乱”现象，减轻群众负担，维护广大群众的根本利益。

（五）完善措施，扎实推进平安澂江建设

推进社会管理创新，必须构建社会安全保障体系，建立公共安全长效管理机制，防范化解社会矛盾纠纷，提高公共安全综合保障水平，确保社会稳定，切实增强人民群众安全感。

一是要健全社会矛盾纠纷排查调处机制。严格落实维稳工作领导责任制和责任追究机制，深入推进基层维稳网络和“三级”联调、多调对接的大调解工作体系建设，全面实施重大事项社会稳定风险评估和维护社会稳定预警工作机制。完善并坚持领导干部接访、下访、回访、联系群众制度，畅通、规范群众诉求表达渠道，千方百计解决群众合理诉求，把矛盾纠纷化解在基层、处理在萌芽状态。二是要加强社会治安综合治理。坚持“预防为主、打防结合”的方针，健全完善社会治安防控体系，加强政法队伍建设，加大“禁毒防艾”和“扫黄打非”工作力度，严密防范和依法严厉打击各类违法犯罪，增强公共安全和社会治安保障能力，维护人民群众生命财产安全。三是要完善社会公共安全体系，提高应急处置能力。要加强安全生产监督管理，扎实开展安全生产专项治理，全面落实安全生产责任制，突出加强对磷化工、水泥企业、建筑施工、道路交通和水上娱乐等方面安全隐患排查整治，加大食品药品安全监管力度，切实减少安全生产事故。要完善应急管理机制，建立健全统一指挥、反应灵敏、协调有序、运转高效的应急管理机制，提高突发事件尤其是群体性事件的预测预警能力、风险防范能力和应急处置能力。

（六）积极探索创新，加强和改进新形势下的群众工作

群众工作是社会管理的基础性、经常性、根本性工作，社会管理工作就是为群众谋利益的工作，群众工作的好坏，是检验社会管理成效的重要尺度。

一是要坚持把以人为本、执政为民贯穿到群众工作的始终。各级领导干部必须树立牢固的群众观点，坚持落实党的群众路线，要做到在思想上尊重群众、感情上贴近群众、工作上依靠群众，要带着责任、带着感情、带着爱心开展群众工作，切实帮助群众排忧解难，用实际行动和工作成效取信于民，真正做到“权为民所用、情为民所系、利为民所谋”。二是要创新群众工作机制。要构建新形势下群众工作的长效机制，凡是与群众利益密切相关的重要决策、重大项目和敏感事项，都要严格实行公示、听证、咨询、“四议两公开”等制度，广泛征求群众意见，争取群众的理解和支持。三是要不断改进群众工作的方式方法。要认真分析研究新形势下群众工作的特点和规律，在用好传统方法的同时，积极适应社情民意的变化，改进群众工作方式方法。要在科学决策上下功夫，不断健全科学民主决策机制，提高科学决策水平，做到有明显不稳定风险的政策不出台、绝大多数群众不支持的项目不立项、劳民伤财的事坚决不干。要在密切联系群众上下功夫，大兴密切联系群众之风，践行“一线工作法”，在一线解决群众反映强烈的热点难点问题。继续深入推行领导干部联系村（社区）、部门包村、为基层上党课、政风行风热线等举措，通过调研、座谈、咨询、听证等形式，畅通民意渠道，广泛集中民智、反映民意。要在依法办事上下功夫，要认真学习领会并吃透方针政策和法律法规，把握好政策界限，坚持依法行政和依法办事原则，严格按照法律和政策规定开展工作。同时，要加强对群众的法制宣传教育，增强群众法制意识，引导群众采用合理方式理性表达诉求。要在运用现代科技手段上下功夫，各级领导干部要根据网络时代群众工作的新特点，主动学习和运用互联网等新兴媒体开展群众工作，掌握网络舆情，开展网络问政，快速应对突发公共事件，第一时间发布权威信息，牢牢掌握话语权、主

动权。

三、加强领导、落实责任，扎实推进社会管理创新

加强和创新社会管理，是建设小康社会的重大战略任务，是全面落实科学发展观，促进我县经济社会又好又快发展的迫切要求，也是对领导干部驾驭全局能力和执政能力的又一次检验。我们要紧紧围绕构建和谐社会的目标，完善政策措施，有效破解社会管理中的难题，促进社会和谐稳定。

（一）加强领导，明确责任。各级各部门要坚持把社会管理工作摆在重要议事日程，认真研究解决社会管理工作中存在的重点热点难点问题。党委、政府“一把手”是社会管理工作的第一责任人，必须亲自抓、负总责，带头做好群众工作。分管领导是主要责任人，要具体抓，切实把社会管理工作抓出成效。其他领导干部必须履行“一岗双责”，既要对分管工作负责，又要对分管范围内的社会管理工作负责。各级各部门要把社会管理工作与业务工作紧密结合，将社会管理及其创新工作与经济社会的各项工作有机结合，统筹协调，同步抓好落实。

（二）加强队伍建设，提高本领。要坚持职业化发展取向，以政府购买服务、税收减免、政策支持等制度激励方式，引导成立公办与民办专业社会工作服务机构，有计划、有步骤地在社会公益类事业单位、城乡社区和社会组织中重点设置专业社会工作岗位，吸纳专门的社会工作人才。要坚持正确的政绩导向和用人导向，完善从基层一线选拔任用干部制度，将选人用人的眼光更多地投向基层和生产一线，加大选派县直机关干部和新农村建设指导员夯实基层抓“三农”工作的力度，进一步改善基层组织和基层干部的工作条件和待遇，激发基层干部干事创业的激情和动力，着力打造一支善于做社会管理工作、乐于做群众工作、有奉献精神的高素质干部队伍。各级领导干部要努力学习社会管理知识，不断提高做好新形势下群众工作的能力和水平，在加强和创新社会管理中充分发挥好模范带头作用。

（三）创造条件，强化保障。要拓宽思路，加大对群众工作的投入，加快建立以财政投入为主、多渠道投入的社会管理工作经费保障机制，做到财政支出向民生倾斜、向基层倾斜、向群众工作倾斜。要围绕社会管理创新的目标任务，建立健全各项工作制度，规范工作标准，明确达标要求，并将社会管理创新纳入创先争优和行政效能考核内容。

同志们，县委高度重视这次中心组理论学习，会前做了充分准备，请大家珍惜这次学习机会，静下心来，专心致志地学点东西，认真思考我县经济社会发展中存在的突出问题，切实把自学和今天理论学习的成果真正运用到我县社会管理及创新的工作实践中，切实提高推动科学发展、维护社会和谐的能力，为澂江经济社会又好又快发展创造良好的环境。

贯彻十七届五中全会精神　推进澂江“十二五”科学发展

——在县委中心组理论学习上的发言

苏绍华

（2010年12月7日）

按照安排，下面，我就贯彻落实十七届五中全会精神，科学谋划澂江“十二五”发展作个发言。

一、认真学习，深刻领会十七届五中全会的精神实质

党的十七届五中全会是在我国即将完成“十一五”规划、进入全面建设小康社会的关键时期召开的一次重要会议。全会的胜利召开，对于继续抓住和用好我国发展的重要战略机遇期，对于巩固和扩大应对国际金融危机冲击成果，促进经济长期平稳较快发展，对于夺取全面建设小康社会新胜利、推进中国特色社会主义伟大事业，具有十分重要的意义。胡锦涛总书记所作的中央政治局工作报告，系统总结了十七届四中全会以来的工作，全面反映了一年来我国经济社会发展和党的建设取得的新进步与新成就。全会审议通过的“十二五”规划《建议》，描绘了我国未来五年经济社会发展的宏伟蓝图，符合国情，符合时代要求，是动员全党全国各族人民全面建设小康社会、加快推进社会主义现代化的纲领性文件。胡锦涛总书记在全会结束时所作的重要讲话，总揽全局、立意高远，就贯彻全会精神、做好当前工作提出了明确要求，有着很强的思想性、针对性和指导性。认真学习领会和贯彻落实十七届五中全会精神，从战略和全局的高度深刻认识党中央的重大战略部署，准确把握发展变化的新形势新特点，科学谋划和制定“十二五”规划，对于深入落实科学发展观，促进经济社会又好又快发展，推进全面小康社会建设，具有重大的现实意义和深远的历史意义。

二、找准问题，增强加快发展的紧迫感和责任感

“十一五”期间，是澂江加快全面建设小康社会进程，实现经济社会又好又快发展的重要时期。五年来，在市委、市政府正确领导下，县委、县政府紧紧依靠全县人民，不断深化县情认识，创新和完善发展思路，奋力拼搏，开拓进取，努力克服了自然灾害、金融危机等多重考验，县域经济实力不断壮大，生态文明建设富有成效，城乡面貌发生明显变化，各项事业全面进步，人民群众得到更多实惠，圆满完成了“十一五”规划确定的各项目标任务，为“十二五”全县经济社会又好又快发展奠定了坚实基础。预计“十一五”末全县生产总值达34亿元，比2005年增加18.4亿元，年均增长13%，增速比“十五”提高2.5个百分点，完成“十一五”目标的102.7%。固定资产投资累计完成62亿元，比“十五”增长2倍，年均增长39%，增速比“十五”提高25.3个百分点，完成“十一五”目标的106.9%。社会消费品零售总额突破8亿元，为“十五”末的2.5倍，年均增长18%，增速比“十五”提高10个百分点，完成“十一五”目标的106%。地方财政收入达到3.4亿元，比2005年增加2.36亿元，在“十五”末的基础上翻了2.27番，年均增长26.4%，增速比“十五”提高12.8个百分点，完成“十一五”目标的105%。农民人均纯收入5950元，年均增速达11%，增速比“十五”提高4个百分点，完成“十一五”目标的100.9%。城镇居民可支配收入16000元，年均增速10.6%，完成“十一五”目标的106.7%。人口自然增长率控制在6‰以内，完成“十一五”目标。万元生产总值能耗2.36吨标准煤，年均下降4%，完成“十一五”目标的108.9%。

我们完全可以说，过去的五年是进入新世纪以来澂江经济社会发展最好最快的时期，是基础设施、生态环境建设投入力度最大、成效最为显著的时期，是产业发展最为迅猛、经济实力增长最快的时期，也是各项社会事业发展最好、城乡面貌变化最大、人民群众得到实惠最多的时期。这些成绩来之不易，是市委、市政府正确领导的结果，是全县各族人民艰苦奋斗的结果，也是我们与时俱进、不断探索，深化认识、创新发展思路和举措的结果。总结“十一五”发展历程，有这样一些启示和做法值得我们认真总结。一是必须坚持与时俱进，在不断深化县情认识中拓展发展思路。有了科学的发展思路，才能更好地动员和凝聚全社会的力量，少走弯路，实现加快发展的目标。二是必须坚持抓主要矛盾，着力破解影响经济社会发展的环保、土地、基础设施建设等关键难题，在解决矛盾中推动经济社会全面发展。三是必须坚持统筹兼顾，在抓好经济建设的同时努力促进各项社会事业协调发展，让全体人民共享改革发展成果。四是必须坚持改革创新，扩大开放，着力破解体制机制性障碍，不断增强发展的动力和活力。五是必须加快转变经济发展方式，积极调整经济结构，下功夫提高发展质量，增强发展的可持续性。六是必须不断提高驾驭复杂局面的能力，把进取精神和科学态度结合起来，勇于直面矛盾，善于在复杂局面中开辟前进道路，在攻坚克难中提高领导科学发展的水平。这些做法和启示，是“十一五”的实践留给我们的宝贵财富，要在今后的工作中坚持下去，发扬光大。

“十一五”时期，全县的经济社会发展虽然取得了显著成绩，但必须清醒地看到，与科学发展观的要求相比，与人民群众的愿望相比，与发达县区的发展水平相比，我县的差距仍然很大：一是尽管我们发展的步伐在不断加快，质量效益在稳步提高，发展方式在逐步转变，但我县经济总量小、结构不优、欠发达的现状没有得到根本改变，与全国、全省、全市比较，我县的发展速度仍然缓慢，发展的差距仍在不断拉大。二是产业结构层次不高，新上生产性项目不多，产业培育和发展后劲不足，后续财源培植缓慢，新的经济增长点不明显。三是当前国际金融危机对实体经济的影响仍在持续，煤电油运紧缺，物价上涨，工业经济持续回升的基础还不稳固，消费需求拉动经济增长的内在动力仍然不足，农业稳定发展和农民持续增收难度仍然很大，经济社会发展的不确定因素仍然很多。四是由于受环境保护、项目用地、资金短缺，城乡基础设施配套不完善，传统发展模式和思想观念等方面的制约，我们既要面临加快工业化、城镇化快速发展的压力，又要兼顾资源和环境的硬约束，如何协调好经济增长方式转变与资源开发、环境保护的关系，将面临更大的难度。五是城乡之间发展不平衡的局面尚未根本扭转，社会事业发展不均衡、惠及面不够宽、保障面不够大、长效机制不完善，维护社会和谐稳定的压力增大。六是少数部门和干部危机意识、责任意识、服务意识差，干事创业的环境有待进一步优化。这些问题，必须引起我们的高度重视，认真加以解决。

三、认清形势，科学谋划澂江“十二五”发展

未来五年，是全面建设小康社会的关键时期，也是我县站在新的历史起点上，全面贯彻落实中央的一系列重大决策部署，深入实施区域发展战略，加快发展、缩小差距的战略机遇期。抓住这关键的五年，从各方面推动全县经济社会又好又快发展，将为全面建设小康社会打下坚实的基础，对澂江未来发展产生极为深远的影响。“十二五”期间，总的来说，我们面临的战略机遇期没有变、主要矛盾没有变、主要任务没有变、阶段性特征也没有变，仍然处在夯实基础、突出重点、突破难点、强化保障、加快发展的阶段，我们必须坚持以邓小平理论和“三个代表”重要思想为指导，深入贯彻落实科学发展观，适应国内外形势新变化，顺应各族人民过上更好生活的新期待，以科学发展为主题，以加快转变经济发展方式为主线，认真落实“两大政治任务”、实施“五大战略”和走“三大经济发展路子”，深化改革开放，保障和改善民生，巩固和扩大应对金融危机冲击成果，促进经济长期平稳较快发展和社会和谐稳定，为全面建设“富裕、生态、开放、创新、和谐”新澂江打下具有决定性意义的基础。

立足县情实际，综合考虑未来五年发展趋势和条件，“十二五”澂江经济社会发展的主要目标初步建议为：生产总值年均增长13%以上；地方财政收入年均增长20%以上；全社会固定资产投资年均增长30%以上；城镇居民人均可支配收入增长10%以上；农民人均纯收入年均增长8%以上；社会消费品零售总额年均增长20%以上；万元生产总值能耗下降13%；人口自然增长率控制在6‰以内；城镇登记失业率控制在2.5%以内。明年是“十二五”的开局之年，在开局之年开好头、起好步至关重要，明年的主要目标初步建议为：生产总值增长13%以上；地方财政收入增长23%以上（其中，国税收入实现3787万元，增长2.3%以上，地税收入实现21759万元，增长18%以上，非税收入实现15200万元，增长44%以上）；全社会固定资产投资增长35%以上；城镇居民人均可支配收入增长10%以上；农民人均纯收入增长8%以上；社会消费品零售总额增长20%以上；万元生产总值能耗下降3%；人口自然增长率控制在6‰以内。

面对“十二五”发展，我们既要清醒估计面临的困难和挑战，更要牢牢把握加快发展的有利条件和机遇。从外部环境看，一是党的十七届五中全会的胜利召开，国家将保持扩大内需政策的连续性和稳定性，国际金融危机的不利影响有所减弱，全国上下必将形成新一轮的发展热潮；二是国家“十二五”规划作出了构建现代产业体系的战略部署，并将新能源、节能环保、新材料、生物、高端装备制造、新一代信息技术作为发展重点，这必将带来东部沿海新一轮的产业转移，必将为我们创造新的发展良机；三是国家实施新一轮西部大开发战略，对西部地区交通、能源、教育、医疗、社保、扶贫、民生等专项转移支付给予重点倾斜，这为我们争取国家和省、市在政策、项目、土地、资金等方面的更大支持创造了条件；四是云南正在实施中国面向西南开放桥头堡战略，打造滇中城市群，推进昆玉一体化，建设抚仙湖旅游综合改革实验区，澂江的区位优势、资源优势将随着交通条件的改善而更加明显，发展空间进一步拓展，有利于将资源优势转化为经济优势。从自身条件看，经过改革开放以来特别是“十一五”以来的快速发展，我们在经济社会各个方面都取得了长足发展，基础设施条件和生态环境逐步改善，积累了一定的物质基础和丰富的工作经验，特别是太阳山等一批重大招商引资项目已经开工建设，未来的经济、生态和社会效益将逐步显现，要素支撑能力不断增强，发展空间不断拓宽，发展环境不断优化，为澂江加快发展奠定了坚实基础。从经济发展要素上看，投资、消费仍是我县经济增长的主导力量。投资上，“十二五”期间，基于外部内部的有利因素，各种要素将逐渐形成聚集效应，各种投资将逐渐升温，澂江将成为众多商家的投资热土，“十二五”期间全县储备重点建设项目128个，计划总投资880亿元。随着太阳山、老年康体养生中心、国际养生园等一批重大旅游项目，磷化工中下游产品研发、旋窑水泥异地技改、机械制造等一批工业项目，呈澂高速公路、昆明绕城高速东南段、云桂铁路澂江段等一批交通基础设施项目，抚仙湖保护三退一截污、面源污染控制、清水产流机制修复等一批环保项目相继实施，以及推进城镇化进程必将引导一批市政工程、房地产及配套设施上马，将进一步带动民间投资，形成新的经济增量和新的财源，势必带动国内生产总值、财政总收入、地方财政收入、全社会固定资产投资等主要经济指标快速增长。消费上，随着旅游业为主的第三产业发展壮大，城镇化、工业化进程加快，投资快速增长，产业结构快速升级，外来企业及人员增多，劳动力培训转移力度加大，农民来自土地、务工、从事第三产业、自主创业的收益将促进农民增收，再加上国家继续实施一系列强农惠农政策，进一步巩固和完善社会保障体系，加强消费鼓励刺激举措，必将促进城镇居民和农民人均收入增长、城乡居民生活质量改善和商业消费结构升级，势必带动城镇居民人均可支配收入、农民人均纯收入、社会消费品零售总额等主要经济指标快速增长。

要实现未来五年的发展目标，我们必须牢牢把握科学发展这个主题，把加快发展作为解决澂江一切问题的根本途径；必须牢牢把握转变发展方式这条主线，大力推动经济社会又好又快发展；必须牢牢把握扩大内需这个机遇，进一步加强基础设施建设；必须牢牢把握发展现代产业体系这个重点，大力发展优势特色产业；必须牢牢把握节约资源和保护环境这个基本国策，大力推进生态文明建设；必须牢牢把握科技创新和人才培养这个支撑，大力实施“科教兴澂”和“人才强县”战略；必须牢牢把握促进社会公平正义这个要求，千方百计保障和改善民生；必须牢牢把握增强发展动力这个关键，进一步深化改革，扩大开放。重点抓好五个方面的工作：

（一）紧紧抓住转变经济发展方式这一发展主线，加快产业结构调整。一是加快发展现代农业。解决“三农”问题，缩小城乡差距，是全面建设小康社会中最艰巨、最繁重的任务，也是关键所在。必须坚持把解决好“三农”问题作为全县工作的重中之重，更好地统筹城乡发展，在工业化、城镇化深入发展中，同步推进农业农村现代化，坚持工业反哺农业、城市支持农村和多予少取放活的方针，加大强农惠农力度，夯实农业农村发展基础，提高农业现代化水平和农民生活水平。要加快转变农业发展方式，推进农业科技进步，继续巩固壮大粮食、烤烟、蔬菜、花卉、畜牧业五大产业，提升现代观光农业发展规模和层次，提高农业综合生产能力、抗风险能力、市场竞争力。要依托农产品资源优势，发展特色农产品加工业，延长产业链，提高农业综合效益。按照“一退够、二调优、三保护”的战略部署，完善农业产业发展规划，出台配套扶持政策，促进土地合理流转，探索和完善符合澂江特点和有鲜明区域特色的、多元化的现代农业发展之路，引进有实力、有责任、懂技术、善经营的企业，发展现代化、生态、休闲、观光农业并取得实质性突破，有效解决农业农村发展与抚仙湖保护之间的矛盾。在抚仙湖径流区范围内，重点鼓励和扶持发展优质绿化苗木、草业、种苗栽培和繁育；优质水果、生态林、观赏林建设；荷藕等水生植物种植和湿地建设。限制大棚蔬菜、花卉生产；限制未达到环保要求的鱼、畜禽等养殖生产；限制未达到出口农产品质量标准的粮食蔬菜生产。要按照推进城乡经济社会发展一体化的要求，加强农村基础设施建设和公共服务，加快改善农村生产生活条件。特别要以水利为重点，大幅度增加投入，全面加强农田水利基础设施建设。要提高农民职业技能和创收能力，加大农民转移就业培训力度，拓宽农民增收渠道。二是加快推进新型工业化进程。工业经济是县域经济发展的原动力和引擎，坚持走新型工业化道路，促进工业转型升级，是深入实施工业强县战略的重要举措，是提高经济增长质量、效益和竞争力的战略重点。围绕“一园三片区”建设，首先，要坚定不移地加快改造提升和壮大传统产业。澂江磷化工传统产业对资源的依赖程度高，节能减排的压力大，改造和提升传统产业，在很大程度上就是要提高资源利用率、降低能耗。这就要求必须加快技术改造步伐，按照国际先进、国内一流的标准进行改造升级，增强新产品开发能力和品牌创建能力，在实行规模化发展的同时，不断延长产业链，实现资源的综合循环利用，向资源节约型、环境友好型发展，促进传统产业由大变强。其次，要着力培育新兴产业。随着新昆明建设的快速推进，澂江得天独厚的资源和区位优势不断凸显，发展建筑建材、装备制造、生物制药、电子科技、农副产品加工等新产业，不但有得天独厚的条件，时机也已经成熟。必须把培育新产业作为调整结构的重要方面，不失时机地抓紧抓好。三是加快发展以旅游业为主的现代服务业。发展服务业具有广阔的市场空间和巨大的需求潜力。抚仙湖、帽天山是澂江得天独厚的资源优势，要科学处理保护与发展的矛盾，这就要求我们紧紧抓住云南旅游“二次创业”和抚仙湖—星云湖生态建设与改革发展综合试验区建设的历史机遇，在保护中开发、在开发中保护，把推动现代服务业大发展作为产业结构优化升级的战略重点，先行先试，实施保护式开发，加快推进太阳山、湖畔圣水（二期）、国际养生园、国际老年康体养生度假中心、波息湾康复疗养示范中心等一批重大、高端旅游项目实施，大力发展康体休闲生态文化旅游，努力使以旅游业为主的现代服务业早日成为澂江经济发展的主力军。

（二）紧紧抓住资源节约和环境保护这一基本国策，大力推进生态文明建设。抚仙湖生态环境和资源战略位置具有唯一性和不可替代性，是生存的根本、发展的载体、竞争的优势，目前湖泊保护形势十分严峻，流域产业结构层次不高，村庄、农田、河道对湖滨带、湖泊水体、入湖补给水的干扰、破坏、污染没有得到根本控制，局部区域水质下降并呈扩散趋势，发展和保护的矛盾没有从根本上解决。为有效控制面源污染，确保抚仙湖类水质不下降，就必须采取源头管理、过程控制、末端净化、保育水体的手段，工程措施与非工程措施并重，落实“一退够、二调优、三保护”战略部署。首先，要加快发展方式转变和产业结构优化，推进城镇化、新型工业化、生态休闲观光农业规模化和旅游高端化进程。其次，积极争取上级支持，拓宽环保投资渠道、探索多元化的市场投入机制，推进面源污染控制、湖滨缓冲带建设、清水产流机制修复、涵养保育水源、两污治理等一批环保工程，完善环保基础配套设施，有效控制污染，改善湖泊生态环境，营造良好发展环境。第三，要加强环境监测和执法能力建设，加大环保执法管理力度，严格落实环境保护“一岗双责”，深入开展环保专项行动，服务、管理好项目开发建设和运营。

（三）紧紧抓住加强基础设施建设这一重要任务，加快推进城镇化。加快城镇化进程是发展新型工业化，改善城镇居民生活环境，推进城乡一体化建设的必然要求，是扩大内需实现经济平稳较快增长的重要源泉。要按照统筹规划、合理布局、完善功能、以大带小的原则，抓紧完善并严格执行县城总体规划、集镇村庄规划和专项规划，以县城为依托，辐射带动周边集镇协调发展。坚持老城抓改造、新城抓开发的思路，以文庙公园恢复改造为重点，抓好原政府办公区开发，推进老城区有序改造。以行政中心建设为核心，把凤翔路南片区、体育馆片区开发建设与梁王河环境综合整治和城市防洪体系建设相结合，加快推进新城区开发。创新城镇经营理念，拓宽融资渠道，广泛吸纳社会资本参与城镇建设和管理，着力改善城市发展形象，形成主体功能定位清晰、区域功能优势互补、土地资源高效利用、人与自然和谐相处的良好格局，着力打造最适于人居住的现代服务型城市。在交通基础设施方面，重点是推进呈澂高速公路建设，尽快打通澂江至昆明的经济社会发展大动脉，同时争取一批农村通达工程，实现乡村道路全部硬化，构筑便捷快速的交通网络，改善群众出行条件，提升澂江发展竞争力。

（四）紧紧抓住增强发展动力这一关键因素，进一步扩大改革开放。改革开放是实现县域经济社会发展、人民富裕安康的强大动力，是澂江在新的历史起点上实现科学发展的有效途径。要有效解决我县生产力总体水平不高和生产力发展的体制性障碍及深层次矛盾，必须坚定不移地推进改革开放，最大限度地解放和发展生产力。进一步解放思想，加大重点领域和关键环节的改革力度，调动一切积极因素，努力建立符合科学发展的新机制，形成推动科学发展的强大合力。深化行政管理体制改革，加快政府职能转变，规范审批制度，简化办事程序，提高办事效能，建立决策、执行、监督分工协作的决策体系，建设法制、责任、阳光、效能政府，打造良好的投资发展环境。进一步转变作风，以加强执行力和保政令畅通为重点，全面加强政府系统的思想、作风、制度建设，提高领导科学发展的能力和水平，形成与推动科学发展相适应的科学态度和务实作风。必须以更大的力度和魄力，加强与国家、省、市相关部门的对接协调，在项目资金争取上力求新的更大突破。加大招商引资力度，完善政府融资平台，提高利用金融资金的能力，想方设法吸引社会资本、银行资金投入到澂江的开发建设上。发挥好国有资产经营公司的作用，盘活闲置国有资产，实现资金和资本的高效利用。

（五）紧紧抓住保障和改善民生这一根本落脚点，促进社会事业全面发展。促进经济社会协调发展，是“十二五”发展的重点任务。加快各项社会事业发展，更加重视保障和改善民生，既是实现发展成果由人民共享、促进社会和谐稳定的必然要求，也是扩大国内需求、拉动经济增长的重要动力，是转变经济发展方式的出发点和落脚点。把扩大就业作为改善民生的首要问题，立足于创造更多的就业机会，把发展公共服务与扩大就业结合起来，不断开辟公益性岗位，积极发展劳动密集型产业和服务业，增加社会就业容量，加强就业培训。进一步加大投入，提高公共教育、医疗卫生覆盖面和服务水平，努力促进教育均衡发展，解决好群众看病难、看病贵的问题。进一步繁荣城乡文化事业和文化产业，更好地满足广大群众的精神文化需要，提高群众文化素质。加快健全覆盖全县的基本公共服务体系和社会保障体系，扩大覆盖范围、提高保障水平、提高统筹层次，加大对低收入群众帮扶救助力度。稳步提高城乡居民收入水平，抓好食品药品安全、安全生产等人民群众关心的热点问题，维护好群众的切身利益。深入推进“社会矛盾化解、社会管理创新、公正廉洁执法”三项重点工作，认真落实维稳风险评估机制，提高做好新形势下群众工作的本领，加强社会治安综合治理，进一步巩固民族团结、社会和谐的良好局面。

四、立足当前，切实抓好各项重点工作落实

现在距年底和“十二五”只剩二十多天的时间，做好承前启后各项工作，时间紧、任务重。为此，各级各部门要围绕贯彻落实十七届五中全会精神，切实担负起责任，认真排查梳理，狠抓薄弱环节，突出重点，攻克难点，确保“十一五”各项目标任务圆满完成，科学谋划好“十二五”各项工作。一是要认真总结“十一五”发展成就和经验，深刻理解十七届五中全会对国际国内形势的科学判断，把准“十二五”发展的主题和主线，科学合理确定发展目标、发展思路、发展重点，抓紧研究制定、修改完善我县“十二五”规划和专项规划。二是要抢抓时间，强化措施，全力冲刺，确保“十一五”各项目标任务的圆满完成。要对照年初确定的各项目标任务，认真督促检查、自检自查、查缺补漏、强化落实，提前做好年度目标责任考核的各项准备工作。三是要强化目标倒逼制、县级领导联系制、一线工作法，开工项目强监管、赶进度、促运营，签约项目强服务、抢落地、促开工，全力抓好重点项目建设，尽快形成新的经济增量。四是要强化财政收支和勤政廉政工作，防止年底突击乱花钱。要做好煤电运等保障工作，确保市场供应，稳定物价，保证群众生活不受影响。要开展好各项扶贫济困送温暖活动，确保困难群众安全温暖过冬过节。五是要加大矛盾纠纷排查调处力度，加强社会治安综合治理，维护社会大局稳定。各级各部门要按照守土有责的要求，强化责任意识，高度重视苗头性、趋势性问题，密切关注学校稳定等敏感问题，防患于未然，切不可掉以轻心，麻痹大意。要狠抓安全生产、森林防火、食品药品安全、交通安全、消防安全和治理超载超限等各项工作。

贯彻好十七届五中全会精神，重在落实，只要我们以科学发展为主题，以加快转变经济发展方式为主线，以科学处理保护与发展的关系为着力点，以产业结构调整优化和项目实施为载体，以保障和改善民生为落脚点，把准县情、吃透政策、认清形势、因势利导，以开放的思想、创新的精神、踏实的作风、有所作为的心态，积极行动，“十二五”规划就一定能实现。

1月

11日，澂江县与云南铂金投资有限公司签订“仙湖圣境”旅游度假村项目投资意向书。

11～12日，市长高劲松到澂江就贯彻落实市委三届六次全会精神进行调研。

11～13日，市政府以座谈走访、查阅资料、现场核查等方式，对澂江县2009年度行政效能建设目标落实情况进行检查考核。

14日，国务院三峡水库管理司副司长黄真理到澂江考察抚仙湖水污染防治保护情况。

同日，澂江县召开全县中低产田地和中低产林改造工作专题会议。

18日，县委十届六次全会、县纪委十届五次全会召开。

20日，全县烤烟生产工作会召开。

同日，澂江东风度假村资产在西都大酒店成功拍卖。

21～25日，市人口计生系统第四届“人口杯”职工运动会在澂江县体育馆举办。

28日，澂江县召开旅游重点项目推进会，会议听取了湖畔圣水（二期）、云南国土资源职业学院、仙湖圣境等7个重大旅游项目的进展情况和亟需争取上级协调、支持解决的政策、资金等问题。

30日，抚仙湖东岸环湖截污治污工程—老鹰地隧道全线贯通。

2月

2日，玉溪市环保局在西都会议室召开《生态镇规划》评审会，凤麓镇、龙街镇、海口镇通过评审。

3日，澂江县维稳专题工作会召开。

同日，澂江县召开2010年春运道路交通安全管理工作会，对2010年春运道路交通安全管理进行全面部署。

5日，澂江县召开政法工作会，研究解决影响社会和谐稳定的源头性、根本性、基础性问题。

8日，全县抗旱救灾紧急工作会召开，会议要求各级、各部门把抗旱救灾保民生作为当前压倒一切的中心任务，全力以赴抗大旱、保民生、保春耕、保增收。

16日，澂江县召开森林防火工作紧急会，研究部署森林防火工作。

20日，澂江县召开村（社区）“两委”换届选举工作动员暨培训会。

23日，澂江县政协七届三次会议召开。

24日，澂江县召开抗旱救灾工作动员大会，全县县处级领导、部分干部职工和28家企业现场捐抗旱救灾款共计372.75万元。

同日，澂江县召开人口资源环境工作座谈会。

同日，澂江县第十五届人民代表大会第三次会议召开。

3月

1日，市委常委、市委政法委书记刘宁笙到海口镇检查指导抗旱工作。

3日，市委常委董文献、副市长杨洋到澂江检查指导抗旱救灾及春耕备耕工作。

4日，国家环保部环境监察局办公室副主任史庆敏到澂江调研环境监察工作。

10日，国土资源部调研组在副市长王跃的陪同下，到澂江调研旅游产业发展、矿产资源管理、土地资源有效利用及抚仙湖环境保护等工作。

同日，副市长李洪云到澂江调研左所水库、马吃水水库及两个片区的中低产田地改造项目实施情况。

12日，全县召开创先争优表彰暨组织工作会。

10～12日，省委、省政府抗大旱保民生促春耕工作督办组一行6人到澂江检查指导抗旱救灾及春耕备耕情况。

15日，县委书记崔明、县委副书记武继昌等领导到龙街镇调研村“两委”换届选举进展情况。

17日，澂江县召开全县抗旱救灾、烤烟备耕及森林防火工作检查汇报会。

18日，澂江县举行“共产党员抗旱先锋行动动员暨捐款仪式”，县四套班子领导、县委党群部门党员干部188人当场捐资共25.97万元。

23日，国家环保部规划财务司副司长张士宝、国家环境科学院副院长郑炳辉到澂江调研抚仙湖保护治理工作。

同日，抚仙湖蒿枝箐至海口村湖滨带生态修复工程可行性研究报告在海口镇顺利通过评审。

24日，中国残联国际合作处副处长聂静、国际助残驻华代表尚维德、国际助残布鲁塞尔总部项目协调员多米尼克.戴维尼先生、省残联副理事长马琳、省残联康复处副处长邓强等到澂江考察残疾人康复工作。

25日，县委常委、常务副县长李自乔到县供销社调研供销社基本情况及“二次创业”等工作。

26日，全县烤烟生产工作会召开。

29日，著名地球物理学家、中国科学院院士陈颙一行6人，参观考察了澂江动物化石群国家自然遗产地游客接待中心和帽天山国家地质公园。

31日，全县食品安全监管工作会召开。

4月

1日，澂江县2010年宣传思想文化工作会议召开，会议总结了2009年宣传思想文化工作，安排布置2010年工作，并对县第五届文明单位、文明村（社区）、文明行业进行了命名表彰，对庆祝建国60周年征文征稿、书画摄影获奖作品进行了表彰，对优秀对外宣传新闻进行了表彰奖励。

3～4日，云南省登山户外运动协会、市县体育局联合承办的“环抚仙湖AA百公里徒步”活动举行，1200多名户外运动爱好者历时两天，徒步环抚仙湖一圈。

7日，澂江县召开深入学习实践科学发展观活动总结大会。

同日，全县烤烟育苗工作现场会召开。

8日，玉溪市旅游重大项目澂江推进协调会在象山宾馆召开。

同日，县长苏绍华、副县长朱应生及相关部门领导到抚仙湖北岸实地检查抚仙湖入湖河道情况。

14日，县委书记崔明、县长苏绍华率领县四套班子领导及凤麓镇、右所镇、县直有关部门领导深入梨花路建设现场和涉迁群众安置地块实地踏勘，并召开专题会议研究部署启动梨花路建设。

16日，澂江县召开大春生产用水工作会，全面分析全县旱情形势，安排大春用水工作。

19日，全县村级组织换届选举工作总结表彰大会召开。

20日，县委书记崔明、副县长朱应生组织有关部门、龙街镇梁王河周边村委会领导研究推进梁王河综合治理工程建设。

21日，县委书记崔明督促检查抚仙湖国际养生园项目推进情况。

23日，市委常委董文献到澂江看望慰问参加抗旱救灾的驻澂消防和武警官兵。

30日，澂江县举行抗旱救灾深水井工程打井出水仪式，耗资30余万元、井深达220米的抗旱救灾深水井工程成功出水。

5月

4日，县委书记崔明带领县委常委、县委办主任张赶良、县广电局、烟草公司领导到九村镇龙潭村指导帮助抗旱栽烟工作。

5日，澂江县召开“十一五”环保目标责任书及水污染综合防治项目推进会。

同日，全县召开禁毒、道路交通、消防安全管理工作会。

6日，原云南省人大常委会常务副主任牛绍尧等领导到澂江调研抚仙湖水污染综合防治情况。

同日，国家住房和城乡建设部、云南省住房和城乡建设厅及国内外有关专家参加的“澂江化石地”申报世界自然遗产文本评审会在玉溪举行，专家组原则同意通过云南“澂江化石地”申遗文本评审。

9日～11日，澂江县在抚仙湖北岸风之广场举办第21届立夏节，节日期间举行了商贸交流、美食一条街、地方特色文艺表演、山歌对唱及趣味体育活动。

12日，澂江县召开2010年工业经济工作会议。

13日，云南大学向九村中心小学捐赠了100台电脑和配套桌椅。

同日，澂江县农村土地承包经营权流转管理服务中心挂牌成立。

14日，澂江县开通了玉溪新闻网澂江新闻网县乡直通车，开辟了以县镇为平台的全方位宣传格局。

17日，澂江县“五五”普法工作通过市级检查验收。

18日，云南省残联教育就业处处长吴正杰和玉溪市残联理事长黄河、副理事长徐彦国等领导到澂江残疾人奶牛养殖扶贫基地进行检查验收。

20日，中央党校党建部主任张志明参观考察澂江动物化石群国家自然遗产地游客接待中心和帽天山国家地质公园。

21日，澂江县召开防汛工作会。

21～22日，云南省高级工商管理研修班暨统计硕士研究生进修班学术研讨会在象山宾馆举行。

25日，《澂德国际康体养生中心（国际老年社区）项目》正式签约，项目选址于右所镇，占地660亩，总投资约36亿人民币。

28日，全县深化创先争优活动工作部署会召开。

6月

1日，市委书记孔祥庚率市委常委、市委秘书长范汝坤、副市长李洪云及市直相关部门领导到澂江实地调研左所蓝莓生态种植试验示范区情况。

同日，澂江县召开集中清理涉法涉诉信访积案和案件评查工作部署会。

2日，玉溪市新农队办调研组陈克华等到澂江调研新农村建设指导员工作。

同日，澂江县、镇、多部门联合行动，严厉整顿禄充村抚仙湖湖滩渔洞乱搭乱建餐饮行为。

3日，澂江县召开城市建设现场会。

4日，澂江县召开水污染综合防治

"十一五"目标责任书项目推进会。

9日，澂江县关心下一代工作会召开。

10日，澂江县公路管理段挂牌成立，标志着农村公路养护体制改革迈出新的步伐。

同日，《澂德国际康体养生中心项目总体规划》评审会在西都大酒店举行，经专家组认真研究，同意该规划通过评审。

6～10日，第十八届中国昆明进出口商品交易会、第三届南亚国家商品展在昆明国际会展中心顺利举行，澂江县6户企业参展，对外贸易成交金额1865万美元。

10～11日，云南民族电影制片厂《共守一片蓝天》摄制组一行32人到澂江化石博物馆和禄充波息湾风景区摄制未成年人思想道德建设宣传片。

11日，澂江县召开烤烟中耕管理暨病虫害防治工作紧急会，县长苏绍华到龙街镇左所村委会和九村镇龙潭村委会"两黑病"、病毒病防治现场指导工作。

18日，以国务院第六次全国人口普查办公室主任、国家统计局党组副书记、副局长张为民为组长的全国第六次人口普查督查组到龙街镇督查指导人口普查工作。

同日，玉溪市残联理事长黄河、县委副书记张赴良、副县长李瑜琼等领导为澂江首个"县、市农村残疾人养殖示范基地自强养殖场"揭牌。

19～21日，玉溪市委政策研究室及相关部门组成的市委调研组到澂江调研抚仙湖保护和产业结构调整情况。

24～25日，2010年全县新农村建设指导员培训会顺利举行，全县40名新农村建设指导员参加了培训。

29日，澂江县获省级"双拥模范县"荣誉称号。

7月

1日，澂江县正式对县本级行政事业单位实施公务卡改革工作。

2日，赴云南省考察学习的老挝北部五省区旅游部门一行30余人对湖畔圣水旅游项目进行参观考察。

6～7日，澂江县举办综治维稳干部培训班，各镇分管领导、综治维稳专干、司法所所长及全县33个行政村党总支书记、治保、调解主任共计130人参加培训。

8日，县委中心组理论学习会召开。

9日，澂江县召开县青年联合会一届二次常委（扩大）会议，会议圆满改选了青联主席、增选了青联常委。

13日，国家农业部、司法部、总后勤部、公安部组成的全国道路交通安全工作部级联席会议检查组，到澂江对2009年度部级平安畅通县区创建工作进行评价检查。

15日，玉溪市民宗局副局长周光文到龙街镇实地调研综治维稳及民族宗教工作。

20日，国家宗教局副局长张乐斌到澂江调研民族宗教工作。

21日，为庆祝中国共产党成立89周年，澂江、江川、通海三县书画摄影联展在澂江县开展。

22日，以云南省妇联副主席郑露为组长的省委、省政府第五督查组到澂江实地督查工、青、妇、科协工作，督查组实地查看了凤麓镇揽秀社区团建示范点、华荣水泥厂、蓝莓种植基地、高西村吕秀兰花卉基地。

23日，县委书记崔明对全县纪检监察工作进行专题调研。

同日，县长苏绍华、副县长朱应生、吴运龙，率领抚管、环保、经委、国土等部门领导到云南澂江广龙实业公司和云南红塔卷烟胶厂等企业检查指导企业异地搬迁。

24日，县长苏绍华到县统计局、调查队进行调研。

23～25日，云南省委组织部第五检查组组长、迪庆州委组织部副部长冯玉祥等5人到澂江检查县委书记任中用人行为情况。

27日，国家环保总局环境监测司副司长朱建平到澂江视察抚仙湖保护工作。

同日，江苏省纪委副书记、监察厅厅长解畅，云南省纪委常委、监察厅副厅长和正兴，市委常委、市纪委书记李义斌等，到澂江就优化经济发展环境、生态保护与发展经济等进行考察。

29日，"十二五"经济社会发展基本思路专家咨询会在象山宾馆组织召开。

30日，澂江县召开庆祝建军83周年座谈会。

8月

4日，国家统计局云南调查总队总队长杨雯到澂江开展统计调研工作。

4～5日，县委书记崔明采取集中听取县烟草公司、烟办领导情况汇报和深入田间地头、烘烤点等形式，全面了解掌握烤烟生产情况。

7～8日，澂江县2010年"夏日激情抚仙湖云南原创音乐狂欢派对"大型公益活动在禄充风景区波息湾沙滩举行。

10日，县长苏绍华实地查看了山冲河、虎山河、梁王河、马料河等水利设施，对澂江防汛抗旱工作进行检查。

13日，澂江县第十五届人民政府第五次全会召开。

同日，全县2010年烤烟收购工作会议召开。

同日，县委宣传部、统战部、县委党校联合举办党的民族理论政策培训会，县直各部委办局副科以上实职干部，各中学正副校长、教导主任、各中心小学校长、各镇民族宗教干部等400多人参加培训。

14日，澂江县诗词楹联学会成立大会召开。70余名会员审议通过了学会的章程（草案），选举产生了会长、副会长，并表决通过了学会理事会成员名单。

17日，市委副书记、市长高劲松等到凤麓镇揽秀、仪凤社区等实地调研和谐社区建设。

18日，澂江县举行污水处理厂扩建工程开工仪式。

25日，玉溪市副市长杨洋率昆明理工大学教授梁永宁、云南大学教授、中国科学院南京古生物研究所原研究员侯先光、云南省地质勘察局教授高级工程师蒋志文等专家，对澂江动物化石群保护地申报世界遗产工作情况进行调研。

26日，省委政法委政治部副主任周全等领导，到澂江就贯彻落实《中共中央关于进一步加强人民法院、人民检察院工作的决定》等文件精神情况进行督查。

同日，全县38个单位的1200余名干部职工对抚仙湖入湖河道进行清理。

24~27日，澂江县中医院对各镇卫生院、社区卫生服务中心、中医人员进行重点培训。

28日，最高人民法院副院长江毕新到澂江县法院视察工作。

9月

2日，团县委为荣获市级“青年文明号”的百信超市等3家单位和县级“青年文明号”的小天鹅幼儿园举行授牌仪式。

3日，澂江县召开烤烟收购工作会。

7日，国家中医药管理局副局长马建中到澂江调研督导中医药工作开展情况。

同日，玉溪市副市长王跃率市旅游局、规划局、环保局等相关部门领导到澂江召开抚仙湖国际养生园项目审查暨澂江重大旅游项目推进会。

同日，澂江县建设局组织召开2009年第一批廉租住房分房仪式。

9日，澂江县召开深入开展“小金库”专项治理工作动员会。

同日，澂江县在烟草公司三楼会议室召开第26个教师节座谈会暨“两基”迎国检工作推进会。

11日，全省第六次全国人口普查物资分发工作会召开。

13日，玉溪市第四届企业退休人员运动会开幕式在澂江县体育馆举行。

14日，国家环保部污染防治司副司长张欲飞到澂江就抚仙湖保护治理情况进行调研。

25日，抚仙湖悦椿度假酒店盛大开业。

同日，云南省旅游局副局长徐光佑到澂江调研检查旅游景区旅游安全。

27日，澂江县召开创建省级卫生县城动员大会。

28日，澂江县农村劳动力转移就业现场招聘会在县职业高级中学举行，北京湘鄂情股份有限公司、中国兵器集团(昆明分公司)、昆明新知图书集团等8家用工单位进场招聘。

同日，澂江县行政中心建设主体工程招投标开标会召开，云南省第三建筑工程公司被依法确定为中标单位。

10月

5日，云南省烟草公司副总经理童荣崑、玉溪市烟草公司总经理邓小刚等到澂江对烤烟收购工作进行调研。

12日，澂江县妇联在县广播站礼堂举办“首届玉溪十佳创业女性巡回报告会”。

12~13日，玉溪市委副秘书长、市新农办副主任马亚东率市新农村建设项目考核验收组对澂江2008年、2009年市级新农村试点示范村和省、市级重点建设项目进行考核验收。

14日，澂江县推进学习型党组织建设动员大会召开。

同日，云南省委统战部副部长、省工商联党组书记、省非公有制经济组织创先争优活动指导小组组长张功祥等，到澂江调研指导非公有制经济组织创先争优活动情况。

同日，澂江县召开推进学习型党组织建设动员大会，对全县开展学习型党组织建设作全面的安排部署。

15日，澂江县召开敬老节老干部座谈会。

18日，玉溪市副市长杨洋代表市人民政府聘请了国际古生物学协会主席哈普教授为澂江化石地申遗科学顾问，云南古生物重点实验室主任侯先光教授为申遗专家。

19日，澂江县学习宣传《中华人民共和国保守国家秘密法》动员会召开。

20日，全县新农村建设现场会在九村镇蛟龙潭村民小组召开。

21日，云南省副省长刘平到澂江调研旅游发展情况。

22日，县旅游产业改革发展会议在昆明世纪金源国际商务中心举行，会议通过了仙湖山水国际度假园项目县级初审。

25日，澂江县召开2010年征兵工作会。

26日，国土资源部调控和监测司巡视员张婉丽等到澂江就“保发展、保红线”工作进行调研。

28日，华荣水泥公司120万吨旋窑水泥生产线技改二期工程顺利竣工并点火投产。

同日，澂江县成立城市管理综合行政执法局。

30日，澂江县组织53名符合考试资格的正科级干部，参加了2010年全省晋升副县处级领导职务资格基本知识考试。

同日，2010年中国云南玉溪首届“艾维杯”环抚仙湖自行车骑行邀请赛在澂江举行，新加坡、马来西亚国家队、八一体工大队和国内专业、业余运动员600余名选手参赛。

31日，玉溪市人普办督导组组长邹琼芬到澂江对第六次全国人口普查入户登记、复查等工作进行督促检查。

11月

11月初，与移动公司联合推出《澂江手机快讯》，以其面向大众、方便、快捷、幅射面广的特点为全县人民开设一扇不出门便知澂江事的窗口。

3日，龙街镇召开农村劳动力转移暨农机安全生产培训，14个村委会的农机购置户和交通协管员190余人参加培训。

4日，澂江县抚仙湖管理局与沿湖龙街镇、右所镇、海口镇三镇环卫站在龙街镇举行工作移交仪式。

9日，全县召开学习贯彻党的十七届五中全会精神大会。

同日，澂江县召开深化创先争优活动交流推进会，各部委办局党组织书记，各镇党委书记、副书记、组织委员等参观了司法局、凤麓镇澂波社区、右所镇吉花村委会、红塔乳胶厂创先争优示范点。

10日，县委政法委召开综治维稳巡视督查员聘任会，聘任了首批综治维稳特邀巡视督查员9名。

12日，投资1050万元的粮食储备中心库通过了设计、地勘、质检、监理、建设等部门的初步验收。

15日，澂江县新农办组织各镇新农村建设工作队队长到华宁县考察学习新农村建设经验。

同日，经云南省文物局同意并报经国家文物局批准，云南省文物考古研究所、玉溪市文物管理所、澂江县文化局等单位对学山聚落遗址和金莲山古墓群进行考古发掘。

17日，澂江县召开食品药品安全协管员、信息员聘任会和培训会。

18～25日，澂江县建设局联合凤麓镇及相关部门，对凤麓农贸市场、翠竹农贸市场周边的占道经营户进行统一规范，两个农贸市场周边的零星摊点全部迁入农贸市场，红枫街水果经营户整体迁入揽秀综合市场。

20日，澂江县中医院党支部组织外科、内科、B超室、心电图室等相关科室医护人员到提古村委会开展“创先争优”送医下乡义诊活动。

23日，澂江县召开县委领导班子民主生活会。

25日，云南省供销社经济发展处处长申洁、副处长朱华国到澂江检查2009年省级农村现代流通网络体系建设项目专项资金使用情况。

同日，澂江县网球协会正式成立。

26日，澂江县召开今冬明春森林防火工作会。

同日，中国环境科学院金象灿教授带多名国内外环境保护与水污染治理专家，到澂江对东大河流域水污染治理与清水产流机制修复试点工程进行踏勘。

26～28日，全县药械从业人员共计162名参加了药品、医疗器械相关专业知识的教育培训。

28～30日，玉溪市基层计划生育协会现场会暨表彰会在澂江县凤麓镇召开。

12月

1日，最高人民法院政治厅警务部部长王继平到澂江县法院检查指导司法警察警示教育活动开展情况。

2日，澂江县工会职工技协第一届代表大会在县工会一楼会议室召开。

7日，县委中心组理论学习会在烟草公司召开，会议紧紧围绕学习贯彻十七届五中全会精神，科学谋划澂江县“十二五”经济社会发展进行了认真讨论研究。

8日，市委常委董文献到澂江对抚仙湖北岸农业面源污染治理及东大河清水产流项目进展情况进行调研。

9日，农业部产业政策与法规司司长张红宇等到澂江检查指导农业综合执法情况。

11日，“省级先进平安县”考核组罗有录、林松、李伟等，对澂江县创建“省级先进平安县”工作进行考核。

同日，“澂江县云冠蔬菜种植农民专业合作社”挂牌成立。

20日，澂江县三星级生猪定点屠宰厂正式运营。

22日，澂江县2010年度推进惩治和预防腐败体系建设暨党风廉政建设责任制考核动员会召开。

9～28日，澂江县干部教育委员会组织181名领导干部分两批到中山大学学习培训。

（李云川　钟丽聪）

澂江概况

【自然概貌】 澂江县地处云南中部，位于北纬 24° 29′ ~24° 55′，东经 102° 42′ ~103° 4′ 之间。东沿南盘江与宜良交界，西与呈贡、晋宁两县接壤，南跨抚仙湖与江川、华宁两县为邻，北含阳宗海与宜良毗连。县城位于舞凤山下，海拔 1755 米，距省会昆明 52 公里，距玉溪市驻地红塔区 93 公里。南北长 47.5 公里，东西宽 26 公里，总面积 773 平方公里。其中，山区占总面积的 73.43%，水面占 18.6%，坝区占 7.97%。形成“七山二水一平坝”的天然格局。境内有淡水湖泊抚仙湖、阳宗海。“滇中第一山”梁王山为境内最高点，海拔 2820 米；境内最低海拔 1327 米，绝对高差近 1500 米，立体气候明显。常年气候温和，四季如春，平均气温 16.5℃。2010 年极端最高气温 32.9℃（5 月 6 日），极端最低气温 1.6℃（12 月 16 日）。平均气温 17.4℃，属于特高年份，与历年平均值比偏高 1.9 度，与 2009 年比偏高 0.2 度。2010 年平均气温是有气象记录（1959 年 9 月开始气象记录）以来最高的一年。境内雨量充沛，常年降雨量 900 ~ 1200 毫米。2010 年降雨量 864.7 毫米，属于略少年份，与历年平均值比偏少 90.6 毫米，与 2009 年比偏多 173.4 毫米。日照充足，常年日照时数 2141.8 小时，常年平均总辐射量为每平方厘米 12220 千卡。2010 年日照时数 2228.3 小时，与历年平均值比偏多 120.7 小时，与 2009 年比偏多 17.9 小时。

【行政区划】 2010 年，全县辖 6 个镇，即凤麓、龙街、阳宗、右所、海口、九村镇，下辖 35 个村民委员会，4 个居民委员会，366 个村民小组，35 个居民小组。

【人口 民族】 2010 年末，全县常住人口 16.5 万人，年内出生人数 1336 人，出生率 9.56‰，死亡人数 823 人，死亡率 5.89‰，人口自然增长率 3.67‰。按户籍人口统计，全县总户数 58522 户，总人口 163909 人，比上年减少 279 人，下降 0.2%，其中，农业人口 143310 人，占总人口的 87.4%，非农业人口 20599 人，占总人口的 12.6%。少数民族人口 10551 人，占总人口的 6.4%。

【计划生育】 2010 年，计划生育工作取得明显成效。年末，已婚育龄妇女人数 28467 人，领取独生子女证人数 6005 人，领证率 21.09%，比上年增长 1.1%；落实节育措施人数 27130 人，节育率 95.27%，比上年增长 3.33%；施行计划生育手术例数 1872 人。大力宣传农业人口独生子女奖优勉补政策，累计共办理农业人口独生子女证 1857 户。

【综合经济指标】 2010 年，澂江县国民经济保持快速发展，经济总量迈上新台阶。据全县国民经济核算，2010 年，全县完成现价生产总值（GDP）361525 万元，按可比价计算比上年增长 13.5%。分产业看：第一产业增加值 66324 万元，增长 5.7%，对 GDP 的贡献率为 6.5%，拉动 GDP 增长 1 个百分点；第二产业（工业、建筑业）增加值 143582 万元，增长 14.6%，对 GDP 的贡献率为 46.1%，拉动 GDP 增长 6.2 个百分点；第三产业增加值 151619 万元，增长 15.3%，对 GDP 的贡献率为 47.4%，拉动 GDP 增长 6.3 个百分点。全县三次产业结构为 18.3 : 39.7 : 42。全县非公有制经济增加值达 228719 万元，按可比价计算比上年增长 16%，占 GDP 的比重为 63.3%，比上年提高 4.1 个百分点。现价工农业总产值达 461506 万元，同比增长 14.8，其中，工业总产值 364360 万元，同比增长 15%，农业总产值 97146 万元，同比增长 14.1%。

【乡镇生产总值】 2010 年，凤麓镇完成现价生产总值（GDP）114200 万元，按可比价计算比上年增长 14.8%，其中，第一产业增加值 1194 万元，增长 3.8%；第二产业增加值21408万元，增长10.8%；第三产业增加值91598万元，增长18.2%。龙街镇完成现价生产总值（GDP）93280万元，按可比价计算比上年增长13.6%，其中，第一产业增加值24208万元，增长6.2%；第二产业增加值45428万元，增长16.2%；第三产业增加值23644万元，增长13.1%。右所镇完成现价生产总值（GDP）65795万元，按可比价计算比上年增长11.6%，其中，第一产业增加值16117万元，增长5.8%；第二产业增加值31449万元，增长15.1%；第三产业增加值18229万元，增长12.9%。海口镇完成现价生产总值（GDP）17549万元，按可比价计算比上年增长11.6%，其中，第一产业增加值6367万元，增长4.9%；第二产业增加值6168万元，增长15.1%；第三产业增加值5014万元，增长13.1%。九村镇完成现价生产总值（GDP）46990万元，按可比价计算比上年增长13.1%，其中，第一产业增加值7030万元，增长5.2%；第二产业增加值34946万元，增长14.8%；第三产业增加值5014万元，增长13.1%。阳宗镇完成现价生产总值（GDP）23711万元，按可比价计算比上年增长13.3%，其中，第一产业增加值11408万元，增长4.3%；第二产业增加值4183万元，增长14.1%；第三产业增加值8120万元，增长14.2%。居民消费价格（CPI）比上年上涨4.92%。从结构上看，食品上涨8.6%，居住类上涨3.42%，衣着类上涨3.28%，医疗保健和个人用品类上涨1.46%，娱乐教育文化用品及服务类上涨7.02%，家庭设备用品及维修服务类上涨0.75%，烟酒及用品类上涨0.65%，交通和通信类下降0.32%。

【农业】 2010年，全县积极落实中央农村工作精神和建设社会主义新农村的一系列方针政策，以建设现代农业为方向，以增加农民收入为核心，大力发展优势产业，努力改善农业生产条件，拓宽农民增收渠道，进一步增强农村经济发展后劲，促进农村经济稳步发展，农民收入快速增长。全县农林牧渔服务业总产值（现价）完成97146万元，比上年增加11971万元，增长14.1%。其中，农业产值73082万元，比上年增加9578万元，增长15.1%；林业产值708万元，比上年增加88万元，增长14.2%；畜牧业产值20694万元，比上年增加2164万元，增长11.6%；渔业产值1918万元，比上年增加116万元，增长6.4%；服务业产值744万元，比上年增加45万元，增长6.4%；农、林、牧、渔业和农林牧渔服务业所占农林牧渔服务业总产值的比重分别为74.2%、0.7%、21.3%、2.%、0.8%。

2010年，全县完成现价农业总产值73082万元，比上年增加9578万元，增长15.1%，其中，粮食产值9923万元，比上年增加1475万元，增长17.5%；占农林牧渔总产值的10.2%；烤烟产值10378万元，比上年减少3240万元，下降23.8%，占农林牧渔服务业总产值的10.7%；蔬菜产值39820万元，比上年增加11704万元，增长41.6%，占农林牧渔服务业总产值的41%；花卉产值5316万元，比上年减少1769万元，下降25%，占农林牧渔服务业总产值的5.5%。2010年全县农作物播种面积312407亩，比上年增加3944亩，增长4.5%。其中，粮食作物播种面积90892亩，下降13.7%；烤烟种植面积51499亩，比上年减少12774亩，下降19.9%；蔬菜种植面积159527亩，比上年增加37252亩，增长30.5%。全年农作物播种面积的复种指数由上年的307.9%上升到314.2%，上升6.3个百分点。全县粮食作物播种面积与非粮食作物播种面积比例由上年的34.1：65.9调整为2010年的29.1：70.9，非粮食作物比重比上年提高5个百分点。

主要种植业产品产量：全年粮食总产量3241万千克，下降12.6%；烤烟产量686万千克，下降25.6%；油料产量50万千克，下降71.4%；蔬菜产量14917万千克，增长19.4%；水果产量254.48万千克，增长4.7%。

林业紧紧围绕建设山川秀美、经济繁荣、社会文明进步的生态县发展目标，以营造生态林为主，推行各种方式的经营模式，林业生态建设取得实效。全县林业用地面积51.15万亩，其中，有林地面积37.75万亩，森林覆盖率41.1%。全年完成义务植树32.22万株，全县共发生各类破坏森林资源和野生动植物案件82起，查处82起，综合查处率100%。全年共发生森林火警、火灾36起，无特大森林火灾发生。实施森林病虫害防治面积2.50万亩，防治率达到59%；采伐木材5970立方米，木材调运检疫1112M3，苗木调运检疫49733株。

畜牧生产以市场为导向，科技为依托，农民增收为出发点，强化各项科学养畜技术措施，狠抓畜牧产业化经营，项目建设和动物防疫等重点工作，积极发展高产、优质、高效畜牧业。2010年，全年实现畜牧业产值20694万元，比上年增加2146万元，增长11.6%，其中，生猪产值11107万元，比上年增加458万元，增长4.3%，家禽产值7540万元，比上年增加1443万元，增长23.7%。要畜牧产品产量和牲畜存（出）栏：大牲畜年末存栏16547头，增长1.8%，出栏4672头，下降9.5%；生猪年末存栏73631头，下降0.2%，出栏102348头，增长1.8%；羊年末存栏30486只，下降1.4%，出栏11162只，增长0.8%；家禽期内存栏78.58万只，下降6.6%，家禽年内出栏171.32万只；增长7.7%。肉类总产量1303万千克，增长5.4%。其中，猪肉产量882万千克，增长2.8%；家禽肉产量326万千克，增长18.1%；禽蛋产量185万千克，增长7.1%。

渔业积极推广库、坝、塘、池精养。2010年，全县水产品产量1633吨，比上年增加63吨，增长4%。

2010年，全县完成各类水利工程1495件，水利建设投入资金6807万元。完成2个片区基本烟田建设、146件人畜饮水工程。新增有效灌溉面积310亩，改善灌溉面积4600亩；解决和改善饮水困难人口33429人；治理水土流失面积19.2km²；年末，全县已建成稳产高产农田79000亩，占年末实有耕地总面积99430亩的79.5%。拥有水库、坝塘90座，其中，中型水库2座，小（一）型水库8座，小（二）型水库25座，坝塘55座。总库容4512万立方米，蓄水工程设计供水能力4311万立方米。全县农业机械总动力13420.44万瓦特，比上年增长5.6%，拥有农用拖拉机4606辆，农用运输汽车348辆。农用化肥施用量31582吨，农用塑料薄膜使用量51万公斤，地膜覆盖面积94727亩，农药使用量38万公斤，农村用电量2436万千瓦小时。

【工业】 2010年，澂江县以生产为重点，以效益为中心，采取各种有效措施，克难攻坚，工业经济稳步发展。全年实现现价工业增加值111550万元，按可比价计算比上年增长7.9%，拉动GDP增长2.8个百分点，对GDP增长的贡献率为20.9%。完成现价工业总产值364360万元，同比增加47414万元，增长15%。其中，26户规模以上工业企业完成现价总产值260710万元，同比增长9%，占全县工业总产值的71.6%，实现工业增加值60996万元，按可比价计算同比增长7%。化学原料及制品制造业、非金属矿物制品业、黑色金属冶炼及压延加工业、电力产业等，形成了多点支持发展的局面。完成产品销售收入26.9亿元，比上年增长25.6%。主要工业产品产量：发电量28155万度，下降8.6%；供电量110450万度，增长11.5%；黄磷84871吨，增长24.4%；磷酸48610吨，下降33.7%；磷酸铵肥118256吨，增长273.8%，水泥114.44万吨，增长108.4%；红砖66500万块，增长25.8%；成品钢材69234吨，下降16.0%；塑料制品2135吨，下降35.0%；配混合饲料17528吨，下降5.2%；淀粉（藕粉）1234吨，增长4.7%，铝材5835吨，增长28.5%。

【固定资产投资】 2010年，全县固定资产投资完成额达242112万元，同比增加69881万元，比上年增长40.6%。固定资产投资增长主要在以下方面：非农村限额以上投资156760万元，比上年增长53.6%，其中，工业固定资产投资42463万元，增长4.4%；农村限额以上投资18232万元，同比增长1.3倍；居民个人建房投资18960万元，同比增长21.2%；房地产开发投资48610，同比增长3.1%。从投资方向看：第一产业完成投资5891万元，比上年下降5.3%，第二产业投资42463万元，增长4.4%，第三产业投资193758万元，增长48.3%。

【交通运输】 2010年，澂江县交通运输事业稳步发展，公路建设及管养取得重大进展。年末，全县境内公路通车里程为894.39公里（含石安公路过境线10.8公里）。其中，按行政等级划分，有国省道98公里，县道114.5公里，乡道614.5公里，村道57.4公里，专用公路9.9公里；按技术等级划分：有二级公路90.6公里，三级公路17.4公里，四级公路786公里。公路密度117.4公里/百平方公里。年末，全县拥有各种机动车辆37544辆，其中，大型汽车1744辆，小型汽车7320辆，摩托车28347辆，三轮汽车、低速货车119辆，其他车辆14辆。开通了县城第一路至第十路公交车，共投放运力71辆，覆盖全县5个镇。

【邮电通信】 2010年末，全县固定电话机用户16358户，移动电话用户90000户，联通电话用户5800户，互联网用户9955户。国内函件19.4万件；订销报纸69.78万份；杂志5.6万份，期发数0.3万份，集邮业务量6.6万枚，集邮册数528册。

【旅游】 2010年，全县共接待旅游人数173万人次，比上年增长11.4%，全县旅游总收入65212万元，比上年同期增加13903万元，增长27.1%；旅游门票收入281万元，比上年增加19万元，增长7.3%。

【国内贸易】 2010年，全县实现社会消费品零售总额84485万元，增长25.4%。其中，公有经济20931万元，增长31.3%；非公有经济59413万元，增长23.2%。

【对外经济】 2010年，全县招商引资实际利用市外国内资金90311万元，比上年增加19300万元，增长21.2%；筹建项目4个，在建项目3个，重点包装、宣传、推介项目4个。实现自营出口4108万美元，比上年增加271万美元，减7.1%。

【财政】 2010年，全县共实现财政总收入54046万元，比上年增长17.4%。完成地方财政收入34026万元，同比增加7026万元，增长26%，其中，一般预算收入完成29196万元，比上年同期增收5001万元，增长20.7%。完成地方财政支出72253万元，比上年增支9103万元，增长14.4%。全县税收收入完成40716万元，同比增加5225万元，增长14.7%，其中，地税收入23361万元，同比增长34.6%；国税收入17355万元，同比增长4.3%。

【金融】 2010年，全县金融机构各项贷款余额为207807万元，比上年增加32065万元，增长18.2%。金融机构各项存款余额411730万元，比上年同期增加89283万元，增长27.7%，存贷比1：0.50。城乡居民储蓄存款余额213768万元，比上年增加27825万元，增长15%，人均储蓄存款13031元，比上年增长14.5%。金融机构现金收入637184万元，比上年增长27.2%；金融机构现金支出578241万元，比上年增长14.1%；回笼现金58943万元，同比减少10倍。

【科技】 2010年，澂江县向国家、省、市科技管理部门申报科技项目8项，获立项支持8项；举办科普宣传及展览6次，办科普宣传展版10块，发放科普宣传资料53750份，观众13400人次；举办学术交流活动3期，学术讲座18期，听讲人数1958人次；举办培训班41期，培训人员3924人次；农函大开办专业教学班19个，招收学员1007人。

【教育】 2010年末，全县有中小学、幼儿园及职业学校63所，其中，普通中学7所，职业高级中学1所，小学39所，幼儿园16所。全县在校中小学生共26696人（含职业中学，不含幼儿园），其中，职业高级中学934人，普通中学10336人（高中2155人、初中8181人），小学15426人。在园幼儿2794人（学前班60人）。全县共有教职工1852人，其中，专任教师1636人。普通中学有专任教师691人，小学835人，幼儿园110人。全县有教学班753个，其中，普通高中38个，初中148个，小学442个，幼儿及学前班95个。全县小学学龄儿童入学率99.92%，少数民族儿童入学率100%，小学毕业生升学率98.8%，巩固率99.97%，辍学率0.24%；初中阶段毕业生入学率95.13%，初中学龄人口毛入学率116.82%，升学率95.13%。全县有901名考生参加高考，上线人数891人，比上年增加156人，其中，本科上线436人。“三免一补”政策惠及学生76657人次，免补资金1798万元。

【广播电视】 2010年，全年开办电视栏目198期，共播出电视新闻稿1624条，其中，有483条被省、市电视台及广播采用，播出新闻直通车节目235条，播公益广告600条次、标语260条次。年末，全县广播覆盖率99.97%，电视覆盖率99.9%。有线电视入网用户达33257户，其中，数字电视总户数13392户，有线电视覆盖率达87%。年内新增有线电视入网用户870户，发展数字电视用户4329户。

【文化】 2010年，开展文化“三下乡”活动，放映电影615场（次），观众9.7万人（次），其中，“2131”工程放映480场（次），观众6.1万人（次），广场放映周放映135场（次），观众2.8万人（次）。为活跃农村文化，举办文化广场晚会和文化专场演出380场。年末，全县有公共图书馆1个，图书室46个，总藏书量14万册，总流通10万人（次），总流通图书28万册（次），读者10万人（次）外借图书5万册，阅览12万人（次）。

【体育】 2010年，全县经常参加体育活动人数达57316人，占全县总人口比重的35%。年末，全县共拥有体育场地286块，其中，标准体育场地177块，占62%，非标准体育场地109块，占38%。

【卫生】 2010年末，全县共有卫生医疗机构72个，其中，镇及镇以上卫生机构11个；村级卫生所35个；个体医疗诊所26家；床位数437张；在职职工591人，其中，卫生技术人员516人（执业医师212人、职业助理医师32人、注册护士199人、药剂人员35人、检验人员24人、其他卫生技术人员14人），占总人数的87.9%。每千人口拥有卫生技术人员2.63人，拥有病床数2.22张；门诊人数636068人次，住院人次13484人。2010年，全县新型农村合作医疗应参合的农户41048户、人口142279人，实参合40681户、136608人，参合率96.01%。五苗覆盖率99.5%，食品合格率100%，餐具、饮具合格率100%。全年孕产妇建卡管理人数1908人，管理率99.79%，孕产妇系统管理人数1852人，管理率96.42%，七岁以下儿童保健人数12196人，儿童保健管理率为98..32%，3岁以下儿童保健人数5294人，管理率为98.62%。

【城市建设】 2010年，澂江县共投资3133.4万元加强城市基础设施建设。县城建设区面积达2.83平方公里，城区道路长44公里，道路面积45万平方米，其中，人行道面积26.4万平方米，人均道路面积11平方米；供水管道长70公里，年内供水总量360万立方米，出厂水水质合格率100%，管网水细菌合格率100%，管网水大肠菌群合格率100%，管网水浊度合格率100%；建成区路灯增至2680盏，安装路灯道路长41公里，安装夜景烟花霓虹灯170套、夜鸣珠灯129套，霓虹灯桥57架；城市绿化覆盖面积50公顷，建成区绿化覆盖率20.6%，建成区园林绿地面积50公顷，人均公共绿地面积6.5平方米；城镇化率达34%。抚仙湖水质达GB3838—2002 Ⅰ类标准。县城饮用水水源水质达标率100%。

【人民生活】 农民生活水平逐年改善，据农村住户抽样调查资料表明：2010年，农民人均食品支出占生活消费支出比重（恩格尔系数）为45.8%。农民人均住房面积达40.09平方米，钢混结构占住房面积的70.7%，农民人均总收入9555元，比上年增加1105元，增长13.1%，农民人均纯收入6374元，比上年增加774元，增长13.8%。农民人均生活消费支出5665元。其中，食品支出2593元，占生活消费支出的45.8%；居住支出820元，占生活消费支出的14.5%；衣着支出344元，占生活消费支出的6.1%；家庭设备及服务用品支出279元，占生活消费支出的4.9%；医疗保健支出641元，占生活消费支出的11.3%；交通和通讯支出422元，占生活消费支出的7.4%；文化娱乐及服务支出417元，占生活消费支出的7.4%；其他商品和服务消费支出148元，占生活消费支出的2.6%。

凤麓镇农民人均总收入10174元，比上年增长12.9%，农民人均纯收入6947元，比上年增长13.6%。龙街镇农民人均总收入9622元，比上年增长13.2%，农民人均纯收入6426元，比上年增长13.9%。右所镇农民人均总收入9613元，比上年增长13.3%，农民人均纯收入6415元，比上年增长14%。海口镇农民人均总收入9379元，比上年增长12.5%，农民人均纯收入6223元，比上年增长13.2%。九村镇农民人均总收入9393元，比上年增长12.4%，农民人均纯收入6227元，比上年增长13.1%。阳宗镇农民人均总收入9154元，比上年增长12.8%，农民人均纯收入5988元，比上年增长13.6%。

县城居民生活水平进一步提高，据县城居民住户抽样调查资料显示，2010年，县城居民人均可支配收入17014元，比上年增加2107元，增长14.1%。生活消费支出10367元，在生活消费支出中，食品支出3528元，占生活消费支出的34%；居住支出1603元，占生活消费支出的15.5%；衣着支出709元，占生活消费支出的6.8%；家庭设备及服务用品支出890元，占生活消费支出的8.6%；医疗保健支出825元，占生活消费支出的8%；交通和通讯支出1506元，占生活消费支出的14.5%；教育文化娱乐及服务支出1153元，占生活消费支出的11.1%；其它商品和服务消费支153元，占生活消费支出的1.5%。

【职工工资】 2010年末，全县单位从业人员9624人，其中，在岗职工9628人；

单位从业人员劳动报酬25585万元，比上年增长4.1%，其中，在岗职工工资总额25358万元，比上年增长4.2%，在岗职工年平均工资26985元，比上年增长7.4%。

【城乡居民储蓄】 2010年，全县城乡居民储蓄存款余额213768万元，比上年同期增加27825万元，增长18%，人均储蓄存款余额13031元，比上年增长14.5%。

【社会保障】 2010年，全县享受优抚对象的人数805人，发放优抚金总额487.62万元。集体办敬老院5个，实有床位152张，年末在院人数149人；社会困难救济20848人次，支出215.33万元；已享受居民低保的户数1952户，人数2917人，其中，城镇居民1041户、1949人，发放低保金272.52万元，农村居民4562户、4849人，发放保障金393万元，全年发放低保资金711.76万元。

【领导名录】 县委书记：崔明，县委副书记：苏绍华、武继昌（2010年6月离职）、张云孙（挂职，2010年3月任职）、张赶良（2010年6月任职）；县人大主任：许绍锦，县人大副主任：石洪、马玉俊（回）、马金瑞（回）、李菊英（女）；县人民政府县长：苏绍华，常务副县长李自乔，副县长：李瑜琼、周能（2010年3月离职）、李荣坤、朱应生、吴运龙；县政协主席：张同安，副主席：李树明、李晓勇、牛夕荣（女）、马汝乾（回族）；县纪委书记：汤之德。

（王基宇）

凤麓镇

【综述】 凤麓镇位于舞凤山下，距玉溪市93公里，距省会昆明52公里，是澂江县委、县政府所在地，是全县政治、经济、文化、交通的中心。辖区总面积8.8平方公里，海拔1755米，属亚热带低纬高原季风气候区，梁王山形成天然屏障，加之抚仙湖的调节作用，具有四季如春的特点。2010年平均气温17.4℃，雨量充沛，年降雨量864.7毫米，日最大降雨量108.9毫米，出现在7月22日，年蒸发量1686.1毫米，无霜期312天，全年日照时数2228.3小时，气候温和，自然条件较好。镇政府驻地凤翔路南7号，辖4个社区居民委员会，42个居民小组（2010年社区换届选举中增加了3个居民小组），非大田、二台坡两个山区合作社，（原16个农业生产小组保留在各个社区）。2010年末，镇境内人口21301人，其中，男10757人，女10544人。人口密度每平方公里2421人，少数民族1189人，占总人口数的5%，非农业人口14792人，农业人口6509人，人口自然增长率0.95‰；农村劳动力4250人，其中，农业从业人员1477人，工业从业人员261人，第三产业从业2512人，占农村总劳动力的59%。

2010年末，全镇有耕地1161亩，与2009年持平；在现有耕地中，田933亩，地228亩，农民人均占有耕地0.17亩。农作物播种4050亩，其中，大春2361亩，小春1689亩；复种指数348%。粮经作物种植比例为55∶45。粮食总产量97.1万公斤。其中，大春粮食产量86.52万公斤，小春粮食产量10.58万公斤。2010年全镇种植烤烟231亩，其中田烟163亩，地烟68亩，主要品种是K326，交售5.33万公斤，中上等烟比例87.13%，平均单价15.16元。烤烟种植田块全部实行轮作，轮作率达100%。全年共支付农村粮食综合直补2208户，2005.2亩，补助资金5.3万元；支付良种补贴1747户，2127.1亩，补助资金2.6万元；支付家电下乡补助825台，补助资金22.9万元；支付汽车、摩托车下乡补助220辆，补助资金27.2万元。全年种植蔬菜1795亩，其中，菜类623亩，豆类1110亩，葱蒜类蔬菜22亩，水生类40亩。2010年末，生猪存栏3201头，能繁母猪444头，肉猪出栏5637头，肉猪存栏3201头，出售仔猪9048头；家禽存栏53680只，出栏157230只，大牲畜存栏44头，羊存栏26只。现有林地面积5643.06亩，森林覆盖率30.6%。

2010年，凤麓镇投工3000余个清理维护主沟渠15条，约1.5万米。投资8.3万元，进行澄波社区二台坡水浇地工程维修改造；投资3.8万元，为澄波社区农业小组建设共产党爱心水窖19口，增加农业基础设施建设。

2010年，全镇共有企业3838个，其中，私营企业74个、个体经营户3764个；从业人员共8142人。

2010年，全镇实现生产总值113632万元，比上年增长14.4%（按可比价计算）。其中，第一产业1309万元，比上年增长3.8%；第二产业19141万元，比上年增长10.8%；第三产业93182万元，比上年增长18.2%；完成地方财政收入3039万元，比上年增收1307万元，增长75.4%，完成县对镇地方财政收入目标考核1900万元的159.9%。农民人均纯收入达6947元，比上年增加834元，增长13.6%。

2010年，全镇全面落实农村新型合作医疗工作，建立健全管理制度，定期公布资金使用情况，2010参合率达98%，定期公示参合农民享受新型农村合作医疗补偿的情况，广泛接受人民群众的监督，确保做到公开、公平、公正。全镇住院补偿588人次，医疗总费用247.12万元，支付住院补偿费90.3万元，受益率10%。门诊补偿2077人次，医疗总费用4.83万元，支付门诊补偿费1.33万元，受益率达32.8%。

凤麓镇有科协组织22个，有会员354人，农村技术研究会17个，有会员160人，共组织各类科技培训23期，培训人数2336人次，全年出科普黑板报28期、科普专栏16期，放科普录像2场，观众85人次。

2010年，凤麓镇严格执行土地动态巡查制度，基本农田保护率达100%，无违法征地、批地行为。积极开展土地违法行为专项整治行动，全镇共查处了两宗违法违章占地案件。全年无违反土地法规行为发生。

2010年，全镇共接处警2580起，立刑事案件438起，破213起，破案率48.6%；受理治安案件415件，查处395件，查处率95.18%；司法调解受理、调处纠纷139件，调处率100%，调解成功率100%；对辖区群众开展各种形式的法制宣传教育活动；对8名违法青少年按“四包”原则落实了监管帮教措施；表彰

"平安家庭"示范户20户。

2010年，凤麓镇有残疾人432人，贫困残疾人139人，其中特困残疾人45人，有427名残疾人享受康复服务，组织有劳动能力的城镇残疾人、农村残疾人举办适用技术、种养殖技术等培训班4期；投入资金2万元，扶持9户残疾人开办了养殖、茶室、农资经营、服装店等各类经营；积极向镇属用工单位推荐3名残疾人从事环卫工作；发放轮椅、拐杖35件；累计共有389名残疾人享受康复服务；投入经费8000元，对23户特困残疾人家庭、22名残疾儿童进行慰问；投入资金35000元，为贫困残疾人修缮危房7户；组织开展了凤麓镇第二届残疾人文艺调演；组织助残志愿者队伍帮助7户残疾人栽种烟苗6亩，栽秧2亩。

2010年，凤山小学在校学生2770名，有教学班级54个，教职工117人。其中本科24人，专科82人，中专7人，学历合格率100%。学校占地面积41.6亩平方米，校舍建筑面积12669平方米。全年无安全事故发生，"四率"均为100%，教育成果显著，各项工作达到了预期的目标。

2010年，凤麓镇认真落实各项防控措施，严防霍乱、手足口病等疾病的爆发，认真开展艾滋病的防治和宣传。全年，传染病发病率控制在3/1000以内，全年无传染病疫情暴发流行。

2010年，凤麓镇文化站拥有图书6000册，全年图书借阅5600人次，报刊阅览4560人次，接待棋类、球类文体爱好者12800人次，全年各项收入3万元。出新闻图片10期288幅，编制宣传栏稿件12份，在春节、"立夏节"期间组织龙灯表演，组织4支业余文艺队到各社区举行了16场专场演出。组织举办少年儿童乒乓球培训班2期，培训青少年43人。

2010年，凤麓镇有民兵1045人，其中，基干民兵445人，编为11个民兵对口专业分队和1个民兵应急分队；普通民兵600人，编为4个连，15个排，60个班。

2010年凤麓镇人民政府被评为"第二次全国经济普查先进集体"、"玉溪市人民调解先进集体"、"玉溪市计生协会工作先进集体"，凤山小学被誉为"云南省家长示范学校"；市政府授予仪凤社区"玉溪市绿色创建活动先进集体"。凤麓镇被县委、政府表彰为"推进惩防体系暨落实党风廉政建设责任制先进单位"、"行政效能建设工作目标考评先进集体"、"优秀班子"、"国土资源目标考核一等奖"、"残联目标考核一等奖"、"团委工作目标考核一等奖"等荣誉称号。

镇党委书记：孙锦江
副　书　记：马永平
　　　　　　王绍伟
　　　　　　张春和（2010年7月任职）
　　　　　　刘俊萍（挂职锻炼）
镇　　　长：马永平
副　镇　长：张荣明
　　　　　　董云莉
　　　　　　万　江
　　　　　　巨立中
　　　　　　魏　兰（2010年3月任职，挂职锻炼）
人大主席：李文进
纪委书记：陈彦坤
武装部长：杜云春
综治办专职副主任：张德明

【殡葬改革工作】 2010年，凤麓镇为搭建殡葬改革齐抓共管的工作机制，召开各种会议13次，对殡葬改革相关政策进行宣传，出黑板报15期，张贴《澂江县殡葬改革实施意见》20份，发宣传材料1966份，悬挂布标2条，清理红山顶耕地内空坟32冢，阻止了违法占用耕地、乱埋乱葬行为的发生，逐步为推进殡葬改革工作营造了良好的氛围。

【第六次全国人口普查】 2010年，凤麓镇紧紧围绕"加强统计法制建设，构建和谐统计环境"、"关注人口普查，了解镇情现状"这两大主题，扎实推进第六次全国人口普查工作。做好全镇人口出生，死亡的登记台帐工作；做好各普查小区的普查边界图绘制及区域认定核查工作，全镇共分为62个普查小区，做到了边界明确，不重不漏。做好人口普查区、普查小区、建筑物的标绘工作。做好入户摸底，快速汇总工作。

【社区换届选举】 2010年，凤麓镇的社区换届选举工作从2月27日开始至4月3日结束，经过近一个多月的努力，圆满地完成了换届选举任务。2月26日，成立了镇、社区"两委"换届选举工作领导组，通过广泛开展宣传活动，做细、做实党员和选民登记工作。4月3日通过"两推一选"的方式，选举产生了四个社区党总支委员会，澄波社区党总支委员会选举产生委员5人，其中，书记1人、副书记1人；拥晖、揽秀、仪凤三个社区党总支委员会选举产生委员7人，其中书记1人、副书记1人。同时依法产生了四个社区居民委员会，42个居民小组的组长、副组长，16个农业集体经济小组的组长、副组长。同时新一届居委会健全和完善了规章制度。圆满完成了第三届社区换届选举任务。

【开展"5·29"计生协会员活动日活动】 2010年5月29日，凤麓镇计生协联合仪凤社区计生协主办开展了一系列的活动进行庆祝。举办计生协会员运动会，市、县、镇、社区、学校、机关、团体等350余人组成9支计生协代表队参加运动比赛。活动内容有拔河、自行车慢赛、扑克牌、跳绳四个项目，比赛结束后按四个项目综合评出了集体一等奖1个、二等奖2个、三等奖6个。在凤山公园广场举办了纪念中国计生协成立30周年暨第12个会员活动日的文艺晚会。奖励双农独生子女户151户，发放礼品金额共计10965元。评比出计生工作目标管理责任奖，进行表彰。加大宣传力度。共悬挂布标5条、展出宣传版35块、分发计划生育宣传资料2000余份、免费发放安全套4000只，共计支出5万余元。

【财务管理】 2010年，凤麓镇从六个方面加强社区财务管理，一、规范财务管理机制。自实行村级财务会计委托代理记帐、村帐镇管以来，全镇4个社区、16个集体经济小组的资金实行"零户统管"，财务管理实行与镇经济管理服务中心（农经站）签订委托代理协议代理记帐管理。二、建立健全会计监督制度。建立完善财务审批、备用金、财务年度预算结算、民主理财、收益分配等制度。三、严格执行财务审批责任人权限管理。在财务开支审批中，坚持责任人权限审批，严格规范责任人审批权限，从开支内容、范围、资金的审批、对外承包工程的建设、各项误工标准原则等方面严把程序审核关。四、规范票据管理和使用。各社区、集体经济组织按照规定履行公共管理职能时，统一使用澂江县农经站印制的专用发票，坚决杜绝白条记帐，统一会计核算方法、票据使用，规范财务处理程序。五、加强固定资产的管理。严格执行《凤麓镇固定资产管理办法》，规范集体资产的管理和使用，提高了集体的租金收入，为增加农民群众的年终收益分红提供了根本保证。六、坚持财务公开制度。各社区、集体经济组织在每次结账后的5个工作日内，将当月财务收支情况，定期向群众公开、公示，按受群众监督，端正社区干部的经营思想和经营行为，保护集体经济组织和群众的合法权益，促进全镇经济健康发展。

【凤麓镇总工会成立暨第一次代表大会召开】 2010年8月13日下午，凤麓镇总工会成立暨第一次代表大会胜利召开。会议听取并通过了《凤麓镇联合工会委员会工作报告》，审议确定了拟提交大会选举的各委员会委员候选人名单，并确定了拟提交大会审议通过的大会监票人、大会选举办法等。大会选举产生了镇总工会第一届委员会委员、主席、副主席和第一届经费审查委员会主任、委员。

【澂波社区农业一组饮食文化城建设】 2009年8月，澄波社区农业一组饮食文化城项目开工建设，于2010年5月竣工。占地面积约925平方米，共建设6幢房屋，建筑面积为2052.72平方米，每幢房屋面积342.12平方米。8月18日，举行“澄波社区农业一组饮食文化城拍卖会”，经过激烈的竞拍，6幢房屋全部拍卖成功。拍卖会在县纪委、工商局、国土局、凤麓镇党委、政府及社区小组党员、村民代表、户代表的全程参与、监督下严谨进行。共为澄波农业一组集体经济组织增加经济收入976万元。

【第三期中国妇女社会地位调查工作】 2010年，根据云南省妇联的统一部署，凤麓镇妇联认真核对了全国妇联随机抽样的揽秀社区农业小组的实际长住户口，抽出了第三期中国妇女社会地位调查、第二期云南省妇女社会地位调查15户样本户。11月15～20日，镇妇联组织通过前期专项培训的四个社区妇联主席、副主席共7人，分别在全城展开细致的入户调查工作，圆满完成了30份第三期中国妇女社会地位调查、第二期云南省妇女社会地位调查问卷，30份云南省家庭建设状况调查问卷。21～24日又对30份第三期中国妇女社会地位调查、第二期云南省妇女社会地位调查问卷进行了严格的编码并上交县妇联复核，使凤麓镇妇联“第三期中国妇女社会地位调查、第二期云南省妇女社会地位调查、云南省家庭建设状况调查问卷调查”工作圆满完成。

【“十星级文明户”创评活动】 2010年，“十星级文明户”评比活动中，凤麓镇召开各种会议20次，悬挂横幅标语1条，出黑板报11期，张贴标语口号104条，发放评比标准2043份。方法措施是：一、居民自评自荐。各家各户根据自己家庭的实际情况，对照“十星级文明户”的评比条件，逐“星”自评上报。二、居民互评。在自评自荐的基础上，采取多种形式的开展居民互评，相互提意见、谈看法，确定“星”级水平，并将情况反映给居民小组或社区“两委”。三、居民小组复评推荐，在互评的基础上，居民小组召开代表会议，对上报的各家各户的得“星”情况进行检查复评，确定后推荐上报社区“两委”。四、社区“两委”审议评定。根据各居民小组复评推荐的情况，社区党总支和居委会召开会议，进行审定并上报镇党委。五、张榜公布。各社区将“两委”审定并经镇党委同意的各家各户的得“星”情况进行张榜公布，听取群众意见，接受群众监督。六、挂牌上星。张榜公布群众没有意见后，即挂牌上星，并对荣获“十星级文明户”的家庭给予表彰奖励。全镇共评出“十星户”290户、“九星户”826户、“八星户”655户、“七星户”181户。

【被征地农民农村社会养老保险工作】 2010年，凤麓镇共有6个农业小组符合被征地农民农村社会养老保险参保条件，他们分别为拥晖农业四组、澄波农业一组、揽秀农业三、四组、仪凤农业三、四组。截至2010年12月，共有农业人口2297人纳入参保对象，其中，有2134人已经参加保险，参保率达93%；共有农转非及外招外嫁人员680人纳入参保对象，其中，有522人已经参加保险，参保率达76%。每月发放月生活补助金约17万元，发放60岁以上老年人养老金约5万元。

【“五五”普法工作】 2010年，凤麓镇有普法对象18168人，占常住人口的85%，其中，有农民对象5777人，参普5199人，参普率达90%；有居民对象12391人，参普11152人，参普率达90%；有暂住人口1952人，参普1562人，参普率达80%；有党政干部65人，参普65人，参普率达100%；有社区、村组干部154人，参普154人，参普率达100%；有学生对象2735人，参普2735人，参普率达100%；教职工117人，参普117人，参普率达100%。各个参普率圆满完成了任务。

（郭东梅）

龙街镇

【综述】 龙街镇位于澂江坝子西部、县城西南，东与右所镇、凤麓镇相连，西与呈贡县、晋宁县接壤，南接江川县江城镇，北与阳宗镇相邻。镇政府驻地龙街村，距县城3公里。

龙街镇镇域总面积为185.3平方公里。境内由山、坝、湖组成，地势西北高，东南低，南北最大纵距29公里，东西最大横距17公里，平均海拔1734米。境内最高点梁王山，海拔2820米，属滇中最高峰；最低点抚仙湖，海拔1721

米，是我国第二深内陆淡水湖泊，全镇湖岸线长 32.2 公里。龙街镇气候温和，雨量充沛，日照充足，四季如春；自然条件优越，对农作物的生长十分有利，加之资源丰富，耕作管理水平较高，使龙街镇成为全县粮食、经济作物主要产区，主要种植水稻、小麦、豆类、玉米、油料、烤烟、水果、花卉、荷藕、莱豌豆、大葱等粮食经济作物。

下辖的禄充风景区是国家 AAAA 级旅游景区，位于抚仙湖西岸，是著名的自然生态度假胜地。距离澂江县城 21 公里，距昆明 63 公里。湖岸线长 3.2 公里，景区背山面湖，古树成荫，人杰地灵，历史上曾有“一门双进士，百步两翰林”的美誉。整个景区由风光秀丽的抚仙湖，形如笔架的笔架山，状如金钟的玉笋山，平静如镜的波息湾和绿树成荫的古榕树以及古老独特的车水捕捞鱇（鱼良）鱼等景观构成一幅优美的画面，成为抚仙湖沿岸有名的旅游景区。景区内渔村风情浓厚，开展的旅游娱乐服务项目主要有游泳、划舟、日光浴、沙滩排球、笔架山观日出、登笔架山、游笔架山古刹观音寺、眺望抚仙湖日出，俯瞰禄充全貌，观看车水捕鱼，品尝铜锅煮活鱼和洋芋焖饭的美味，踏水上单车，潜水，沙滩摩托。

2010 年末，全镇辖龙街、万海、广龙、尖山、禄充、立昌、养白牛、双树、左所、高西、华光、忠窑、梁王、提古 14 个村民委员会，110 个自然村，120 个村民小组。

2010 年末，全镇总户数 18308 户，总人口 56217 人，其中，男性 27921 人，女性 28296 人，少数民族人口为 4529 人，占总人口的 8%。农业人口 54075 人，非农业人口 2055 人，人口自然增长率 4.627‰，人口密度为每平方公里 304 人。农村劳动力 38267 人，其中，从事第二、三产业的 8605 人，占总劳动力 23%。

2010 年末，全镇有耕地 32237 亩，其中，田 24427 亩，地 7810 亩，人均耕地 0.58 亩，复种指数 243%。全年农作物播种面积 78327 亩，粮食播种面积 22536 亩，粮食总产 876.63 万公斤，其中，小春粮食总产 111.95 万公斤，大春粮食总产 764.68 万公斤，农业人口人均占有粮食 162.2 公斤。种植烤烟 12981.9 亩，其中田烟 6351.4 亩，地烟 6630.5 亩，交售烟叶 154.99 万公斤，实现交售收入 2283.38 万元。种植蔬菜 39186 亩（含复种），总产 5003.42 万公斤。

2010 年，农业基础设施项目建设全面推进。完成投资 120 万元的左所退耕还林口粮田建设，完成投资 40 万元的马料河水库灌浆工程，完成投资 13.5 万的塘子田水库、巨龙河水库、大冲水库、小冲水库溢洪道建设，完成投资 100 万元的梁王石门、高西旧街子、朱家山、尖山路岐、岔河整村推进扶贫项目，完成投资 30 万元的双树拖柏民族团结示范村建设，完成投资 426.68 万元的农村公益事业“一事一议”财政奖补项目，完成投资 230 万元的地震民居安全工程。启动了投资 1270.21 万元的左所水库新建项目，实施投资 1214.75 万元的左所、广龙、双树村委会中低产田地改造项目，实施投资 466.68 万元的马槽地水库除险加固工程项目，实施投资 1745 万元的提古新农村建设项目，实施投资 225.96 万元的广龙集贸市场建设项目。积极争取资金支持，开展抗旱救灾，完成投资 293.53 万元抗旱应急工程 109 件，解决 23 个村民小组 7470 人，大牲畜 1550 头的饮水问题。完成投资 163.92 万元更新改造抽水泵站 21 座。加强地质灾害监测防治工作，对隐患严重的尖山代头村群众 30 户实施搬迁。

2010 年末，生猪存栏 21405 头，肉猪出栏 38854 头；牛存栏 3359 头，菜牛出栏 1665 头；羊存栏 7370 头，菜羊出栏 2712 只；家禽存栏 245891 头，出栏 6100035 只，禽蛋产量 555 吨；牛奶产量 305 吨。

2010 年，兑付农资综合直补资金 114.42 万元，农机抗旱燃油补贴 0.5 万元，莱豌豆专用测土配方肥补助 4 万元，家电下乡补贴 2564 台 73.56 万元，汽车、摩托车下乡补贴 1822 辆 195.63 万元，发放养殖贷款 457 万元。

2010 年，工业经济持续发展。龙街镇大力实施“工业强镇”战略，围绕“树信心、保增长、促发展、推项目、上水平、抓落实”的工作思路，坚定不移地走新型工业化道路，强力推进工业快速发展，努力实现工业新跨越。完成投资 600 万元的宝泰轻工机械厂不锈钢容器生产线建设；完成投资 300 万元的广龙磷酸盐厂、志成公司布袋除尘技改；投资 500 万元的华业公司布袋除尘技改项目已完成投资 300 万元安装设备；投资 2500 万元的金龙公司年产 5 万吨食用磷酸生产线建设已完成投资 2300 万元建设厂房和准备设备安装；投资 2500 万元的地道酒业 1000 吨灌装生产线建设项目已完成投资 500 万元建设厂房和准备设备安装。提古工业园区规划通过专家评审，正在办理环评手续，红塔乳胶、广龙实业、德春藕粉厂易地技改项目和恺达塑胶新增生产线完成选址和勘界工作。

2010 年末，全镇有乡镇企业和个体工商户 1196 个，从业人员 8605 人，其中，集体企业 1 个，个私企业 56 个，个体工商户 1139 个，企业从业人员 5639 人，乡镇企业营业收入 211099 万元，企业实现总产值 198279 万元，实现利润总额 9104 万元，上交税金 7007 万元。

2010 年，旅游业健康发展。龙街镇按照“抓开发、打基础、树品牌、拓市场、增效益”的路子，不断优化旅游产业结构，加大旅游环境综合治理力度，规范旅游秩序，以景区建设与内部管理、拓展市场营销、打造高端旅游镇为着力点，优化景区环境，促进旅游业健康持续发展。全年共接待国内外游客 71 万人次，同比增长 7.6%；实现旅游直接经济收入 4970 万元，同比增长 30%；禄充景区门票收入 280.9 万元，同比增长 5.4%。云南禄充笔架山旅游开发有限公司为村民提供就业岗位 160 个，经营收入突破 440 万元，实现村民人均分红 900 元。

2010 年，生态建设和环境保护成效显著。龙街镇高度重视环境污染防治和治理工作，以永保抚仙湖 I 类水质为目标，以创建生态文明乡镇工作为重点，加强抚仙湖保护宣传教育，加强环境综合治理力度，创新环保工作机制，促进全镇经济、社会协调发展。制定了《龙街镇加强抚仙湖保护管理工作实施方案》，聘请环境监督保洁员 80 名和抚仙湖主要入湖河道保洁员96名，从制度、资金、人力等方面保障沿湖湖滩、村庄、道路、集镇的卫生清理及垃圾清运，全镇环境卫生明显改善。实施投资3400万元梁王河环境综合治理工程，完成梁王河7.83公里的河底清淤，完成1893口沤肥池、23座生物净化公厕及垃圾池，13块人工湿地，4块植物沉淀塘和1个河道旁路系统等工程的建设任务。完成投资567万元的立昌面源污染控制示范工程、禄充污水管网改造工程、退塘还湖和龙街、禄充2个垃圾中转站工程。积极争取上级投资33万元新建3座生物净化公厕，投资6.84万元新建垃圾池18个。抚仙湖资源保护费征收工作有序开展，禄充、立昌两个景区设置7个的征收点共征收资源保护费30万元。

2010年，平安创建工作扎实推进。龙街镇牢固树立“发展是第一要务，稳定是第一责任”的工作意识，以实现全镇“发案少、秩序好、社会稳定、群众满意”的社会治安综合治理工作目标，健全组织、完善机构，加强综治维稳基层组织建设，巩固“平安龙街”建设成果，促进经济社会和谐发展。共排查调处矛盾纠纷500件，成功化解498件，成功率达99.6%。接待群众来信来访51件356人次，处理完结49件，正在处理2件。共发生治安案件274起，查处256起，查处率93.5%。各类刑事案件发生219件，破案150件，破案率68.5%。在校园及周边出动警力开展安全巡逻106次，为各学校配备保安18人，警棍32根，脚叉16根，开展安保人员培训1期54人，开展安全演习4次。

2010年，镇政府自身建设不断加强。开展创先争优活动，积极创建学习型政府，全面推进阳光政府四项制度建设，认真落实责任政府四项制度，加强行政效能建设，政府工作透明度不断增强，机关行政行为进一步规范，工作效率和服务质量不断提高。坚持民主集中制，严格执行“三重一大”集体决策制。圆满完成第四届村“两委”换届工作，制定并严格执行《龙街镇创先争优考核评比办法》、《龙街镇领导干部问责办法》、《龙街镇村组干部管理暂行办法》、《龙街镇农村集体财务管理制度》、《龙街镇村级组织班子及村干部绩效考核实施细则》等制度。在村级组织班子中全面推行“四议两公开”工作法，投资24万元设立镇级农民服务代办点和村级农村服务代办点，构建了“亲民、爱民、便民、富民”的服务体系。认真落实廉政建设责任制，严格执行廉洁从政各项规定，强化管理制度和监督机制建设，进一步规范村务、财务民主管理，强化财务监督，严格资金、物资、土地、工程等方面的管理，勤政廉政建设取得实效。认真开展“创先争优”评比活动，形成科学的干部选聘考核体系。扎实开展村级组织班子和村级干部绩效考核工作。坚持依法治镇，民主法制建设进程加快，自觉接受镇人大法律监督和工作监督，认真办理县、镇人大代表建议和意见，全年共承办县、镇人大代表议案、建议和意见45件，县政协委员提案13件，共办复58件，办复率100%。

2010年，农村经济总达收入174900.5万元，同比增长5%；生产总值35282.39万元，同比增长10%；地方财政收入4105.77万元，增收518.45万元，同比增14.45%；农民人均纯收入5373.4元，同比增4.4%；固定资产投资完成23187.9万元，同比增11%。

2010年，全镇有15所学校，14所村完小，1所镇属中学，共15个办学点，在校学生6312人。小学有151个教学班，在校生4843人，其中，山区寄宿生383人，适龄儿童入学率、巩固率、毕业率均达100%，有职教职工282人，其中，大专以上学历225人，占教师总数的80%；中专、高中学历52人，占教师总数的19%；初中学历5人，占教师总数的2%，教师合格率100%。镇属中学1所，有24个教学班，在校生1469人，其中，初一8个教学班532人，初二8个教学班481人，初三8个教学班456人，学生入学率99.54%，学生巩固率达98.3%，体育合格率99.21%，2010年，参加中考的250人，上中考分数线222人，其中，600分以上的有33人，被玉溪一中正式录取7人，被师院附中正式录取4人，被市民中正式录取21人，中考成绩居全县乡镇初级中学之首、县初级中学第2名、市初级中学16名。全校有教职工102人，其中，本科学历54人，占教师总数的56%；专科学历39人，占教师总数的41%；中专学历4人，占教师总数的5%；另有职工5人。

2010年，龙街镇有中心卫生院1所，占地面积2131.8平方米，建筑面积3458平方米，业务用房2238.58平方米，病床25张，医疗设备有“200MAX”光机1台、全自动洗胃机1台、B超1台、三导联心电图机1台、显微镜1台、半自动生化仪1台、妇科治疗仪1台、牙科综合治疗机2台、心电监护仪1台、血球计数仪1台、除颤仪1台、毁形机1台、麻醉机1台、救护车3辆。全院分设临床综合门诊（含西医门诊、中医门诊、计生门诊、西药房、注射室、外科室、口腔科、化验室、放射室）、综合住院部、防保、后勤。现有在职在编职工32人，其中，卫技人员30人，会计1人，其他人员1人。卫生技术人员本科学历7人，大专13人，中专5人，中专以下学历7人，执业医师11人，执业助理医师5人，护士11人，药剂人员2人，其它卫技人员1人。辖13个乡村卫生所，有乡村医生47人。全年共完成门诊157747人次，收住院病人171人次，完成业务收入563.698万元。辖区内有私人诊所4个，私人药店8个。

镇党委书记：吴正坤
副 书 记：张世杰
　　　　　李春辉
　　　　　马丽萍
　　　　　文 艳（2010年3月挂职2年）
　　　　　唐劲松（2010年6月任职）
镇　　长：张世杰
副 镇 长：朱文龙
　　　　　余 斌
　　　　　李春林
　　　　　许宏平
　　　　　许乔秀（2010年6月离职）
　　　　　白家喜（2010年8月任职）
人大主席：马正坤
纪委书记：王 波
武装部长：李 勇

镇党委组织委员：许乔秀（2010年6月任职）

禄充风景区管理委员会：

主　　任：张世杰

副 主 任：李春辉

　　　　　杨苑超

社会综治维稳办公室：

专职副主任：张银良

【召开人代会】 2010年2月3～4日，龙街镇召开第十一届人民代表大会第三次会议，74名人大代表、28名特邀代表和97名列席人员出席大会，会议听取和审议并通过镇长张世杰代表镇人民政府所作的《政府工作报告》、人大主席马正坤代表镇人大主席团作的《人大主席团工作报告》。会议期间，共收到与会代表提出的建议、意见33件，其中，代表10名以上联名提出议案14件，代表个人或10人以下联名提出建议、批评、意见19件。会议确定了2011年工作任务和重点工作：生产总值增长10%以上；农村经济总收入增长5%以上；乡镇企业营业收入增长5%以上；地方财政收入增长15%以上；农民人均纯收入增加200元以上；人口自然增长率控制在5‰以内。以农民增收为核心，做好农业农村工作；以工业园区建设为重点，不断壮大工业经济；立足旅游资源优势，加快旅游产业的培植和发展；加强生态建设和环境保护，增强可持续发展能力；加强村庄规划，加快新农村建设步伐；大力发展社会事业，促进社会和谐稳定；强化财税金融工作，促进经济健康发展；加强政府自身建设，提高依法行政水平。

【教育教学】 2010年，认真做好“两基”迎国检各项工作，适龄儿童、适龄少年入学率均为100%，小学生辍学率控制在0.15%以内，初中生辍学率控制在2%以内。投资235.29万元完成五中、龙街中心小学廉租房建设；投资1317万元的万海小学、广龙小学、尖山小学易地搬迁新建项目完工并投入使用。吸纳社会资金30万元成立了贫困学生救助基金，镇属各企业捐资助学120.7万元用于校舍建设。投入助学资金2.3万元，资助12名贫困大学生。

【文化建设】 2010年，完成投资30万元的综合文化站建设。投资30万元建成13个农家书屋，实现了每村建设1个农家书屋的目标。组织禄充、左所、高西三支文艺队参加县新农村文艺调演，其中禄充的《八百里洞庭我的家》获一等奖。组织参加全民健身跑步活动、环湖自行车赛等体育活动。

【新型农村合作医疗】 2010年，全镇参合农户15736户51620人，参合率达96.2%。门诊就诊134122人次，减免补偿金额118.05万元；镇卫生院住院141人次，补偿金额9.76万元，县外住院665人次，补偿金额174.6万元。

【社会保障体系】 2010年，投入资金21.48万元解决困难户临时救济259户847人；帮助缺粮户1354户3691人解决7.32万公斤大米；发放农村低保资金85.8万元，城镇低保资金23.1万元；发放80岁以上老年人健康补助940人44.17万元；支出抚恤费及定补资金286.26万元；投入资金0.81万元为22名优抚对象解决三难问题；支出五保供养经费6.61万元；发放义务兵优待金38人14.9万元。计划投资265.77万元的敬老院改扩建已完成主体工程建设。加快殡葬制度改革，完成投资10万元的左所长岭岭镇级公益性公墓建设项目。兑付危房改造资金5.5万元；扶持8户发展种植养殖业；帮助残疾人就业12人；发放残疾人康复资金5户0.22万元；为无劳动能力、无固定收入和家庭贫困的49名白内障患者进行免费复明手术；为贫困瘫痪残疾人赠送轮椅36辆，拐杖14副，重症精神病人住院治疗9人；免费服药的重度精神病人46人；审核残疾证102人；走访困难残疾人72户发放慰问金1.05万元；为禄充、尖山村委会34户山区残疾人送去尿素34袋；“六一”儿童节，慰问16岁以下残疾儿童39名0.39万元。为32名特困生解决学费1.67万元。

【土地管理】 2010年，制定了《龙街镇农村宅基地划拨管理操作规程》，严格农村宅基地管理；加大土地违法整治力度，全镇共发生违法占地12宗，已处理拆除6宗；盘活村内空闲地20亩；清理空心村、废弃砖瓦窑、工矿废弃地10宗347亩。严格执行土地利用总体规划和土地用途管制制度，认真完成土地利用规划修编的外业工作。

【村“两委”换届选举】 2010年2月26日，龙街镇召开村“两委”换届选举动员暨培训会议。县、镇村“两委”换届选举工作组成员、大学生村官、新农村指导员，各村书记、主任等人员共120余人参加了会议，大会布置了村“两委”换届选举工作的任务、下发了村“两委”换届选举工作的实施方案等文件资料。镇党委书记吴正坤就当前以及下一阶段的工作任务及方法步骤作了具体要求、部署和培训。

【抗旱促春耕】 2010年，百年一遇的秋、冬、春持续干旱气候，造成龙街镇水库、坝塘蓄水严重不足，辖区内20449人16137头牲畜饮水困难，8647.1亩农作物受灾，随着灾情的蔓延发展，程度的加深，解决难度也在不断增大，面对严峻的抗旱形式，龙街镇全力抗大旱保民生促春耕。成立了龙街镇抗旱救灾工作领导小组及镇、村抗旱应急队伍15个349人；明确由镇领导班子成员及各村主要领导带领全镇广大人民群众积极采取有力措施做好全镇抗旱救灾工作，职能部门负责深入实地督促、检查工作落实；组织召开抗旱救灾工作动员会，分析当前抗旱救灾形式、安排部署具体工作任务、呼吁全镇干部职工伸出援助之手帮助灾区群众，67名干部职工踊跃捐款4.2万余元；采取拉水、蓄水、限时供水、打井等应急措施，多渠道解决人畜饮水困难；共投入资金42.4万元完成左所人畜饮水水池改造，广龙红山嘴、双树黑蟆头人畜饮水水池建设等项目工程，解决4462人1278头牲畜饮水困难；对辖区内水源、水质情况进行再摸底、再排查，千方百计保群众饮水安全，杜绝公共卫生事件发生；加强水利设施、设备保养维护，强化水源统一调度和管理，科学节约用水，加强用水协调，防止发生水事纠纷；启动尖山路歧、岔河、关松庙，养白牛白石坝，立昌万松寺人畜饮水工程项目建设；严格执行党政领导联系村制度、部门包村制度，从3月1日开始，联系领导带领包村工作组成员深入联系点开展调查研究，帮助解决工作中遇到的新情况、新问题，督促抓好春耕备耕工作；结合小春粮食减产已成定局，大春育苗面临困难的实际，加快种植结构调整，引导农户扩大旱作面积；认真做好气象信息收集工作，落实灾情报送制度、24小时值班制度；加大农业技术培训及新品种、新技术示范推广应用力度，提高农业科技成果转化率。

【森林防火】 2010年，受百年一遇严重旱灾的影响，森林防火工作面临历史罕见的严峻形式。龙街镇结合实际，认真贯彻落实省、市、县森林防火会议精神，四举措打好森林防火攻坚战。落实森林防火责任，高度重视森林防火工作，克服麻痹思想和侥幸心理，切实把森林防火工作当作一项重要工作来抓，严格实行镇长负责制，行政一把手和分管领导对森林防火工作负第一责任和主要责任；落实森林防火应急物资车辆17辆，水壶80个，砍刀20把，高压喷雾器20个，防火服30套，扑火拍20个；强化防火宣传教育。及时组织召开森林防火工作会，传达学习上级相关文件及会议精神，安排部署龙街镇森林防火工作；充分利用各村、组广播、黑板报及在林区、主路口张贴标语、设置警示牌、散发宣传单等多种有效宣传形式，加强森林防火宣传教育，动员全民增强防火意识。全年共召开各种会议866次，广播986次，黑板报56期，展示警示案件20次，书写标语2656条，发放户主通知书16000份。健全预警响应机制，成立森林防火应急分队15个349人，其中，镇属一个32人，村级14个317人，每个应急分队明确1名负责人，负责组织队员妥善处置森林火情；镇分管领导、林业站工作人员及镇、村专业应急队伍坚守岗位，不得离开本辖区；严格执行24小时双岗、双带班应急值守制度，进一步完善龙街镇森林防火应急预案；加强用火管理工作。林区严格执行封山管理制度，由镇林业站工作人员、各村主要领导、村民小组长及护林员共200余人组成森林防火工作组，加大检查、巡查、督查的力度和密度，严禁一切火种进入山林；在各主路口、关键地段、禄充风景区增设防火检查点23个，对进山人员开展防火安全检查和教育，确保火种不入山、林区不用火，做到严防死守；落实精神病患者、智障人员和少年儿童等重点人员的监管责任人，严防失火。

【生态乡镇创建】 2010年，为促进生态县建设工作的顺利开展，强化生态乡镇创建工作，龙街镇采取四项措施扎实开展生态乡镇创建工作。加强组织领导，强化目标责任，成立了生态建设领导小组，由镇长任组长，分管副书记任副组长，企业站、安监站、国土所、农科站、林业站、城建办等11个职能部门和14个村委会负责人为成员，为创建生态乡镇工作提供了强有力的组织保障；按照《云南省生态乡镇建设验收暂行规定》的考核标准，召开了各部门、单位负责人参加的生态镇创建工作动员会和工作协调会，将各项指标分解到各单位、部门及村委会，明确了各项指标实施责任单位及责任人，并结合龙街镇实际，制定了工作计划、实施方案和考核办法，形成了上下联动，齐抓共管的工作机制。建立机制，强化考核，推进生态乡镇创建工作向纵深发展，制定了龙街镇生态乡镇创建计划，按照上级环保部门的要求统一安排，有步骤、有计划地开展生态乡镇创建工作，到年底对按期完成工作任务的镇属各单位、站所、村委会予以表彰，对不能按期完成工作任务的扣分，有效提高了创建积极性，促进了生态乡镇创建工作全面开展。截至目前，龙街镇创建云南省生态乡镇工作已通过市环保局的初审，正在申请省环保局的最终审验。加大投入，科学规划，提高生态乡镇的创建水平，生态乡镇的创建工作不仅是生态县建设的必须条件，更是改善农村生态环境，构建人与自然和谐环境的重要手段，为提高创建水平，加大创建力度，龙街镇加大对规划的投入力度，把规划编制经费纳入公共财政预算，聘请玉溪市环境科学研究所编写了《澂江县龙街镇环境规划》。因地制宜，突出特色，提升乡镇的环境管理水平，龙街镇在全县总体规划的框架范围内，因地制宜地制定方案，有效利用当地资源环境，坚持打造特色。在产业布局、公共服务设施建设、基础设施建设等方面提升管理水平，既要确保过关，也要起到效果，让创建深入民心，让老百姓真正得到实惠。

【禄充举办第四届"高香文化节"】 2010年3月17～18日，为进一步挖掘旅游资源，提升文化内涵，打造民俗文化品牌，第四届"高香文化节"在禄充村文昌宫隆重举行。

【做好村"两委"换届选举期间维稳工作】 2010年，龙街镇高度重视村"两委"换届选举期间社会稳定工作，认真安排布置，有步骤地开展工作，有力地促进了村"两委"换届选举工作正常有序开展，切实维护了村"两委"换届选举期间的农村社会稳定。排查摸底，化解矛盾纠纷，县、镇联系村领导，镇综治委，包村工作组人员，村"两委"成员形成合力认真开展了农村社会矛盾纠纷排查工作，把握工作的主动性，对排查出的重点人员进行严密监控，针对突出矛盾纠纷积极进行了调查摸底和调解处理，努力消除了社会矛盾隐患和不安定因素。制定预案，提高应急能力，结合工作实际，认真分析，研究制定了村"两委"换届选举期间维稳工作方案，成立了龙街镇村"两委"换届选举维稳组，明确了处置方向、处置方法和工作要求，确保维稳工作顺利开展。畅通信访渠道，及时解决问题，专门抽调工作人员成立了信访工作组，设立举报箱，公布举报电话，进一步畅通了信访渠道，对群众的来信、来电或直接到访反映的问题，及时处理、协调，对违纪、违法人员严肃查处，营造了风清气正的换届选举环境。加强治安管理，确保社会安定，在选举期间，充分发挥公安派出所治安严打主力军作用，加大了对犯罪行为的打击力度，加强了选举安保、治安巡防强度，密切做好重点人员的掌控，加强重点区域管理，确保了社会安定。

【双树拖柏民族团结示范村创建工作通过市级验收】 2010年，龙街镇双树拖柏民族团结示范村创建工作在上级相关部门指导及镇、村、组共同努力下，于3月20日全面竣工，5月19日通过市级验收。项目完成村内道路硬化1450米，民族节日活动场所建设350平方米，科技文化活动室建设120平方米，公厕建设45平方米，公厕维修改造5平方米，垃圾池建设20平方米，宣传栏建设30平方米。

【狂犬病防制工作】 2010年，镇政府成立了以镇长为组长，分管副镇长为副组长，各村书记，镇畜牧兽医站工作人员及相关职能部门负责人为成员的狂犬病防制工作领导小组，下设办公室在镇畜牧兽医站。根据市、县相关狂犬病防制工作的文件精神，组织制定了做好狂犬病防制工作的通知下发到各村，镇属各中心、站、所及各相关单位。及时召开各村书记、村级兽医及镇畜牧兽医站工作人员会议，传达相关会议精神并分析龙街镇群众养犬、犬只管理和狂犬病疫情态势，认真安排布置了龙街镇狂犬病防制工作。现场发放狂犬病防治知识宣传材料265份，要求各村充分利用广播、会议、宣传栏、黑板报、发放宣传材料等有效宣传形式，进一步加大狂犬病防制工作宣传力度，做到家喻户晓。由各村，各包村中心、站、所负责组织力量对辖区内犬只存栏情况进行调查摸底和登记；要求各村及各相关职能部门严格按照文件精神及会议要求，各负其责，各司其职，抓好各项工作落实。从5月25～30日，在全镇开展犬类免疫接种查缺补漏工作，保证犬只免疫率达100%。

【“恒兴集团有限公司春蕾图书室”揭牌仪式】 2010年5月28日，澂江县龙街镇提古小学“恒兴集团有限公司春蕾图书室”揭牌仪式隆重举行，省、市、县妇联及其他相关部门的领导、嘉宾参加了揭牌仪式。揭牌仪式上，省妇联郑副主席和市妇联主席马琼仙分别向提古小学捐赠了电脑、体育用品，镇长张世杰向广东恒兴集团有限公司赠送了锦旗。省妇联郑副主席、市妇联马主席、县委副书记张云孙、县政府李副县长等为图书室揭牌。

【召开防汛工作会】 2010年6月4日，龙街镇召开各村主要领导参加的防汛工作会，安排布置当前防汛工作，落实防汛目标责任，与各村委会签订《龙街镇2010年防汛责任书》。会议要求各村要认真做好五方面工作：一、加强领导，提高认识，牢固树立大旱之年抗大旱、防大汛、抢大险、救大灾的思想，做到未雨绸缪，防患于未然。二、及时制定防汛措施，落实责任，成立防汛工作领导组，设立20至100人的抢险应急分队，落实抗洪抢险应急物资。三、做好水库、坝塘的检查落实，确保闸门正常，溢洪道通畅，汛期小〈一〉型、小〈二〉型水库严格按照水利部门下达的蓄水计划执行，小坝塘执行空库度汛；四、进一步做好沟渠、闸涵的疏通清理工作，确保汛期沟渠通畅，闸涵正常。五、做好防汛值班和灾情统计上报工作，保证通信畅通，确保灾情、讯息传递及时。

【举办入党积极分子培训班】 2010年6月11日，龙街镇举办入党积极分子培训班，来自各村、镇属机关企事业单位共128名入党积极分子参加培训。培训采取辅导讲座、自学及撰写心得体会的形式进行。通过培训，广大入党积极分子深化了对党的认识，加深了对《党章》、党的历史、党的性质、党的路线方针政策的理解和掌握，明确了党的宗旨、入党的条件和程序，党员的权利和义务，端正了入党动机，坚定了理想信念。

【召开深入开展创先争优动员会】 2010年6月13日，龙街镇召开了创先争优活动动员大会。各村、镇属各机关企事业单位党组织主要领导共41人参加了会议。会上，龙街镇党委书记吴正坤就创先争优活动进行了全面安排部署，并作了动员讲话。他要求与会人员必须认真学习领会、贯彻落实镇深入开展创先争优实施方案。并结合实际情况制定本村、本单位实施方案。各级党组织要重点把握活动目标，即“推动科学发展、促进社会和谐、服务人民群众、加强基层组织”，明确活动要求，即基层党组织要实现“五个好”做到“五带头”，活动切忌搞形式、走过场，各党组织要充分借鉴学习实践科学发展观活动中好的做法和经验，把深入创先争优活动扎实有效开展起来，确保深入开展创先争优活动见实效。

【开展村组干部初任培训】 2010年6月13日，为进一步提高村组干部业务水平，增强村组干部工作能力，龙街镇召开14个村委会“两委”成员、120个村民小组分支书记、组长、副组长共470人参加的村组干部初任培训会。会议邀请县委副书记、县委办主任张赶良，市环保局环境监测站李荫玺站长作专题讲座，传经送宝，指导工作。培训会分别从对村组干部的要求，环境保护知识，土地、财务、工程管理，村组干部纪律相关条例及规定，村组干部能力素质培养五个方面做了详细的讲解。通过培训，各新任村组干部进一步认清了当前农业和农村经济形势，明确了关于促进农民增收的总体要求和政策措施，了解了党在农村的各项政策法规，掌握了开展农村工作的一些知识和方法。会后，大家纷纷表示今后一定要认认真真做事，扎扎实实工作，努力提高自身素质，带领群众发展农村经济，致富奔小康。

【建党八十九周年纪念活动】 2010年，龙街镇本着隆重、热烈、节俭、实效的原则，围绕“五个一”活动，认真开展纪念建党八十九周年庆祝活动，着力营造纪念党的生日的浓厚氛围。各党总支

（支部）结合在基层党组织和共产党员中开展创先争优活动，以“庆祝建党89周年”为主题出一期宣传板报，展示89年来党带领全国人民走过的峥嵘岁月和光辉业绩。同时利用远程教育网络、板报、宣传栏、信息等形式，在全镇开展先进基层党组织、优秀党务工作者和优秀党员事迹学习宣传活动。积极做好新党员发展工作，镇党委举办了一期入党积极分子培训班，128人参加培训，一百余名发展对象参加考试。各党总支（支部）结合各自实际，召集新党员进行入党宣誓和老党员重温入党誓词活动，增强党员意识、党性修养；沿湖5个村党总支结合环湖党建的相关要求，组织党员开展迎“七·一”保护抚仙湖活动，通过学习《抚仙湖保护条例》和环境保护知识，组织党员打捞沿湖垃圾，为保护母亲湖贡献自己的一分力量。同时，各村党总支还组织村庄卫生大行动活动，进一步激发党员为人民服务的热情，不断提高党员关注环保、参与环保的意识，使广大农村党员度过一个有意义的节日；利用7月1日，各党总支（支部）组织一次《党课》教育和党员座谈会，党员结合各自成长历史，忆党恩，借以增进党的凝聚力和向心力，体现出做一名党员的自豪感，增强对党的感情；以在基层党组织和共产党员中开展创先争优活动载体，认真做好“优秀共产党员”、“先进党组织”、优秀党务工作者和在科学发展观活动中涌现出来的优秀带头人进行评比和表彰。

【召开村组报账员财务培训会】 2010年7月6日，为进一步做好农村财务管理，维护农村社会稳定，根据相关要求，龙街镇结合工作实际及时组织召开各村、组报账员、小组会计共140人参加的培训会，对村组财务管理进行全面培训。会上，县纪工委书记刘仁春以鲜明的实例说明了农村财务管理是农村工作的关键，关系国计民生，只有管好、用好、理好财才能维护好农村社会稳定；镇经济管理服务中心主任全面、详细地讲解了《澂江县龙街镇农村集体财务管理制度》，举例说明各种单据的管理、编制及审核、报销程序，并要求各村组财务人员要严格按照《制度》进行财务活动，严把审批、开支及报销程序，严格财经纪律；县农经站站长讲解了农村财务管理方面知识。培训结束后，组织与会人员就培训内容进行了现场考试，并根据考试结果颁发合格证书。

【举办“珍爱生命　远离火灾”消防知识讲座】 2010年7月28日，为了提高广大干部职工的消防安全意识，加强对火灾发生时救灾、减灾措施的了解，龙街镇特别邀请省防火中心老师为全体干部职工以及各村书记、主任举办“珍爱生命　远离火灾”消防知识讲座。讲座以多起火灾事件为例，为全体参会人员详细介绍了防火的基本常识、灭火器的种类和使用方法以及在遇到火情时应该如何逃生等消防知识，并强调了“预防为主，防消结合”的理念。通过讲座，广大干部职工丰富了消防安全知识，提高了消防安全意识，为创造良好的消防安全环境奠定了坚实基础。

【召开预防未成年人犯罪工作会】 2010年8月20日，为推进预防未成年人违法犯罪工作，切实做好预防未成年人违法犯罪工作，龙街镇召开2010年预防未成年人违法犯罪工作安排部署会。龙街镇党委副书记唐劲松主持会议，龙街镇预防未成年人违法犯罪工作领导小组成员及相关学校领导共10人参加会议。会上，龙街镇党委副书记唐劲松指出，未成年人是国家和民族的未来，做好未成年人保护和预防青少年违法犯罪工作是促进经济发展、维护社会稳定的需要，是我们贯彻落实科学发展观的一项具体行动，也是构建和谐龙街的重要内容。各学校和相关部门要认真贯彻落实澂综联发文件精神，紧紧围绕“十个一”，把预防工作抓细抓实，务求实效。要加强教育引导，积极探索新形势下未成年人思想教育的内容、形式和途径，不断提高思想教育的针对性和实效性；要突出重点群体，切实加强流浪未成年人、社会闲散未成年人、农村留守未成年人以及进城务工人员子女的教育管理；要营造良好环境，在全社会进一步形成关心未成年人健康成长、预防未成年人违法犯罪的浓厚氛围；要健全工作网络，不断强化队伍建设、阵地建设、组织建设和机制建设，打牢预防工作的基层基础。

【召开教育工作暨表彰会】 2010年9月7日，龙街镇召开2010年度教育工作暨表彰会。县委常委、县委副书记、县委办主任张赶良、县教育局局长刘世祥，镇党政领导，中小学校校长，各村委会书记、主任及分管教育领导，受表彰人员共计100余人参加了会议。会上，对为龙街镇教育改革与发展做出突出贡献的“优秀教师”、“优秀教育工作者”、“关心支持教育工作的好领导”、“教育求实奖”获得者共35名人员进行了表彰。

【中心小学开展法制课讲座】 2010年9月20日，为切实维护未成年人的合法权益，增强未成年人的法制观念，提高未成年人的自我保护意识和能力，预防和减少未成年人违法犯罪，加强法制和校园安全教育，县综治维稳办、龙街镇综治维稳办、龙街镇团委等联合在龙街中心小学开展预防未成年人违法犯罪法制宣传教育活动。县检察院副检察长罗玲芬针对未成年人的特点，结合实际事例，详细讲解相关法律常识，给小学生们上了一堂生动有趣的法制课，讲座始终贯彻“教育为主，惩罚为辅”，“宽严相济”的方针及“寓教于审”的原则，讲解深入浅出，针对性强，实践性强，小朋友参与性极高，认真听讲并做了笔记。通过讲座，进一步增强了龙街小学学生的法律意识、自我保护意识，增强了未成年人的法制观念，取得了较好的效果。

【第六次全国人口普查业务培训】 2010年10月9～10日，为了切实做好人口普查的登记工作，保证人口普查的真实、准确，龙街镇在澂江二中阶梯教室，组织全镇324名人口普查指导员、普查员培训人口普查相关业务。培训就第六次全国人口普查的普查小区、摸底情况、人口普查表、普查长表的抽样及填写进行了说明和讲解，同时，对摸底、普查时，如何做好人口普查的相关工作进行了培训。通过培训，提高了普查指导员、普查员的业务技能，为搞好人口普查工作奠定了坚实的基础。

【召开重阳节老干部座谈会】 2010年10月14日，龙街镇召开老干部座谈会，组织30余名离退休老干部欢聚一堂共庆重阳佳节。座谈会上，镇长代表全镇干部职工发表了热情洋溢的讲话及重阳节贺词，对为我镇建设和发展付出辛勤劳动的离退休老干部致以诚挚的慰问和良好的祝福。同时，镇长又向老干部们介绍龙街镇今年各项工作的进展情况，落实党和政府优待老年人各项政策措施，并希望广大离退休的干部继续关心和支持龙街镇各项工作，为龙街镇的建设发展再立新功。老干部们在会上倾心交谈、畅所欲言，对现领导班子的工作给予了高度评价，对领导的关心表示衷心感谢，同时一致表示要继续发挥余热，发挥各自特长，为全镇的经济和社会发展做出自己的贡献。

【科技下乡】 2010年10月19日，为提高龙街镇农户的种、养技术，龙街镇兽医站与残联、农科联合，在忠窑村委会党员活动室举行各村种养能手100余人参加的农业科技培训。培训会上，养殖专家就如何养好母猪，从理论上与实际中的事例给农户上了一堂生动的课，介绍母猪如何分段喂养、仔猪的立体管理技术，从科学的角度对养猪过程中的防疫技术，驱虫技术、消毒技术等做了详细讲解，并向每位学员免费发放了《澂江县菜豌豆生产技术》、《母猪产房健康技术》、《仔猪立体管理盈利模式》、《猪场保健参考程序》等技术资料200余份。通过学习培训，使培训人员从理论水平上有所提高，在以后的生产实践中进一步做好指导，进一步调动了农民的养殖积极性和主动性。

【龙街中心小学开展模拟小法庭】 2010年10月20日下午，龙街中心小学举办预防未成年犯罪模拟法庭。本次模拟法庭选取学生学习生活中最常见的故事，创设法律事件的真实情境，活动中由各班选派的学生分别扮演审判长、公诉人、被告人、辩护人及受害人，模拟法庭审理程序，向全体师生展示了审理的全过程，学生们都很认真，积极地扮演好自己的角色，庭上公诉人和辩护人进行了激烈的辩论。通过此次举办模拟小法庭，进一步提高了学生们的自我保护意识和能力，增强了他们的法制观念，认识到法律的重要性，取得了良好的效果。同学们都纷纷表示今后一定要做“学法、守法、用法”的好公民。

【人大工作】 2010年11月30日，龙街镇人大主席团组织县、镇人大代表50余人，视察龙街镇2010年水利工程建设、环境治理工作情况，此次视察通过听取汇报、实地察看、召开座谈会等形式进行。在认真听取汇报后，代表们实地察看目前正在建设中的水利项目及环境治理项目，在进一步了解工作情况的基础上，各代表纷纷建言献策，为龙街镇下一步工作开展提出宝贵意见和建议。

（钟丽清）

右所镇

【综述】 右所镇位于澂江县中部，县城东南，抚仙湖东北岸，全镇幅员面积约80平方公里，南北长22.6公里，东西宽8.7公里，东与九村镇、海口镇接壤，西与龙街镇、凤麓镇为邻，北靠阳宗镇，南临抚仙湖。明清时期为清平里，民国初期为第二区，民国8年为清平乡，民国18年为第二区，民国25年分为清平、鼎新两乡，中华人民共和国建立后，曾先后命名为第三区，吉花公社，右所区，1988年1月24日撤区改为右所乡，下辖7个村公所，53个自然村，1997年10月撤乡改为右所镇，下辖7个村委会，52个自然村，最低海拔1733米，最高海拔2380米，全镇山、水、林、田、矿产、旅游资源十分丰富，境内气候冬暖夏凉，四季如春，冬季少雨，夏秋多雨，雨热同季，日照充足，冬夏温差11℃，年平均气温15.5℃，年极端最高温度33.7℃，最低温度-3.9℃，年平均日照2102小时，年平均降雨量594毫米，无霜期274天，土地肥沃，自然条件优越，耕作管理水平较高，农业生产历史悠久，盛产水稻、烤烟、大蒜、小麦、玉米、蚕豆、荷藕、菜豌豆等粮经作物。

镇人民政府驻地吉花柿花园，距县城3公里，下辖小西、吉花、旧城、右所、矣旧、补益、小湾七个村委会，51个自然村，71个村民小组。

2010年末，全镇总户数11713户，其中，农业户10433户，非农业户1280户，总人口37785人，其中男18680人，女19105人，少数民族人口1250人，占总人口的3.3%。农业人口35963人，非农业人口1822人，人口自然增长率为4.79‰，同比上升3.15个千分点，人口密度为每平方公里471人。农村劳动力24789人，其中，从事第二、三产业的人数为3970人，占总劳动力的16.3%。2010年末，全镇耕地面积为18992亩，人均占有耕地0.5亩，复种指数为301%，全年农作物播种56921亩，全年粮食作物播种面积为19550亩，总产达950.17万公斤，农业人口人均占有粮食264.2公斤。烤烟种植7543亩，交售烟叶总量81.9737万公斤，平均单价15.44元，交售收入实现1265.67万元，实现烤烟农特税178.03万元。

2010年末，生猪存栏17241头，肉猪出栏24341头，比2009年增439头，增1.84%，生产仔猪207200头，牛存栏1713头，肉牛出栏747头，羊存栏2779只，菜羊出栏1439只，家禽存栏274984只，出栏513967只，禽蛋产量709吨，畜牧业实现产值6136万元。全镇水产养殖面积1000亩，水产品产量达705吨，产值达801万元。

2010年，右所镇农业基础设施建设不断加大，群众生产生活条件得到明显改善。完成总投资31.03万元的矣旧、旧城、吉花安装管道3137.5米；完成总投资16.97万元的吉花村委会、矣旧村委会的毛石混泥土浇灌工程；完成总投资12.5万元的小湾村委会抗旱应急工程；完成总投资24.5万元的补益村委会工商庄抽水站建设，安装水管2200多米，完成二家村和旧城深井工程，缓解了2000多人的人畜饮水困难问题；完成旧城村委会七个村民小组人畜饮水管网架接工程；完成小坝塘3件，小水池2件，小水窖1286件，沟渠21件，农村人畜饮水工程14件，泵站提水6件，农田灌溉及水浇地工程16件，小型河道治理工程2件，规划设计右所镇小西梨花村梨花沟渠排洪管道。支砌沟渠20条11.074千米；制作及安装闸门9道，筑成排灌水涵洞及放水口905个、人行桥139座、机耕桥7座、交通桥2座；浇筑排灌沟渠18条8690米；修筑机耕路13条共7.37千米，完成河埂改造15亩。完成大棚建设124.05亩，新建沤肥池219口，农村道路硬化1.8千米，改善了群众的生产、生产条件。2010年末，全镇有乡镇企业和个体工商户870个，其中，个私企业20个，个体工商户850个，从业人员3650人，乡镇企业总收入达139125万元，企业现价总产值达139921万元，实现利润总额9980万元，上交税金3208万元。

2010年，全镇农村经济总收入达82001万元，比2009年增加3998万元，增长5.13%，农村社会总产值23259万元，比2009年增加2522万元，增加12.16%；工农业总产值163188万元，其中，工业总产值139921万元，农业总产值23259万元，农民人均纯收入6000元，比2009年增加374元，增长7%。

2010年，全镇完成地方财政收入3292.14万元，比2009年增加626.05万元，增长23%，年末各项存款余额53769万元，比2009年增加34899万元，增长185%；人均储蓄存款余额14230元，比2009年增加8681元，增长732%。

2010年，全镇共有7所村完小，8个小学教学点，108个小学教学班，有小学生3721人，有学前班教师19人，学前班19个共522人，适龄儿童入学率达100%，小学入学率100%，巩固率99.95%，毕业率达100%。有小学教师193人，其中，男教师73人，女教师120人，具有本科学历15人，专科学历131人，中专学历46人，高中学历1人，学历合格率为99.5%。镇属初级中学1所，即澂江县第九中学，全校共有教职工95人（男62人，女33人），其中教师93人，职工2人，全校共有中学高级教师15人，中学一级教师38人，中学二级教师40人，中级工2人。全校教职工中本科学历56人，专科学历37人，高中、中专及其以下学历2人，学历合格率为98%。全校有教学班24个，在校学生1487人，初中毕业8个班347人，毕业率达100%，报考276人，报考率79.5%，中考上线191人，市属重点高中录取23人,其中，玉溪一中录取6人，市民中录取15人，师院附中录取2人，澂江一中录取168人，录取率55.4%，居全县第一，录取人数居全县第二。

2010年全镇共有卫生院1所，始建于1960年，占地面积3402平方米，人均住房面积27.8平方米，业务用房总面积2126平方米，投资92万元的门诊综合楼已竣工投入使用，医疗设备有供氧装置4套，综合产床1台，B超1台，尿液10项分析仪1台，救护车1辆，现共设科室8个。全镇7个卫生所，均实行“一体化”管理。年末共有医务技术人员51人，其中，正式医务技术人员21人，乡医11人，其他人员19人，全年完成门诊人次85444人次，比2009年减40444人次，下降34%，接收住院病人193人次，比2009年减少277人次，下降41.06%，完成业务收入292万元，比2009年增42万元，增长16.8%。“四苗”覆盖率100%，孕产妇系统管理率达100%，住院分娩率达100%，高危住院分娩率达100%，孕产妇死亡率为0，食品卫监督率达100%，0~6岁儿童系统管理率为100%。

党委书记：张　建
副 书 记：余安全
　　　　　鲁建波
　　　　　何　云（2010年3月，挂职）
　　　　　万龙箐（女，2010年7月任）
镇　　长：余安全
副 镇 长：李运辉
　　　　　吴海斌
　　　　　李伟刚
　　　　　李明宇（女，2010年8月任）
　　　　　梁　磊（2009年8月，挂职）
　　　　　杨　琼（女,2010年7月离职）
人大主席：李晓林
纪委书记：赵　昌
武装部长：杨晓斌

【召开人代会】 2010年1月25日，右所镇召开第四届人民代表大会第三次会议，会议审查并通过了镇长余安全代表镇人民政府所作的《政府工作报告》，人大主席李晓林所作的《人大主席团工作报告》。

这次会议，总结了右所镇2009年以来的经济建设和社会各项事业建设中所取得的成绩，总结了经验，找出了存在的不足和差距，同时提出了2010年的主要奋斗目标，全镇农业生产总值达到54607万元，增长10%以上；地方财政收入达到3133万元，增长10%以上；农民人均纯收入达到5907元，增长5%以上；人口自然增长率控制在6‰以内；全镇生态建设、经济建设、政治建设、文化建设和社会建设取得新进展。重点抓好六项工作：一、狠抓政策落实，促进农村经济持续健康发展。二、大力调整工业结构，加快新型工业化步伐。三、抓实重点环节，争取旅游业发展取得新突破。四、认真落实责任，切实抓好生态建设和环境保护。五、重视社会事业，着力保障和改善民生。六、深入做好综治维稳工作，构建和谐稳定新右所。以确保2010年的社会经济目标完成。

【烤烟减产减收】 烤烟生产是右所镇的支柱产业。2010年，右所镇因受百年一遇干旱影响，烤烟减产减收。全年共种植烤烟7543亩，交售烟叶81.97万公斤，下降47.87%，均价15.44元，实现交售收入1265.67万元，下降45.87%，实现烤烟农特税178.03万元，下降66.73%。

【产业结构调整】 2010年，右所镇巩固和稳定烤烟、菜豌豆等常规经济作物种植，因地制宜地继续加大农业产业结构调整力度，积极引导和推进无公害蔬菜种植，进一步发展了青花、早包谷、花卉等作物，种植结构进一步优化，农业产业结构调整成效明显，粮经比例调整为25∶75。农业科技培训和推广力度加大，农业产业化水平进一步提升。蔬菜、花卉、畜牧、林果等产业逐步壮大，蔬菜种植面积达29558亩，实现产值9326万元；花卉种植面积增加到277亩，实现产值1280万元。

【发展工业经济】 2010年，右所镇积极宣传企业法律法规，加强与企业的沟通，深入企业，了解企业实情，分析市场动态，对部分企业存在的问题，给予帮助解决，做到服务好企业，使右所镇的企业得到更好的发展。完成营业收入139125万元，完成现价总产值139921万元，实现利润总额9980万元，上交税金3208万元。

【实施造林工程】 2010年，右所镇实施造林工程，发展经济林种植，完成补益、旧城、吉花大坡头、小团坡经济林核桃栽植960亩，竹子栽种420亩，完成木马山300亩杞木补植补造工程，栽种旱冬瓜50000余株。

【土地综合整治】 2010年，右所镇深入开展土地综合整治，清理整治乱建乱占土地10宗，拆除违法建筑966平方米，有效遏制了土地乱建乱占行为上升的势头。切实解决群众住房困难问题，合理规划宅基地100宗。

【贷免扶补】 2010年，右所镇积极宣传、落实创业“贷免扶补”政策，为32名自主创业人员发放贷款160万元，解决了自主创业群众在创业过程中资金紧缺的困难，为他们成功创业打下坚实的物质基础。

【完善农家书屋建设】 2010年，右所镇进一步完善村级文化活动场所建设，投资3.5万元，为7个村委会农家书屋配套书柜、期刊架、阅览桌、报刊架等基本设施。各类藏书15000余册，切实丰富了群众文化生活。

【奖优免补】 2010年，右所镇农业人口独生子女家庭“奖优免补”工作得到广泛支持，自愿办理农业人口《独生子女父母光荣证》的家庭16户，农业人口独生子女家庭累计办证608户，并足额兑现独生子女一次性奖励11户11000元，兑现符合新农合全额资助的计划生育家庭1801人36020元。

【生态建设】 2010年，右所镇认真贯彻实施“生态立县”战略，严格执行《右所镇沿湖环境卫生管理实施方案》，明确奖惩措施，形成层层抓生态保护的良好局面。全镇招聘47名环卫人员负责村庄垃圾清扫清运，垃圾清运公司化运作，全镇71个村民小组97个垃圾池的垃圾实现了定时集中清运，对已建成的垃圾坑、公厕均实行专人管理。总投资346.18万元的抚仙湖北岸东大河环境综合治理工程顺利完成。投资106.93万元的右所兜底寺、投资180万元的矣旧上村和投资46万元的大前所村落环境综合治理工程已全部完成，通过验收并审计结束。

【项目建设】 2010年，右所镇全面贯彻实施“旅游富县”发展战略，牢固树立大项目带动大发展的观念，不断创新工作思路和方法，充分发挥区位优势和资源优势，加大招商引资力度，全力推进重大旅游项目建设，加快高端休闲度假旅游产品的引进开发，“抚仙湖悦椿度假酒店”正式开业运营；月亮湾湿地工程顺利完成；太阳山、湖畔圣水二期项目开工建设。抚仙湖国际老年康体养生度假中心项目和抚仙湖国际养生园项目工作积极推进。

【新型农村合作医疗】 2010年，右所镇新型农村合作医疗收效显著。全镇参加新型农村合作医疗农户为10091户，人数为34653人，参合率达97.45%。共筹资69.3万元，进一步扩大了新型农村合作医疗受益范围。全镇新型农村合作医疗减免57026人次，减免金额459.2万元，有效地缓解了群众看病难、看病贵的问题。

【社会保障体系建设】 2010年，右所镇以健全和完善社会保障体系为重点，健全农村最低生活保障制度，用好用活政策，切实开展扶贫救弱活动，想方设法为群众排忧解难。全年共发放临时救济资金11.10万元，发放救灾粮食40650公斤；发放城镇低保13.23万元；发放轮椅20辆，投入6万元资金为12户残疾人改造危房，为21名精神残疾人发放治疗药品，将3名精神残疾人送进医院治疗，成功为238名白内障患者免费做复明手术。

【财政收入创历史新高】 2010年，右所镇通过拓展财政增收渠道，狠抓增收节支，坚持依法治税，提高税源监控水平，强化税收征管和稽查，税收收入总量和增幅再创辉煌。全年完成地方财政收入3292.14万元，完成全年任务的114%，比上年增加625.05万元，增长23%，财政收入创历史新高。

【畜牧业增产增收】 2010年，右所镇突出重点，抓好优良品种的引进和重大动物疫情的防控，依靠科技，强化服务，认真落实各项扶持政策，大力提高组织化、规模化和标准化生产水平，切实加快畜牧业生产方式的转变，提高综合生产力。生猪存栏17241头，肉猪出栏24341头，比2009年增439头，增长1.84%，生产仔猪207200头，牛存栏1713头，肉牛出栏747头，羊存栏2779只，菜羊出栏1439只，家禽存栏274984只，出栏513967只，禽蛋产量709吨，畜牧业实现产值6136万元，畜牧业已成为群众增收的亮点，继烤烟之后又一支柱产业。

【综治维稳信访工作】 2010年，右所镇高度重视综治维稳工作，全面营造维护社会和谐稳定局面。积极预防和妥善处置群体性事件，认真解决涉法、涉诉和信访问题，上访事件大幅度减少。严厉打击各类刑事犯罪和严重影响群众生命财产安全的多发性犯罪，矛盾纠纷排查调处工作进一步规范化。全年共排查调处各类矛盾纠纷135件，调解成功135件，治安案件立案75件，查处71件；刑事案件立案134件，破92件；全年收戒吸毒人员13人，全面推进社区戒毒和社区康复工作，及时对辖区内的四中、职中、九中3所中学、7所小学、4个幼儿园进行了多次安全督检工作，开展法制宣传活动，受教育人数达7000余人；清理辖区内的流动暂住人口1501人，办理暂住证1501册，签订出租房管理责任书36份，保障了人民群众的日常生产生活秩序，维护了社会和谐稳定。接待群众来信来访13件，同比减少1件，下降7%，接待上访人员170人次，处理重要信访案件6件，同比减少5件，下降45.5%，充分发挥了信访工作在化解社会矛盾、促进经济发展、构建和谐社会中的作用，有效维护了社会稳定。

【集体资金代管】 2010年，右所镇为了强化村组财务收支管理，7个村委会71个村民小组村组资金帐务统一交由镇农经站代管，基本杜绝了乱支乱用，平调资金，帐外设帐，私设“小金库”等违法、违规现象，全年共代管集体资金955万元。

【中考成绩再创辉煌】 2010年，右所镇进一步优化整合各类教育资源配置，贯彻落实“三免一补”政策，巩固和提升“普九”成果，改善办学条件，教育教学成果显著，澂江九中中考成绩稳中有升，中考上线191人，同比增加24人，增长14.37%，录取191人，录取人数居全县第二，其中，市属重点高中录取23人，其中，玉溪一中录取6人，市民中录取15人，师院附中录取2人，澂江一中录取168人，录取率达55.4%，居全县第一。

【抗旱减灾】 2010年，右所镇因受百年一遇干旱影响，全镇19个自然村10310人、2000余头牲畜饮水困难，9439.5亩农田无水灌溉。全镇全力抓好抗旱减灾各项工作，投入84.5万元抗旱资金，实施吉花大坡头及小团坡、旧城大仁庄、补益王搞庄、右所梅玉、矣旧、小湾等村民小组的人畜饮水应急工程，改善机器提水设备，更换抽水设施等，并实施管网架接、抽水站机沟帮毛石混泥土浇灌、深井打造、抽水站建设等工程，切实解决了受旱情影响严重村组的人畜饮水问题和农业生产用水，确保大灾之年社会稳定、农业生产发展。

【汽车摩托车下乡】 2010年，右所镇全面推进“家电下乡”和“汽车摩托车下乡”补贴申报工作，全年共受理家电下乡申报1006件，补贴金额28.05万元；汽车摩托车下乡申报达481件，补贴金额44.8万元，补贴政策的贯彻实施，切实提高了农民群众的购买力，进一步改善了群众生产生活。

【农村剩余劳动力培训转移】 2010年，右所镇紧紧抓住旅游项目发展为全镇农村剩余劳动力的转移和就业创造的极好机遇，积极宣传动员，精心组织开展培训，进一步转变农村剩余劳动力的就业心态和就业观念，通过创业及就业培训不断提高劳动力的就业技能及综合素质。全镇有300余人参加悦椿度假酒店和城建物业管理两个公司的用工面试，140余人通过面试并成功就业。

【第六次全国人口普查】 2010年，右所镇圆满完成第六次全国人口普查工作，共普查人口11529户，42637人，其中，常住人口为39154人，2009年10月31日至2010年11月1日出生人口446人，死亡人口206人。

【冬季征兵工作】 2010年，右所镇有55名应征青年报名参军，通过体格检查和政治审查，其中，10名青年完全符合条件，被征集入伍，圆满完成新兵征集任务。

（徐绍光）

海口镇

【综述】 海口镇位于澂江县东南部，距县城23公里，东临南盘江，与昆明市宜良县竹山乡隔江相望，南邻华宁县青龙镇，西濒抚仙湖，有海岸线8公里，北接右所镇、九村镇。境内最高海拔2183米，最低海拔清水河与南盘江交汇处1328米，为全县海拔最低点，松元、新村两个村委会属冷凉山区，永和村委会属温热河谷，境内地形成阶梯状，东低西高，千万年雨水冲击形成多条切割沟箐，使全境变成了险峻的地形。经济作物以烤烟为主，粮食作物以玉米、麦子、土豆、荞子、豆类为主。永和的石榴、板栗、枣子，新村的花椒、椿、桃子，松元的李子都是当地特产。全镇仅有海口村委会沿湖六个村民小组地势稍平缓，海口小三角洲因湖水减退而成，是镇政府所在地，也是全镇政治、经济、文化的中心。海口因抚仙湖出水口而得名，在牛鼻洞曾发现一万年以前古人类生活的遗迹，有大象、野牛、鹿等动物化石、为抚仙湖沿岸目前唯一发现的古人类生活遗迹。也有亿万年以前丰富的古生物化石群，有清初时期的治水大坝和全县最大的一座古桥“海晏桥”，有深厚的文化积淀和众多的历史碑刻。这里依山傍水、景色优美、气候宜人、兼有湖畔温泉，每年吸引了不少人到这里旅游度假，促进了海口旅游事业的发展，给海口镇带来了可观的经济收入。

海口镇聚居着彝族、苗族、汉族。彝族、苗族为土著民族，彝族的传统节日为农历六月二十四的“火把节”，苗族传统节日是每年大年初二至初五的“花山节”。节日期间，文艺演出、跳乐、唱山歌、摔跤、斗牛、找情人、背新娘、彝族之花选拔等丰富多彩的节日活动，吸引了各地群众踊跃参加。近两年来，这两个节日迁至海口举办，一年比一年隆重，节目质量逐年提高，成为海口镇民族文化品牌，在周边地区产生了极大的反响，极大地丰富了海口镇民族文化生活，为改变山区文化落后状况做了贡献。

海口镇国土面积102.7平方公里。辖海口、松元、新村、永和4个村委会，39个村民小组，41个自然村，2010年底，全镇3440户，总人口11564人，其中男5851人，女5713人，其中农业人口11197人、非农业人口367人，占全镇总人口3.17%，少数民族人口2850人，其中，彝族2334人、苗族408人、其他民族108人。人口自然生长率3.5‰。人口密度为每平方公里112人，松元村委会是全县主要少数民族聚居地，彝族主要分布于石门、松元、石龙、草格4个自然村，苗族则聚居在大塘子村民小组。

2010年末，全镇有耕地12715亩，水田862亩，山地8001亩，水浇地3852亩。全年共完成烤烟种植面积19656.3亩，地膜覆盖8756亩，烟叶收购184.89万公斤，实现烤烟交售收入2799万元。不断发展蔬菜的种植，去年全镇实现蔬菜总产489.78万公斤，实现产值979.56万元。畜牧业生产稳步发展，牛、猪、羊、家禽出栏率分别为8.5%、64.7%、11.8%、82.1%。2010年，全镇实现国内生产总值15382.4万元，同比增加1626.02万元；实现农民人均年纯收入6223元，同比增加727元。

2010年，海口镇争取上级部门支持，投资1616万元的马吃水水库加坝及片区1.8万亩中低产田改造项目建设顺利实施，投资897万元的5公里湖滨带生态恢复项目顺利完工。集镇道路硬化、电网改造工程和35千伏变电站建设全面启动。完成农村地震民居安全工程加固改造350户、拆除重建10户、危房改造30户。

2010年海口镇共有完小4所，在校生1128人，教职工84人，镇卫生院一所、卫生所5所。

党委书记：郭恩达
党委副书记：王建春
李江荣
张娅丽
杜　衡（挂职）
李　刚（2011年3月29日任职）
镇　　长：王建春
副 镇 长：杜保俊
李志勇（挂职）
董俊延
沈倩楠
刘庆华（2011年1月离职）
人大主席：付　铭（2011年1月离职）
鲁建波（2011年2月任职）
纪委书记：李国民
武装部长：曹晓勇
综治办副主任：王　强

【水利设施建设】　2010年，海口镇面对百年不遇特大干旱，全镇先后投入抗旱资金244万余元，完成全镇辖区内35个抗旱抢险应急工程。投入劳动力7000多人次，机动运水车辆836辆，新建抽水机站2个，修复更换水机、电机20余台，启动抽水泵站66处，抗旱内燃机600余台，电动机300余台，新修水池67个，铺设供水管道24720米，修缮清淤水库坝塘5座，为群众提供蓄水桶100多只，有效解决了4个村委会21个小组人畜饮水困难的问题。

【着力打造观光农业】　2010年，海口镇投资160万元完成了海口镇名特优水果示范园建设，新建水池38个，铺设管网7847米，滴灌设施10余亩，发放有机肥1045吨，栽种黄金梨20万棵、甜柿2万棵及大树杨梅326棵，种植总面积达2500多亩。开展种植技术培训16期，参加人数9683人次。经过前期抗旱保苗的努力，现阶段果树长势良好。继续完成拉动内需项目，种植核桃3800亩、竹子438亩；完成马吃水水库径流区巩固退耕还林成果850亩造林工程和海口河流域征占用林地异地造林1000亩、防护林工程300亩的补植补造工作。

【重点项目及工程建设】　2010年，海口镇支持配合上级部门顺利完成老鹰地至独发箐段28公里乡村公路建设，并积极争取建成大塘子苗族村道路延伸硬化连通主干道，实现了全镇所有行政村乡村公路的全硬化。做好163公里的农村公路管理与养护工作。积极推进集镇区老环湖路道路硬化、绿化、美化项目实施。完成马吃水水库加坝及低产田改造建设项目。目前大坝已完成封顶，并落闸蓄水，库容由原来的12万立方米扩容到52.73万立方米，惠及的村组增加到10个，农户1199户，共4006人，可照顾耕作面积14800亩。整个工程新建导洪渠4382米、灌桩129073米，沟渠1320米。

【新农村建设】　2010年，海口镇完成海口河、水箐2个扶贫整村推进工程及一、二、三组及黄梨山小组4个财政奖补“一事一议”项目，蒿枝箐、热水塘村落整治、地震民居安居工程等项目顺利有序推进，村容村貌得到较大改观，群众生活环境进一步优化。

【保障民生】　2010年，全镇共发放青年创业贷款230余万元。民政，残联扶贫救困落实到位，救助群众达360户830人，及时发放抗旱救济粮2.33万公斤，农村医疗救助23户共90人，发放救助金2.49万元，对农村低保对象358户，发放共产党员抗旱救灾捐资款17.9万元，尽量让困难群众生活得到保障；积极推进“一折通”和“家电下乡直补”工作，兑付汽车、摩托车104辆，家电131户，共兑付资金11.19万元，群众消费水平持续上升；稳步推进海口镇雷打山农村公益性公墓建设。

【教育　文化】　2010年，海口镇扎实推进“两基”工作，巩固“普九”成果。改善办学环境，争取资金绿化、美化学校周边环境，完成松元小学教师廉租房建设，松元学生宿舍楼、校园整治、厕所拆除重建及永和小学厕所拆除重建工程全面启动。加强校园周边环境整治，平安校园创建工作得到深化。4个村委会农家书屋已建设完毕。投资30余万元新建海口综合文化站已完工并投入使用。成功举办了“苗族花山节”、“彝族火把节”。

【计生　卫生】　2010年，海口镇全面开展第六次全国人口普查工作，按照“控制人口数量，提高人口素质”的要求，狠抓计划生育工作关键措施的落实，出生率、计划生育率、综合避孕率分别为3.5‰、100%、87%。初级卫生保健工作和艾滋病、结核病等传染病防疫工作取得实效。计划生育工作成绩显著，人口出生缺陷预防及妇女生殖疾病普查工作、奖优免补工作扎实推进。新型农村合作医疗群众受益面不断扩大，参合率达到97%以上。

【国土资源管理】　2010年，海口镇通过巡查和信访接待，共制止违法势头8起，处理土地纠纷5起，办理集体土地使用证5宗。同时，加大矿山监管工作力度，增加巡查次数，一年来未发现破坏耕地取土现象。组织开展好汛期的地质灾害巡查预警工作，创造条件做好马吃水地质灾害搬而不迁工作。

【构建和谐海口】 2010年，海口镇共调解各类民事纠纷87件，调解成功75件，成功率86%；查处治安案件40起；侦破刑事案件13件。接待群众来访9件，其中集体信访2件，个体信访7件。办结市长热线4件。

【党建工作】 2010年，镇党委始终坚持“抓好党建是本职，抓不好党建是不称职，不抓党建是失职”的工作标准，以提高领导水平、执政能力和保持党的先进性，深入学习宣传贯彻党的十七大和十七届三中、四中、五中全会精神，扎实开展深入学习实践科学发展观活动、创先争优活动和党员干部抗旱保生产活动，顺利完成了2010年村级两委换届工作，广大基层党组织的战斗保垒作用和党员的先锋模范作用得到进一步发挥，涌现出一批抗旱先进党员和党组织。全面推行党建工作目标责任制考核管理，严把党员入口关，发展新党员19人。认真做好关爱、救助困难党员工作，党政领导班子成员走访慰问困难老党员，累计送达慰问金和物品价值3900元。认真落实党风廉政建设责任制和廉洁从政的各项规定，加强反腐倡廉教育，严肃查处违纪党员。

（李　祥）

九村镇

【综述】 九村镇位于澂江县城东北部，距县城7.8公里，属典型的纯山区镇。镇政府驻地九龙街，是全镇的政治、经济、文化中心。九村镇东隔南盘江与宜良县遥遥相望，南部与海口为邻，西北部与右所、龙街、阳宗接壤，总面积109.3平方公里。最高海拔2260米，最低海拔1530米。由于海拔高低差异较大，形成了中亚热带、南温带、亚寒带等五里不同天的立体气候，适宜种植烤烟、冬早蔬菜、经济果木林、竹林及畜牧业的发展。境内储有丰富的磷矿石，储量居全县之首，具有易开采，品位高的优点。全镇的经济作物主要是烤烟、林果，粮食作物主要是稻谷、玉米、小麦。

全镇辖九村、龙潭、东山、七江4个村民委员会，61个自然村，62个村民小组。2010年末，全镇人口总户数3786户，总人口11706人，其中，男性5991人，女性5715人，少数民族人口134人，占总人口的1.14%。人口自然增长率为6.06‰。农村劳动力7466人，其中，从事第二、三产业的666人，占总劳动力的8.92%。全镇人口密度为每平方公里107人。

2010年末，全镇有耕地14111亩，复种指数为364.23%，人均占有耕地0.83亩，全年粮食总播种面积15319亩，总产量达到397.89万公斤，人均产粮339.90公斤。2010年,全镇种植烤烟18196亩，收购烟叶223.41万公斤，收购金额达3743.37万元，均价14.52元/公斤，中上等烟比例89.71%，实现交售收入3244.92万元，实现税收794万元。全镇年末生猪存栏12289头，出栏10807头；大牲畜存栏4268头，出栏1074头；山羊存栏7212只，出栏3027只；家禽存栏74253只，出栏99096只。实现畜牧业总产值2232万元，同比增加141万元，增长6.74%。蔬菜种植面积19503亩，同比增长153%。以集中连片规模种植为重点，大力培植特色农业产业，年内种植核桃1555亩、竹林830亩。

2010年，全镇工业经济快速增长。紧紧围绕建设“工业强镇”的目标，坚持“竣工投产一批、开工建设一批、谋划储备一批”的原则，抓好在建项目推进、预开工项目准备和储备项目促成，提高项目实施的科学化水平。园区8户黄磷生产企业13台黄磷电炉技改全部通过市级评审验收；华荣水泥厂Ⅱ期年内完成投资1.4亿元，于10月28日点火试生产；金龙公司5万吨磷酸完成投资1900万元，基本完工；投资3309万元的金山公司3.5万吨高纯度磷酸项目、投资585万元的金龙公司年产200万只磷酸桶生产线竣工投入试生产；110千伏河阳变电站完成投资4800万元；富强公司年产500万只磷酸桶生产线项目已完成投资700万元；冶钢75万吨水泥厂正在开展前期工作；重点项目建设稳步推进，工业发展后劲进一步增强。全年实现工业总产值10.56亿元，增长15.03%，工业增加值实现2.09亿元，增长17.03%，实现利税8500万元。

2010年，全镇基础设施建设步伐加快。完成投资720万元的鸡脖子水库除险加固工程，改善了下游地区农业生产用水条件。认真抓好抗旱救灾工程建设项目协调服务工作，共争取各级抗旱项目建设资金257.5万元，顺利完成了小新村、九转弯、干磨石人饮工程及龙潭对歌山、东山山林果树引水工程等35件工程，解决了3578人的饮水问题，浇灌面积5000多亩。为夺取全镇抗旱救灾的最后胜利奠定了坚实基础。共争取新农村建设资金、财政奖补资金及整村推进扶贫项目建设资金141.15万元，实施了黑母鸡窝、石灰窑、上七非道路硬化及兽医站改造等一系列项目建设工程，使全镇的农村面貌得到明显改观。全面实施民居地震安全工程，全年共投资250万元完成农村危房改造30户，拆除重建100户，加固改造600户，极大地改善了危房户、困难户的居住条件。

2010年，全镇民生问题不断改善。城乡居民最低生活保障机制不断完善，贫困人口基本生活得到保障。全年共发放城镇低保39户52人9.10万元，发放农村低保48.71万元，五保户补助6.50万元，困难群众补助7.27万元；优抚金54人31.41万元；高龄老人补助160人9.77万元；自然灾害生活救助金21.56万元。全面落实惠农政策，兑现种粮直补、良种补贴20.01万元、农资综合直补65.45万元、农机具购置补贴资金16.13万元，退耕还林补贴137.36万元，发放家电、汽车、摩托车下乡补贴68.23万元，能繁母猪补贴1.43万元。

2010年，全镇社会保持和谐稳定。不断加强民主法制建设，深入开展“五五”普法教育，依法行政、依法治镇的能力和水平进一步提高，全社会的法制观念和意识进一步增强。继续巩固“平安九村”建设成果，严密防范和严厉打击各种刑事犯罪活动。2010年辖区内刑事立案24起，破案18起，破案率达75%，维护了社会治安稳定。高度重视信访工作，积极开展党政领导大接访大下访活动，努力解决群众反映的热点、难点问题，共办理群众来信来访12件，办结10件，办结率83.3%，把矛盾化解在基层，消除在萌芽状态。严格落实安全生产责任制，依法有序地组织开展企业、矿山、石场、道路交通等领域的安全生产执法，共进行各种安全检查24次，查出隐患14条，整改12条，整改率85.7%，有效遏制了各类生产安全事故发生。

2010年，全镇各项社会事业协调发展。“两基”成果进一步巩固，“三免一补”政策得到有效落实，共兑付65.04万元。教育设施不断完善，教育教学质量继续提高，“小升初”和中考成绩显著。围绕群众“看病难、看病贵”问题，扎实推进医疗服务体系建设和新型农村合作医疗服务工作，2010年全镇新型农村合作医疗参合人数11050人，参合率达97.68%，全年各项减免17081人次，减免金额109.25万元。公共卫生事件处置预防能力不断提升，甲型H1N1流感和手足口病等重大疫病疫情防控工作扎实有效。“奖优免补”政策全面落实，兑现奖补资金4.68万元。计划生育村民自治得到巩固，流动人口管理明显加强，违法生育得到有效控制。深入开展“送戏下村”、“送图书下村”活动，建设完成村级农家书屋4个，赠送各类图书6000册，群众文化娱乐活动日益丰富。实施了4个小组广播电视“村村通”工程，受益群众233户。圆满完成第六次全国人口普查工作。贯彻党的民族宗教政策，档案、妇女儿童、老年人、残疾人等工作取得新成绩。

2010年，全镇完成生产总值4.7亿元，比上年同期增长13.1%；固定资产投资2.78亿元，同比增长8.59%；地方财政收入完成3050万元，同比增长55.59%；农民人均纯收入6227元，增长13.07%；人口自然增长率控制在6‰以内。

2010年，全镇有小学5所，其中，村完小4所，中心小学1所，在校学生1135人，毕业生200人，小学适龄儿童入学率100%，毕业率100%，有教职工88人。中学1所，共12个教学班，在校学生553人，毕业生96人，学生入学率100%，巩固率100%，教职工人数39人。

2010年，全镇共有镇文化站1个，职党校1所，镇、村、组综合活动室32处。有卫生医疗机构5个，其中，镇卫生院1个，村级卫生所4个，医务人员25人。

党委书记：王留东
副 书 记：蒋冬琼
　　　　　洪　春（2010年7月离职）
　　　　　陆绍德（2010年7月任职、同年12月离职）
　　　　　陈永林（2010年6月任职）
镇　　长：蒋冬琼
副 镇 长：陈永林（2010年6月离职）
　　　　　王同坤
　　　　　张艳斌
　　　　　周应敏
　　　　　李　黎（2010年7月挂职）
人大主席：杨　东
纪委书记：李锐光
武装部长：尹文雄
组织委员：李宛静（2010年6月任职）
综治办副主任：王　芬

【村“两委”换届选举工作】 按照中央、省、市、县委有关村级组织换届文件精神，2010年2月26日，九村镇拉开了村级组织换届选举工作的序幕。在镇党委、政府的精心组织和安排下，通过组织准备、登记推选、推荐选举等阶段，截止3月30日，全面完成了龙潭、九村、东山、七江四个村委会的村“两委”换届选举工作，依法选举产生了四个村委会的书记、主任、副书记、副主任及“两委”委员34名，书记、主任一肩挑比例达到50%，实现交叉任职15%，并确保各村有一名35岁以下年轻干部及名妇女委员。

【民生工程成效显著】 2010年，九村镇各项惠民政策深入落实。兑付惠民资金222.8万元，其中，退耕还林补助137.36万元，种粮农民补贴8.1万元，综合直补65.45万元，共3173户11300人受益。兑付家电下乡补助资金478台11.98万元，汽车下乡29辆22.02万元，摩托车下乡补助328辆17.45万元。社会保障工作加快推进。全镇农民新农合参合率达97.94%，共支付补偿资金81.21万元，直接受益12554人次。坚持“以民为本、为民解困”的宗旨，充分发挥民政工作“调压减震”的作用，组织志愿者和镇、村领导对残疾人进行“帮包带扶”绝对扶贫。解决了弱势群体生活问题，为构建和谐安定社会环境做出了积极贡献。

【烤烟生产】 2010年，澂江县遭受了百年一遇的特大干旱，给烤烟育苗、移栽、中后期管理带来了严峻困难和挑战。面对严重旱情，九村镇党委、政府围绕县委、县政府“抗大旱、保育苗、促移栽”的要求，通过开展“共产党员抗旱先锋行动”、“共产党员抗旱爱心水窖”等活动，全镇各级累计投入抗旱资金428万元，完成了大地、三家村、鱼塘对歌山、大松园脑包、热水河烟堆、黑桃村等地人饮、烤烟抗旱移栽水利工程建设项目60件，安装架设水管57830米，新建共产党员爱心水窖199口，修复水池11个，修建水源点5个、水池10个，争取抗旱应急水袋40个，组织育苗送水61车次。在打好烟水工程建设攻坚战的同时，抢抓节令应栽尽栽，全镇高标准完成了18196亩烤烟移栽，为完成全年烟叶收购任务奠定了坚实基础，截至10月31日，九村镇共收购烟叶2234184.3公斤，超出县上分配任务34184.3公斤，收购金额达3743.37万元，均价14.52元/公斤，中上等烟比例89.71%，实现交售收入3244.92万元，实现税收794万元，圆满完成了烤烟生产收购任务。

【对村级组织班子及班子成员实施绩效考核】 2010年，九村镇为建立村级组织班子及班子成员待遇与工作实绩挂钩的绩效考核奖励机制，进一步增强村级组织班子及班子成员的责任意识和服务意识，全面完成上级部署的各项工作任务，促进农村经济发展和社会稳定，镇党委结合实际，出台方案对村级组织班子及班子成员实施绩效考核。镇党委对村级组织班子及班子成员的全面考核分为平时工作考核和年度目标任务考核两项，平时工作考核，由镇党委根据平时掌握的情况，年终经党政联席会议集体研究后，以百分制进行量化打分；年度目标任务考核采取党员群众民主评议和岗位目标量化考核两种方式。平时工作考核内容主要是考核村干部出勤、请消假和上级交办的重点工作任务完成情况。年度目标任务对村级组织班子的考核主要围绕“五个好”标准（即领导班子好、队伍素质好、制度建设好、工作业绩好、群众反映好）来考核；对村级组织班子成员的考核主要围绕德、能、勤、绩、廉五个方面进行。根据年度考核结果，被评为优秀班子和称职班子的给予奖励；对评为不合格的村级组织班子，由镇党委进行集中整顿。村级组织班子成员被评为优秀的，同样按照级别等次给予奖励；年度考核为不称职的，不享受绩效奖励。交叉任职的只能领取一份奖金。

【推行村级组织“四议两公开”工作法】 2010年，九村镇为发展和完善党领导的村级民主自治机制，规范村级议事决策程序，全面提升村级民主管理水平，充分发挥农村基层组织推动发展、服务群众、凝聚人心、促进和谐的作用，加快推进社会主义新农村建设。九村镇抓住四个重点在全镇村级组织中推行“四议两公开”工作法。推行“四议两公开”工作法，是扩大基层民主，落实群众知情权、参与权、决策权和监督权，发展和完善党领导的充满活力的村级民主自治机制的有效途径；是转变作风，提高科学决策能力，增强村级组织凝聚力、战斗力的重要举措；是维护和保障群众利益，促进农村社会和谐，加快推进社会主义新农村建设的有利保障。本着实际、实用、实效原则，把推行“四议两公开”工作法与深入学习实践科学发展观活动、村级组织班子及班子成员绩效考核、党建目标责任制考核等重点工作结合起来，统筹谋划，同步推进。具体规定需要按照“四议两公开”工作法进行决策的项目包括，年度工作计划安排；贯彻落实上级精神和重大决策的措施；集体土地的承包、租赁；公益事业经费筹集、组织实施与管理；集体经济项目的立项、承包及公益事业的建设承包；集体资产购建与处理；村集体借贷、数额较大经费的支出；村庄建设规划、土地征用及补偿分配、宅基地审报；困难党员救助帮扶、计划生育、农村低保、新型农村合作医疗等各项惠农、惠民政策制度的落实；重大救灾救济款物的发放，以及其他应当民主决策的事项。法律规定应由村民会议讨论通过的事项，按有关法律规定执行。规范“四议两公开”工作法必须严格遵守的组织程序。一、村党总支（支部）会提议。二、村“两委”会商议。三、镇党委、政府审议。四、党员大会审议。五、村民代表会议或全体村民会议决议。六、审核。七、公开决议。八、实施结果公开。九、审查监督。

【农家书屋建设】 2010年，按照县文化局的要求，九村镇在现有条件下，认真做好农家书屋的建设工作，按农家书屋的建设标准落实了场所，优先安排在基础设施齐备、图书管理员到位、经济条件较好的村委会建设农家书屋。目前，四个村委会都统一配备了桌椅、书柜、报刊架等设施，并由村委会副主任、大学生村官担任书屋管理员，负责农家书屋的借阅和日常管理。在农家书屋建设工作中，我们着力在“建设、管理、使用”上下功夫，坚持“四统一、三到位”：统一制作借书证、统一制作规章制度、统一规范图书借阅登记、统一规定书屋开放时间，图书上架到位、图书分类保管到位、图书管理员培训到位。

【特色产业迈出新步伐】 2010年，九村镇紧紧围绕“农业增效和农民增收”两大主题，立足资源区位优势，不断创新工作思路，强化引导和服务体系建设，扶持和培植农业新型产业。林产业的开发建设以强化森林资源管护和生态林产业开发为重点，认真落实各项防火措施，严密防范森林火灾，新增退耕还林面积830亩，年内种植核桃1555亩，竹子830亩，全镇核桃、竹子种植规模分别达2700亩和11000亩，林产业的开发和保护迈出了新步伐。

【地方财政收入、农民人均纯收入创新高】 2010年，镇政府团结带领和依靠全镇人民，以科学发展观为统领，积极应对国际金融危机，真抓实干，奋力拼搏，有效实施“生态立镇、农业稳镇，烤烟兴镇、资源富镇、工业强镇”战略，加快推进经济社会又好又快发展，较好地完成了镇二届人大三次会议确定的各项目标任务。地方财政收入完成3050万元，同比增长55.59%；农民人均纯收入6227元，同比增长13.07%；地方财力和农民收入再创新高。

【加强客运站及综合农贸市场建设】 2010年，九村镇把发展壮大村级集体经济作为“三农”工作和社会主义新农村建设的一项重要内容来抓。九村镇抓住机遇，积极实施占地2400平方米的九村客运站建设工程。同时为完善集镇服务功能，同步实施占地3276平方米的农贸市场建设工程，工程总投资39.2万元，并于2010年1月21日通过市级验收，解决了九村镇多年来一直无集贸市场，群众农副产品交易困难的问题。投入使用后，九村镇积极向上级申报，争取商务部门的支持，对农贸市场进行升级改造，投资25万元，新建彩钢瓦大棚834平方米，配套了厕所、经营用房、垃圾处理设施，使市场服务功能进一步完善。

【村容村貌改善】 2010年，九村镇共争取新农村建设资金、财政奖补资金及整村推进扶贫项目建设资金141.15万元，实施了黑母鸡窝、石灰窑、上七非道路硬化及兽医站改造、敬老院修缮、鱼塘村公房、文化活动室等一系列项目建设工程，使全镇的农村面貌得到明显改观。全面实施民居地震安全工程，全年共投资250万元完成农村危房改造30户，拆除重建100户，加固改造600户，极大地改善了危房户、困难户的居住条件。

【创先争优活动】 2010年6月以来，九村镇认真组织开展了争创"五好四强"党组织、争做"五创五带"共产党员活动。为确保创先争优活动取得实效，采取了四项措施：一、将创先争优与推进全镇经济发展相结合；二、将创先争优活动与推进重点工程结合起来；三、将创先争优活动与开展党建工作相结合；四、将创先争优活动与学习先进典型相结合。通过在全镇深入开展创先争优活动，广大党员和机关干部的宗旨意识、发展意识、忧患意识、奉献意识等党员意识得到了增强，充分发挥了攻艰克难、拼搏进取的先锋模范作用；基层党建工作得到了加强，进一步提升了党组织的战斗力，涌现了一批立足本职工作创造佳绩的先进基层党组织和优秀共产党员，社会事业得到了全面发展。

【蛟龙潭渔塘村搬迁稳步推进】 2010年，蛟龙潭村搬迁工作取得实质性进展，搬迁项目完成投资2500余万元，全村64户农户中签订搬迁协议的有58户，有50余户已到新村建房并喜迁新村，27户拆除老房，新村道路、绿化、公房等基础设施建设基本完成。渔塘村搬迁工作取得了明显成效，搬迁项目完成投资3918万元，其中，企业投资2910万元，群众投资1008万元。全村107户搬迁户已签订搬迁协议并到新村建房，新村道路、公房等基础设施建设顺利进行。两个村建新房176幢，其中，蛟龙潭村50幢，鱼塘村126幢，新增绿化面积15367.68平方米，硬化路面22700平方米，架设水管8500米，为全镇新农村建设树立了典范。

【第六次全国人口普查】 根据省、市、县关于开展第六次全国人口普查工作的统一部署，2010年，九村镇认真贯彻有关文件精神，切实做好第六次全国人口普查工作，及时抓好普查机构、人员、经费的落实，组建了九村镇第六次全国人口普查领导小组及普查办公室，将工作责任落实。同时，按照普查工作中"两员"的配备标准和要求，选配了14名普查指导员，58名普查员到镇人普办工作。并于10月13、14日对选配人员进行了综合业务培训。通过培训，让普查人员了解掌握人口普查综合业务知识、调查询问技巧，准确填报普查表。11月1日标准时点，全镇正式启动人口普查工作，通过普查小区划分、示意图绘制和地址编码、清查摸底、宣传发动、正式登记等四项重点工作，按照全县人普工作的统一部署，精心策划、真抓实干，圆满完成了第六次全国人口普查工作。

【建立农民服务站】 2010年12月5日，九村镇政府农民服务站正式对外启用，以"公开、便民、高效、规范、廉洁"为原则为老百姓提供优质高效快捷的"一站式"服务。镇农民服务站设立综治与信访接待窗口、法律服务窗口、民政与残联服务窗口、新型农村合作医疗服务窗口、党员服务窗口等五个窗口。服务窗口明确服务范围和责任人，为群众提供办事指南，能立即办理的立即予以办理，不能立即办理的按照程序代为办理。通过设立农民服务站，打破了现有的站所职能条块分割和分散办公形式，为农民提供"一窗式受理、一站式办结、一条龙服务"，变群众跑为党员干部跑，农民服务站成为了党委政府联系群众的桥梁、提供便民服务的平台、反映社情民意的窗口、解决热点难点的枢纽，为构建社会主义和谐社会、扎实推进社会主义新农村建设发挥了重要的作用。

（阮梅萍）

阳宗镇

【综述】 阳宗镇位于澂江县的最北端，梁王山北麓，阳宗海南岸，东与宜良县汤池镇接壤，南与龙街镇、九村镇相连，西与呈贡县吴家营乡毗邻，北依阳宗海，与宜良县汤池镇隔海相望。全镇总面积143.46平方公里，南北最大纵距18.3公里，东西最大横距13.5公里。地势西南高，东北低，最低海拔为阳宗海边1770米，最高海拔为梁王山2820米，平均海拔1780米。山地、丘陵、湖盆相向分布，具有典型的高原湖盆地貌特征。常年气候温和，属亚热带季风气候，年平均气温为15.2℃。镇域耕地面积22705亩，人均占有耕地0.99亩，其中，田9645亩，人均占有0.42亩，地13060亩，人均占有0.57亩，复种指数为311%。境内水资源条件较好，属珠江水系，河流有阳宗大河、石坝河、七星河；水库有马庄河水库、七星河水库、石寨河水库、三岔箐水库、保山龙水库。主要粮食作物有水稻、小麦、玉米、蚕豆、豌豆等，经济作物主要有烤烟、蔬菜、花卉等，境内适宜栽种松树、黑荆树、柏树等生态林木，适宜发展梨、桃、李子、柿子、板栗、樱桃等经济果木，土壤主要有红壤、棕壤和水稻土等，高铝矿、磷矿和硅矿资源丰富，岩石多为页岩、砂页岩、磷块岩、石灰岩和玄武岩。

阳宗镇人民政府驻地阳宗镇明珠街124号，距澂江县城28公里，距省会昆明34公里。全镇下辖阳宗、新街、北斗、桃李、净莲寺、脚步哨、饮马池7个村委会，43个自然村，46个村民小组。2010年，全镇年末人口总数为24649人，其中，男性12395人，女性12254人，少数民族24人，占人口总数的0.1%，人口自然增长率为5.97‰，农村劳动力15779人，其中，从事第二、三产业的有2016人，占总劳动力的3.6%。

2010年末，全镇有耕地22705亩，复种指数299.7%。全年粮食总产4002.4吨，比上年减少2223吨，下降55.5%；油料总产4.1吨，比上年下降656%。农业人口人均产粮168千克。

2010年有个私企业25个，从业人员928人，企业总收入13914万元，实现利税350万元，比上年下降7.4%。

2010年，全镇农村社会总产值（现价）23711万元，比上年增长17.38%。工农业总产值（现价）28542万元，比上年下降7%，其中，工业总产值11744万元，比上年下降 8.6%；农业总产值 16798 万元，比上年增长 15%。农民人均纯收入 5061 元，比上年增长 8%。

2010 年，全镇完成地方财政收入 809.95 万元，比上年增加 117.95 万元，增长 17%；财政支出完成 2354 万元（其中，1～6 月 1463 万元，7～12 月 891 万元），比上年增长 207%。全社会固定资产投资完成 1.16 亿元。年末，各项存款余额 27223.71 万元，比上年增长 91%；人均储蓄存款余额 11045 元，比上年增长 48%。

2010 年，阳宗镇坚持以“生态立镇、农业稳镇、产业富镇、开放活镇”的发展思路，全力做好“保增长、保民生、保稳定、保生态、保中央省市县决策部署落实”的各项工作。全镇粮食种植面积 12217 亩，实现产值 689 万元，下降 32.1%；蔬菜种植面积 52450 亩（含复种），实现产值 9036 万元，增长 21.7%；花卉种植面积 1898 亩，实现产值 2912 万元，增长 16.7%。

认真落实各项强农惠农政策，加大农资综合直补力度，全年对农资综合直补进行登记发放，总户数 6,446 户，补贴面积 15586.6 亩，补贴金额 73.81 万元；退耕还林补贴面积 5297.1 亩，补贴金额 137.36 万元；种粮农民补贴 9.57 万元。家电下乡 338 户补贴资金 8.69 万元，汽车摩托车下乡 464 辆补贴资金 69.16 万元。使农民真正得到了实惠。

2010 年全镇猪出栏 13517 头，存栏 11315 头；羊出栏 2490 只，存栏 7423 只；牛出栏 697 头，存栏 3948 头；家禽出栏 269155 只，存栏 108658 只，鸭出栏 7170 只，存栏 10263 只，禽蛋产量 285 吨；实现畜牧业产值 2966 万元，比去年增加 172 万元，增长 6.16%。高度重视种养殖科技培训，科技进村入户工程进一步加强，在全镇范围内共进行养殖技术培训 8 期，2156 人次，咨询门市接待来访来诊养殖户 9725 人次，建立科技联系户 173 户，科技示范户 226 户。认真落实畜牧业生产扶持政策，全镇共发放畜牧业养殖贴息贷款 28 户，68 万元，比去年增 17 万元。切实做好狂犬病防制工作，全镇免疫注射犬只 2580 只，捕杀流浪犬、放养犬 102 只，确保人民群众的生命和身体健康。

2010 年，全镇共有 7 所完小，8 个教学点，1 所中学，1 所私人幼儿园。澂江三中 2010 年毕业学生 281 人，新生入学 495 人。学校现有 25 个教学班，在校学生 1045 人，有教职工 72 人（其中教师 67 人、职工 5 人）。教师职称情况：中学高级教师 5 人，中学一级教师 24 人，中学二级教师 31 人，中学三级教师 2 人，未评职 5 人。按学历：本科以上学历 41 人，专科学历 24 人，中专学历 2 人。校舍占地面积 34684 平方米，校舍建筑面积 8396 平方米，新增教师廉租房 988 平方米、篮球场一块、教学楼 2688 平方米，重建学校大门，提升了学校硬件设施，美化了校园环境。学校配有一类理、化、生实验设施、图书室、微机室、电教室等，各类文体活动设施齐全。由于各级党委政府的高度重视，学校管理日趋完善，办学规模不断壮大，办学条件逐步改善，办学质量逐年提高。小学有教学班 59 个，在校小学生 2185 人，教职工 117 人，专职教师 115 人，其中，本科学历的 30 人，大专学历的 62 人，中专学历的 17 人，高中学历 4 人，初中学历 2 人，小学高级教师 47 人，小学一级教师 57 人，小学二级教师 3 人，未评级 8 人，工人 2 人，小学生适龄儿童入学率达 100%，巩固率 100%，毕业率 100%，体育达标率 95.6%。学前班 6 个，学生 239 人，教师 6 人。投资约 4.8 万元，购买了 21 台电脑，补充了部分科学实验教学仪器和数学教学仪器。

全镇有党职校 1 所，配合其他单位开展职业技术培训五期，受训人次 400 余人。文化中心藏书 3500 余册，设有专门的图书室、阅览室和其它娱乐设施，达到省二级文化站的要求。2010 年在全镇新增农村书屋 7 个，共有藏书 1 万余册。全镇有文艺队 35 支，全年演出文艺节目 160 个，演出场次 80 余场。全镇有科技机构 8 个，积极配合有关部门在全镇范围内开展农村实用技术培训，全年共举办各类培训 34 期，培训镇、村、组干部和群众 3700 余人次，门市咨询接待来访 17651 人次，建立科技联系户 173 户，科技示范户 226 户。

2010 年，阳宗镇有中心卫生院 1 所，卫生所 5 个，私人诊所 3 所。阳宗中心卫生院设外科、内科、防保、后勤、收费、药房、注射室、妇产科八大临床科室，共有职工 25 人，其中，正式职工 23 人，临时合同工 2 人；有乡村医生 19 人，正式职工中，有本科 4 人，大专学历的人有 14 人，中专学历的 4 人，初中学历 1 人，执业医师 8 人，执业助理医师 2 人，护士 3 人，妇幼医士 1 人，护师 7 人，中药士 1 人，主管护师 2 人，全年完成门诊人次 36301 人次，接收住院病人 241 人次，辖区内的卫生所全面实行乡村一体化管理。

党委书记：孙继华（2010 年 5 月离职）
　　　　　李春光（2010 年 5 月任职）
党委副书记：金童平（2010 年 5 月离职）
　　　　　简　勇
　　　　　洪志华（2010 年 5 月任职，2010 年 10 月离职交流到汤池镇）
　　　　　李映武（2010 年 6 月任职）
　　　　　杨建国（2010 年 10 月任职）
镇　　长：金童平（2010 年 5 月离职）
　　　　　简　勇（2010 年 5 月任代理镇长）
副 镇 长：洪志华（2010 年 5 月离职）
　　　　　王　瑞（女）
　　　　　李雄波
　　　　　郑　永
　　　　　李　黎（挂职 2010 年 6 月离职）
　　　　　李炳华（2010 年 5 月任职，2010 年 10 月离职交流到七甸街道办事处）
镇人大主席：洪　冬
纪委书记：张春虹（女）
武装部长：高　刚

【阳宗镇召开人代会】 2010 年 2 月 2 日，阳宗镇召开第十一届人民代表大会第三次会议，会议审议并通过了镇长金童平代表镇人民政府所作的《政府工作报告》，人大主席洪冬所作的《人大主席团工作报告》。会议总结了全镇 2009 年的工作，并指出工作中存在的问题和不足，确定了

2010年的工作思路和主要预期目标：工农业总产值增10%以上，地方财政收入增长25%以上，社会固定资产投入增长30%以上，农民人均纯收入增长6%以上，人口自然增长率控制在5‰以内，切实加强生态建设，进一步加大阳宗海保护力度，更加重视民生，在社会稳定上确保人人都有安全感，不给上级添麻烦。

围绕上述目标，着力抓好七方面工作：一、高度重视三农工作，千方百计增加农民收入；二、增强服务意识，营造良好环境，支持工业经济发展；三、狠抓项目建设，促进旅游文化产业健康发展；四、加强环境保护，全力推进生态阳宗建设；五、更加注重改善民生，促进社会事业协调发展；六、全力维护社会稳定，努力构建和谐社会；七、切实加强政府自身建设，不断提高执行力和公信力。2010年要进一步增强责任感和使命感，提高公共服务能力、依法行政能力、工作落实能力和廉洁从政能力，全力打造勤政为民、务实清廉、法制高效、人民满意的服务型政府。

【烤烟生产】 2010年，阳宗镇不断完善烤烟基础设施，积极推广烤烟种植生产新技术、新措施，充分调动群众种植烤烟的积极性，认真执行“一县一品”政策，对烟苗实行统育统管，确保了烟苗够栽有余及品种纯度。全镇烤烟指令性计划种植面积2000亩、交售任务23万公斤，实际种植面积1347亩，交售15.36万公斤，中上等烟比例85.87%，收购烤烟15.36万公斤，实现交售收入229.4万元，均价为15.27元/公斤。

【基础设施建设】 2010年，阳宗镇遭遇百年一遇的大旱，给阳宗镇的水利设施提出了严峻的考验。由于干旱，库塘蓄水量与去年同期相比减少30万立方，经过积极努力，大春放水期间完成水库农田灌溉面积5831亩，机电提水灌溉面积3400亩。投资20万元，完成马庄河小流域治理工程，已通过县水利局、财政局、审计局等部门验收；投资5.5万元，修复水毁工程4处；投资5.9万元，完成新街一级站提水工程改造；投资6万元，新建小水窖30口；投资13万元，清理水沟6条，排灌沟4条，河道3条，总长65公里，投资567万元，进行石寨河水库除险加固工程。

完成15个村小组、饮马池小学、阳宗中心小学，桃李小学以及国土资源学校生产生活用水工程。解决了1632户，5722人的人畜饮用水困难的问题。一年来共查处水事案件36起，通过查处水事案件，确保了水利工程的安全运行和防汛安全，打击了水事违法行为，树立了良好形象。

加大农村乡村公路管养，改善全镇交通环境，按照“谁受益，谁管理”的原则，采取考核制度，明确公路养护责任人。实行路段长责任制，加强道路的监督管理工作。投资7.5万元用天然沙铺筑环湖路面2.5公里；投入1.5万元对锦业公司入口路面进行修复；投资1.57万元，修复向阳街、明珠街道路700米。

【抗旱救灾募捐】 2010年2月25日，阳宗镇召开抗旱救灾动员大会，组织全镇干部群众积极投入抗旱救灾工作，动员全体党员干部和社会各界踊跃捐款帮助受灾群众，61名干部职工和5家企业、单位纷纷捐款，现场捐款16670元。按澂江县委组织部的要求，每个党员上交特殊党费1000元、事业单位职工每人捐赠700元用于抗旱救灾。

【阳宗镇托管】 2010年6月30日，以吴运龙副县长为代表的澂江县人民政府和以肖向飞副主任为代表的昆明阳宗海风景名胜区管理委员会签订了《澂江县人民政府与昆明阳宗海风景名胜区管理委员会组织人事工作及社会事务移交协议书》。明确自2010年7月1日起，在澂江县阳宗镇托管范围内的组织人事、工会、妇联、团委、残联、政法、宣传、人民武装、民族宗教、经贸投资、发展改革、教育、民政、财政、劳动和社会保障、交通、环境保护、城市管理、统计、农业、林业、水利、文化、体育、科技、卫生、计划生育、信访、安全生产监督管理、司法行政、审计、国土资源、规划、法庭和公安派出所等部门的职能、职责移交由昆明阳宗海风景名胜区管理委员会负责。

【为民服务中心建设】 2010年8月6日，阳宗镇党政班子召开专题会议对为民服务中心建设工作进行统筹安排，成立镇、村领导小组，将工作任务层层分解，采取“倒逼法”，明确了为民服务中心（站、点）建设的目标任务、时间、人员和责任，8月7日正式动工，投入资金34万元，用一周的时间建成152平方米服务大厅，设立13个服务窗口，24家单位部门全部进驻，12日正式对外提供服务。制定了《为民服务中心运行机制》、《为民服务中心监督管理机制》、《村级为民服务站工作职责》、《阳宗镇为民服务工作考核办法》等11个规章制度，以制度规范服务中心管理，为树立对外良好形象打下坚实基础。同时在7个村委会分别建立了为民服务站，建立了以驻村工作组组长为队长，副组长为副队长，工作组队员为成员的7支流动为民服务队，深入各村，主动为广大人民群众排忧解难。全年共为群众办理各类事项1134件，办结率100%，真正实现了“群众动嘴、干部跑腿”的服务体制。

【第六次全国人口普查】 2010年，阳宗镇为了切实做好第六次全国人口普查工作，做到早动员、早部署。10月21日召开人口普查工作会，9名人口普查指导员及全镇7个村委会的主任参加了会议。认真选任“两员”，精心挑选了一大批能吃苦、责任心强、态度认真的指导员和普查员加入人口普查队伍。自11月1日进行入户登记以来，截至11月25日，阳宗镇共入户登记26004人（含流动人口），登记范围覆盖全镇7个村委会共85个普查小区，做到100%入户登记，顺利完成第六次全国人口普查各项工作任务。

【项目工作成效显著】 2010年阳宗镇各个项目稳步推进。国土资源职业学院扩建项目工程于2010年1月29日破土动工，预计总投资25亿元、占地2044亩，现已完成一期512亩地块和二期509亩地块林木的砍伐及运输，并完成了整个项目区内的地上附着物的清点和赔付工作；完成三期908亩地块四分之三的林木砍伐，搬迁项目区内的坟墓81冢。水盆石料场的4个矿区矿主已办理完相关手续进场开采。阳宗镇脚步哨土地开发整理项目在各级党委政府和上级国土部门的大力支持帮助下，项目于2010年4月7日正式开工，经过近五个月的紧张施工，顺利完成了工程的施工任务。共平整土地4075亩，架设管道22公里，建水池5个，灌桩611座，硬化路面4485米，砂石铺筑路面8200米，该项目已通过市级验收，下一步将等待省级部门的正式验收。2010年6月，中铁十九局正式与阳宗镇对接云桂铁路阳宗过境段项目工作，预计总投资10.7亿元，铁路建设总长15.775公里，其中，东西隧洞工程总长13.675公里（老石山主洞8.075公里，新莲村主洞5.6公里）外露工程2.1公里，隧洞及铁道建设工程工期预计为5年，总工期预计为6年。现已完成老石山主洞开挖148米，平行导洞160米，新莲村隧洞主洞60米，平行导洞70米。

【生态环境建设】 2010年，阳宗镇加大阳宗海保护及入湖河道的管理力度，严格落实河（段）长责任制及保证金制度，切实抓好日常河道管护工作。全年共投入资金50余万元，发动干部、群众1500人次，出动机械、运输车辆等对入湖河道进行两次全面综合治理。清除河道及两岸的积存垃圾285吨，疏淘河道淤泥杂物23000余方。实行保洁长效机制，保洁员人数增加到115人，建立健全监督检查考评制度，进一步提升环境卫生管理水平，营造一个清洁舒适的卫生环境。根据《云南省阳宗海保护条例》禁止在阳宗海围湖造田和围湖造塘的要求，投入18.96万元，清除涉及新街、北斗两个村委会、三个村民小组，97户158亩的农作物。投入120万元实施阳宗海南岸湖堤生态修复工程，完成了3000米范围内的倒塌湖堤和倒塌防浪墙修复，3000余米的湖堤路面，404米雷诺护垫的铺设和1016米岸边植物的栽种等所有工程，并通过验收。投资20万元在马庄河水库流域治理水土流失8.06平方公里，投入资金7.9万元，建成林木521.14公顷，沼气池6口，拦砂坝一座，栽种水保林800余亩。

【环境卫生综合整治】 2010年，阳宗镇加强拆临拆违工作力度，按照昆明市政府“六清六建”相关工作，强化镇村组联动，拆除临时、违章建筑12宗。实施“门前三包责任制”，积极动员群众对自家房前屋后、村庄道路等的卫生死角进行整治并行成长效机制。加大生态林带建设和环境绿化、美化力度，大幅度增加绿化量，提高绿化档次。全年共投入资金约147万元，发动干部、群众820多人次，出动装载机8辆，清运车辆12辆，清理土方4130方，在阳宗海环湖路、阳宗大河沿岸植树4400余棵，其中：拟单杏木兰2756棵，小叶榕1699棵，滇润楠26棵。投资7.5万元用天然沙铺筑环湖路面2.5公里，投入1.5万元对锦业公司入口路面进行修复，交通路面得到改善。

【巩固“三禁”工作成果】 2010年，阳宗镇继续巩固阳宗海“三禁”成果，加大阳宗海保护力度，实行巡查制度，坚决杜绝阳宗海捕鱼行为，加大阳宗海面山治理工作，在阳宗海面山开展植树工程，加大湖滨带退耕还湖及湖滨带生态治理工作；投资64500元，完成了3000余平方米覆盖磷石膏土工膜的修补工作；积极配合银发环保集团完成200余米的道路修复及危险固废施工现场平整工作，有效控制了砷污染源。按照管委会要求，为防止阳宗海砷污染加剧，堵住含砷水流汇入阳宗海，投入15.14万元，出动1180人次，分两次完成5个泉眼点共152米防砷渗漏土围堰建设，围堰建成后，派有专人进行除砷作业，经昆明市环保局专家评审，围堰运行效果良好，有效控制了阳宗海砷污染源点。

【改善澂江三中硬件设施】 2010年8月28日，阳宗镇完成三中新教学楼的建设验收工作，该工程建筑面积2688平方米，共5层，高22.5米，框架结构，总投资317万元，由云南浩超建筑工程有限公司承建。2010年1月29日，完成教师廉租房建设验收工作，建筑面积988平方米（24套），砖混结构，总投资110万元，由昆明市汇达经营公司中标承建。

【新型农村合作医疗】 2010年，阳宗镇围绕群众“看病难，看病贵”问题，扎实推进新型农村合作医疗服务工作。全年参合人数22446人、6943户，参合率达97.53%，共减免51578人次，减免1891361.45元。完成2011年参合筹资7078户22967人，参合率99.23%，筹资68.9万元。

【公共卫生医疗服务】 2010年，阳宗镇扎实推进医疗服务体系建设，全力抓好手足口病、甲型H1N1流感防控工作，积极组织进行培训，发放宣传材料20000份，投资2.5万余元，做好防控物资的储备工作，在卫生院设立预检分诊门诊、发热门诊、发热门诊输液观察室、隔离病房，做好医院的控感工作，应对公共卫生突发事件的能力显著提高。加强青少年学生乙肝强化免疫工作，按照免疫接种程序，对1000余名学生按照自愿、免费的原则进行了乙肝疫苗第一针的接种工作。投资148万元完成阳宗中心卫生院业务楼进行改扩建工程，于2009年9月开工，2010年3月竣工验收并投入使用；投资15万元配置救护车一辆，为群众创造了良好的医疗环境。

【人口与计划生育】 2010年，阳宗镇出生新生儿252人，出生率为10.67‰，计划生育率达99.6%，生育证发放合格率达100%，人口自然增长率为5.97‰。农业人口累计领取《独生子女父母光荣证》369户，占农业人口一孩家庭的35.1%。实施各种计划生育手术280例，综合节育率达88.53%。

【社会事务】 2010年，阳宗镇扶贫帮困、助残、社会保障、老龄委、老体协、关心下一代等社会事务工作得到加强。春节期间共慰问贫困、伤残、低保各类人员1180户1340人，支出慰问金85250元；支出救济金58320元，发放救济粮

11950公斤，对279户1332名受灾群众和残疾人实施了救助；加强和完善“两个低保”工作，支出城镇低保资金239832元，农村低保资金643560元；支出155460元对65名五保人员进行供养，其中，集中供养20人，分散供养45人；支出抚恤、社会救济事业、拥军优属慰问经费80536元；发放棉被20床；在残疾人扶贫解困活动中求真务实开展工作，投入4000元资金，扶持2户残疾人发展花卉种植业，并在2010年的“助残日”对20户贫困残疾家庭扶持大春生产化肥40袋。全年投入“助残安居工程”资金10000元，对2户贫困残疾家庭实施危房改造和新建住房，修缮改造残疾人危房2户200多平米，新建住房200余平米，使2户贫困残疾家庭相继住上了新居。补助贫困残疾家庭子女2人，共补助资金5000元。全年纳入农村最低生活保障贫困残疾人243人，支付低保资金184190元，保障了特困残疾人的基本生活。审批残疾人临时救济资金1万余元，救济贫困残疾人87人次；发出救济大米8625公斤，救助贫困残疾人152人次。投入康复经费10000元，纳入13人贫困精神病人免费服药，送3名贫困精神病人进行为期3个月的免费住院治疗；累计为6名肢体残疾人安装了假肢，为残疾人提供轮椅、拐杖等辅助用具18件，让广大残疾人得到了实惠，感受到了社会的温暖。阳宗镇残联办理残疾人证351本，基本完成了第二代《残疾人证》的核发工作。发放80岁以上老人生活保健金277650元。

【山秧箐整村搬迁】 2010年1月21日，阳宗镇组织镇村组三级相关人员对阳宗镇北斗村委会山秧箐整村扶贫搬迁“三通一平”工程进行实地测算验收。该工程于2009年11月底动工，共投资109万元。平整土方15352.31立方米，浇筑混凝土挡墙637.14立方米，平整土地约20亩，总共规划宅基地38宗。至2010年12月底，38户群众已完成第一层房屋的浇筑，部分群众迁入新居，预计2011年春节前将完成整个搬迁工作，改善了当地群众的生产生活条件。

【维护社会稳定】 2010年，阳宗镇始终把维护社会稳定放在首位，及时发现掌握可能影响社会稳定的热、难点问题。加大反邪教的宣传力度，提高群众对邪教的识别能力。加大法律法规宣传力度，举办法制讲座8期，受教育面960人次，发放各类普法书籍470册，法律、法规宣传单680余份，出板报98期；广播宣传715次；收到和接待上访案件46件，全部认真调查落实，督促和配合有关单位协商处理解决。加大矛盾纠纷排查、调处力度，受理民间纠纷78件，调解78件，调解率100%，立治安案件48起，查处48起，查处率达100%，查处违法人员42人。

【巩固平安阳宗建设成果】 2010年，阳宗镇继续巩固“平安阳宗”建设成果，加强对伤害、盗窃、抢夺等影响群众生命财产安全的犯罪活动的防范打击力度，做好“两劳”人员的安置工作，加强对特种行业、文化娱乐场所和暂住人口的管理及社会治安巡防工作。全镇共立刑事案件59件，破53件，破案率89.8%。高度重视各经营产所、单位和民宅的消防安全检查工作，对检查时存在发现火灾隐患的436户民宅，当场整改309户，限期整改127户。高度重视护林防火工作，利用会议、广播、永久性标语等形式加强防火宣传，设立卡点杜绝火源进入林区，全年共投入防火工作经费40000元。加大禁毒工作宣传力度和打击力度，利用广播、板报、标语开展全民禁毒工作，加大学校、青少年禁毒宣传教育力度，加强开展社区戒毒和社区康复工作，净化社会环境。深入开展反邪教警示教育活动，对全镇信教人员进行全面排查，加大反邪教的宣传力度，提高群众对邪教的识别能力，严防敌对势力的渗透和破坏。

【土地管理】 2010年，阳宗镇采取多种形式认真开展土地法律法规宣传活动，进一步强化群众土地法制意识；严格土地执法监察，严肃查处违法用地行为，共强制拆除7户，面积210平方米；共拆除简易房670.09平方米。

【地质灾害防治】 2010年，阳宗镇范围内的13个地质灾害点的地质环境管理和地质灾害防治均做到了人员到位、措施到位、责任到人，严格定期巡查制度，发现问题及时上报镇政府和上级主管部门。全年未发生因地质灾害造成的事故，确保了人民群众生命财产安全。对涉及在安全隐患范围内的12户群众已经建盖了临时住房。

【安全生产工作】 2010年，阳宗镇认真开展安全生产各项工作，全年无死亡和重大事故发生。联合林业、水利、环保及矿产等部门，不定时地对各采矿点进行检查，对无证开采的沙场进行清理停封，确保矿产资源的可持续利用。加大辖区内的企业劳动用工情况的检查，坚决杜绝非法用工行为的发生。围绕“关爱生命、安全发展”的道路交通安全宣传活动，开展《道路交通安全法》知识宣传，积极倡导安全驾驶、守法驾驶。开展农村无牌无证拖拉机清理整治和拖拉机安全检审工作，清理无牌无证拖拉机11台，检审拖拉机45台。抓好食品药品安全工作，配合县食品安全专项整治联合执法组多次进行检查排查整治，消除安全隐患，打击假冒伪劣食品、药品，确保全镇人民食品药品安全。加强地质灾害监测、预报和药品、食品、矿山、消防、交通安全的监督检查工作。狠抓消防安全检查和加碘食盐专项整治工作，全年未发生重大消防安全、地质灾害、药品、食品等安全事故，确保了人民群众生命财产安全。

【民主法制建设和政府自身建设】 2010年，阳宗镇坚持依法治镇方略，提升政府执行力和公信力，切实转变政府职能，认真贯彻落实国务院《全面推进依法行政实施纲要》，全面推进依法行政，明确各职能部门的工作目标，加强干部队伍建设和作风建设，加强监督和考核，杜绝违法行政执法的发生，真正做到让政府工作公开、透明。通过面向社会公开服务承诺，进一步规范了全镇干部的服务行为、服务标准，提高了服务水平和质量。在日常工作中，全镇干部实行挂牌上岗制度，建立工作岗位A—B角制，把四项制度的要求贯穿于工作的各环节和全过程。对行政服务内容、办事程序、办理时限等相关事项向社会作出公开承诺，接受社会的监督，促使全镇干部职工遵循准时、规范、高效、负责的原则，认真对待和办理各项事项，从根本上杜绝了推诿扯皮、办事拖拉的情况发生，认真做好信访接待工作，政府机关形象得到改观，工作效率全面提高。

【党风廉政建设】 2010年，镇党委与7个村党总支、6个镇属机关、企事业支部，15个中心站所，13名班子成员签订了《党风廉政建设和反腐败斗争责任书》41份；各村党总支与党支部签订45份，将责任制逐级向下延伸，责任延伸到人。在抓责任制的落实中，镇党委坚持原则，敢抓敢管，切实负起责、负好责。发现的问题，按照责任分解的内容，落实到具体的人，镇党委组织定期检查，检查结果与镇村干部的政绩考核挂钩。加强干部作风和党风廉政建设，加大对村组干部的培训力度，提高基层干部的整体素质，促进基层组织建设。加强村组班子和后备干部队伍建设，举办村、组干部培训班和农村财务知识培训共计257人次，进行强化教育，并对辖区内新当选的“两委”成员55名实行了任前廉政谈话。

【妇联工作】 2010年，阳宗镇妇联组织各村妇女委员学习相关法律法规，配合相关部门开展送科技下乡活动，配合农科、兽医、烟草部门进行科技培训，共培训10期，参加人数800余人次。建立科技示范户50户，代表联系户56户，巾帼志愿者科技服务队82人、巾帼环保服务队73人。2010年收回第七轮农村妇女小额贷款70万元人民币。与工会联合组织全镇干部职工为生病职工捐款20000元，每个干部职工向学校图书馆捐款100元。

【开展“四环十七射”工作】 2010年7月1日，阳宗镇被托管以后，严格按照管委会“四环十七射”工作领导小组的安排，积极推进镇内“四环十七射”道路两侧环境综合治理工作。成立了工作领导小组，通过召开工作动员推进会、利用广播、黑板报等多种形式对“四环十七射”道路两侧环境综合治理工作进行宣传。在镇党委、镇政府周密安排下，组织镇、村工作人员联合调查完成全镇涉及“四环十七射”道路两侧环境综合治理范围内的临违建筑、标识牌等的建档工作；投入资金，发动干部、群众100余人次，对阳宗镇涉及“四环十七射”道路两侧环境卫生进行综合整治。清除垃圾杂物1.5吨，清除卫生死角3处，清除乱堆乱放现象5起，做到道路畅通，环境整洁；结合阳宗海生态林带建设，实施对昆石高速两侧的拆临拆违和美化绿化工程，种植树木1356棵；结合生态林带建设，加大昆石高速路两侧环境绿化、美化力度，大幅度增加绿化量，提高绿化档次，进一步提高“四环十七射”道路两侧环境综合治理工作力度。

【上元盛会】 2010年2月27日至3月1日（农历正月十四至正月十六），阳宗镇新街举行一年一度的特色民俗传统文化活动——上元盛会。正月十四是“送大香”的日子，是盛会中最隆重的一天，大香高7米，顶口最大直径1.3米，底部直径0.6米。全镇各村的文艺队和从宜良、呈贡、华宁赶来的文艺队身着盛装，以关索戏、耍长龙、跳花灯、打秧佬、扭秧歌等表演方式和慕名而来的周边群众一起送大香到龙泉寺祭祀祈福，浩浩荡荡的队伍从山头延伸到村尾。2010年共有48支群众文艺代表队参加盛会，文艺表演丰富多彩，场面热闹非凡。3日累计8万余人参加盛会。镇政府组织出动200余人维护龙泉寺周边秩序，出动警力40余人，护林防火人员50余人。

（郑永莉）

·中共澂江县委员会·

【领导名录】

县委书记：崔　明
副 书 记：苏绍华
　　武继昌（2010年6月离职）
　　张云孙（挂职，2010年3月任职）
　　张赶良（2010年6月任职）
县委常委：崔　明
　　苏绍华
　　武继昌（2010年6月离职）
　　张云孙（挂职，2010年3月任职）
　　张赶良
　　李自乔
　　华丽萍
　　周　能（2010年3月离职）
　　汤之德
　　陆永泽
　　冯以春
　　马军安

【县委各部门领导名录】

县委办公室
　主　任　张赶良
　副主任　徐德禹
　　　　　王志华
　　　　　马玉伟
保密局
　局　长　年光辉
机要局
　局　长　王志华
　副局长　马春瑞
县委政策研究室
　主　任　徐国坤
县委督查室
　主　任　蔡丽琼
县委总值班室
　主　任　唐劲松（2010年6月离职）
　　　　　杨家俊（2010年6月任职）
组织部
　部　长　冯以春
　副部长　李光全
　　　　　李春光（2010年4月离职）
　　　　　刘燕萍
　　　　　洪　春（2010年4月任职）
直属机关党委
　书　记　张华生
　副书记　马国红
　委　员　张华生
　　　　　李光全
　　　　　沈绍坤
　　　　　刘燕萍
　　　　　洪黎明
　　　　　马云华
　　　　　马国红
老干部局
　局　长　李成学
　副局长　丁崇勇
老干部局党委
　书　记　李成学
　副书记　丁崇勇
宣传部
　部　长　华丽萍
　副部长　赵开华（2010年6月离职）
　　　　　张义丹
精神文明办公室
　主　任　赵开华（2010年6月离职）
文产办
　主　任　王家祥
统战部
　部　长　李树明
　副部长　杨正华
　　　　　张　强
民宗局
　局　长　余寿安
政法委员会
　书　记　陆永泽
　副书记　李荣坤
　　　　　陈家升
　　　　　李树周（2010年6月任职）

610办
主　任　李树周（2010年6月任职）
社会治安综合治理维护稳定委员会办公室
主　任　陈家升（2010年6月离职）
朱存忠（2010年6月任职）
中共澂江县委党校、行政学校
校　长　武继昌（2010年6月离职）
张赶良（2010年6月任职）
常务副校长　解天荣
副校长　郭　昶
徐灿辉
行政学校
校　长　李瑜琼
副校长　郭　昶
徐灿辉
史志办公室
主　任　王基宇
副主任　鲁自雄
档案局
局　长　郭　奎
副局长　徐　秀
总工会
主　席　李菊英
常务副主席　戎胜凯
副主席　柴　奎
共青团澂江县委员会
书　记　李　娜
副书记　朱志舟
关心下一代工作委员会
主　任　武继昌(2010年6月离职)
常务副主任　刘秉清
副主任　杨家贵
张家翔
办公室副主任　吴家其
妇女联合会
主　席　夏文俊
副主席　马　瑞
文　联
主　席　张丽萍
副主席　阮学才
科学技术协会
主　席　赵宏高
副主席　刘吉祥
曾　伟
残疾人联合会
理事长　张　浩
副理事长　张芳芳
工商联合会
会　长　黄彦林
副会长　李崇成
党组书记　张　强
党组成员　李崇成
雷志友
龚德斌
谢春凤

（董子云）

【综述】 2010年，中共澂江县委坚持以科学发展观统揽经济社会发展全局，团结带领全县干部群众攻坚克难、奋发进取，坚定不移地落实“两大政治任务”、实施“五大战略”和走“三大经济发展路子”，抗大旱、保民生、促发展，战胜了百年一遇的特大旱灾，各项工作取得显著成绩。全年全县完成生产总值36.2亿元，按可比价计算比上年增长13.5%；财政总收入5.4亿元，增长17.4%；地方财政收入3.4亿元，增长26%；全社会固定资产投资24.2亿元，增长40.6%；社会消费品零售总额8.4亿元，增长25.4%；城镇居民人均可支配收入17014元，增长14.1%；农民人均纯收入6374元，增长13.8%，全县经济保持持续快速发展。一、产业结构调整步伐加快。受百年一遇干旱影响，全县烤烟、粮食生产小幅减产减收，在市场引导下，蔬菜、花卉、畜牧、林果等产业效益明显，蓝莓、黄金梨、大樱桃、核桃等特色种植规模扩大。农业综合开发、水库除险加固、基本烟田基础设施建设和中低产田地改造等工作扎实有效推进，集体林权制度配套改革和供销社“二次创业”稳步推进。以蛟龙潭村为代表的社会主义新农村建设成效显著。工业项目引进建设成效明显，宝泰轻化机械不锈钢设备生产线、金山化工高纯度磷酸、120万吨旋窑水泥（二期）等项目竣工投产，冶钢集团高纯度磷酸、华业集团和盘虎公司黄磷尾气发电节能减排综合利用等项目前期工作有序开展。淘汰落后水泥产能22万吨，圆满完成省级下达的节能减排任务。《工业园区总体规划》修编完成并通过市级评审，5户企业被认定为省、市成长型中小企业。出台《加快旅游产业发展的决定》，开展“旅游服务质量提升年”活动，旅游服务质量和水平大幅提升。抚仙湖悦椿度假酒店正式营业，太阳山项目奠基开工，抚仙湖国际养生园、国际老年康体养生度假中心完成项目征地，仙湖山水、仙湖圣境等项目稳步推进。澂江动物化石群基础设施建设稳步实施，申遗文本通过专家评审并上报遗产中心预审。成功举办玉溪抚仙湖第二届云南户外运动联盟大会、抚仙湖首届原创音乐节等节事活动，完成科普电影《生命大爆发》的拍摄，“生命摇篮·山水澂江”主题形象宣传力度加大，旅游知名度和美誉度不断提高。财税、金融、保险工作服务全县发展的能力增强，房地产、物流、信息服务业等稳步发展，以旅游业为主的现代服务业发展成绩显著。二、生态文明建设取得新进展。动员组织全社会力量开展生态文明创建活动，全县各级领导干部和群众生态环保意识不断增强。“十一五”水污染综合防治目标责任书项目建设顺利实施，启动抚仙湖东岸蒿芝箐—大石洞生态农业试验示范区建设，完成禄充景区排水管网及提升泵站改造、梁王河流域环境综合治理、抚仙湖北岸生活垃圾转运站等工程建设，东岸截污治污、海口湖滨带生态修复工程完工，东大河流域水污染治理与清水产流机制修复试点工程前期工作启动。凤麓、龙街、海口3镇创建生态乡镇工作通过市级审核。成立抚仙湖综合行政执法大队，开征抚仙湖资源保护费，环境综合整治和执法力度加大，依法保护管理抚仙湖的能力明显增强，抚仙湖综合水质保持国家地表水I类。三、城市和基础设施建设扎实推进。城市总体规划修编成果通过专家评审，启动城市修建性详规和特色规划，城市绿化、亮化改造成效明显，城市管理力度加大，县城居住环境明显改善。“新城抓开发，老城抓改造”步伐加快，行政中心、文化服务中心、碧湖园居住小区、垃圾焚烧厂、县档案馆等项目建设稳步推进，文庙恢复改造、原政府办公区开发、澂福园等项目前期工作有序开展。城市污水处理管网配套二期工程建设基本完工。完成翠竹中路等三条城区道路改造修缮和老城区环城南路等部分街道的路灯改造，启动澂阳公路联络线梨花路、上庄至大竹箐农村公路建设。澂阳二级公路、三湖一海公路（澂江段）、矣旧至独发箐农村公路完工通车。四、社会事业全面发展。完成尖山、广龙、万海小学异地迁建，职业教育办学规模扩大，一中、四中等8所学校被列为云南省“现代教育示范学校”，投入1400余万元完善教育教学设施，“两基”各项指标达到国检要求。龙街、右所卫生院改扩建完工，县医院住院楼项目开工，积极抓好狂犬病、手足口病、甲型H1N1流感防控工作，新型农村合作医疗参合率96.01%。整村推进扶贫、农村民居危房改造、农村民居地震安全工程建设、廉租房建设、文化信息共享工程扎实推进。完成粮食储备中心库和生猪定点屠宰厂建设。“万村千乡”市场工程通过验收，家电下乡、汽车摩托车下乡、“贷免扶补”等各项惠民工程成效明显。第六次全国人口普查工作顺利推进。就业再就业工作扎实有效。社会保险范围不断扩大，参保人数明显增加。食品药品安全监管成效明显。文化、广电、体育事业繁荣活跃，老龄、残联、气象、档案、史志、文联等工作取得实效。五、民主法治水平进一步提高。坚持加强党的领导和发扬民主、依法办事有机结合，重视和支持县人民代表大会、县政府、县政协、县公检法司开展工作，县工会、共青团、妇联、工商联等群团组织桥梁纽带作用进一步发挥。“五五”普法工作顺利通过市级验收，基层司法所、人民调解组织、法律服务所规范化建设和公安信息化建设水平得到提高，全民法治意识不断增强。政法三项重点工作、“平安和谐澂江”建设、社会治安综合治理扎实推进，公民社会安全感增强。统战、民族、宗教、信访、老干部等工作扎实有效，社会和谐稳定、人民安居乐业局面进一步巩固。六、党的建设全面加强。深入学习贯彻党的十七届四中、五中全会精神，学习实践科学发展观、深化“创先争优”、学习型党组织建设、“三个一”主题实践活动取得成效，各级党组织的执政能力明显提高。深化和拓展“云岭先峰”工程和基层党建示范点创建工作，圆满完成村（社区）“两委”换届选举工作和村级活动场所建设，全面推行村级组织和干部绩效考核制度，基层组织的领导核心作用进一步发挥。开展“共产党员抗旱救灾特别捐献”、“共产党员抗旱先锋行动”等活动，动员广大党员和社会各界向旱区捐款1300余万元。完善干部选拔任用体系，推行晋升科级领导职务资格基本知识考试、中层干部竞争上岗等制度，“四项监督制度”全面实施。严格执行“三重一大”、述职述廉、诫勉谈话和党员领导干部报告个人有关事项等制度，学习贯彻落实《中国共产党党员领导干部廉洁从政若干准则》，加强反腐倡廉教育，违纪违法案件查处力度加大，党风廉政建设扎实有效。

【高劲松到澂江调研】 2010年1月11日，玉溪市市长高劲松到澂江县就贯彻落实市委三届六次全会精神进行调研，对抓好当前工作保发展提出要求：把抓当前工作作为保发展的重要基础，细化目标任务，完善措施办法，扎扎实实抓好抗旱防旱、春耕备耕、农田水利基本建设、中低产田地改造、农村劳动力转移等工作落实，千方百计促农增收；抓好村“两委”换届工作，做好群众引导工作，选出群众公认、德才兼备、引领群众增收致富的基层好干部；沿湖各镇要积极探索生态产业发展之路，与旅游业发展相结合，全力推进中低产林改造，护湖建生态、促农增收；要积极发挥优势，积极主动加快工业化和城市化发展，率先融入现代新昆明建设，当好昆玉一体化发展的排头兵；春节将至，各级各部门要深入基层、深入群众，开展扶贫帮困、民政救济等工作，妥善安排好困难群众和受灾群众的生产生活。

【中低产田地和中低产林改造工作会】 2010年1月14日，县长苏绍华主持召开全县中低产田和中低产林改造工作专题会议。在认真听取各镇、各有关部门关于推进中低产田地和中低产林改造项目的情况汇报后，县长苏绍华对去冬今春中低产田地改造工作给予肯定，并对2010年中低产田地和中低产林改造工作提出五点要求：一、要加强领导，精心组织。推进中低产田地和中低产林改造是发展现代农业的重要基础，是加快社会主义新农村建设的重要举措，是促进农民增收、农业增效的惠民工程。各级各有关部门要高度重视，积极推进，抓住有利时机，大干、快干、干好，迅速掀起全县中低产田地和中低产林改造高潮。二、要培育典型，示范带动。要按照统一规划，整合要素，连片改造，打造亮点的要求，科学制定规划，把中低田地项目区改造成集高效、节水、循环和集约农业为一体的现代农业示范区，把中低产林改造与发展特色经果林、以旅游业为主的现代服务业有机结合起来，打造典型示范亮点，引导群众积极主动参与改造工作，加快新农村建设步伐，促进群众增收、农业增效和产业发展、生态环境改善。宣传、广电部门要充分利用广播、电视、网络等媒体，大张旗鼓地宣传中低产田地和中低产林改造的重要意义、好的经验做法，以点带面，激发各方支持参与改造工作的积极性、主动性和创造性，为工作开展营造良好氛围。三、要严格项目和资金管理。严格按照项目建设基本程序，规范项目规划设计、招投标、施工监理、竣工验收等环节的管理，进度服从质量，建设优质、廉洁、放心工程。各有关部门要多方筹措项目建设资金，积极争取上级支持，动员群众投工投劳。财政部门要规范资金管理，项目主管部门要管好用活建设资金，审计监察部门要加强审计监督，确保资金使用安全，最大限度发挥资金效益。县政府督查室要加大对项目实施的督促检查，实行定期不定期通报，确保工程进度。四、要加强技术支撑，科学改造。把项目实施与产业发展、生态文明建设结合起来，充分发挥项目的经济效益、社会效益和生态效益。坚持先规划、后改造、先设计、后施工、先报批、后实施的原则，分类指导，因地制宜，适地适树，突出重点，以一湖一海近面山、公路沿线、县城周边、水源点保护地为重点区域，达到速生、高产、高效目标。要加强技术人员培训和群众科技培训，建立一支高素质专业技术人才队伍，培训一批懂科技、善经营的新型农民，确保项目实施效果。五、要抓进度，确保改造任务圆满完成。中低产田地和中低产林改造工作时间紧、任务重，各级各有关部门要根据中低产田地改造计划任务，尽快完善项目前期准备工作，制定工作措施和时间表，加大统筹协调力度，加快工程实施进度，确保2010年3.92万亩中低产田地、2万亩中低产林改造目标任务按时按质按量完成。

【县委十届六次全体会议】 2010年1月18日，县委十届六次全体会议召开。会议总结全年全县各项工作所取得的成绩，分析当前存在的困难，提出2010经济社会发展预期目标：生产总值增长10%以上；财政总收入增长5%以上；地方财政收入增长25%以上；全社会固定资产投资增长30%以上；社会消费品零售总额增长20%以上；城镇居民人均可支配收入增长7%以上；农民人均纯收入增长6%以上；城镇登记失业率控制在3.5%以内；万元生产总值能耗下降4.5%；人口自然增长率控制在5‰以内。要实现上述目标，重点抓好以下工作：推进农业产业结构调整，提高生态和产业化水平；巩固提高工业支柱地位，加速推进新型工业化；坚定信心，加快发展以旅游业为主的现代服务业；加大环保工作力度，推进生态文明建设；全力推进项目建设，扩大投资规模；加快城镇建设步伐，完善城乡基础设施；加快发展社会事业，进一步保障和改善民生；加强民主法制建设，巩固和谐稳定局面；未雨绸缪，提前谋划“十二五”发展。会议强调，推进全县经济社会好中求快、稳中求快、全面发展、力争上游，关键在党，根本在于加强和改进党的建设。各级党组织和广大党员干部，必须自觉把思想和行动统一到党的十七大和十七届四中全会精神上来，按照“三个一”的要求，以执政能力建设和先进性建设为主线，不断提高党的建设科学化水平，为推进澂江经济社会平稳较快发展提供根本保障。

【县纪委十届五次全体会议】 2010年1月18日，县纪委十届五次全会召开。县委书记崔明对推进党风廉政建设和反腐败斗争工作提出要求：统一思想、加强领导，全面落实党风廉政建设责任制；围绕中心、服务大局，提高为经济社会发展服务的水平；牢记宗旨、心系群众，切实加强和改进党的作风建设；惩防并举、注重预防，切实提高党的自身建设水平；解放思想、与时俱进，推进纪检监察工作创新。

【烤烟生产工作会】 2010年1月20日，全县2010年烤烟生产工作会召开，县长苏绍华全面总结2009年全县烤烟生产工作，认真分析了2010年烤烟生产面临的困难和问题，对全年烤烟生产工作进行安排部署：一、加强管理，努力提升烤烟生产服务水平。要切实抓好现代烟草农业试点建设，加强烟叶生产基础设施、烤烟辅导员队伍建设，提高科技措施到位率，探索规模化、集约化种植管理新模式，适当集中土地，进行规范化经营，推进现代烟草农业试点建设。二、努力完成2010年的烤烟生产任务。各镇要正确处理好“稳”与“控”的关系，正确分析面临的困难和问题，制定措施，引导烟农从数量型向质量型转变；全面推行烟苗集中统育、商品化供苗的形式，确保“K326”品种种植纯度；各镇各有关部门要根据今年的气候特点，早谋划、早动手，合理规划布局和安排烤烟种植面积，加强库坝蓄水管理，做好水资源的科学调度和安排，适时抗旱早栽，田烟于5月5日前栽完，地烟于5月15日前移栽基本结束，确保烤烟种植面积按计划落实；稳定完善烤烟生产扶持政策，确保烟农积极性。三、加强领导，扎实抓好各项措施落实。全县各级各部门必须树立信心，把烤烟生产作为农村经济发展改革的重中之重来抓，确保思想不放松、精力不转移、工作不削弱，要通力协作，多理解、少埋怨、多沟通、少责怪，以新思路、新理念、新方法，确保2010年烤烟生产任务圆满完成。

【重点旅游项目推进会】 2010年1月28日，澂江县召开旅游重点项目推进会，会议分别听取各项目小组就湖畔圣水（二期）、云南国土资源职业学院、仙湖圣境等7个重大旅游项目的进展情况、下一步工作打算等情况的介绍，以及亟需争取上级协调、支持解决的政策、资金等方面存在的问题。县委书记崔明肯定各项目小组的成绩和取得的成效，并结合全省旅游“二次创业”和抚仙湖—星云湖生态建设与旅游改革发展综合试验区建设机遇，要求依托“一湖一海一山”资源优势，从四方面入手，全力推进重点旅游项目建设，为实现全县经济社会平稳较快发展提供有力保障：一、坚定推进项目的信心和决心不动摇。全县各级各部门要充分认识推进重点旅游项目对拉动固定资产投资、促进澂江经济发展的重大意义，切实增强紧迫感和责任感，勇于正视存在的困难和问题，坚定信心和决心不动摇，发扬艰苦奋斗、务实苦干的优良作风，千方百计推进项目建设。二、加强协调，搞好服务。加强同投资方、上级部门及镇村组的沟通协调，完善工作机制，整合各方资源，形成推进合力；着力转变部门作风，提高行政审批效率，积极为投资方做好全面、优质和高效的服务，强势推进项目。三、明确责任，分类推进。继续落实县级领导联系重点项目和项目跟踪问效考核机制，按照一个项目、一套班子、一套办法的要求，分类研究每个项目的特点、问题和困难，分类制定项目推进方案，细化工作流程，责任细化到部门、到干部，扎实推进项目。四、积极争取省级支持。加强向省级的汇报协调，力争把重点旅游项目纳入省级项目盘子，争取省级在项目立项、用地指标等方面给予政策支持，破解制约项目推进的瓶颈问题。

【政法工作会】 2010年2月5日，全县政法工作会召开，会议研究解决影响社会和谐稳定的源头性、根本性、基础性问题，要求采取有效措施，深入推进社会矛盾化解、社会管理创新和公正廉洁执法三项重点工作。县委书记崔明对做好2010年政法工作提出三点要求：一要正视成绩，认清形势，增强做好政法工作的责任感和紧迫感。要实现澂江经济社会好中求快、稳中求快、全面发展、力争上游的目标给政法工作提出了更高的要求，全县各级各部门，特别是政法机关一定要认清形势，切实把思想统一到全国、全省、全市政法工作会议的总体部署和县委、县政府的要求上来，用创新的思路、坚定的决心、坚强的毅力、过硬的措施，努力把澂江县政法工作提高到一个新的水平，为全县经济社会平稳较快发展创造更加和谐稳定的社会环境、提供更加有力的法治保障。二要突出重点，狠抓落实，深入推进三项重点工作。社会矛盾化解、社会管理创新、公正廉洁执法三项重点工作是有机联系的整体，社会矛盾化解是基础，社会管理创新是根本，公正廉洁执法是保障，各政法机关要不折不扣地抓好落实，主动推进三项重点工作深入开展，推动影响社会和谐源头性、根本性和基础性问题的解决。三要加强领导，强化保障，为进一步做好政法工作创造条件。全县各级各部门要认真贯彻落实党的十七届四中全会及全国、全省、全市政法工作电视电话会议精神，加强和改进党对政法工作的领导，全面落实改善政法工作保障的政策措施，加强政法队伍建设，为做好政法工作营造良好环境。

【抗旱救灾动员大会】　2010年2月24日，澂江县召开抗旱救灾工作动员会，目的是认真贯彻落实2月23日召开的省、市抗旱救灾工作动员电视电话会议精神，组织全县干部群众积极投入抗旱救灾工作，动员党员干部和社会各界踊跃捐款帮助受灾群众，众志成城、万众一心，共同夺取抗旱救灾胜利。县委书记崔明对做好抗旱救灾工作提出四点要求：一要认清形势，充分认识旱情、灾情的严重性和危害性。2009年9月以来，澂江县遭遇特大干旱，全县有1.16万人、5358头大牲畜出现饮水困难，部分村民小组靠拉水解决用水困难，13万亩农作物不同程度受灾，占小春播种面积的75%，其中，成灾9.13万亩，绝收7.3万亩。据统计，旱灾给澂江县造成经济损失1.23亿元。根据气象部门预测，2010年雨季明显偏晚的趋势将从5月下旬开始，抗旱救灾工作形势极为严峻。各县上下要树立抗大旱、抗长旱、抗大灾的思想，抗旱“先生活、后生产，先节水、后调水，先地表、后地下”的原则，组织引导广大干部群众做好抗旱救灾和生产自救工作。二要想方设法，积极采取有效措施抗旱救灾。要因地制宜，按照“散水集用、小水大用、丰水枯用”的要求，增辟抗旱水源，强化库塘调度管理，充分发挥现有“五小”水利工程作用，不断提高蓄供水能力和水资源利用效率。对缺水严重的地方实施“一村一策”应急供水方案，提前做好抽水、运水机具的维修、改造、配置工作，采取提水、引水、送水等多种措施增加蓄水，科学调配有限的水源进行抗旱。要加大节约用水宣传力度，严格用水执法管理，及时协调化解用水矛盾，妥善处理水事纠纷，确保社会稳定、农业增产、农民增收。三要加强组织领导，全力抗旱保民生、夺丰收。县、镇要及时成立抗旱救灾工作领导小组，深入各镇、村、组，督促、指导和协调好抗旱救灾工作，帮助基层解决好群众生产生活方面的问题；挂钩联系各镇、村的县处级领导、部门包村单位要及时深入基层、群众，调查了解旱情，统筹协调抗旱救灾工作，密切党群、干群关系，收集、挖掘、宣传抗旱救灾工作中涌现的好典型。四要及时做好抗旱救灾捐赠工作。旱灾无情人有情。全县各级各部门、所有爱心企业、热心公众和社会各界人士要立即行动起来，充分发扬中华民族“一分有难，八方支援”的传统美德，积极捐赠，帮助受灾群众抗旱救灾度过难关。动员会后，全县县处级领导、部分干部职工和28家企业捐资372.75万元用于抗旱救灾。

【人口资源环境工作座谈会】　2010年2月24日，全县人口资源环境工作座谈会召开，县四套班子和各镇各部门主要领导及部分企业代表参加了会议，县委常委、常务副县长李自乔、副县长朱应生和县环保、抚管、国土、计生、水利、林业等部门领导在会上作了发言，结合发言情况，县委书记崔明要求：要深化县情认识，充分认识做好人口资源环境工作的重要意义；要深化现状认识，进一步增强做好人口资源环境工作的紧迫感和责任感；要深化思想认识，坚定信心，把人口资源环境工作扎扎实实抓好。

【森林防火工作紧急会】　2010年2月16日，澂江县召开森林防火工作紧急会议，分析2010年森林防火严峻形势，研究部署森林防火工作，县委书记崔明对抓好森林防火工作提出五点要求：一要认清当前森林防火的严峻形势。受持续干旱气候影响，澂江县2月12日全面进入森林高火险期以来，森林火灾高发、高危态势日益加剧，火险等级居高不下，森林山火发生次数明显增多，森林防火形势较往年更加严峻，原有的预防和控制森林火灾的措施已不能适应今年森林防火工作的需要，必须进一步加强组织领导，明确责任，严格奖惩，加大宣传教育力度，认真抓好落实，有效确保森林资源和林区人民群众生命财产安全。二要强化火源管控。林区一律实行封山管理，护林人员从140人增加至300人，在关键林区、路口设置24小时轮班值守检查哨卡，悬挂宣传标语、设置警示牌，对进入林区人员实施防火安全检查和教育，并加大对检查哨卡的检查、巡查、督查的力度和密度，加强精神病患者、智障人员和少年儿童等重点人员的监管，确保火种不入山、林区不用火，做到严防死守。三要强化宣传教育。通过电视、广播、手机短信、标语等及时向社会发布森林高火险期公告、禁火令，通报一批典型火案，公开火灾肇事者的处罚情况及相关责任人问责情况，采取向游客发放宣传单等形式，在全县迅速掀起森林防火宣传高潮，动员全民增强防火意识。四要强化队伍建设。按照龙街、凤麓200人，其余各镇150人的要求，投入保障装备、机具经费18万元，采取增加护林人员补助至500元/月、调整常驻民兵工资至1000元/月等激励机制，加强专业扑火队伍和应急分队训练，提高防火扑火应急处置能力。五要强化防火责任。实行镇长负责制，行政一把手和分管领导对森林防火工作负第一责任和主要责任，以森林防火作为重点工作立项督办，严格实行森林火灾责任倒查和逐级追查制度，坚决落实“责有人担、山有人管、林有人护、火有人打”。

【宣传思想文化工作会】 2010年4月1日，全县宣传思想文化工作会召开，会议总结了2009年全县宣传思想文化工作，对2010年工作作安排部署：要用中国特色社会主义理论体系武装头脑，深入推进学习型党组织建设；要坚持正确舆论导向，大力营造全县经济社会又好又快发展的良好氛围；要拓展对外宣传的领域和渠道，更好地展示对外开放的良好形象；要深入推进社会主义核心价值体系建设，努力提高公民文明素质和社会文明程度；要坚持推动文化大发展大繁荣的目标，进一步促进文化事业建设和文化产业发展；要加强组织领导和统筹协调，不断提高宣传思想文化工作的科学化水平。

【学习实践科学发展观活动总结会】 2010年4月7日，澂江县召开深入学习实践科学发展观活动总结大会，对自2009年3月以来澂江县开展深入学习实践科学发展观活动所取得的成效和宝贵经验进行总结，县委书记崔明要求：要不断深化理论学习，增强领导和推动科学发展的能力；要狠抓整改落实，进一步解决好实际问题；要加强和改善民生，在践行宗旨中落实科学发展观要求；要加强党的建设，强化科学发展的政治保证。

【重大项目推进协调会】 2010年4月8日，玉溪市旅游重大项目澂江推进协调会在象山宾馆召开，副县长朱应生从四个方面对澂江县9个旅游重大项目推进情况进行全面汇报，市旅游产业领导小组就澂江县旅游项目的推进情况提出建设性意见建议，县委书记崔明要求从四方面入手整体推进重大旅游项目建设工作：一、改革创新，大胆探索。要抓住全省旅游“二次创业”和抚仙湖—星云湖生态建设与旅游改革发展综合试验区建设的机遇，学习借鉴外地成功经验，积极探索并大胆尝试突破项目瓶颈制约的措施和办法，以思想的大解放，推动重大旅游项目建设大发展。二、科学组织，狠抓落实。按照“目标倒逼进度、时间倒逼程序、督查倒逼落实”的要求，制定项目推进工作方案、建设流程表和日程表，对重点项目建设目标进行细化和分解，实行项目推进情况“月报制度”，督促各部门根据时间要求一项一项地狠抓落实。三、整体推进，重点突破。既要全面统筹，逐一研究解决各重大旅游项目推进中面临的困难和问题，加快项目整体推进速度，又要区别对待，按照先易后难的要求，以制约因素少、协调难度小、条件相对成熟的项目作为推进重点，集中人力、物力和精力加快推进，力争年内启动1~2个重点旅游项目建设，在重大旅游项目建设上取得新突破。四、加强协调，增强合力。各项目建设协调领导小组要加强与省市的协调对接，积极争取上级支持，及时帮助解决重大项目建设涉及的具体问题，为项目建设提供全面、超前、优质的服务，并充分调动项目投资方的积极性和主动性，发挥其在人脉等方面优势，努力形成推进项目建设的合力。

【抚仙湖入湖河道保洁实地工作会】 2010年4月8日，为认真贯彻落实2010年3月24日全省九大高原湖泊水污染综合防治工作会议精神，全面深入实施抚仙湖阳宗海入湖河道河（段）长责任制，进一步提高广大干部职工保护抚仙湖、阳宗海的意识，调动全民参与母亲湖保护的积极性、主动性，县长苏绍华、副县长朱应生及相关部门领导到抚仙湖北岸实地检查抚仙湖入湖河道治理情况，结合检查情况对抚仙湖河道保洁工作从四方面进行安排部署：一、各级各部门要按照县委、县政府工作安排，严格要求、认真组织，动员广大干部群众积极参与，对入湖河道、河口、湖滩垃圾进行清理打捞，迅速掀起抚仙湖入湖河道清理的新高潮；二、各镇要按照“分级负责、属地管理”的原则，建立健全河道保洁、垃圾收集清运管理长效机制，促使管理工作经常化；三、县政府督查室及县监察、环保、抚管等部门要适时入湖河道保洁活动进行督促检查，确保入湖河道保洁工作取得实效；四、宣传部门要充分发挥舆论监督引导作用，做好入湖河道保洁及河口、湖滩垃圾打捞活动的宣传报道工作，对措施有力、成效明显的要加强正面宣传引导，对责任不落实、工作不力的要进行曝光。

【工业经济工作会】 2010年5月12日，澂江县召开2010年工业经济工作会议。县长苏绍华强调全县上下务必按照县委十届六次全会和县十五届人大三次会议精神，坚持“产业引领、龙头带动、项目支撑、园区聚集”的思路，不断调整优化工业经济结构，壮大磷电和建筑建材业，加快工业园区平台建设，大力引进高新技术项目，发展低碳循环经济，努力实现全县工业经济平稳较快发展。围绕今年目标任务的实现，要重点抓好以下工作：要突出抓好项目建设，增强工业发展后劲；要突出抓好园区建设，搭好招商引资平台；要突出抓好协调服务，强化和谐发展意识；要突出抓好自主创新，提升企业核心竞争力；要突出抓好节能减排，大力发展循环经济；要突出抓好安全生产监管，确保人民生命财产安全。

【防汛工作会】 2010年5月21日，澂江县召开防汛工作会，会议总结分析2009年防汛工作，安排2010年防汛工作并签订防汛工作责任状，县委常委、常务副县长李自乔就防汛和地质灾害防治工作提出要求：认清形势，切实增强防灾工作的责任感和紧迫感；突出重点，抓好各项防灾措施落实；严肃纪律，明确奖惩。

【孔祥庚调研抚仙湖保护工作】 2010年6月1日，玉溪市委书记孔祥庚率市委常委、市委秘书长范汝坤，副市长李洪云，以及市直相关部门领导一行到澂江县实地调研左所蓝莓生态种植试验示范区情况，结合抚仙湖保护，市委书记孔祥庚提出念好“保、调、退”三字诀，并纳入“十二五”规划，找准抚仙湖污染治理的治本之策，从根本上加大抚仙湖保护力度。一、保，工程措施和非工程措施并举，全力开展抚仙湖面山保护。澂江、江川、华宁三县109万亩的抚仙湖面山径流区，43万亩的林地，海拔从1722米到2800米之间跨度，三县要调研、统筹、制定并落实统一的保护发展规划，对于海拔在1900米以上的区域，加大对农业农村基础设施、社会事业建设以及社会保障等方面的资金、政策等补助和扶持力度，因地制宜，宜工程则工程，宜林则林，工程措施与非工程措施并举，加大抚仙湖径流区和面山保护力度。二、调，调整优化产业结构，实现保护与发展“双赢”。以市场为导向，结合海拔、地势、气候、土壤等因素，通过建设优质生态农业试验示范园、科技园区、引进龙头企业等形式，注重品种多样性，加强蓝莓、大樱桃、核桃、香椿等优质生态产业栽种，优化产业结构。根据国家的产业政策导向，加大招商引资力度，高品位开发建设以旅游业为主的现代服务业，统筹农业、林业、加工业、旅游业，优化调整一、二、三产业结构，以保护促产业转型、科学发展，以发展促进更好的保护，实现抚仙湖保护与产业发展“双促双赢”。三、退，即退田还湖、退塘还湖，实现“以退进保”。对于抚仙湖1722.5米水位线以上100米以内的面积，实施退耕还湖、退田还湖、退塘还湖，积极争取资金、政策等扶持帮助，创新投入机制，加大抚仙湖湖滨带生态修复工程建设力度，构筑深度环湖生态净化体系，全面保护抚仙湖。

【城市建设推进现场会】　2010年6月3日，澂江县召开城市建设现场会。会议指出，县委、县政府高度重视城市建设，积极争取社会各界支持，对城市街道进行整修和美化亮化，完成电子抓拍系统建设，成功开发建设教师小区、金色仙湖等商住小区，对县城管理中的突出问题进行整治，城市面貌有较大改观，城市品位得到提升。但在思想认识、组织领导、干部作风、政策措施等方面与城市建设的要求还有差距，资金和土地制约了城市建设进度，部分地段脏乱差问题仍未彻底解决，县城建设管理水平与其他地方还有较大差距。县委书记崔明要求把城市建设作为2010年全县重点工作，加强领导，大胆创新，千方百计筹措资金，按照新城抓开发、老城抓改造的思路加快推进城市建设，为圆满完成年初确定的各项目标任务奠定基础。一要加快行政中心建设，全面启动周边项目前期工作，推进文庙恢复改造等公益性项目前期工作并加大前期工作经费保障力度，扎实做好项目包装、策划、推介工作。二要牢固树立经营城市理念，创新融资渠道，加大建设资金筹措力度，严格资金监管，集中财力收储城市建设土地。三要成立城市建设和管理领导小组，认真研究并严格按照决策程序处理好城市建设管理的相关问题，加快推进城市项目建设，配套完善城市设施和功能。四要加强城市管理工作，尽快启动开行出租车，加大对城市脏乱差问题的整治力度，进一步提高城市管理水平。五要转变干部队伍作风，明确责任，加强协作，强化监督检查，促进城建各项工作落到实处、见到实效。

【关心下一代工作会】　2010年6月9日，澂江县召开关心下一代工作会议，县委副书记、县委办主任张赶良要求从三方面入手做好关心下一代工作：一、提高认识，进一步增强做好关心下一代工作的责任感和使命感。各级各部门一定要站在确保党的事业后继有人和社会主义事业兴旺发达的战略高度，充分认识新形势下做好关心下一代工作的重要意义，切实增强政治责任感和紧迫感，以高度负责的态度，真正做到心往一处想、劲往一处使，上下一条心，全县一盘棋，切实把关心下一代工作抓紧抓实、抓出成效。二、牢牢把握工作主线，用创新精神推动关心下一代工作健康发展。要坚持以科学发展观统领关心下一代工作，用社会主义核心价值体系教育下一代，帮助青少年抵制各种错误思潮和腐朽思想的影响和侵蚀，并为青少年的健康成长创造良好环境；要通过不断创新实现工作新突破，增加青少年教育的针对性和实效性，全面提高青少年的综合素质。三、切实加强领导，形成做好关心下一代工作的共识和合力。各级各部门要切实担负起应有的责任和使命，自觉服从服务于全县改革发展稳定大局，健全领导保障机制，加强组织机构建设，建立健全育人机制、完善活动机制、规范工作运行机制，群策群力、密切配合、形成合力，推动关心下一代工作取得新进展。

【烤烟收购工作会】　2010年8月13日，全县2010年烤烟收购工作会议召开，县委书记崔明、县长苏绍华，县委副书记、县委办主任张赶良，常务副县长李自乔等领导，以及各相关部门领导，村委会书记、主任，烟草公司科室负责人参加会议，会议指出，2010年烤烟生产是在困难中积极推进的一年，克服了前期旱灾、中期涝灾、“两黑病”侵蚀、蔬菜价格高位运行、菜烟争地矛盾突出等重重困难，取得成绩。会议分析当前存在的困难和问题，要求全力抓好烤烟生产，做到保总量保质量保纯度：一要继续抓好养成熟度工作，坚持烟叶适时成熟采烤，提高烟叶产量和质量。二要继续抓好烘烤工作，加大对烤烟师傅的培训、指导力度，建成的卧式烤房要全部投入使用，科学烘烤，应烤尽烤，决不浪费一片烟叶，确保增量增质增效。三要抓好预检工作，关口前移，强化责任，提高等级纯度，提高收购工作效率，确保烟叶收购有序进行。四要抓好分级扎把工作，加强对烟农的培训和指导，切实解决好混部位、混青、混杂等问题，提高烟叶把内纯度。五要抓好收购工作，通过预检进入烟站的烟叶全额全量收购，不给烟农造成麻烦，确保烟叶不外流；按照要求，坚持标准，平稳收购，做到应收尽收，充分体现今年烤烟生产的特点和K326品种特性，确保政府、烟农、企业“三满意”，确保完成2010年765万公斤的收购任务。六要抓好专业管理工作，严厉打击贩卖倒卖烟叶的违法行为，规范收购，建立和营造公平、公正的收购环境和烟农放心满意的收购氛围，确保烟叶收购秩序。会后，澂江县于8月14日正式开磅收购烤烟，收购工作平稳有序。

【苏绍华检查水利设施防汛】 2010年8月10日，县长苏绍华实地查看山冲河、虎山河、梁王河、马料河等水利设施，对澂江县防汛抗旱工作进行检查。在听取相关部门汇报后，县长苏绍华对澂江县防汛工作提出三点要求：一、充分认识2010年防汛抗旱工作形势，增强责任感和紧迫感。防汛部门要提高对防汛工作的思想认识，克服麻痹思想和侥幸心理，提高防汛意识，切实抓好抓实，宁可备而不战，不可战而无备，确保万无一失。二、要强化责任，落实防汛责任制。县防汛抗旱指挥部成员单位要按照职能要求，明晰责任，密切协调配合，落实工作措施，认真检查所有水利设施，将防汛责任落实到每一环节、每一座工程、每一处险情隐患，每个环节都要安排妥当，做到心中有数，确保人民群众生命财产安全。三、切实强化防汛抗旱值守，密切监视天气变化。及时掌握雨情、汛情、旱情、灾情，快速、科学处置水旱灾害突发事件，及时通报防汛抗旱信息，强化各项防范措施，确保安全渡汛。

【第26个教师节座谈会暨“两基”迎国检推进会】 2010年9月9日，澂江县召开第26个教师节座谈会暨“两基”迎国检工作推进会。结合县教育、财政、审计等部门汇报的澂江县“两基”迎国检工作情况，县委书记崔明代表县四套班子向全体教育工作者送上节日祝贺，对关心支持全县教育事业发展的干部群众、社会各界人士表示感谢，同时提出意见：深化教育改革，全面推进素质教育；提高教育教学质量，推动教育全面协调发展；严格要求，不断提高教师队伍整体素质；齐抓共管，营造尊师重教的良好氛围；狠抓落实，确保“两基”迎国检工作圆满完成。

【老干部座谈会】 2010年10月15日，澂江县召开敬老节老干部座谈会，县委副书记、县委办主任张赶良就澂江县经济社会发展、工作计划等情况向老干部汇报，同时对做好新形势下的老干部工作提出三点要求：一要严格执行政策，认真落实老干部待遇。要按照中央、省、市委的政策规定，继续落实好老干部生活待遇和政治待遇，优先保证落实老干部生活待遇，特别是要把老干部的“两费”作为工作的重中之重，认真加以解决。要充分发挥老干局党委的职能作用，落实老干部阅读文件、听报告、参加重要会议和重大活动、向老干部通报情况、组织老干部就近就地参观学习、走访慰问老干部等制度，确保老干部政治待遇落到实处。二要提高服务老干部水平，为老干部办好事、办实事。要结合创先争优活动，满怀感情、主动服务，全心全意为离退休老干部做好事、办实事、解难事。进一步完善特殊困难老干部的帮扶机制，对有特殊困难的老干部，在不违背政策原则和条件允许的情况下尽量给予解决。加强对老干部活动中心和老年大学的领导，以老干部活动中心、老年大学为载体，组织开展文明向上、健康有益的文体活动和老年人健身活动。三要创造有利条件，发挥老干部余热。要采取措施，优化环境，创造条件，畅通老干部建言献策渠道，充分鼓励老干部对澂江经济社会发展做一些力所能及的工作；鼓励和支持老干部在自愿、保重身体、量力而为的基础上，把社会需求和个人志趣结合起来，发挥自身的经验和智慧，奉献余热，为全县改革发展稳定发挥作用。

【学习宣传《中华人民共和国保守国家秘密法》动员会】 2010年10月19日，澂江县召开学习宣传《中华人民共和国保守国家秘密法》（简称《保密法》）动员会，县政府办公室主任、县保密委副主任陈黎彬对云南省泄密案情进行通报，县保密局局长、县保密委副主任年光辉对玉溪市政府办公室过失泄密事件进行通报，县委副书记、县委办主任、县保密委主任张赶良对学习宣传、贯彻落实《保密法》提出要求：要强化组织领导和督促指导；要分门别类明确学习宣传要求；要运用多种形式增强宣传效果；要组织切实增强学习效果。

【社会主义新农村建设现场会】 2010年10月20日，全县新农村建设现场会在九村镇蛟龙潭村民小组召开，县四套班子领导、县直部门领导、各镇书记镇长、相关各部委办局等领导参观了蛟龙潭小组新农村建设情况，九村镇党委书记王留东汇报蛟龙潭新农村建设的具体做法，诚合公司董事长吴恩云、蛟龙潭村民李开明代表企业和群众作发言。县委书记崔明指出，九村镇蛟龙潭新农村建设找准了政府、群众、企业利益的结合点，是新农村建设的典范，有五点经验值得学习：一、加强组织领导是关键。二、科学制定搬迁方案是基础。通过走访群众，召开村组干部会议等方式，搬迁工作组收集了大量搬迁信息，掌握了第一手资料，做到了底子清、情况明。在广泛征求村组、企业及群众意见的基础上，结合实际情况，研究可行对策，以实现磷矿资源开采利用与群众增收致富、资源开发与环境保护协调发展为主要任务，科学制定搬迁方案，对相关工作和环节作明确规定，搬迁方案具有较强的针对性、操作性，为搬迁工作有条不紊开展奠定了坚实基础。三、开展群众工作是前提。在蛟龙潭新农村建设整村搬迁工作中，面对群众的不解和抵触，工作组反复进村入户做深入细致的群众工作，充分掌握群众的真实意愿和想法，妥善处理群众关心的问题。对有争议纠纷的，耐心为群众调解；对群众不明白的问题，反复讲清讲透；群众对评估有异议的，仔细核对原始评估资料，耐心细致向群众解释说明，使搬迁工作得到群众理解和支持，促进了搬迁工作的顺利进行。四、各部门形成合力是保障。诚合公司先后投入资金2000余万元用于新区“三通一平”基础设施建设及旧村搬迁补偿；华荣水泥厂以优惠价支持优质水泥3000余吨，“帽天山”品牌涂料生产商优惠提供外墙漆150桶；县民政局为44户群众提供了44万元的抗震民居补助；县新农办配套了15万元的环境绿化经费；县残联为5户残疾人困难户每户安排5000元的残疾人补助；电信、水利、电力、公安、国土、林业、建设、交通、税收、信用社等部门全力配合，推进搬迁顺利进行。五、紧密结合村情实际是根本。蛟龙潭新农村建设整村搬迁，立足本村实际，通过资源开发，促进了产业结构调整，增加群众收入，实现澂江磷化工业持续发展与促进当地资源优势向经济优势转化“双赢”，为成功解决磷矿石开采影响农业生产及与当地群众利益相冲突这一矛盾探索了一条有效途径，实现资源开发与环境保护的协调和可持续发展。

【学习贯彻党的十七届五中全会精神】 2010年11月9日，澂江县召开学习贯彻党的十七届五中全会精神大会，会议对十七届五中全会会议基本情况、主要精神和中共中央关于“十二五”规划建议主要内容进行传达，县委书记崔明对学习贯彻党的十七届五中全会精神提出要求：要加强领导，周密部署；要搞好宣传，营造良好的学习氛围；要深入学习领会，全面准确把握全会精神实质；要联系实际，在学习贯彻全会精神中推动澂江经济社会科学发展。

【创先争优活动交流推进会】 2010年11月9日，澂江县召开深化创先争优活动交流推进会，各部委办局党组织书记，各镇党委书记、副书记、组织委员等领导参观司法局、凤麓镇澂波社区、右所镇吉花村委会、红塔乳胶厂创先争优活动情况，部分示范点主要负责人进行交流发言。县委副书记、县委办主任张赶良对推进深化创先争优活动提出要求：要深化思想认识，落实工作责任；要围绕中心工作，重在谋事干事；要扭住关键环节，加强机制建设；要强化舆论宣传，掀起创先争优活动热潮。

【崔明对重点项目建设提出要求】 2010年11月15日，县委书记崔明等领导率县公安局、环保局、抚仙湖管理局、水利局、安监、建设局等部门负责人，深入到部分重点项目建设工地检查环境保护和安全生产等情况，并提出要求：各级各部门和企业单位要牢固树立“环保优先、安全第一、以人为本”的理念，落实环保措施和安全生产等相关要求，确保项目建设稳步推进；县直相关部门要主动搞好对接服务，全面履行监督管理职责，切实做到在服务中管理，在管理中服务；分管领导和各职能部门要明确目标，落实项目建设相关责任；企业和施工单位要切实增强环保意识和安全责任意识，科学制定施工方案，明确专人负责环保、安全等，协助配合相关职能部门开展工作；要严格按照批准的有关规划和方案实施，做到执行政策规定不走样，落实措施要求不打折扣，把项目建设成绿色环保工程、安全文明工程。

【崔明在民主生活会上提出要求】 2010年11月23日，澂江县召开县委领导班子民主生活会，市纪委常委曲春祥、市委组织部副县级组织员冯平等领导受邀参加民主生活会。县委书记崔明在民主生活会上提出要求：要着力解决思想解放程度不高的问题，围绕加快科学发展、实现富民强县目标，提高思想解放程度，按发展的需要和群众的意愿解放思想，以思想解放激发干事创业的动力和活力；要着力解决发展意识不强的问题，进一步深化县情认识，解决各级领导班子和党员干部发展意识模糊、主观推动发展意识不强的问题，坚决破除影响和制约科学发展的等、靠、要等问题，增强各级领导干部的发展意识和责任意识；要着力解决工作作风不实问题，在领导干部队伍中要大兴勤学善思、求真务实、艰苦奋斗、密切联系群众、力争上游五大风气，实现以党风促政风带民风，凝聚推动科学发展的强大力量；要着力解决领导发展能力不强问题，更加注重学习，加强教育培训，强化实践锻炼，坚持按照科学发展观要求选干部、配班子、建队伍、聚人才，形成科学发展的用人导向；要着力解决抓落实力度不够的问题，进一步建立和完善工作监督考核和责任追究制度，把重大决策执行情况与政绩考核、领导干部选拔任用、创先争优、行政效能建设结合起来，促进执行力不断提高。

【县委中心组理论学习会】 2010年12月7日，县委中心组理论学习会在烟草公司召开，县四套班子领导、法院、检察院院长及各镇党委书记、镇长参加会议。会议围绕学习贯彻十七届五中全会精神，科学谋划澂江县“十二五”经济社会发展进行讨论研究，发言领导对澂江县“十二五”规划纲要（初稿）提出建设性意见。县委书记崔明主持会议。会议指出：澂江县“十一五”期间经济社会发展实现思想有解放、认识有提高、作风有转变、干部有干劲、思路有调整、事业有进步、发展有基础。同时，要求通过强化学习、强化班子建设、强化队伍建设、树立强烈的紧迫感和危机感、树立坚定的信心和信念、树立强烈的事业心和责任心、提高素质、提高能力、提高执行力。

（李云川）

【重要文件】

澂发

5月24日　关于贯彻《中共中央国务院关于加大统筹城乡发展力度进一步夯实农业农村发展基础的若干意见》的实施意见

1月19日　关于表彰2009年度落实党风廉政建设责任制先进单位的决定

3月5日　关于表彰2009年度新农村建设优秀工作队队长和优秀指导员及先进派出单位的决定

3月8日　关于印发《关于加强澂江县纪检监察机关建设的实施方案》的通知

3月4日　关于学习贯彻《中国共产党党员领导干部廉洁从政若干准则》的实施意见

3月8日　关于批转《澂江县人大常委会2010年度工作要点》的通知

3月11日　关于表彰创先争优评比活动优秀班子和优秀干部的决定

3月30日　关于批转《政协澂江县委员会2010年工作要点》的通知

3月30日　关于命名表彰澂江县第五届文明行业文明单位文明村和第二届文明社区的决定

3月30日　关于贯彻落实《中共中央关于加强和改进新形势下党的建设若干重大问题的决定》的实施意见

4月19日　关于表彰村（社区）“两委”换届选举工作先进集体和优秀工作队员的决定

4月28日　关于澂江县2010年依法治县工作的意见

6月7日　关于加快旅游产业发展的决定

9月7日　关于进一步加强工会共青团妇联工作的意见

澂办发

1月20日　关于印发《澂江县关于省委第四巡视组巡视工作建议的整改方案》的通知

2月4日　关于表彰政法工作先进集体和先进个人的决定

2月4日　关于表彰2009年度社会治安综合治理维护稳定工作先进集体和先进个人的决定

2月4日　关于表彰奖励见义勇为先进个人的决定

2月4日　关于考核验收“平安单位”的决定

2月11日　关于认真做好全县村（社区）“两委”换届选举工作的实施意见

2月24日　关于县级党政领导挂钩联系各镇抗旱救灾工作的通知

3月8日　关于印发《澂江县公共机构完成“十一五”节能工作实施方案》的通知

3月11日　关于澂江县2009年开展创先争优评比活动的评比结果通报

3月30日　关于印发《澂江县加强境外非政府组织在澂江活动管理工作联席会议实施方案》的通知

4月9日　关于对县委十届六次全体会议主要精神进行立项督查的通知

4月13日　关于2009年重点项目建设年终考评的情况通报

4月20日　关于组织开展“五五”普法检查验收工作的通知

4月21日　关于做好和推进2010年全县重点项目建设的通知

5月28日　关于在全县各级党组织和党员中深化创先争优活动的实施意见

6月22日　关于印发《关于在全县深入推进社会矛盾纠纷化解工作实施方案》的通知

6月22日　关于印发《澂江县推进社会管理创新工作指导意见》的通知

7月5日　关于印发《中共澂江县委办公室公文处理实施细则》的通知

7月20日　关于印发《澂江县贯彻落实2010年反腐倡廉工作任务的分工方案》的通知

7月27日　关于成立澂江县水污染综合防治“十一五”责任书项目建设指挥部的通知

8月18日　关于调整县委领导联系各镇工作的通知

8月18日　关于调整县处级领导干部联系村（社区）工作的通知

8月18日　关于调整部门联系村（社区）工作的通知

9月16日　关于推进学习型党组织建设的实施意见

10月12日　关于印发《澂江县2010年度推进惩治和预防腐败体系建设暨党风廉政建设责任制考核方案》的通知

10月21日　转发《县纪委、县监察局、县财政局关于进一步落实党政机关厉行节约要求的实施方案》的通知

11月23日　关于印发《澂江县新农村建设工作队及指导员管理办法》的通知

12月15日　关于印发《澂江县农村社区建设试点工作方案》的通知

12月31日　关于县委领导班子民主生活会的情况通报

12月31日　关于《澂江年鉴》（2011）编辑出版有关事项的通知

会议纪要

2月24日　2010年森林防火工作紧急会议专题会议纪要

4月22日　澂阳二级公路联络线县城段（梨花路）公路专题会议纪要

6月17　城市建设现场会专题

8月3日　地质灾害防治工作现场会议纪要

8月25日　禄充风景区环境综合治理专题会议纪要

9月1日　禄充风景区污水处理现场会会议纪要

澂请

5月13日　关于澂江县参加全市统一公开选拔科级领导干部的请示

6月4日　关于将抚仙湖温泉（原财政培训中心）资产无偿划拨澂江县的请示

10月25日　关于上报审批《澂江县人民政府机构改革方案》的请示

11月9日　关于召开县委领导班子民主生活会的请示

澂报

1月20日　关于报送《澂江县关于省委第四巡视组巡视工作建议的整改方案》的报告

（刘丽萍）

县委办公室工作

【综述】　2010年，澂江县委办公室紧紧围绕县委中心工作，以制度建设、领导班子建设、干部队伍建设为抓手，充分发挥参谋助手、综合协调、督促检查、服务保障职能，有力促进县委各项决策部署的贯彻落实。

【自身建设】　2010年，县委办公室坚持以科学发展观为指导，围绕打造“服务型、实干型、创新型”办公室的目标，结合上年度办公室民主生活会查找出的不足，着力加强思想政治建设、规章制度建设、领导班子建设和干部队伍建设，“服务领导、服务基层、服务群众”的能力水平不断提升，办公室各局、科、室工作取得显著成绩，开创工作新局面。健全完善办文办会、财务管理、奖惩考核、党风廉政建设等方面的规章制度，促进工作制度化、规范化；继续强化领导班子建设，完善班子集体决策、分工协作、

民主生活会等制度，加强班子党风廉政建设，优化班子成员年龄结构、知识结构、工作经历结构，提高班子整体领导水平；加大干部培养、提拔和交流力度，促进优秀人才脱颖而出。全年共有3名干部提拔为副科级领导，1名副科级领导干部到乡镇交流；扎实开展深化“创先争优”活动，坚持理论学习与实践创新结合，加强干部思想政治教育和业务学习培训，增强干部工作责任心和业务能力，形成比学赶超的浓厚工作氛围，打造一支“特别能吃苦、特别能战斗”的干部队伍，促进办公室整体工作效能提升，圆满完成各项工作任务，得到县委的充分肯定。

【文秘工作】 2010年，县委办公室以开展深化创先争优活动为契机，充分发挥以文辅政、决策服务和参谋助手作用，加强文秘干部队伍建设，开展业务学习培训和调查研究，改进文风会风，不断提高公文质量和文秘工作水平。全年共发出文件217个，其中，澂发文件21个，澂办发文件63个，澂干发文件29个，澂请文件10个，澂复文件13个，澂函文件1个，《会议纪要》21期，《澂情通报》16期，澂办通文件9个，澂办发电文件18个，澂报文件5个，内部明电1份，领导批示件10份，起草各类讲话汇报材料100余份，签收办理各类文件材料750余份。

【信息工作】 2010年，县委办公室继续加大信息工作力度，充实信息人员，严格落实信息考核制度，主动转变信息工作思路，调动各级各部门报送信息积极性，紧紧围绕澂江经济社会发展、民生事业、生态文明建设、重大旅游项目建设等方面的成效、经验和做法进行信息宣传，有力宣传澂江各项工作，展示澂江特色，上报信息和下发信息工作成绩突出。全年，共上报市委信息451条，《玉溪重要信息》采用42条，《玉溪信息》采用12条，下发《澂江信息》60期，发挥了信息工作在党委工作中宣传报道、交流经验、以文辅政的作用。

【督查工作】 2010年，县委督查室坚持以推动工作为着力点，以提高执行力为着眼点，着力加强督查干部队伍建设。紧紧围绕县委重要会议、重要文件、重点项目和重大决策部署，突出民生和社会热难点问题，采取重点督查与全面督查相结合、单独督查与联合督查相结合、实地督查与书面督查相结合等方式，继续实行月报、半月报、季报及年终考核评价等制度，主动跟踪问效，积极建言献策，督查工作水平和质量不断提升。全年共上报《督查专报》53期、《督查件办理情况》6期，下发《督查工作》35期，为各级党委及时了解各项决策的贯彻落实情况提供翔实的第一手资料，发挥督查工作在贯彻落实重大决策部署中的“助推、鞭策、监督、反馈”作用。

【政研工作】 2010年，县委政研室立足“服务县委工作大局、服务县委科学决策”，增强调研的主动性和实效性，就抚仙湖保护治理、重大旅游项目建设、农民增收、蓝莓产业发展、政务服务中心和人才队伍建设等课题深入开展调研，撰写有深度的调研报告7篇，被市委政研室和《玉溪农村经济》采用刊发3篇，调研课题完成数量和质量居全市政研系统前列。围绕中央重要会议文件精神和对澂江经济社会发展具有参考借鉴价值的经验做法编发《信息参考》5期，圆满完成县委1号文件的起草工作，参与和独立完成40余篇重要文稿的起草工作，为县委、县政府决策发挥重要参谋助手作用。

【机要工作】 2010年，县委机要局按照“确保绝对安全、确保绝对畅通”的工作要求，加大投入，着力提高机要装备建设、密码网络建设和机要工作“四化”建设水平。推进信息网络建设，初步建成澂江县电子政务内网建设县级平台；严格密码、密件管理，做到网络管护日常化、电报办理规范化、密件管理精确化、管理程序科学化；加强机要干部工作业务培训，不断提高机要干部队伍整体素质；妥善处理紧急重要电报，有效应对突发事件，未发生任何失泄密事故，确保全县密码通讯绝对安全和畅通，机要信息工作成绩突出。全年共上报信息26期，被《玉溪机要》采用20期，被《云南机要》采用2期，有力宣传了澂江机要工作。

【行政后勤工作】 2010年，县委办公室坚持“精简、节约、高效”原则，完善财务管理、车辆管理、后勤接待等制度，着力提高办会、接待等服务水平，科学合理使用财政预算资金，圆满完成县委全会和纪委全会的会务任务及各项接待任务，充分发挥后勤服务保障职能，确保县委各项工作的正常运行。组织干部职工开展抗旱救灾捐款4万余元，组织县委机关工会成员开展“两基迎国检”捐赠活动，捐赠书籍729本、光碟180本。

（郭保明）

组　织

【综述】 2010年，澂江县委组织部以服务全县经济社会发展为中心，以加强领导班子和干部队伍建设、深化干部人事制度改革、发展党内民主、从严管理干部、加强人才队伍建设、夯实基层党建基础为重点，不断提升各级领导班子科学执政能力、基层党组织带民增收能力和组工干部服务发展能力，为全县经济社会又好又快发展提供坚强的组织保证和人才支撑。

【党组织和党员抗旱救灾】 2010年，云南省遭受百年一遇的特大旱灾，在开展“共产党员抗旱救灾特别捐献活动”中，澂江县各级党组织和党员群众踊跃捐款225.56万元，其中，8个党组织捐款11.25万元，4706名党员捐款195万元（1000元及以上1279人），1111名非党干部职工及群众捐款19.3万元（1000元及以上57人），省市补助53万元，所捐献款项按省市要求分两批下拨。其中，

50%用于给受灾地区困难群众发放关爱资金，补助标准为每户500元，共补助2797户；50%用于帮助受灾地区困难群众修建“共产党员爱心水窖”，每口补助2000元，共建699口。县直各部委办局56个党组织与40个村（社区）党组织结成帮扶对子，党员领导干部189人驻村蹲点帮扶40个村（社区），落实抗旱救灾项目154个，解决抗旱救灾资金1535万余元，帮扶党员群众35000余人，解决群众生产生活难题95个。

【党组织及党员情况】 2010年底，澂江县共有基层党组织554个，其中，党委12个，党总支47个，党支部495个，共有党员8016名。年龄结构为：35岁及以下党员1731名，占21.59%；36～45岁党员2242名，占27.96%；46～54岁党员1472名，占18.36%；55～59岁党员705名，占8.79%；60岁及以上党员1866名，占23.27%。学历结构为：大专及以上学历2345名，占29.25%；高中（中专）学历846名，占10.55%；初中及以下学历4294名，占53.56%。

【党员发展情况】 2010年，全县各级党组织共举办入党积极分子培训班7期，594人参训；举办入党考试8期，434人参加，其中，325人通过考试；发展党员191人，其中，女性党员78人，少数民族党员13人，35岁以下党员109人，高中（中专）及以上文化程度党员95人。

【学习实践科学发展观活动】 2010年3月，澂江县圆满完成历时1年零6个月的学习实践科学发展观活动。全县共计166个单位参学，涉及5个镇党委、36个党总支、364个党支部，5942名党员。

【创先争优活动】 2010年，澂江县在12个党委，47个党总支，495个党支部，8016名党员中开展深化创先争优活动，创建9个市级示范点和20个县级示范点。以科级领导班子和领导干部年度考核、村级组织班子及班子成员绩效考核、股所级干部工作量化考核、党建目标管理责任制考核和党员管理目标量化考核为载体，开展佩戴一枚党章、悬挂一面党旗、订立一块党员户牌、划定一片农村党员责任区“四个一”活动，组织实施党员公开承诺、亮牌示范、星级评比等活动。

【村（社区）“两委”换届选举】 2010年3月1日至4月12日，澂江县开展村（社区）“两委”换届选举工作，共涉及36个村、4个社区，354个村民小组，42个居民小组，5887名农村党员和12万余名选民。通过全县各级各部门的共同努力，全县共选出村（社区）“两委”班子成员351人。其中，“两委”委员交叉任职82人，占23.4%；书记、主任“一肩挑”11人，占27.5%；党员324人，占92.3%；连选连任205人，占58.4%；致富能手215人，占61.3%；少数民族干部23人，占6.5%。大专及以上学历47人，占13.4%。高中、中专学历144人，占41%；“两委”委员平均年龄44.7岁，其中，年龄最小的23岁，35岁以下的59人，占16.8%；35～50岁的222人，占63.3%；女委员72人，占20.5%。

【基层党内民主建设】 2010年，澂江县推行“四议两公开”工作法，出台《澂江县村级组织班子及班子成员绩效考核暂行办法》，县财政每年投入60万元考核经费，实行村务党务公开、规范民主决策机制、完善民主管理机制、强化监督制约机制，推进党内基层民主建设。

【增加党建经费投入】 自2010年起，澂江县每年由县财政补助每个村级党组织不低于2万元（社区党组织不低于5万元）的工作经费，为乡镇安排70万元党建工作专项经费，并建立正常增长机制；每名农村党员每年教育培训经费由50元提高到100元。全年拨付农村党员教育培训经费57.73万元。

【村级组织活动场所建设】 2010年，澂江县共筹集资金380.24万元对全县8个村级活动场所进行重建、改建。至年末，全县33个村级组织活动场所建设全部竣工，实现100%覆盖。

【大学生“村官”考核】 2010年，澂江县委组织部加强对大学生“村官”的培养管理工作，为大学生村官“量身定做”考评目标及考评内容，注重日常考核与年度考核相结合，最终确定6名优秀大学生“村官”。

【党员干部现代远程教育】 2010年，澂江县委组织部与相关部门联合，建成东山和梁王两个村委会的“宽带互联网传送信号＋电视机（投影仪）＋机顶盒接收点播”模式的远程教育接收站点，全县镇村建点率达100%。年内，又与文化部门协调合作，为尖山、海口、矣旧、补益、东山等5个村委会配发电脑各1台。2010年，全县利用远程教育终端站点组织党员干部集中学习242场次，参训干部2875人次，党员7513人次，群众7666人次。

【农民服务站建设】 2010年，澂江县委组织部采取试点先行、整体推进的方式，整合资源，建设农民服务站5个、农民服务代办点33个，全县所有镇村做到人员进站、公章进站、所有手续进站，方便群众办事。

【帮扶困难党员】 2010年，澂江县委组织部在春节期间及时安排379名科级以上党员领导干部与379名困难党员结成帮扶对子，广泛开展走访慰问活动。科级以上党员领导干部共投入慰问金8万余元，大米、油、床被等400余件。同时，及时调整困难党员信息，全县登记在册享受定补的困难党员有370人，2010年共发放困难党员救助资金24.92万元，1668人次受益，其中，发放临时性困难党员补助资金7800元，9人次受益。

【优化党组织设置】 2010年，澂江县委组织部积极探索在非公有制经济组织、农民专业合作社、专业协会、产业链、外出务工经商人员相对集中点建立党组织的途径，全年升格党总支2个（原工商行政管理局党支部升格为党总支、原华光村党支部升格为党总支），调整、新建党支部42个。

【举办党建工作五年回顾展】 2010年，澂江县委组织部在建党90周年及“十二五”到来之际，通过26张展板、78幅图片、6800余字的文字说明，生动再现“十一五”期间澂江县党的建设工作探索创新的成功经验和成果，同时对全县“十二五”党建工作进行规划。

【干部教育培训】 2010年，澂江县委组织部分两批选派190余名科级以上领导干部、规模企业负责人等赴中山大学参加学习培训。县直各部门共举办各种培训班225期，培训干部21500余人次。全县处级领导及相关部门领导共791人次参加“2010年云南省领导干部时代前沿知识讲座”。全年全县共组织党课教育56期，参训人数6302人次。收到科级领导干部调研文章493篇并将在线学习的范围扩大到全县处级领导干部、乡镇党政正职和县委组织部全体干部，实行定期考核。举办科级领导《廉政准则》培训班，全县科级领导400余人参加培训。举办2010年新一届村（社区）“两委”干部培训班，全县村（社区）“两委”成员295人参加培训。

【新农村建设指导员管理工作】 2010年，澂江县选派30名思想政治素质好、工作表现突出的优秀年轻干部到村委会（社区）担任澂江县第四批新农村指导员并召开2009年新农村建设工作队总结表彰暨2010年下派指导员动员大会，对8家先进派出单位、1名优秀工作队队长和13名优秀指导员进行表彰。

【干部日常监督】 2010年，澂江县委组织部规范出国境审批程序，办理1名处级领导因公出国（境）手续。委托县审计局对6名领导干部进行经济责任审计。办理160名科级、处级领导干部请假审批工作、16人退休或提前退休手续和5名受处分（宫缓州期满安排工作）人员的工资变动审批。收到信访件7件，办结率100%。

【干部人事制度改革】 2010年，澂江县委组织部实行干部选拔任用全程记实制度，制作完成澂江县干部选拔任用工作流程图和2010年晋升副县处级领导职务资格基本知识考试全程记录光碟。制定《澂江县党政机关、事业单位中层干部竞争上岗实施意见》、《澂江县晋升科级领导职务资格基本知识考试试行办法》、《澂江县选拔任用科级领导干部初始提名试行办法》、《澂江县差额选拔任用科级领导干部试行办法》。规范干部考察工作，建立干部考察预告制度和考察工作责任制，实行任前公示制度和任职试用期制度。

【竞争性选拔干部】 2010年，澂江县委组织部将3个科级领导干部岗位纳入全市公选，共有77人报名参加，公选出3名优秀年轻干部。推荐56人报名参加全省处级领导干部公选，1名优秀年轻干部脱颖而出。1名优秀村党组织书记参加全省统一选拔已正式任用为乡镇副职。

【晋升科级领导职务资格基本知识考试】 2010年，澂江县委组织部组织实施澂江县首次晋升科级领导职务资格基本知识考试，全县符合条件的机关、事业单位干部和管理人员及专业技术人员共334人报名参加考试，其中，参加晋升正科级考试的136名，参加晋升副科级考试的198名，考试合格作为干部晋升职务的必备条件之一。通过考试，参考正科级考试的131人合格，合格率96%，参加副科级资格考试的156人合格，合格率79%。

【干部选拔任用】 2010年，澂江县委组织部对2009年度在乡镇挂任副科级领导职务期满的5名挂职干部以及参加公选试用期满的8名干部进行考核考察，县委给予正式任命。经过民主推荐、考察，全县确定10名副县级后备干部，其中，女干部2名，40岁以下的干部5名。2010年度全县共任免科级干部56名，其中，提拔使用领导干部21名，岗位交流干部27名，免职干部8名。在21名新提拔使用的科级领导干部中，提拔为正科级的4名，提拔为副科级的17名，妇女干部5名，少数民族干部4名，非党干部2名，30岁以下的干部9名。

【落实“四项监督”制度】 2010年，澂江县委组织部制定下发《关于开展“提高选人用人公信度集中学习教育宣传月”活动的通知》和《坚决刹住用人上的不正之风—关于12起违规违纪用人典型案件的通报》，在全县开展干部工作政策法规“六个一”学习教育活动，即开展一次主题宣传、一次集中学习、一次自我测试、一次知识竞赛、一次警示教育、一次网络征文活动。举办学习贯彻干部选拔任用工作四项监督制度专题培训会，邀请市委组织部干部监督科科长马春明授课，全县科级以上领导干部及全体组工干部共计380余人参加培训。共组织干部选拔任用政策法规和四项监督制度相关知识竞赛3次，参与人数4000余人，收到网络征文11篇，利用短信平台向全县科级以上领导干部发送四项监督制度学习内容短信4400余条。开通了“12380”干部监督专用举报电话，形成信访、来访、电话举报受理的干部监督举报体系。

【公务员招考和大学生“村官”选聘】 2010年，澂江县面向社会和应届高校毕业生招考录用国家公务员16名。做好5名优秀大学毕业生选聘到村任职相关工作，推进村干部的学历教育和素质教育。

【实施“一村一名大学生”工程】 2010年，澂江县委组织部与县农广校配合，完成农广校2010年秋季“一村一名大学生”大专班55名学员招生计划。

【农村实用人才队伍建设】 2010年，澂江县组织县、镇、村、组四级干部200余人到蓝莓栽培示范区基地参观学习，开展蓝莓高产栽培技术培训。组织农民工下岗创业培训130人，组织“绿色证书培训”826人，颁发绿证673人。农村劳动力转移就业培训和劳务输出累计培训1927人，转移就业1916人，转移率99.4%。以农函大招生办学为平台，共开办4个专业、19个教学班、招收学员1007人。

【专业技术人员队伍建设】 2010年，澂江县在结构比例范围内核发高、中职专业技术职务岗位卡。开展机关事业单位技术工人技师评聘工作。招考招聘55名事业编制人员充实到教育、卫生、环保、审计、民政等5个系统。

【部门自身建设】 2010年，县委组织部巩固学习实践科学发展观活动和作风年建设活动成果，深入开展创先争优活动，部内党员干部共作出服务承诺事项96条。开展每天在线学习一小时、每周一个集中学习日，每月举办一期组工讲坛、每月精读一本好书，每月开展一次远程教育学习、每月开展一次文体活动、每季度组织一次专题讲座，每年提交一篇调研报告、每年组织一次知识竞赛、每年举办一批集中学习培训班”的“十个一”活动，助推学习型机关建设。部内进行人员轮岗6人次，选派2名年轻干部到市委组织部跟班学习，抽调3名干部参加小湾、矣旧征地工作。通过公开选拔、民主推荐考察，先后有4名组工干部走上领导岗位。稳步实施信息化建设，投入资金8.9万元完成大组工网建设，并顺利通过省、市委组织部验收，现已投入使用。加强组织工作宣传力度，编印《澂江组工信息》96期，被《云岭先锋》采用8篇，被省市《组工信息》采用信息26篇。

（李国皇、梁青）

宣　传

【综述】 2010年，澂江县委宣传部以为全县经济建设服务、为县委、县政府的中心工作服务、为丰富群众的精神文化生活服务为工作出发点，以聚民心、集民智、鼓民劲、树形象为工作目标，坚持创新、务实、和谐、高效的团队精神，牢牢把握先进文化的前进方向，唱响主旋律，打好主动仗，为全县三个文明建设提供良好的思想保证、舆论支持和文化条件，开创全县宣传思想工作新局面。

【理论武装】 2010年，澂江县委宣传部制定下发《澂江县2010年党委（党组）中心组理论学习意见》，配合县委办开展县委中心组理论学习2次；配合县组织部开展深化创先争优活动；8月13日，与统战部、县委党校联合，召集县直各部委办局副科实职以上干部，各中学正副校长、教导主任、各中心小学校长、各镇民族宗教干部等400余人，邀请省委党校张雷军教授举办党的民族理论政策培训会；加强与组织、纪委、党校联系，制定可行措施，加强干部教育培训，做好大规模培训干部工作；开展创建学习型党组织建设活动，起草全县推进学习型党组织建设实施意见，10月14日，组织召开全县推进学习型党组织建设动员大会；邀请专家、学者做好全县各级各部门的各类宣讲活动，提高全县干部的战略思维、创新思维、辩证思维能力。

【新闻宣传】 2010年，澂江县委宣传部紧紧围绕县委提出的“两大政治任务”、“五大战略”和“三大经济发展路子”，牢牢把握经济宣传这个重点，以保持经济平稳较快发展为主线，深入宣传全县转方式、调结构、保增长、保民生、保稳定、保生态的重大举措和创先争优活动中先进典型，邀请《云南日报》、云南电视台、《春城晚报》、《玉溪日报》、玉溪电视台等各级媒体赴澂江就抗旱救灾、森林防火、基层党建、生态建设、创先争优活动进行系列采访报道，宣传报道全县经济建设、社会建设、文化建设、党的建设、生态文明建设所取得的新进展、新成就，营造经济社会全面协调发展的良好氛围。2010年，《玉溪日报·县区新闻》澂江版共采编新闻48期、207条文字稿和68幅图片新闻，时政信息21条，澂江电视台播出新闻1532条，澂江信息网登载信息2306条，澂江手机报编发信息131条，其他省、市、中央媒体新闻70余条。

【对外宣传】 2010年，澂江县委宣传部围绕“生命摇篮、山水澂江”主题，整合资源、集中资金、聚集优势，开展全方位多层次宽领域对外宣传，提高澂江美誉度和知名度。完成科普电影《生命大爆发》的拍摄、制作、上线，并在中央四台、十台放映；完成《生命摇篮、山水澂江》宣传画册的制作；完成由澂江本土人士作词作曲宣传澂江的10首歌曲《声动云南·山水澂江》MTV拍摄；接待“赞中华、颂云南、吟玉溪繁荣云南诗歌论坛采风团”到澂江的采风活动以及《共守一片蓝天》摄制组到澂江的摄制工作。5月14日，在玉溪新闻网开通了澂江新闻网县乡直通车，开辟了以县镇为平台的全方位的宣传格局；11月初，与移动公司联合推出《澂江手机快讯》，以其面向大众、方便、快捷、幅射面广的特点为全县人民开设一扇不出门便知澂江事的窗口。按照《澂江县对外宣传工作奖励（试行）办法》，对2009年度在省级以上电视、报刊播出宣传澂江的新闻进行奖励，鼓励全县外宣新闻多出好作品。

【抗旱救灾】 2010年，澂江县遭遇特大旱灾，全县小春农作物大面积减产，农业生产受到极大损失，部分村组出现人畜饮水困难。县委宣传部充分发挥新闻媒体的舆论引导作用，积极做好全县抗旱救灾工作的宣传报道，调动广大干部群众积极性，鼓舞斗志，全力以赴抗大旱、救大灾。充分利用电视台、报刊、网络等媒体广泛宣传全县科学抗旱、生产自救、防暑降温、森林防火、促春耕、保民生、促进和谐的等一系列举措办法，帮助受灾群众树立不等、不靠的思想，大灾面前要有战胜灾害的信心。3月29~30日，组织省市多家媒体深入受灾严重村组，宣传报道全县抗旱救灾工作情况。同时，县委宣传部10名干部职工心系灾情，积极响应县委、县政府抗旱救灾捐款活动，慷慨解囊，先后共捐款17750元。

【精神文明建设】 2010年，澂江县委宣传部、文明办命名表彰澂江县第五届文明行业、文明单位、文明村和第二届文明社区；对荣获“云南省未成年人思想道德建设先进工作者”及“玉溪市首届道德模范”光荣称号的个人进行表彰；认真做好市级文明单位复查材料的收集整理上报工作，并动员文明单位积极参与共建“和谐文化示范村”活动。向中央文明办争取电脑45台，发放到全县中小学校和镇文化站。继续开展“我推荐、我评议身边好人”活动，营造学习先进、崇尚先进、争当先进的浓厚社会氛围。开展“讲文明树新风”、文明交通、全民阅读和资源节约活动，在全社会倡导文明礼仪之风。广泛开展“我们的节日”、“爱国歌曲大家唱”活动，弘扬中华优秀传统文化。组织开展“关爱空巢老人”、“关爱农村留守儿童”、保护抚仙湖等社会志愿服务活动。推荐上报精神文明建设工作经典案例6例。联合县教育局、共青团、司法局、公安局、关工委积极在中小学校开展“法制讲座”、“禁毒防艾”、“社会主义荣辱观”、“环保知识五进活动”的主题宣传教育活动。在澂江二中189班认真组织开展“做一个有道德的人”主题班会，积极探索提高未成年人思想道德建设的有效形式。深入开展扫黄打非专项斗争，加大对网络、网吧、荧屏声频、校园周边环境、非法出版物等的整治力度，严格控制不适合未成年人的广播影视节目、损害未成年人身心健康的不良广告在大众媒体上播出。深化拓展群众性精神文明创建活动的内容和形式，健全完善文明创建监督管理机制及退出机制，提升文明城镇、文明行业、文明旅游风景区、文明单位创建的质量。做好“生态文明示范村”创建工作，深入推进环湖文明走廊工程、城乡清洁工程及“和谐文化示范村”的建设。

【文化产业】　2010年，澂江县委宣传部、文产办围绕建设云南民族文化强省战略和推动全县文化大发展大繁荣的目标，坚持一手抓文化事业繁荣，一手抓文化产业发展，在推动文化建设上有新进展。一、研究制定了《澂江县2010年至2013年文化产业发展规划》，精选一批基础好、条件优、有发展前景的文产项目积极向省、市申报，千方百计争取资金促项目实施。积极做好帽天山申报世界文化遗产、金莲山申报国家级文物保护单位的宣传推介工作。二、坚持文化与旅游相结合，加快文化旅游产业发展。发挥好帽天山、金莲山、抚仙湖水文化、鱼文化、关索戏等独特的文化资源优势，打造文化旅游品牌，提高全县旅游景区景点的文化含量和文化品位，通过文化建设和文化产业的发展，有力带动旅游业及相关产业的发展。三、统筹城乡区域文化发展，建设公共文化服务体系。继续开展好凤山公园广场文化活动，推进广播电视村村通、农村电影放映、镇文化站建设、农家书屋等文化惠民工程，开展好文化科技卫生“三下乡”等活动，丰富城乡群众文化生活，用先进文化占领基层文化阵地。推动音乐、美术、书法、摄影以及民族民间文学创作，对“我与建国60年”征文征稿书画摄影展活动中评选出的优秀作品作者进行了表彰奖励。

【自身建设】　2010年，澂江县委宣传部以开展深化创先争优活动和建设学习型党组织活动为契机，创新学习制度，加强宣传思想文化干部的思想、组织、作风建设。一、加强培训。9月2日，县委宣传部举办澂江县宣传信息工作培训会，从新闻信息的写作及摄影、图片处理技术等方面对各镇分管宣传工作的副书记、宣传委员、各部、委、办、局信息员进行培训；10月17～28日，县宣传部长参加由中宣部举办的县级宣传部长理论培训班。二、加强学习。建立健全每周五集中学习制度，由单位统一组织干部职工进行政治理论和业务知识学习，干部职工学习有笔记，单位有记录，采取组织干部职工每周轮流讲课的方式，既提高了干部职工的理论业务素质、锻炼了表达能力，又达到了互相交流学习、共同提高的目的。2010年，县委宣传部被县委、县政府授予2010年度党风廉政建设工作先进单位、社会治安综合治理维护稳定工作先进集体称号，12月获玉溪市未成年人思想道德建设先进单位殊荣。

（钟丽聪）

统　战

【综述】　2010年，澂江县委统战部全面贯彻落实中央和省、市民族宗教工作的指示精神，围绕县委、县政府中心工作，争取人心，凝聚力量，积极指导全县非公有制经济组织开展创先争优活动，进一步巩固和发展最广泛的爱国统一战线；服务经济发展，着力改善民生，为少数民族及少数民族地区解决实际困难和问题。一年来，统一战线各个领域工作取得新成效，实现新突破。

【民族宗教代表人士迎新春座谈会】　2010年2月1日，县委统战部召开2010年民族宗教代表人士迎新春座谈会，全县12个开放宗教活动场所主要教职人员、管理组织负责人、辖区有少数民族的村委会书记及县直相关部门的主要领导共计41人参加会议。会议通报2009年民族宗教工作和2010年工作计划，传达县委十届六次全会精神，鼓励全县少数民族和信教群众，紧紧围绕县委全会提出的奋斗目标，继续发扬“共同团结奋斗、共同繁荣发展”和爱国爱教的优良传统，为建设富裕、开放、文明、和谐澂江贡献力量；县委常委、县委宣传部部长华丽萍要求全县各级各部门，认真贯彻落实党的民族宗教政策，继续高度重视民族宗教工作，积极教育引导少数民族群众和信教群众，通过努力，进一步改善生产生活条件，依法管理宗教事务，引导宗教与社会主义社会相适应，为圆满完成县委十届六次全会提出的奋斗目标营造良好的社会环境。

【慰问困难老党员】　2010年春节前夕，县委统战部认真做好党员领导干部联系困难老党员走访慰问工作。县政协副主席、统战部部长李树明，副部长兼工商联党组书记张强、副部长杨正华等带着春节慰问品，分别走访慰问右所镇补益村委会、海口镇松元村委会的3户贫困户，向他们表达节日的祝福。

【解决少数民族和民族地区实际困难】 县委统战部始终关注少数民族和民族地区的“急、难、小”问题，真心实意地帮助他们解决实际困难。2010年，积极争取上级部门的专项补助资金14万元，帮助解决左所清真寺、大毛营清真寺、拖柏清真寺和极乐寺4处开放宗教活动场所的修缮问题，使信教群众充分感受到了党和政府的关怀和温暖，让有限的资金发挥了较好的社会效益和经济效益，得到了宗教界人士的好评和县、镇党委、政府的充分肯定。关注少数民族地区民生问题，2月3日，把禄充观音寺僧众向社会各界募集到的250件衣服、1床棉被及时送到松元村委会，分发到困难少数民族群众手中，帮助他们度过一个温暖、愉快的春节。

【县委四套班子领导到少数民族地区调研】 2010年2月9日，县委、县人大、县政府、县政协四套班子领导在县委书记崔明、县长苏绍华的带领下，心系少数民族群众，到海口镇松元村委会实地调研，指导抗旱工作，帮助解决抗旱经费和物资。经过认真调研，县委书记崔明对当前的抗旱工作提出具体要求：加快抗旱工程的施工进度，确保少数民族地区群众的人畜饮水得到解决；加强卫生检疫，确保少数民族地区群众的人畜饮水安全；做好春耕备耕工作，确保当年烤烟生产用水，促进少数民族地区经济社会持续发展；加强民族团结宣传教育工作，使“三个离不开”的思想深入干部群众的心里，促进民族团结、社会稳定；加强防火宣传，提高群众的消防安全意识，严防森林火灾和农村火灾的发生。

【解决松元村委会人畜饮水问题】 县委统战部历来重视少数民族地区的发展遇到的难题，2010年，在得知松元村委会人畜饮水困难后，积极向上级申请抗旱资金10万元，主动向县委、县政府领导汇报，争取支持，帮助松元彝、苗族群众修建人畜饮水工程。经过认真调研，从海口镇蒿枝箐抚仙湖边新建一个扬程450米的抽水站，铺设管道2900米。投资50万元的抚仙湖提水工程于2010年春节顺利竣工并通水，保证山区1800余名少数民族群众在春节期间用上清澈的自来水。

【宗教活动场所负责人培训会】 2010年4月12日，县委统战部召开开放宗教活动场所负责人培训会议，全县12个开放宗教活动场所的负责人参加会议。会上，县政协副主席、县统战部部长李树明针对当前国内民族宗教工作面临的形式，要求大家提高认识，贯彻落实党的民族宗教政策，重点围绕落实好“五个始终”：即、始终牢记把握各民族共同团结奋斗、共同繁荣发展这个民族工作的主题；始终遵循平等、团结、互助、和谐这个处理民族问题的重要原则；始终牢固树立“三个离不开”的重要思想，即汉族离不开少数民族，少数民族离不开汉族，各个少数民族之间也相互离不开；始终大力发扬各族干部群众同呼吸、共命运、心连心的优良传统；始终坚持完善民族区域自治制度。会议还商讨关于选拔全县宗教界人士参加首届云南省宗教界体育运动会的相关事宜，并作布置安排。

【拖柏村“民族团结示范村”建设项目通过市级验收】 2010年5月19日，在县委统战部部长、县民宗局局长、龙街镇党委书记等县镇村组有关人员的陪同下，市民宗局验收小组到澂江检查验收“民族团结示范村”创建工作，通过严格检查，拖柏村“民族团结示范村”建设项目顺利通过市级验收。龙街镇双树村委会拖柏村民小组是2009年省民委批准实施的“民族团结示范村”建设项目，该项目于2009年12月23日启动，2010年3月1日竣工。工程总投资52.95万元，其中，省民委补助30万元，群众自筹及投工投劳22.95万元。根据批准的项目建设内容，县、乡、村、组各级协调配合，圆满完成该项目的建设工作，具体建设情况：投资29.5万元，完成村庄道路硬化建设，其中，省级投资12万元，自筹及群众投工投劳17.5万元；投资11.75万元建设科技文化活动室，其中，省级投资10万元，自筹及群众投工投劳1.75万元；投资4.3万元，完成公厕及垃圾池建设，其中，省级投资3万元，自筹及群众投工投劳1.3万元；投资7.4万元，完成民族节日活动场所及宣传栏建设，其中，省级投资5万元，自筹及群众投工投劳2.4万元。

【翠竹湾基督教堂举办宗教知识培训】 为提高信教群众的宗教知识水平，增强抵御外来宗教渗透的能力和依法信仰的自觉性，经县民宗局批准，翠竹湾基督教堂于2010年6月13日开始举办为期5天的信徒培训。来自市基督教两会的牧师对全县100余位信徒进行宗教知识培训，县民宗局、县司法局围绕《宗教事务条例》、《云南省抚仙湖保护条例》、《土地法》等法律法规进行培训。通过培训，广大信徒更好地懂得国家相关法律法规，爱国爱教，依法信教，配合政府抵御邪教，更好地与社会主义社会相适应。

【开展岗位廉政教育】 2010年7月6日，县委统战部在全体干部职工中开展岗位廉政教育活动，并召开动员会。会议明确活动的指导思想、目标任务、基本原则、方法步骤和工作要求。为增强干部职工廉洁从政意识和拒腐防变能力，使教育活动收到实效，县政协副主席、统战部部长李树明就本次活动提出要求：严格遵守党纪政纪和国家法律法规，依法依规行使权力，不滥用职权，不用手中的权力和职务上的便利谋不正当的个人利益；严格执行集体领导与个人分工负责制度，办事坚持原则，公道正派，忠于职守，做到以身作则，克已奉公，自觉接受群众监督；严格遵守廉洁自律各项制度规定，带头遵纪守法，严格要求自己，决不在经济管理活动中违规违纪和有不廉洁行为；严格执行国家政策、行业管理、项目管理的各项制度规定，不为自己和特定关系人谋取非法利益；严格遵守社会公德、职业道德、家庭美德，诚实守信，管好自己的配偶、子女、亲友和身边工作人员，不利用职权为亲属及身边的工作人员谋取非法利益。按照党风廉政建设责任制要求，对分管的党风廉政建设工作承担分管领导的责任。勤奋好学，自觉改造世界观、人生观、价值观，加强党性修养与锻炼，培养高尚的道德情操和职业品格；严格按照党政领导干部廉洁从政准则要求，过好权力关、金钱关和美色关。崇德重仁，厉行节约，管好自己的手脚和嘴，不该拿的不拿，不该去的不去，不该吃的不吃，不参与赌博和变相赌博活动。自觉接受干部群众的监督，办事光明磊落，公开透明，经得起组织、群众考验和历史的检验。带头严格执行廉洁自律的各项规定，筑牢心理防线，做一心一意为民、克已奉公、开拓创新、模范带头的人民公仆。

【张乐斌到澂江调研】 2010 年 7 月 20 日，国家宗教局副局长张乐斌在省宗教局副局长马开能，市政府副秘书长陈俊、市民宗局副局长周光文陪同下深入澂江调研宗教工作。县委书记崔明，县委常委、宣传部部长华丽萍，副县长、公安局局长李荣坤，县政协副主席、县委统战部部长李树明等县领导出席调研座谈会。座谈会上，县委书记崔明代表县委政府向张副局长一行汇报澂江宗教工作情况。听取汇报后，国家宗教局副局长张乐斌对澂江的宗教工作给予充分肯定，认为澂江的民族宗教工作做到了领导重视、认识到位、支持到位、服务到位、工作措施到位，有许多工作经验值得推广。张乐斌希望县民宗部门继续发扬成绩，在服务大局上下功夫，在依法管理上下功夫，在引导宗教与社会主义社会相适应上下功夫，在强化服务上下功夫，不断推进全县宗教工作向纵深发展。

【崔明谈宗教工作】 2010 年 7 月 20 日，国家宗教局副局长张乐斌在省宗教局副局长马开能、市政府副秘书长陈俊、市民宗局副局长周光文的陪同下深入澂江调研宗教工作，县委书记崔明，县委常委、宣传部部长华丽萍，副县长、公安局局长李荣坤，县政协副主席、县委统战部部长李树明等县领导出席调研座谈会。座谈会上，县委书记崔明代表县委政府向张副局长一行汇报澂江宗教工作情况，谈了宗教工作体会：县委、县政府始终把民族宗教工作作为一项长期的政治任务，摆在全县工作的重要位置，深入贯彻落实党的宗教政策，把宗教工作贯穿于各项工作的始终，融入到政治、经济、文化和社会生活的各个领域，抓好抓实抓出成效；认真落实市委孔祥庚书记的要求，县委政府主要领导与民族宗教人士交心谈心、广交朋友。党政领导经常关心、过问宗教工作，尊重少数民族的风俗习惯和信教群众的宗教信仰自由。县四套班子领导通过参加重大民族宗教活动，深入各宗教活动场所，与宗教界人士和信教群众共庆节日，和他们交朋友、拉家常，增进与民族宗教界人士的感情交流；真心实意地帮助解决实际问题。每年安排一定的财政资金用于解决民族宗教工作中的实际困难和问题，及时妥善处理了华光回族坟山、凤麓清真寺修缮等问题，得到了宗教界的肯定和好评；重视加强少数民族和信教地区基层组织建设。牢固树立民族宗教无小事的理念，高度重视民族宗教工作，通过加强少数民族和信教地区的组织建设，充分发挥基层党组织在宗教工作中的战斗堡垒作用，及时把影响民族团结和宗教稳定的问题处理在萌芽状态；坚持在发展中加强和改进民族宗教工作。始终把党的宗教政策法规宣传教育作为宗教工作的重心，把发展经济作为中心任务和加强宗教工作的重要抓手，在加快经济社会发展中统筹解决宗教工作中的各种困难和问题。实现宗教场所内部的规范和谐、宗教场所与信教群众之间的和谐、宗教场所与周围不信教群众之间的和谐、信教群众与不信教群众之间的和谐、宗教与社会的和谐，全县呈现出各民族群众安居乐业的局面。

【龙兰到澂江指导对台工作】 2010 年 8 月 5 日，市委统战部副部长、台办主任龙兰等一行到澂江指导对台工作。龙副部长认真听取了县台办关于全县对台工作情况汇报后，对县台办尽心尽力为台商台胞做好服务和协调工作给予了肯定。同时，龙副部长一行还深入到台商唐锦昌的罗勒种植基地，实地考察了罗勒的种植状况，仔细了解他们的生活情况，并宣传党的对台方针政策和法律法规，希望他在澂江安心发展、放手发展。

【举办党的民族理论政策培训班】 为提高全县广大领导干部对新时期民族工作重要性的认识，2010 年 8 月 13 日，县委统战部、县委宣传部、县委党校联合举办党的民族理论政策培训班。全县副科级以上领导干部，各镇民族宗教专干，民族聚居村的村委会书记、主任、村完小校长，各中学、中心小学校长、分管德育工作的副校长、政教主任 400 人参加培训。培训班邀请云南省委党校、省行政学院的张雷军教授做《坚持党的民族理论的指导地位，巩固发展社会主义民族关系》的专题讲座。张教授结合自己多年来的工作经验和丰厚的理论功底，讲述民族理论的产生及发展和党的三代领导集体的民族理论与民族政策以及现阶段我国民族问题面临的严峻形势。通过培训，提高全县广大干部对民族理论政策的把握与重要性认识，对做好民族工作和各项工作具有较强的指导意义。

【张功祥到澂江调研】 2010 年 10 月 14 日，省委统战部副部长、省工商联党组书记、省非公有制经济组织深入开展创先争优活动指导小组组长张功祥一行，在玉溪市政协副主席、市委统战部部长范亚辉的陪同下，到澂江县调研指导非公有制经济组织深入开展创先争优活动情况。张功祥一行深入到红塔卷烟胶厂进行实地调研，听取县政协副主席、县委统战部部长李树明关于县非公有制经济组织深入开展创先争优活动情况和红塔卷烟胶厂党支部书记的汇报。在听取汇报、查阅资料、实地参观之后，张功祥对县非公有制经济组织深入开展创先争优活动给予充分肯定，认为澂江县在活动中领导重视、工作落实、形式创新、活动内容具体丰富，成效明显，其做法和经验可在全市乃至全省进行推广。同时，就如何做好下一步的工作，张功祥提出要求：要深化对非公有制经济组织深入开展创先争优活动重要性的认识，提高企业主参与活动的积极性和主动性；要加强领导，精心指导。必要时可组织企业党组织负责人相互交流观摩；创先争优活动一定要与企业的发展紧密结合起来；要规范活动，做到明确主题、创新载体、公开承诺；要抓好示范点和联系点的工作，示范点要出经验，联系点的工作要全面推进；要把创先争优活动与学习中央有关文件结合起来，与民营企业感恩行动结合起来，与完成当年任务、推进企业发展结合起来。要扩大覆盖面，促进企业党组织建设，重视解决党组织和党员组织活动难、作用发挥难的问题。

【调研县非公经济组织】 2010年10月19～20日，县政协副主席、统战部部长李树明邀请县发改委、县经委、县工业园区主要领导深入县7家非公企业调研。李部长一行到华荣水泥有限责任公司、华业有限责任公司、冶钢集团、志成磷化工有限责任公司、金龙公司、金山化工有限公司、富强工贸公司进行实地察看，详细了解关于全县工业园区规划进展工作和东溪哨工业园区建设、重点项目推进工作情况。通过调研，李树明针对重点建设项目的具体情况和项目建设存在的困难和问题，提出了具体的意见和建议。并就非公企业关于工业园区建设及重点项目建设下一步工作提出要求：要注重自主创新，主动调整工业布局和产业结构，进一步拓展工业发展空间；抓好环保治理、节能降耗、安全生产工作。从抚仙湖保护、城市发展等方面出发，统一开发意见和要求，着眼于今后可持续发展，实现在发展中正确处理保护环境和发展工业关系，使在建设项目早日投产。

【宗教事务管理】 2010年，县委统战部继续加强宗教事务管理，深入宣传和贯彻落实《宗教事务条例》，积极引导全县伊斯兰教、佛教、基督教与社会主义社会相适应。召开民族宗教工作会，与5个镇签订《民族宗教目标管理责任书》，布置2010年的民族宗教工作；开展全县宗教教职人员认定备案工作，进一步规范宗教教职人员的管理；贯彻落实《宗教活动场所财务监督管理办法（试行）》，建立健全宗教活动场所财务管理体制，规范宗教活动场所财务运作；依法开展基督教私设聚会点专项治理工作，规范宗教行为；检查布置全县开放宗教活动场所抗旱防火工作，分别到12个宗教活动场所对现场火灾隐患进行检查，下发了《澂江县民族宗教事务局关于做好宗教领域抗旱防灾工作的通知》，确保宗教领域的安全稳定；认真做好朝觐工作。全年共安排7名信教群众参加朝觐，同时积极宣传相关政策，做好朝觐的组织服务工作，有效杜绝零散朝觐；加强宗教管理，维护社会稳定，有效防范和抵御了境外宗教渗透，依法打击邪教活动。认真开展经常性的矛盾纠纷排查调处，及时发现可能引发群体性、突发性事件的苗头和带一些倾向性的问题，力争把问题解决在基层、调处在内部、化解在萌芽状态，确保民族宗教等节庆日和“敏感日”的安全稳定。

【指导工商联工作】 2010年，在县委统战部的指导下，县工商联工作取得明显成效。指导全县15家非公企业开展创先争优活动，努力创建“五好四强”先进基层党组织，鼓励他们在促进社会和谐中创先争优，在全县非公企业中形成创业绩、争一流的良好氛围。通过学习活动的有效开展，非公企业的竞争意识明显增强，为社会奉献的精神也得到了提升，创先争优指导工作也得到了省、市部门的充分肯定，取得明显效果；按照国家的“贷免扶补”政策，共扶持创业对象80名，发放贷款400万元，带动就业185人，小额贷款的发放，促进了个体经济的发展；10月，指导成立县旅游业商会；在县委、县政府举行的“献爱心——抗旱救灾现场捐赠活动”中，全县34家非公经济企业捐赠抗旱救灾资金370.35万元，为有效缓解全县的旱情取到促进作用。

【台、侨工作】 2010年，县委统战部发挥台办、侨办的职能作用，对生活困难的台、侨工作对象建立日常联系和春节慰问制度，深入台胞台属、侨胞侨眷家中走访慰问，向他们宣传党的对台方针政策和涉侨法律法规，了解他们的生产生活情况，为其排忧解难，注重加强与他们的交流与联系，增进大陆同胞与海外三胞的团结。2010年，全县共有台胞31户96人，台属41户162人；归侨2户4人，侨眷28户113人；健在的黄埔同学3人。

【党外人才工作】 2010年，县委统战部积极协助组织部门做好全县党外干部的培养、选拔、安排、使用、考察工作，推进党外代表人士培养、选拔和使用工作的规范化和制度化。建立健全全县副科级以上党外领导干部档案，分类建立党外知识分子名册，2010年，全县共有党外副处级干部4名，党外科级干部50名（正科8名，副科45名），党外高级知识分子84名。

（杨正华）

县委党校

【综述】 2010年，澂江县委党校在宣传十七届四中、五中全会精神中，创新工作方法，增强服务意识，主动送教上门，送教下乡；主动配合组织部门圆满完成2010年干部培训任务，提高全县广大党员干部的理论水平和综合素质，为构建社会主义和谐社会，促进澂江经济社会发展提供有力支持。

【创先争优活动】 2010年6月2日，县委党校召开创先争优活动动员会。会上，学校领导组织全校教职工认真学习县委书记在全县创先争优活动动员会上的讲话。会后成立“创先争优”活动领导小组，制定活动方案，并设有专人负责该项活动相关事宜，在整个“创先争优”活动中，县委党校一方面要求党员干部作表率，在全校营造“创先争优”的良好氛围。以争创“五个好”党支部，争做“五个好”优秀共产党员为目标，认真开展“创先争优”活动。另一方面要求教师积极投身于全县“创先争优”活动中，并作好各种理论辅导和宣讲工作。全年全校教师到基层开展“创先争优”理论辅导和宣讲20场次。

【学习党的十七届五中全会精神】 2010年10月22日，县委党校组织全校教职工学习党的十七届五中全会精神。会上全体人员全文学习十七届五中全会精神，同时，党校领导要求全校教师深刻领会和研讨十七届五中全会精神，作好宣讲十七届五中全会精神的准备。

【召开专题民主生活会】 2010年11月16日，县委党校召开领导班子专题民主生活会，县纪委、组织部相关人员到会指导，全校教职工参加大会。民主生活会以“围绕中心，服务大局，全力打造干部教育培训主阵地”为主题。会上副校长徐灿辉代表领导班子介绍2010年学校民主生活会的筹备情况，报告上一年度的民主生活会整改落实情况，代表领导班子作《中共澂江县委党校领导班子分析检查报告》，并就分析检查报告向教职工征求意见和建议。常务副校长解天荣代表领导班子成员就存在问题进行认真分析，领导班子成员及普通党员结合自身工作实际查找存在的问题，深入开展批评与自我批评，明确整改方向。县纪委、县委组织部到会人员作点评，对此次民主生活会给予肯定。

【保密普法教育】 2010年，在开展保密教育过程中，县委党校与有关职能部门联系，搞好党校各类班次的保密宣传教育工作，重点教育对象放在函授班，(2010年，党校招收1个函授班共36名学员）每学期安排3个课时进行保密普法教育。在教学中注意发挥教师学员的学习积极性，运用讲授式、案例式等教育教学方法，力求理论与实际相结合，使教学收到实效。

【专业技术人员职称评审工作】 2010年8月20日，县委党校召开专业技术人员职称评审工作会，常务副校长解天荣就2010年职称评定工作从师德师风、教育能力、教师出勤、任职年限、工龄、年度考核、科研成果、主体班课程等方面作要求和说明，要求全体顾全大局，讲团结，推荐过程中必须做到公平、公正、公开。顺利完成2010年专业技术职务推荐评审工作。

【入党积极分子培训】 2010年，县委党校与机关党委、凤麓镇党委举办入党积极分子培训。培训班以党的建设最新理论、路线、方针政策、党的光辉历程等为主要培训内容。全年共开展培训4期，培训入党积极分子350人。通过培训，使入党积极分子系统掌握党的基本知识、基本理论、基本纲领、基本路线、基本经验，提高为人民服务的宗旨意识和党员的权利义务，端正了入党动机，使入党积极分子政治觉悟和理论素养得到提高。

【送教上门】 2010年，结合澂江县工作实际，县委党校选派骨干教师送教上门，送教下乡，分别为：6月25日，2名教师到华光村委会开展创先争优讲座；6月28日，1名教师到海口镇进行党员培训；11月17日，2名教师到九村镇进行干部培训；11月29日，常务副校长解天荣到旧城村委会讲党课；11月24日，2名教师到县医院开展培训；12月3日，1名教师到中国银行讲课；12月13日，1名教师到东山村委会讲课。同时，党校教师还深入到县商务局、供销社、建设局、旅游局、环保局、供电、凤麓镇、左所村委会、小西村委会，右所村委会，教育局，社区等单位和部门开展专题培训，共培训774人次，内容涉及党的知识、领导艺术、群众工作等。

【党员干部教育培训】 2010年，县委党校按照《澂江县2010年干部教育培训计划》，围绕县委、县政府的中心工作，按照党校工作职责开展党员干部培训工作。全年共举办领导干部理论培训班、村组干部培训班、基层党员培训班等4类培训21期，培训人员2904人次。其中，大规模的培训班5期，第一期于2010年6月22～23日举行的村两委干部培训班共300人。培训内容：云南省委全会精神；科学发展观与领导干部素质建设；加强基层党建工作和干部保健知识讲座。第二期于2010年7月6～7日举行，培训对象为全县各镇党委副书记、派出所所长、司法所所长、村委会书记、主任、治保主任、调解主任等社会治安综合治理维稳干部124人。培训内容：做农村改革发展的推动者；正视农村治安形势，切实加强农村社会治安综合治理；土地管理知识；新形势下农村精神文明和社会公德建设；农村党风廉政建设，农村基层党组织建设。第三期于2010年7月14日举行，培训对象为全县科级领导干部，培训内容为《中国共产党党员领导干部廉洁从政若干准则》。培训会上县委副书记张赶良、县纪委书记汤之德及县委党校教师就如何贯彻新修订的《中国共产党党员领导干部廉洁从政若干准则》进行专题培训，全县科级以上领导干部参加培训。第四期于2010年8月13日举行，培训对象为全县副科级以上干部，培训内容为民族理论政策。通过培训，广大党员干部民族理论水平有提高。第五期是赴中山大学培训，于2010年12月9～28日举行，全县科级以上领导干部180余人分两批赴中山大学进行为期10天的培训。通过各方面的努力，圆满完成2010年全县党员干部培训任务。

【制定宣传十七届五中全会精神实施方案】 中共十七届五中全会召开后，为深入学习贯彻党的十七届五中全会精神，充分发挥党校理论宣传的主阵地作用，帮助全县广大党员干部切实提高对五中全会精神的理解，2010年，按照县委的统一部署，县委党校及时制定实施方案，成立十七届五中全会精神宣讲组，根据全县宣讲工作需要，深入机关、镇、村、学校、企业、社区等地宣讲十七届五中全会精神。共做宣讲报告9场次，听课人数627人次，实现党校课堂教育的有效延伸，取得较好的社会效益。

【全县党政干部赴中山大学学习培训】 2010年12月，为深入贯彻落实中央、省、市关于加大干部教育培训力度的有关要求，增强干部教育的针对性和实效性，全面提高干部队伍的综合素质和能力，经县委、县政府研究决定由县干部教育委员会和县委党校共同组织全县正科级以上党政干部及部分企业家赴中山大学学习培训。赴中山大学培训分为两批，第一批从2010年12月9~18日，第二批从2010年12月19~28日。培训内容为中山大学郭晓聪教授《科学发展观与政府决策》、中山大学副教授张宁《领导干部应对突发事件管理》、中山大学高级礼仪师徐红《社交礼仪与语言表达艺术》、广东省工商联副主席李阳春《双转移：产业转移与劳动力转移》、广东省政策研究室汪一洋副主任《土地流转与农村经济》、中山大学副教授龙柏林《领导力开发及领导方法与艺术》、中山大学教育学院书记郭文亮《党的基层组织建设》、广州市越秀区委党校副校长卢智浩《公共关系与大众沟通》、广州市越秀区委党校教授黎浩元《社区经济发展与管理》、中山大学副教授李安勇《区域经济发展态势及发展战略》、中山大学教授保继刚《旅游可持续发展与旅游规划》、华南理工大学教授刘国臻《社区经济发展——三旧改造与土地征收法律问题》、中山大学教授廖为建《危机管理》、中山大学宣传部长李汉荣《公共关系与大众沟通》、广东省政协副秘书长黄庆勇《产业转移及农村剩余劳动力转移——基于广东区域领导力30年演进的思考》等15个专题，参观考察广东省中山市产业集群发展模式镇——古镇、沙涌，广东顺德市政社分离及村居管理模式，土地入股及股份社管理；广东东莞区域经济发展特点，听取广东东莞区委党校副校长张慧玲《东莞经济发展基本经验》讲座，听取广东肇庆市委党校刘红星《肇庆经济社会发展与环境保护》讲座，参观肇庆高新技术开发区。本次培训是澂江县历次干部培训中规模最大的一次，培训中受训学员积极性高，学习态度认真，圆满完成培训任务。结业后每位受训学员结合自身实际写出培训总结上交县委组织部干部教育委员会。

【教学科研】 2010年，县委党校在完成党员干部培训基础上，与上级党校联合办学，开办1个法律专业本科学历班，学员共36人。在教育教学管理中，县委党校严格按省委党校、云南行政学院的要求，严格考勤制度、学籍制度和考试制度，顺利完成教学及各科教学任务。组织完成2008级法律本科班毕业论文撰写与答辩。县委党校在完成各项培训任务的同时，加强科研工作，深入基层广泛调查研究，撰写科研论文。2010年共有3位教师7篇论文在《云南省委党校学报》、《云南行政学院学报》、《理论探索》上发表。

（李贵松）

史 志

【综述】 2010年，澂江县史志办结合史志工作实际，做好《澂江县志》(1978~2008）志稿的收集及对撰稿人员的培训指导工作，做好《澂江县党史资料》(1966~1976）的编纂发行工作，做好《澂江县党史资料》(1977~1992）档案资料的查阅工作、完成《澂江年鉴》(2010)的组稿、编纂工作及完成部门的职能工作和县委、县政府交办的各项工作任务。

【党建工作】 2010年，县委史志办领导班子在干部职工中组织开展政治理论和业务知识学习，要求每个干部职工做到政治上硬、业务上精、能力上强，具备过硬的理论素养和业务素质。坚持学习制度，每周四下午组织干部职工学习理论和业务知识，学习十七大文件精神，并要求干部职工在学习过程中，注重结合史志工作实际，增强服务意识，树立精品意识、创优意识，不断从政治思想和业务水平上加强修志队伍的建设。通过集体学习和自学，全体干部职工进一步解放思想，增强信心，振奋精神，明确目标任务，将所学理论运用到编纂工作中，为全年各项工作目标的完成打下基础。

【出版、发行《中共澂江县党史资料》(1966~1976)】 2010年3月，通过县史志办公室5年的征研、编纂，《中共澂江县党史资料》(1966~1976）一书出版、发行，标志着澂江县党史研究工作又迈出新步伐。该书全面系统的再现1966~1976年这一特殊历史时期澂江县党的建设、经济建设和文化教育等情况，既反映澂江各项建设事业在10年动乱中遭受的重大挫折，许多党员干部和群众受到的不同程度的冲击与迫害，又再现广大党员干部群众在与“左”的错误进行抵制和抗争的同时，认真开展地方特点鲜明的“农业学大寨”、“工业学大庆”和重大水利工程建设等工作，反映了党组织在特殊历史时期仍坚定不移的致力于推动澂江经济社会发展的全过程，该书具有较强的现实教育意义，是澂江县史志办在建党90周年为全县人民送上的一份厚礼。

【《中共澂江县党史资料》(1977~1992)编纂工作】 2010年，县委史志办把编纂《中共澂江县党史资料》(1977~1992）作为党史工作重点来抓，以澂江县党史发展的客观事实为依据，在认真研究、讨论的基础上，科学设置篇目，就档案查阅的范围、方法、步骤及时效作出具体安排布置，并专门组织人员长驻县档案馆查阅党史资料。同时，史志办领导还专门带领全办人员到市、县史志办学习借鉴经验。在此基础上，又专门聘请省、市党史研究室领导到史志办授课，培训编纂知识。至2010年底，档案资料查阅工作已进入尾声，2011年将全面进入总纂阶段。

【革命遗址普查工作】 2010年，为贯彻落实市委党史研究室《关于全市革命遗址普查工作的实施意见》的通知精神，县史志办高度重视，召开专题会议研究此项工作，成立由主任王基宇任组长、副主任鲁自雄任副组长、适加敏为成员的革命遗址普查工作领导小组，并制定实施方案，明确分工，展开对澂江县域内革命遗址的普查工作，彻底摸清澂江县革命遗址现状，建立革命遗址保护体系，更好地对革命遗址进行开发、利用，有重点的建立澂江县爱国主义教育基地。该项工作的开展，有利于继承党的光荣传统和革命精神，培育和弘扬以爱国主义为核心的民族精神；有利于建设和巩固文化阵地，大力发展社会主义先进文化；有利于加强党的思想建设、组织建设和作风建设，提升执政能力和永葆党的先进性。普查对象为新民主主义革命时期澂江县的革命遗址，每处革命遗址普查的项目包括遗址的名称、地址、面积、建筑样式及建筑材质、形成时间、利用时间等基本情况；遗址本体的历史由来、使用状况、保存状况、陈列物品情况及遗址周围的环境状况等信息、资料。至年末，县史志办已按照普查范围及项目将澂江范围内的革命遗址各项资料收集整理完毕并交送市党史研究室审查验收，验收全部合格。史志办干部适加敏在此项工作中，被评为全市开展革命遗址普查工作先进个人。

【《澂江县志》（1978～2008）征编工作】 根据国务院办公厅《关于进一步加强地方志编纂工作的通知》和云南省人民政府办公厅《关于开展云南省三级地方志续修工作的通知》等文件要求，经县委、县政府研究，澂江县启动《澂江县志》（1978～2008）续修工作，为做好续修《澂江县志》工作，县政府于2009年1月8日召开县志续修启动暨培训会。2010年，通过县史志办组织工作人员到各修志部门指导志稿的编撰，截至12月，90%以上的单位已将初稿入交至史志办，通过初步审读，对不符合县志撰写要求的单位，县史志办人员按照年初分工，分别到各自所负责部类的部门进行指导，帮助撰稿人员撰出合格稿件。计划2012年完成总纂。

【年鉴编纂工作】 2010年，为完成2010年年鉴编纂任务，澂江县以澂办发文件下发《澂江年鉴》（2010）总体设计目录，并对稿件质量、稿件时效性等方面提出要求。针对撰稿人频繁变更的客观实际，为保证《澂江年鉴》质量，客观、真实、准确地反映澂江县的国民经济和社会发展情况，全体志办人员在发行《澂江年鉴》（2009）及收集《澂江年鉴》（2010）稿件过程中，采取就地指导撰稿人员的方式，分别对撰稿人员进行培训，从指导思想、时间要求、体裁与体例、质量要求等4个方面进行辅导。通过培训，提高撰写水平，稿件质量较往年有很大提高。该期年鉴已于2010年10月初出版发行，出版发行时效性位居玉溪市第一。

【部门志编纂工作】 2010年5月，在县史志办指导下《澂江县检察志》已出版发行。在编纂该书的过程中，县史志办公室派出工作人员下部门进行业务指导，组织编纂人员协助收集、整理志稿所需资料，并派工作人员指导并参加编纂。在此基础，又深入县档案馆、县民政局等相关单位查阅档案卷宗。通过一年多的艰苦努力，《澂江县检察志》得以出版发行。同时，县史志办还指导县交通局、县林业局、县人武部进行部门志的编纂。县史志办公室认真履职，加强业务指导，尽管编纂人员少，但仍安排工作人员对各修志部门加强业务指导。年内，《澂江县交通志》已通过审稿，计划2011年初发行。工作中，县史志办通过认真贯彻落实《地方志工作条例》。充分履行《条例》赋予的职责，进一步规范全县部门志的编写、审核、出版工作，并做好《条例》规定的志书编纂管理工作，注重开发利用地方志资源，不断推进地方志工作在规范化、法制化的轨道上持续、健康地发展。

【党风廉政建设工作】 2010年，县委史志办公室把党风廉政建设列入重要议事日程，成立由史志办主任（党支部书记）为组长、副主任为副组长、财务人员为成员的澂江县史志办党风廉政建设领导小组，并明确职责，责任到人，真正做到有组织、有领导、有人员。年初制定《澂江县史志办公室党风廉政建设工作计划》、《澂江县史志办公室党风廉政建设实施方案》，并根据所签订的《党风廉政建设责任书》要求，有计划地抓好本年度的党风廉政建设工作，做到廉政建设工作与其他工作通盘考虑，统筹规划，统一检查，统一落实，确保党风廉政建设工作扎实有效的开展。在日常工作中史志办领导带领全办公室人员认真学习《建立健全教育、制度、监督并重的惩治和预防腐败体系实施纲要》、《建立健全惩治和预防腐败体系2008～2012年工作规划》、以及《中共澂江县委党风廉政建设责任书》。并贯彻落实上级党委、政府、纪委安排部署的目标任务、加强党内监督，学习四大纪律、八项要求、“三个代表”重要思想、党的十七大、十七届中纪委三次全会精神、省纪委八届四次全会精神。通过学习，增强全办公室党员干部的道德约束力、纪律观念和廉洁从政意识，使其树立正确的权力观、地位观、利益观、人生观和价值观，不断提高反腐倡廉和拒腐防变的能力。同时，史志办领导干部认真贯彻执行有关廉政规定，自觉接受干部群众监督，按时公布车子用油费、办公电话费、接待费以及财政下拨经费。坚持集体领导、民主集中制原则。自觉遵守各项规章制度，提高工作效率。贯彻执行“三重一大”集体决策制度，在财务支出上，2万元以上的支出，除召开全体会议外，还特别邀请纪检监察部门参与监督执行。严格坚持主任一支笔审批制度，坚持收支两条线，严格按财政要求办事，严肃财经制度，管好单位经费。坚持教育、制度、监督三者并重原则，要求全体干部严格遵守公务员八条禁令，狠刹歪风邪气，杜绝工作中的“吃、拿、卡、要”行为。

（适丽招）

机关党委

【党组织和党员构成】 2010年，县直机关共有6个党委（即公安局党委、经济委员会党委、教育局党委、老干局党委、德安磷化工有限责任公司党委、再峰水电开发有限责任公司党委）；10个党总支（即粮食局党总支部、供销社党总支部、农业局党总支部、林业局党总支部、水利局党总支部、卫生局党总支部、交通局党总支部、建设局党总支部、农村信用合作联社党总支部、工商局党总支部）；134个党支部，共有党员2144人。其中，正式党员2001人，占97.1%；预备党员63人，占2.9%。男党员1585人，占73.9%；女党员559人，占26.1%。汉族2007人，占93.6%；少数民族137人，占6.4%。年龄结构：35岁以下448人，占20.9%；36～45岁754人，占35.2%；46～54岁443人，占20.7%；55～59岁170人，占7.9%；60岁以上329人，占15.3%。入党时间：1937年7月至1945年9月，1人，占0.05%；1945年9月至1949年9月，7人，占0.33%；1949年10月至1966年4月，129人，占6.0%；1966年5月至1976年10月，143人，占6.8%；1976年11月至1978年12月，35人，占1.6%；1979年1月至2002年10月，1278人，占59.6%；2002年11月及以后，551人，占25.7%。学历结构：研究生27人，占1.3%；大学本科766人，占35.7%；大学专科662人，占30.9%；中专235人，占11%；高中中技119人，占5.6%；初中及以下335人，占15.5%。

【党员学习教育】 2010年，县直机关党委加强党员学习教育，始终把学习《中国共产党党章和国家机关基层组织工作条例》作为一项长期的学习任务量化到党建工作目标考核中，各级党组织认真开展学习活动，并用《条例》指导工作，推进工作规范化、制度化。各级党组织结合自身实际，制定学习制度，采取多种形式学习理论，不断提高党员干部理论水平和政策水平。同时，各级党组织认真组织学习王彦生、沈浩、王瑛等先进典型事迹，不断强化党员先进性教育。为提高学习的时效性和针对性，机关党委按时向各党委、总支、支部下发《党的生活》2400册、《党支部工作指导》12册、《党建研究》72册、《求是》12本、《党课》600册、《党建文汇》72册、《致富天地》72册等党内学习材料。

【警示教育】 2010年，县直机关党委把党风廉政建设作为机关党建工作的重中之重来抓，配合县委组织部、县纪委，组织广大党员、干部传达贯彻中央有关文件精神，利用一些典型案例，及时向各单位通报，让广大党员、干部都受到警示教育。在抓警示教育中，各单位党组织统筹安排，精心组织，充分发挥思想政治工作优势，把警示教育内容融入和风细雨的思想政治教育工作中，使警示教育活动起到预防和教育双重作用。全县机关企事业单位共2079名党员、干部受到教育，受教育面达97%，使警示教育深入人心，加大从源头上预防和治理腐败工作力度。

【党组织建设】 2010年，县直机关党委具体指导11个组织不健全或到期的党组织进行改选或换届选举。处置不合格党员7人，其中，开除党籍处分6人，警告处分1人。通过调整和充实，组织机构趋于合理，党内活动逐渐正常，民主生活会井然有序，密切了党群、干群关系，为党组织的发展提供强有力保障。同时严格落实各项规章制度，加大管控力度，对一些制度落实不到位、组织不建全、民主生活会召开不正常的单位进行面对面帮扶、指导，并适时进行跟踪问效。

【党员管理】 2010年，县直机关党委以创先争优活动为载体，围绕全县经济和社会发展需要，从加强思想和能力教育培训工作入手，全面提高机关党员的综合素质。县直机关2000余名党员对照创先争优活动要求，从思想深处找差距，明确自身努力方向。机关党委参与县委创先争优活动联络指导组工作，经常深入全县参学的60余个县直部门参加并指导部门党组织建设专题会议，帮助建立健全党组织，取得很好的效果。各机关党组织严格组织党员定期学习、亮牌上岗，保证党组织对党员管理的经常化，广大党员在各自工作岗位上敬业奉献、争创一流的的意识和精神增强。

【民主生活会】 2010年，全县各支部严格按照规定按时召开民主生活会，建立和完善机关党建工作责任制度，完善党支部“三会一课”制度、党建工作目标管理制度、党内监督制度等一套履行机关党的工作职责必须的工作制度。机关各基层党组织严格按照《党章》规定开展党的组织生活，保证每个党员都能受到严格的党内生活锻炼。坚持和完善“五个一”制度，即每个月召开一次党小组会，每月按时召开一次支部大会，每半年研究一次发展党员工作，年终召开一次总结评比和民主生活会，并积极探索创新组织生活的有效形式，提高组织生活质量。坚持和完善民主评议党员制度，狠抓党员目标管理。把机关党的工作纳入单位整体工作之中，与业务工作一起部署、一起检查、一起考核、一起总结，形成党组织发挥职能作用、党员主动配合的机关党建工作新格局。

【创先争优活动】 2010年，在全县各级基层党组织和党员中开展深化创先争优活动以来，县直机关党委发挥职能作用，深入机关党组织对各级党组织开展创先争优活动进行督促指导。各级党组织围绕创先争优活动要求，组织广大党员干部召开动员部署会，并结合党组织实际，制定具体实施方案，明确创建活动目标要求。各级党组织在创先争优活动中围绕党性教育争先进、岗位奉献争先锋、亮牌示范争标兵、服务群众争模范、结对共建有抓手、组织创新有活力、促进发展有贡献、典型带动有效应8个方面基本要求，制定出台新的规章制度，组织广大党员干部开展一系列大讨论活动，广大党员干部精神风貌焕然一新，工作成效有新起色。同时积极选树和培育机关党建工作样板和典型，采取抓两头、带中间的办法，引导机关党建工作向科学化、规范化、制度化方向发展。2010年，机关党委通过深入调查研究、精心谋划、科学选点、层层推荐、严格把关，逐级申报县人民政府办公室党支部、县商务局党支部、县林业局党总支部、县粮食局党总支部、县司法局党支部（创建市级示范点）、澂江一中党支部（创建市级示范点）、县中医院党支部（创建市级示范点）共7家党组织作为党建示范点，机关党委督促指导示范点创建工作，全部创建工作已于9月底前完成。

【发展新党员】 2010年4月26～30日，县直机关党委举办2010年度县直机关企事业单位入党积极分子培训，共有107名入党积极分子参加培训。按照“坚持标准、保证质量、改善结构、慎重发展”十六字方针，严格组织发展程序，通过考察、培训、考试、公示、组织谈话等环节，2010年以来机关党委共组织66名入党积极分子参加党员统一考试，63人考试合格进入公示，经党委会讨论同意，批准45名预备党员转为正式党员，并对预备党员进行跟踪考察，为党组织注入新鲜血液，一批有理想、有文化和思想道德素养好的同志加入到党员队伍中来，党员骨干队伍建设相对稳定，趋于合理，从而完善了党员队伍结构，保持党员队伍的生机与活力。

【制度建设】 2010年，县直机关党委以创建机关党建示范点为契机，继续严格贯彻执行好《澂江县机关党委党建工作制度》、《澂江县直机关党建工作目标责任制考核办法》、《澂江县直属机关创建党建示范点考核办法》，机关党委深入基层分层次、分行业进行具体指导，力求突出重点，创出特色，整体推进。

【抓活动促发展】 2010年，县直机关党委认真履职，督促各级机关党组织有目的、有计划、有针对性地开展形式多样的活动。一、营造活动氛围。各部门各单位在醒目位置悬挂横幅68幅，张贴宣传标语1210条，有条件的单位均开辟活动专栏。二、搭建活动载体。各党组织分别结合单位实际，搭建活动载体。如林业局确定以干部绩效考核“树林业形象，促科学发展”为主题；审计局提出“五比五创”，提升审计机关“党建创新年”口号；卫生系统加快卫生改革步伐，进一步改善医德医风，完善农村医疗卫生条件，落实新农合等医疗卫生惠民政策；县水利局紧紧围绕水利建设工作中心，加强水利设施建设。各部门结合实际，开展各具特色的党建活动，从而推动工作向纵深发展。

【党建工作目标管理】 2010年，按照县委党建工作会议要求，结合工作实际，县直机关党委于年初分别与所属61家基层党组织签定党建工作目标责任书，年底按照县委组织部统一安排部署，党建工作与各单位创先争优考核考察工作同时进行，机关党委对照所签定的责任书对各党组织的党建工作进行考核，同时总结好的经验和做法，找出存在的差距和问题，提出党建工作努力方向。

【机构设置】
书　记：张华生（2000年12月任职）
副书记：马国红（2009年8月任职）

县直机关党委委员由张华生、李光全、沈绍坤、洪黎明、刘燕萍、马云华、马国红7名人员组成。

【按期交纳党费】 2010年，县直机关党委按规定做好党费收缴管理工作，严格执行中组发《关于中国共产党党费收缴、使用和管理的规定》的通知要求，及时督促各党委、总支、支部，按时收缴党费。全年机关党委收缴党费339657.60元，上缴县委组织部339657.60元，做到及时收缴，足额上缴，手续齐全，数额无误。

（陈菊兰）

保　密

【综述】 2010年，澂江县保密工作在市保密局的指导下，在县委、县政府的领导下，全面落实科学发展观，深入贯彻《中共中央关于加强新形势下保密工作的决定》和胡锦涛总书记的重要批示，全县各级保密组织以务实求真的态度，开拓创新的精神，圆满完成全年保密工作任务，一年来全县没有发生失泄密事件，为澂江县各项事业的发展作出贡献。

【保密宣传教育】 2010年2月22日，县保密局收到市保密局发来的《关于转发中共中央保密委员会全体会议有关文件的通知》和“关于转发《中共中央保密委会办公室国家保密局〈关于云南省政府信息公开门户网站泄密事件的情况通报〉》的通知”两个文件后，立即送保密委主任、副主任传阅。根据领导批示，县保密局将两个文件分别送县委办、县委组织部、县人大办、县政府办、县政协办、县纪委办等20个要害部门、部位组织传达学习。2月23日至3月9日，已有20个单位组织了学习，参加学习人数440人。10月19日，县委保密委在烟草公司召开全县学习宣传新修订《保密法》动员会，全县保密委员会全体成员、党政机关64个单位的保密领导小组组长和办公室主任160人参加会议。县委副书记、县委办公室主任、县委保密委员会主任张赶良作动员讲话；县人民政府办公室主任陈黎彬通报《2009年云南省泄密案情》；县委保密委副主任、保密局局长年光辉通报《关于对玉溪市政府办公室过失泄密事件相关责任人给予处分的情况通报》。县委副书记张赶良从“为什么要修订原《保密法》”入手，强调要充分认识学习宣传新修订《保密法》的重要意义，并围绕新修订《保密法》新增内容，对学习宣传活动提出四个方面的要求：一、强化组织领导和督促指导。二、分门别类明确学习宣传要求。三、运用多种形式增强宣传效果。县保密委、保密局于10月在全县开展以征订新修订《〈保密法〉释义》一本书；召开一次学习宣传《保密法》的动员会；在澂江电视台播放一条内容为“热烈祝贺新修订的《中华人民共和国保守国家秘密法》颁布实施”的标语；在澂江信息网站上登载一条内容为“国家秘密受法律保护。一切国家机关、武装力量、政党、社会团体、企业事业单位和公民都有保守国家秘密的义务。任何危害国家秘密的行为，都必须受到法律追究。”的法规；各单位选挂一条宣传标语张挂在醒目位置的“五个一”为主要内容的《保密法》学习宣传月活动。四、认真组织切实增强学习效果。五、以学习宣传为契机，做好2011年《保密工作》杂志的征订工作。

【“五五”保密法制宣传教育通过市级验收】 2010年6月24日，由市保密局局长带队的检查组，到澂江县检查验收“五五”保密法制宣传教育活动工作。5年来，澂江县采取多种形式开展宣传活动。首先，征订发放学习材料47182份，张贴宣传标语1308条，组织干部职工

2008人参加保密知识竞赛，组织4500人次观看保密教育警示片。其次，对143名涉密人员进行了业务培训并颁发上岗证；在“两书”签订工作中，共有395名领导干部和涉密人员签订《在岗人员保密承诺书》，340余名实职副科级以上领导干部签订《党政领导干部保密责任制》。再次，全县57个单位共投入保密技术经费90400元，在本单位涉密和电子政务计算机上安装物理安全隔离卡96台，张贴计算机统一标识2532套；最后，清退涉密销毁文件资料17258份。澂江县“五五”保密法制宣传教育工作得到检查组的充分肯定，通过验收。

【宣传材料征订】 2010年，按照省、市保密局征订工作要求，为做好全县《保密工作》征订工作，县保密局结合澂江实际，于11月5日下发《征订通知》，要求各单位按要求开展征订工作。全县84个党政机关、企事业单位共征订《保密工作》103本，圆满完成征订任务。5月初，县保密局根据市局的要求，组织全县党政机关单位征订《信息公开保密审查工作手册》152本，《国家秘密及其密级具体范围的规定汇编》60本。9月下旬，组织各镇，县直各部委办局征订《〈保密法〉释义》523本，《保密法宣传挂图》55套。这些宣传材料确保了党政机关企事业单位保密教育有规范的学习材料，能够正常有效地开展保密法律法规宣传教育工作。

【各类统一考试保密管理】 为使全县中考、高考和各类专技人员的招考顺利进行，2010年，县保密局参与县教育局、县委党校等12个单位各类统一考试的保密管理工作，为澂江县4751名参考人员统一考试的顺利进行做好服务保障工作，确保重大考试没有发生任何失泄密事件。

【涉密文件清退销毁】 根据2010年3月26日云南省国家保密局《关于清退有关涉密文件的通知》的要求，县保密局于7月23日对全县有关涉密文件进行清退。全县共需清退的有关涉密文件618份，其中，机密级15份，秘密级603份。现共清退有关涉密文件516份，留存101份，欠退份数0份。在清退过程中，县保密局认真核对，仔细填写中共云南省委下发的《文件清退登记表》，将需清退注销的文件516份登记造册，于2010年12月2日交市销毁中心销毁。全年共计销毁其他资料、文件2816份，(其中，涉密资料1580份，非涉密文件860份)。全县涉密文件管理没有出现一份欠退情况，实现文件管理工作的零失误，确保了涉密文件管理最后一个环节的安全性、保密性。

【保密审查】 2010年，县保密局先后对县史志办、交通局、公安局等单位报送审查的年鉴、志书、上网信息30余万字进行保密审查，对不符合保密要求的文字内容提出修改建议，使送审单位的工作得以安全有序开展。

【手机登记管理】 根据中保委发文和玉溪市保密委办公室、玉溪市国家保密局《关于贯彻落实〈关于进一步做好防范手机泄密工作的通知〉的通知》的要求，结合全县工作实际，县保密局制发《关于开展领导干部和涉密人员手机登记管理工作的通知》于2010年10月13～15日在全县党政机关单位开展实职副科级以上领导干部和涉密人员手机登记管理工作。截至11月10日，共收到全县党政机关55个单位的登记表，417名实职副科级以上领导干部和涉密人员登记手机417台。通过这次登记工作，各单位根据自身实际，制定本单位手机使用保密管理制度，并严格按照管理制度和措施，做好防范手机窃密泄密工作。

【计算机信息系统安装物理安全隔离卡】 自2007年全县涉密计算机信息系统按照规定安装了物理隔离卡后，全县涉密计算机信息系统特别是电子政务系统得到保密技术防护，既保证电子政务的正常开展，又保护国家秘密的安全运行。两年来，全县的电子政务没有发生过失泄密事件。在此基础上，2010年，县委组织部、县计生局、统战部、防震减灾局根据工作实际需要又分别安装计算机安全物理隔离卡12台。此外，市保密局指派专门技术人员对县政府办公室和宣传部的隔离卡进行故障处理，确保安全技术正常运转。

【党政机关保密检查】 按照市保密局2010保密工作管理要求和澂江县实际情况，为抓好全县党政机关的保密管理，7月7～8日，县保密局组织检查小组围绕“五五”保密法制宣传教育学习活动情况、计算机信息系统和设备管理情况、涉密载体管理情况及制度建设落实情况对16个单位进行为期2天的检查。共抽查16个单位的计算机48台，其中，电子公文交换系统16台、涉密单机4台。在计算机信息系统管理过程中，各单位基本能按计算机管理制度进行信息存储，但也暴露了普遍存在的问题：U盘的公私混用混插问题严重；安全物理隔离卡技术维护跟不上；计算机标识张贴不够规范。如何指导基层解决这些问题，是今后保密工作的重点。

【干部队伍建设】 根据玉保办发文件《关于开展保密技术知识竞赛活动的通知》要求，县保密委决定组织全县干部职工于2010年6月24日进行保密技术知识竞赛活动。竞赛活动共有63个单位434人参加，其中，处级干部38人，科级干部192人，其他人员204人。通过这次活动，全县广大领导干部、技术人员及其涉密人员的保密意识得到提高，达到宣传教育的目的，收到良好的效果。10月，县保密局积极组织全局人员参加市保密局组织的计算机信息系统保密管理培训，通过培训，全局干部职工提高了计算机保密管理技能。

【《在岗人员保密承诺书》签订】 根据澂国保联发《关于组织开展保密承诺书签订工作的通知》要求，2010年，县保密局继续做好在（离）岗人员保密承诺书的落实工作。全县共有11个调整岗位的人员签订《在岗保密承诺书》，其中，主要领导2人，办公室主任3人，要害部门、部位工作人员6人）；5人签订《离岗保密承诺书》，其中，副县级干部1人，主要领导1人，办公室主任1人，要害部门、部位工作人员2人。

【档案管理】 历年来，县委办公室档案和县保密局档案均由县保密局整理归档。2010年，县保密局共整理上述单位的档案52卷，并按机关档案管理要求，对全部档案进行计算机录入工作，全部档案存放有序，查阅方便，为机关工作的高效、安全运行提供有力保障。

（刘丽萍）

老干部工作

【综述】 2010年，澂江县老干局积极探索新时期老干部工作新思路、新举措，以落实老干部“政治待遇，生活待遇”工作为主线，以落实老干部工作“八个制度”为抓手，全面推进“老有所养，老有所医，老有所教，老有所学，老有所为，老有所乐”工作。

【县老干部局党委各支部名录】 澂江县老干局根据2004年2月3日下发的《关于成立中国共产党澂江县委老干部局委员会的通知》，统计至2010年，局党委及各支部组成人员、任职时限如下：

中共澂江县委老干部局委员会：

党委书记

李成学　2004年3月至2010年12月

副书记

丁崇勇　2004年3月至2010年12月

副书记

张　鹏　2004年3月至2006年2月

副书记

赵晓祥　2007年9月至2008年7月

县委机关离退休干部党支部：

书　记

杨家贵　2004年5月至2010年12月

副书记

谢光才　2004年5月至2010年12月

委　员

乔兴堂　2004年5月至2009年12月

委　员

施　兆　2009年12月至2010年12月

政府机关离退休干部党支部：

书　记

侯文照　2004年5月至2010年12月

副书记

向运华　2004年5月至2010年12月

委　员

曹丕能　2004年5月至2010年12月

群团组织离退休干部党支部：

书　记

张家翔　2004年5月至2010年12月

副书记

朱长城　2004年5月至2010年12月

委　员

陈云雪（女）2004年5月至2010年7月

委　员

杨丽娅(女)2010年7月至2010年12月

人大机关离退休干部党支部：

书　记

李　勇　2004年5月至2010年12月

副书记

廖永贵　2004年5月至2010年12月

委　员

余正云　2004年5月至2010年12月

政协机关离退休干部党支部：

书　记

张凤仙(女)2004年5月至2008年8月

书　记

池恩德　2008年8月至2010年12月

副书记

杨应康　2004年5月至2010年12月

委　员

杨永高　2004年5月至2007年4月

委　员

李树荣　2007年5月至2010年12月

政法系统离退休干部党支部：

书　记

徐学彪　2004年5月至2010年12月

副书记

姜　荣　2004年5月至2010年12月

委　员

李光义　2004年5月至2010年12月

经贸财税离退休干部党支部：

书　记

谢天寿　2004年5月至2010年12月

副书记

李荣富　2004年5月至2010年12月

委　员

王月娥(女)2004年5月至2010年12月

教科文卫离退休干部党支部：

书　记

金新民　2004年5月至2010年12月

副书记

李顺昌　2004年5月至2010年12月

委　员

李绍芳　2004年5月至2010年12月

农林水离退休干部党支部：

书　记

苗光辉　2004年5月至2010年12月

副书记

万　瑾　2004年5月至2010年12月

委　员

刘元增　2004年5月至2010年12月

老干部局机关党支部：

书　记

李成学　2002年8月至2010年12月

截至2010年12月31日统计，中共澂江县委老干部局委员会设10个党支部，有中共正式党员347名。其中，县委离退休干部党支部有正式党员39名；政府机关离退休干部党支部有正式党员31名；群团组织离退休干部党支部有正式党员33名；人大机关离退休干部党支部有正式党员44名；政协机关离退休干部党支部有正式党员26名；政法系统离退休干部党支部有正式党员36名；经贸财税离退休干部党支部有正式党员30名；教科文卫离退休干部党支部有正式党员57名；农林水离退休干部党支部有正式党员45名；老干部局机关党支部有正式党员7名。

【自身建设】 为适应新时期和新形势的需要，切实加强自身队伍建设。2010年，县老干部局党委按照“锤炼一流队伍，建设一流机关，争创一流业绩”和“内强素质，外树形象”的要求，认真开展“创先争优”学习教育活动。全体共产党在学习教育活动中作出如下承诺：认真学习，做与时俱进的表率；争创佳绩，做作风优良的表率；忠于职守，做协调好老干部工作关系的表率；服务群众，做求真务实的表率；弘扬正气，做诚实为民的表率；遵纪守法，做和谐文明的表率。在职能工作岗位上，老干部局努力实践对老干部“政治上关心，生活上贴心，服务上实心，让老干部爽心”的工作目标。

【人事变动】 2010年8月13日，收悉中共澂江县委组织部介绍信，原人事局干部鲁玉成调入县老干部局工作。次日，经局务会议研究决定，鲁玉成主要负责处理局办公室日常工作；协助财务人员处理好财经管理事务；负责电子政务日常工作。

【阵地建设】 2010年，县老干部活动中心发挥阵地功能，长年坚持开放活动场馆，开展门球、健身、歌咏、舞蹈、书画、乒乓球、麻将、扑克、台球等项目服务活动，日均接待中老年人活动400余人次，服务工作得到好评。县老年大学2010年开设文史、保健、书画、摄影、声乐、器乐、花灯、舞蹈等10个专业课程。招收学员人数457人次，分13个教学班级，聘请校外任课教师11名，教育教学工作得到上级主管部门及老年人的好评，收到较好社会效益。2010年12月，在全市老年大学校长、老干部局局长工作会议上，澂江县荣获先进单位称号，受到市委组织部、市委老干部局的表彰及奖励。

【春节慰问离退休干部】 2010年春节前夕，县委老干部局全体员工深入到全县离退休干部党支部、老干部家中开展节日慰问活动。在走访慰问的同时，老干部局人员向离休老干部、党支部全体党员、副处级以上的老领导们转达县委、县人民代表大会常务委员会、县政府、县政协在春节将至的亲切问候，并简要通报中共澂江县委第十届委员会第六次会议精神，通报上年澂江县经济社会发展取得的成果情况。对广大离退休干部在参与澂江经济建设、政治建设、文化建设、生态文明建设和党的建设方面所作出的奉献给予充分肯定和认同并送上节日慰问金，祝愿老干部们春节好，身体健康。与此同时，慰问组全体人员仔细了解老干部生活、家庭及身体健康情况，嘘寒问暖，并听取老领导们对全县经济社会发展的意见和建议，气氛十分融洽。

【参与“人口杯”运动会开幕式演出】 2010年1月21日，玉溪市计生委系统第四届“人口杯”运动会开幕式在澂江体育馆举行。县老年大学精选舞蹈《在灿烂的阳光下》为开幕式演出，参加表演人数72人。表演赢得在场全体观众的热烈掌声。

【应邀参加“两会”】 2010年2月22~26日，政协澂江县委员会七届三次会议、县人民代表大会十五届三次会议在县城召开（以下简称两会），离退休干部中，原处级老领导及在县政协、县人大工作退休的领导60余名受邀参加两会，充分体现了县委、县政府对老干部的关怀和信任。两会期间，老领导们认真听取会议的有关报告，并在讨论中结合澂江实际，就2010年的经济、社会发展提出可行的建议供决策参考。

【组织参观考察】 2010年5月10~19日，县老干部局党委组织全县离休干部和各支部党员373人从县城出发对抚仙湖周边进行实地考察。考察新建的环湖公路工程，考察抚仙湖环境保护工作，考察抚仙湖沿岸生产、生活情况，考察抚仙湖沿岸群众抗旱救灾情况，考察部分坝区大春栽插情况。经过考察，老干部们认为：抚仙湖能保持Ⅰ类水质，周边自然风景秀美，是历届市委、市政府、县委、县政府对抚仙湖环境保护和旅游发展的重视结果。同时认为，虽然是大旱之年，但坝区仍实现满栽满插。

【工作往来】 2010年6月3日，宜良县老干部局率处级离退休老干部一行36人到澂江县考察两块阵地（老干活动中心和老年大学）建设情况。在县老干部局局长李成学、副局长丁崇勇陪同下前往县老干部活动中心、县老年大学参观考察。参观后，部份老干部说：玉溪全市老干部管理工作在全省处前列，值得学习。我们将借鉴经验，全面推进宜良老干部两块阵地的建设工作。7月6日，西盟县老干部局率领县外级离退休老干部一行40人，到澂江县考察城市建设和旅游事业发展情况。县老干部局、县城市建设局、县旅游局有关领导分别就近年来澂江县围绕“生态立县、工业强县、农业稳县、旅游富县”的发展经验，禄充“4A”级景区的筹建情况作简要介绍。经过参观和考察，西盟县离退休老干部一致认为：澂江地处滇中腹地、人杰地灵，经过改革开放以来的奋斗，城市基础设施发展较快，交通条件四通八达，是一个人杰地灵的好地方。

【“立夏节”演出】 2010年，澂江县第21届“立夏节”于5月9~11日在抚仙湖北岸风之广场举行。县老年大学按照节日组委会的安排，挑选群众喜闻乐见，歌颂党、歌颂改革开放、歌颂美好生活的节目进行演出，如：《弦子弹到你门前》、《相约火把节》、《丰收舞》、《女儿情》、《老两口约会》、《蜜中秘》及《幸福山歌》等节目。数千名观众把舞台围得水泄不通，赢得阵阵掌声。

【严兴敬一行到澂江调研】 2010年4月13日，云南省老年大学协会秘书长、省老年大学常务副校长严兴敬、副调研员赵志霞、办公室主任周瑞珍一行4人在县老干部局、县老年大学领导的陪同下，调研澂江县老年大学教学工作、教学设施情况。调研采取听汇报、查资料、召开部份学员座谈会的方式进行。经过考察、调研组一致认为：澂江县老年大学办校时间较早，教学工作条件较好，取得的成绩得到社会的认可。

【老年大学结业典礼】 2010年7月8日，县老年大学举行学年结业典礼。县委组织部部长冯以春出席会议并对县老年大学在已过学年中取得的成绩给予肯定，充分肯定老年大学在探索新时期办好老年人教育的途径和方法、教育和教学工作取得的业绩，并对评选出的优秀班干部、优秀学员表示祝贺，提出在以后的教育教学中，要在“四个老有”上下功夫；加强师资队伍建设，确保教学工作有序推进；强化教育管理，健全机制；注重自身队伍建设。

【参加文体活动】 2010年8月2日，澂江老干部局一行9人赴玉溪市红塔区参加“玉溪市老干部工作部门第二届职工文体知识竞赛”。比赛设老干部工作政策知识竞赛、歌曲舞蹈、篮球、乒乓球、拔河项目比赛。澂江老干部局参加了全部项目的比赛。经过历时3天的切磋、交流、拼搏，实现“重参与、比团结、增友谊、强体质”的目的，竞赛取得较好成绩。

【敬老节文艺演出】 2010年，澂江县老年大学艺术团受县老干部局、县老龄委委托，承办澂江县第23届敬老节专场文艺晚会。文艺演出于10月14日晚在影剧院进行，晚会历时100分钟，共演出11个节目。熟练到位的表演，生动感人的剧情，获得800名观众阵阵掌声。

【召开教师座谈会】 2010年9月9日，县老干部局、县老年大学在老干部活动中心四楼会议室召开第26届教师节座谈会，出席领导和教师共计30余人。座谈会上，老年大学校长马庆福通报了一年来老年大学的发展情况及取得的主要成效，与会教师就如何办好教学和管理提出行之有效的意见及建议。座谈会气氛和谐，收到预定效果。

【按期收缴党费】 2010年，县老干部局利用集中学习开展党费收缴工作，对部分因病、因事、行动不便的党员通过信息沟通，深入到医院、家中进行收缴。局党委及时督促各支部按期上交。全上交县委组织部党费计59555元，做到按规定收取，票据齐备，数额无误，及时拨缴。

【市老干部工作目标考核】 2010年，澂江县老干部目标管理考评工作抓住落实全县离退休老干部政治待遇、生活待遇主线，依据责任书规定，做好28条责任内容工作。至年底，老干部目标管理工作经过市有关职能部门半年、年终2次考评验收，荣获2010年玉溪市老干部工作目标管理责任制优秀一等奖，受到中共玉溪市委组织部、中共玉溪市委老干部局表彰及奖励。

（蒋鸿文）

·澂江县人大常委会·

【领导名录】

主　　任：许绍锦
副 主 任：石　洪
　　　　　马玉俊（回）
　　　　　马金瑞（回）
　　　　　李菊英（女）
委　　员：郑玉江
　　　　　唐开诚
　　　　　李志勇
　　　　　李云祥
　　　　　杨谷生
　　　　　石兆龙
　　　　　付　铭
　　　　　马正坤
　　　　　李晓林
　　　　　杨　东
　　　　　杜玉萍
　　　　　孙建明
　　　　　邢玉琼（2010年2月任职）
　　　　　李文进（2010年2月任职）
党组书记：许绍锦
党组成员：石　洪
　　　　　马玉俊（回）
　　　　　马金瑞（回）
　　　　　李菊英（女）
　　　　　李　昂
　　　　　李旭辉
　　　　　郑玉江

【组织机构和领导名录】

办公室主任：郑玉江
办公室副主任：李信全
法制工作委员会主任：唐开诚
法制工作委员会副主任：李天德
财政经济工作委员会主任：李云祥
财政经济工作委员会副主任：陈文金
代表工作委员会主任：邢玉琼
代表工作委员会副主任：李海平
教科文卫工作委员会主任：石兆龙
环境与资源保护工作委员会主任：李志勇
环境与资源保护工作委员会副主任：陆海宏
农业工作委员会主任：杨谷生

【综述】 2010年，县人大常委会依法召开县人民代表大会1次，召开县人大常委会会议7次，召开党组会议和主任会议8次，听取和审议“一府两院”及其职能部门的工作报告10项，作出决议、决定9项，组织市、县人大代表开展调查、视察和执法检查11次，任免国家机关工作人员24人次。

【县第十五届人民代表大会第三次会议】 2010年2月23～26日，澂江县在县城召开澂江县第十五届人民代表大会第三次会议，会期4天。参加会议的县人大代表152名，实际出席会议的代表152人，列席人员212名。会议议程：听取和审查澂江县人民政府工作报告；审查县人民政府关于澂江县2009年国民经济和社会发展计划执行情况与2010年国民经济和社会发展计划草案的报告；审查和批准澂江县2009年国民经济和社会发展计划执行情况的报告与2010年国民经济和社会发展计划；审查县人民政府关于澂江县2009年地方财政预算执行情况和2010年地方财政预算草案的报告；审查和批准澂江县2009年地方财政预算执行情况的报告和2010年地方财政预算；听取和审查澂江县人大常委会工作报告；听取和审查澂江县人民法院工作报告；听取和审查澂江县人民检察院工作报告。

主席团（按姓名笔画排列，共23人）

马玉俊（回）　马军安　马金瑞（回）

王留东　石　洪　冯以春

华丽萍（女）　汤之德（哈尼）

许绍锦　孙继华（回）

孙锦江　吴正坤　李自乔

李菊英（女）　苏绍华（彝）

张　建　张同安　张赶良

陆永泽　武继昌　侯成明

郭恩达　崔　明

秘书长：石　洪（兼）

大会审查通过6个工作报告，并作出相应决议，大会共收到代表议案、建议、批评和意见80件，其中，10人以上代表联名提出议案66件，全部交由县人民政府办理。

【县第十五届人大常委会第十四次会议】2010年1月22日下午，县第十五届人大常委会举行第十四次会议，会期半天。根据县人大常委会主任会议提议，会议议程有六项，分别为：听取和审议关于召开澂江县第十五届人民代表大会第三次会议时间和建议议程的决定（草案）；听取和审议澂江县第十五届人民代表大会第三次会议有关事项；审议县人大常委会工作报告（讨论稿）；审议县人大常委会2010年度工作要点（草案）；人事任免事项；听取和审议澂江县人大常委会代表资格审查委员会关于县十五届人大代表潘万江代表资格终止的审查报告。会议由许绍锦主任主持，县人大常委会组成人员17人全部出席会议。鉴于会议议程内容，邀请武继昌、潘万江、褚绍明、李昂、李旭辉、陈黎彬、李春光、李文进、洪冬、邢玉琼、李天德、李信全、陆海宏、陈文金、李海平等列席会议。会议通过投票表决，依法免去免去洪家敬澂江县人民法院副院长、审判委员会委员、审判员职务，免去解天荣澂江县教育局局长职务；接受潘万江辞去澂江县人民法院院长职务；任命王海明为澂江县人民法院副院长、代理院长。

【县第十五届人大常委会第十五次会议】2010年2月5日下午，县第十五届人大常委会举行第十五次会议，会期半天。根据县人大常委会主任会议提议，会议议程有三项，分别为：审议关于确认许可对澂江县第十五届人民代表大会代表周能采取强制措施的决定（草案）；审议暂时停止周能执行澂江县第十五届人民代表大会代表职务；听取和审议澂江县人民代表大会常务委员会代表资格审查委员会关于补选县十五届人大代表的代表资格审查和县十五届人大代表变更情况的报告。会议由许绍锦主任主持，县人大常委会组成人员17人，除1人因事请假外，16人出席会议。鉴于会议议程内容，邀请褚绍明、王海明、李昂、李旭辉、李文进、洪冬、邢玉琼、李天德、李信全、陆海宏、陈文金、李海平等列席会议。会议听取县人大常委会副主任马金瑞作关于确认许可对澂江县第十五届人民代表大会代表周能采取强制措施的决定（草案）的说明和《澂江县第十五届人民代表大会常务委员会关于暂时停止周能执行第十五届人民代表大会代表职务的决定（草案）的说明》；听取县人大常委会代表资格审查委员会副主任委员马金瑞作澂江县人民代表大会常务委员会代表资格审查委员会关于补选县十五届人大代表的代表资格审查和县十五届人大代表变更情况的报告。

【县第十五届人大常委会第十六次会议】2010年3月19日上午，县第十五届人大常委会举行第十六次会议，会期半天。根据县人大常委会主任会议提议，会议议程是人事任免事项。会议由许绍锦主任主持，县人大常委会组成人员19人，因事因病请假1人，18人出席会议。鉴于会议议程内容，邀请武继昌、冯以春、王海明、褚绍明、李昂、李旭辉、洪冬、李天德、李信全、陆海宏、陈文金、李海平等同志列席会议。会议通过投票表决，免去周能澂江县人民政府副县长职务；免去任伟澂江县人民检察院检察员职务；任命李聪、马利亚、杜跃梅、包广良、杨爱斌5名干部为澂江县人民法院审判委员会委员。

【县第十五届人大常委会第十七次会议】2010年7月15日上午，县第十五届人大常委会举行第十七次会议，会期半天。根据县人大常委会主任会议提议，会议议程有两项，分别为：听取和审议县人民政府关于《澂江县生态环境保护治理工作情况的报告》；人事任免事项。会议由许绍锦主任主持，县人大常委会组成人员19人，因事因病请假1人，18人出席了会议。鉴于会议议程内容，邀请张赶良、王海明、褚绍明、朱应生、李昂、李旭辉、刘燕萍、洪冬、张咏、李天德、李信全、陆海宏、陈文金、李海平等列席会议。会议听取县环保局局长张咏受县人民政府委托作关于《澂江县生态环境保护治理工作情况的报告》和县人大常委会环境与资源保护工作委员会主任李志勇作《关于对环境保护工作的调查报告》。依法免去付树文澂江县建设局局长职务；免去刘世祥澂江县国土资源局局长职务；任命师燕忠为澂江县建设局局长；依法任命刘世祥为澂江县教育局局长；任命杨家贵、黄彦林、余寿安、马瑞、李宛静、曹梦波、阚云波、田庆云、李耀文、张学斌10名干部为澂江县人民法院人民陪审员；任命资汝彪为澂江县人民检察院检察员。

【县第十五届人大常委会第十八次会议】2010年8月25日上午，县第十五届人大常委会举行第十八次会议，会期半天。根据县人大常委会主任会议提议，会议议程有五项，分别为：听取和审议县人民政府关于澂江县2010年上半年国民经济和社会发展计划执行情况的报告；听取和审议县人民政府关于澂江县2010年上半年财政预算执行情况的报告；听取和审议县人民政府关于澂江县2009年县本级财政决算情况的报告，审查批准2009年县本级财政决算；听取和审议县人民政府关于澂江县2009年县本级财政预算执行和其他财政收支的审计工作报告；听取和审议县人民政府关于农村土地承包经营权流转工作情况的报告。会议由许绍锦主任主持，县人大常委会组成人员19人出席会议。鉴于会议议程内容，邀请李自乔、王海明、褚绍明、李昂、李旭辉、王亚波、沈绍坤、马云华、洪冬、李天德、陆海宏、陈文金、李海平、高绍云等列席会议。会议听取县发展和改革委员会主任王亚波受县人民政府委托作《关于澂江县2010年上半年国民经济和社会发展计划执行情况的报告》和县人大常委会财经工委主任李云祥作《关于对澂江县2010年上半年国民经济和社会发展计划执行情况的调查报告》；听取县财政局局长沈绍坤受县人民政府委托作《关于澂江县2010年上半年财政预算执行情况的报告》和县人大常委会财经工委主任李云祥作《关于对澂江县2010年上半年财政预算执行情况的调查报告》；听取县财政局局长沈绍坤受县人民政府委托作《关于澂江县2009年县本级财政决算情况的报告》；听取县审计局局长马云华受县人民政府委托作《关于澂江县2009年县本级财政预算执行和其他财政收支的审计工作报告》和县人大常委会财经工委主任李云祥作《关于对澂江县2009年县本级财政决算审查结果的报告》；听取县农业局副局长高绍云受县人民政府委托作《关于澂江县农村土地承包经营权流转工作情况的报告》和县人大常委会农业工作委员会主任杨谷生作《关于对澂江县农村土地承包经营权流转工作情况的调查报告》。

【县第十五届人大常委会第十九次会议】 2010年10月29日上午，县第十五届人大常委会举行第十九次会议，会期半天。根据县人大常委会主任会议提议，会议议程有三项，分别为：听取和审议县人民政府关于澂江县第十五届人大三次会议代表建议办理情况的报告；听取和审议县人民政府关于澂江县2010年地方财政预算调整方案的报告；听取和审议县人民政府关于澂江县社会治安综合治理维护稳定工作情况的报告。会议由许绍锦主任主持，应到会县人大常委会组成人员19人，因事因病请假4人，15人出席会议。鉴于这次会议的议程内容，邀请朱应生、李荣坤、王海明、褚绍明、李昂、李旭辉、朱存忠、沈绍坤、洪冬、李天德、李信全、陆海宏、陈文金、李海平、李春艳、陈靖等列席会议。会议听取县人民政府副县长朱应生作《澂江县人民政府关于第十五届人大三次会议代表建议办理情况的报告》和县人大常委会代表工作委员会主任邢玉琼作《关于澂江县第十五届人大三次会议代表建议办理情况的调查报告》；听取县财政局局长沈绍坤受县人民政府委托作《关于澂江县2010年地方财政预算调整方案的报告》和县人大常委会财政经济工作委员会主任李云祥作《关于澂江县2010年地方财政预算调整方案的审查报告》；听取县人民政府副县长、公安局局长李荣坤作《澂江县社会治安综合治理维护稳定工作报告》和听取县人大常委会法制工作委员会主任唐开诚作《关于对澂江县社会治安综合治理维护稳定工作情况的调查报告》。

【县第十五届人大常委会第二十次会议】 2010年12月21日下午，县第十五届人大常委会举行第二十次会议，会期半天。根据县人大常委会主任会议提议，会议议程是审议澂江县人民政府关于《澂江县撤镇设置街道办事处工作方案》。会议由许绍锦主任主持，应到会县人大常委会组成人员19人，因事因病请假8人，11人出席会议。会议宣读澂江县人民政府关于提请审定澂江县撤镇设置街道办事处工作方案的函和《澂江县撤镇设置街道办事处工作方案》。表决通过《澂江县人民政府撤镇设置街道办事处工作方案》审议意见（草案）。

【工作监督】 2010年，县人大常委会加大监督力度，增强监督实效。一、围绕重点建设项目进行监督。为进一步促进扩大内需项目建设，带动固定资产投资实现新增长，2010年，常委会组织市、县人大代表视察部分重点工程建设情况和旅游工作情况。要求县人民政府加大对在建项目的帮扶力度，增强主动服务意识，积极协调解决项目建设中遇到的困难和问题，使已建成项目尽早发挥效益；尽快出台扶持政策，逐步把全县旅游产业做强做大，全面提升抚仙湖的知名度和美誉度。二、围绕“三农”工作进行监督。为加快推进全县中低产田地改造项目建设，县人大常委会于2010年4月就全县中低产田地改造项目建设情况进行视察，及时向县人民政府提出加强和改进工作的意见建议。要求县、镇人民政府切实加强对中低产田地改造工作的领导，发挥各部门职能作用，健全机构，落实工作措施，提高耕地质量和产出能力。8月，对全县农村土地承包经营权流转工作情况进行调查，针对存在的问题和困难提出意见建议。三、围绕生态环境保护和城市建设进行监督。县人大常委会在强化经济工作监督的同时，注重对环保、城建等工作的监督。5月，配合市人大常委会对抚仙湖入湖河道污染情况进行调研，提出应尽快启动建设垃圾处理厂及尽快做出窑泥沟综合整治方案等建议。7月，常委会听取和审议县人民政府关于环境保护工作情况报告，提出争取将抚仙湖保护和开发项目纳入全省、全国的重大项目，加大环保监管和综合执法工作管理力度、争取因水位上升而造成的各种补偿建议。8月，对城市建设与管理工作进行视察，针对城市建设与管理存在的突出问题，向县人民政府提出理顺环卫站与房管所的管理体制、狠抓城市绿化、道路建设、对排水设施进行维修和改造；加强对居民小区的管理，加大环卫经费投入，新增环卫设施；加快新城区建设步伐，逐步缩小与其他县区城市发展差距的建议。四、围绕社会事业发展状况进行监督。7月，常委会组织部分县人大代表对全县5年来实施新型农村合作医疗工作情况进行视察。建议县镇人民政府要加大对定点医疗机构及村级卫生所的监管力度，加强农村卫生服务体系及卫生系统人才队伍建设，提高参合农民获得基本卫生服务质量。8月，初配合市人大常委会对澂江县“两基”迎国检工作进展情况进行视察，提出加强“两基”工作的档案管理建设，确保档案资料真实、详细，加大对教育投入，抓好各级学校各项建设，巩固“两基”成果，确保全县“两基”工作顺利通过国家检查等建议。10～12月，县人大常委会委托各镇人大主席团组织本选区选举产生的县人大代表，围绕各镇重点工作、重点项目建设、有关惠民政策的贯彻落实情况开展视察，提出意见建议，促进各镇工作，一批与人民群众生产生活息息相关、为人民群众所关注的民生问题得以逐步解决。上述监督形成县人大代表行权履职促进经济社会发展的良好社会氛围，同时也为县十五届人大四次会议提出高质量的议案、建议做好准备。

【法律监督】 2010年，县人大常委会立足运用法律监督机制，促进民生问题解决。一、注重法制宣传教育，推进“五五”普法工作。常委会对全县“五五”普法工作高度关注，适时到县司法局等部门进行检查和指导。县、镇两级人民政府把“五五”普法教育纳入重要议事日程，组织开展法律宣传教育活动，提高各级领导干部的法治观念和依法决策、依法行政、依法管理、依法办事的能力，提高全县广大人民群众的法律意识。二、加大执法检查力度，保证法律法规正确实施。8月中旬，常委会积极配合省人大内司委对县人民检察院诉讼活动法律监督工作和人民法院环境保护诉讼工作情况进行调研，调研组对“两院”工作给予充分肯定。8月底，配合省人大常委会对全县贯彻执行《中华人民共和国食品安全法》情况进行执法检查，对存在的问题督促县人民政府及有关部门认真整改落实。10月，听取并审议县人民政府关于2010年度社会治安综合治理维护稳定工作情况报告，就存在的不可忽视问题，要求县人民政府及公安部门认真落实常委会的意见建议，确实抓好整改、以实际成效取信于民。

【常规监督工作】 2010年，县人大常委会认真开展常规监督工作。一、重点强化对经济调控运行的监督。8月，常委会第十八次会议及时审议并批准澂江县2010年上半年国民经济和社会发展计划执行情况。在肯定工作的同时，为促进2010年全县经济和社会发展计划顺利执行，建议县人民政府和相关职能部门认真分析金融危机和旱灾对全县经济的冲击和影响，抓好“五大”战略落实，发挥资源优势和区位优势，利用大项目拉动小项目共同发展，形成新的经济增长点；加快现有大项目的建设进度和加大招商引资力度，培植新的税源，增强经济增长后劲；贯彻落实各项支农惠农政策，坚持不懈抓好农村基础设施建设，强化人饮及农灌抗旱应急等工程建设，加大培育蔬菜产业规模，加大劳务培训输出，弥补上半年小春作物因干旱造成的损失。二、加大对财政预算执行监督。8月，常委会依法听取和审议2010年上半年地方财政预算执行情况。在肯定成绩的同时，向县人民政府提出高度重视财源建设，加强对税务工作的领导，强化预算约束机制，优化支出结构等意见建议。为严肃财政审计监督，在审查批准2009年县本级财政决算时，听取和审议2009年财政审计报告，提出提高预算编制水平、严格财经监督纪律、强化预算审查监督意见。为严格财政预算执行，10月，常委会第十九次会议对县人民政府年度预算调整安排进行审议，建议县人民政府加强预算管理，狠抓财源建设，落实引资项目开工力度，严格支出预算管理，保障重点支出。加强对农业、科技、教育、社会保障等方面的投入，加大对困难群体的补贴和救助力度，强化公务支出管理，努力降低行政成本，确保财政收支平衡。

【代表工作】 2010年，县人大常委会不断扩大代表对调查、视察和执法检查等工作的参与，坚持邀请相关代表参与常委会的各项活动。在调查、视察和执法检查活动中，多渠道听取和征询代表的意见建议。适时向代表通报全县经济社会发展情况，统一为代表订阅《云南人大》等报刊资料，做好服务工作。8月，组织3名市人大代表参加市人大常委会组织的外出考察学习，通过学习，代表素质不断提高。高度重视代表意见建议的办理落实，注重与承办单位沟通，及时了解办理情况，加大建议办理监督力度。常委会在第十九次会议上听取和审议了县人民政府关于代表意见建议办理工作情况的报告，形成监督建议，要求县人民政府和相关部门进一步提高对办理工作的认识，落实办理措施，完善办理制度，提高办理质量，加强对一些群众反映比较强烈的建议的办理落实。县人民政府高度重视，如投入368万元解决了尖山、万海、广龙三所学校异地重建及附属工程款，代表建议得到落实，解决率提高，一些老百姓关注的热点、难点问题得到逐步解决。截至12月底，县十五届人大三次会议期间的80件代表建议，已全部解决的有33件，占41.3%，正在解决的有23件，占总数的28.7%，因受政策和资金等因素制约，暂无法解决的24件，占总数的30%。

【任免国家机关工作人员】 2010年，县人大常委会终止县人大代表资格1名，暂停执行代表职务1名，补选县人大代表1名；任免副县长1名，任免县人民政府组成部门局长、主任4人次；任免县人民法院审判委员会委员、审判员7人次，人民陪审员10人次；任免县人民检察院副检察长、检察委员会委员、检察员2人次。对人事任免工作的具体做法：一、坚持党管干部和人大依法任免干部相统一的原则，有效保证党委意图的实现。二、在任免工作中，始终按照《中华人民共和国地方各级人民代表大会和地方人民政府组织法》、《中华人民共和国法官法》、《中华人民共和国检察官法》和《澂江县人大常委会人事任免办法》的有关规定，遵守法定程序，充分发扬民主，坚持依法办事。三、实行拟任人员作任前供职发言，强化受任人员的责任意识。四、举行颁发任命书仪式，增强受任人员的光荣感、责任感、使命感。通过以上措施，促使上任人员更加自觉地接受人大及其常委会的监督，更好地为人民履好职，用好权。

【联系指导镇人大主席团工作】 2010年，县人大常委会对各镇人大主席团年度工作计划和开展代表活动等情况进行检查指导。督促各镇人大主席团按照代表小组活动计划组织好小组活动。同时委托各镇人大主席团组织本选区选举产生的县人大代表开展视察活动，为人代会提出高质量的议案建议做好准备。采取辅导讲座、现场观摩和讨论交流等方式，帮助镇人大主席学习掌握业务知识，提高依法开展镇人大工作水平。坚持邀请镇人大主席参加县人大常委会会议，并在调查、视察和执法检查等活动中邀请部分镇人大主席参加，使他们熟悉有关法律和工作程序，规范和促进镇人大主席团工作。

【办理群众来信来访】　2010年，县人大常委会坚持把信访工作作为掌握监督信息的重要窗口和为民排忧解难的重要途径。按照“分别受理、综合分析、统一交办、定期反馈、严格督查”的原则，通过热情接待、依法疏导、及时批转和强化督办，全年共受理人民群众来信来访23件（次），接待群众196人（次），办理涉法涉诉案件4件。通过受理和督办信访案件，维护人民群众合法权益，化解人民内部矛盾，督促司法机关公正司法，推动政府部门依法行政，有效促进社会稳定。

【自身建设】　2010年，县人大常委会把加强自身建设摆在突出位置，在自身建设方面进行不懈努力，取得明显成效。一、开展学习培训，提高履职能力。围绕“强化监督促发展、创先争优做贡献”主题推动创先争优活动。以提高政治理论、政策法律素质和审议水平为重点，开展创建学习型党组织活动，改善干部职工知识结构，增强政治意识、责任意识和大局意识，提高依法履职能力。二、注重调查研究，切实改进工作作风。常委会领导认真做好领导干部联系村（社区）工作，深入基层参与烤烟生产、村“两委”换届选举、矿山处置、村组异地搬迁等工作，投身抚仙湖保护与旅游产业工作，掌握实情，反映民意，努力提高常委会审议的质量和水平，使常委会决议、决定更加符合澂江科学发展实际。三、加强机关建设。认真学习贯彻《中国共产党党员领导干部廉洁从政若干准则》，加强党风廉政建设，抓好领导干部廉洁自律工作，常委会机关从节约办公经费、规范办会办文、科学安排调查视察和执法检查活动等方面入手，厉行节约，勤俭办事。面对旱情，机关干部职工与受灾群众共克时坚，为灾区捐款5.2万余元。重视宣传舆论工作，年内编写《澂江人大工作信息》30期。完善机关管理制度，加强干部队伍建设，组织干部职工开展部门联谊和机关文体活动，在市人大组织的第七届职工运动会上喜获团体第四名的好成绩。通过加强干部队伍建设，增强团队凝聚力，营造风清气正、充满活力的和谐环境。

（金　晶）

·澂江县人民政府·

【领导名录】

县　　长　苏绍华
常务副县长　李自乔
副 县 长　李瑜琼
　　　　　周　能（2010年3月离职）
　　　　　李荣坤
　　　　　朱应生
　　　　　吴运龙
政府党组
　书　　记　苏绍华
　成　　员　李自乔
　　　　　李瑜琼
　　　　　周　能（2010年3月离职）
　　　　　李荣坤
　　　　　朱应生
　　　　　陈黎彬

【县政府各部门党政领导名录】

政府办公室
　主　　任　陈黎彬
　副 主 任　单春华
　　　　　郭迎春
　　　　　旃太胜
　　　　　王宏伟
　　　　　陈　斌
政府信访局
　局　长　郭迎春
　副局长　资春富
　　　　　陈　杰（2010年10月任职）
政府法制办公室
　主　任　刘顺坤
政府信息产业办公室
　主　任　吕　平
政府督查室
　主　任　李春艳
人民防空办公室
　主　任　张文云
发展和改革委员会
　主　任　王亚波
　副主任　王　敏
　　　　　李红标
扶贫办
　主　任　周建龙
监察局
　局　长　洪黎明
　副局长　李粉翠
　　　　　梁　磊（2010年10月任职）
经济委员会
　主　任　李家德
　副主任　李家元
　　　　　李德荣
　党委书记　郭水平
商务局
　局　长　赵丽华
　副局长　付亚东
　　　　　李许全(2010年6月离职)
　　　　　罗　强
政务服务中心
　主　任　张树东
　副主任　杨明辉
科学技术局
　局　长　陈黎彬
　副局长　刘吉祥
　　　　　曾　伟
公安局
　局　长　李荣坤

副局长　赵灿恩
杨礼平
巨立中
赵炳云
陆永志
政　委　李顺平
副政委　张少崇
党委书记　李荣坤
党委副书记　李顺平

水利局
局　长　任自能
副局长　张　毅
王　燕
党总支书记　任自能
党总支专职副书记　鲁德胜

统计局
局　长　郭　亮
副局长　李永林
王　欣

国家统计局澂江调查队
队　长　李永林
副队长　苏永寿

民政局
局　长　龙昆泉
副局长　朱炳才
昂子艺

老龄委办公室
主　任　龙昆泉
副主任　昂子艺

卫生局
局　长　田永华
副局长　郭　靖
张春亚
党总支书记　张宝川

司法局
局　长　洪　表
副局长　李　坤
李敏灿

人事局
局　长　李光全
副局长　后永坤

编委办公室
主　任　李光全
副主任　李德亮

劳动和社会保障局
局　长　夏彦东
副局长　陈　平
马建兰

企业退管中心
主　任　李建林

社保局
局　长　苏跃康

医保中心
主　任　范江萍

教育局
局　长　解天荣（2010年1月离职）
刘世祥（2010年6月任职）
副局长　张国强
王　东
陈雪晶
党委书记　解天荣（2010年1月离职）
刘世祥（2010年6月任职）
党委副书记　陈跃明

交通局
局　长　杨云波
副局长　李　全
张　鹏
龚如兵
党总支书记　空缺

国土资源局
局　长　刘世祥（2010年7月离职）
马玉东（2010年11月任职）
副局长　马玉东（2010年11月离职）
祁　涛
李秀丽
党组书记　刘世祥（2010年7月离职）
马玉东（2010年11月任职）
党组成员　马玉东（2010年11月离职）
祁　涛
李秀丽
土地储备中心主任　李建勋

农业局
局　长　侯树荣
副局长　高绍云
蒋　哲
周彦坤
总支书记　陈　喜

畜牧兽医局
局　长　空缺
副局长　周彦坤（主持工作）

农业产业化办公室
主　任　蒋　哲

审计局
局　长　马云华
副局长　甸自明
李志昌

建设局
局　长　付树文（2010年6月离职）
师燕忠（2010年6月任职）
副局长　刘春莲
尹绍忠
钱　凯
党总支书记　郭　毅

规划局
局　长　尹绍忠

环境保护局
局　长　张　咏
副局长　吴利明
李跃先
环境监察大队大队长　李忠贵
环境监测站站长　马彦华

抚仙湖管理局
局　长　吴渔琛
副局长　邹希敏
综合执法大队队长　邹希敏

人口和计划生育局
局　长　朱黎明
副局长　王培仙
党支部书记　张友明

财政局
局　长　沈绍坤
副局长　汤春光
张　平
陈　靖

化石委
主　任　李云兆
副主任　李　康
陈爱林
化石管理所所长　施云祥
办公室主任　陈家有
化石群管委会博物馆馆长　陈爱林

林业局
局　长　熊　林
副局长　靳　亚
骞　云
党总支书记　高正刚

澂江县森林公安局
局　长　马偲焜
副局长　郭春宇

安全生产监督管理局
局　长　孙培兴

副局长　荣树坤
阮俊杰

粮食局
局　长　张景文
副局长　李玉萍
董志林
党总支书记　张瑞玲

文化局
局　长　李　锐
副局长　奚　祥
叶菊英

体育局
局　长　吴清鹤
副局长　张和平

旅游局
局　长　师燕忠（2010 年 6 月离职）
赵开华（2010 年 6 月任职）
副局长　郭云春
杨洪斌

广电局
局　长　郑江红
副局长　张　枫
李银波

防震减灾局
局　长　崔金祥
副局长　杨晓东

供销社
主　任　刘劲松
副主任　杨正权
赵丽铢
党总支书记　张雷枫

烤烟生产办公室
主　任　邢　平
副主任　许云松

第一中学
校　长　孙建明
副校长　毛永贤
李云吉
陈国宝

第二中学
校　长　张云蛟
副校长　朱德所
李家庆
陆丽苹

第四中学
校　长　张　俊
副校长　熊海涛
李忠云
丁光庆

职业技术中学
校　长　陈建明
副校长　李朴文
罗凤琼
李开祥

人民医院
院　长　杜玉萍
副院长　雷启东
谢　勇
张　翠

中医院
院　长　陈兴忠
副院长　陈　莹
余　洋
游　林

妇幼保健院
院　长　张云飞
副院长　袁　萍
张春弢

食品药品监督管理局
局　长　杨进书
党组书记　杨进书
党组成员　杨　颖
纪检组长　杨　颖

技术监督局
局　长　周继荣
副局长　鲍汝坤
纪检组长　沐昆涛

工商行政管理局
局　长　张立胜
副局长　黄玲芳（2010 年 10 月离职）
阳瑞鹏（2010 年 10 月离职）
吴亚华（2010 年 10 月任职）
倪积瑶（2010 年 10 月任职）
党组书记　张立胜
党组成员　黄玲芳
吴亚华
倪积瑶（2010 年 10 月任职）
纪检组长　吴亚华（2010 年 10 月离职）
黄玲芳（2010 年 10 月任职）

国家税务局
局　长　史洪进
副局长　杨崇顺
张权文
党组书记　史洪进
党组成员　杨崇顺
张权文
程　近（2010 年 8 月任职）
纪检组长　程　近（2010 年 8 月任职）

地方税务局
局　长　罗仕祥（2009 年 12 月任职）
副局长　景春平
赵灿平
党组书记　罗仕祥（2009 年 12 月任职）
党组成员　景春平
赵灿平
秦开卷（2009 年 12 月任职）
纪检组长　秦开卷（2009 年 12 月任职）

邮政局
局　长　杨　坤

中国电信股份有限公司澂江分公司
经　理　孙天龙（2010 年 2 月任职）
副经理　王　宾（2010 年 2 月离职）
李跃山

移动公司
经　理　许　广

联通公司
经　理　邹国庆

气象局
局　长　姚秀奎
副局长　施　丽

烟草公司（烟草专卖局）
经　理　张凌晓（2010 年 6 月离职）
杨　坤（2010 年 6 月任职）
副经理　文云祥
李永生
局　长　张凌晓（2010 年 6 月离职）
杨　坤（2010 年 6 月任职）
副局长　文云祥
刘满昌

中国人民银行澂江县支行
行　长　张玉云
副行长　赵健玲
杨　明
党组书记　张玉云
党组成员　赵健玲
杨　明
纪检组长　赵健玲

中国工商银行澂江县支行
行　长　杨海清
副行长　廖铁卫
尹　秀（2010 年 9 月任职）

中国建设银行澂江县支行
　行　长　王利辉
　副行长　刘云霄（2010年5月离职）
中国银行澂江县支行
　行　长　王寿坤
　副行长　海黎明
中国农业银行澂江县支行
　行　长　王维华
　副行长　刘跃辉（2010年8月离职）
　　　　　马俊坤
　　　　　杨　青（2010年8月任职）
农村信用合作社联合社
　理事长　张正祥（2010年6月离职）
　　　　　杨云福（2010年6月任职）
　主　任　方学林（2010年6月任职）
　副主任　岳从龙（2010年6月离职）
　　　　　何　勇
　　　　　杨春勇（2010年6月任职）
　监事长　张志刚
中国人民财产保险股份有限公司澂江支公司
　经　理　陈丽春
　副经理　李卫平
　　　　　陆　鸿
　　　　　许春平
中国人寿保险股份有限公司澂江县支公司
　经　理　冯元应（2010年9月离职）
　　　　　李跃辉（2010年9月任职）
　副经理　李跃辉（2010年9月离职）
澂江供电有限公司
　执行董事兼经理：
　　　　　杨鸿明（2010年5月任职）
　董事长　刘　勇（2010年5月离职）
　经　理　杨　勇（2010年5月离职）
　副经理　曹晓东（2010年5月离职）
　　　　　李文辉（2010年5月任职）
　　　　　何体庆（2010年5月任职）
　　　　　刘　峰

（董子云）

【综述】　2010年，县政府以科学发展观统领经济社会发展全局，带领全县各族人民积极应对后金融危机影响，战胜百年不遇的特大旱灾，大力调整经济结构，推进项目建设，加强生态保护，着力改善民生，完成生产总值36.2亿元，按可比价计算比2009年（下同）增长13.5%；财政总收入5.4亿元，增长17.4%；地方财政收入3.4亿元，增长26%；全社会固定资产投资24.2亿元，增长40.6%；社会消费品零售总额8.4亿元，增长25.4%；城镇居民人均可支配收入17014元，增长14.1%；农民人均纯收入6374元，增长13.8%；万元生产总值能耗下降3.4%；城镇登记失业率控制在2.85%；人口自然增长率为3.6‰，全县经济社会保持了平稳较快发展。农村经济在大灾之年保持较快增长，实现农业总产值9.7亿元，增长14.1%，投资9467万元，完成梁王河、水箐水库除险加固，马槽地和石寨河水库除险加固主体工程、马吃水水库扩建和21座病险水库治理完工，实施抗旱工程147件、五小水利工程1495件，左所水库建设进展顺利；投资4473.27万元，改造中低产田地3.34万亩；示范推广农作物新品种64个；完成10个现代烟草农业示范区建设，收购烟叶665.97万公斤，实现交售收入9650万元；发展农民专业合作社4家，县藕粉厂、朝阳净菜等4家企业被评为市级农业产业化经营龙头企业；示范新型生态发酵床养猪800平方米，积极开展11个养殖小区、2个专业村和10户规模养殖大户建设；粮食产值9923万元，增长5.5%；蔬菜产值3.98亿元，增长41.6%；畜牧业产值2.1亿元，增长11.6%；完成蛟龙潭搬迁，鱼塘村搬迁和提古省级新农村试点建设稳步推进，16个新农村重点村和2个典型示范村建设通过市级验收；积极开展农村科技培训和劳动力转移培训带动农民增收，培训3630人，转移3931人。完成新一轮土地利用总体规划、地质灾害防治规划和2010～2020年中低产林改造规划编制；成立县林权管理服务中心，集体林权制度配套改革深入推进；第二次全国土地调查进展顺利。深入实施工业强县战略，实现工业总产值36.4亿元，增长15%，工业增加值11.2亿元，增长7.9%；华荣120万吨旋窑水泥技改二期、金山3.5万吨高纯度磷酸、金龙5万吨食品磷酸项目建成投产，地道酒厂异地技改、宝泰轻化机械不锈钢成套设备及配件生产线竣工运营；《澂江县工业园区总体规划》通过市级评审，海口35千伏变电站建设进展顺利；帮助企业申报贷款3.15亿元、政府贴息资金604万元，志成磷化工等7户企业分别被认定为省、市成长型中小企业；严格落实节能减排措施，削减COD357吨，淘汰西浦水泥厂落后产能22万吨，完成恺达塑胶有限公司清洁生产审核和15万吨黄磷电炉技改验收；开展第二轮矿产资源规划修编，申请设立了风口哨—黑蚂地、马吃水—红坡探矿权。第三产业快速发展，出台加快旅游产业发展的决定；抚仙湖悦椿度假酒店开业运营，老鹰地旅游度假村项目一期、湖畔圣水二期开工建设，完成竹海箐生态旅游度假村一期开发和禄充笔架山沙滩修复；抚仙湖国际老年康体养生度假中心、抚仙湖国际养生园、云南国土资源职业学院扩建项目进展顺利，仙湖圣境、仙湖山水国际度假园、波息湾健康管理中心等项目前期工作积极推进；国务院正式确定澂江化石地为中国政府2011年申报世界自然遗产唯一项目，金莲山、学山申报国家重点文物保护单位和关索戏申报国家非物质文化遗产通过评审；成功举办抚仙湖首届原创音乐节、“艾维杯”抚仙湖自行车邀请赛、玉溪抚仙湖第二届云南户外运动联盟大会等节赛事活动，全年共接待游客173万人次，增长11.4%，旅游总收入6.5亿元，增长27.1%；县粮食储备中心库区、生猪屠宰场和广龙集贸市场投入运营，揽秀社区环城南路家俱城主体完工；兑付家电、汽车摩托车下乡补贴资金685万元；17个农家店、1个日用消费品配送中心通过市级验收，第三产业增加值达15.2亿元，增长15.3%。生态建设全面推进，抚仙湖东岸环湖截污治污、梁王河流域环境综合治理、矣旧上村农村环境综合整治、月亮湾生态湿地、蒿芝箐至海口村湖滨带生态修复等项目建设完工；抚仙湖林业生态建设、测土配方施肥技术推广、帽天山动物化石群保护区周边生态修复工程通过验收；启动县城污水处理厂5000吨/日扩建和东大河流域水污染治理与清水产流机制修复试点工程；治理小流域水土流失19.2平方公里，实施人工造林和封山育林2.3万亩；全面推行环境保护一岗双责制度，严格执行污染物排放总量控制和排污许可证制度，建设项目环评率和三同时执行率达100%；加强抚仙湖保护综合执法和环卫管理体系建设，成立县抚仙湖综合行政执法大队和沿湖三镇执法中队、环卫站，开征抚仙湖资源保护费，入湖河道河段长责任制和农村农业垃圾集中收运处置体系建设得到强化。积极做好项目争取引进和督促实施，全年完工项目30个，在建项目23个，签订投资合作项目4个，实际利用市外国内资金9.03亿元，增长27.2%，利用外资385.6万美元，完成出口总额4108万美元。不断深化镇财县管、部门预算、国库集中支付、政府采购管理，实行预算单位公务卡改革，强化非税收入管理和重点税源监管，保障重点项目和民生支出；加强银政银企合作，成立德安小额贷款公司，年末各项贷款余额20.78亿元，增长18.2%，存贷比50.5%。城镇建设步伐加快，强化规划龙头作用，县城城市总体规划通过专家评审，完成县城城市特色规划和鱼塘村、禄充老渔村、新村等3个村庄规划编制；行政中心主体工程建设进展顺利；分配廉租住房1.65万平方米，惠及群众1200余人；新建1万平方米廉租住房工程完工；容大广场交付使用，碧湖园开工建设，垃圾焚烧厂、文化服务中心、县档案馆、电力调度中心等项目前期工作有序推进；完善凤山公园公共配套设施，完成翠竹中路、仙湖路、环城东路、东大河路等城区道路维修改造；启动上庄至大竹箐农村公路建设，开展了澂阳路审计验收，完成梅玉至东山、矣旧至独发箐等农村公路质量评定；挂牌成立城市管理综合行政执法局，清理整治县城农贸市场周边环境和红枫街占道经营；在澂阳路、凤翔路、东浦路、右所横大路等4个入城路段实施车辆限高管制，大力治理超限超载；实施绿色图章制度，开展城市绿化认建认养公益活动；笔架山庄、湖畔圣水、金色仙湖、县国税局、凤山小学等8家被评为市级园林单位和园林小区。民生实事有效落实，投入1450万元为各中小学配备教育教学设备，完成二中、松元、吉花小学学生宿舍楼、一中食堂建设和广龙、万海、尖山小学迁建；启动县医院住院楼建设，完成龙街、阳宗卫生院和县计生服务站、龙街计生服务所改扩建；全面实施基本药物零差率销售，新农合参合率96.01%；落实奖优免补政策，实施住房货币化补贴发放和城镇居民医疗保险制度，开展第六次全国人口普查；新增城镇就业2200人，实现再就业910人，发放小额信贷资金2800万元；实施14个整村推进扶贫开发、6项库区和移民安置区后期扶持项目，完成2200户农村民居地震安全工程、150户农村危房改造、农村电网完善工程和177户村村通工程；九村敬老院扩建、34个农家书屋、31个农民体育健身工程、3个农村文化体育活动广场、拖柏村民族团结示范村和龙街、海口、右所综合文化站建设完工，启动龙街敬老院扩建。强化社会治安综合治理，大力化解社会矛盾，突出抓好校园安全综合整治和流动人口服务管理，为全县中小学新配备保安42名、装备安保器材61套；五五普法通过市级验收；加大安全生产和食品药品安全监管，加大集中式饮用水源地安全隐患排查整治和规范管理力度，组建综合应急救援队伍，先进平安县创建工作通过省级考核。在政府部门全面推行行政绩效管理、成本控制、行为监督、能力提升等效能政府四项制度，深入推进法治政府、责任政府、阳光政府建设，全面开展政风行风评议；完善政府工作规则，认真办理人大代表建议80件、政协委员提案79件，办复率和满意率达100%；加大政府投资项目审计力度，完成项目审计78项，核减工程投资4539万元；大力倡导厉行节约，压缩一般性支出，全县经常性项目支出缩减41.9%，庆典、节会、论坛经费压缩60%，车辆购置及运行费用降低30.4%，公务接待经费下降45.5%，出省考察经费减少50%，出国出境经费实现零增长。

【县政府常务会议】 2010年，县政府分别召开25次常务会议。会议对2010年全县经济社会发展中的一些重大问题进行讨论研究：

1月14日，研究2010年烤烟生产工作意见、兑现2009年烤烟生产组织和奖励经费事宜、村级组织活动场所建设、县委第十届六次全会及县纪委十届五次全会会议经费事宜。

1月20日，研究生猪定点屠宰场建设、玉溪中心城区出流改道出水口生态公园澂江任务区种植古树名木事宜。

1月29日，讨论《政府工作报告》、《关于澂江县2009年国民经济和社会发展计划执行情况与2010年国民经济和社会发展计划草案的报告》、《澂江县2010年地方财政收支预算草案》，研究县环保局人员招聘、县城生活垃圾处理工程建设、县农业局闲置资产处置事宜，安排部署烤烟生产、抗旱、森林防火、左所水库、马吃水水库和行政中心建设等重点工作。

2月24日，研究2009年行政效能考核情况、抗旱救灾工作、教师招聘事宜。

3月9日，讨论《澂江县经济和社会发展“十二五”规划编制工作方案》，研究安全生产工作、云南省国土资源职业学院扩建项目相关事宜、水污染综合防治“十一五”目标责任书项目建设事宜，安排部署开展公务员商品房建设前期工作、行政中心建设、梨花路改造、环境卫生综合整治、制定2010年行政效能建设考核方案、开展抗旱救灾捐赠活动等重点工作。

4月1日，讨论《全面推行环境保护“一岗双责”制度的实施意见》、《关于加快全县旅游产业发展的决定》、《2010年行政效能建设工作目标考评方案》、《澂江县人民政府关于自觉接受人大监督加强与县人大代表联系的意见》、《澂江县人民政府关于自觉接受政协民主监督加强与县政协委员和工商联联系的意见》，研究九村镇鱼塘村民小组整村搬迁、生猪定点屠宰场建设、县粮食储备中心库建设、改制企业劳动保障、卫生系统人员招聘、县殡葬管理所及环保系统招聘人员分配、澂阳公路和环湖东路澂江段建设资金运作、入湖河道管理事宜。

4月27日，研究凤麓镇西后街旧城改造后续工作处理、2010年退役士兵安置、启用澂江县基准地价更新成果事宜，讨论《澂江县人民政府工作规则》、《澂江县砂、石、粘土、页岩矿产资源采矿权价款收缴使用管理暂行办法》，安排部署制定外来人员租地管理办法、召开抗旱会议、召开全县工业经济发展大会、加快推进公务员商品房建设等重点工作。

5月17日，研究加强校园安全保卫、县供销合作社联合社闲置资产处置、县物资总公司燃料经营部应收款项处理事宜。

5月26日，讨论《澂江县廉租住房分配方案》、《澂江县县级预算单位公务卡管理暂行办法》、《澂江县2010年—2012年住房建设及保障性住房建设规划》、《玉溪市投资集团公司组建方案(征求意见稿)》，研究云南澂江抚仙湖水资源调度管理服务中心出让、狂犬病防制、县政府领导班子成员“一岗双责”安全生产责任制、新一轮土地利用总体规划修编预留建设用地布局、县医院和县中医院购买医疗设备事宜。

7月12日，研究“十一五”水污染综合防治目标责任书落实情况、防洪抗灾、节能减排、创建创业型城市、生猪定点屠宰场经营权公开处置、烂柴箐采石场采矿权延期、县固定资产投资审计中心公开招考工作人员、县公安消防大队招收合同制消防员事宜。

7月21日，讨论《澂江县关于加强抚仙湖保护管理综合行政执法的实施方案》、《澂江县抚仙湖资源保护费征收管理实施方案》，研究“两基”迎国检、校舍安全工程、抗旱救灾、教师和卫生系统人员招聘事宜，安排部署制定《澂江县开展城市管理综合行政执法工作方案》。

8月3日，讨论《澂江县开展城市管理综合行政执法工作方案》，研究垃圾焚烧厂建设、污水处理厂扩建工程、“两基”迎国检相关资金、尖山村委会代头村滑坡搬迁事宜。

8月20日，讨论《澂阳二级公路县城联络线梨花路段建设搬迁安置方案》，研究二手房交易最低计税价格、澂江新闻网建设、制作澂江宣传画册、民兵常驻分队扩招、澂华路路灯安装工程事宜。

8月31日，讨论《澂江县“绿色图章”管理制度》、《澂江县城市绿地和树木认建认养方案》、《澂江县2009年廉租住房分配方案》，研究澂阳二级公路县城联络线梨花路段使用资金、海口35KV输变电工程建设、彝族山苏支系聚居区结对帮扶、红枫街经营秩序综合整治、2010年中小学教师招聘录用、县固定资产投资审计中心招考人员录用事宜。

9月14日，研究澂江动物化石群保护地申报世界自然遗产工作相关事宜，安排部署维护社会和谐稳定工作。

9月15日，研究抚仙湖国际老年康体养生度假中心、抚仙湖国际养生园项目征地事宜，讨论《澂江县公共卫生与基层医疗卫生事业单位绩效工资实施办法》。

9月26日，讨论《澂江县国民经济和社会发展“十二五”规划基本思路》，研究县文化馆建设事宜。

10月8日，研究县粮食储备中心库建设、镇畜牧兽医站建设、澂江县2010年中西部农网完善工程、抚仙湖国际养生园及抚仙湖国际老年康体养生度假中心项目工作经费、右所镇补益二家村退塘复耕事宜，安排部署县农村合作基金会借款清收、节能减排、两污治理、水污染综合防治、安全生产、社会稳定等重点工作。

10月22日，研究政府机构改革实施意见和工作方案。

10月28日，研究抚仙湖东岸环湖截污治污工程涉及海口镇热水公园和抗浪鱼繁殖基地拆除相关补偿、抚仙湖东大河流域水污染治理和清水产流机制修复试点工程事宜。

10月29日，讨论《澂江县和谐社区建设方案》，安排部署完成全年目标任务、“十一五”和2010年工作总结及“十二五”和2011年工作意见起草等重点工作。

11月8日，研究公安业务技术用房建设、司法业务用房建设和解决海口卫生院历史债务事宜。

11月17日，研究澂阳路和凤翔路设置限高设施、今冬明春森林防火、债务偿还及相关经费事宜。

12月3日，研究化解农村义务教育债务、城市安全视频监控报警系统和城市路口闯红灯自动抓拍电子警察系统租用费、加快推进农村土地承包经营权流转促进生态农业建设、太阳山项目涉及小湾和大湾村民小组土地征用相关补偿、抚仙湖东岸片区旅游项目配套基础设施建设、开展城市绿化认建公益活动事宜，安排部署拟定“十二五”和2011年全县经济社会发展目标工作。

12月6日，研究“十二五”时期和2011年全县经济社会发展目标，安排部署完成“十一五”和2010年目标任务、欠税清理收缴等重点工作。

【县政府党组会议】 2010年，县政府党组共召开9次会议。会议议题分别为：

1月29日，研究干部任免事宜。

3月9日，研究干部处分、干部任免、将完成“十一五”水污染综合防治目标责任书情况列入行政效能考核、抗旱救灾捐款事宜。

5月26日，研究干部任免事宜。

7月12日，研究干部任免事宜。

8月13日，研究人事调动事宜。

9月14日，研究人事调动、干部任免事宜。

9月26日，研究干部任免事宜。

10月28日，研究干部处分、人事调动、干部任免事宜。

12月31日，研究干部任免事宜。

【专题会议】 2010年1月14日，县政府召开2010年中低产田地和中低产林改造工作专题会议。

2月9日，县政府召开加快推进左所水库建设专题会议。

2月10日，县政府召开松元石门村饮水工程抽水泵站建设相关问题专题会议。

2月22日，县政府召开海口镇生态环境保护建设工作专题会议。

5月5日，县政府召开抚仙湖国际养生园项目用地现场专题协调会议。

5月6日，县政府召开上庄至大脚箐农村公路改造推进会。

5月25日，县政府召开西浦公园管理专题会议。

5月31日，县政府召开县狂犬病疫情处置领导小组会议。

6月4日，县政府召开水污染综合防治“十一五”项目推进会。

6月12日，县政府召开澂江冶钢集团公司黄磷厂与抚仙湖林场土地争议协调处理专题会议。

6月13日，县政府召开2010年廉租住房建设专题会议。

6月21日，县政府召开抚仙湖国际养生园项目领导小组会议。

6月24日，县政府召开阳宗镇托管移交工作专题会议。

7月22日，县政府召开抚仙湖沿湖工业企业搬迁专题会议。

7月26日，县政府召开县垃圾焚烧厂、污水处理厂5000吨/日扩建项目现场推进会。

7月26日，县政府召开2010年维护烟叶收购秩序工作专题会议。

8月19日，县政府召开加快推进澂江供电有限公司生产调度大楼项目协调推进会。

8月20日，县政府召开县总工会工作专题会议。

8月23日，县政府召开禄充风景区环境卫生综合整治现场办公会。

8月31日，县政府召开水污染综合防治“十一五”项目推进会。

9月1日，县政府召开海口镇综合文化站及海口镇中心小学建设专题会议。

9月13日，县政府召开广龙、万海、尖山三所异地搬迁小学道路交通安全工作专题会议。

10月12日，县政府召开大山寺磷矿及相关砂石料场采矿权证手续办理专题会议。

10月19日，县政府召开县司法业务用房建设协调推进会。

11月16日，县委、县政府召开加快推进云南玉溪沃森生命科学园项目建设专题会议。

（孟　杰）

【烤烟生产工作会】　2010年1月20日，澂江县召开2010年烤烟生产工作会。县长苏绍华全面总结2009年全县烤烟生产工作，认真分析了烤烟生产面临的困难和问题，对2010年的烤烟生产工作提出三点要求：加强管理，提升烤烟生产服务水平；扎实工作，圆满完成2010年的烤烟生产任务；加强领导，扎实抓好各项措施落实。

【抗旱工作紧急会】　2010年2月8日，澂江县召开2010年抗旱工作紧急会议。会议分析了当前我县旱情、森林防火、烤烟育苗和春耕备耕工作面临的形势，传达了全市抗旱救灾工作紧急会议精神。县长苏绍华提出五点要求：确保人畜饮水安全；全面落实工作责任；力保春耕生产工作；积极开展生产自救；高度重视防火工作。

【森林防火工作紧急会】　2010年2月16日，澂江县召开森林防火工作紧急会议，研究部署森林防火工作。县长苏绍华对森林防火工作提出要求：加大森林防火工作的宣传力度；加强火源管理；强化专业扑火队伍和各镇应急分队建设；明确责任，严格奖惩。

【第十五届人民政府第四次全会暨第三次政府系统廉政工作会】　2010年2月26日，澂江县召开第十五届人民政府第四次全会暨第三次政府系统廉政工作会议。县长苏绍华全面总结全县2009年经济社会发展取得的明显成效，深入分析当前所面临的形势，并从突出重点项目建设、加快工业发展、抓好三农工作、加强生态建设、提高城市化率、加强社会建设、维护社会稳定、做好十二五规划编制等8个方面对2010年的政府工作进行全面的安排部署。苏绍华强调，圆满完成今年既定的目标任务，关键在作风，重点在落实。他要求各级领导干部要从加强领导、细化目标、提高效率、求真务实、讲求方法、严格督查等六个方面不折不扣地抓好各项工作落实。苏绍华还对2010年政府廉政建设工作提出要求：加强廉政教育，切实增强廉洁自律意识；强化监督检查，从源头上治理腐败；着力解决突出问题，坚决纠正损害群众利益行为；坚决查处违纪违法案件，严惩腐败分子和整治消极腐败现象；加强效能建设，推进政府系统作风转变。

【烤烟育苗暨备耕工作会】　2010年3月2日，澂江县召开2010年烤烟育苗暨备耕工作会，县长苏绍华要求各级各部门认清形势、统一思想，全力克服严重旱情给烤烟生产带来的影响，切实抓好烤烟备耕各项工作。积极搞好服务工作，抓紧各项工作落实，确保3月5日前完成烤烟育苗工作；采取有效措施抗旱保苗，确保壮苗移栽；加强大棚、小棚育苗管理，做好通风揭膜管理确保育苗质量及K326品种纯度；深入基层、深入群众、深入烟农，耐心细致落实烤烟面积。

【抗旱救灾烤烟备耕及森林防火工作检查汇报会】　2010年3月17日，澂江县召开抗旱救灾烤烟备耕及森林防火工作检查汇报会。县长苏绍华提出要求：各镇各部门要认真抓紧抓好抗旱建设工程的管理督促，使各项建设工程尽快发挥抗灾作用；各镇要认真组织动员群众积极开展生产自救工作，在县委、县政府的领导下想方设法战胜自然灾害，切实把发动群众积极开展大春生产作为重中之重的工作抓紧落实；各镇要认真抓好护林防火工作，认真落实县委、县政府部署的工作措施，充分发挥护林人员的积极作用，认真抓好护林防火各项工作的检查落实；民政、各镇要高度重视困难群众的生活，确保困难群众在大灾之年的生活有保障，确保全县社会稳定。

【财税金融工作会】　2010年4月7日，澂江县召开2010年财税金融工作会议，会议全面总结2009年全县财税金融工作取得的成绩，对2010年的财税金融工作进行安排部署。县长苏绍华指出，完成2010年财税金融各项工作目标任务，必须善谋生财之道，善思聚财之方，善抓节支之举。着力抓好以下工作：加强财源建设；强化收入征管；优化支出结构；提高依法理财治税水平；充分发挥金融杠杆作用；全力抓好抗旱救灾各项工作。

【苏绍华对抚仙湖入湖河道保洁工作提出要求】　2010年4月8日，县长苏绍华实地检查抚仙湖入湖河道情况时对入湖河道清理工作提出四点要求：各镇、各部门要按照县委、县政府的工作安排，严格要求、认真组织，适时组织人员对入湖河道进行清淤和保洁，最大限度地削减和控制入湖污染负荷；要按照“分级负责、属地管理”的原则，建立健全河道保洁、垃圾收集清运管理长效机制，促使管理工作经常化；要加强辖区环境卫生及入湖河道管理，把环境保护的责任义务纳入村规民约，禁止乱堆、乱放、乱倒农业农村和生产生活垃圾，切实改善流域内村庄、农田环境状况；县政府督查室及县监察、环保、抚管等部门要适时对入湖河道保洁活动进行督促检查，确保入湖河道保洁工作取得实效；宣传部门要充分发挥舆论监督引导作用，做好入湖河道保洁及河口、湖滩垃圾打捞活动的宣传报道工作，对措施有力、成效明显的要加强正面宣传引导，对责任不落实、工作不力的要进行曝光。

【工业经济工作会】 2010年5月12日，澂江县召开2010年工业经济工作会议。县长苏绍华强调：要突出抓好项目建设，增强工业发展后劲；要突出抓好园区建设，搭好招商引资平台；要突出抓好协调服务，强化和谐发展意识；要突出抓好自主创新，提升企业核心竞争力；要突出抓好节能减排，大力发展循环经济；要突出抓好安全生产监管，确保人民生命财产安全。

【苏绍华要求加快旅游重大项目建设】 2010年6月2日，县长苏绍华在实地查看重大旅游项目建设情况时强调，加快推进抚仙湖—星云湖生态建设与旅游改革发展综合实验区建设，有利于沿湖地区优化产业结构、促进旅游产业升级；有利于改善抚仙湖区域生态环境，更好地保护抚仙湖；有利于沿湖地区人民群众转变生产方式，拓宽就业渠道，增加收入，提高生活质量和水平。要求全县各级各部门要坚定信心，加强领导，进一步解放思想，坚持生态优先，实施保护式开发，全力推进实验区项目建设；要进一步完善重大旅游项目协调推进机制，科学、高效帮助指导项目业主依法依规办理相关手续，为项目建设做好服务工作；要健全工作联动机制，定期通报项目建设情况，及时研究解决项目建设中遇到的困难问题。

【苏绍华安排部署节能减排工作】 2010年6月18日，县长苏绍华主持召开专题会议，就做好节能减排工作提出要求：要切实增强做好节能减排工作的紧迫感和责任感，围绕建设休闲宜居生态城市的目标，进一步明确任务，采取更加有力的措施，加大节能减排力度，确保2010年全县单位GDP能耗下降3.4%和“十一五”节能减排目标任务的完成；各级各部门要加强协调配合，严格落实行政领导负责制，加强市场、产业、技术、政策、信息和投入引导，鼓励和支持发展绿色产业、循环经济和高新技术产业。要尽心尽力为节能减排行业、企业搞好新技术的引进对接等相关服务工作，真正做到服务到位；要把淘汰落后产能、实现传统产业升级换代结合起来，严格执行国家产业政策，扎实开展整治违法排污企业保障群众健康环保专项行动，加强对重点耗能企业的监管，推行清洁生产，建立和完善能耗统计及监测体系；各级各部门要带头做好公共机构节能工作，加大节能产品的推广应用，确保公共机构能耗取得实效。要加大节能减排宣传教育，增强全民节能减排意识，形成人人参与节能减排的良好氛围。

【重点磷化工企业发展座谈会】 2010年7月16日，县政府召开全县重点磷化工企业发展座谈会。会上，县长苏绍华指出，工业是县域经济的引擎和龙头，是增加税收、繁荣城乡经济的核心产业。全县上下必须统一思想，深化认识，立足于发挥磷矿资源优势和产业发展的基础条件，坚持“工业强县”战略不动摇，继续走“磷电结合”的工业发展路子，做强磷化工产业；各级各相关部门要积极搞好协调服务，把优化环境摆在工业经济发展工作的重中之重，切实为企业的投资建设和生产经营排忧解难，做到政策优先扶持，资金优先投入，要素优先保障，矛盾困难优先协调解决，为加快工业发展创造良好条件；企业在生产经营过程中，要坚持发展工业与保护环境并举，加快工业内部结构调整，认真落实节能减排和环境保护工作责任制，进一步抓好企业节能减排和环境保护工作，推动全县工业经济健康协调可持续发展。

【苏绍华对统计调查工作提出要求】 2010年7月24日，县长苏绍华在对县统计局、调查队进行调研过程中，对统计调查工作提出要求：全体统计调查干部要树立做好统计调查工作的光荣感，保持统计调查“三个面向”服务目标，继续发扬统计调查的优良传统，做好统计调查工作；统计调查工作者要把握好全县经济发展规律，加强部门联系，深入基层调查研究，吃透县情，做到应统尽统，依法依规统计；统计部门干部职工要干一行爱一行，领导班子要用事业留人、用感情留人、用荣誉留人，在干部职工中结合创先争优活动，形成“比、学、赶、超”的局面；统计部门领导班子要加强团结，带领干部职工强化政治学习，熟悉并精通统计业务，提高素质，筑牢统计根基。

【苏绍华对地质灾害防治工作提出要求】 2010年8月2日，县长苏绍华在检查地质灾害防治工作中强调要做到五个到位：要认识到位。各镇和国土等相关部门要切实提高思想认识，把地质灾害防治工作作为当前一件大事认真抓实抓好，不能存有侥幸心理和麻痹大意思想；要措施到位。进一步加强组织领导，强化监督检查，认真落实地质灾害防治各项措施，积极组织人员，全力做好汛期危房户的排水工作，避免人身财产损失；要监管到位。建立和完善群众和专业人员相结合的群测群防体系，健全监管监测、信息报送等制度，严格汛期24小时巡查监测，严防灾害发生；要宣传到位。进一步强化灾害预防宣传工作，积极开展地质灾害防治知识宣传，提高人民群众安全防范意识和群防群治的积极性、主动性；要应急到位。进一步完善应急预案，做好救灾物资储备，做到救灾救济及时高效。

【县十五届人民政府第五次全会】 2010年8月13日，澂江县召开第十五届人民政府第五次全会，主要任务是贯彻落实市政府第六次全会精神，总结全县2010年上半年经济运行情况，安排部署下半年工作。县长苏绍华强调，2010年下半年要突出抓好九个方面的工作：以农民增收为重点，全力抓好农业农村工作；加快新型工业化进程，推进工业产业结构调整；大力发展现代服务业，推动第三产业提档升级；坚持环境保护先行，加快生态文明建设；全力推进项目建设，保持投资快速增长；加强财税金融工作，增强发展保障能力；加快城镇建设步伐，提升城镇综合承载力；切实保障和改善民生，推进和谐社会建设；求真务实，确保各项目标任务圆满完成。

【苏绍华对人口普查工作提出要求】 2010年10月27日，县长苏绍华在调研第六次人口普查工作时要求做到五个到位：宣传到位。加强对机关干部的宣传，提高对人口普查工作的认识，做到人口普查家喻户晓；配合到位。各人口普查成员单位要密切配合，认真履行职责，各负其责，履职、配合不到位的，行政效能考核进行扣分；指导到位。县人普办、人普工作人员要指导到位，指导普查员入好户，填好表；经费到位。县人普办要对普查经费进一步明确到位，确保普查工作顺利推进；普查到位。普查工作人员要认真负责做好普查，确保普查数据不重不漏。

【县政府领导班子民主生活会】 2010年11月24日，县政府领导班子召开以“贯彻落实《中国共产党党员领导干部廉洁从政若干准则》，切实加强领导干部作风建设”为主题的民主生活会。会上，县长苏绍华强调要紧紧围绕澂江改革、发展、稳定大局，抓观念，在解放思想上下功夫；抓调整，在转变发展方式上下功夫；抓生态，在保护环境上下功夫；抓形象，在城市建管上下功夫；抓民生，在社会事业上下功夫；抓自律，在转变作风上下功夫，努力建设人民满意的政府。

【苏绍华在县委中心组理论学习中强调“十二五”工作重点】 2010年12月7日，县委举行中心组理论学习，结合贯彻落实中央十七届五中全会精神，讨论研究澂江“十二五”规划建议和纲要。县长苏绍华强调，“十二五”要重点抓好五个方面的工作：紧紧抓住转变经济发展方式这一发展主线，加快产业结构调整；紧紧抓住资源节约和环境保护这一基本国策，大力推进生态文明建设；紧紧抓住加强基础设施建设这一重要任务，加快推进城镇化；紧紧抓住增强发展动力这一关键因素，进一步扩大改革开放；紧紧抓住保障和改善民生这一根本落脚点，促进社会事业全面发展。

（袁　新）

【政府重要文件】 2010年1月14日，县政府发出《关于同意澂马二级公路路面二期修复工程增加投资的批复》。

1月15日，县政府办发出《关于进一步做好阳光政府四项制度等实施工作的通知》。

1月18日，县政府办发出《关于成立东风度假村资产处置工作领导小组的通知》。

1月22日，县政府办发出《关于成立阳宗镇脚步哨土地整理项目领导小组的通知》、《关于印发澂江县2010年新型农村合作医疗实施方案的通知》。

1月27日，县政府发出《关于切实抓好2010年烤烟生产的通知》。

1月29日，县政府发出《关于同意城市入口景观改造的批复》，县政府办发出《关于印发澂江县2010年春运道路交通安全管理工作方案的通知》。

2月8日，县政府办发出《关于成立澂阳二级公路账务清理工作领导小组的通知》。

2月11日，县政府发出《关于批转澂江县2010年上半年供用水方案的通知》。

2月16日，县政府发出《2010年森林防火命令》。

2月26日，县政府办发出《关于成立澂江县昆玉一体化工作领导小组的通知》、《关于开展打击非法生产经营烟草种子种苗专项行动的通知》。

3月4日，县政府办发出《关于印发澂江县道路交通事故应急预案的通知》。

3月8日，县政府发出《关于凤麓镇人民政府增设居民小组的批复》。

3月10日，县政府办发出《关于成立基本药物制度推进工作协调领导小组的通知》。

3月11日，县政府发出《关于拆除海口镇热水公园的批复》，县政府办发出《关于印发2010年农资市场专项整治行动实施方案的通知》、《关于印发澂江县经济和社会发展“十二五”规划编制工作方案的通知》。

3月15日，县政府办发出《关于成立澂江县基本职业卫生服务试点工作领导小组的通知》、《关于成立澂江县深化医药卫生体制改革领导小组的通知》。

3月18日，县政府发出《关于对存在重大火灾隐患的华业大酒店进行挂牌督办的批复》，县政府办发出《关于澂江县防火安全委员会更名为澂江县消防安全委员会的通知》、《关于确定2010年度澂江县消防安全重点单位的通知》、《关于印发澂江县2010年地质灾害防治方案的通知》。

3月26日，县政府发出《关于认真落实抗旱救灾烤烟种植专项计划的通知》，县政府办发出《关于对2010年玉溪市旅游产业发展工作目标责任书工作任务分解的通知》。

3月28日，县政府发出《关于县食品药品监督管理局业务用房建设问题的决定》、《关于盘活农业局闲置资产用于偿还历史债务的批复》、《关于九村镇村镇规划的批复》、《关于右所镇总体规划的批复》。

3月29日，县政府发出《关于澂江县九村磷矿及马吃水磷矿详查项目招标事项的批复》。

3月30日，县政府办发出《关于成立推行效能政府四项制度工作领导小组的通知》、《关于成立澂江县农田水利规划领导小组的通知》。

4月1日，县政府发出《关于统一澂江县2010年社会保险缴费工资总额及基本医疗保险相关规定的批复》。

4月8日，县政府发出《澂江县人民政府关于自觉接受人大监督加强与县人大代表联系的意见》、《澂江县人民政府关于自觉接受政协民主监督加强与县政协委员和工商联联系的意见》。

4月9日，县政府办发出《关于成立澂江县推进云南省昆明阳宗海风景名胜区工作协调领导小组的通知》。

4月16日，县政府发出《关于全面推行环境保护“一岗双责”制度的实施意见（试行）》，县政府办发出《关于印发2010年行政效能建设工作目标考评方案的通知》。

4月19日，县政府办发出《关于印发澂江县2010年非煤露天矿山安全生产专项整治工作方案的通知》、《关于明确县中低产田地改造工作领导小组办公室工作职责的通知》。

4月21日，县政府办发出《关于印发澂江县2010年纠风工作实施方案的通知》。

4月23日，县政府发出《关于摘除澂江县华业大酒店重大火灾隐患督办牌的批复》。

4月27日，县政府发出《关于明确县城湖泊江河水库坝塘水电站防汛责任人的通知》。

4月29日，县政府发出《关于印发澂江县人民政府工作规则的通知》。

4月30日，县政府办发出《关于成立澂江县综合应急救援大队的通知》。

5月7日，县政府发出《关于在全县行政机关推行效能政府四项制度的实施意见》。

5月10日，县政府办发出《关于印发行政机关推行效能政府四项制度四个工作方案的通知》。

5月14日，县政府办发出《关于印发澂江县2010年消防监督管理工作实施意见的通知》、《关于印发澂江县城乡规划审批管理暂行办法的通知》、《关于成立澂江县救灾资金物资监督检查领导小组的通知》。

5月17日，县政府发出《关于修订〈澂江县砂、石、粘土、页岩矿产资源采矿权价款收缴使用管理暂行办法〉有关条款的通知》。

5月21日，县政府办发出《关于印发澂江县2010年深化危险化学品安全生产专项整治工作实施方案的通知》。

5月23日，县政府发出《关于对右所镇旧城村部分村民小组狂犬病疫点实施封锁的命令》，县政府办发出《关于印发澂江县狂犬病疫情应急处置方案的通知》。

5月24日，县政府办发出《关于成立澂江县城乡建设用地增减挂钩工作领导小组的通知》。

5月26日，县政府发出《关于启用澂江县城镇土地定级和基准地价更新成果的批复》，县政府办发出《关于2010年非煤露天矿山安全生产事故隐患实施挂牌督办的通知》、《关于印发2010年食品安全整顿工作实施方案的通知》。

5月27日，县政府办发出《关于切实加强2010年防汛抗洪救灾工作的紧急通知》。

5月28日，县政府发出《关于明确县政府领导班子成员“一岗双责”安全生产责任制的通知》、《关于印发澂江县构筑社会消防安全云岭防火墙工程实施方案的通知》，县政府办发出《关于印发澂江县道路交通安全隐患大排查大整治专项行动实施方案的通知》。

6月1日，县政府办发出《关于印发澂江县第六次全国人口普查户口整顿工作方案的通知》。6月2日，县政府办发出《关于印发澂江县县级预算单位公务卡管理暂行办法的通知》。

6月8日，县政府发出《关于中心城区经营性骨灰公墓采取市场化方式开发建设的批复》、《关于同意建设凤麓镇等五个农村公益性公墓的批复》。

6月9日，县政府发出《关于启用〈澂江县地质灾害防治规划〉（2010—2020年）的批复》。

6月11日，县政府办发出《关于成立澂江县鸡脖子水库干支渠防渗工程建设管理局的通知》。

6月17日，县政府发出《关于无偿划拨云南澂江抚仙湖水资源调度管理服务中心资产的批复》、《关于公开处置县供销合作社联合社闲置资产的批复》。

6月18日，县政府办发出《关于成立澂江县创建创业型城市工作领导小组的通知》。

6月21日，县政府办发出《关于印发澂江县2010年整治违法排污企业保障群众健康环保专项行动实施方案的通知》、《关于成立澂江县整治违法排污企业保障群众健康环保专项行动领导小组的通知》。

6月22日，县政府办发出《关于成立澂阳二级公路建设成本及债务锁定工作领导小组的通知》。

6月24日，县政府办发出《关于成立澂江县山冲河水库干支渠防渗工程建设管理局的通知》。

6月25日，县政府发出《关于澂江县2010年—2012年住房建设及保障性住房建设规划的批复》，县政府办发出《关于建立殡葬改革工作挂钩联系制度的通知》。

7月8日，县政府办发出《关于印发2010年澂江县民主评议政风行风工作实施方案的通知》。

7月14日，县政府办发出《关于印发七彩云南澂江保护行动2010年度工作责任制考核责任书考核办法的通知》、《关于印发澂江县水污染综合防治“十一五”目标责任书考核办法的通知》。

7月15日，县政府办发出《关于县“两烟”打假打私工作领导小组更名的通知》。

7月16日，县政府办发出《关于加强地质灾害防治工作的紧急通知》。

7月21日，县政府办发出《关于成立澂江县清查问题乳粉联合工作组的通知》、《关于印发澂江县部门集中采购管理办法（试行）的通知》。

7月29日，县政府办发出《关于印发澂江县两基迎国检工作方案的通知》。

8月5日，县政府办发出《关于成立澂江县抚仙湖综合行政执法工作领导小组的通知》。

8月12日，县政府办发出《关于成立澂江县农作物高产创建工作领导小组的通知》。

8月13日，县政府发出《关于澂江县审计局2009年县本级财政预算执行和其他财政收支情况审计结果的批复》。

8月17日，县政府办发出《关于成立澂江县第一次全国水利普查工作领导小组的通知》。

8月20日，县政府办发出《关于成立澂江县淘汰落后水泥产能工作领导小组的通知》。

8月23日，县政府发出《关于印发澂江县加强抚仙湖保护管理综合行政执法实施方案的通知》，县政府办发出《关于进一步加强义务教育阶段控辍保学工作的通知》。

8月26日，县政府发出《关于同意无偿划拨凤麓镇畜牧兽医站资产的批复》、《关于二手房最低计税价格问题的批复》、《关于澂阳二级公路县城联络线梨花路段建设搬迁安置方案的批复》、《关于抚仙湖环湖截污治污工程后续建设内容的批复》。

8月28日，县政府办发出《关于成立澂江供电有限公司生产调度大楼项目建设协调领导小组的通知》。

8月30日，县政府办发出《关于成立澂江冶钢集团水泥有限公司技改扩建日产2500吨新型干法水泥熟料生产线项目建设协调领导小组的通知》。

8月31日，县政府发出《关于整体移交林业局种苗站西浦公园资产的批复》。

9月1日，县政府办发出《关于印发澂江县集中开展严厉打击非法违法生产经营建设行为专项行动实施方案的通知》。

9月3日，县政府发出《关于印发澂江县人民政府行政复议工作制度的通知》。

9月7日，县政府发出《关于城市绿地和树木认建认养方案的批复》，县政府办发出《关于成立澂江化石地申报世界自然遗产办公室的通知》。

9月10日，县政府发出《关于2009年廉租住房分配方案的批复》，县政府办发出《关于试鸣防空警报的通知》。

9月13日，县政府办发出《关于成立澂江县城市管理综合行政执法工作领导小组的通知》。

9月20日，县政府办发出《关于成立澂江县加强政府融资平台公司管理工作领导小组的通知》、《关于成立澂江县市场建设工作领导小组的通知》、《关于印发澂江县2010年创建云南省卫生县城实施方案的通知》、《印发关于严格控制和规范会议文件庆典论坛考察的实施意见的通知》。

9月21日，县政府办发出《关于印发澂江县开展城市管理综合行政执法工作实施方案的通知》、《关于印发澂江县绿色图章管理规定的通知》。

9月30日，县政府发出《关于澂江县十二五住房保障规划的批复》。

10月8日，县政府办发出《关于成立澂江县打击发票假币违法犯罪和非法彩票赌博活动领导小组的通知》。

10月13日，县政府办发出《关于成立澂江县中低产林改造工作领导小组的通知》。

10月18日，县政府发出《关于县文化馆建设及公开处置原电影发行放映管理中心闲置资产的批复》，县政府办发出《关于成立澂江县滇中引水工作领导小组的通知》。

10月20日，县政府发出《关于抚仙湖国际养生园和抚仙湖国际老年康体养生度假中心项目征收土地补偿安置方案的批复》。

10月22日，县政府发出《关于轮换县级储备粮的批复》。

10月26日，县政府发出《关于太阳山国际生态旅游休闲度假社区老鹰地项目启动区控制性详细规划的批复》，县政府办发出《关于开展成品油市场零售站点专项整治工作的通知》、《关于印发开展重点工作目标倒逼管理实施意见和关于推行“一线工作法”实施意见的通知》。

11月3日，县政府办发出《关于成立抚仙湖东大河流域水污染治理与清水产流机制修复试点工程管理局的通知》。

11月4日，县政府办发出《关于成立澂江县新型农民科技培训项目领导小组的通知》、《关于成立澂江县质量兴县工作领导小组的通知》、《关于建立澂江县标准化工作联席会议制度的通知》。

11月11日，县政府办发出《关于开展广播电视收听收看现状普查工作的通知》。

11月15日，县政府办发出《关于印发澂江县加强非法超限超载车辆治理工作实施方案的通知》。

11月18日，县政府发出《关于公开处置县公安局土地资产的批复》。

11月19日，县政府办发出《关于成立澂江县今冬明春农田水利建设工作指挥部的通知》。

11月22日，县政府办发出《关于成立澂江县成品油协调应急工作领导小组的通知》。

11月25日，县政府发出《关于澂江吉花水泥有限责任公司“11·02”生产安全事故调查报告的批复》，县政府办发出《关于印发澂江县2010年校园及周边社会治安综合治理专项整治行动方案的通知》。

11月26日，县政府发出《关于同意拆除海口镇抗浪鱼繁育基地的批复》，县政府办发出《关于建立澂江县依法查处取缔无照经营工作联席会议制度的通知》。

12月3日，县政府办发出《关于开展2008—2009年守合同重信用企业认定公示活动的通知》。

12月19日，县政府发出《关于调整2010年烟叶收购计划指标的通知》、《关于澂江县中低产林改造规划原则方案的批复》。

12月20日，县政府办发出《关于印发澂江县打击侵犯知识产权和制售假冒伪劣商品专项行动实施方案的通知》。

12月22日，县政府发出《关于湖畔圣水项目违法建设的处理意见》。

12月23日，县政府发出《关于电影发行放映管理中心资产处置的批复》。

12月31日，县政府发出《关于公开处置凤麓镇人民东路1号房地产的批复》，县政府办发出《关于成立澂江县无公害农产品产地认定工作领导小组的通知》。

（孟　杰）

县政府办公室工作

【综述】 2010年，县政府办公室紧紧围绕县委、县政府的中心工作，以科学发展观为指导，以服务领导、服务基层、服务群众为宗旨，以参谋有道、协调有方、运转有序、督查有效、保障有力为准则，以规范化、精细化、标准化管理为主线，深入开展创先争优活动，不断拓宽工作思路、创新工作机制、强化工作措施，扎实推进行政中心建设，较好地完成了县政府交办的各项工作目标任务，实现整体工作上水平、单项目标有突破，确保县政府的高效运转。年底，全办共有干部职工50人，内设机构有：秘书科、综合科、行政后勤科、信息科；直属机构有：信访局、人防办、法制办、信息产业办、督查室。

【办文办会工作】 2010年，县政府办公室坚持严谨、规范、高效的办文程序，严把行文关、审批关、政策关、格式关，确保公文质量。完善公文运转流程，对文件收、发、分、传、办等各个环节实行规范的流程作业，实现“无缝对接”，确保公文及时安全、规范有序运行，确保了政令畅通。精心筹备、精密部署、精细安排，切实提高办会水平，做到会前有准备，会中服务好，会后有落实，力求会议主题明确，中心突出，务求实效。全年共审核、制发各类公文543份，起草领导讲话140余份，办理省、市、县文件材料4265份，查阅各种文件档案400余件次，收发办理各类传真、电报580份，承办各种会议512次，通知参会人员10645人次。

【提案建议工作】 2010年，县政府办公室工作自觉接受县人大、县政协监督，加强与人大代表、政协委员联系，认真抓好人大代表建议、政协委员提案督促办理。县政府及各承办单位坚持严格的工作制度、工作程序和工作纪律，细化落实办理责任，加强全方位的协调沟通工作，建议、提案办理工作实现制度化、程序化和规范化，办理质量和水平有了提高。全年共办理县人大代表建议80件、县政协委员提案79件，办复率和满意率100%。县人大代表建议解决33件，正在解决23件，尚不具备解决条件24件；县政协委员提案解决35件，正在解决33件，尚不具备解决条件11件。

【督查工作】 2010年，县政府办公室围绕县委、县政府的重大决策部署和群众关心的热点、难点问题开展督促检查，抓好办理工作。按照“首问负责制、限时办结制、责任追究制”要求，强化督查长效机制，确保各项工作及时督办、各项措施落实到位、各项目标圆满完成。定期、不定期对各单位、各部门进行督查指导，针对检查中发现的问题，及时提出整改意见，督促落实，并反复核实各类督查数据和情况，及时形成专题材料。全年共下发各类督查通知19期，编发督查专报57期，督查通报24期（其中，与县委督查室联合开展督查15期），推动全县各项目工作的顺利开展。

【法制工作】 2010年，县政府办公室以贯彻国务院《全面推进依法行政实施纲要》、《行政许可法》等法律法规为主线，以政府机构改革为契机，着力提高制度建设质量，着力增强依法决策、依法办事的能力和水平，着力加强政府法制监督各项工作，着力规范行政执法行为，政府法制工作再上新台阶。深入推进重大决策听证工作，全年共组织重大决策听证14次。认真对县政府规范性文件、会议纪要等相关文件、文本进行合法性审查，全年审核通过并发布规范性文件3件，确保了政府行政行为的合法性。切实做好行政复议工作，全年共收到行政复议申请2件，受理并办结1件，因不符合受理条件，不予受理1件。组织政府部门科级领导干部180余人，进行依法行政学习培训，全县领导干部依法行政意识及能力进一步提升。

【信息工作】 2010年，县政府办公室注重调查研究，拓展信息来源渠道，抓住澂江县被确定为省信息直报点的契机，突出抓好重大方针政策的贯彻落实情况、重点工作重点项目的推进情况和经济社会发展相关的重点热点等信息上报工作，政务信息采编质量和水平得到提高，充分发挥了参谋助手作用，为领导决策提供优质高效服务。全年共编报信息255条，省级采用30条、市级采用167条。2010年8月，县政府办被市政府表彰为全市政府系统信息工作先进单位。

【应急工作】 2010年，县政府办公室充分发挥县应急办综合协调作用，坚持县级领导带班和24小时值班制度，切实强化突发事件信息报送工作。编制完善应急预案体系，新增预案1个，县级各类应急预案达到29个。加强无线电短波通信系统使用维护管理，为有效应对突发事件提供有力保障。

【行政效能建设】 2010年，县政府办公室全面实施服务承诺制、首问责任制、限时办结、行政负责人问责、一次性告知制度，AB角制度等，面向社会公开服务承诺内容、服务承诺事项、办结时限、投诉电话等，进一步强化责任落实，提高办公效率。狠抓党风廉政建设，从责任分解、考核、追究三个环节建立和完善党风廉政建设责任制落实机制，严格执行党风廉政建设责任制和责任追究制。办公室工作作风进一步改进，服务质量、责任意识、高效意识、发展意识有了明显增强，被县政府考评为2010年度行政效能建设工作优秀单位。

【创先争优活动】 2010年，县政府办公室以“五好五带头”为抓手，以创建“学习型机关、服务型队伍、效能型部门”为目标，深入开展创先争优活动。成立深化争先创优活动领导小组，制定实施方案，及时召开会议研究部署活动开展，为活动顺利开展提供有力的组织保障。强化宣传，积极营造良好活动氛围，共悬挂创先争优标语2条、张贴宣传画12幅、设置宣传专栏1块、出板报5期，在澂江电视台专题报道2期。实施党员公开承诺、亮牌上岗，全办党员共承诺事项104项，设立党员先锋示范岗9个。2010年被评为全县创先争优优秀班子。以深入开展活动为载体，着力提升工作效率，量化工作目标任务，全面推行实行绩效考核；认真做好包村联系点帮扶工作，投入5000元为梁王小学购买学习用具；协调资金2.5万元、水管8712米，为梁王村委会实施公益事业建设，帮助解决了群众生活、生产用水等问题；抽调5人参与梁王村两委换届选举，积极组织人员驻村帮助指导烤烟生产，圆满完成了梁王村委会14万公斤烤烟收购任务。

【政府信息公开】 2010年，县政府办公室认真贯彻落实《政府信息公开条例》，充分发挥澂江信息网与公众交流沟通的“桥梁”作用，切实保障人民群众的知情权、参与权、表达权和监督权。全年公开县政府信息5568条，各部门公开信息7916条，公开查阅点查阅1676人次，转接“96128”热线386次，群众满意率为98%。

【人民防空工作】 2010年，县政府办公室切实抓好人民防空工程建设和行政执法工作，进一步加大《人民防空法》及人防工作宣传力度，全县广大干部群众的人防意识进一步增强。积极开展人防工程联合执法检查，严肃查处漏报、免报、少报人防工程等违法违规现象。积极开展人防异地建设费收缴，全年共受理人防工程报建项目6项，上报审批人防工程2项，批准建设防空地下室5764.63平方米，受理防空地下室异地建设4项，收取人防异地建设费16万元，依法免收异地建设费2件，免收金额28万元。成功进行9月18日试鸣防空警报活动。

【电子政务和无线电工作】 2010年，县政府办公室加大电子政务应用推广力度，全县有109家县级单位接入电子政务网，接入率97.8%。做好澂江信息网网站运行维护工作，定期对网站服务器进行异常文件检查，对重要数据进行定期备份，确保澂江信息网的安全运行。强化无线电管理，协助省、市进行无线电波干扰排查，排除了无线电干扰隐患，积极配合做好高考、中考的无线电安全保障工作，确保“两考”的顺利进行。

【阳光政府四项制度工作】 2010年，县政府办公室深入推进阳光政府四项制度实施，充分发挥阳光政府四项制度联席会议办公室的综合协调职能，推行重大决策听证制度，主动邀请不同群体代表参加听证，广泛听取各方意见，集思广益，增强行政决策的透明度和社会公众参与度；实施重要事项公示，认真吸收、听取群众对公示内容的反馈意见，充分采纳合理建议，认真答复群众提出的问题，不断改进工作方式，提高工作质量和水平；实行重点工作通报，让社会各界充分了解并监督四项制度联席会议办公室已经、正在和即将开展的重点工作，推动各项工作部署执行有力并落实到位，确保抓出成效；实施政务信息查询制度，完善各种政务信息查询平台，及时、高效满足社会公众对政务信息的多样化要求，最大限度保证民众知情权，提高县政府服务水平。全县共实施重大决策听证13项，重要事项公示141项，重点工作通报470项，政务信息查询289条。

【效能政府四项制度工作】 2010年，县政府办公室扎实推进效能政府四项制度建设，成立县政府办效能政府四项制度实施领导小组，研究制定实施方案，及时召开专题会议，安排部署效能政府四项制度相关工作。认真编制行政成本控制计划，严格控制和规范年度会议、公务用车编制和购置、人员编制、出省出国（境）考察等，全年实现出省出国、出境考察经费零增长，出省考察经费下降48%。落实行政行为监督制度，共确定关键岗位3个，重点环节8个，风险点10个，制定监督防范措施15条。制作重点岗位公示栏在单位内部公示及澂江信息网公示，广泛接受社会各界监督，有效杜绝行政不作为、乱作为等现象发生。

（吴 勇）

人 事

【综述】 2010年，县人事局以人才工作、收入分配制度改革和政府机构改革为重点，全面推进人事人才和机构编制工作。年内在全县行政机关积极推行效能政府四项制度，加强行政机关行政能力提升制度建设，继续推行服务承诺制、首问责任制和限时办结制的实施工作，按照政策规定，积极拓宽就业渠道，指导大中专毕业生就业149人；严格执行国家工资福利政策，正常审批县属机关、事业单位工资和各项福利待遇审批工作；审核推荐评聘专业技术职务任职资格89人，组织做好全县公务员和专业技术人员继续教育培训工作，组织开展2010年全县公务员和事业单位工作人员年度考核工作；坚持“凡进必考”原则，公开招考录用公务员22人充实到党政机关公务员队伍；坚持公开、公平、择优原则，引进急需的专业技术人才14人，公开招考招聘教育、卫生和环保等事业单位工作人员41人；坚持自主择业军队转业干部定期报告和年度确认制度，定期保持联系；继续做好全县企业军转干部稳定和解困工作，认真督促各包保人做好每个企业军转干部的思想政治教育工作，坚持由专人每天一次上报制度，切实维护社会稳定；管理好全县机关、企事业单位干部和大中专毕业生的人事档案并做好档案查询服务工作；严格控制机构编制增长，巩固机构改革成果，防止机构编制反弹，完成事业单位年度检验工作，年检156家。与此同时，加强内部管理，狠抓党风廉政、深化创先争优、行政效能建设、依法行政、政府信息公开、责任政府四项制度、阳光政府四项制度、效能政府四项制度、平安家庭建设和社会治安综合治理工作，积极组织职工参加县上举办的各种活动，圆满完成各项工作任务。

【招考录用公务员】 2010年，县人事局根据中共云南省委组织部、云南省人力资源和社会保障厅、云南省公务员局《关于要求上报2010年录用公务员招考计划的通知》，结合澂江县实际，申报招考公务员计划，经批准全县招考岗位22个，其中，县直党政机关招考6人，镇机关招考3人，参照公务员法管理的事业单位招考13人。招考工作按全省要求统一进行网络报名，笔试，面试工作由玉溪市人事局统一主考，县人事局进行体检、考核、审核上报等工作，正式录用22名考生充实公务员队伍，新招录的公务员于2010年10月8日走上工作岗位。

【公务员培训】 2010年，县人事局按照省、市业务部门统一布署，抓好公务员初任培训和更新知识培训。为提高新录用公务员的政治素质、业务水平，使其尽快适应国家行政管理的需要，更好地履行岗位职责，组织完成2009年新招17名公务员参加初任培训。为提高新任科级领导干部的政策水平、组织领导能力，组织42名新任副科级领导干部参加任职培训；组织全县政府机关公务员和参公管理事业单位工作人员1074人参加全省行政机关公务员开展以"忠诚教育"为核心的"公共服务职业道德与技术方法"培训学习考试工作，参加考试人员成绩均合格。坚持执行公务员培训登记制度，凡参加人事部门统一组织的培训考试情况都在《公务员培训证书》中登记备案，作为年终考核重要依据。

【公务员考核】 2010年，县人事局为加强对机关公务员（工作人员）的管理，掌握其履行职位职责和完成工作任务情况，正确评价公务员（工作人员）的德才表现和工作实绩，按照《公务员考核规定（试行）》，与县委组织部下发《关于做好2010年公务员年度考核工作的通知》文件，认真组织开展2010年度全县公务员（工作人员）考核工作。全县政府行政机关和参照公务员法管理的事业单位实有公务员（工作人员）1005人，实际参加考核的有1000人，有5人不参加考核。通过对德、能、勤、绩、廉等方面的全面考核，考核为优秀等次的有191人，占实际考核总人数的19.1%；考核为称职（合格）779人，占实际考核总人数的77.9%；考核为不定等次的计29人（其中，2009年新招考录用的23人，受行政记大过处分的1人，受行政撤职处分的2人，开除党籍1人，立案审查尚未结案的2人），占实际考核总人数的2.9%；考核为不称职1人。

【军队转业干部安置和服务管理工作】 2010年，县人事局认真贯彻落实《军队转业干部安置暂行办法》及配套文件精神，接收安置军队转业干部1人，按时完成军队转业干部安置任务，做好军转干部的管理和服务工作。坚持自主择业转业干部定期报告制度，组织5名自主择业军转干部参加云南省职工医疗互助活动。继续做好全县企业军转干部稳定和解困工作。按照中央、省、市要求，及时发放解困资金28176元；督促各包保人做好每个企业军转干部的思想政治教育工作；坚持每天一次将每个企业军转干部的动向信息上报市军转办公室，切实维护社会稳定。

【行政审批和人才资源统计工作】 2010年，县人事局根据公务员任免职务有关规定，做好副科级以下非领导职务的正常审批工作，为19人办理确定科员审批工作。依据行政执法要求，严格把关，及时对全县部分机关、事业单位行政执法人员换证、办证资格进行身份审核认定，共审核认定行政执法人员73人。按照《澂江县机关工作人员通讯工具费用补助的暂行规定》，为24人办理通讯费补助审批手续。完成2010年事业单位工作人员、公有经济企业管理人才、专业技术人才和政府机关已登记公务员的统计工作。其中，政府行政机关公务员628人；参照公务员法管理的事业单位正式登记工作人员142人；事业单位工作人员3120人（管理人员308人，专业技术人员2338人，工勤人员474人）；公有经济企业管理人才和专业技术人才25人（管理人才10人，专业技术人才15人）。

【机关事业单位工资管理】 2010年，县人事局认真贯彻执行工资福利政策，维护干部职工切身利益。认真完成全县在职干部职工工资正常晋升审核工作：机关单位按规定条件晋升级别工资198人，人均增资15.81元；正常晋升级别工资档次1073人，人均增资39元；事业单位工作人员正常增加薪级工资2928名，人均增资25.74元；审批事业单位取得学历享受知识分子补贴49人；审批办理生病住院及生活不能自理护理费271件；办理退休人员高龄补贴9件；办理2009年未休年休假工资报酬审批34件；根据《澂江县人民政府关于印发澂江县殡葬改革实施意见的通知》文件精神，办理机关、事业单位离退休人员、在职职工非因工死亡的丧葬补助费、一次性抚恤金和遗属生活困难补助费审批工作18件，其中，在职死亡2件，享受遗属生活困难补助费11人，因未按规定火化环保葬的8件未给予审批；办理机关、事业单位工作人员职务、岗位工资变动审批109人；办理机关、事业单位工作人员其他津补贴审批90人；办理新招录人员转正定级工资审批43名；完成9名正常退休人员和5名完全丧失劳动能力人员退休审批工作；办理8名因被党纪、政纪处分及刑事处罚人员工资变动手续。

【实施公共卫生与基层医疗卫生事业单位绩效工资】 2010年9月，县人事局按照省委、省政府、市委和市政府的安排部署，根据《云南省公共卫生与基层医疗卫生事业单位绩效工资实施意见的通知》及《玉溪市人事局、财政局、卫生局关于上报玉溪市公共卫生与基层医疗卫生事业单位实施绩效工资办法的请示》精神，拟定了《澂江县公共卫生与基层医疗卫生事业单位绩效工资实施办法》。经县政府同意，上报市人事局审批，并批复。自2009年10月1日起对公共卫生与基层医疗卫生事业单位实施绩效工资。全县已实施绩效工资的公共卫生与基层医疗卫生事业单位共18个，其中，公共卫生8个，疾控中心1个，妇幼保健1个，计生服务6个；基层医疗卫生单位4个，乡镇卫生院4个；新型农村合作医疗管理办公室6个。全县共有在职职工208人，退休人员38人。实施绩效工资后，在职工作人员人均增资1153元/月，退休人员人均增资825元/月。

【信访和人事争议仲裁】 2010年，县人事局严格遵守国家法律、法规、人事政策和仲裁原则，热情接待来信来访干部群众，为其排忧解难，化解矛盾，妥善处理好国家和个人的利益，排除社会不稳定因素。全年共接待来信来访和信访转办件及市长热线交办件5件，有效维护社会的稳定。

【职称改革工作】 2010年，县人事局加强专业技术职务结构比例管理，严格清理专业技术岗位，在结构比例范围内核发专业技术职务岗位卡158个，其中，高职岗位88个，中职岗位70个。坚持“个人申报、社会评价、单位聘任、政府调控”的改革方向，以科学合理设岗为基础，以强化公正评价和单位自主聘任为核心，做好全县各类各层次专业技术人员的职称申报、推荐、评聘等工作。在评审过程中严把推荐评审材料关，对材料不齐全、外语和计算机考试不合格、工作业绩不突出的，一概不予推荐和评审认定，保证专业技术人员晋升职务的严肃性。年内共推荐申报评聘高职31人、中职41人，初级认定资格17人。

【资格考试和继续教育】 2010年，县人事局按照专业技术职务任职资格评聘的规定，在各种资格考试实行网上报名的情况下，大力宣传资格考试政策，积极鼓励和支持广大专业技术人员参加网上报名考试。办理参加晋升专业技术职务要求的计算机培训考试合格证手续37人和外语考试合格证手续36人。组织事业单位新招录的工作人员参加玉溪市新进事业单位的人员培训，参加人数43人。组织全县企事业单位专业技术人员2583人参加2010年全省专业技术人员及行管理人员低碳经济管理培训，培训考试全部合格。

【专技人员队伍建设】 2010年，县人事局进一步完善专业技术人员职务聘任制，强化竞争机制，打破专业技术职务终身制，稳步推进评聘分开管理，充分调动广大专业技术人员的积极性、主动性和创造性，为全县经济和社会发展提供人才保障。年末，全县共有专业技术人员2479人，其中，事业单位专业技术人员2332人，占专业技术人员总数94.1%，国有企业单位专业技术人员14人，占专业技术人员总数0.5%，非公有制单位专业技术人员133人，占专业技术人员总数5.4%；高职209人（其中，正高职2人，副高职207人），占专业技术人员总数8.4%，中职1159人，占46.7%，助理级898人，占36.3%，员级155人，占6.3，在岗未聘58人，占2.3%；女性1199人，占48.36%，少数民族146人，占总数的5.89%。

【事业单位工作人员年度考核】 2010年，县人事局为正确评价全县事业单位工作人员的德才表现和工作实绩，按照相关规定，认真开展全县事业单位工作人员年度考核工作。年末，全县事业单位应参加考核人数2801人，实际参加考核的共2785人，占99.4%，有16人未参加考核。经过全面考核，考核为优秀的415人，占实际参加考核人数的14.9%；合格2344人，占84.2%；考核为基本合格1人，不合格2人，未定等次23人。

【机构编制管理】 2010年，县人事局、县编委办坚决执行“三个一”制度，凡涉及机构职能配置和调整、机构设立与变动、编制与领导职数的核定、单位性质的确定与变更等机构编制事宜，都由编制部门一家承办，由主管机构编制工作的领导“一支笔”审批，编制部门一家行文，受理县直部门要求成立机构、调整内设科室、机构更名、增加编制、机构升格的请示14份，在严格控制机构编制的基础上，根据上级要求，经县编委会议审议通过，作了批复或请示上报。根据市编办的专题部署，县编委即时召开编委会对全县2010年增人计划进行专题讨论，拟定全县补员计划上报市编委。

【政府机构改革基础工作】 2010年，县人事局、编委办根据《中共云南省委云南省人民政府关于州市县政府机构改革的实施意见》和《中共玉溪市委 玉溪市人民政府关于印发〈玉溪市人民政府机构改革实施意见〉的通知》文件精神。结合澂江实际，在充分调研的基础上，反复论证，起草《澂江县政府机构改革方案》，并经县编委会会议讨论，县政府常务会会议通报，征求县人大常委会意见，县常委会最后研究同意，上报市委、市政府待审批。

【事业单位人事法人登记】 2010年，县人事局、县编委办和县事业单位登记管理局按照《事业单位登记管理暂行条例》的规定，从2010年2月1日开始对全县事业单位法人登记进行年检，年检合格156家。通过年检，连续、全面了解事业单位的活动情况、生存状态和发展趋势，实现对事业单位法人的监督管理，有效地规范事业单位行为；对符合法人条件要求登记的6家事业单位进行了登记；对单位年末实际情况与原登记情况不一致的19家进行变更登记，并进行了公告，对年检材料和变更材料逐一整理并进行归档，登记工作达到规范化管理。

【机构编制基础性工作】 2010年，县人事局、县编委办为进一步做好深化乡镇机构改革的相关准备工作，开展了乡镇机构改革调查工作。根据市编办的要求，对全县六个镇机关、事业单位机构编制情况进行调查。通过调查，了解、掌握镇机关、事业单位设置现状、存在的问题，为镇机构改革提供了依据；完成澂江县中小学学校规模及教职工配备情况调查表上报工作；完成澂江县镇卫生院编制情况调查表上报初核工作。

【大中专毕业生就业指导和人才引进招考招聘】 2010年，县人事局向毕业生宣讲就业政策和就业形势，让毕业生树立正确的就业观。积极引导毕业生到县内外、企事业单位就业，实现县内外就业149人，共向3家单位推荐毕业生400人次，介绍临时就业岗位38个；积极拓展高校毕业生就业渠道，建立高校毕业见习基地2个，落实见习人员23名，超额完成市下达18人的任务指标；配合组织部门做好选聘高校毕业生到村任职工作，新招到村任职村官5人；积极开展人才引进、招聘工作，成功引进普通高校毕业生14人，其中，卫生系统8人、教育系统6人；牵头组织实施全县事业单位公开招考招聘工作人员工作，为县环保局、县民政局、县审计局、县教育局等4部门所属事业单位面向社会公开招考招聘工作人员41名，其中，县环境监测站和各镇环境建设管理中心9人，民政殡仪车驾驶员1人、审计局固定资产投资审计中心4人，中小学教师27人。

【大中专毕业生报到登记】 2010年，县人事局根据大中专毕业生报到登记和档案管理的规定，完成2010年大中专毕业生登记报到、信息录入工作，对毕业生实施规范化管理，登记报到大中专毕业生共438人。接收应往届毕业生档案485份，转出62份，及时为毕业生出具未就业证明和未就业落户证明等服务工作。

【聘用合同鉴证和人事代理】 2010年，县人事局根据事业单位聘用合同鉴证的相关规定，做好事业单位聘用合同的解除、终止、续订的鉴证手续，办理解除、新签合同鉴证55人次，到期续订聘用合同鉴证200人次；根据人事代理的相关规定，做好人事代理的相关工作，办理新增人事代理档案保管3人，新进事业单位人事代理41人。

【人才流动服务】 2010年，县人事局按照党政机关和事业单位人员调动的有关规定，本着调剂余缺，保证重点，兼顾国家和个人利益，以工作需要为主，发挥个人特长，做到人才合理流动，共办理人员调配51人，其中，畜牧兽医体制改革涉调人员16人，办理退伍安置5人，审批在职专业技术人员正常辞职1人。

【人事档案管理】 2010年，县人事局严格按照《档案法》和档案管理的政策规定，做好全县党政机关副科级以下、企事业单位、离退休人员和村办人员的人事档案的日常管理工作。全年整理装订移交干部职工人事档案204卷，其中，阳宗镇机关、事业单位在职人员及退休人员人事档案托管144卷，2008年以来提干移交60卷，涉及退休、工作调动转出31卷，出具档案证明材料24人(份)。年末管理的人事档案共8365份，其中，大中专毕业生3042份，机关、事业单位在职人员1897份，企业1454份，村办人员535份，机关企事业退休人员1306份，退伍人员及到村任职档案113份，其他人员档案18份。

【责任政府“三项制度”的推行落实工作】 2010年，县人事局根据《玉溪市人民政府关于认真贯彻<云南省人民政府关于在全省行政机关推行服务承诺制首问责任制限时办结制的决定>的实施意见》和《澂江县人民政府关于印发澂江县行政机关服务承诺制首问责任制限时办结制实施方案的通知》，继续在全县行政机关推行落实三项制度，通过责任政府三项制度的深入贯彻落实，全县行政机关干部职工的作风进一步转变，机关效能进一步提高，接待群众的礼仪得到规范，服务意识深入人心，密切了政府与人民群众的联系，拉近了机关干部与群众之间的距离，让到政府机关办事的群众感到顺心、舒心，以民为本、务实高效的服务型政府新形象不断得到群众认可。全年各部门共受理涉及服务承诺事项报件数122180件，报件涉及的服务承诺事项数3318项，限时办结数122180件，限时办结率为100%，首问首办数121991件，首问首办率达99.8%。在教育系统、卫生系统全面贯彻实施三项制度，根据市、县政府的要求，在全县教育系统、卫生系统推行三项制度，各单位以机关推行三项制度的标准和要求为参照，结合本单位自身实际，拟定方案、明确职责、落实措施，全面推行实施责任政府三项制度，提高基层教育、卫生人员为民服务的效能和形象。

【行政能力提升制度实施工作】 2010年5月，县人事局按照县政府关于在全县行政机关推行效能政府四项制度的要求和部署，积极牵头在全县行政机关推行实施行政能力提升工作，年末，行政能力提升制度建设全力推进。一、全县各行政机关以职业道德建设为主线，以转变职能、改进作风、搞好服务、提高效率，建设政治坚定、务实高效、清正廉洁、人民满意的机关为目标，开展以“忠于祖国、服务人民、恪尽职守、清正廉洁”为主题的学习培训和以“忠诚教育”为核心的“公共服务职业道德与技术方法”培训教育活动，共计1008人参加《公共服务职业道德与技术方法》培训考试，参训率达100%，成绩合格率达100%。通过学习培训，使全体工作人员在思想上有新境界，理念上有新突破，综合素质、职业道德水平和公共服务效能上有新提高。全县各单位还分别建立了培训报备制度、集中培训制度、培训登记制度和培训抽查制度，报送培训计划表41份，计划培训192项，年末全面完成原订培训计划。二、实施重点工作目标倒逼管理。全县41个单位报送部门重点工作41份142项，确定实施目标倒逼管理工作41份66项，并将通过审定的41家单位66项重点工作在澂江信息网公示栏上公示，接受社会监督，平时对各单位的重点工作目标管理情况实施动态监督，保障年度重点工作顺利完成，年末完成重点工作60项，占90.9%，有6项不能完成。三、推行一线工作法。建立一线工作联系制度、一线工作联动制度、社情民意沟通制度和责任倒查追究制度，推出一批为民办实事项目，了解一线群众诉求，真正做到“决策在一线制定、工作在一线落实、问题在一线解决、创新在一线体现”，年末共完成一线工作联系事项402件，一线工作联动事项668件，社情民意沟通事项2308件，责任倒查追究事项18件，其他一线工作事项226件，有效杜绝各种扯皮、推诿现象发生。

【责任政府和阳光政府四项制度实施工作】 2010年，县人事局认真抓好责任政府和阳光政府四项制度的贯彻实施，做好政务公开工作：认真贯彻实施政府信息公开条例，在澂江县政府信息公开主网站人事局网页上公开政府信息48条；继续贯彻执行服务承诺制首问责任制限时办结制的实施方案和实施细则，严格执行服务承诺制、首问责任制和限时办结制制度。全年受理涉及服务承诺事项报件数5322件，报件涉及的服务承诺事项32项，限时办结5322件，限时办结率为100%，首问首办5322件，首问首办率100%；根据《澂江县人民政府关于推行重大决策听证重要事项公示重点工作通报政务信息查询四项制度的实施方案》，继续推行实施阳光政府四项制度，坚持并做好重要决策听证、重要事项公示、重点工作通报和政务信息查询工作，及时办理5件公众通过政务信息查询在线解答系统提交的有关问题。坚持每天安排专人负责，认真做好“96128”政务信息查询电话专线的接听解答和记录工作。及时发布重要事项公示、重点工作通报信息。按照重要事项公示、重点工作通报信息要求，规范发布重要事项公示、重点工作通报信息。全年通过澂江县政府信息公开网站和云南省重点工作通报系统通报重点工作25件，即：《澂江县人事局关于2009年行政机关公务员和事业单位工作人员年度考核通报》1件、《澂江县行政机关2010年月服务承诺落实情况通报》12件和《澂江县人事局2010年月服务承诺落实情况通报》12件。

【实施效能政府四项制度】 2010年，县人事局为扎实有效推进本单位实施效能政府四项制度各项工作，及时组织召开推行效能政府四项制度专题学习会议，学习有关文件精神，成立以局长（编办主任）任组长，编办副主任、副局长任副组长，各科、室、中心主要负责人为成员的澂江县人事局（县编委办）推行效能政府四项制度工作领导小组，负责统筹协调处理推行效能政府四项制度的日常工作。制定实施方案和4个工作方案，稳步实施行政绩效管理、行政成本控制、行政行为监督、行政能力提升制度。一、做好行政绩效管理制度的落实。深入学习省、市、县贯彻推行行政绩效管理制度相关文件及会议精神，提高全局干部职工的思想认识，紧紧围绕年度确定的重点工作任务，配合审计部门做好协调推进工作。二、做好行政成本控制制度的落实。严格执行《澂江县人事局（县编委办）推行行政成本控制制度工作方案》，开展厉行节约活动，做到因公出国（境）、省，经费零增长，公务用车购置经费零增长。三、加大行政行为监督力度，切实增强监督的针对性和可操作性。着重围绕编委办、公务员科、专业技术人员科、工资福利与人事争议仲裁科、人才交流服务中心5个关键岗位和业务工作重点环节开展监督。按照《澂江县人事局（县编委办）推行行政行为监督制度工作方案》，分析查找出各科室关键工作岗位和重点环节的风险主要形式，制定监督防范措施，把制度的要求、内容、方法具体化、明细化。制订单位和各科室关键工作岗位个人的行政行为监督制度，并填报《澂江县行政部门行政行为监督承诺表》和各科室关键工作岗位个人的《澂江县个人行政行为监督承诺表》，局机关的行政行为监督承诺书、关键岗位和重点环节行政行为监督登记栏在局机关办公区墙上和澂江信息公开网上公布，主动接受社会监督，并上报监察局备案。主动开展行政行为监督检查，确保效能政府四项制度贯彻实施。切实做到有权必有责、用权受监督、违法受追究。把贯彻执行行政行为监督制度纳入党风廉政建设责任制工作一起部署、一起检查、一起考核，各项工作已按照计划完成。四、进一步加强自身建设，规范行政行为，提高部门行政能力，在制定《澂江县人事局（县编委办）推行行政能力提升制度工作方案》的基础上，以创建学习型机关为契机，以职业道德建设为主线，以转变职能、改进作风、搞好服务、提高效率，建设政治坚定、务实高效、清正廉洁、人民满意的机关为目标，开展“爱读书、读好书、善读书”的读书活动以及以“忠诚教育”为核心的“公共服务职业道德与技术方法”培训教育活动。制定了本局建立学习型机关培训专题计划，明确年度重点培训计划的3个培训专题，并按照学习计划完成专题培训学习。五、实施重点工作目标倒逼管理，选取与人事编制工作紧密相关的“严格执行工资政策，做好事业单位绩效工资改革工作”和“积极推进政府机构改革”作为本局实施目标倒逼管理的重点工作项目，年末工作全面完成。六、推行一线工作法。各科室紧紧围绕年度工作要点，坚持下基层、到一线，认真开展调查研究工作，推动服务方式由“守门员”向“运动员”转变，不断提升工作效率和服务质量。

【学教活动】 2010年，县人事局坚持学习制度，认真开展“爱读书读好书善读书”（以下简称“三读”）活动，建设学习型党组织和学习型机关，通过“三读”学习活动，使全局干部职工牢固树立学习意识，不断深化对中国特色社会主义建设规律的认识，提高思想政治修养，加强了党性修养和党性锻炼，增强党的意识、宗旨意识、执政意识、大局意识、责任意识，不断提高思想素质、业务素质和生态环保意识和做好本职工作的本领，创造一流的人事人才和机构编制工作业绩，牢记全心全意为人民服务的宗旨，克己奉公，自觉遵守党纪和国家的法律法规、人事干部工作纪律和公务员行为规范。

【行政效能建设】 2010年，县人事局根据《澂江县人民政府办公室关于印发2010年行政效能建设工作目标考评方案的通知》要求，调整充实行政效能建设领导小组，负责全局行政效能建设的组织、领导、协调、考评等工作。召开全局干部职工大会进行动员部署，明确各自职责，将行政效能建设目标任务分解落实到科室和责任人，做到工作目标明确，责任落实并认真组织实施，年末圆满完成年初确定的行政效能建设目标任务，被县人民政府表彰为行政效能建设工作先进集体。

【人事干部队伍培训】 2010年，县人事局为进一步规范人事干部职业行为，提高业务水平和管理能力，以建设学习型党组织和学习型机关为契机，引导全局干部职工树立终身学习理念，学习新知识、新政策、新信息、新技能，向书本学习，向实践学习，向周围的同事学习，向先进地区学习，提升学习能力。继续在全局开展业务讲课学习活动。由各科室轮流讲课，交流各科室业务工作的基本知识和基本技能，使全局每位干部都了解、熟悉和掌握各科室业务工作的基本知识和基本技能，加深全局人事编制干部对新形势下人事编制工作的了解，提高业务能力和工作水平。

【党风廉政建设】 2010年，县人事局认真组织学习贯彻落实十七大精神，十七届中纪委五次全会、市、县纪委全会会议精神、《澂江县2010年党风建设工作的实施意见》，使广大党员干部充分认识加强党风廉政建设的重大意义，把思想统一到中央和省、市、县委的有关精神上来，从思想上、制度上筑牢反腐倡廉、拒腐防变的堤防；认真贯彻执行县委、县政府印发的《澂江县党政领导班子“三重一大”集体决策制度实施办法》和《澂江县人事局领导班子“三重一大”集体决策制度》，局领导班子严格执行民主集中制原则，认真落实集体领导和个人分工负责相结合制度，凡属重大事项决策、重要干部任免、重要项目安排和大额度资金的使用，必须按照“集体领导、民主集中、个别酝酿、会议决定”的原则；认真学习贯彻中央新下发的《中国共产党党员领导干部廉洁从政若干准则》的精神。要求全体党员特别是领导班子成员要进一步增强学习的自觉性，在工作中要把《准则》作为一把标尺，时刻衡量自己的言行，树立牢固的廉洁从政意识，认真做到自重、自省、自警、自励，在实际工作和生活中自觉践行《准则》；学习沈浩先进事迹，用沈浩的感人事迹、崇高精神引领每个党员干部职工做时代先锋，激励斗志，弘扬优良作风，以学习沈浩同志先进事迹为动力，强化宗旨意识，增强责任意识和服务意识，积极进取，找差距，求对策，激励广大党员干部群众为谋求人事编制工作的新发展而努力；认真开展岗位廉政教育活动，明确岗位职责15个，梳理岗位职责64条，查出风险点23个。通过岗位廉政教育，党员干部的政治理论水平得到提高，廉洁自律意识进一步得到加强；开展警示教育活动，认真组织学习有关违纪违法典型案例材料和本县近期发生的相关违法违纪材料，起到以案教人的警示作用；按时召开班子民主生活会和党员组织生活会，组织党员学习党课教材以及党和国家的路线、方针和政策，使全体党员干部的政治思想素质得到提高，党支部的战斗堡垒作用和党员的先锋模范带头作用得到充分发挥，促进人事人才工作的健康发展，被县委、县政府表彰为2010年推进惩防体系建设暨落实党风廉政建设责任制先进单位。

【加强社会治安综合治理和法制教育】 2010年，县人事局把社会治安综合治理和法制教育纳入工作计划，加强对综治工作的领导，局主要领导认真履行部门负责人为第一责任人的政治责任，努力维持人事系统办公场所的安全，把干部职工的法制教育、安全意识教育和职工道德教育纳入议事日程，把平安建设工作与综治工作结合起来共同抓好综治平安工作，认真抓好综治工作责任制的落实，于6月21日由局长与班子成员、班子成员与分管科室领导分别签订综治管理目标责任书，将综治平安工作责任落实到分管领导和科室，形成综治工作一级抓一级、层层抓落实的工作机制。从严治理人事干部队伍，认真组织干部职工学习国家的相关法律法规，提高干部职工的法律意识和遵纪守法意识。于2010年5月14日认真组织全局15名公务员参加全省法律知识考试。于2010年10月28日组织全局15名干部职工参加由县普法办统一组织的玉溪市2010年“五五”普法统一考试。坚持依法行政，认真开展行政执法责任制制度体系建设，与各科室签定行政执法责任书，进一步增强法制意识，提高依法行政能力和执法水平。认真落实综治责任书，强化社会治安综合治理教育，增强全体干部职工的社会治安防范意识和能力,年内没有出现一例违法违纪现象，有力地促进全局的精神文明建设、队伍自身建设和人事人才工作的顺利开展，树立良好人事形象。

（李章贵）

政务服务中心

【综述】 2010年，澂江县政务服务中心以让群众满意为工作出发点，认真开展调查研究，努力完善各项规章制度，提高办件数量和质量，发挥政务服务中心的职能作用。年内，共12家单位的60余项审批服务事项在中心办理，工作人员16名，全年共受理各类办件69131件，其中，咨询件814件，已办理69131件，日均接办件260件，日均办结260件，办结率100%。

【开展创先争优活动】 2010年，按照中央、省、市、县的统一部署，县政务服务中心结合中心实际，深入开展创先争优活动的各项工作。组织学习《中共澂江县委办公室关于在全县各级党组织和党员中深化创先争优活动的实施意见》及县委书记崔明在全县深化创先争优活动工作部署大会上的讲话，制定中心开展创先争优活动实施方案，成立领导机构，召开动员大会，广泛开展宣传发动。公示了创先争优党支部和党员承诺书，制定具体的学习计划，在个人自学的基础上，认真组织中心全体人员学习《中国共产党党员领导干部廉洁从政若干准则实施意见》以及《四项制度选编材料》，并做到人手一册，累计学习时间达20小时，每名党员个人学习累计25个学时。通过学习，中心全体人员获益匪浅，学习效果较好。

【领导调研】 2010年，玉溪市人民政府政务服务中心主任杨明华到澂江县政务服务中心调研，调研后提出要求：澂江县政务中心要组织工作人员学习《云南省人民政府办公厅关于进一步加强政务服务中心建设的意见》；协调县工商局进入中心窗口办公，提高办件数量和质量；力争进驻窗口单位保持在10家以上。

【推行效能政府四项制度】 2010年，县政务中心根据《澂江县人民政府办公室关于印发行政机关推行效能政府四项制度四个工作方案的通知》要求，结合政务服务中心实际，制订实施方案，成立推行效能政府四项制度工作领导小组，制定了政务服务中心行政成本控制实施办法、行政行为监督制度实施办法、行政能力提升制度实施办法，确保政务服务中心推行效能政府四项制度工作取得实效。制定下发《来人来访登记册》、中心对外服务承诺书；结合中心实际情况，公开服务承诺、服务项目、收费标准、八项工作承诺；加大宣传，在网站上公开政务服务中心的服务承诺书。

【健全规章制度】 2010年，澂江县政务服务中心在实践基础上，从有利于管理、有利于服务的角度，修改完善并印发《政务中心来电来人登记本》、《周学习制度》、《请销假制度》、《对外服务承诺书》、《服务中心接待制度》、《值班制度》等制度。新制定了《政务中心签到制度》、《政务中心信访工作制度》等制度。

【查处投诉、举报】 2010年，县政务中心主要对各窗口办理业务是否遵循国家的法律法规、是否坚持“五公开”和“六制办理”、有无投诉或举报等认真检查，一年来没有因为办件质量差而被群众投诉、举报。

【行政效能建设】 2010年，县政务中心按照“一个窗口对外，一条龙服务”的工作要求，加强政务服务工作。按照年初制定的行政效能考核目标，加强干部队伍教育和管理；布置各阶段工作任务，层层落实，保障行政效能建设有序推进；设置投诉意见箱，及时处理好针对中心服务的投诉，为投资者提供优质高效服务；与窗口单位协调，科学设置、增加服务内容；简化办事程序，提高办件数量和质量。

（杨明辉）

档　案

【综述】 2010年，澂江县档案局发挥档案服务功能，努力提高服务质量，充实服务内容，为全县政治经济建设、机关工作查考、落实政策、调解纠纷、工作调动、编修志书、学术研究等方面提供大量翔实的档案资料。年内，推进档案法制建设，完成档案“五五”普法工作；督促年度档案立卷归档和做好企业改制破产档案的归档移交工作；完成档案馆库及办公室搬迁工作；丰富职工活动，积极参加玉溪市档案系统首届职工运动会；开展档案提供利用工作；加强档案队伍建设，抓好政治学习和业务学习培训；根据新农村建设的相关规定，对全县40余名新农村指导员进行档案归档培训，为提高全县村级档案规范化管理打下良好的基础。完成海口镇辖区的村委会档案建设创“三星级”标准活动。结合档案业务工作，安排37名新上岗的专（兼）职档案员参加岗位资格证培训。组织110人参加《剑南春杯档案知识竞赛》。通过多种形式的宣传、学习和培训，增强广大领导干部对档案工作重要性的认识，促进全县档案工作健康发展。全年共接待档案利用者760人次，查阅档案1846卷（件），复印档案资料1920张。

【档案事业宏观管理】 2010年，县档案局从强化档案业务规范建设着手，在村委会换届选举前与澂江县委组织部联发《关于做好换届选举档案管理工作的通知》，为档案事业宏观管理提供了强有力的保障；加强年度档案立卷归档工作，对已完成档案室创星级活动的单位进行档案年度立卷归档工作的督促与指导，对没有开展过创星级活动的单位，派专人亲自上门指导立卷归档工作；做好企业改制破产档案归档移交工作；派出业务骨干加强对县旅游公司、旅行社、仙湖宾馆和燃料公司4家改制破产企业的档案整理、移交进行业务指导，并克服档案库房严重饱和的困难，把上述企业的档案接收进馆，共接收各类档案资料815卷、件。以上举措有效改变多年形成的档案宏观监控不力的被动局面。

【完成档案“五五”普法工作】 2010年，县档案局根据《澂江县“五五”档案法制宣传教育规划》，开展档案“五五”普法学习、宣传、教育工作，推进档案法制建设。2010年10月19日，县档案局档案“五五”普法工作顺利通过玉溪市档案局组织的全市档案“五五”普法工作检查小组考评验收。

【档案局、馆搬迁】 2010年，根据《云南省档案局关于开展2010年档案安全专项督查的通知》要求，并经玉溪市房屋安全鉴定办公室的鉴定批复，澂江县档案局馆办公室和库房被鉴定为危房（备注：澂江县档案局馆库、办公楼分别建盖于1978年和1989年，建筑面积1167平方米，砖混结构，无防雷设施，抗震能力较差）。为保障馆藏档案和人身安全，经县委、县政府研究决定，将县档案馆和办公地点暂时搬迁至澂江县电信大楼办公。为确保整个搬迁工作安全顺利进行，县档案局成立以局长任组长、副局长任副组长，各科室负责人为成员组成的档案馆搬迁领导小组。档案局全体人员在搬迁前对馆藏档案、资料及实物档案进行打包封存，对档案箱柜及其钥匙重新进行整理编号。在整个搬迁过程中，领导小组严格把好档案出库、途中押运、和档案入库等关口。整个搬迁工作措施得力，准备工作充分，仅用4天的时间，就顺利完成档案馆库及办公室的搬迁。

【参加玉溪市档案系统首届职工运动会】 为全面提高全市档案干部职工的身体素质，促进沟通，增进友谊，培养集体观念和团队精神，更好地开创全县档案工作新局面，2010年11月29日至12月2日，澂江县档案局全体人员9人组成代表队，参加玉溪市档案局举办的“玉溪市档案系统首届职工运动会”，分别参加三人篮球、拔河、趣味接力等团体项目以及羽毛球混双、双抠等个人项目比赛。经过全体队员团结一致、奋力拼搏，在团体赛项目上“澂江代表队获得拔河比赛第一名”，郭奎、饶春云，在个人赛项目上获得双抠比赛第四名。

【推进档案馆数字化进程】 按照国家关于档案信息化建设的要求，澂江县档案局狠抓馆藏档案信息化建设。自2010年4月起，专门聘请3名人员开展档案卷内文件目录、案卷目录录入工作，同时还招聘1名人员进行档案扫描工作，初步建立起数字化档案库。同时，根据《澂江县档案局关于移交归档电子文件的通知》要求，在已完成“六项工程”建设的机关单位中，80%的单位安装使用专业档案管理软件，为做好电子文件管理和归档、加快馆藏档案数字化进程奠定坚实基础。

（张丽亚）

信　访

【受理和办理信访情况】　2010年，澂江县共受理群众来信来访901件次，与上年同期的899件次相比，增加2件次。接待来访864批次，与上年同期的825批次相比，增加39批次，增长4.7%。其中，个人访747批次1258人次，与上年同期的687批次1246人次相比，批次增加60批次，人次增加12人次，分别增长8.7%、10%；集群体访117批次1849人次，与上年同期的138批次2018人次，批次减少21批次，人次减少169人次，分别下降15.2%、8.4%。来信37件，与上年同期持平。在受理的来信来访总量中，信访局受理来信来访395件次1486人次。其中，个人访326批次624人次，集群体访62批次855人次，来信7件。办理上级信访交办件39件，处理“市长热线电话（12345）”、“书记市长电子信箱”交办件74件，办理网上信访件15件。6镇共受理群众来信来访总量为115件次712人次。其中，来信4件，个人上访71批次180人次，集群体访40批次528人次。县联席会议11个专项小组及县人大办等23个部委办局受理群众来信来访总量为391件次946人次。其中，来信26件，个人访350批次454人次，集群体访15批次466人次。

【建立特殊疑难信访问题专项基金】　2010年，按照中央统一安排，由中央、省、市、县四级分别按照1：1：1：2的比例配套建立特殊疑难信访问题专项基金，专项用于解决长期积累、久拖未决、难以划分责任主体的特殊疑难信访问题，重点解决“无头案、钉子案、骨头案”等信访个案。县信访局按照“谁用谁负责”的原则，加强对专项资金的使用管理，保障资金使用的安全、规范、有效。2010年，经逐级审批，澂江县信访局解决特殊疑难信访问题2项，利用该资金解决特殊疑难信访事项1项。

【实施信访工作人员岗位津贴】　2010年，按照国家人力资源和社会保障部、财政部相关文件要求，为进一步调动信访干部的工作积极性，充分发挥信访工作在反映社情民意、促进社会和谐、维护群众合法权益等方面的积极作用，对信访工作人员实施岗位津贴。岗位津贴的实施范围为信访局编制内人员及设立专门信访工作机构（以“三定”方案为依据）的直属行政（事业）单位专职信访工作人员。信访人员岗位津贴从2010年1月1日起执行，每人每月235元，所需经费由同级财政承担。信访工作人员岗位津贴的执行，体现了党和政府对信访工作的重视和对从事信访工作的人员的关心。

【实行村（社区）书记、主任电话费补助】　2010年，按照玉溪市委办公室、玉溪市人民政府办公室文件要求，为进一步强化基层基础工作，推进基层各项工作深入开展，澂江县对村（社区）党总支书记、村主任给予电话费补助。经费由市、县各承担50%，执行时间从2009年5月1日起，补助标准为每人每月50元。各级承担补助部分纳入各级信访局年度财政预算。该举措充分体现市、县各级党委政府构建“横到边、竖到底”信访工作网络的决心，同时也体现对最基层信访工作者的关心和支持。

（袁淑敏）

·中国人民政治协商会议澂江县委员会·

【领导名录】

主　　席：张同安

副 主 席：李树明

李晓勇

牛夕荣（女）

马汝乾（回族）

党组书记：张同安

党组成员：

李树明

李晓勇

保世中（回族）

文　坤

李英杰

赵天和

【组织机构和领导人名录】

常务委员会21人

张同安　李树明　李晓勇

牛夕荣（女）　马汝乾（回族）

王翠丽（女）　付东升

刘玉芬（女）　阮学才　李　辉

李云辉（彝族）　杨永安　吴清鹤

何　波（女）　余寿安（回族）

张　锦（女）　苗光彦　罗志猛

赵天和　曾永林　雷志友

【工作机构设置及其负责人】

内设机构为1个办公室、5个专门委员会

办公室主任　赵天和

办公室副主任　万龙箐（女，2010年7月离任）

杨　琼（女，2010年7月任职）

经济委员会主任　孔　莉（女）

经济委员会副主任　李　琦（女）

教科文卫体委员会主任　罗志猛

教科文卫体委员会副主任　杨　敏

提案联络委员会主任　陈光伟

提案联络委员会副主任　张永萍

民宗法制委员会主任　沈　虹

民宗法制委员会副主任　赵贵春

人口环境资源委员会主任　李春宁

人口环境资源委员会副主任　张映平

【政协澂江县第七届委员会第三次会议】

2010年2月22～25日，政协澂江县第七届委员会第三次会议在县城召开。会议听取和审议《政协澂江县第七届委员会常务委员会工作报告》；听取和审议《政协溦江县第七届委员会常务委员会提案工作情况的报告》；听取《关于政府工作报告的说明》；列席溦江县第十五届人民代表大会第三次会议，听取并协商《溦江县人民政府工作报告》；书面协商《关于溦江县2009年国民经济和社会发展计划执行情况及2010年国民经济和社会发展计划(草案)的报告》、《溦江县2009年地方财政预算收支执行情况和2010年预算草案的报告》、《溦江县人民法院工作报告》、《溦江县人民检察院工作报告》；通过政协溦江县第七届委员会第三次会议决议。

【县政协七届八次常委会】 2010年1月29日，政协溦江县第七届委员会常务委员会第八次会议召开。会议主要议程：学习传达县委十届六次全会精神；听取县人民政府2009年工作情况的通报；协商讨论《政府工作报告》及有关报告；讨论通过政协常委会工作报告、提案工作报告；讨论通过县政协七届三次会议召开日期、会议主要议程等会议要件；讨论通过撤销葛明良政协溦江县第七届委员资格。

【县政协七届九次常委会】 2010年4月16日，政协溦江县第七届委员会常务委员会第九次会议召开。会议主要议程：学习贯彻全国、省、市“两会”精神；讨论通过2010年县政协工作要点；讨论通过免去徐绍辉、王宾、张利祥、保勇四名委员职务。

【县政协七届十次常委会】 2010年7月12日，政协溦江县第七届委员会常务委员会第十次会议召开。会议主要议程：听取县广播电视局、县供销社工作情况的通报；通报对全县农业生产用水情况视察、对全县新生儿出生缺陷干预情况专题调研、对溦江县养老服务业发展情况的调研情况；讨论通过杨琼担任县政协办公室副主任职务及免去万龙箐县政协办公室副主任职务。

【县政协七届十一次常委会】 2010年10月28日，政协溦江县第七届委员会常务委员会第十一次会议召开。会议主要议程：听取县人民政府关于提案办理工作情况的通报；听取县公安局、县计生局工作情况的通报。

【服务大局发展】 2010年，县政协七届三次全体会议期间，县政协委员全面协商《政府工作报告》和计划、财政、法院、检察院工作报告，并就全县经济和社会发展重大问题提出意见建议40余条。全年县政协共召开4次常委会议，在通报、审议政协重大事项、重要报告的同时，分别听取县人民政府上半年工作、全年工作情况和提案办理情况的通报；听取县广播电视局、县供销社、县公安局、县计生局4个部门的工作情况通报。通过听取情况通报、对部门工作进行综合点评等方式，就改进和加强有关部门工作提出意见建议。对县委十届七次会议工作报告、政府工作报告、十二五规划纲要等进行协商讨论，为溦江科学发展积极建言献策。县政协班子成员和部分机关干部直接参与溦江县村两委换届、重点项目建设、生态环境保护、发展新型工业、新农村建设、发展旅游服务业、城镇建设、民主法治建设、烤烟生产、十一五水污染防治、抚仙湖入湖河道综合治理、九村镇蛟龙潭搬迁等相关重点工作。围绕县委、县人民政府服务新农村建设，合理开发利用矿产资源，解决磷化工企业生产原料和改善山区人民群众生产生活条件，促进全县经济平稳运行。加快社会主义新农村建设步伐，县政协抽调3名人员配合县委政府实施蛟龙潭整村搬迁，以实际行动为全县社会主义新农村建设贡献力量。

【政协委员视察活动】 2010年，县政协委员发挥政协委员的主体作用，认真组织开展界别委员活动，增强政协工作的实效性。中共界全体委员关注社会热点焦点问题，协商溦江县殡葬改革工作进展情况，对殡葬改革工作提出意见和建议；协商优抚对象医疗保障“一站式”服务工作，对优抚对象医疗保障“一站式”服务工作提出建议，不断探索解决重点优抚对象医疗保障的新路子。经济界委员视察湖畔圣水项目一期工程建设情况，让委员们感受招商引资、实施项目带动产生的巨大变化和效益；与中小企业主沟通交流，帮助他们出主意解决困难及向上争取资金，培育溦江贸易增长点。工商联界委员在抗旱捐资救灾活动中，先后以个人名义或公司名义捐资救灾，主动履行社会责任。工业交通界委员分别对诚合矿业开发公司正在开采的矿点开采情况、开采后的矿点对环境和生态的影响情况进行实地察看和调研，对年初提出的4件集体提案的办理情况进行追踪视察和督促。教育界开展学校安全调研活动，为学校安全工作分忧；召开“两基”迎国检研讨协商会，集委员智慧，对照国检要求分析溦江县存在的差距，积极谏言献策提出建议，通过各方面的努力，县人民政府投资1450余万元为全县各校配备教育教学设备，办学条件进一步改善。

【编修文史资料】 在抗战胜利65周年及中山大学迁离溦江70周年之际，县政协组织精干人员，将相关史料文章整理编辑成册，编撰出版第二十辑文史资料《中山大学与溦江》。该书真实记录中山大学与溦江人民深厚的情谊及源远流长的历史，发挥文史资料存史、资政、育人的作用。

【农业生产用水情况视察】 为及时了解掌握全县旱情、人畜饮水和农业生产用水情况，经县政协主席会议研究决定，组织部分政协委员，邀请相关部门领导，于3月10～12日对全县农业生产用水情况进行视察。通过听、察、走访、座谈等形式，深入到各镇部分村组水库、坝塘、水池、水窖、抽水站点、田间地头等了解掌握实情。针对存在的困难和需要解决的问题，提出九条建议：建议抗旱中充分发挥水利基础设施作用，低水高用，尽快组织山冲河提水入库，组织对梅玉一、二、三级站机器进行检修，增加大春用水计划。加快第三批36项抗旱工程建设，确保人畜饮水和大春用水；

建议成立放水工作组，及早对灌区进行调查，统筹、安全、科学划分灌区；建议继续动员组织群众积极抗大旱，进行生产自救，特别是在雨季到来之前，对全县所有沟渠进行清理，确保大春用水和防洪工作有保障；山区、半山区由于久旱无雨，土地板结，建议及早动员群众自耕，群众自整地困难的，有关部门应组织机耕，在费用收取方面，可考虑适当调整；由于山区小春大面积绝收，群众减收，建议政府安排有关部门储备必要的民政救灾粮；建议争取省、市抗旱资金支持，缓解县级财政抗旱资金困难的压力；大灾之年，建议做好群众的稳定工作，防止出现水事纠纷，维护社会稳定；建议加强对水源林地的管理保护，严禁在水源林地开荒种地、放牧，加大对水源林区域的植被恢复力度，增加水源；建议引导农民根据旱情调整种植结构。

【综治维稳目标管理责任制落实情况视察】 按照县政协常委会2010年年初确定的工作要点，由民宗法制委牵头，于10月25～27日组织部分县政协委员，并邀请县政法委以及公安、消防、安监、旅游、食药监管部门领导参加，对龙街镇、建设局、工商局、文化局、安监局、经委、旅游局、信访局、西都大酒店、澂江大酒店、笔架山庄、悦春酒店2010年的社会治安综合治理维护稳定目标管理责任制落实情况进行视察。视察组通过听取工作情况汇报和座谈，查看工作痕迹资料，实地走访，对上述单位2010年社会治安综合治理目标管理责任书的执行情况、基层综治维稳组织建设情况、深化平安建设的落实情况，治保、禁毒、道路交通安全、消防安全、食品安全、安全生产、信访、矛盾纠纷排查调处和化解工作进行视察。针对存在的困难和问题，提出意见和建议：一、建议各镇及相关部门强化综治意识，各司其职，各负其责，形成综治工作合力，齐抓共管。县综治办要建立综治工作日常考核机制，采取重点抽查、定期和不定期检查、暗访等多种形式进行综治督查考核，切实落实年初社会治安综合治理目标管理责任，避免个别单位搞年终突击、应付年终考评，不使综治工作流于形式。二、针对西龙潭等人饮水源点水量水质变化情况与县城坝区给（供）水设施散小、老化、管网陈旧不配套，存在饮用水水源供水不足及卫生安全隐患的现状，建议将改造、扩建、完善当前供水设施及后备水源点建设纳入“十二五规划”，分期逐步实施，以消除潜在的饮用水安全隐患和不稳定因素。三、坚持预防和化解并重、排查和调处并重，发挥群防群治作用，有效化解农村土地征用、城乡房屋拆迁、企业破产改制、生态移民安置等重点领域的矛盾和问题，切实把矛盾化解在初始阶段，把问题解决在萌芽状态。推行社会稳定风险评估机制，把社会稳定风险评估作为作决策、上项目的前端程序，做到出台政策措施，不仅考虑发展问题、还要考虑稳定问题，切实防止因决策失误、执行不当而引发新的社会矛盾和事端。建立完善对话协商、领导接访等制度，拓宽民意表达渠道，及时掌握群众心理，有效疏导社会情绪，切实增强社会稳定实效性。推动建立“三调联动”大调解工作机制，把调解优先贯穿于解决民事纠纷、处理行政争议和进行司法诉讼的全过程。推动建立矛盾纠纷排查调处机制，深入排查重点地区、重点行业、重点人群、重点领域内的矛盾纠纷，并按照“分级负责、归口管理”、“谁主管、谁负责”、“属地管理”等原则，实行情况通报、领导包案等制度，及诉前调解等工作机制，确保各类矛盾纠纷能够得到依法及时合理解决。推动建立利益协调机制，坚持民生为重、源头治理，解决好就业、就学、就医和社会保障、社会治安、公共服务等人民群众最关心、最直接、最现实的利益问题，从源头上预防和减少各类社会矛盾。四、严厉打击“两抢一盗”等严重影响群众安全感的犯罪行为，切实有效对暴力刑事、黑恶势力犯罪、重大经济犯罪、毒品犯罪进行打击。五、抓住影响社会稳定的源头性、根本性、基础性问题，探索一条既符合经济社会发展要求、又具有澂江特色的社会管理新路子。加强流动人口服务管理，探索建立“以房管人、以证管人、以业管人”的服务管理新模式。强化特殊人群帮教管理工作，建立健全刑释解教人员、社会闲散人员、失学失业人员、未成年人，特别是有社会危害倾向和行为的精神病人、吸毒人员等高危人群的常态化帮教管控工作体系，有效预防和减少违法犯罪。推进社会治安重点地区综合治理，加大社会治安重点地区排查整治力度，通过健全基层组织、延伸公共服务、深化平安建设，实现社会服务管理组织、社会服务管理网络对社会治安重点地区的有效覆盖。充分运用法律、行政、经济、技术等手段，加强互联网建设与管理，构建网上网下相结合的防控体系，不断提高对虚拟社会的管理水平。加强对“两新组织”的管理服务，健全协同管理机制，加大日常监管力度，把社会管理和公共服务延伸到“两新组织”。五、深化镇综治维稳信访中心和村（社区）综治维稳办建设，增强社会治安联防、矛盾纠纷联调、重点工作联动、突出问题联治、基层平安联创的整体合力，提升社会治安综合治理基层基础建设水平。加强基层基础建设，做到把资源整合在基层，把力量充实在基层，把责任落实在基层，把问题解决在基层。加强以基层党组织、政法综治组织和群众自治组织为重点的基层组织建设，加大经费投入、完善装备，形成依靠基层党政组织、行业管理组织、群众自治组织协调联动的工作机制，确保其在化解矛盾纠纷、开展群防群治、有效管理社会、应对突发事件、开展平安创建中发挥更大作用。坚持重心下移、关口前移，加强社区建设，强化村（社区）功能，落实管理责任，使基层组织真正承担起矛盾化解、社会管理、社会治安等基础性工作，切实解决底数不清、发现不了、管控不住的问题。六、有效整合基层公安、综治、司法、信访等资源和力量，构建齐抓共管工作格局，充分发挥基层综治维稳组织作用。

【城市规划建设与管理工作情况视察】 按照县政协常委会2010年的工作安排，2010年11月3～9日，县政协组织部分市、县政协委员和有关人员28人，对瀫江县城市规划建设与管理工作情况进行视察。视察组在听取县建设局、凤麓镇政府的专题汇报后，与县规划局、公安局交警大队、卫生局、工商局、交通局等单位和委员们进行座谈，并实地视察廉租住房、县污水处理厂、容大广场、瀫波花园、垃圾焚烧厂等项目以及环城东路、环城北路交通状况，红枫路、揽秀综合市场、竹木牲畜市场环境状况，对城市规划建设与管理工作有了较为全面的了解。针对存在的困难和问题，提出瀫江县城市规划建设与管理建议：一、关于城市规划：首先，树立彰显个性的理念，精心打造特色城市。规划建设要进一步挖掘和整合瀫江的人文景观，把地方特色文化和历史底蕴与城市建设结合起来，在深化“生态立县”的具体内涵上传承好“丹凤衔书”的建筑风格。在综合考虑瀫江历史地理状况、文化背景、经济发展水平和社会发展趋势的基础上，科学地定位发展目标，提高城市品位，塑造城市特色。其次，完善城市规划体系。按照新城抓开发、旧城抓改造的思路，把城市建设规划与土地利用总体规划、产业发展规划、生态建设及旅游改革发展综合试验区规划结合起来，突出生态特色，尽快完成县城总体规划修编、控制性详细规划、专业规划编制，为城市建设提供科学依据。最后，加大规划的统筹管理力度，维护规划的严肃性和权威性。要提高规划的执行力，严格规划变更程序，建立健全规划管理行政过错责任追究制。凡城市建设项目需要对总体规划进行局部调整后，必须经县人大常委会审议通过，对涉及城市性质、规模、发展方向和总体布局重大变更的，须经县人大常委审查同意后，报市人民政府批准。职能部门要加大监管力度，对不按规划建设的要敢于叫停，坚决制止违规违法建设，真正体现城市规划的严肃性、权威性。今后城市开发项目，要把周边的街道、绿化、配套设施等纳入项目范围一同建设。开发建设必须执行规划中对建设密度、容积率、公共用地、娱乐场所、停车场、绿地、管网等配套设施的要求。否则开工时不发许可证、竣工时不验收。二、关于城市建设：首先，以完善县城服务功能为出发点和落脚点，加快基础设施建设。通过加快城市道路、文化、体育、公共场所建设等来改变县城的面貌。当前一是要加快停车场建设和道路系统完善，要规划建设好停车场和临时过渡停车场，结合旧城改造和新区开发，留足停车场用地和停车泊位，从根本上解决无处停车、无序停车、占道停车的混乱状况。抓好环卫基础设施建设。加快建设垃圾焚烧厂，提高垃圾处理率。新建改造部分垃圾中转站，更新垃圾车和洒水车，增加环卫设施，提高环卫保洁水平。另外尽快研究解决城区公厕数量少的问题。一方面整治原先部分公厕拍卖以后变更使用功能的问题。另一方面按照瀫江县城区功能配套要求，按布局、分类、分区建设尽快配全、配齐。进一步研究由于东大河市场拍卖以后，竹木、牲畜专门市规划与建设问题。其次，积极推进政务新区建设带动旧城改造。尽快推进以行政中心建设为重点的政务新区建设，通过政务新区建设带动旧城改造，拓展城市发展空间。再次，促进城区绿化上水平。进一步完善城市绿化系统规划，构建点、线、面相结合的立体绿化系统。以行道绿化为重点，以单位、庭院绿化为基础，改造现有的街区绿化，提升新建街道的绿化档次，提高城市绿化覆盖率和人均绿地占有量。加快城市重点项目建设进度。要积极协调，认真组织，争取资金，争取各方支持，尽快推进项目建设进程。三、关于城市管理：首先，加快城市管理综合执法局的组建工作，增加城管人员编制。城市管理综合执法局的组建要尽快落实编制、落实人员，明确职能职责，实质性开展工作。其次，建立城市管理的长效工作机制。努力实现由突击管理向长效管理，由经验管理向法制管理，由制约管理向服务管理的“三个转变”，大力整治市容市貌。加大对占道经营、乱贴乱画、乱停乱放、乱扔乱倒、乱摆摊设点、乱养宠物和脏、乱、差现象的治理力度，实现商入店、摊进场、贸归市，还道于车，还路于民，环境清洁、秩序良好的整治目标。再次，规范小区物业管理。职能部门要认真研究、探索小区物业管理方法，督促开发商建立物业管理机构、加强对各居住小区的管理，提高各小区绿化、美化、亮化程度，要加强清扫保洁，垃圾清运，配备必要的设施，改变小区脏乱差的现状；公安派出所要加强对小区的治安巡逻，创造环境优美、生活舒适、安全放心的居住环境。四、关于经费保障：首先，积极发展具有较强带动力、符合发展要求的产业、项目和城市经营载体，解决建设资金不足的瓶颈问题。即产业的带动，重点是提升旅游业的产业层次，加快以磷化工、建筑建材为主体的新兴高科技产业发展，扩大以旅游为主体的第三产业容量。通过培育和集聚瀫江县的主导产业来增加人气和财气，带动和支撑城市建设的发展。项目的推动。通过新区扩建和旧城改造，道路建设和文化广场等重点项目的实施，推动城市发展步伐。经营城市措施的拉动。通过城市资源的有效经营运作来增强发展城市的实力，把垃圾清运权、环卫保洁经营权、公共绿地养护权、公园设施经营权、垃圾污水处理等投入市场营运；把道路、桥梁、广场、绿地、公交线路、停靠点等有形或无形资产的冠名权、使用权进行招标拍卖；对城区街道两侧的广告设置、发布、使用权按年限进行公开招标；为城市发展筹集更多资金；建立城市投资主体多元化体制，引导社会闲散资金和民营资本投资城市公用事业，调动全社会的力量参与城市建设。其次，建立长效的城市建设投融资体系。严格对房地产开发项目应缴纳的税费征收，全部用于城市建设及维护。将市政基础设施维护费纳入财政预算，逐年增加，确保基础设施的日常养护。加大基础设施建设增加的投入，力争每年新建一批，改造一批市政设施，完善城市功能。

【养老服务业发展情况调研】 2010年，县政协民宗法制委组织开展对全县养老服务业发展情况进行调研。针对全县养老服务业发展中存在养老服务机构建设薄弱、养老服务需求与供给矛盾突出、养老服务社会化程度低等困难和需要解决的问题，提出发展养老服务业的意见和建议：一、加强发展养老服务业的宣传工作。采取多种方式，大力宣传敬老、养老、助老的法规、政策和典型事例，营造养老事业发展的良好氛围。二、建议重视养老服务工作，将养老服务工作列入各级政府的重要工作日程。按照政策引导、政府扶持、社会兴办、市场推动的原则，逐步建立和完善以居家养老为基础、社区服务为依托、机构养老为补充的服务体系。建立公开、平等、规范的养老服务业准入制度，积极支持以公建民营、民办公助、政府补贴、购买服务等多种方式兴办养老服务业，鼓励社会资金以独资、合资、合作、联营、参股等方式兴办养老服务业。三、相关职能部门要加大对养老服务专业服务人员培训工作力度，解决养老服务从业人员培训、资质问题。不论发展居家养老还是实现机构养老，有关部门都应采取切实措施，促进养老服务专业人员队伍的培育和壮大，并引导和建立一套规范、高质、有效的社会化服务体系。四、进一步发展老年社会福利事业。要不断加大投入，建立健全老年福利服务体系，为城乡无劳动能力、无生活来源、无赡养人的老年人和生活困难的老年人提供无偿或低收费服务，保障他们的基本生活。要采取多种形式，鼓励和支持社会力量多形式、多渠道参与老年社会福利事业，增加老年福利服务设施数量，提高服务质量。五、发展社会养老服务机构。引导和支持社会力量兴建适宜老年人集中居住、生活、学习、娱乐、健身的老年公寓、敬老院，鼓励、支持企业、个体户、大学生及下岗、失业等人员创办不同形式、不同层次、不同需求的养老院、托老所、老年人康复护理院和其他养老服务场所，开展老年护理服务，为老年人创造良好的养老环境。六、鼓励发展居家老人服务业务。要通过政策引导，鼓励社会资本投资兴办以老年人为对象的老年生活照顾、家政服务、心理咨询、康复服务、紧急救援等业务，向居住在社区（农村）家庭的老年人提供养老服务，为老年人营造良好的生活条件。七、积极发展老年护理、临终关怀服务业。支持兴办老年护理、临终关怀性质的医疗机构，鼓励医疗机构开展老年护理、临终关怀服务。根据实际情况，制定相关办法，对开展老年护理、临终关怀服务的机构按规定给予政策扶持。八、进一步强化养老服务业发展的工作措施。建议将养老服务业发展纳入各级“十二五”规划和县乡建设规划，分步实施。尽快制定出台《加快养老服务业发展的实施意见》，在法规上不断完善，政策上给予扶持，资金上加大投入，方式上探索创新，措施上更加具体，从规划建设、市场准入、补助政策、收费标准、税费优惠、土地使用等方面进一步细化、明确，以促进全县养老服务业的繁荣发展。

【对新生儿出生缺陷干预情况调研】 为进一步了解和掌握全县新生儿出生情况和新生儿出生缺陷干预工作情况，积极推动澂江县新生儿健康，有效降低新生儿出生缺陷率，提高人口素质，澂江县政协人口环境资源委组织部分政协委员于5月20～21日对全县新生儿出生缺陷干预情况开展专题调研。委员们在听取县卫生局、妇幼保健院、人口与计划生育局、民政局、残联、妇联等单位和部门情况汇报的基础上，与相关人员和专家座谈讨论，并查阅全县近几年来新生儿缺陷发生的有关资料。通过调研，在场人员一致认为县人口出生缺陷情况严峻。针对存在的困难和问题，提出以下意见建议：一、建议通过多渠道进行群众性优生优育知识宣传教育，帮助群众充分认识不良生活习惯、传染性疾病、环境污染与出生缺陷的内在联系，认识出生缺陷对社会、对家庭的危害性。在新婚保健、优孕指导、孕期胎教、优育指导以及关注生殖健康、提高生活质量等方面加强新婚待孕人群的宣传教育，有效地提高婚前医学检查和孕前检查的比例。二、建议将出生缺陷干预的经费列入财政预算，安排专项经费用于出生缺陷监测、出生缺陷干预的基础设施与设备、出生缺陷的治疗与康复、出生缺陷干预新产品新技术的推广应用、人员培训和宣传教育方面。在实行免费婚检和叶酸免费发放的基础上，免费开展出生缺陷筛查和新生儿疾病筛查，有效减少出生缺陷的发生。三、根据全县婚前检查时怀孕率已达40%的实际情况，建议把叶酸片的发放范围从农村扩大到城镇居民，发放时间提前到婚前，伴随着婚前检查同时发放，真正将出生缺陷的一级干预前移至婚前和孕前。四、根据预防技术人员行政职能和服务能力的要求，建议增加妇幼保健院编制，计生服务站在增加编制的同时，相应增加医务技术人员，配强妇幼、计生技术人员，保证干预措施全面落实。五、新生儿出生缺陷干预工作是一项系统工作，要注重加强涉及部门的工作分工和部门之间合作协作，形成合力。计生部门孕前优生干预，卫生部门婚前检查，产期保健和产后干预，民政、残联出生缺陷治疗，妇联及以上相关涉及部门在婚育、缺陷干预等三级预防工作中贯穿始终。建议在此基础上，将计生部门的硬件设施和卫生部门的技术力量进行整合，建立长期动态的信息互通、技术交流和技术合作机制，从而形成一个从婚前到孕前再到产后的一个较为完善和有效的监控体系。建议民政、妇幼、计生合署办公，提供“一条龙”服务，在干预措施上，共同内容共同做，不同内容分别做。六、加强环境污染综合治理，重视环境与出生缺陷关系的研究。根据出生缺陷的发生区域性较强，集中在海口、右所两镇的情况，建议加强环境污染的综合治理和饮用水源保护，减少环境污染对人体造成的危害。责成相关部门组织专家，对一些危害较为严重的出生缺陷疾病，开展出生缺陷与环境因素的专题研究，注重由环境因素诱发的出生缺陷的阻断技术攻关，从根本上有效控制出生缺陷发生率。七、建议根据全县实际情况尽快制定《澂江县出生缺陷干预办法》，对出生缺陷干预的法律依据、目的意义、工作机制和三级干预体系、政府及其部门的职责、公民的权利和义务、预防的技术措施、科学研究和应用、经费筹措等方面给予明确规定，使工作有章可循。

【社会保障工作情况调研】　为妥善解决澂江县城乡困难群众的基本生活，建立健全低收入群体为主的社会保障体系，县政协民宗法制委组织部分政协委员，在县民政、劳动和社会保障等部门支持下，于2010年6月18～21日，通过情况汇报、走访、座谈等方式调查了解，对全县社会保障工作情况开展专题调研。针对澂江县社会保障工作存在的困难和问题，提出完善社会保障体系的意见建议如下：一、加大城镇社保扩面力度，做实个人账户，提高城镇基本养老覆盖率。推进国家机关和事业单位养老保险制度改革，健全农村社会养老保险制度。扩大失业保险覆盖面，将城镇企事业单位职工全部纳入失业保险范围。建立和完善基本医疗保险、大额医疗费用补助和企业补充医疗保险等多层次的医疗保险体系，探索建立社会医疗救助制度，鼓励有条件的单位参加补充医疗保险，鼓励社会灵活就业人员参加医疗保险。完善工伤保险制度，深化生育保险制度改革，合理控制生育保障水平，规范生育保险项目给付条件和给付标准。着力解决城乡困难群众基本生活问题，多渠道开展扶贫解困活动，逐步建立面向困难群众的合法利益保护、就医、就业等扶助制度。二、坚持在发展中解决就业问题，努力实现经济增长与扩大就业的良性互动。鼓励引导全民创业和大上项目，支持发展中小企业、第三产业等劳动密集型企业，拓宽就业渠道，增加就业岗位。加强就业技能培训，实施创业培训工程，整合各类培训资源，对下岗失业人员、农村富余劳动力和新增劳动力进行有针对性地培训，推进项目开发、创业指导、政策咨询、跟踪服务一体化的创业培训模式，提高下岗失业人员和新增劳动力的创业意识和就业技能。加强对农村富余劳动力外出务工的组织引导，加大信息传递、组织对接、维权保护等服务力度。鼓励各类企业到省外、境外开展工程承包和劳务合作，带动劳动力输出。三、在全力实施城乡居民最低生活保障制度的同时，积极促进和引导更多的劳动者创业、就业，千方百计增加居民收入，使覆盖城乡的社会保障体系拥有可靠的经济来源。结合县情，积极开辟创业渠道和就业岗位，强化"造血"功能，促使农村剩余劳动力、下岗失业人员和外出务工人员自主创业，以创业带动就业；从澂江县旅游产业发展的实际出发，培训出适合旅游产业发展的知识型、技能型劳动者，尽快让他们走上工作岗位，走劳动力产业化道路，改变就业观念，促进城镇和农村剩余劳动力创业、就业，增加收入。四、建议省、市降低县级农村低保负担比例，减轻县级财政压力；将城乡低保工作业务经费纳入市、县财政预算。同时广开社会筹资渠道，开展各种形式的慈善筹资、社会捐赠活动，推进社会保障各项工作健康发展。五、尽快制定出台与农村养老保险、城乡低保制度等社会救助体系建设有关的法规性文件，及时修订与现阶段社会保障工作不相适应的规定、办法，为社会保障体系建设提供法制保障。六、民政、劳动和社会保障、工会、妇联、残联、教育、卫生、科技、税务、金融、工商等部门及镇、村、组要加强合作，信息共享，整合资金、人力、技术各种资源，通过多种方式，帮助城乡困难对象提供经济援助和精神、智力支持。在给予物质基本保障的同时，加强科技扶持、技能培训；对从事个体经营及规模种植、养殖的，优先办理营业执照和相关手续，给予一定的资金补助和贷款贴息的优惠扶持，促进城乡困难群众尽快脱贫致富，使社会保障工作真正形成各级各部门齐抓共管的良好社会氛围。七、建议在各镇统一设立镇民政救助所（站），增配专职人员；县、镇、村（社区）相关人员培训工作尚需步强化；城乡低保管理工作信息化、规范化建设水平有待提高。

【工业园区重点工业项目推进情况调研】为进一步贯彻落实"工业强县"战略，促进工业园区建设产业发展，走新型工业化道路，加快既定工业项目推进步伐。按照县政协常委会2010年工作安排，由县政协经济委牵头，组织部分政协委员并邀请县发改委、县经委、县委、政府督察室领导，于2010年10月19～20日对全县工业园区重点项目推进情况进行调研，调研工作由李树明副主席带队，深入到城西轻工区、提古高新区和东溪哨磷化工业区，实地查看华荣水泥二期工程、海口35千伏输变电工程、再峰公司环保型磷系阻燃剂项目、金龙5万吨食品磷酸项目、冶钢公司7万吨高纯度磷酸项目、志诚公司5万吨高纯度磷酸项目、富强工贸有限公司磷酸包装桶生产线项目、金龙公司磷酸包装桶生产线项目。通过实地查看、座谈、交流，听取意见建议、综合分析，针对园区及项目建设存在的主要困难和问题，提出加快工业项目建设的意见建议：一、坚定不移地实施"工业强县"战略，走"磷电结合，做强磷化工，做大建筑建材业，引进发展高新技术产业"发展路子。针对全县工业项目投资的实际，重新审视调整工业布局和产业结构，进一步拓展工业发展空间，实现在发展中正确处理保护环境和发展工业的关系，抓紧时间完成完善《澂江工业园区总体规划》定稿，促进园区规范管理、科学发展。二、建立健全工业园区入园项目预审机制，规范入园项目审批。根据目前园区环评工作正在进行，城西片区、提古片区入园项目审批逐步增多的实际，应从园区产业要求、园区功能定位、环保准入门坎、入园企业位置分布等条件要求出发，建立环保、规划、城建、项目审批单位等联合预审制度，严格执行园区规划。三、针对《澂江工业园区总体规划修编（2009～2030）环境影响报告书》尚未获得批准的实际，在城西片区、提古片区开发上，应从抚仙湖保护、城市发展等方面出发，统一开发意见和要求，着眼于可持续发展，避免因环境影响评价变化，给入园企业、项目带来投资损失。四、加强对入园项目投资强度管理，节约项目用地。为提高园区土地资源利用率，在入园项目供地方面，严格执行《澂江工业园区总体规划》200万元/亩以上的工业用地项目投资强度要求进行项目用地审批，提高土地资源利用率。五、从东溪哨工业园区实际出发，应加大东溪哨工业园区废水、废气、磷渣监测和治理力度，避免出现重大环保安全事故。六、加大园区规划的执行力度。《澂江工业园区总体规划》修编后，一园三片区功能定位已可满足全县工业发展和工业产业结构调整的需要。要进一步健全完善园区管理职能和责任，在项目筛选、准入、土地收储、供给、招商引资、基础设施建设等方面做到协调发展，可持续发展。七、县政府要加大对园区建设的投入，保证园区工作机构运转经费。

【中小学危房改造情况调研】 为全面了解和掌握澂江县中小学危房改造情况，进一步改善办学条件，消除安全隐患，为师生提供一个良好的学习和生活环境，按照县政协常委会2010年工作安排，由县政协科教文卫体委牵头，组织部分政协委员，于2010年11月29日至12月3日，对全县中小学、县机关幼儿园的危房及改造情况进行专题调研。调研组成员首先听取有关情况汇报和查阅资料，然后实地深入各学校，认真察看情况，总体掌握了解全县中小学校的基本情况、校舍现状暨危房改造工作以及存在困难问题等。针对存在的困难和问题，提出以下建议：一、坚持“百年大计，教育为本”和把教育放在优先发展战略地位不动摇的思想，进一步倡导全社会都来关心、支持教育的精神，抓住国家扩大内需，加大投入发展教育事业的机遇，再接再厉，继续加大投资，解决教育存在的困难问题。二、进一步排查当前存在D级危房且仍然使用的情况，密切关注和监视其动态，并逐一拟定拆除重建的计划安排方案，加快建设步伐，杜绝安全事故发生。三、建议教育主管部门进一步主动积极争取国家、省、市的项目和资金，县财政进一步加大投资力度，尽快解决七中、九村中心小学、提古小学等学校教室不足及学生住在危房宿舍中的问题，使学生尽快搬出活动板房和D级危房。四、建议县政府协调各级各部门，提高教育工程建设手续办理审批的效率，尽可能减免费用，为教育工程建设营造一个宽松、便捷的办事环境，提高效益，促进发展。五、进一步解决山区教师住宿问题，建议县政府建盖山区学校教师的工作用房，以改善教师的工作生活条件，使其安心教书育人，为教育事业作出更大贡献。

【七届三次会议提案办理情况】 2010年七届三次会议以来，县政协共收到提案79件，委员所提提案均为集体提案，其中，工交城建方面48件，占61%；财贸金融方面8件，占10%；农林水土方面的12件，占15%；科教文卫方面8件，占10%；党群政法方面的3件，占4%。按照《提案工作条例》规定，经提案委员会审查，立案79件，立案率100%。79件提案交由35个部门和单位办理，至年末，全部提案均办复完毕，提案面商率、办复率和满意率（含基本满意）均达100%。提案所提问题，已经解决或基本解决的A类提案35件，占44.3%；正在解决或列入计划准备解决的B类提案33件，占41.8%；受条件限制或其他原因只能以后研究解决的C类提案11件，占13.9%。2010年的提案工作，由于政协委员认真履职、谏言出力，县委、县政府和各承办单位领导高度重视、大力支持，经过各方面的共同努力，提案工作质量提高，提案办理取得明显成效。

【工交城建方面提案】 2010年县政协七届三次全会以来，人民团体界和工业交通界委员提出的《关于加快梨花路建设的提案》，交由县交通局办理。为加快梨花路建设，县委、县政府高度重视，成立由县委常委、政法委书记任组长，分管交通工作的副县长任副组长的梨花路建设领导小组，加大工作力度，全面开展工作。县政府和交通局积极协调，争取上级资金支持。县右所镇、凤麓镇、交通局、国土局、建设局及小西村委会密切配合，2010年底基本完成施工图设计、土地征用、安置补偿、房屋拆迁、工程招投标等工作。梨花路全长786米，整个项目预计投资3600万元，至年末，该项工程建设正在实施当中。教育界委员提出的《关于修复萝卜新村大桥至梁王河水库路段的提案》，交由县交通局办理。交通局积极争取，制定修复方案，及时上报省、市交通部门审批。该路段全长1.46公里，计划投资142万元，建设混泥土四级路面，于2010年7月开工建设，9月30日完工投入使用，这一路段的修复，保障了道路行车安全，方便了群众生产生活。人民团体界委员提出的《关于对翠竹小区主干道路面进行修复的提案》，交由县建设局办理。县建设局与交通局联合行动，筹集资金30余万元，年末已完成该路段路面改造，改善群众出行条件。经济界委员提出的《关于加强对入城大型车辆管理的提案》，交由县公安局办理。公安交警大队与建设局、交通局密切配合，共同联动，加强对入城货车管理，建设局争取县政府资金支持，投资27万元，分别在凤翔路、澂阳路、右所横大路、东浦路主要入城口安装限高装置4套，限制超高、超重、大型车辆入城，有效地维护城市道路，改善县城卫生环境，消除县城交通安全隐患。科技界委员提出的《关于在中关坡增设不同车型限速路标的提案》，交由县交通局办理。针对中关坡坡陡、路长、弯急的特点和过往车辆密集的情况，县交通局和路政大队积极协调有关部门，投入资金1.6万余元，在澂马线K11至K26路段增设限速路标23条，有效改善道路交通环境。医药卫生界委员提出的《关于加强对县城环境卫生管理，增加垃圾处理设备的提案》，交由凤麓镇办理。凤麓镇党委、镇政府十分重视市容环境卫生工作，调整充实环境卫生综合治理领导小组，完善《凤麓镇环境卫生管理实施方案》，加强监督管理，实施县城环境卫生领导干部分片负责制，定期督促检查街道清扫保洁、垃圾清运情况。采取环保知识竞赛、演讲、入户宣传等方式，发放倡仪书10000余份，签订责任书1610份，全面落实门前三包责任制，动员2000余名党团员、小学生清扫街道。多方筹措资金，不断完善基础设施建设。全年投资35.5万元，购置小型垃圾清运车4辆、垃圾桶50只、手推车23辆，修缮垃圾桶90只，建成垃圾收集房3间。凤麓镇、建设、工商、卫生、交通、公安、广电等部门、社区与环卫工人通力合作，开展环卫专项整治行动，加强街道清扫保洁和垃圾清运，县城环境卫生明显改观。医药卫生界委员提出的《关于加强环城北路交通运输车辆加盖加栏的提案》与农林界委员提出的《关于加大对建筑材料运输车辆管理的提案》，交由县交通局办理。县交通局及时研究布置，县建设局配合，县路政大队积极行动，联合开展以“爱路护路，珍爱生命”为主题的宣传教育活动，张贴标语13条、宣传牌1块，出动宣传车40余次，重点宣传超限超载、泼洒污染路面的危害、治理的目的与意义、法规政策与措施，增强群众爱路护路意识。对砂石料场路口进行整改、完善；督促载货车辆加盖篷布；对污染路面实行专人负责，分段管理，及时清扫，从源头上减少泼洒污染路面现象。坚持每天上路巡查，开展专项治理，查处违章车辆115辆，警告32人次。通过集中整治与常态管理，泼洒现象明显减少，道路交通环境得到极大改善。经济界委员提出的《关于完善凤山公园游路、照明等基础设施建设的提案》，交由县建设局办理。县建设局制定方案和措施，投资4.45万元在凤山公园北大沟等游路安装路灯18盏，基本满足公园游览区部分照明需要；投资7.8万元，建设完善园内观赏水池坝埂游路655m²，建成景观绿地255m²，安装健身器材13套，为广大群众到公园休闲、锻炼创造便捷有利的条件。特邀界委员提出的《关于解决澂波花园路灯照明的提案》，交由县建设局承办。县建设局经过多方协调，由开发商拨付20万元，县建设局投资6000元解决。路灯管理所及时组织，规范施工，在该小区主干道与小广场安装路灯34盏，年末已建成投入使用，居民小区亮化设施不断完善。人民团体界委员提出的《关于加强公用电话亭管理，拆除废旧磁卡电话亭的提案》和农林界委员提出的《关于规范县城老城区空中线路架设的提案》，交由县电信公司与建设局办理后，县电信公司领导带领工程技术人员实地查勘，制定整改方案，于2010年4～6月，投入资金4万余元维修保留IC卡电话亭7个，拆除破损电话亭20余个。对县城9条街道进行线路整治，整理绑扎零乱线路100处，更换零乱废旧电话线27000米，布放10对电缆线2820米，更换电缆分线盒126个，市容改观，成效明显。教育界、特邀界和人民团体界委员提出的《关于加强对凤麓农贸市场及周边环境管理的提案》，交由县商务局办理。针对红枫街多年以街为市、占道经营的混乱状况，县镇成立工作机构，明确工作职责，凤麓镇、建设局、公安局、工商局、商务局及消防大队、凤麓市管中心、揽秀、仪凤社区联合行动，广泛宣传，耐心解释，经过一个多月的努力，动员46家水果营销户，搬迁到揽秀综合市场经营，规范了市场经营秩序。

【生态建设环境保护方面提案】　2010年，县政协七届三次全会以来，农林界委员提出的《关于抓紧实施抚仙湖东北沿岸湖滨带生态修复的提案》，交由县环保局办理。澂江县按照“一湖三圈”防治思路，扎实抓好抚仙湖保护治理工作。在抓好退田退塘还湖及人工湿地建设的基础上，环保局积极争取上级支持，计划投资900万元实施抚仙湖东岸蒿芝箐至海口村湖滨带修复，完成湖滨带生态修复、湿地处理、生态林带建设、护岸道路、基质修复、湖滨与公路边坡绿化等工程，其中，栽种各种乔木1757株，各种灌木15700株，各种水生植物36045株（丛）。至年末海口湖滨带生态修复工程进展顺利，取得了阶段性的成效。

【财贸金融方面提案】　2010年，县政协七届三次全会以来，工商联界委员提出的《关于实施商标战略，加强我县私营企业品牌建设的提案》，交由县工商局办理。县工商局加强领导，制定工作方案，建立帮扶联系点30个，深入企业和农户，主动上门服务，对磷化工产品、农产品、休闲旅游度假产品进行重点培育。全年，新申请商标注册9件。加强宣传，发放商标知识宣传资料3000余份，制作电视专题讲座6期，举办培训班4期。开展专项整治，保护商标专用权。全年共查处侵权及假冒注册商标案件35件。目前，全县共有注册商标146件，其中，云南省著名商标2件，玉溪市知名商标3件。经过商标战略的推行，维护了注册商标权利人的合法权益，促进了企业经济的发展。

【农林水土方面提案】　2010年，县政协七届三次全会以来，中共界与工业交通界委员提出的《关于加大对澂江县水源林管理工作力度的提案》，交由县林业局办理。县林业局和各镇会同建设局，以涵养水源为核心，实行点面结合，全面加强水源林管理工作。林业局采取措施，一方面实施退耕还林、工程造林、封山育林，不断提高森林覆盖率。另一方面加强日常管护，聘请138名专职水源林管护员，加大水源地与林业生态保护宣传力度，不断提高广大群众爱林护水意识。同时，严厉打击各类破坏森林资源的违法犯罪活动，查处违法案件80件，林业行政罚款3.7万元，水源涵养林得到有效保护。县建设局在2010年8月接管西浦公园后，进一步加大对西龙潭水源林地建设保护力度。动员本系统职工捐资18500元，另投资25万元，栽种树木417株，地砖铺设游路场地450平方米，修补水池池壁、护栏30米，清理水池、沟渠中的水草、淤泥95吨，西浦公园水源点管理进一步加强。科技界委员提出的《关于推广科学抗旱措施，确保农业增效和农民增收的提案》，交由农业局办理。县农业局采取有效措施，全力抗旱保增收。投入农业抗旱资金700余万元，抗旱机械15220台（套），派出农科人员2300人次，积极做好春耕备耕；收贮调进水稻良种6.5万公斤，全面推广玉米、豌豆等耐旱抗旱品种，推广旱育秧、抛秧1100亩，喷滴灌技术370亩，玉米地膜覆盖2万亩，科学施肥1800亩；开展大春科技培训26期，参培人员3260人，发放各类科学抗旱资料6210份。水利局积极行动，科学节水调水，检修、维护抗旱设备，投入抗旱泵站134站，机动抗旱设备3687台（套），安装输水管道87.34公里，新建爱心水窖663口，抗旱保灌面积2.1万亩，抗旱减灾效益明显。人民团体界委员提出的《关于尽快解决龙街镇左所南寨子外新村村民饮水困难的提案》，交由县水利局承办后，县水利局高度重视，龙街镇大力支持，积极组织人员实地调研，针对该村地势偏高，部分水管老化破损，水管没有供水，群众饮水困难的实际，筹措资金25万元，选定左所后山大龙潭水源点，在新水源点建设截水墙、集水池和10×10×4米的蓄水池1个，铺设镀锌水管1968米，基本解决了左所南寨子外新村及下左所2000余人饮水难的问题。

【科教文卫方面提案】 2010年，县政协七届三次全会以来，民宗三胞眷属界委员提出的《关于修建松元完小学生宿舍楼的提案》，交由县教育局办理。为消除安全隐患，切实解决松元小学学生宿舍紧缺问题，县委、县政府领导多次视察，专题研究，县教育局、海口镇和松元村委会紧密配合，多方争取，搞好规划，拆除简易危房，在原址新建学生宿舍楼1幢，砖混结构3层，建筑面积565.37平方米。该项目计划投资96万元，其中，市县各投资48万元，2010年6月20日开工建设，预计2011年3月可竣工投入使用。项目建成后，松元小学基础设施及校园环境进一步改善，学生住宿难问题得到解决。

（赵天和）

·中共澂江县纪委 县监察局·

【领导名录】

纪委书记：汤之德

副书记：洪黎明

俞琴

付俊东

纪委常委：汤之德

洪黎明

俞琴

付俊东

李粉翠

范长江

监察局局长：洪黎明

副局长：李粉翠

非党副局长：梁磊（2010年10月任职）

【综述】 2010年，澂江县纪检监察机关把反腐倡廉工作融入到经济建设和社会发展中，坚持标本兼治、综合治理、惩防并举、注重预防的方针，建立健全教育、制度、监督、改革、纠风、惩处并重的惩治和预防腐败体系，消极腐败现象得到遏制，人民群众满意度提高，各项工作取得新成效，为全县经济社会发展提供有力政治和纪律保证。

【宣传教育】 2010年，县纪检监察机关重点抓好对十七届五中全会精神的学习贯彻，以电视、网络、报刊等媒介为阵地，宣传反腐倡廉法规知识和党风廉政建设成果。组织395名科级领导参加《廉政准则》知识测试，切实推进《廉政准则》的贯彻实施。适时发送廉政短信，提醒促使领导干部不忘廉洁自律。各级领导带头讲廉政党课113场，听众12400人次，党员受教育面达90%以上。在各单位轮流播放警示教育片，观众1500余人（次）。开展形式多样的廉政文化活动，使广大党员接受廉政教育经常化。海口镇、右所镇、县教育局、县卫生局创建廉政文化建设示范点，深入推进廉政文化“六进”工作。拓宽渠道，综合运用网络、广播、电视、宣传栏等方式进一步推进廉政文化建设。集中开展岗位廉政教育，对全县各级党政领导班子和党员领导干部以及从事行政审批、行政执法和人、财、物管理等关键岗位进行廉政风险排查梳理，完善防范措施，查找岗位廉政风险点297个，编写岗位廉政教育案例56个，深化反腐倡廉教育的形式内容，增强教育针对性和实效性。认真办好《澂江县纪检监察信息》，做好《市纪检监察信息》和市党风廉政网信息上报工作。

【党风廉政建设责任制工作】 2010年，澂江县委高度重视党风廉政建设责任制工作，与66家单位和部门签订党风廉政建设责任书，主要领导与班子成员签订责任书165份，40个行政村党总支与村民小组党支部签订责任书364份。县委党风廉政建设责任制办公室按照党风廉政建设和反腐败新的任务要求，把责任目标分解到责任单位，明确牵头和协办单位，促使各责任单位抓好落实。抽调人员定期、不定期检查党风廉政建设责任制落实和领导干部作风建设情况，通报督查结果，督促相关单位整改存在问题。完善责任制考核办法和考核工作方案，规范考核内容和标准，促进领导干部自觉履行“一岗双责”。县委在县纪委十届五次全会上通报2009年度党风廉政建设责任制考评结果，表彰落实党风廉政建设责任制的20个先进单位和3个先进镇。对不合格的1个单位实施责任追究，对其班子成员进行诫勉谈话。督促5个基本合格单位进行整改。

【执法监察】 2010年，县纪检监察机关重点对全县46个重大项目进行检查，督促各部门完善项目决策立项、资金拨付和管理使用等制度，确保中央和省、市、县扩大内需促进经济增长政策措施的贯彻落实。全县排查工程项目269个，其中，政府投资和使用国有资金项目202个，其他投资项目67个。政府投资和使用国有资金项目500～3000万元22项，3000～5000万5项，5000万以上2项，其他投资项目3000万以上的17项。完成工程招投标监督63项（次），参与政府采购45次，节约资金198.55万元，节约率11.07%。对公路建设招投标及征地拆迁、抗旱救灾物资管理使用、廉租住房建设、地质灾害搬迁情况以及交通、城建等重点项目进行监督检查。加强对耕地保护、资源节约和环境保护等政策措施落实情况的监督检查。对192个政府投资和使用国有资金项目招投标进行现场监督。加强安全生产责任制落实情况监督，参与安全事故调查处理。工程建设双合同制度落实有力，共签订廉政合同58份。加大工程建设领域突出问题专项治理力度，保证工程建设项目高效、安全、廉洁运行。规范规模在500万元及其以上政府投资和使用国有资金项目的台账，对项目中存在的问题，督促项目业主和主管部门切实整改。全年共参与各类监察268次。

【廉洁自律】 2010年，县纪检监察机关认真贯彻落实领导干部廉洁自律各项规定，不断拓宽对领导干部的监督渠道。对各级领导班子召开民主生活会和专题组织生活会情况进行监督。对352名“两委”干部进行廉政教育和任前廉政谈话，进行廉政鉴定47人次，为评先评优提供廉政情况357份；县纪委负责人同下级党政主要负责人谈话65人次。贯彻落实《关于领导干部报告个人有关事项的规定》，全县61家部门，358名科级领导干部对照要求进行认真填报。坚持审批备案制度，对公务用车采购和外出学习考察实施备案监督。加强对规范津补贴工作的监督，对县直单位实施情况进行检查，追缴不符合发放条件资金29970元，并对相应问题作纠正。全面开展“小金库”专项清理，全县清查单位164个，清查账户437个，清理国有及国有控股企业9家。开展行政事业单位经营性国有资产收益清理登记工作，合理配置和有效利用国有资产，从源头上切断“小金库”资金来源，维护国有资产安全完整，促进廉政建设和反腐败工作。切实加大治理商业贿赂理论研究力度，推进专项治理各项工作。

【案件查办】 2010年，县纪检监察机关健全反腐败工作组织协调机制，有效整合办案资源。全年共受理信访举报60件，办结60件。立案调查23件23人，审理结束19件19人，其中，科级干部5人，其他人员14人；给予行政开除5人，行政降级1人；开除党籍11人。收缴违纪款47万元。特别是严肃查处了国土局“3·15”专案，畜牧局“5·11”专案，维护党纪国法权威，保持惩治腐败的强劲势头。受处分人员回访制度有效落实，对19名受处分人员进行回访教育。为3名拟提拔干部澄清事实，保护干部职工干事创业积极性。加强案件剖析工作，完善制度、加强管理，查办案件的治本功能进一步发挥。

【纠风工作】 2010年，县纪检监察机关继续治理教育乱收费，督促学校认真落实义务教育阶段各项免补政策。纠正医药购销和医疗服务中的不正之风，监督3个县级医院、5个乡镇卫生院网上集中采购药品，金额4233.2万元。开展强农惠农资金专项清理检查工作，收缴违规使用资金41万元。加大村务公开力度，各村（社区）对涉农价格和收费进行公示。坚持“一事一议”筹资筹劳管理制度，农村基层民主决策更加规范。政府特邀监察员的作用得到有效发挥，对35个政府职能部门开展民主评议政风行风工作，发放测评表2495份，征求意见和建议308条，公示和通报评议结果，要求相关部门及时整改存在的问题。县人民政府主要领导积极参与“政风行风热线”直播节目，认真答复和解决群众咨询、反映的7个问题。畅通“96128”政务专线和“6913038”纪检监察机关统一举报电话，方便群众反映问题。

【行政效能建设】 2010年，县纪检监察机关制定《澂江县2010年行政效能建设工作目标考评方案》，推进全县行政效能建设工作。规范行政审批，完善“一站式”审批工作机制。落实“收支两条线”规定，全面推行部门综合预算管理、国库集中支付和规范转移支付制度。加强对“效能政府”四项制度落实情况的监督检查，全面实施行政行为监督制度，确定关键岗位130个、重点环节153个，设定风险点264个，制定防范措施292条。加大党务公开力度，各级党组织制定公开目录，设置公开载体，及时进行各类党务公开。深化政务公开，打造“阳光政府”，实施行政类重要事项公示165项，重点工作通报600项，重大决策听证15项，公开政务信息6212条。加大效能投诉督办力度，办理行政效能投诉2件。严格考评奖惩机制，对工作落实有力的行政效能建设责任单位进行表彰奖励。

【农村基层党风廉政建设】 2010年，县纪检监察机关切实加强农村基层党风廉政建设，探索村组民主管理新途径，逐步推行村级“监督委员会”制度，在村（社区）“两委”设纪检委员，基层民主监督水平有新提升。多形式广泛宣传廉政知识，开展文化科技卫生“三下乡”活动，深入推进廉政文化“六进”工作，创建海口镇、右所镇廉政文化建设示范点，推进农村基层廉政文化建设。加强制度建设，推进农村民主管理制度建设，对村“两委”主要负责人进行述职述廉，对村“两委”、组干部进行任前廉政谈话。组织农村财政支农政策培训班，加强农村财务人员业务素质，强化农村财务管理。开展“四议两公开”工作，发展和完善村级民主自治机制。加强农村集体资金、资产、资源管理，推进农村集体“三资”管理制度化。落实中央、省委和市委强农惠农政策，发挥纪检监察机关监督职能，切实解决损害农民利益突出问题。对村（社区）“两委”和小组换届选举进行严格监督，认真调查处理换届期间来信来访。

【抗旱救灾】 2010年，澂江县遭遇特大干旱，县纪检监察机关干部职工积极响应“共产党员抗旱先锋行动”，踊跃捐款38000元，人均捐款1000元。同时，为确保抗旱捐赠款物做到专款专用、廉洁高效，县纪检监察机关对抗旱救灾捐赠款物收支、管理等事项积极实施提前介入监督，及时向相关部门宣传捐赠款物政策规定和相关要求，严明纪律，严把捐款接收关、管理关、拨付关，要求相关部门实行一周一报制度，确保款物及时、高效、准确发放到灾区群众手中。

【纪检监察队伍建设】 2010年，县纪检监察机关高度重视自身建设，深入개

习各级党委和纪委全会精神，注重理想信念、作风建设和廉洁自律教育等，学习刀会祥、杨雪斌先进事迹，开展创先争优活动，巩固和深化学习实践科学发展观活动成果，提升恪尽职守的能力和水平。重视干部的培养和使用，组织纪检监察干部参加各种培训157人（次），提高干部队伍综合素质。加强调查研究，围绕反腐倡廉重要课题开展调研，在中央、省、市级刊物上发表信息、评论、调研文章126篇（条）。保持查办案件的强劲势头，信访、初核、立案、结案和处分人数均比2009年上升，受到市纪委通报表彰。加大改革创新力度，贯彻落实中央、省、市纪委关于加强县级纪检监察机关建设的有关要求，新增监察局非党副局长1名，增设正科级纪检员（监察员）、副科级纪检员（监察员）职数，增加行政编制5名，将4个派出纪检组统一更名为派出第一、第二、第三、第四纪工委；4个派出监察室统一更名为监察局派出第一、第二、第三、第四监察分局，不断推进全县纪检监察机关建设。通过抓学习、抓教育、抓管理、抓班子，干部队伍思想、组织和作风建设明显改进，服务全县工作大局的能力得到提高。

【县纪委十届五次全会召开】 2010年1月18～19日，中国共产党澂江县纪律检查委员会十届五次全体会议在澂江县广播站礼堂召开。出席会议的县纪委委员14人，列席290余人。中共澂江县纪委常委会主持会议。中共澂江县委书记崔明出席全会并发表讲话。县委常委、县人大常委会、县政府、县政协领导出席会议，有关方面负责人参加会议。全会审议通过汤之德代表中共澂江县纪律检查委员会常委会所作的《深入贯彻落实党的十七届四中全会精神，扎实推进全县党风廉政建设和反腐败斗争》的工作报告。报告总结2009年党风廉政建设和反腐败工作，研究部署2010年七个方面的任务：一、加强廉洁从政教育和领导干部廉洁自律工作。二、加强对县委重大决策部署执行情况的监督检查。深入开展对县委重大决策部署的监督检查，确保落实到位；强化“三重一大”决策项目的监督检查，严肃处理违规问题；加强对强农惠农政策的监督检查，有效解决损害农民利益问题。三、加强对权力运行的监督制约。认真贯彻《中国共产党党内监督条例》和《巡视工作制度》，加强对领导班子和主要领导干部的监督；加强对干部选拔任用工作的监督；加强对财政资金运行的监督，确保权力规范运行。四、加强纠正损害群众利益的不正之风。继续关注群众反映的热点问题，督促相关部门重点解决群众反映强烈的问题，着力纠正和查处涉农违纪案件，深化群众评议政风行风工作，坚决维护人民群众利益。五、加大查办违纪违法案件工作力度。保持惩治腐败高压态势，严肃查处违纪违法案件；加大对非法所得的追缴力度；形成办案合力，依纪依法办案；加强案件剖析，发挥查办案件的治本功能。六、推进惩防体系建设和制度创新。全面推进惩治和预防腐败体系建设，注重制度创新。规范和完善工程建设招投标、土地使用权出让、产权交易、政府采购等制度，治理工程建设领域、房地产开发领域、土地管理和矿产资源开发领域及司法领域突出问题。减少行政审批事项，巩固清查“小金库”成果，发挥行政监察职能作用。七、推进纪检监察机关自身建设。纪检监察干部要自觉适应新形势新任务的需要，不断提高党风廉政建设和反腐败工作的能力，要坚持原则、秉公执纪，严于律己、以身作则，建设一支让党放心、让组织满意、让人民群众信赖的高素质纪检监察干部队伍。

（徐春婧）

·群众团体·

总工会

【工会组织建设】 2010年，全县新增工会会员1380人，新增工会组织3个，成立县职工技术协会和1个镇总工会。目前，全县共有工会组织218个，工会会员14776人。同时，推进工会干部职业化、社会化试点工作，根据基层工会分布及会员人数多少等实际，由县工会下派工会工作者（每个单位下派1人）到凤麓镇、龙街镇等3个基层工会协助开展工作，并筹资为3名下派人员配备笔记本电脑，改善基层工会办公条件。

【增强维权实效】 2010年，县总工会牢固树立和落实以职工为本，主动、依法和科学维权的中国特色社会主义维权观，发挥工会协调劳动关系机制的作用，做好维护职工合法权益工作。继续坚持源头参与，建立和完善工会定期向县委汇报的制度，争取县委重视和支持；扩大县工会与县政府及有关部门的工作联席会议和联系制度覆盖面，推动建立政府及有关部门与工会的工作交流及沟通，规范运行协调劳动关系和三方会议制度。继续通过人大议案、政协提案和开展专项检查与调研等途径，切实解决涉及工会工作和职工切身利益的重大问题；继续配合劳动部门抓好《劳动合同法》、《劳动争议调解仲裁法》、《就业促进法》宣传工作，及时了解和反映存在问题，配合有关部门开展对侵犯职工合法权益案件和行为的调查处理工作，督促企业规范和严肃用工行为；以平等协商签订以工资、保险、安全、福利为主要内容的集体合同为重点，维护职工的劳动和经济权益；抓好企事业单位职代会制度建设，贯彻落实《云南省职工代表大会条例》，落实职工民主管理各项权利。

【困难职工帮扶和劳模管理工作】 2010年，县总工会共走访慰问6镇12个企业97名困难职工，发放困难职工帮扶资金5万元；发放2名困难全国劳模“三金”3.38万元；慰问困难省部级和市劳模17名，发放慰问金6.6万元；“五一”前夕，组织全县30余名国家、省、市级劳模召开劳模座谈会；6月，组织4名市劳模和优秀职工到省工人疗养院进行体检和疗养；10月，组织6名省级劳模在县人民医院进行健康体检，并组织澂江县第三届市劳模参加市总工会组织的外出学习考察。

【落实贷免扶补政策】 2010年，县总工会联合县劳动、财政等部门，在全县下岗失业人群、退伍军人、大中专毕业学生等群体中动员并调查核实贷免扶补对象，最终对符合条件的60名人员进行扶补，共发放资金300万元，实现创业促进就业的帮扶目标。

【推进职工医疗互助活动】 2010年，县总工会组织开展第七期职工医疗互助活动，协助政府做好关闭破产企业和困难企业退休人员参加医疗保险和参加职工医疗互助活动的工作，并切实从规范管理、服务便捷上加以改进和提高。第七期互助金共收缴181家单位，比第六期增加3家。参加总人数8078人，其中，继续参加7443人，新参加635人，比第六期增加328人；共收缴互助金658940元，比第六期增加257668元。至2010年6月21日，第六期互助活动共补助844人次，补助互助金303133元，有效减轻各级党委和政府的工作压力，为改善民生、促进和谐奠定基础。

【生态文明之家建设】 2009～2010年，根据玉溪市委办公室《转发市总工会、团市委、市妇联关于开展生态文明主题创建活动方案的通知》和市总工会三届三次全会精神要求，澂江县总工会组织全县基层工会开展“生态文明之家”创建活动。组织52个工会组织的2854名职工参加“云南省百万职工节能减排知识竞赛”活动，落实县委争当生态文明建设排头兵和环保优先方针。先后举办以职工创建“生态文明之家”为主要内容的演讲、征文和文艺调演活动。组织基层工会干部集中宣传培训3期200余人次，制作专题宣传栏一个，悬挂宣传标语8幅，发放宣传册2000册，提高广大职工技能水平、环保卫生知识和行为文明等综合素质。2010年12月28日，县总工会召开2010年工作总结暨创建生态文明之家表彰会，对“生态文明之家”创建工作突出的29个先进单位进行表彰。

【抗旱捐款】 2010年，澂江遭遇特大旱灾，县工会响应县委“抗旱献爱心”和省、市总工会开展“百万职工献爱心抗旱捐款活动”的精神和要求，6名党员干部向组织部捐款8500元。同时，县工会组织全县103家单位的集体和个人捐款135115.10元，全部拨付县民政局抗旱资金财政专户，由县委、县政府集中统筹使用。积极争取省市抗旱专项资金7万元，及时、足额拨付到使用单位和灾民手中，尽最大力量帮助受灾农民群众解决生产生活用水难的问题，真正体现农民有困难、工人献爱心，工农心连心、共同抗旱灾的团结友爱精神。

【贫困职工家庭住房困难状况调研】 2010年5月，为更好地落实玉溪市总工会《关于在全市开展城市低收入贫困职工家庭住房困难状况大调研的通知》要求，以便客观准确了解澂江县城市低收入贫困职工家庭住房困难方面的基本状况，县总工会、建设局、民政局、劳动和社会保障局组成联合调查组，采取各级工会统计上报和调查组入户抽查相结合的方式对全县168个工会组织的7000余名职工进行调查（其中，机关、事业单位工会组织147个，规模企业工会组织21个），深入了解全县城市低收入贫困职工家庭住房基本状况、存在的困难和问题，建立健全全县城市特困职工家庭住房困难情况档案。

（[illegible]）

共青团

【综述】 2010年，团县委坚持以青少年思想政治工作为要务，以品牌活动为特色，以组织建设为保障，以服务青年为重点，努力构建澂江县共青团和青年工作格局，团结带领广大团员青年为全县四个文明建设而不懈努力。

【基层团组织建设】 2010年，澂江团县委按照“农村试点推进、社区深化完善、企业重点突破、机关巩固提高”的总体思路，精心打造凤麓镇澄波社区团总支、右所镇补益村委会团总支、海口镇海口村委会团总支3个基层团建试点。全年，共协调筹集资金2万余元和3部数码相机用于团建试点的硬件设施及软件平台建设。深化党团共建，与县委组织部联合下发《关于进一步加强非公有制经济组织党建带团建工作的意见》，力争到2012年，全县非公有制经济组织建团率达60%以上，其中，规模以上非公有制企业建团率达到90%以上。全年在全县公有制经济中建团9家，有效覆盖团员青年185人；非公有制经济组织和新社会组织中，新建团组织80家，有效覆盖团员青年2267人，圆满完成既定任务，为澂江县经济发展和社会进步做出新贡献。在全县村（社区）“两委”换届选举工作中圆满完成40个村委会村级团组织换届选举工作，选出村级团干部169人，村团总支书记40人，35岁以下青年进入村“两委”的28人，占70%，进一步优化全县农村团干部年龄和知识结构，村级团总支书记队伍年轻化，学历普遍提高和党员比例提高，为团的工作注入生机和活力。推进团的信息网络化建设，依托澂江青年网、玉溪青年网、数字云青网建设，实现团信息网络化建设有效覆盖。全年涌现出省级优秀团干部1人，市级优秀团干部6人、优秀团员24人，市级“五四红旗团委”1个、市级“五四红旗团支部”2个。

【团干部队伍作风建设】 2010年，团县委按照“忠诚党的事业、热爱团的岗位、竭诚服务青年”的要求，加强和完善全县共青团干部队伍能力作风建设，引领广大青少年积极投身小康社会建设，推动全县经济政治文化社会事业跨越发展，于11月25、26日和12月24日分别举办了澂江县“创先争优促发展”理论学习班暨“青年马克思主义者培养工程”培训班和澂江县少先队辅导员培训班，共计120余人参加培训。通过学习培训，使团队干部提高思想认识，增强学习主动性、针对性和实效性，增强业务水平和理论联系实际能力，团干部作风建设得到加强，团干部队伍整体素质得到提高。坚持“高进、严管、优出”的原则，着力建设一支政治坚定、素质过硬，党放心、青年满意的团干部队伍，全年向上级党组织推优入党162名，坚持团员标准，发展团员1229名。

【党团共建创先争优】 2010年，团县委以“筑坚强堡垒、树先锋形象、促科学发展”为主线，以“‘三创三争’强组织，‘四比四当’争优秀，‘五评五树’作表率”为内容，坚持党建带团建，团建服务党建，充分体现了“党建带团建”在全县创先争优活动中的工作格局，推进团的基层组织建设和基层工作，进一步激发团干部的生机活力，充分发挥共青团的生力军和突击队作用，促进团组织和团员青年全面科学发展。确实引导各级、各类团组织在组织青年、引导青年、服务青年和维护青少年合法权益中争创先进，形成人人创先进、人人争优秀的良好氛围。为进一步加强组织建设，优化组织设置，深入开展好创先争优活动，9月3日，县关心下一代工作委员会、共青团澂江县委联合召开党员大会，成立关青党支部，选举产生新一届党支部书记，确实加强党组织的领导。12月2日，由县委组织部、共青团澂江县委共同组织，县凤麓镇党委、卫生局、抚仙湖管理局、法院、公安局等多部门联合参与的澂江县“共建创先争优　共创和谐社区”党员团员志愿服务行动正式启动，来自县卫生局、抚仙湖管理局、公安局、法院、消防大队、计生局和凤麓镇4个社区的100余名党、团员志愿者参加启动仪式。现场共发放宣传材料5000余份，宣传人次2万余人，通过禁毒、防艾、计生、消防安全法规知识等展板宣传活动，远离犯罪签名承诺、党员团员共建创先争优签名承诺活动，到敬老院慰问孤寡老人，清理街头非法小广告等志愿服务行动，共同为全县创先争优活动营造强大宣传声势和良好舆论氛围以及学习先进、崇尚先进、争当先进的良好风气。

【抗旱救灾行动】 2010年2月25日，团县委联合县总工会、县妇联、县红十字会、县工商联合会共同发出《抗旱救灾捐赠倡议书》，要求全县各级团组织充分认识当前抗旱救灾工作的重要性、紧迫性和艰巨性，切实把抗旱救灾作为当前工作的重中之重，动员组织广大团员青年在抗旱救灾第一线充分发挥生力军和突击队作用，帮助灾区人民群众增强战胜特大旱灾的信心和决心，动员人民群众投入到抗旱救灾攻坚战中，为打好抗旱救灾攻坚战作出积极贡献；先后深入到九村镇、阳宗镇等多个特大旱灾区，深入七江村委会左碧母小组、东山村委会黄家庄小组等旱情最为严重的小组，查看水库干涸情况，了解各村民小组的旱情及群众饮用水情况，并看望慰问奋战在抗旱救灾第一线的团员青年；通过举办抗旱救灾义演募捐活动和在召开村级团组织换届选举大会的有利时机倡议捐款，广泛动员广大团员青年、青年联合会委员、青年文明号集体和社会各界开展救灾济困捐赠活动，共计捐款捐物5万余元。在“五四”青年节到来之际，社会化运作2.5万余元举办“抗旱救灾齐行动，节能环保我参与”首届“电信天翼杯”青少年演讲比赛，以主题活动形式为全县人民夺取抗旱救灾的胜利营造良好的社会舆论氛围；充分调动一切可用力量，推进澂江县抗旱救灾工作，团县委通过向云南大学团委争取，与云南大学团委送水突击队12名青年志愿者一起为澂江县海口镇新村小学的师生送去1250箱价值2万元的瓶装水，用以解决新村小学207名学生、15名教师较长时间的饮用水问题；开展“青春彩云南·抗旱齐行动”，向团市委争取5000元抗旱资金，分别捐给养白牛村委会和海口镇松元村委会2500元的抗旱物资，切实缓解村民及牲畜的饮水难问题；开展“希望工程·润苗行动”，协调省青少年发展基金会资金，资助澂江县养白牛小学、七江小学的40名因旱灾造成生产生活困难的受灾家庭学生，按照每生500元资助标准为全县受灾家庭减轻2万元的经济负担。

【青少年生态文化建设】 2010年，团县委把深入开展创先争优活动作为重要载体，广泛开展“生态澂江建设　青春建功行动”。以2010年8月开始征收抚仙湖资源保护费等措施为契机，积极投身抚仙湖、阳宗海流域污染治理和生态环境保护，促进人与自然和谐相处，促进资源节约型和环境友好型社会建设，争当生态文明建设排头兵，促进澂江经济社会平稳较快发展。选取立昌小学、禄充小学、广龙小学、海口小学等沿湖学校，开展“小手拉大手”环保亲子实践活动，通过每周一次的班级主题班会、队会和环保实践活动，全面提升广大学生和家长环保意识；以“三月文明礼貌月”、“6·5”世界环境日、“8·26”抚仙湖保护日、立夏节等节庆日为契机开展千人“保护抚仙湖　我们共参与”青年志愿者环保进万家宣传活动，万人环保承诺签名活动以及发放环保承诺书、环保展板巡回展出、举办环保知识讲座、环保文艺演出等形式多样的环保宣传活动，积极宣传市委、市政府提出的“一退、二调、三保”抚仙湖保护战略，使环保理念传播到每一个家庭。全年各级团组织青年志愿者、少先队员开展环保实践活动74次，参与人次5000余人，打捞清运垃圾140余吨，发放环保宣传材料1.8万余份，环保购物袋2万个。通过行之有效的活动，呼吁更多的人加入到环保队伍中，在全社会形成一个浓厚的环保氛围。

【青年就业创业行动】 2010年，团县委按照团市委和县委、县政府的要求，扶持青年成功创业90人，配合县就业局、农信社发放贷款450万元，为创业青年提供资金保障和导师结对帮扶等完备的创业服务体系，破解制约青年就业创业最大的资金和政策问题，切实解决青年创业难、就业难问题，形成创业促就业、就业保安定的局面，发挥团组织优势积极参与和谐澂江建设，以“贷免扶补”工作帮助青年实现就业创业的工作成果转化为团组织吸引凝聚青年的工作途径，让青年主动向团组织靠拢，把青年对团组织的向心力转变为强化基层团组织建设的战斗力、凝聚力；联合县扶贫办共同举办为期1个月的贫困地区农村劳动力转移就业培训班。依托县职业技术高级中学，聘请市工业财贸学校的师资力量，组织了来自澂江县6个镇的159名农村团员青年开展针对性强的计算机应用技术、市场营销和职业道德等方面的培训，切实提高农村劳动力转移人员的思想道德素质和业务技能，促进劳动力转移由粗放型向素质型发展。培训结束后进行统一考试，考试合格者颁发全国认可的职业资格证书，并向省内外推荐就业；联合县科协分别在右所镇补益村委会、海口镇海口村委会组织开展首期农村青年创业致富带头人科技培训班，220名农村团员青年及群众参加培训。培训邀请云南省农科院院士李向东教授和县科技人员为团员青年们授课，分别针对补益村广泛种植大白菜和海口种植黄金梨的实际，围绕白菜等十字花科蔬菜的病虫防治技术、黄金梨栽培管理技术等方面做了浅显易懂的讲解，并为学员们送去220套《蔬菜栽培实用技术》教材，以便对群众种植蔬菜进行日常自我指导；充分发挥共青团组织化动员和社会化动员优势，促进农村青年增收，开展农村青年转移就业服务月活动。紧密结合右所镇处在全县旅游项目开发前沿的实际，抓准旅游项目开发为农村青年就业带来的良好契机，强化措施，拓思路、想办法为农村青年就业搭建更好的服务平台。积极联系县劳动就业局领导及玉溪市相关学校经验丰富的面试培训老师，对符合悦椿酒店招工条件的270余名团员青年开展就业培训，切实让其转变就业观念，握准就业机会，提高就业能力。为维护全县社会稳定和经济发展作出贡献。

【预防青少年违法犯罪工作】　2010年，团县委认真履行预防未成年人违法犯罪工作领导小组办公室工作职能，推进预防青少年违法犯罪工作。以《中央社会治安综合治理委员会关于进一步加强预防青少年违法犯罪工作的意见》为指针，以《预防未成年人犯罪法》、《未成年人保护法》为法律依据，坚持“从小、从现在、从校园抓起”的原则，以在校生为主体，以品德不良学生和青少年为主要对象，整合社会力量，开展预防青少年违法犯罪工作。8月，团县委开创性的在全县8所试点小学深入开展预防未成年人违法犯罪“十个一”活动，努力营造良好的社会氛围，为未成年人健康成长创造良好的社会环境。联合县公安局、检察院、法院、司法局等单位，分别为8所试点小学的全部学生有针对性的上了一次以预防未成年人违法犯罪为主题的法制课，增强学生的法律意识；积极与相关单位协调联系心理疏导老师，在8所试点小学选择部分适宜进行心理疏导的学生，集中上一堂心理疏导课，帮助他们树立正确的思想认识；在加强学生法制教育的同时，更加重视对家长的教育，联合县综治维稳办积极与相关职能部门沟通协调，在8所试点小学开办预防未成年人犯罪家长学校，组织学生家长进行《未成年学生家长应如何预防未成年人违法犯罪》专题讲座；在各试点小学校园内分别设置一块《关爱未成年人健康成长　我们在行动》的宣传专栏，把未成年人犯罪原因，学校怎样保护未成年人、如何预防未成年人犯罪等知识向广大师生进行广泛宣传；结合澂江实际，认真组织编写预防未成年人违法犯罪主题歌《为了灿烂的明天》，在各试点小学进行传唱，让预防未成年人违法犯罪的警钟在黎明敲响；结合全县开展禁毒宣传工作的实际，在各试点小学组织播放全省三年禁毒电视纪实片，邀请县禁毒大队民警现场讲解禁毒知识，展出禁毒宣传展板，多渠道、多形式进行宣传教育；认真分析未成年人的心理特征，将什么是未成年人的不良行为、什么是违法行为、未成年人犯罪始于不良行为等知识编写成一封致青少年朋友的信，发放给各试点小学在校学生学习，全年累计发放6500余份；注重家庭教育的作用和地位，认真编写一封以未成年人家长怎样教育和保护未成年人为主要内容的致未成年人家长的信，引导未成年人家长多角度、全方位教育未成年子女；通过挑选具有代表性的案例、编写庭审提纲、深入实地与老师和同学交流、辅导模拟法庭的整个审理过程，在8所试点小学都进行现场模拟法庭审理青少年案件，让学生身临其境地接受法制教育，增强对法律的直观认识；建立与戒毒所青少年结对帮教机制，为戒毒所青少年订阅报刊3份。联合相关单位充分调集辖区内派出所、司法所和村委会等一切可以调集的力量，严格按照每人结对帮教一名违法犯罪青少年、闲散未成年人或服刑人员未成年子女的要求，认真开展社区矫治帮教工作，着力帮助解决他们在思想、生活等方面的突出问题。2010年，团县委被评为玉溪市未成年人思想道德建设工作先进单位、澂江县年度综治维稳工作先进集体。

【“青春建功新农村”行动】　2010年，团县委以“爱云烟之乡，青春献小康”为主题，全面实施共青团服务烤烟生产行动，动员全县团员青年积极服务烤烟生产，招募烤烟生产青年志愿者服务队，举办病虫害防治、揭膜提沟培土等科技知识培训班，带动和培养一批积极性高、懂科技、会管理的“青年种烟能手”和“青年烤烟万元户”。联合县科协选定右所镇补益村委会和海口镇海口村委会为澂江县“农村青年致富带头人”科技培训示范点，引导广大农村青年带头学用科技、增强致富技能，充分发挥农村青年在社会主义新农村建设中的生力军作用。全年共建立“共青团烤烟种植示范基地”11个，种植面积2581亩。举办烤烟、蔬菜栽培、计算机等实用科技培训16期，培训团员青年3100余人次。

【青年文明号创建活动】 2010年，团县委结合全县青年工作实际，着眼于服务经济、服务青年、服务社会，在全县窗口行业开展了提升行业优质服务，提高工作质量和效益，培养青年人才的青年文明号创建活动，打造一支创新、务实、文明、高效的青年文明号队伍，在广大行业青年中掀起了爱岗敬业、诚实守信、办事公道、服务群众、奉献社会的新热潮，截至年底，澂江县共有省级青年文明号5个、市级19个、县级44个。此项工作已经成为全县青年工作的品牌工程，成为引导青年成长成才、建功立业的有效途径，成为全县精神文明建设中一面飞扬的旗帜，为促进全县经济社会又好又快发展发挥了积极的作用。

【青少年思想政治教育工作】 2010年，团县委加强和改进未成年人思想道德建设。各基层少先队组织以“争当四个好少年”为主线，持续开展“我与祖国共奋进”、“民族精神代代传”、“知荣辱，树新风，我行动”、“手拉手”、“雏鹰争章”、“红领巾心向党”、“抗旱齐行动”网上签名寄语等教育实践活动，有效推动了素质教育的全面开展。以“十四岁退队仪式”、“入团宣誓仪式”、“十八岁成人仪式”三大连贯的仪式教育为切入点，加强对广大团员的思想政治教育，积极引导广大青少年树立正确的世界观、人生观和价值观。

【少先队工作】 2010年，团县委充分发挥少先队工作在共青团事业中的基础作用。从思想上带好少先队，帮助少年儿童从小追求高尚情操，逐步养成良好道德习惯；从组织上带好少先队，健全少先队工作机构，加强少先队员、少先队干部和少先队辅导员队伍建设，完善团队一体化工作，实现团队有机衔接；从工作上带好少先队，促进少先队工作生动活泼、富有成效。深入开展学习贯彻党的十七大精神和胡锦涛总书记致中国少年先锋队建队60周年贺信精神，进一步增强责任感和紧迫感，以理想信念教育为核心，以道德实践活动为载体，以服务为手段，引导少年儿童有爱心，养成良好的道德行为习惯，增强国家意识、科学意识、劳动意识、审美意识，灌输和培养少年儿童对党和社会主义祖国的朴素感情。10月13日，举行澂江县少先队建队61周年庆祝活动，表彰优秀少先队组织12个、十佳少先队辅导员15名和十佳少先队员42名。海口镇中心小学被确定为第二批市级少先队基层组织建设试点。全年涌现出市级优秀少先队组织1个、优秀少先队辅导员10名和优秀少先队员40名；省级少先队辅导员1名，省级优秀少先队员1名。

【帮困助学行动】 2010年，团县委深化拓展希望工程、阳光爱心助学行动和爱心圆梦大学行动。以救助贫困失学青少年为重点，筹集资金10.8万元，资助贫困大中小学生142名；投入2000余元，在阳宗镇新街小学继续实施农村留守儿童关爱项目，帮助农村留守儿童建立与在外务工父母的经常性联系；“六一”期间在凤山小学开展“心手相牵·快乐成长”为主题的关爱农民工子女志愿服务行动，24名青年志愿者看望慰问了79名在校农民工子女，并给孩子们带去价值1000元的节日礼物；广泛开展青年文化广场、乡村青年文化、校园社团文化等活动，繁荣社区、乡村、校园文化，弘扬了社会新风。社会化运作2万元，成功举办首届“凤凰旅行杯”青年歌手大赛，丰富城乡群众元旦节日文化生活，推动澂江旅游事业的发展。

【与中山大学团委合作】 2010年，为延续中山大学与澂江人民在革命战争时期结下的深厚情谊，澂江团县委深化与中山大学团委的合作，继续开展第十二届“研究生支教”工作，中大团委派遣3名在读研究生在澂江一中开展为期1年的支教服务工作；在团县委和中山大学第十一届研究生支教团的倡议下，中大团委积极支持，发动校各院（系）团委捐款，共筹集扶助款50680元，分别资助澂江一中、七中和九村镇中心小学的106名品学兼优的贫困学生，并为一中捐赠了价值22968元的爱心图书875册，为澂江贫困生与中大学子之间架起一道爱的彩虹。

（施　燕）

妇女联合会

【综述】 2010年，县妇联坚持“一手抓发展，一手抓维权”的工作方针，认真履行代表和维护妇女合法权益、促进男女平等的基本职能；大力宣传马克思主义妇女观，深入开展“生态文明家庭”创建活动，继续深化“双学双比”、“巾帼建功”、“五好文明家庭”和“双合格”四大主体活动，努力促进三个文明建设；以推动实施《中国儿童发展纲要》、《中国妇女发展纲要》、《中华人民共和国妇女保障法》《中华人民共和国未成人保护法》为重点，引导和动员全县妇女弘扬“四有”及自尊、自立、自强、自信精神，努力学习文化和科技知识，积极投身全面建设小康社会的伟大实践；认真贯彻党的十七大和十七届五中全会精神，全面贯彻落实科学发展观，统筹兼顾，促进妇女发展，依法维护妇女儿童权益，立足家庭推进社会和谐，扩大宣传优化舆论环境，团结动员广大妇女为实现经济社会又好又快发展，促进和谐社会建设作出更大贡献；努力构建“城乡互动、统筹发展、共同进步”的妇女发展工作格局，引领妇女全面参与社会主义新农村建设；全面履行县妇儿工委办公室职责，组织开展丰富多彩的“三八”、“六一”节日活动，全心全意为妇女儿童服务；配合有关部门，举办各类科技实用技术和法律知识培训，开展家庭美德教育，充分发挥党和政府联系妇女群众的桥梁和纽带作用。

【妇联工作环境改善】 2010年8月，根据县委的安排部署，县妇联开展调查研究，向县委提供妇联工作动态。9月7日，县委下发文件从体制、机制、加强队伍建设和物质保障等方面对加强工青妇工作进行明确规定，规定指出：“各级党委、政府要从全局和战略的高度，把工青妇工作纳入重要议事日程，强化领导责任，形成主要领导亲自过问、分管领导具体负责、班子成员关心支持工青妇工作的领导格局。”工作经费方面，进一步明确“县妇联经费纳入县年度财政预算，每年安排6万元的工作经费。要确保县妇儿工委工作经费不少于2万元，同时在预算中每年增设“生态文明家庭”创建专项活动经费每年2万元。”“各镇要支持工青妇工作，每年给妇联安排不低于5000元的工作经费；对各村委会的妇代会主任和社区的妇联组织负责人，各镇要根据实际、按照本地其他同类组织干部的标准给予相同报酬。”《意见》的制定实施，为妇女工作的开展提供有力支持。

【生态文明家庭创建活动】 2010年，县妇联组织各镇妇联开展“生态文明家庭”创建活动，一、实施家庭素质提升工程。县妇联通过组织开展“生态文明家庭”创建大讲堂、“生态文明进家庭·文化礼仪伴我行”等活动，促进妇女素质提升，进而促进家庭素质提升。各镇以召开座谈会、交流会等形式，开展卫生、法律、仪容仪表等大讲堂活动，促进妇女思想政治素质和精神生活的提高。在县妇联精心指导下，作为“生态文明家庭”创建示范点，龙街镇妇联积极主动开展创建工作，以“共促科学发展·共建生态文明家庭·共创美好生活”为主题，在禄充村委会组织300余人开展环保知识讲座1期，引导妇女不断学习提高环保知识，强化环保意识，从小事做起、从自身做起。二、绿色家庭创建工程。组织开展“生态文明进家庭·保护抚仙湖”活动，与县抚仙湖管理局联合发文，在全县家庭中开展“生态文明进家庭·保护抚仙湖”活动，沿湖各镇妇联及村组陆续举办学习培训活动，宣传普及环保知识，培养环境保护妇女工作骨干；组织广大妇女自觉充当义务环境监测员和环保监督员，自觉捡拾抚仙湖沿湖垃圾；组织广大妇女开展“三美化”活动，在房前屋后种树、栽花，美化绿化庭院，在屋内勤理家务，注重饮食卫生，美化居室环境；在村庄周围、主要聚集地四周空地栽树种花，进行绿化，做到自家门前自家清，公共场地大家清，大家维护；组织妇女骨干在沿湖进行巡查，开展违禁大检查，对违禁行为进行督查上报，切实把环保理念融入到广大妇女和家庭的日常工作、学习和生活之中。三、家庭生态经济发展工程。以实施小额信贷和鼓励创业“贷免扶补”项目为载体，推动家庭生态经济发展，引导广大家庭保护生态环境，科学规划发展种养殖业，促进家庭增收致富和社会安定团结。

【妇联“四项主体”活动】 2010年，县妇联以“双学双比”竞赛活动为载体，在农村组织协调学比竞赛活动各成员单位开展活动，全县有46536个女劳动力，参加“学比”竞赛活动的43211人，参赛率达92.6%，新培育科技致富示范户12户和发展第三产业带头人4户。县妇联引导和带领各级妇联组织针对2010年澂江遭遇的旱灾实情，围绕产业结构调整和提高参训妇女的生产技能，从农民增收和当地生产的需要出发，开展培训142期10792人次参加；联合各成员单位举办养殖、种植、科技、卫生、法律等知识技术培训175期23508人次参加。依托农广校组织开展绿色证书培训11期826人参训，经考试，颁发绿色合格证书673人。在城镇，积极开展以女职工爱岗敬业、创先争优为目标的“巾帼文明示范岗”创建活动，澂马公路收费站被命名为云南省“巾帼文明岗”。深化“五好文明家庭”创建活动，结合“生态文明家庭”、“廉政文化进家庭”和“平安家庭”创建等活动，引导广大家庭成员树立终身学习理念，增强社会公德意识，以家庭文明进步促进社会文明进步。2010年10月，全县申报云南省“平安家庭”示范社区1个、“平安家庭”示范户4户。以开展“双合格”活动为载体，以开办家长学校为主要形式，推进全县家庭教育工作开展，全年开办家长学校38期，30391名家长参加培训，受省级表彰命名示范家长学校2所，留守儿童家长示范家长学校1所，市级命名示范家长学校2所，留守儿童家长学校1所。

【文明家庭宣传活动】 2010年2月7日，县妇联牵头，联合县妇幼保健院、疾控中心、司法局开展迎新春·促健康·创生态文明家庭宣传活动，4个单位共13名工作人员参加宣传活动。活动共有三项内容：一、在县城人员较为集中的邮电局门口设点向过往群众发放县妇联制作的“创建生态文明家庭”倡议书、县司法局印制的防止未成年人犯罪宣传手册、县疾病控制中心的《健康生活好助手》手册及宣传单、妇幼院的健康家庭，美满婚姻——致新婚夫妇的一封信等宣传资料，共计21种12000份。二、县妇幼保健院和疾控中心的医务工作者为群众提供免费健康检查及疾病诊治，共为群众进行免费健康检查156人。三、展出图文并茂的禁毒防艾宣传展版20块，过往群众驻足观看，取得良好效果。

【推动妇女进村“两委”】 2010年3月至4月12日，澂江县第四届村级换届选举工作全面开展，县妇联积极协调各级党委政府为妇女进村“两委”的工作提供支持，全县36个村委会4个社区的妇联干部100%进入“两委”，达到省市妇联县100%的村“两委”中有女性的要求。换届后积极组织新任村妇代会主任到省工青妇干校参加培训，提高妇联干部能力素质。各镇妇联结合实际，加强妇联组织建设，凤麓镇进一步规范社区妇联管理，为4个社区妇联制作“妇联工作园地”。

【抗旱救灾】 2010年，面对百年大旱，县妇联积极安排部署，动员基层妇联积极行动，激励广大妇女生产自救，投身抗旱保民生的攻坚战。协调发放“甘露—为旱区孩子送水公益行动”瓶装水175件4200瓶，分送到阳宗镇饮马池小学、海口镇松元小学；积极组织县妇联干部职工共5人分3次为抗旱捐款6650元；为玉树地震灾区捐款600元，为灾区人民献上自己的一片爱心。

【鼓励创业“贷免扶补”工作】 2010年4月14日，县妇联召开澂江县“贷免扶补”工作会，会议传达了“贷免扶补”相关会议精神和政策要求，听取各镇妇联主席前期摸底调查工作情况汇报，并对各镇妇联提出的疑问进行解答，听取她们对这项工作的意见和建议。会后，县妇联与各镇签订贷款工作目标责任书，明确贷款目标任务和责任，并积极做好与相关部门的联系、指导、协调、督查等工作。年内，澂江县妇联鼓励创业“贷免扶补”资金500万元，于2010年5月25日前发放到妇女手中，贷款涉及村委会、社区40个，农户100户，其中种植5户，养殖31户，其他64户。

【农村妇女小额信贷扶贫工作】 2010年，县妇联顺利回收第七轮小额信贷资金400万元，执行第八轮信贷资金300万元。5月11日，县妇联组织召开澂江县第八轮农村小额信贷暨“贷免扶补”工作促进会，会议明确各镇信贷指标和任务，总结了第二轮至第七轮小额信贷的工作，贷款返还率100%，取得了良好的经济效益和社会效益。小额信贷的承贷机构——澂江县农业银行参会人员对贷款政策、担保条件、贷款手续方面作了具体要求，确定了各镇上报贷款所需材料及时间。会后，各镇妇联按照要求，对农行审核通过的贷款户人员名单，在各镇公示栏公示5~7天，信贷资金300万元于6月7日发放结束，贷款涉及5镇26个村委会，125户598人，其中，种植67户，养殖33户，其他26户。

【举办“首届玉溪十佳创业女性巡回报告会”】 2010年10月12日，澂江县妇联在县广播站礼堂举办“首届玉溪十佳创业女性巡回报告会”澂江分会。报告会上，来自全市的3名创业女性和澂江县的2名种植养殖女能手为与会人员讲述她们各自不同的艰辛创业历程。各级妇女干部和种植养殖女能手、创业导师共430余人聆听报告，在广大妇女中营造了学先进、赶先进，齐头并进共创业的热潮。最后，县妇联主席夏文俊向与会人员提出三点要求：一、要组织好优秀创业女性事迹的学习宣传。二、明确工作重点促进妇女创业就业。三、依托项目深化妇女创业就业工作。

【中国妇女社会地位调查工作】 2010年，按照全国妇联和国家统计局通知要求，澂江县妇联开展了第三期中国妇女社会地位调查、第二期云南妇女社会地位调查工作。作为云南省43个样本县之一，县妇联积极组织人员参加省妇联开展的业务培训，并于11月13日组织样本区内妇联干部12人参加入户调查培训。在取得各样本区抽样的第一手户籍资料并经过认真的核对后，按要求排除了空挂户、外出户，开展了抽取样本户、入户抽人等项工作，于2010年11月15日开展了试调查，省妇联及省统计局专家到澂指导工作。经过调查员的辛苦工作和县级督导员的努力，75户样本户的国家问卷和云南省问卷的入户调查、填写编码和审核工作如期完成。

【妇女儿童规划指标的监测统计】 2010年是实施澂江县妇女、儿童两个规划的最后一年，为了在实施的攻坚阶段取得突破性的工作进展，4月初，县妇联经请示县妇儿工委主任李瑜琼副县长同意，组织各成员单位对2009年两个规划指标开展监测统计工作，对未达标情况作通报，提出完成2010年指标对策和措施，并与各成员单位签订工作目标责任书。

【三八妇女节活动】 2010年，为纪念三八国际劳动妇女节形成100周年，县妇联要求各级妇女组织结合实际，因地制宜地开展寓教于乐、健康向上、文明节俭、形式新颖、内容丰富、符合时代要求的节日庆祝活动。3月1~7日，组织各镇妇联开展以“关注服务妇女民生，促进社会和谐稳定”为主题的三八妇女维权周活动，录制云南省实施《中华人民共和国妇女权益保障法》实施办法录音磁带，通过宣传车到龙街镇、右所镇、凤麓镇人员较为集中的地点进行宣传，同时结合村“两委”换届选举工作，积极宣传《村民组织法》，发放关于妇女权益保障、未成年人保护相关法制宣传材料4000份，为群众现场解答疑难法律问题53人。结合“生态文明家庭”创建活动及小额信贷、贷免扶补工作的开展，联合县广电局采访龙街镇高西村的种植户吕秀兰和右所镇养殖户郭燕，对其事迹进行专题采访，做成专题节目进行报道。

【提古小学“春蕾图书室”揭牌】 2010年，在省妇联、省儿童少年基金会和恒兴集团有限公司的关心支持下，提古小学“春蕾图书室”于六一儿童节前夕建成，配置了1600余册图书和1台电脑，价值29469.5元。揭牌仪式于5月28日在提古小学举行，省市妇联领导及县委张云孙副书记出席仪式，各级领导对提古小学“春蕾图书室”的建成表示祝贺，提出希望，并对小朋友们致以节日的问候。市妇联主席马琼仙向学校捐赠了体育用品，学生代表用热情洋溢的发言向与会领导表达了全校师生的诚挚谢意。

【六一儿童节活动】 2010年六一儿童节期间，县妇联、教育局慰问右所镇小湾小学和龙街镇养白牛小学的315名师生，送去价值4000元的学习用品，对全体学生表达了节日的问候；慰问在县医院住院的30名儿童，为他们送去营养品和玩具，祝愿他们早日康复；慰问受艾滋病影响的儿童3人，给右所镇、凤麓镇“12·1”爱心基金的受助家庭送去2010年上半年的经费1500元，并购买生活用品前去看望，为这些处于特殊困境中的儿童送去了六一节慰问品和节日的问候，鼓励她们好好学习，健康成长。5月31日下午，在青少年活动中心组织举办庆六一文艺汇演，县委副书记张云孙向小朋友们表示了节日的祝贺并提出了希望。孩子们精心排演的舞蹈《我和小鸟拉钩钩》、课本剧《守株待兔》及诗乐舞《道德儿歌》等12个节目，博得观众的好评，让已会儿童们度过了一个欢快节日。

【“关爱儿童　反对拐卖”宣传活动】 2010年，澂江县妇联与公安局刑侦大队联合于3月、4月和6月间开展反拐宣传活动。活动以“关爱妇女儿童，反对拐卖”为宣传主题，通过悬挂布标、印制发放宣传资料等形式，宣传以打击拐卖妇女、儿童犯罪的国际、国内保护妇女、儿童权益的相关法律规定、及预防被拐卖小常识。参与活动妇联工作人员2人，警力12人，车辆2辆，共发放宣传单3000余份，接待咨询群众60余人次，使小学生加强了自我保护意识。

【关注免费婚检】 2010年，县妇联在工作中继续对免费婚检予以关注，号召妇女组织继续宣传好优生优育、免费婚检等政策，动员新婚人员积极婚检。全县共有2800人接受新婚教育，婚检2721人，婚检率达97.18%。检出疾病87人，检出率3.2%，其中，患传染性疾病57人。

【发放“12·1”爱心基金】 针对“12·1”爱心基金资助对象22人和“中澳项目”的家庭67人，2010年，全县发放补助资金72380元。县妇联具体负责的中国移动关爱项目——中国温暖“12·1”爱心基金25人12500元，分别购买了25箱牛奶、鸡蛋等物品前去看望受助儿童，鼓励他们克服困难，好好学习，将来成为对社会有用的人，受助儿童的家长为他们代领了慰问金并表示了感谢。“12·1”爱心基金自2008年实施以来，共资助26人次15000元。

【“家庭护卫行动”净化社会文化环境】 2010年，为充分发挥家庭在净化社会文化环境、促进未成年人健康成长中的作用，根据市妇联文件精神，县妇联、县文明办、县教育局结合实际，于6月启动了“家庭护卫行动”，开展了四项工作；一、以学校为场所，由各校将开展活动的目的和意义宣传到学生当中。二、以各级妇女组织的“妇女学校”为阵地，把“家庭护卫行动”的主题、特点、目标等宣传内容辐射到家庭，共开办宣传专栏75期，广播宣传167次。三、开展“两有报告团”教育工作。中高考前夕，由澂江县离退休老领导组成的“两有”报告团，针对高中及初中毕业生做“榜上有名需努力，脚下有路靠自己”的专题报告，深入浅出地讲述了“榜上有名需努力，脚下有路靠自己”、“行行出状元”的道理。四、开展网吧执法检查，净化儿童成长社会文化环境。“六一”儿童节期间，县文化局组织执法人员到全县17家网吧进行执法检查，重点对未成年人上网吧进行检查，为儿童健康成长营造良好的社会文化环境。

【建设“平安校园”工作】 2010年，县、镇妇联深入贯彻落实全国综治维稳工作电视电话会议精神，营造校园安全的良好氛围，做好保障儿童安全的相关工作。5月20~21日，由县妇联牵头，县政法委、公安局、教育局、民政局及各镇妇联对全县留守儿童及流动人口进行全面调查了解，向全县家庭及儿童宣传安全知识，告知他们注重儿童安全，做好各项安保工作。针对龙街镇高西村的一户家庭因母亲婚姻不幸，长期打麻将不管儿子，导致11岁的儿子黄某流浪社会、无人管的情况，县妇联主席、县政法委书记、龙街、凤麓两镇的派出所所长到村委会对该户情况进行调解，对其母亲动之以情、晓之以理，责成母亲管好孩子，当好监护人。之后，县妇联进行了不定期追访。

【禁毒防艾宣传工作】 2010年，澂江县妇联认真组织开展禁毒防艾宣传工作。4月23日，县妇联组织召开专题会议，及时传达学习市妇联工作会议精神，下发禁毒宣传碟片《致命的红豆》46碟和《拒绝毒品，珍爱生命》宣传单。会后，各镇妇联及各机关妇委会抓住节日契机，采取多种宣传形式，组织村组妇女干部观看碟片和学习禁毒知识92次46人次；机关妇女组织学习35次100余人次。同时配合开展“6·26”国际禁毒日活动，开展以“依法禁毒，构建和谐”为主题的宣传活动。宣传活动出动宣传车1辆，巡回展出展板50块，发放各种宣传资料8000份，受教育群众2万余人。

【妇联系统“敬老月”活动】 2010年10月，县妇联按市妇联要求积极组织妇联系统开展“敬老月”活动。一、各镇村组和单位通过标语、橱窗、板报等形式，广泛宣传尊老敬老的传统美德，宣传尊老敬老先进典型，宣传老年人对国家稳定和社会发展的特殊贡献等，促进尊老、敬老、助老、爱老良好社会风气的形成。二、结合实际，开展各具特色的敬老活动。凤麓镇妇联组织社区妇联主席对历年战斗在妇联系统的13位老龄妇女进行了走访调查，帮助她们解决现实生活中的困难和问题；镇、社区妇联主席等9人到凤麓镇敬老院为孤寡老人打扫卫生，捐款购买鲜花送到敬老院，送去妇联组织的关怀和亲人般的温暖。海口镇表彰2010年“尊老敬老好儿媳”、“尊老敬老好家庭”。龙街镇在各村通过广播宣传“敬老”的典型事迹，表彰敬老好儿媳60户，敬老模范家庭14户，忠窑村委会的廖树林家庭被评为玉溪市“十大孝心子女”之一。右所镇妇联大力宣传敬老典型事迹，组织妇女干部到敬老院、村五保老人家中，帮助老人们打扫卫生，洗衣服；九村镇组织各村妇联干部到敬老院慰问了18位老人，为他们送去慰问金640元，促进尊老、敬老、助老、爱老良好社会风气的形成。

【妇女儿童维权工作】 2010年3月，县妇联开通“12338”妇女维权公益服务热线，探索尝试维权与心理咨询相结合的新方法，有效疏导情绪，做好个案维权工作，同时协调有关部门处理好侵害妇女儿童权益的案件，切实维护妇女儿童合法权益。一年来，县镇两级妇联共接待妇女群众来信来访168件，县妇联接待来访117件，其中，来信2件，电话来访27件，来访88件，做到事事有回音，件件有答复，处理率100%，办结率98.6%，积极稳妥地化解和处理妇女反映、诉求的问题。从来访案例的性质来看，婚姻家庭权益类案例62件，占案例总数的53%；邻里纠纷和心理咨询等其他案例28件，占23.9%；劳动和社会保障权益方面23件，占19.7%；财产权益2件，占1.7%；在婚姻家庭权益的62个案例中，离婚投诉33件，占婚姻家庭权益案例总数的53.2%；家庭暴力16件，占25.8%；配偶有外遇的11件，占17.8%；家庭纠纷2件，占3.2%

【妇女参政议政工作】 2010年，妇女参政、议政工作得到加强，大批德才兼备的女干部进入各级领导班子，妇女干部队伍不断扩大。县妇联积极向组织部门推荐优秀妇女人才，努力提高妇女参政议政比例。各单位都开展了有利于女干部成长的培训，为培养高素质的女干部营造良好的社会环境。女干部的提拔和使用按照“同等条件下女干部优先”的原则，通过重点培养，做到成熟一个提拔使用一个。年内，澂江县提拔任用副科级女干部5人，全县累计有副处级女干部3人，正科级女干部17人，副科级女干部62人。

【获表彰的先进集体和先进个人】 2010年，一批先进集体及个人获得表彰和奖励。龙街镇高西村西街子五组的女能人吕秀兰被授予云南省巾帼建功标兵荣誉称号；吕秀兰花卉、苗木种植基地被命名为云南省巾帼创新业示范基地；县妇联被县委、县政府授予“2010年度党风廉政建设先进单位”、“综治维稳先进单位”荣誉称号，县妇联夏文俊主席被评为2010年度综治工作先进个人。

（马　瑞）

工商联

【综述】 2010年，澂江县工商联以促进澂江县非公经济平稳较快发展和非公经济代表人士健康成长为工作主线，以深化商会服务职能、提高服务能力为重点，全面加强工商联自身建设，充分发挥好党和政府联系、管理非公经济的桥梁纽带和助手作用，努力提升工商联履行各项职能的工作水平，为促进全县非公经济平稳较快发展作出贡献。

【思想政治工作】 2010年，澂江县工商联积极做好非公经济人士思想政治工作，把科学发展、和谐发展、率先发展的基本理念贯穿于非公有制经济人士思想政治工作始终，经常深入非公企业走访，与非公经济人士交心谈心，利用会议、培训、宣传、调研及其他与非公有制经济人士进行工作接触的机会，开展深入细致的思想政治工作，宣传、贯彻党和国家关于大力发展个体、私营等非公有制经济的方针、政策；积极引导非公企业勇于承担社会责任，在国际金融危机影响的严峻形势下，振奋精神，坚定信心，坚持走新型工业化道路，实施技改升级、达标排放、节能降耗；引导企业建立新型和谐的劳资关系，做到在困境中关爱员工、善待员工；引导非公企业向规模、质量、市场、科技、管理、诚信要效益，坚定信心，化危为机；引导非公经济人士积极参与社会主义新农村建设，回报社会，树立良好的社会形象。

【调查研究　参政议政】 2010年，澂江县工商联根据市工商联的工作部署和澂江县经济发展实际，把调查研究、参政议政工作列为工商联工作重点，认真确定调研课题和调研方案，深入基层、深入企业开展调查研究，精心撰写调研报告，做好调研成果转化。一、深入规模以上非公企业调研，了解企业存在的主要困难和问题，引导非公企业树立科学发展观，坚定不移地走新型工业化道路，抓好节能降耗，实施技改，完成达标排放，注重技术创新，延伸产业链，在危机中与政府同心协力，关爱员工，不减薪、不裁员，切实履行非公企业的社会责任。二、组织做好提案工作。2010年2月，在政协澂江县七届三次会议期间，县工商联主席、县政协委员黄彦林和全县非公经济政协委员，深入调研、精心撰写政协提案，提交了《关于强化旅游宣传促销，促进澂江旅游又好又快发展的提案》、《关于加强抚仙湖北岸环境治理的提案》、《关于支持商标注册鼓励创名牌商标的提案》等11个提案，为全县经济社会发展献计出谋。三、积极开展专题调研。围绕调整产业结构，促进产业结构优化升级，加快工业化发展步伐这一专题，澂江县工商联深入全县各工业企业开展专题调研，调查、分析发展现状、存在问题，提出意见建议，通过调研，精心撰写《关于促进澂江县工业产业结构优化升级的调研》；四、建立商会组织。2010年，工商联围绕“澂江县副食品行业商会”、“澂江县道路交通运输商会”、“澂江县农资行业商会”、“澂江县医药行业商会”、“澂江县旅游业商会”5个商会组建成立之后运行情况进行调研，通过分析现状、总结经验、查找不足、提出建议，撰写《关于澂江县工商联商会组织工作情况的调查报告》、《澂江县副食品行业商会活动情况的调查报告》2篇调研报告上报市工商联，对更好地做好行业商会工作具有指导意义。

【举行小额信贷推介会】 2010年2月1日，澂江县农资行业商会在县邮政局会议室召开农资及小额信贷推介会。澂江邮政局、澂江邮政储蓄银行分别对邮政现有业务及小额信贷业务作推介。县工商联主席黄彦林发言，肯定了农资商会成立一年多来服务会员所做的产品推介、担保贷款、信息交流、行业自律等方面卓有成效的工作，强调只有坚持“服务立会、服务兴会”，行业商会才会有更强的生命力、凝聚力、影响力。强调商会是合作交流、互利共赢、共谋发展的良好平台，并希望会员、厂商、银行都能共同珍惜，用好、用活这个平台，努力提高合作的广度和深度，谋求更大发展。

【抗旱救灾捐赠】 2010年春，澂江遭受严重干旱，山区多数农作物绝收，人畜饮水极困难。为动员社会各方面力量战胜干旱灾害，县工商联积极组织、发动、倡议非公企业响应县委、县政府号召，积极捐款捐物，参与抗旱救灾。广大非公企业家积极踊跃，慷慨解囊，共捐赠救灾款420万元。工商联所属各行业商会、广大会员也积极行动，捐款捐物，为抗旱救灾献爱心。具体为：副食品行业商会捐赠价值6000元的纯净水和食用油，并联系娃哈哈集团捐赠价值10.8万元纯净水，县工商联领导用3天时间亲自将水送到各中小学；农资行业商会捐赠现金8500元，捐赠价值10000元的化肥、农药由工商联领导带队送到小湾村委会陷塘村130多名山区群众手中；交通运输行业商会捐款5000元购买文具用品送给松元小学彝族学生；医药行业商会捐赠价值4000元的常用药品给松元村委会群众，并组织知名老医生为群众义诊。

【参加“立夏节”商贸活动】 2010年5月9～11日，澂江县在抚仙湖北岸举办第21届“立夏节”，澂江县工商联副食品行业商会组织娃哈哈果奶、汇源果汁、加加酱油、金星啤酒、仙湖藕粉、德春藕粉、仙湖春酒等30余家县内外副食品知名品牌厂商参加展销活动，积极为会员开拓市场创造条件。立夏节期间，有10万群众参观副食品商会展区。通过这次商贸活动，增强副食品行业商会的凝聚力和影响力。

【组织参与民营企业招聘周活动】 2010年，为发挥民营企业在推动就业与再就业中的重要作用，澂江县工商联践行科学发展观，围绕“保民生、保稳定、保增长”主题，积极组织、引导民营企业参与就业与再就业工作。2010年5月21～27日，由玉溪市工商联、玉溪市劳动和社会保障局等部门联合组织开展的“玉溪市第五届民营企业招聘周”活动在玉溪市劳动力中心市场启动，为大中专毕业生、下岗失业人员、农民工搭建一个就业与再就业平台。为此，澂江县工商联积极开展工作，组织云南澂江再峰（集团）公司、澂江县磷化工志诚有限公司、澂江红塔卷烟胶厂等5家会员企业提供60余个就业岗位，为民营企业与大中专毕业生、下岗失业人员、农民工之间搭建一个双向选择的平台，推动就业与再就业。

【会员发展】 2010年，澂江县工商联按照“积极引导、稳妥发展、坚持标准、确保质量、突出重点、优化结构、加强服务、动态管理”的方针，在巩固老会员的基础上，抓住工商联旅游业商会成立这一契机，加大发展新会员的力度，将部分具有代表性的个体户、非公企业、代表人士发展为会员，壮大工商联会员队伍，增强工商联的向心力和凝集力。全年新发展会员187名，其中，企业会员40名，团体会员1名，个人会员146名，比2009年的1234名增长15.2%，会员总数达1421名。

【“贷免扶补”工作】 2010年，澂江县工商联把“贷、免、扶、补”工作作为重点工作来抓，与相关部门紧密协作，积极开展工作。各行业商会积极推荐项目发展前景好、为人诚实守信、符合政策扶持的创业对象，按照好中选优的原则，从200余名推荐对象中选出80名作为扶持对象，做到情况熟、底子清，质量高。做好入户调查工作，协调信用社、劳保局共同参与，仅用4天时间就完成了入户调查。加强放贷审批协调。县工商联主席黄彦林亲自到各部门协调审批，共同研究解决一些特殊问题，直到所有创业扶持对象审批完成，提高了审批效率，并注重政策宣传与服务，让每位创业扶持对象了解“贷免扶补”相关政策，确保创业成功，按时还贷。2010年，澂江县工商联圆满完成上级工商联下达的“贷免扶补”工作任务，共扶持创业对象80名，发放贴息贷款400万元，带动就业274人，其中，大中专创业者16名，占20%，优质高效的工作得到各级领导好评，最终荣获全市工商联系统“贷免扶补”工作考核二等奖。

【工商联旅游业商会成立】 为加强旅游业管理，强化行业自律，规范旅游业市场秩序，促进澂江旅游业快速、健康发展，切实维护好旅游业经营企业、个体经营户及消费者的合法权益，促进澂江旅游业平稳较快发展。经县工商联与县旅游局协商并广泛征求旅游行业经营企业、经营者的意见，达成共识，决定组建旅游业商会。经充分宣传、动员，认真筹备，2010年10月29日，澂江县工商联旅游业商会成立大会暨第一次会员代表大会召开，市工商联领导、市旅游局领导、县四套班子领导、县有关部门领导及会员代表共180余人出席会议。会议审议通过《澂江县旅游业商会章程》，选举产生旅游业商会第一届执委会及会长、副会长、秘书长。澂江旅游业商会的成立，标志着澂江旅游进入政府管理与行业自律并重的新时代。旅游业商会的成立，促进澂江旅游业各个环节整合，形成新的服务组织和服务能力，形成对旅游业发展新的推动力，成为县委、县政府联系和管理旅游企业、个体经营户、旅游工作者的桥梁、纽带和助手，为推动全县旅游业健康发展发挥积极作用。

（徐正才）

关工委

【帮扶慰问】 2010年2月8日，县关工委领导到澂江县海口镇松元村委会下红坡村看望被火烧伤的段永明（海口小学五年级学生，男，12岁）和小妹段成瑞（下红坡村学前班学生，女，7岁），并为他们送去了1000元慰问金。县关工委尽已所能不顾路途遥远亲自把1000元钱送到段永明父母手中，并送上了节日的祝福。

【召开“两有”报告团准备工作会】 2010年3月8日，澂江县关工委召开“两有”报告团会议，总结2009年报告团的工作经验及布置2010年开办“两有”报告团的相关工作。会议圆满召开。

【县教育局召开关心下一代工作会】 为及时贯彻落实市关工委2009年12月23日在易门召开的关工委工作会议精神，总结、安排澂江县教育系统关心下一代工作，澂江县教育局于3月14日召开了澂江县教育系统关心下一代工作会议。县教育局、县关工委领导及各中学、县职中、中心小学、幼儿园的分管领导30余人参加了会议。县关工委常务副主任刘秉清、县教育局党委副书记、教育局关工委主任陈跃明等出席会议。县关工委常务副主任刘秉清在肯定成绩的同时，对与会人员提出了希望和建议。会议圆满召开。

【抗旱送水】 2010年3月以来，澂江县关工委、教育局、工商联、副食品商会联合，协调组织澂江云南航空山泉纯净水厂、龙船箐山泉纯净水厂、云南大学的热心老师、杭州娃哈哈集团到澂江县海口、阳宗、九村镇多所山区饮用水困难的各中小学校送去价值11余万元的（3000余件）纯净饮用水，缓解了10000

余名师生因长期干旱造成的饮水问题。

【"两有"报告团作巡回报告】 2010年3月23日至4月22日，由澂江县关工委组织的"两有"报告团共9人深入到澂江县各中学作巡回报告，对即将中考、高考的毕业生进行考前思想教育。报告以鼓励毕业生增强信心，认真学习各项科技措施，走入社会努力实现自身的价值、做有用的人，为改变自己和家庭的命运而奋斗为主要内容，进行深入细致的讲说。报告会圆满召开，与会学生受益匪浅。

【各镇关工委常务副主任会】 2011年4月12日，澂江县关工委召开镇及直属部门关工委常务副主任工作会议。会议邀请工作开展得好的镇关工委常务副主任分别总结、交流本镇关心下一代的工作，县关工委常务副主任刘秉清对各镇下一步的工作作了安排。

【青少年科技创新作品巡展】 根据玉关联发《关于在全市开展青少年科技创新作品巡展活动的通知》，澂江县关工委于2010年6月7～10日在澂江县中、小学开展青少年科技创新作品巡展活动，活动成功开展。

【召开关心下一代工作会】 2010年6月9日，经县委同意召开澂江县关心下一代工作会议，会议的主要任务是总结上年工作，安排2010年工作。出席会议的有玉溪市关工委执行主任刘邦元、市关工委办公室主任李雪梅、澂江县县委副书记、县关工委主任张赶良、县关工委常务副主任刘秉清、县委常委、宣传部部长华丽萍、县人大常委会副主任、总工会主席李菊英、县政协副主席李晓勇、县关工委成员单位负责人及相关部门关工委领导和各中学、中心小学关工委主任共60余人。会议由县委常委、宣传部长华丽萍主持。会上，由各镇和凤山小学、县职业中学关工委领导作工作汇报和经验交流；澂江县委副书记、县关工委主任张赶良在高度评价了澂江县2009年关心下一代工作成绩的同时，对2010年关心下一代工作作部署安排；市关工委执行主任刘邦元作讲话，县关工委常务副主任刘秉清认真总结了2009年的工作，用"领导重视、部门尽职、亮点频现、成效明显"高度概括了澂江县关工委一年来所取得的成绩，并提出了澂江县关心下一代工作中存在的问题，对2010年关心下一代工作提出了更高的要求。

【先进集体和先进个人】 2010年6月10日，在云南省关心下一代工作"双先"表彰会上，澂江县关工委、凤麓镇关工委、县职业中学受云南省关心下一代工作委员会表彰为先进集体，县关工委常务副主任刘秉清和凤麓镇关工委常务副主任刘泽喜受表彰为先进个人。

【市关工委领导到澂江调研】 2010年6月12日，在县关工委领导的陪同下，市关工委副主任朱学敬一行到澂江县右所镇、旧城村委会、海口镇、海口村委会调研，重点对镇关工委工作《五年规划》落实情况及村关工委关心下一代工作开展情况进行调研。

【澂凤山小学举办青少年模拟法庭】 为加强对未成年人法制教育，预防青少年犯罪，针对近年来学校内外青少年发生打架斗殴现象，在澂江县关工委、司法局等部门的的协调下，澂江县凤山小学于6月29日举办了以学生插队打饭被其他同学举报而报复，邀约社会青年殴打举报者及同伴造成重伤为案例的模拟法庭。参加这次活动的单位有县关工委、县政法委、县法院、县检察院、县司法局、教育局关工委等领导，300余人师生参加了旁听。本次模拟法庭审判长、审判员、书记员、公诉人、辩护人及被告人均由学生自己扮演，按照法律程序对一起青少年因打架斗殴现象一案进行审判。审判结束后，县法院刑庭庭长对审判过程作了点评，县关工委常务副主任刘秉清告诫每个学生都要从本次活动中吸取教训，认真学法、守法，在学校里做个好学生，在社会上做个好公民。

【召开少年军校协调会】 2010年7月1日，澂江县召开少年军校协调会，会议由县委副书记、关工委主任张赶良主持，县关工委全体成员、团县委、教育局、宣传部、职中、武警中队、消防大队等成员单位负责人参加会议；会议对少年军校的招生人数、办班情况、收费标准、教官抽调等问题进行了协调，与会单位负责人均表示愿意为办好澂江县少年军校出人出力，本期少年军校计划招生250人，于7月17～26日在县职中举办，教官由武警中队出3名，消防大队出2名；会上，张副书记对澂江县少年军校给予高度评价，对支持办好少年军校的各成员单位领导表示感谢。

【第六届山区儿童"关爱家乡"夏令营活动】 为进一步贯彻落实《中共中央、国务院关于进一步加强和改进未成年人思想道德建设的若干意见》，关爱青少年，特别是关爱贫困山区学生的健康成长，在暑期为他们提供一个开阔眼界、增长知识的机会，2005～2010年，经县关工委、教育局、文明办、团县委、妇联、民宗局、县工会、县残联、研究决定，每年定期举办一届"关爱家乡"夏令营活动。6年来共组织山区学生300余人参观澂江化石博物馆、中山大学办学纪念馆、人工湿地、游览抚仙湖风光、参观昆明世博园等。通过参观游览、学习交流等活动增强了同学们的信心，激发了他们热爱家乡、热爱祖国的情怀。"关爱家乡"夏令营活动，受到了社会各界的称赞和同学们的好评。

【第十五期少年军校闭幕】 2010年7月26日，澂江县第十五期暑期少年军校在澂江职中圆满闭幕，县教育局、县关工委、团县委、县消防大队等单位领导出席闭幕仪式。仪式上，来自全县各中小学的248名参训学员进行汇报表演。通过分列式、军体拳等表演向在主席台就座的各位领导和家长展示了他们的飒爽英姿。县关工委常务副主任、少年军校名义校长刘秉清作重要讲话，肯定了学员及教官们的努力和成果，并对学员们提出了殷切希望。最后，在主席台就座的各位领导向在此次少年军校表现优秀的教官、教师颁发了荣誉证书。

【白爱民一行到澂江调研】　2010年9月7～8日，市关工委副主任白爱民一行到澂江县对澂江县社区网吧监督情况及提古、矣旧村委会农村青年教育工作进行调研。在听取工作汇报和询问了有关情况后，市、县关工委领导对调研地关心下一代工作给予充分肯定。

【市关工委领导到澂江调研】　2010年10月11日，市关工委执行主任刘邦元、副主任白爱民、王思荣等一行4人到澂江对2010年来澂江关心下一代工作进行调研。县关工委常务副主任刘秉清向市关工委领导汇报2010年澂江县关心下一代工作情况。市关工委副主任王思荣对澂江县关心下一代工作给予了肯定指出：澂江关心下一代工作注重实效性，和相关部门的协调工作做得好，做得到位，班子比较和谐、团结，是一个学习型、创新型的班子，能够紧扣市关工委2010年的工作主题，结合澂江的实际开展工作；工作汇报简捷、明确，重点突出。同时，市关工委执行主任刘邦元也对澂江县关心下一代工作给予了肯定：澂江县的关心下一代工作做得好，具有持续性；澂江县的网吧监督工作做得好，网吧监督队伍有稳定性。

【救助困难学生】　2010年11月，澂江县关工委筹集资金16400元对7所中学、6所小学共37名困难学生进行救助，并把救助金亲自送到学生手里。救助对象如下：一中：杨艳飞、兰春艳、王艳红。每人1000元，共3000元；二中：徐瑞康、牟然。每人500元，共1000元；三中：甸颖杰、甸卫东、李杰。每人500元，共1500元；四中：杨宇、李冲、王玉霞。每人500元，共1500元；五中：杨欢欢、黄志非、巨珍。每人500元，共1500元；七中：杨磊、梁肖凡。每人500元，共1000元；九中：赵丽波、王云丽、莫艳云。每人500元，共1500元；凤山小学：禹东梅、赵宇。每人300元，共600元；龙街小学：张西敏、马琬琪、暴晶晶。每人300元，共900元；右所小学：龚毕林、杨康、徐丽丽。每人300元，共900元；九村小学：陆任凡、洪小田、王敏。每人300元，共900元；海口小学：杨鸿伟、王小柱、刘婕。每人300元，共900元；阳宗小学：李海平、任秀娟、梁肖南、李淑亚。每人300元，共1200元。

（吴家其）

残疾人联合会

【综述】　2010年，澂江县残疾人工作紧紧围绕“十七”大提出的“弘扬人道主义精神、发展残疾人事业”主题，以市残联《2010年残疾人工作目标考核责任制》为工作目标，在为残疾人开展就业、康复、教育、扶贫解困、维权以及文体等方面努力工作，全面完成全年工作目标任务。

【残疾人基层组织建设】　2010上半年，结合村（社区）两委换届，各镇残联按照《关于做好基层残疾人组织规范化建设工作的通知》要求及时完成全县40个村（社区）残疾人协会班子人员落实、工作职责落实、工作场所落实，确保协会工作的连续性，并在村（社区）残疾人协会统一配备残疾人担任专职委员开展工作。一方面有利于与残疾人沟通，开展好基层残疾人工作，同时有利于为残疾人提供更多的就业机会。本届40个村（社区）残疾人协会专职委员全部由当地优秀残疾人担任，每月补贴60元。全县志愿者队伍稳定在1300人，保障了全县志愿者助残队伍稳定。

【残疾人康复服务】　2010年，澂江县残疾人康复工作成效明显。为124名贫困重度精神残疾人提供免费住院及免费服药治疗，使他们摆脱精神折磨，从而减轻家庭负担；把实施白内障复明工程作为民心工程来抓，依托澂江县人民医院及玉溪市博爱康复医院，建立随时发现、随时输送治疗的工作制度。全年对适合条件的190名白内障患者成功实施复明手术，使他们脱盲脱残，重见光明；认真开展残疾人用品用具供应工作，组织供应各类残疾人用品用具230件，其中，轮椅119辆、拐杖108件、盲杖3根，推动用品用具供应服务进一步开展；完成普及型假肢安装16例，其中，下肢13例（小腿8例、大腿5例），上肢3例；完成市残联下达的其他各项康复任务，建立“CBM”社区康复示范区1个、重度精神残疾人托养服务14名、阳光家园计划居家托养30名、盲人定向行走训练2名、低视力配用助视器3副、语训聋儿6名、聋儿家长培训4名、智力残疾儿童训练5名、智力残疾儿童家长培训5名、肢体残疾成人康复训练5名；抓好残疾人“人人享有康复服务”试点工作，核实并建档立卡，积极为残疾人提供康复服务，服务率92%。

【促进残疾人就业】　2010年，县残联通过开展残疾人就业援助月活动、调研残疾人集中就业税收优惠政策执行情况、组织残疾人参加玉溪市第三届残疾人职业技能竞赛等措施，使残疾人就业工作取得实效。全年共培训残疾人304人；登录县残联求职信息64份，招聘信息20家。通过各方面努力，2010年全县共新增残疾人就业34人。

【帮扶示范工作】　2010年，县残联针对残疾人开展扶贫示范工作，全年全县共扶持残疾人扶贫示范户30户。其中，残疾人李祥的自强奶牛养殖场，被列为县、市农村残疾人养殖示范基地，为促进残疾人自主创业起到了积极的促进作用。同时，以助残日为契机，深入麻风村和残疾人家中，慰问10名麻风病残疾人，为他们送去大米、食用油等价值2380元的生活用品，缓解了他们生活中的难题；组织36名青年志愿者，帮助贫困残疾人栽烟12亩，为114户贫困残疾人资助价值11946元的化肥，有效解决困难残疾人家庭春耕生产中存在的困难；实施残疾人危房改造，全年共投入改造资金17.5万元，共完成残疾人危房改造35户。

【扶残助学工作】 2010年，县残联认真组织实施中国残联专项彩票公益金助学项目。全年救助72名残疾儿童少年和考取大中专残疾学生及贫困残疾人家庭子女入学共计资助金额46800元，其中，“春雨助学”资助贫困残疾学生或贫困残疾人家庭子女56人，资助金额16800元；对残疾学生及贫困残疾人家庭子女大中专资助16人，资助金额30000元（其中，考取本科5人、专科4人、中专7人）；关心在校残疾儿童，为使残疾儿童感受到社会大家庭的关爱，儿童节期间，在全县开展六一儿童节关怀慰问活动，为在玉溪市特校就读的7名澂江籍残疾学生送去2100元慰问金。走访慰问凤小、龙街、海口、九村、阳宗的16所小学，并为全县106名残疾学生送去书包、文具、学习用品和慰问金共计14080元。

【第二代残疾人证核发工作】 2010年，县残联在全县范围内开展第二代残疾人证核发工作。全年，全县共办理残疾人证2295本，其中，已发放证件2251本，分别为视力残疾191人、听力残疾64人、言语残疾105人、肢体残疾1386人、智力残疾205人、精神残疾267人、多重残疾33人，全部按要求办理了第二代残疾人证。

【县残疾人辅助器具供应服务指导中心成立】 2010年1月28日，澂江县残疾人辅助器具供应服务指导中心成立。作为全县9828人残疾人辅助器具使用的公益性窗口，它将为全县残疾人提供辅助器具展示、赠送、租借、出售、维修等一条龙的便捷服务，标志着澂江县残疾人辅助器具供应工作迈上一个新台阶。

【残疾人工作获殊荣】 2010年3月19日，在玉溪召开的玉溪市残联三届二次工作会上，澂江县残联2009年残疾人工作被评为全市一等奖，受到玉溪市残联给予表彰。这是澂江县残疾人工作自2001年以来连续9年荣获玉溪市残疾人工作目标管理考核一等奖。

【亚残运会郭智获金牌】 2010年，在广州举行的亚洲残疾人运动会上，澂江县肢体残疾人郭智在游泳比赛中夺得5枚金牌、1枚银牌，为祖国争光，为澂江县争得荣誉。

【残疾人信访维权工作】 2010年，县残联认真组织开展残疾人信访维权工作。一年来，共接待残疾人及家属的各类来信来访258人次，信访回复率达95%；发出法律援助卡5张，有18人受到法律援助；代写诉讼状8份，减免诉讼费0.54万元，为他们挽回（或避免）经济损失7.1万余元；法律咨询36人，代理民事案件7件。残疾人信访维权工作为广大残疾人解决了在康复、就学、就业、就医、生活等方面的疑难问题，有效维护了残疾人的合法权益。

（皆明祥）

人武部

【综述】2010年，县人武部认真抓好当代革命军人核心价值观、艰苦奋斗和献身使命主题教育，狠抓《军队基层建设纲要》培训、倾向性问题整治成果转化，扎实做好军事斗争各项准备工作，重点抓好规范化建设。2010年6月，县人武部标准化建设通过云南省军区的全面检查验收，总成绩达942.5分，圆满完成了人武部规范化达标建设任务。人武部被省军区评为《规范化建设达标单位》、被玉溪军分区评为“安全稳定先进单位”、“新闻宣传先进单位”，有四名干部分别被玉溪军分区评为“优秀共产党员”、“新闻宣传先进个人”、“十佳官兵”、“征兵工作先进个人”。

【班子建设】　2010年，县人武部党委坚持把加强党委班子和干部队伍能力建设作为政治任务来完成。年初，新的党委班子成员调整后，部党委注重改进领导作风，认真贯彻落实“十六字”方针，制定完善《加强党委班子建设措施》、《党委议事规则》等措施和制度。组织党委班子成员学习贯彻中共中央《关于加强党的执政能力建设的决定》、中央军委《关于加强军队党组织能力建设的意见》、《党委工作条例》等文件规定，在人员调整、经费开支、工作落实等重大问题上，坚持党委集体研究、集体决策，不搞个人说了算，充分发扬民主集中制，以公开求公正，以公正求公平，不断提高党委班子成员的科学决策、依法决策、民主决策的能力。7月，召开党委民主生活会，向县委、县政府和人武部机关以及各镇党委、镇政府、武装部发出征求意见函，征求到对单位意见7条，对党委成员意见3条。10月，党委成员认真学习贯彻中共十七届五中全会精神，分析作风建设方面存在的问题，研究探索加强和改进新形势下党的建设的方法。组织全体党员学习《党内监督条例》、《纪律处分条例》等法纪法规，强化党员廉洁自律意识，自觉维护党员形象。加强干部教育管理，落实每月干部讲评制度，特别是加强8小时以外和营院外的管理，采取集中教育、个别帮带等方法，转变工作作风，纠正个别干部做事“不怕群众不满意，就怕领导不在意”的问题。部党委注重干部素质能力培养，组织干部积极参加上级的各种培训，提高干部综合能力。做好转业干部教育管理工作，尽力为转业干部提供工作、生活上的便利，使转业干部端正思想态度，转变思想观念，愉愉快快服从组织安排。

【党委中心组暨机关理论学习】　2010年，县人武部继续坚持把思想政治教育摆在首位，牢牢抓住思想教育这一主线，按照抓思想先抓教育的思路，狠抓各种政治教育。按照专题动员、集中学习、领导辅导、课后讨论、小结讲评等步骤，科学筹划、精心组织，严格落实理论学习制度，狠抓人员、时间、内容、效果“四落实”，确保学习效果。党委中心组理论学习共进行了48课时，部领导专题辅导8课时，干部、职工撰写心得体会文章80余篇，举办心得体会交流4次，圆满完成党委中心组理论学习任务。

【学习教育活动】　2010年，县人武部党委按照“贴近实际，注重实践，力求实效”的思路，采取集中学习与个人自学、理论辅导与社会实践、组织收听收看培育当代革命军人核心价值观和艰苦奋斗、献身使命电视讲座、解读战区五种革命精神相结合等方法，着力抓好思想引导、理论灌输、解决问题三个环节。通过教育和学习，干部、职工思想有了新变化、认识有了新提高、理论有了新升华，教育取得了初步成效。

【专题教育活动】　2010年，根据军分区党委统一安排部署，县人武部集中时间开展“增强党性、严守纪律”专题教育活动。教育活动中，紧密联系党委机关和干部职工两支队伍的思想、工作、学习、生活、作风建设、事业心责任感实际，采取开展专题教育、召开民主生活会相结合的办法，组织党委和机关干部职工认真学习十七大报告和党章，学习党的三代领导核心和胡主席关于加强党员领导干部党性锻炼、使命意识的学习，围绕“增强党性、严守纪律”专题教育活动要求，认真查找、分析、解决党委机关和干部职工存在的问题，不断强化党性观念，纯洁道德情操，弘扬新风正气，树好形象，忠实履行党和国家赋予的神圣使命这个根本问题，深入开展批评与自我批评，认真查找和解决在立党为公、执政为民、求真务实、团结和谐、廉洁自律、开拓进取6个方面的问题，在改进工作作风、生活作风、学风和增强事业心、责任感方面取得明显效果。

【政治教育】 2010年，县人武部对民兵政治教育进行调研，撰写民兵政治教育教案3份，讲授政治教育课6堂，受教育民兵2150余人。利用民兵训练的时机，组织学习条令条例、《国防法》、《兵役法》等内容，为民兵讲授农业知识，传授科学致富经验。训练结束时，对训练民兵进行政治教育考核，考试成绩均在及格以上。一年来，县人武部干部调整面大，部党委及时搞好思想分析，掌握思想动态，采取部队教育与社会教育、家庭教育三结合的方式，狠抓随机教育，收到良好的效果。主要开展保密教育、弘扬艰苦奋斗精神教育和反邪教警示教育，以身边的人和事为教育题材，深入开展向龚曲此里学习活动，在干部职工和民兵应急分队中开展“三互”和“双争”活动，号召大家向典型学习，帮助干部、职工树立正确的人生观、世界观和价值观，进一步强化了干部、职工安全发展理念，增强了责任心、使命感，提高了履职尽责的能力素质和自我管控意识。

【国防教育】 2010年，县人武部充分利用民兵组织整顿、年度民兵军事训练、征兵宣传、学生军训和全民国防教育日等有利时机，深入农村、街道、企业、中小学校开展国防教育，广泛宣传党的路线、方针、政策和《国防法》、《国防教育法》、《兵役法》等。让广大民兵预备役人员、社会青年和中小学生深受教育，增强全民国防意识和国防观念，树牢“国无防不稳，民无军不强”的理念，受教育人数10000余人。

【加强新闻宣传工作】 2010年，县人武部党委重视新闻宣传工作，制定完善《新闻报道奖励制度》，充分调动干部、职工撰稿投稿积极性。一年来，干部、职工和民兵预备役人员向军内外报刊杂志投稿427多篇，上稿213篇，其中，在《中国国防报》上稿5篇、《中国民兵》上稿1篇、《全军政治工作网军旅文学栏目》上稿82篇、《战旗报》上稿1篇、《西南民兵》上稿17篇《成都军区政治工作网》上稿12篇、《云南国防》上稿1篇、《云南省军区要讯》上稿2篇、《云南省军区政治工作网》上稿70篇、《玉溪日报》上稿1篇、《军分区政治工作网》上稿21篇，形成人人想写、人人爱写的良好风气。

【战备训练工作】 2010年，县人武部党委根据市军分区下达的《2010年民兵军事训练指示》精神，及时召开会议，专题研究，及时安排部署训练任务，制定下发《2010年澂江县民兵军事训练计划》及《加强军事训练管理工作有关规定》等文件。军事训练中始终做到工作安排有计划、进展情况有报告、训练结束有总结，使军事训练工作开展有的放矢，卓有成效。一、狠抓了人武部机关军事训练。把机关干部职工的军事训练与锻炼身体紧密结合起来，调动了训练的积极性。每周坚持一次军事理论学习、组织一次体能训练、召开一次军事训练会议。组织干部、职工参加电脑培训，对文书的拟制、计算机标图、军事理论等进行学习，提高机关业务水平。二、圆满完成民兵应急分队军事训练任务。根据军分区《2010年军事训练工作指示》，4月，组织民兵应急分队进行10天训练。三、狠抓“爱军精武”竞赛活动，根据计划安排，认真组织全体干部进行长跑、手枪射击、汉字录入、计算机标图、军事理论等内容的学习和训练，组织全县各镇武装部部长参加军分区的统一组织的《纲要》培训。

【民兵组织建设】 2010年，县人武部按照军分区《2010年民兵整组工作指示》，狠抓年度民兵整组工作。人武部以交叉检查验收的办法，对年度民兵整组进行全面验收，并召开整组工作总结会。通过组织整顿，使民兵队伍更加精干，政治思想更加纯洁可靠，应急处理能力明显增强。

【民兵应急分队管理】 2010年，澂江县民兵应急分队以县委、县政府和县人武部赋予的任务为牵引，狠抓训练、教育和管理。按照军队的连队建设模式，本着建设一支随时能完成各种急、难、险、重任务的过硬武装力量，设立队长、指导员、副队长、副指导员的分队领导小组。经过训练，应急分队的建设水平逐步走向科学化、制度化、正规化，随时能完成县委、县政府、县人武部和上级相关部门赋予的抢险救灾、维护社会稳定等应急任务。年内先后参加扑灭森林火灾10余次，其中，本县8次，红塔区和通海县各1次；参加社会治安巡逻、公安蹲点、堵卡及相关任务1940人次；军训学生1350人次。

【征兵工作】 2010年，县人武部认真贯彻落实《征兵工作条例》和有关规定，把廉洁征兵贯穿全过程，坚持透明公开征集原则，严格实行征兵政审、体检、推荐、定兵把关责任制，坚持做到高学历优先，少数民族优先，有技术特长的优先，高标准完成2010年冬季新兵的征集任务。

【退伍兵安置】 2010年，全县满服役期退伍回乡义务兵按照《兵役法》规定，全部转服预备役。对农村退伍军人，县人武部根据每个人员的爱好和特长，主动与用人单位协调，推荐其工作，促进退役人员就业。

【参建参治】 2010年，澂江遭遇特大旱灾，县人武部积极响应县委、县政府号召，组织干部职工和民兵应急人员投身抗旱救灾和森林防火等工作。组织干部职工为灾区捐款2次，共计30000余元，有效解决灾民抗旱资金不足的燃眉之急；由于天干物燥森林火灾频发，组织干部、职工和民兵应急分队人员参加森林扑火10余次，出动人员200余人次，配合林业部门完成森林防火任务；组织全县民兵积极参加抗旱救灾，架设水管500余米，清理沟渠内杂物30余吨，有效发挥民兵队伍在抗旱救灾的应有作用；组织民兵应急分队人员参加公安机关社会治安综合治理整治活动，打击犯罪分子的违法行为，为当地社会稳定、人民群众安居乐业尽责出力；组织干部职工、民兵参加抚仙湖保护治理行动，为建设生态家园、和谐澂江发挥生力军作用。

【双拥工作】 2010年，县人武部坚持以军爱民、民拥军为目标，大力开展军警民共建活动。一、加强对“双拥”工作的领导，做到“工作中有位子，机构上有班子，措施上有路子”，及时调整“双拥”工作领导小组，形成主要领导总体抓、分管领导亲自抓、部门领导具体抓的“双拥”工作体系，工作目标明确，责任细化到人，工作落实到位，工作常年有人抓，碰到问题有人管，使挂钩扶贫工作做到经常化、制度化。二、宣传到位，营造“双拥”工作氛围。三、措施到位，注重双拥工作实效。充分利用民兵整组、民兵训练、抢险救灾等时机集中进行农业技术培训，把农业技术培训融入训练过程中，创造性地开展参建参治工作。龙街镇、右所镇、凤麓镇民兵自愿消防分队在节日期间，排除消防隐患40余起，组织民兵应急分队、各镇民兵1750余人次，扑灭森林山火8起、参加抗旱救灾10次，为创建平安澂江和构建和谐澂江做出贡献。

【后勤建设】 2010年，县人武部党委班子深化后勤改革，提升保障能力，努力推进后勤科学发展。以提高工作效益为核心，以增强业务水平为目标，以紧缩开支为重点，全面落实经费、后勤保障管理，实现全年业务制度规范化，管理科学化，推动后勤管理水平提高。围绕“人武部规范化建设”达标，按照“以保障为重点”的工作思路，制定和完善《财物管理规定》、《来人接待管理规定》、《车辆、油料使用管理规定》、《营产营具管理规定》等各项管理规定。按照《财务管理规定》，狠抓财务正规化建设。对财务报表、账本、凭证等进行归档管理，规范财务管理秩序。在经费开支上，坚持党委集体领导，军政主官联审制度，部党委坚决执行和自觉维护经费标准，做到年度经费有预算，经费投向有规划，使用效果有检查，避免经费使用的随意性和盲目性，保证预算外经费收支两条线；其次，严把经费开支的预算、审批、报销关，对那些可开支可不开支的经费坚决不开支，杜绝乱开支和弄虚作假等现象，做到财务管理正规有序，有章可依。落实后勤战备制度，建立后勤给养战备库（室），修订完善《机动后勤保障方案》、《扩（编）组后勤保障方案》、《疏散后勤保障方案》和《兵员动员后勤保障方案》，规范后勤人员的行为养成，加强法纪教育，促进个人能力素质提升。组织职工学习《有关规定和常识（干部、职工须知）》，大力弘扬艰苦奋斗，履行节约教育。注重思想分析，摸清思想脉搏，及时掌握思想动态。结合职工管理教育，加强8小时以外人员管理，做到用制度管人。加强新条令的学习掌握。加强驾驶员素质培养，组织学习《道路交通安全法》和《安全工作条例》，坚持按制度办事，严格车辆审批手续，杜绝开快车、酒后开车、私自出车和违章行车以及非驾驶员开车的现象。一年来出动车辆500余台次，安全行驶3万余公里。在物资管理上，实行专人负责、专人管理，严防被盗。搞好登记造册，做到营具、物资账物相符。结合人武部规范化建设达标，完成办公楼和民兵训练基地的装修改造，加强在施工过程中的各项管理、监督，确保工程按质、按时完成。在2010年6月的达标考核中，澂江县人武部后勤工作顺利达标。

【民兵武器装备管理】 2010年，县人武部始终把武器装备安全管理工作作为重中之重，加强保管员队伍的管理教育，严格按照《中国人民解放军武器装备管理工作条例》、《民兵武器装备管理条例》等法规制度狠抓落实，把武器装备管理纳入党委议事日程。配齐配强人员队伍，坚持落实节假日领导亲临检查、平时干部轮流住库制度和定期安全检查排查制度，树牢“安全重于生命，责任重于泰山”安全理念。做好保管员队伍的政治审查，确保人员政治上可靠、工作上可用、关键时可控。对所管武器装备做到性能熟悉，品种和数、质量清楚，账、卡、物相符，动用武器装备审批手续完备，按照上级军事机关要求顺利完成民兵报废弹药的清查销毁任务。

（杨明启）

消　防

【综述】 2010年，澂江县公安消防大队以贯彻落实《中华人民共和消防法》和《云南省“十一五”时期消防工作发展规划》为主线，着力强化社会面火灾防控工作，持续加大部队教育管理和执勤训练力度，部队灭火和应急救援能力、执勤执法能力明显提升，确保澂江县火灾形势平稳和部队安全稳定。

【政治教育】 2010年，县公安消防大队重点抓好各级党组织和干部队伍建设、基层警营文化建设、和谐警民关系建设和党风廉政建设，不断提升部队的职业化、专业化建设水平和履职能力，为圆满完成各项任务提供可靠政治保证和强大精神动力。一、以学习实践“忠诚可靠、服务人民、竭诚奉献”总要求为主线，切实抓好理论武装，铸牢官兵忠诚警魂。深入开展向“爱民模范”宋文博、“十大杰出消防卫士”和“云岭十佳消防卫士”钱小汉学习活动。举办演讲比赛，书法、绘画、摄影评比等活动，掀起学习热潮。二、抓好官兵日常教育和年度思想政治教育。组织收听广播、收看电视和读报“三个半小时”制度，并发挥网络优势，引导官兵上网学习；深入开展当代革命军人核心价值观和历史使命、理想信念、战斗精神、社会主义荣辱观等教育，通过视频授课、理论考试、官兵互动等，创新教育手段，增强教育趣味，提升教育实效，着力推进思想政治教育规范化。三、抓好经常性思想工作和心理健康工作。大、中队每月召开一次思想形势分析会，不间断地进行思想发动和随机教育，解决部队中出现的各种现实思想问题；建立互助小组，开展“一帮一、一对红”活动，倡导依法带兵、文明带兵、以情带兵，密切官兵关系，及时评选思想工作骨干、带兵能手、“四会”政治教员进行表彰；落实《公安消防部队心理工作意见》，适时邀请心理咨询师给官兵做心理疏导，并到心理行为训练基地开展训练，预防和矫正心理疾患；引导官兵关注国际国内形势发展变化，组织官兵学习了解国内外大事和时事政策，学习上级决策部署和有关指示精神，学习重特大火灾扑救、重大灾害事故应急救援、重大活动执勤保卫、处置突发事件等任务要求，增强政治意识、忧患意识和使命意识，奠定完成各项任务的思想基础。

【消防监督管理】 2010年，澂江县消防监督管理工作以“监督信息化、执法规范化、和谐警民关系”建设为载体，以贯彻落实《中华人民共和国消防法》为主线，推进消防监督管理工作和“三项建设”。抓好消防工作的组织领导，根据形势任务变化，及时提请县政府调整成立消防工作领导小组，健全县政府分管领导牵头、消防安全委员会领导参加的消防工作联席会议制度，着力解决消防工作和平安创建工作中的重大问题。全年县政府组织召开4次消防安全委员会联席会议和2次消防安全专项部署会议，联合开展消防安全大检查6次，开展大型消防宣传活动8次。县政府与县属各镇、重点行业、系统以及47家消防安全重点单位签订《消防安全责任书》，并督促相关职能部门、行业主管部门与下属单位之间层层签订消防安全责任书，构筑消防安全责任体系；推进“云岭防火墙”建设工程，提请县政府制定下发构筑社会消防安全“防火墙”工程实施方案，社会单位消防安全自治能力进一步提升。持续抓好火灾保险，由县财政出资28.23万元，为全县35289户农户投保农村火灾保险，火灾保险覆盖率达100%，有效避免了农村村民“因灾至贫、因灾返贫”现象的发生。大力开展火灾隐患排查整治工作，先后组织开展了构筑社会消防安全“云岭防火墙”工程；“抗大旱、迎世博、除隐患、保平安”；“文物古建筑”；“电力行业”；消防产品专项；建筑消防设施专项；“九小场所”；打击违法生产经营建设行为专项、“校园及周边消防安全专项整治”；冬季防火“云岭平安”等专项治理工作，切实加大对辖区重点单位、重点部位火灾隐患的围剿力度，对1家重大火灾隐患单位提请县政府进行挂牌督办，并于4月顺利完成整改任务。全年共排查辖区单位352家，下发责令改正通知书149份，整改火灾隐患396条，对违反消防法律、法规的14家单位和个人进行行政处罚，其中，罚款12.4万元，三停单位4家，临时查封单位4家，强制执行3家，拘留1人。

【抗旱救灾】 2010年，澂江县受干旱影响，降雨量持续偏低，抚仙湖水位严重下降，县内的右所、海口、九村、阳宗等镇部分村寨水源枯竭，村民生产、生活用水困难。县消防大队全力投入抗旱救灾工作，竭尽所能为灾区群众解难，坚决做到了哪里有旱情，哪里就有消防部队的身影。官兵们克服山高路远、路况差、道路崎岖的困难，先后深入九村镇东山村委会凹子村、东溪哨村，右所镇矣旧村委会、海口镇松元小学及部分缺水单位送水。全年共出动消防车100台次，出动警力300余人，累计行程达5000余公里，送水600余吨，有效缓解了近6210人的饮水问题，为灾区群众捐款5000元。大队的抗旱救灾工作，得到县党委、县政府以及人民群众的高度评价和赞誉。4月23日上午，玉溪市委常委董文献在澂江县委书记崔明等领导陪同下，深入到澂江消防大队亲切慰问长期奋战在抗旱救灾一线的消防官兵。

【消防宣传教育】 2010年，澂江县消防宣传教育工作以消防宣传“五进”工作为载体，动员、协调和组织社会各界广泛参与消防宣传教育活动，让消防宣传责任回归社会，努力构建“政府主导、部门协同、媒体联动、单位负责、全民参与”的社会化消防宣传教育体系。充分发挥广播、电视、报纸等媒体的宣传优势，利用公益广告、消防培训、消防站开放等形式开展宣传工作；组织开展新《消防法》实施一周年宣传工作，共招募消防志愿者3262名，充分发挥消防志愿者在消防安全知识传播、火灾隐患整治宣传中的作用。全年共组织开展群众性消防宣传教育活动24次，发放宣传资料2.1万份，发培训合格证238份，针对人员密集场所、公众聚集场所、消防安全重点单位开展消防安全演练26次，受教育群众9000余人，有效提升公民消防安全意识。

【应急救援体系建设】 2010年，县消防大队着力加强消防应急救援能力建设，灭火和应急救援水平提升。按照“一队多用、专兼结合、军民结合、平战结合”的原则，以县公安消防大队为依托，由县公安局、民兵应急分队、防震减灾局、县卫生局、县建设局等有关部门共同组建澂江县应急救援大队，承担起全县重大灾害事故和其他以抢救人员生命为主的应急救援工作；针对近年突发事件应急救援工作面临的新形势、新情况，强化应急救援专业训练，提高队伍战技战术水平；健全完善应急救援工作机制，明确各专业救援队伍的职责，建立各级各类突发事件救援工作配合机制，完善预警联动机制和救援现场工作机制。在县政府应急办的协调下，形成统一指挥、协同作战、分工负责、运转高效的应急救援联动格局。

【执勤备战工作】　2010年，县公安消防大队以指挥训练、攻坚训练、装备训练、特勤训练、通讯训练、合成训练、救助训练与自救训练及道路、水源、交通、人员、装备、救援目的地熟悉训练和战术创新为着力点，针对性地开展特勤业务技能训练，确保执勤备战工作有计划、有步骤地扎实推进；开展打造“云岭消防铁军”活动，坚持保安全与保战斗力相结合，加大专业训练和攻坚训练力度，着力培育官兵战斗精神，磨砺战斗意志，确保官兵在关键时刻拉得出、冲得上、打得赢。在全年灭火和抢险救援行动中，大队共出警51起，出动消防车104辆次，消防官兵416人次，抢救被困人员43人，疏散人员3人，抢救财产价值122万元。全县共发生火灾31起，无死亡、受伤人员，直接财产损失492000元。与2009年相比火灾起数上升138.46%，直接财产损失上升64.08%。

（业艳花）

武警澂江县中队

【综述】　2010年，武警澂江县中队坚持以执勤处突为中心，着眼履行新世纪新阶段中队历史使命，加强思想政治建设，大力培育当代革命军人核心价值观。积极探索新时期基层思想政治工作的新路子，充分发挥思想政治工作的优势和后勤工作在中队建设中的服务保障作用。中队在军事训练、政治教育、执勤处突等方面取得突出成绩，完成各级交给的各项任务。

【党务工作】　2010年，县武警中队党支部注重加强班子建设。坚持组织生活制度，每周进行党课教育，安排党日活动，自觉用上级党委首长的指示和讲话精神统一思想。注重把学习教育成果转化为用科学发展观统领全局、领导部队又好又快发展的能力，使部队建设在正确的理论指导下稳步推进。把深入开展创先争优活动作为“一把手工程”来抓，在上级党委的统一领导下，周密部署，精心策划，以多种形式开展创先争优活动。中队党支部和广大党员通过公开承诺、自我评估、群众评议等方式全面推进活动开展。活动期间，党员带头、群众参与，通过各种形式和各岗位践行，为深入广泛地开展创先争优活动奠定坚实的基础。

【执勤工作】　2010年，县武警中队以执勤处突为中心，深入学习贯彻总部武警法暨中心工作网上集训精神，牢固树立“围绕中心抓建设、抓住建设保中心”的思想，以任务为牵引，以提高执勤能力为目标，精心做好经常性执勤工作。2010年，中队对所有执勤目标检查鉴定1次、到目标单位及其上级走访1次、对执勤情况分析研究1次，坚持每月召开一次议勤会议，适时召开勤务分析会，学习重温一遍执勤规定，研究分析一遍执勤工作形势，及时解决执勤工作中的问题，形成处处想执勤、时时为执勤、人人保执勤安全的良好局面。牢牢抓住制度建设这个根本，有效提高执勤目标的安全系数。2010年以来，中队共计出动兵力280余人次，圆满完成元旦、春节、五一、国庆、中秋等重大节日、重大活动和敏感时期的城市武装巡逻勤务7次。特别是在国庆安保期间，中队在人员少、任务重的情况下，每晚出动兵力5人，由一名干部带队，积极配合公安局民警进行城市武装巡逻。巡逻期间，抓获小偷1人，制止打架事件3起；出动兵力12人，圆满完成澂江县“两会”安全保卫任务，得到各级领导肯定；出动兵力34人次，协助澂江县看守所担负武装押解勤务13起。2010年，中队有1名班长荣立三等功，8名战士被上级政治部门评为优秀士兵，4名战士被支队评为执勤能手，2名战士被评为训练能手，1名战士被总队评为优秀哨兵，1名干部被总队评为优秀团干部，1人被县政法委评为政法工作先进个人，中队被澂江县委评为双拥工作先进单位、政法工作先进单位。

【训练工作】　2010年，县武警中队着重抓好复训补训及新擒敌术的培训工作，训练中，士兵训练刻苦，训练热情高昂，干部以身作则，模范带头，按照基层警官训练教材的要求，积极参加训练，狠抓人员、时间、内容、质量的落实。按照《军事训练与考核大纲》的要求，统一了教学方法、组训形式，明确了动作标准，规范了训练秩序。干部跟班作业，亲临一线指挥督导，采用保证正课时间，组织小群练兵，进行紧急拉练等方式进行了队列、擒敌、体能、战术、执勤基本技能等训练，全年参训率80%。在考核中优秀率达到75%，及格率达到95%，为官兵执勤处突、履行职责使命打下良好基础。

【内部管理】　2010年，澂江县武警中队以学习贯彻共同条令和抓好《中国人民解放军安全条例》落实为载体，遵循统一领导、各负其责、教育为本、教管并举、依靠官兵、坚持经常的原则，扎实开展“学条令、正秩序、保安全”教育整顿、士官作风纪律整顿及“条令学习月”活动。坚持依法从严治警，突出抓好中队经常性管理和防范发生重大安全问题，稳步推进中队建设安全发展。依据条令条例和有关规定，对部队管理工作的内容逐项细化、量化，从库室建设至班排宿舍，从室内、柜内物品的数量、规格和摆放位置，到窗帘拉绳挂钩的位置都进行了统一，延伸了管理触角、拓展了管理空间、消除了管理盲区，部队建设质量明显提高。

【经常性政治工作】　2010年，县武警中队把经常性政治工作摆到中队建设全局的重要位置，严格落实思想政治教育“三个半小时”制度，坚持开展“读好书，育新人”和“日学一条，周析一案，月讲一课”法制教育活动，每天组织进行训练一次军姿“正三相”、唱好一首军歌“鼓士气”、领读一条短信“受启迪”、学习一条格言“常勉励”、点评一次新闻“抓武装”、讲评一次工作“树正气”为内容的“六个一”活动；积极开展丰富多彩的文体活动，投入7000余元经费，加强文化设施建设，购买书籍报刊，完善网络学习设备，积极对营区政治环境进行改造，进一步拓展教育平台。坚持用先进文化武装官兵头脑、陶冶官兵情操，营造良好的学习氛围；注重增强教育实效性，学雷锋纪念日、五四青年节和八一建军节组织官兵深入驻地敬老院看望慰问孤寡老人，积极开展爱民助民活动，在驻地人民群众中产生了积极广泛的影响。通过在实践中践行当代革命军人核心价值观，进一步打牢了官兵爱警习武、履职尽责的思想根基。

【任务中的政治工作】 2010年，县武警中队突出抓好任务中的政治工作，培育官兵战斗精神，强化官兵居安思危的忧患意识和忠诚使命的奉献精神，注重在复杂条件、艰苦环境和执行重大任务中摔打锻炼部队，培育官兵的战斗意志和战斗作风。针对“3·14”、“7·5”等敏感时期部队所处的复杂环境和面临的严峻形势，突出抓好形势任务、职能使命和心理健康、隐蔽斗争等教育，培育官兵英勇顽强、不怕牺牲的战斗精神，保证全体官兵政治立场坚定、思想道德纯洁；搞好形势任务教育，加强反恐小分队建设，探索反恐新战法，积极扩大情报收集范围，并加强与目标单位的联系，全面准确掌控犯情动态。重大节假日等敏感时期，每天派出多名官兵，加强侦查，掌握最新情况，对监区周边进行巡逻，并与公安干警联合进行城市武装巡逻，有效确保目标安全，维护了社会稳定。

【后勤工作】 2010年，县武警中队后勤工作遵循支队党委工作部署和首长指示，依据后勤法规制度，以建设“节约型、高效型、环保型、和谐型”后勤为目标，坚持在规范管理上用狠劲、使长劲，着力提高遂行多样化任务后勤保障能力，把保中心、保生活作为保障的重点，加强后勤人员能力素质建设和规范化管理。着眼特殊形势任务需要，及时修订完善各类保障预案，组织战备演练，后勤人员快速机动保障能力明显提高；采取自学、集体办公、业务培训、地方培训等方法，有效提高后勤人员能力素质；按照后勤规范化建设要求，下大力对后勤各类库室进行清理整治，实现后勤物资“规范化”、“架子化”、“标签化”管理要求；严格落实《伙食管理五项制度》，科学制定食谱、合理调剂伙食、搞好食物留验，定期更换处突战备物资，加强后勤处突方案演练，深入研究不同环境、不同条件下遂行不同样式、不同规模任务的保障特点规律，积极适应遂行多样化任务要求，狠抓后勤战备工作落实，提升应急保障能力。

【拥政爱民工作】 2010年，县武警中队在开展双拥工作中，坚决落实双拥工作警民共建、联席会议、警地互访、信息交流等制度，加强对中队官兵的教育，立足中队和驻地的实际情况，积极开展篮球友谊赛、保护抚仙湖、军训学生、抗旱救灾等双拥活动，官兵自觉遵守群众纪律，警政警民关系密切。无一例违法违纪事例，无一起警政警民纠纷，以实际行动在澂江人民心中树立了武警部队“文明之师、威武之师、胜利之师”的良好形象；在确保看守所绝对安全的前提下，积极投身到驻地经济建设和学雷锋献爱心等活动中；年初以来，共出动兵力3次100余人次参加县委、政府组织的“保护抚仙湖”义务宣传活动，清理湖边垃圾和入湖口淤泥50余吨；开展助民爱民助残活动日2个；为澂江县少年军校军训学员250余人，为一中军训学生800余人；积极参加抗旱救灾活动，出动官兵50余人次，帮助海口镇人民群众抢修水利设施3000余米，有效缓解了海口镇人民群众生活用水困难的问题；出动官兵40余人次，帮助驻地重灾区人民群众浇灌农作物20余亩，设法为群众送水100余桶；中队党支部、团支部积极发动官兵开展“送温暖、献爱心”活动，共捐款1000余元，帮助海口镇矣马村2户农户解决生产生活困难；积极开展扶贫帮困活动，中队官兵自觉筹集资金2560元资助贫困学生及困难家庭；出动官兵50余人次帮助驻地群众收割稻谷；为推进澂江的精神文明建设，中队先后与澂江县工商局、残联、建设局、澂江一中等单位，利用元旦、春节、八一建军节、十月国庆节等重大节日，积极开展丰富多彩警民共建联欢活动，使澂江的拥政爱民工作富有成效，为澂江县的精神文明建设做出积极贡献。

（罗清实）

政法委

【综述】 2010年，全县政法机关深入推进社会矛盾化解、社会管理创新、公正廉洁执法三项重点工作，着力解决一批影响社会和谐稳定的源头性、根本性、基础性问题，全县政法工作水平得到整体提高，为经济社会又好又快发展营造团结和谐的政治环境，安全稳定的治安环境，公平竞争的经济环境，规范有序的法制环境，安居乐业的生活环境。2010年，全县未发生严重影响国家安全和社会大局稳定的重大问题，未发生被"一票否决"的案（事）件，公众安全感达92.7%，政法综治维稳工作和省级先进平安县创建工作受到省委省政府、市委市政府的充分肯定。

【法律保障和服务】 2010年，全县政法机关把促进和谐稳定作为重中之重，切实肩负起维护稳定的第一责任，积极稳妥审理各类案件，有效化解各类民商事纠纷，做好调解工作，消除社会不安定因素，引导市场经济参与者遵纪守法，合法经营，提倡诚实信用的良好商业道德，切实维护市场经济秩序，努力实现法律效果与社会效果的有机统一。探索行政非诉执行案件审查的新方法，将"通知类准行政行为"纳入司法审查，使土地违法行为得到全面查处和遏制，有效保护土地资源。依法查办破坏抚仙湖环境资源的犯罪行为，坚决打击暴力抗法行为。严肃查办破坏帽天山生态环境的职务犯罪，切实保护帽天山生态环境平衡。在太阳山项目、抚仙湖国际养生园项目、梨花路建设项目等重大项目建设中，政法系统领导干部直接进驻项目地，认真把好法律和政策关，及时掌握、有效化解项目推进中的各种矛盾纠纷，维护项目区和谐稳定。在遭遇特大干旱的情况下，全县政法干警积极投身抗大旱、保稳定工作，认真排查化解涉水矛盾纠纷，疏导和稳定群众情绪，营造良好的抗灾救灾秩序。在村（社区）"两委"换届选举期间，把维护换届选举秩序放在突出位置，有效保障换届选举工作平稳有序进行。

【维护社会稳定】 2010年，全县政法机关坚持预防为主、源头治理，预警在前、调解优先的工作思路，全力做好矛盾纠纷排查化解工作。建立重大项目社会稳定风险评估和预警机制，注重源头治理，防止和减少因决策失误引发矛盾纠纷。建立了社会矛盾纠纷排查化解预警机制，对排查出来的重点矛盾纠纷作形势分析评估，做到及时跟进化解，努力实现"发现得早、控制得住、处理得好"的目标。科学制定群体性事件处置应急预案，妥善处置"9.17"堵路事件，积累了群体性事件的处置经验，被市委政法委在全市推广。在全市率先推行人民调解"以案定补"激励机制，建立司法调解诉前确认机制，建立健全人民调解、行政调解、司法调解、治安调处、法律援助"五位一体"的"大调解"工作格局及县、镇、村、组"四级"联调的工作体系，基层组织在社会治安综合治理和维护社会稳定方面的能力得到有效提升。坚持每月一次民间纠纷排查，落实矛盾纠纷排查调处零报告制度和定期通报制度。全年共调处各类民间矛盾纠纷1169件，调解成功并履行1169件，调处成功及履行率均达100%。畅通信访渠道，充分尊重信访人的合法权益，维护正常的信访秩序，正确引导信访群众以理性、合法方式反映意见、建议和诉求，确保了全县社会和谐稳定。

【推进社会管理创新】 2010年，全县政法机关把创新社会管理与完善社会服务紧密结合，整合社会管理资源，改进社会管理方式，促进社会和经济科学发展、全面发展、和谐发展。做好流动人口服务管理工作，探索建立"以房管人、以证管人、以业管人"的服务管理新机制，按照"公平对待、服务至上、合理引导、完善管理"的方针，建立了各镇流动人口综合服务站，对流动人口实行"一站式”服务管理，加强流动人口就业、就医、子女就学、计生、维权、政策宣传等方面的服务，增强流动人口归属感。全县共清理流动人口7723人，录入警务工作综合运用平台系统7038人，流出注销666人，办理流动人口《暂住证》7704份，办证率99.8%，增强预防、控制和打击流动人口违法犯罪的能力。做好预防未成年人违法犯罪工作，在11个试点村（社区）和8所试点小学开展“十个一”活动（即：上一次法制课、一次模拟法庭教育、一次家长学校教育、一块宣传栏、学会一首歌、一次预防未成年人犯罪宣传片、一堂心理疏导课、一封致未成年人的信、一封致家长的信、一次帮教活动），建立学生、学校、家庭、社会“四位一体”的预防体系，对闲散未成年人、在校学生开展普法教育，切实减少未成年人违法犯罪。做好特殊人群的帮教管理工作，按照“帮教社会化、就业市场化、管理信息化”的要求，建立健全刑释解教人员、社会闲散人员、有社会危害倾向和行为的精神病人、吸毒人员等高危人群的常态化帮教管控机制，切实防止漏管失控，有效预防和减少了违法犯罪。开展校园及周边治安综合治理，投资130万元为全县各中小学校配备保安人员和各类安保器材，全县所有中小学安装了视频监控报警系统，基本实现每所学校配有保安、重点学校安装技防设施、校园及周边环境和秩序得到明显改善。加强虚拟社会管理，建立健全网络管理机构，落实专职管理人员，对网络虚拟空间进行监控管理，净化网络空间，营造和谐、健康、文明、绿色的网络环境，有效预防和打击网络违法犯罪。

【推进公正廉洁执法】 2010年，县委政法委把对政法机关执法活动的监督作为领导管理政法工作的重要内容和抓手，不断建立健全监督机制，加大监督力度，完善执法管理，有效促进社会公平正义，提升执法公信力及人民群众满意率。修改完善政法委员会工作制度，建立起政法委书记“五长”联席会议制度、政法部门目标管理责任制和“三重一大”等制度，切实加强县委政法委对政法各部门的领导、管理和监督。建立政法部门警务车辆使用和管理制度，加大对政法系统警用车辆督察力度，坚持每周一次的现场督察，在上下班、节假日和双休日定期不定期对政法系统警务用车使用、各部门人员值班情况和警务车辆封存情况进行现场专项督察，规范全县警务用车管理和使用。加强执法规范化建设，提高政法干警维护社会稳定的能力和执法公信力，确保政法部门严格、公正、文明执法。加大涉法涉诉信访案件和执行积案的处理力度，积极指导政法各部门对涉法涉诉上访案件逐案进行复查复核，切实做到诉求合理的解决到位、诉求无理的思想教育到位、生活困难的帮扶救助到位，行为违法的依法处理到位。狠抓案件评查活动，制定《案件评查活动实施方案》，成立了案件评查领导小组，对案件送评程序、评查人员职责、案件评查的主要内容、案件质量标准等作了具体规定，形成一套操作性强的案件质量评查制度，促进了政法队伍整体执法水平的提高，提升执法办案质量。

【防范和处理邪教工作】 2010年，县政法机关高度重视防范和处理邪教工作，坚持不懈地与邪教组织作斗争，认真落实对邪教人员包保责任制，在“3·14”、“4·25”、“5·13”等敏感日期间，组织人员加强巡逻，准确掌握各类重点人员的情况，实现零上访，维护全县社会政治安定，确保“两节”、“两会”和上海世博会期间的万无一失，被市委、市政府命名为“无邪教县”。

【国家安全人民防线工作】 2010年，县政法机关把对敌斗争摆在突出位置，高度重视情报信息的收集和研判，全面、及时地收集辖区内涉及国家安全、军事安全、社会稳定、人民利益的人和事，并定期研判。对境外人员、重点人员，做到准确掌握其基本情况，严密关注其动向，制定相关防范措施，保证发现得了、控制得住、处置得当，最大限度地维护国家安全、政治稳定和社会安定和谐。

【政法队伍建设】 全县政法机关以政治坚定、业务精通、作风优良、执法公正为目标，以公正廉洁执法为重点，大力推进政法队伍革命化、专业化和现代化建设。围绕“思想同心、目标同向、决策同议、工作同步”的目标，建立和推行基层党支部“三会一课”制度、政法队伍建设形势分析制度、政法干警定期集中培训制度、政法干警思想和工作表现讲评制度、政法队伍建设奖惩考核制度、政法干警违法违纪情况报告制度和政法宣传舆论工作联席会议制度“七项制度”，用制度规范干警行为，保证全县政法工作的高效运转。以深入推进公正廉洁执法为主线，以创先争优活动为契机，大力开展社会主义法治理念教育，积极倡导岗位练兵，按照干什么、学什么，缺什么、补什么的要求，培养一批破案能手、公诉能手、审判能手、调解能手，锻造一支忠实于事实，忠实于法律，严格执法，公正司法，清正廉明，忠于职守的政法队伍，切实肩负起打击敌人、保护人民、惩治犯罪、服务群众，巩固党的执政地位，维护国家长治久安，保障人民安居乐业的重大政治责任和社会责任。

【创建省级先进平安县】 2010年，县委、县政府把平安县创建工作提上重要议事日程，与经济社会发展一同纳入发展规划，切实履行为官一任、保一方平安、维护一方稳定的政治责任。成立由县委书记任组长，县长，县委常委、政法委书记，县人大常委会副主任，县政府副县长、公安局局长，县政协副主席，县委政法委副书记任副组长，县综治维稳委成员单位主要领导为成员的新一轮平安建设工作领导小组。县委常委会4次研究全县综治维稳及平安建设工作，切实做到平安澂江创建活动与经济社会建设同研究、同部署、同落实。县委书记、县长与各镇、各相关单位负责人签订《澂江县2010年社会治安综合治理维护稳定目标管理责任书》97份，将新一轮平安建设纳入目标管理考核内容，明确了各镇各部门主要领导作为平安建设第一责任人，分管领导作为直接责任人，党政领导班子其他成员按照各自职责承担分管范围内的综治维稳责任。及时调整县级领导挂钩联系基层平安建设工作责任制，把平安建设工作纳入县处级领导挂钩联系镇、村、企业和单位包村联系，确保每个镇、村、社区、单位的平安建设都有领导联系、有专人指导、有联系单位扶持。把领导干部综治维稳及平安创建工作实绩纳入专项考核，并作为年终考核和评先、评优、晋职晋级的重要依据。将“无邪教镇”、“安全消防镇”、“无毒村（社）”创建和“扫黄打非”工作纳入创建工作的重要内容，建立工作台帐，全县6个镇均顺利创建达标。建立健全治安防范网络体系，强化社会面打、防、管、控网络建设，强化中心县城街头路面的巡逻防范，提高群众见警率，有效挤压犯罪空间。精心组织开展治安重点地区排查整治、“打黑除恶”、“两抢一盗”、“入室盗窃”、“三电犯罪”、“打盗抢抓逃犯”等专项行动，全县共立各类刑事案件1026起，破596起，破案率58.1%；受理治安案件1032起，查处790起，查处率76.5%；“9·16”、“12·17”两起命案成功侦破，继续保持了“严打”态势，有效遏制严重刑事犯罪高发势头。推广丘北经验，加强农村道路交通安全、营运车辆和危险化学品运输车辆的整治力度，开展整治酒后驾车、超限超载等专项整治行动。以构筑社会消防安全“防火墙”工程为抓手，深入推进社区农村“零火灾”创建活动，组建了县综合应急救援大队，突出抓好“四个能力”建设，扎实推进平安镇、平安单位、平安医院、平安学校、平安村（社区）建设，全县共创建“平安镇”6个、“平安单位”79个、“平安医院”4个、“平安学校”4个、“平安村（社区）”40个，巩固率达100%，平安和谐家庭示范户48260户。社会治安综合治理工作受到市委、市政府表彰，被推荐为省委、省政府表彰的“云南省先进平安县”。

【涉法涉诉特殊困难群体救助】 2010年，县委政法委坚持以人为本，加大执法监督力度，并协调政法各部门建立涉法涉诉信访、投诉、举报交办制和督查制，认真组织评查和督办每件案件，积极化解涉法涉诉信访积案。2010年，全县政法部门共接待涉法涉诉信访33件，对上级交办的原涉法涉诉信访积案14件，现已成功调处11件，正在调处3件，并做到有效稳控，涉法涉诉、重信重访问题得到根本性解决。同时，为实现“案结事了、息诉罢访”的目标，在中央、省、市、县委、县政府的大力支持和有关部门配合下，经过多方努力协调争取，为澂江县符合救助条件的25件37名特困申请人发放执行救助金37.48万余元，为涉法涉诉信访积案当事人7人解决兑现困难救助金44.1万元，既解决了案件当事人的实际生活困难，又促进了社会和谐稳定。

【处置右所镇小湾村群众“9·17”堵路事件】 2010年9月17日，在澂阳二级公路右所镇小湾村委会路段，在利益驱动及谣言蛊惑下，20余名小湾村妇女上路堵断交通，导致过往车辆及行人无法通行。堵路事件发生后，县委、县政府主要领导靠前指挥，县委书记崔明、县长苏绍华第一时间赶赴堵路现场，了解情况，面对面和群众对话，开展说服教育和疏导工作，并于当晚紧急召集县四套班子领导及政法、县直相关部门、右所镇领导召开会议，对处置工作作出部署，而后连夜在小湾村委会组织召开村组干部、党员代表、村民代表会议，听取群众意见，对群众所提的问题表明县委、县政府的态度，讲清堵路是违法行为及应承担的法律责任，全面讲解了项目开发对当地经济社会发展的带动及给群众带来的好处，要求村组干部、党员代表、村民代表明辨是非、摆正立场，动员亲属、朋友不参与、不支持堵路。县四套班子领导分组与重点人员展开一对一、面对面的劝导和教育工作，县镇工作组100余人进村入户开展思想工作，走访了220余户群众700余人次，晓之以理、动之以情，对群众进行劝导、政策解答和法律教育。通过开展政策宣传和法律、法规教育，截至9月20日，村组干部、党员代表、村民代表大部分家属已撤离，堵路群众最少时仅剩10余名。受蒙蔽的群众明白了事情真相，大部分群众对政策有了了解，村组干部由不敢面对群众到勇敢走到现场对群众进行说服教育，公安机关对事件策划和组织者依法进行了传唤审查和调查取证工作。9月23日下午4：30，县委、县政府在小湾村召开群众大会，县委政府领导对群众代表和部分群众提出的一系列问题一一作了答复，大多数群众的误解逐渐消除。公安机关对少数组织和策划者依法进行传唤和治安处罚。9月24日上午9：30，堵路群众撤离了现场，9：40澂阳二级公路全面恢复通车，事件持续8天得以平息。“9·17”堵路事件发生后，澂江县深刻剖析堵路事件发生的原因，及时总结经验教训，并从做好群众工作、加强基层组织建设、强化法制宣传教育、建立健全重大事项社会稳定风险评估机制等方面提出有效预防、处置群体性事件的措施及建议，被市委政法委在全市推广学习。

【政法经费得到有力保障】 2010年，县委、县政府按照政法委机关每人每年18600元，公安局每人每年31900元，法院、检察院每人每年27500元，司法局每人每年19600元的标准将公用经费纳入县级财政预算。综治维稳工作经费按照全县辖区人口人均2元，防范和处理邪教工作经费人均0.5元，流动人口管理经费人均1元的标准纳入县级财政预算。见义勇为基金1万元，维稳工作经费4万元，涉法涉诉特殊困难群体救助资金15万元等经费纳入县级财政预算。各镇综治维稳信访中心按照市、县各1.5万元的标准给予配套，治保调解主任经费按照每人每月20元给予配套，真正做到了机构不撤、人员不减、保障到位。

【综治基层基础工作】 2010年，县政法委按照中央、省、市要求，结合澂江县工作实际，制定《关于进一步加强社会治安综合治理维护稳定基层组织建设的实施意见》，调整充实综治维稳组织力量，全县6个镇均配备政法综治维稳专职副书记、副镇长、综治维稳办专职副主任，成立了镇综治维稳信访中心，统一办公场所，规范工作制度，基本达到规范化建设要求，夯实了综治维稳信访工作的基层基础，提升了基层组织在社会治安综合治理和维护社会稳定方面的能力。全县36个村委会、4个社区均成立由总支书记、主任分别任主任、副主任，治保会、调解会、民兵、共青团、妇联、老年协会等组织共同参加的村（居）委会综治维稳办公室。县、镇、村、组四级综治维稳和信访工作总体上做到组织建设网络化、机构人员规范化、工作机制系统化、管理方式制度化。

【聘任首批综治维稳特邀巡视督查员】 2010年，为全面贯彻落实中央和省、市关于建立健全并落实综治维稳巡视督查工作制度的精神和要求，根据《玉溪市综治维稳巡视督查工作制度》，澂江县多部门联动研究制定《澂江县综治维稳巡视督查工作制度》，经过单位组织推荐和领导小组审批，全县共聘任首批综治维稳特邀巡视督查员9名，首批综治维稳巡视督查员由县委政法委、县纪委、县委组织部、县综治维稳委、县委督查室、县人事局的分管领导及3名退休干部组成。11月10日，县委政法委召开澂江县综治维稳巡视督查员聘任会，向被聘任的9名综治维稳特邀巡视督查员传达学习市、县关于建立综治维稳巡视督查工作制度的相关文件精神，县委常委、政法委书记陆永泽向综治维稳巡视督查员颁发了聘书，并要求综治维稳巡视督查员以《综治维稳巡视督查工作制度》为工作依据，服从综治维稳巡视督查工作领导小组及办公室的安排，认真履行职责，充分发挥作用，加强沟通和协调，促进全县综治维稳工作再上台阶。

【法制教育集中宣传活动】 为进一步强化抚仙湖保护管理宣传教育，严格环境执法，严厉打击以暴力、威胁方法阻碍国家机关工作人员依法执行职务等妨害执行公务违法犯罪行为，自2010年7月15日至8月1日，开展为期两周的打击妨害执行公务暨抚仙湖保护法制集中宣传教育专项行动。首先，为确保专项行动顺利进行，成立专项行动领导小组，制定《澂江县关于打击妨害执行公务暨抚仙湖保护法制教育集中宣传专项行动实施方案》，细化分解了相关部门的职责，召开了动员大会，提出具体要求。其次，通过流动宣传车、设立展板、发放宣传资料、举办专题培训会等有效方式，在抚仙湖沿岸大张旗鼓地宣传《环境保护法》、《云南省抚仙湖保护条例》、《刑法》、《治安管理处罚法》等法律法规，宣传教育活动切实做到了形式多样、广泛深入。再次，对沿湖各村、组展开摸底排查，全面掌握存在的电机捕鱼、偷捕偷捞、乱占乱建等违法违规行为及涉及人员的基本情况，通过晓之以理，动之以情，正反典型引路，教育群众遵纪守法，爱湖护湖，切实提高法制宣传教育的针对性和实效性。最后，加强巡查，集中整治。加大查处《云南省抚仙湖保护条例》禁止的违法违规行为，建立法、检、公、司执法部门间的协作执法机制，依法查办破坏抚仙湖环境资源犯罪行为，严厉打击暴力抗法行为。

【建立保护帽天山生态环境长效机制】 2010年，为认真贯彻落实市委孔祥庚书记关于“必须高度重视，进一步落实好温总理的四次批示精神，使帽天山的保护规范化、制度化、法治化”的重要批示精神，按照市委常委、政法委书记刘宁笙实地到帽天山自然保护区调研时提出的要求，县委、县政府高度重视，县委崔书记作出专门批示，县委政法委及时与县公安、检察、国土、工商等职能部门研究，建立了案件举报奖励、信息联络员、联席会议、巡逻巡查、部门联动和严打整治“六个工作机制”，加大预防和打击破坏帽天山生态环境的违法犯罪活动工作力度，特别是加大打击职务犯罪力度，切实保护帽天山生态环境平衡。

【市调研组调研澂江县政法工作】 2010年8月16日，市委政法委副书记杨国聪等一行5人莅临澂江县专题调研政法工作。澂江县委、人大、政府、政协分管联系政法工作的领导，以及政法委、法院、检察院、公安局、司法局、森林公安局班子成员共35人参加了调研汇报会。政法委、法院、检察院、公安局主要领导就澂江县推进“三项重点工作”、组织开展创先争优活动、政法部门领导班子及队伍建设等分别向调研组进行汇报，参会人员填写征求意见表。市调研组还就澂江县各政法部门领导班子建设和主要领导履职情况征求县委、人大、政府、政协、纪委、组织部主要领导及人大、政协联系政法工作的领导的意见，并深入各政法部门与中层以上干部及部门群众代表个别谈话。市调研组对澂江县政法系统推进“三项重点工作”、组织开展创先争优及领导班子建设情况给予充分肯定，并要求政法系统要继续高度重视政法队伍建设，打造一支作风过硬的好队伍，要突出工作重点，不断提高服务大局的能力和水平。

（万艳萍）

公　安

【内设机构改革】 2010年，为加强公安纪检监察部门建设，加大公安队伍管理力度，根据《中共公安部委员会关于进一步加强县级公安机关纪检监察部门建设的意见》和《中共云南省公安厅委员会转发中共公安部委员会关于进一步加强县级公安机关纪检监察部门建设的意见的通知》的要求，经2010年10月26日澂江县公安局党委会研究，决定将政工监督室更名为政治工作办公室（简称“政工室”），恢复纪检监察室和督察大队设置。

【司法制度改革】 2010年10月15日，云南省委、省政府召开了全省改革强制隔离戒毒工作专题会议，决定将公安机关强制隔离戒毒职能交由司法行政部门承担。澂江县公安局根据玉溪市公安局《关于做好新收戒吸毒人员投送接收工作的紧急通知》的要求，自2010年11月1日起，全市公安机关强制隔离戒毒所停止接收吸毒人员。公安机关决定强制隔离戒毒的吸毒人员，由公安机关办案部门直接投送司法机关强制隔离戒毒所。按照“就地、就近、就便”的原则，澂江县各级公安机关新收戒吸毒人员由办案部门直接投送云南省第三强制隔离戒毒所九溪所区。

【维护社会政治稳定】 2010年，澂江县公安局始终把维护社会政治稳定放在首位，及时发现掌握可能影响社会政治稳定的热、难点问题，开展防范、控制和处置工作，维护社会政治稳定。一、严密防范和严厉打击“三股势力”和邪教组织。对境内外邪教组织的各种渗透、破坏活动严密防范和严厉打击。一年来，全局共收缴反动宣传单8份、光碟8片，印有反动言论的人民币2张。二、开展矛盾纠纷排查化解工作。全局围绕社会热、难点问题，共排查企业改制、征地拆迁、土地租让、村务帐务、医患纠纷、民办代课教师、原易峨公路修路民工落实经济待遇、复退军人、“两参”人员待遇等敏感性矛盾纠纷21起，会同相关部门共化解12起，其余9起落实稳控措施，最大限度化解社会矛盾纠纷，确保社会稳定。三、做好情报信息收集研判工作，提高对群体性事件的预警、处置和控制能力。一年来，共向县委、县政府和市公安局上报各类情报信息129条，被《玉溪公安要情》采用5条、专报采用3条、国保支队采用36条，为上级决策提供可靠依据。在县委、县政府和市公安局的统一领导下，有效处置右所镇小湾村“9·17”群体性堵路事件，使被阻断8天的道路交通得以恢复，对违法堵路的22名重点人员依法传唤审查，其中，2人因涉嫌聚众扰乱交通秩序罪被依法移送起诉，5人因妨碍交通工具正常行驶被行政拘留，其余15人教育放回，避免事态扩大、升级，维护了一方平安，确保省、市、县重大建设项目顺利推进；四、做好安全保卫工作。一年来，圆满完成上海世博会、广州亚运会、“两节”、“两会”、抚仙湖云南户外运动联盟大会、立夏节、火把节、玉溪市第四届企业退休职工运动会、云南玉溪首届“艾维杯”环抚仙湖自行车骑行邀请赛等安全保卫任务9次，做到了万无一失；五、加强反恐怖工作。按照省、市党委、政府的要求部署，成立澂江县反恐怖工作协调领导小组，县公安、民政、武装部、消防、武警、发改委、建设、交通、信息产业、水利、农业、卫生、环保、人防、质监等部门形成工作合力；对党政机关、军事机关、金融、电力、通讯、自来水、民用爆炸物品储存库、加油站、主要建筑物、公众聚集场所、车站、隧道、水库等重点目标和部位落实管控措施；加强反恐怖情报信息收集、分析、研判，特别是随着《云南反恐怖综合信息管理平台》的应用将大大提高反恐怖工作信息化水平，增强反恐怖情报信息工作的科技应用水平。目前，共录入重点人员信息3条，重点阵地信息7条。

【打击刑事犯罪】 2010年，县公安局坚决贯彻执行省公安厅《关于切实纠正立案不实问题的通知》精神，如实立案。一年来，全局立各类刑事案件1026起，破596起，破案率为58.1%。与上年同比，立案数增加415起，上升67.9%，破案绝对数增加50起，破案率下降31.8%。共立命案5起，破获2起，破案率为40%。抓获犯罪嫌疑人307人，抓获网上在逃人员58人；共查获犯罪团伙18个83人，缴获赃款赃物价值60余万元。

【打黑除恶】 2010年，县公安局开展打黑除恶工作。以“黑恶必除、除恶务尽”为工作目标，一经发现及时铲除，决不手软。经侦查，一举打掉1个恶势力犯罪团伙，抓获犯罪团伙成员17人，破获刑事案件68起，缴获小口径步枪一支、电棒1根、匕首1把、长刀2把、长安微型车1辆，有效增强人民群众安全感和满意度。

【命案侦破】 2010年，县公安局以“两降一升”为目标，坚持“命案必破”，落实“一长双责”等侦破命案工作机制，全年共立命案5起，破案2起，破案率40%，命案共造成6人死亡。与2009年同比，命案立案数减少1起，破案数减少4起，命案致死人数减少3人。

【组织开展“2010严打整治”行动】 2010年，为贯彻落实全国公安机关“2010严打整治”行动电视电话会议精神，澂江县公安局成立领导小组，精心制定工作方案，按照“群众最痛恨什么犯罪就严厉打击什么犯罪、什么治安问题最突出就着力解决什么问题、哪里治安最混乱就集中整治哪里”的原则，打防并举，多管齐下，因地制宜，综合施策，坚决遏制各类违法犯罪活动高发势头，最大限度地消除各类治安隐患，着力解决当前影响社会治安的突出问题，彻底扭转各类刑事案件高发低破的被动局面。通过组织开展严打整治行动，破获刑事案件446件，抓获犯罪嫌疑人206人，营造了良好的社会治安秩序，提升人民群众安全感和满意度。

【打击多发性侵财犯罪】 2010年，澂江县公安局采取强化研判预警、串并侦查、专案经营、挂牌督办等工作措施，严厉打击“两抢一盗”等影响群众安全感的多发性侵财犯罪。一年来，共立“两抢一盗”案件163起，破63起，破案率38.7%。通过破案，共抓获犯罪嫌疑人195人，摧毁盗窃犯罪团伙5个30人，缴获被盗摩托车23辆、电动自行车9辆等赃款赃物，共计人民币50余万元。

【侦破八类重点案件】 2010年，县公安局对8类严重暴力犯罪案件由局领导亲自挂帅，实行专案专办。一年来，共立杀人、放火、爆炸、伤害、强奸、抢劫、绑架等8类重点案件98起，破78起，破案率79.6%。与2009年同比，立案数减少1起，破案数减少17起。

【“三电”专项斗争】 2010年，县公安局狠抓“三电”（电力、电信、广电设施）专项斗争宣传发动、严密防控、破案攻坚及督查考核等工作环节，有效遏制盗窃破坏“三电”设施案件高发势头，确保“三电”设施安全运行。全年共立“三电”案件57起，破49起，破案率85.96%。为电力部门的43台变压器安装了172把防盗锁，参与涉电矛盾纠纷排查25起，确保了广州亚运会“西电东送”任务圆满完成。

【追逃工作】 2010年，县公安局加强积案件“追逃”与重点“追逃”工作相结合，落实追逃工作责任制，把命案逃犯、历年逃犯和外地逃犯作为追逃工作重点，确保追逃工作取得实效。全年全局共抓获逃犯63名，其中，命案逃犯4名。与2009年同比，抓获逃犯减少40名。截至2010年12月20日，历年来澂江县仍有网上逃犯10名，其中，命案逃犯5名。

【防范和打击电信诈骗】 近年来，电信诈骗案件频繁发生，犯罪分子利用提供手机监听服务、冒充好友、购买股票内幕信息、购买网络游戏账号等手段进行诈骗，诈骗方式呈多样化发展。2010年，澂江县公安局按照上级公安机关的统一部署，组织开展为期7个月的打击电信诈骗犯罪专项行动，共立电信诈骗案件5起，涉案金额174663元，破获购买股票内幕信息案件1起。与2009年同比，立案数增加2起，破案数增加1起。

【打击拐卖妇女儿童犯罪】 2010年，澂江县公安局深入开展打击拐卖妇女和儿童犯罪专项行动，于4月1日、6月2日，联合妇联开展以“关爱妇女儿童，反对拐卖”为宣传主题的反拐宣传活动，发放宣传单5000余份，通过深入调查，没有发现有被拐卖妇女和儿童的违法犯罪行为。

【打击毒品犯罪】 2010年，县公安局按照省、市、县开展新一轮三年禁毒人民战争的部署要求，围绕“预防为主、综合治理，禁种、禁制、禁贩、禁吸”禁毒方针，打击毒品违法犯罪活动，推动全县禁毒工作深入开展。一年来，在全县范围内组织开展“毒品整治专项行动”和参与市局组织开展的“南线扫毒行动”。全年共破获毒品案件54起，抓获犯罪嫌疑人37人，缴获毒品14125.5克（冰毒片5684克、海洛因8441.5克）。在侦办大宗贩毒案件的同时，加大对零星贩毒案件的打击力度，全年共破获零星贩毒案件4起，抓获吸贩毒嫌疑人4人，缴获毒品20.1克（海洛因）。与2009年同比，破案数增加1起，抓获人员数减少16人，缴获毒品数增加3540.86克，有效遏制吸贩毒问题滋长和蔓延。

【禁毒宣传】 2010年，澂江县公安局以禁毒宣传“六进”活动为载体，以宣传贯彻《禁毒法》为主线，借助“6·26”国际禁毒日、“10·26”云南禁毒日、“12·1”世界艾滋病日、“12·4”全国法制宣传日和立夏节，加大宣传力度，发展壮大禁毒志愿者50名，全年共举行禁毒展览20余场次，制作悬挂宣传标语横幅3条，张贴标语口号12条，发放宣传材料10万余份，发送禁毒宣传短信15万余条，利用全县277台天气预报综合信息平台滚动播出禁毒宣传标语1个月。通过广泛宣传，人民群众自觉抵制毒品的意识明显增强，营造“远离毒品、珍爱生命”的良好氛围和社会环境，受教育群众达16万人次，毒品预防知识知晓率达95%，在校学生毒品预防知识知晓率达100%。

【禁种铲毒】 2010年，县公安局在全县范围内开展禁种铲除工作，依法严厉打击非法种植毒品原植物违法犯罪活动。一年来，共查处群众举报非法种植毒品原植物案件3起，其中，刑事案件2起、行政案件1起，判处拘役2人，治安处罚1人。

【禁吸戒毒】 2010年，县公安局开展吸毒人员普查工作，做到了底数清、情况明、资料档案全。建立吸毒人员动态管控机制，以全员收戒为目标，全年共强制收戒吸毒人员39人，办理社区戒毒9人，办理社区康复28人，确保社会面上基本无失控吸毒人员。

【易制毒化学品管理】 2010年，县公安局建立和完善易制毒化学品管理机制，与全县31家生产、经营、使用易制毒化学品的企业和个人签订责任书。严格按照《禁毒法》和《易制毒化学品管理条例》的规定，办理购买备案证明98份，运输备案证明110份。

【无毒创建工作】 2010年，澂江县公安局在全县40个村（居）委会，356个自然村中开展无毒创建工作，经不懈努力，无毒村委会20个，无毒自然村312个，分别占总数的50%和87.6%。为使创建工作再上新台阶，各派出所对吸毒人员落实帮教措施，提高戒断巩固率，扩大社会无毒面，使无毒创建工作稳步发展。

【打击经济犯罪】 2010年，县公安局积极参与整顿和规范市场经济秩序，积极开展打击发票、银行卡、假币、侵犯知识产权和制售假冒伪劣商品“亮剑”专项行动。加大对涉案金额大、社会影响恶劣的涉众型经济犯罪活动以及其他系列性、多发性经济犯罪活动的打击力度，营造良好的市场经济环境。全年共受理经济犯罪案件8起，立案4起，破案2起，抓获犯罪嫌疑人2人，挽回经济损失6万元。与2009年同比，受案数减少3起，立案数减少7起，破案数减少9起。捣毁分布在县城的传销窝点8个，教育遣返传销人员42人，缴获传销书籍520本、宣传资料200份，暂扣手机44部。联合烟草专卖局共查获“两烟”违法案件共31起，查获非烟164.5条，查获无证运输烟叶10.835吨，涉案总价值达14.49万。通过严厉打击，有效维护了良好市场经济环境。

【查处治安案件】 2010年，县公安局坚决贯彻执行省公安厅《关于切实纠正立案不实问题的通知》精神，如实立案。全年共受理治安行政案件962件，查处758件，查处率78.79%，处罚839人，同比受理数增加169件，查处率下降20.89%，处罚人数增加3人。

【第六次全国人口普查】 2010年，县公安局积极开展第六次全国人口普查工作，加强户口整顿工作，共整顿58153户163693人。在户口清理整顿中共为432个非婚生、违反计划生育政策的婴幼儿办理了落户手续。受理换发二代证信息6636条，制发临时身份证594证。

【校园及周边治安秩序专项整治】 2010年，县公安局按照“见警察、见警车、见警灯”的要求，组织警力加强对学校、幼儿园及周边的安全保卫工作，确保校园师生人身财产安全，维护校园安全稳定。全年向学校、幼儿园派驻保安42名，在上学和放学时段共出动民警1580人次、协警2547人次、警车998辆次维护校园治安秩序及周边交通秩序。共对学校及幼儿园进行安全检查64次，发现隐患76处，已整改22处，责令限期整改54处。排查涉校矛盾纠纷7起，已化解3起，正在化解的4起；指导38所学校、1所幼儿园安装了监控报警设备，共安装监控探头421个；选派38名法制副校长和法制辅导员，到校开展宣传法制、消防、交通安全等工作4次；治安大队、凤麓派出所联合凤麓工商分局在凤山小学旁查处、取缔黑网吧2家，依法扣留电脑13台，破获涉校刑事案件4起，有力保障校园师生及幼儿安全。

【社会治安重点地区排查整治】 2010年，县公安局在排查整治行动中共排查行业场所46家，排查出社会治安重点地区2个。针对排查发现的盗采磷矿资源突出的情况，县公安局组成专案组开展专项行动，严厉打击盗采磷矿资源行为。1～11月，全局已查证盗采磷矿线索65条，立盗采磷矿案件5起，破5起，抓获犯罪嫌疑人35人，其中，4人已被移送起诉，其余31人刑转治处，分别被给予行政拘留并处罚款的处罚。期间，县公安局还协助县人民检察院侦办一批国家公务人员渎职、贪污、受贿案件。

【旅馆业管理】 2010年，县公安局针对旅馆业旅客入住信息采集、录入、上传率低的问题，采取定期通报制度，加强全县134家旅馆业的日常监督检查工作，数据上传率明显提高。

【危险品服务管理】 2010年，县公安局全面推行针对民爆物品的“治爆缉枪”专项行动，组织开展安全大检查，最大限度预防和降低涉枪涉爆案件及事故的发生。全年共收缴民用炸药106.1公斤，雷管2751枚，导爆索2300米，导火索50米。有力遏制了民爆物品不丢失、不炸响、不打响。

【出入境服务管理】 2010年，县公安局强化窗口民警服务意识，做好出入境服务管理工作，共受理审批公民出国（境）手续525人次。其中，出国237人次，内地居民往来港澳地区222人次，前往台湾旅游66人次。

【打击赌博违法犯罪】 2010年，县公安局以网络赌博、出境赌博、六合彩赌博等赌博形式为重点，开展专项斗争，发现境外网络赌博网站33个，上报有害信息33条，未发现境内赌博网站和网络赌博相关违法信息，未发现本地人员参与网络赌博、出境赌博、六合彩赌博等违法犯罪情况。

【扫黄打非】 2010年，按照公安部《关于公安机关治安部门进一步做好“扫黄打非”工作的通知》精神，2010年1～9月，县公安局治安部门联合文化、工商、城管等部门，集中力量对书报刊、音像制品、政治性非法出版物及印刷复制品进行全面清查，共检查书店4家，报纸、书刊出售点6处，印刷厂2家。经检查，在澂江县内未发现印刷政治性非法出版物和其他违规印制活动；为遏制网络色情违法活动，网安部门加强网上信息监控，广辟线索来源，通过巡查，共发现网上淫秽色情信息、视频61条；11月18日晚，共出动警力125人，对凤麓镇仙湖路、环城南路、澄波路、城郊结合部等重点区域开展社会治安集中专项整治行动。此次行动共清查旅店14家、美容美发室42家，录相室1家，慢摇吧1家，出租房屋68间，清查流动人口236人，盘查可疑人员53人，收缴管制刀具14把，斧头1把，钢管13根，假币100元，抓获违法人员21人，查处不按规定登记住宿信息的旅馆4家。通过日常监督、检查、整治和专项行动，有效遏制各种违法犯罪活动，净化了社会环境，对推进绿色文化市场奠定了坚实基础。

【交通管理】 2010年，县公安局以“降事故，保平安，保畅通”为工作目标，狠抓机动车和驾驶员的源头管理，加大对11种严重交通违法行为的查处力度，强化路面监控，确保安全、畅通有序的交通环境。一年来，交警大队共接处警1905起，全县共发生一般程序处理的交通事故12起，死亡10人，受伤12人，直接财产损失20650元，全年未发生一次死亡3人以上的特大道路交通事故，道路交通重大事故及死亡人数取得连续4年逐年下降的良好成绩。

【消防管理】 2010年，县公安消防大队、各派出所强化火灾安全隐患排查整治和消防安全监督检查工作，筑牢社会“防火墙”工程，广泛开展新《消防法》的宣传，狠抓消防安全责任制的落实，在各镇组建澂江县综合应急救援大队，持续抓好火灾保险，由县财政全额出资28.23万元，为35289户农户投保农村火灾保险，火灾保险覆盖率达到100%，有效避免农村村民“因灾至贫、因灾返贫”现象的发生。一年来，共排查辖区单位352家，下发责令改正通知书149份，整改火灾隐患396条，对违反消防法律、法规的16家单位进行行政处罚，共罚款13万元；三停单位4家，临时查封单位5家，拘留1人。全年全县共发生火灾31起，无人员伤亡，直接财产损失49.2万元。与2009年同比，火灾起数上升138.46%，直接财产损失上升64.08%。社会单位消防安全自治能力提升。

【监所管理】 2010年，县监管场所坚持“以人为本”的管理理念，依法、文明管理，以维护场所秩序、保证场所安全、保障在押人员合法权益作为工作重点，深入开展集中整治执法过程中涉案人员非正常死亡专项行动，严厉打击“牢头狱霸”，严格落实巡视、收押、提讯等各项规章制度。县公安局党委对看守所硬件设施建设高度重视，投入资金34.7万元加装防护栏、改造提讯椅、购买囚车1辆，摄像机、照相机各1部，彩色液晶电视2台、建设钢网墙、AB门等，为监所安全提供有力保障。严格贯彻“3.16”会议精神，采取措施确保监所安全，强化深挖犯罪工作，创新社会管理，引入中国传统文化《弟子规》宣传教育，积极开展看守所对外开放工作。看守所通过精心组织、周密部署，于2010年9月29日，邀请县人大、县政协、县政法委等部门代表参观所内监室、提讯室及医疗、食堂基础设施建设。通过此次对外开放，增进社会各界对看守所工作的了解，也将监管工作置于社会监督下。全年累计关押在押人员287人，月平均关押量109人。深挖犯罪线索69条，经侦查部门查证，破获刑事案件68起，抓获犯罪嫌疑人14人，打掉团伙4个，追缴赃款赃物折款3.18万元；拘留所共执行拘留156人，其中，行政拘留141人，司法拘留15人。“两所”全年安全无事故。

【社会矛盾化解】 2010年，澂江县公安局把社会矛盾纠纷排查化解作为一项常态警务工作，在7个派出所和交警大队设立调解室，建立完善现场、限时、限制调解机制，形成县公安局、派出所(队)、警务室、基层调解员“四级”调解网络，建立调解工作回访制度和公调对接模式，将治安调解与行政调解、司法调解、人民调解有机结合起来，加大调解力度，把矛盾纠纷化解在基层，化解在萌芽状态，减少“民转刑”，“刑转命”案件发生。全年全县公安机关共排查各类矛盾纠纷313起，调处化解293起，其余20起正在积极化解。

【社会管理创新】 2010年，县公安局创新社会管理工作。一、创新流动人口管理。推广“以证管人、以房管人，以业管人”工作机制，建立派出所、社区(责任区)民警、社区、单位、协管员五位一体的流动人口管理体系。全年共清理登记流动暂住人口7437人，全部办理暂住证并录入管理信息系统，做到底数清、情况明；二、创新网络虚拟社会管理，切实保障信息网络安全。为适应互联网迅猛发展新形势，在治安大队设立网安中队，配备2名专职民警、1名协警，将网安工作延伸至网吧、互联网使用单位，以加强“虚拟社会”管理，打击网络违法犯罪活动。一年来，网安中队配合其他所、队破获刑事案件7起，抓获犯罪嫌疑人25人，上报各类有害信息1500余条，配合工商、文化部门取缔黑网吧7家。组建由35名民警组成的网评队伍，提高对互联网信息的管控和应急处置能力，全县未发生影响重大的网络舆论事件；三、创新特殊人群帮教管理。对重点人口实行一人一档管理，并建立健全了帮教管控措施，切实做到底数清、情况明。一年来，全局共列管重点人口367人，已全部录入信息系统管理。开展肇事肇祸精神病人排查专项行动，在全县共排查人员435人，排查发现肇事肇祸精神病人34人，已全部录入全国肇事肇祸精神病人信息系统，其中，1人入住安康医院治疗，33人在家居住，纳入低保的30人，34人均已落实监护人，真正体现管理、服务、关爱精神。

【公正廉洁执法】 2010年，澂江县公安局党委树立“公正廉洁执法是公安工作核心，执法质量是公安工作生命线”的理念，把公正廉洁执法作为“一把手工程”和“系统工程”来抓，以“执法规范化建设”为载体，以公正廉洁执法为目标，提高民警的执法能力和水平，提高执法公信力。一、建立完善制度。结合实际，研究制定澂江县公安局《关于大力加强执法规范化建设的实施意见》、《关于贯彻落实“重大决策听证制度”的实施意见》、《执法质量考核办法》、《集中清理化解重信重访案件专项行动方案》、错案责任追究等一系列执法规范化制度，建立完善了“五级”执法责任制，确保全局民警严格、公正、文明执法，有效避免错案发生。二、加强法制队伍建设。一年来，为法制室配齐配强领导班子，调整充实法制民警，聘任20名法制员，促进全局执法质量稳步提升。三、加强教育培训。深入推进“大培训”工作，落实“三个必训”制度，把公安部《公安机关执法细则》和省厅《办理刑事案件工作规范》等六项重点工作规范作为执法教育培训的重点，通过公安专网“学习园地”专栏、法制在线栏目、执法答疑、视频讲座等多种形式，为民警学法用法搭建良好平台，开展学法用法活动。四、加强案件审核把关和开展案件评查工作。加大内部执法监督，严把案件质量关，及时发现并纠正执法过程中的程序性、实体性问题。一年来，法制室共审核刑事案件420件，提请检察院批准逮捕90件134人，检察院批准逮捕84件126人，批捕率94%；向检察院移送起诉109件180人，其中，检察院决定起诉101件170人，不起诉8件10人；审核裁决行政案件162件216人；审核强制隔离戒毒案件36件36人。对照省厅确定的《十大刑事执法不规范突出问题》和《十大行政执法不规范突出问题》，从刑侦、治安、禁毒、交警、派出所等办案部门抽取40起重大疑难复杂案件，组织开展案件评查工作，针对性开展执法制度建设和执法管理体系建设，以遏制涉法涉诉信访新案的发生。五、开展集中清理涉法涉诉信访积案活动。落实公安信访工作“四定两包”制度，制定《澂江县公安局集中清理化解重信重访案件专项行动方案》，坚持局长和部门警种接访制度，解决信访遗留问题，力争做到停访息诉。一年来，全局共排查信访积案7件7人，化解4件4人。受理来信来访案件7件，办结3件，移交1件，未办结3件。尚未办结的信访积案已明确包案领导和直接责任人，案件正在办理当中。六、强化内外监督。9月，县公安局完成局机关，凤麓、龙街、右所、海口、禄充派出所，交警大队办案场所(候问室、讯问室、询问室)视频监控系统建设，并联网到政工监督室，加强对执法过程的监督，规范民警执法行为，减少执法问题发生，维护民警执法权益。积极推行执法告知、火灾和道路交通事故公开认定、疑难信访案件公开听证、劳教案件聆询、信访案件回访等制度，依法保障相关人员的知情权、参与权、救济权。推行阳光警务，在指挥中心、治安大队、交警大队、消防大队等部门确定专人值守“96128”查询专线，主动接受群众咨询、投诉和社会监督。聘请特邀监督员、召开公检法联席会议、加强与新闻媒体合作，提升执法公开度和透明度，以公开促规范、保廉洁、赢公信。

【公安信息化建设】 2010年，县公安局以开展金盾工程二期建设为契机，从组织保障、经费保障、项目建设、信息采集、实战应用等方面入手，推进公安信息化建设和应用。一、加大投入，信息化基础设施建设得到加强。全年共投入250.23万元，顺利完成公安三四级网络扩容改造、110接处警系统重建、软视频会议系统升级改造、公安无线指挥通信系统建设、派出所信息化应用设备配备、警综平台系统建设和应用设备配备、桌面终端安全管理系统安装、网上督察系统等建设任务。顺利将二家村路口的视频自动抓拍机动车系统搬迁至三家村路口，发挥视频抓拍作用。更新更换中心机房、110接处警系统不间断电源，按时支付公安网、城市报警与监控系统、视频自动抓拍机动车系统年租费，确保了系统正常运转。二、加大培训力度，民警信息化应用水平逐步提高。上半年，县公安局组织5名民警到市公安局参加信息化应用培训，为本局开展培训培养师资力量，在全局开展以信息化自动预警平台、警综平台应用为主要培训内容进行全员培训，共举办培训班5期260人次，提高全局民警的信息化应用水平。为解决重建设、轻应用，部分民警信息化应用能力仍然不高等实际问题，局党委认真贯彻落实全省州市公安局长会议精神，牢牢抓住公安信息化建设这个支撑点，从强化全警应用意识和水平入手，于11月分3批参加并通过市局组织的业务骨干和局党委班子成员信息化应用考试。自12月1日起，在全局范围内再次组织开展全警信息化应用培训考试，强化“不会信息化的领导将失去指挥权，不会信息化的民警将失去工作岗位”意识，按照全员培训，人人过关原则，开展覆盖全警的信息化应用技能大练兵活动，将考试成绩纳入单位和个人年度考核内容，凡是补考不及格的，无论领导还是民警一律离岗培训。力求在较短时间内采取强制推行、强制入轨等硬性手段，在深化应用中全面增强公安机关核心战斗力。三、信息化应用成效显著。全年全局通过警务信息综合应用平台、情报信息综合应用平台、城市报警与监控系统、视频抓拍机动车辆信息系统等信息化手段已直接破获各类刑事案件85起，查获吸毒人员59名，通过布控抓获在逃人员20人，特别是通过城市报警与监控系统锁定“6·11”命案嫌疑人。

【和谐警民关系建设】 2010年，县公安局加强和谐警民关系建设。一、建立健全“大走访”活动长效机制。组织全局民警深入社区、村寨、企业、学校，广泛听取群众对公安工作的意见和建议，为困难群众提供一些力所能及的帮助，密切警民关系。通过“大走访”活动，共收集群众意见和建议30余条，获取有价值信息60余条，破获刑事案件39起，抓获犯罪嫌疑人96人。工作中，民警为41户困难群众送去慰问金10350元，慰问遗属、烈属40户，送去慰问金21300元。二、抗旱救灾。在抗旱救灾中，共排查群体性涉水纠纷2起，平息涉水群体性事件2起，筹资2万元为县公安局挂钩联系的凤麓镇澄波社区二台坡村修缮蓄水池，解决全村人畜饮水困难，向灾区运送饮用水5000余吨，解决3个村2000余名群众和1000余头牲畜的饮水问题。全局民警先后开展“民警爱心捐款”、“党员捐款”、“工会捐款”等多项捐款活动，累计捐款达20余万元用于全县抗旱救灾。通过“大走访”、献爱心活动，回应群众新期待、新需求，提升群众满意度。三、加强警察公共关系建设。建立专、兼职网评队伍，加强网上涉警舆论引导，按照“及时、主动、准确、统筹”原则，加强与媒体的沟通交流，扩大公安宣传的覆盖面、影响力和渗透力。聘请警察公共关系联络员15名，召开警民恳谈会、开展相约警务室、警营开放日等活动，和谐警民关系和警察公共关系建设得到长足发展。

【队伍建设】 2010年，县局党委始终抓住队伍建设这一根本，以党风廉政建设为抓手，着力构建具有公安特色的教育、制度、监督并重的队伍管理体系，努力建设一支政治坚定、业务精通、作风优良、纪律严明、执法公正的公安队伍，为维护全县社会政治和治安稳定提供了强有力的保证。一、开展“三读”活动。局党委认真组织并带头开展“爱读书读好书善读书”活动，先后组织12次党委中心组学习，深入学习贯彻党的十七届五中全会精神。坚持学习强警、素质强警的理念，在全局开展形式多样的读书、学习和研讨活动，营造“重视学习、崇尚学习、坚持学习”的氛围，把政治理论学习和“三读”活动作为开展思想政治工作的重要内容、作为提高队伍综合素质、增强队伍创造力、战斗力的重要手段。二、深入开展创先争优活动。局党委按照基层党组织“五个好”和党员“五带头”的要求，明确争创目标，进行公开承诺，以争创先进模范的决心带头完成各项工作任务。全局10个党支部作出公开承诺书，125名党员结合岗位实际，制定党员公开承诺书并在支部会议上宣读。在窗口部门设立党员示范窗口、党员示范岗，主动接受社会监督。通过这些活动，党员民警在思想上有了较大转变，事业心、责任感明显增强，服务群众的宗旨意识得到提高。三、组织开展“三观”学习教育活动。组织开展“优势观、资源观、政绩观”学习教育活动，着力解决队伍建设和业务工作中存在的不适应时代要求的问题。通过开展教育活动，全局民警思想上受到了教育，对县情的认识上得到了提高。四、加强日常监督管理。为加大公安队伍管理力度，充分发挥政工室、纪检监察室、督察大队的职能作用，切实加强内部监督管理，严格执行好公安部“五条禁令”、《公安机关人民警察纪律条令》、省厅“六条警规”、枪支管理“四项措施”，市局“五个不准”及县公安局《内部管理规定》在内的各项警规警纪，以明察暗访、现场督察、政法部门联合督察等方式，开展内部警务督察工作。同时，聘请11名警风警纪监督员加大外部监督，畅通监督渠道，杜绝民警违规违纪、违法犯罪行为发生。一年来，全局没有发生刑讯逼供、滥用强制措施、滥用武器警械致人伤亡案件，继续保持了“五条禁令”零违纪记录。五、开展“四查”教育整顿活动。县公安局从7月中旬至11月底，在全局开展以查思想查执法查纪律查作风为主要内容的“四查”教育整顿活动，深入查找整治公安队伍在执法思想、执法行为、纪律作风等方面存在的突出问题。通过四个阶段的教育整顿，民警执法为民的理念进一步强化，执法行为进一步规范，执法监督进一步健全，执法公信力进一步提高，队伍形象进一步改善，警民关系更加和谐。六、开展“警车和涉案车辆违规问题专项治理”。在“两车治理”中，局党委与各所队室“一把手”签订专项治理工作目标责任书，各部门“一把手”又与民警逐人签订责任书，确保责权分明、责任到人。通过层层签订《责任书》，开展滚动式明查暗访，实施刚性问责等有力措施，投入17万元，收回外用警车2辆，按规范改装、喷漆1辆，落户上牌3辆，警车和涉案车辆违规问题得到彻底整治，在公安部、省厅、市局检查初验基础上，县公安局加大整改力度，制定完善《澂江县公安局警用车辆管理使用规定》、《澂江县公安局涉案财物管理规定》等规章制度，建立“两车”管理长效机制。七、开展“集中整治执法过程中涉案人员非正常死亡专项治理”活动。在集中整治“涉案人员非正常死亡问题”方面，局党委多次召开会议进行专题研究，将办案场所改造和监管场所排查整治纳入重要议事日程，明确责任领导和责任人，严格按照“三室”（询问室、讯问室、候问室）建设标准和要求，投入30余万元，建成询问室7间，讯问室11间，候问室1间，安装监控系统9套共55个探头，配备录音录像设备11套，彻底扭转二楼以上建“三室”的情况，在硬件设施方面筑起一道安全屏障。通过扎实工作，在内肃风纪、外树形象方面取得明显成效。

【党风廉政建设】 2010年，县公安局着力构建有公安特色的教育、制度、监督并重的惩治和预防腐败体系，切实把党风廉政建设和反腐败各项任务落到实处。一、加强纪律作风教育。局党委认真落实中纪委十七届全会提出的廉洁自律五项要求，以《中央纪委、监察部、财政部关于进一步落实党政机关厉行节约要求的通知》、《关于坚决制止公款出国（境）旅游的通知》、《关于进一步加强因公出国（境）管理的若干规定》、《中国共产党党员领导干部廉洁从政若干准则》、《公安机关领导干部“五个严禁”》、《公安机关人民警察纪律条令》等为主要内容，在民警中深入开展学习教育活动，并组织民警参加廉政建设知识测试。同时，在全局民警中开展警示教育活动，及时传达学习民警违法违纪情况通报，组织观看警示记录片——《插翅难逃》，认真分析原因，从中吸取深刻教训，做到警钟长鸣。通过开展学习教育活动，强化民警廉洁从政意识、自律意识，切实把廉政纪律作为行为准则，把执行廉政纪律作为自觉行动。二、严格落实责任制。在1月12日召开的党风廉政建设和反腐败工作会上，副县长、局党委书记、局长李荣坤与局领导班子成员和10个党支部书记签订2010年党风廉政建设责任书，各党支部书记与每名党员签订《党员目标管理责任书》，建立一把手负总责，分管领导具体抓，一级抓一级，层层抓落实的党风廉政建设责任制。落实主要领导干部履行第一责任人的政治职责，做到“四个亲自”（重要工作亲自部署、重大问题亲自过问、重点环节亲自协调、重要案件亲自督办），切实履行“一岗双责”。三、加强党风廉政制度建设。结合实际，制定完善澂江县公安局《党风廉政建设责任目标考核办法》和《党员目标化管理考核办法》，将党风廉政建设与年终考核挂钩，从制度上筑牢廉洁自律防线，增强拒腐防变的能力。四、开展好民主生活会。12月1日，局党委高标准、高质量召开了党委班子民主生活会和反腐倡廉专题会，各党支部也开展了民主生活会。在民主生活会上，党员民警开展了批评与自我批评，深刻进行党性分析，自觉接受监督，虚心接受意见和建议，对不足之处及时整改，牢固树立廉洁从政意识，保持班子及队伍的纯洁性、廉洁性。五、严格管理，严格教育。一年来，县公安局加大纪检监察力度，严格审计监督，强化反腐倡廉，确保了队伍没有发生重大违法违纪案件。但极个别民警淡化了法纪观念，放松了纪律要求，发生了轻微违纪行为。对此，局党委坚持“惩防并举、注重预防、教育为主”的方针，对个别民警轻微违纪行为进行认真调查。为严肃纪律，强化队伍教育管理，经局党委研究决定，根据《澂江县公安局内部管理规定》，对6名有轻微违纪行为的民警和6名负有领导责任的领导给予了内部处理，分别扣发岗位津贴、全年定包奖和一次性奖金。六、坚持民主集中制，营造团结干事的工作氛围。在决策议事方面，按照“重大事项决策、重要人事任免、重大建设项目安排、大额度资金使用必须经集体讨论”的“三重一大”要求，建立健全党委会议决策议事制度，对干部任免、重大项目建设、重大工作部署、经费开支，坚持集体讨论、民主决策、科学决策。对事关全局的工作规定、考核办法等，在出台前充分征求县局各部门意见，再在党委会、局务会上集体讨论通过，确保局党委决策正确。日常工作中，班子成员始终坚持大事商量，小事通气，及时沟通思想，在班子中形成讲党性、讲大局、讲原则、讲团结、讲民主的氛围，政治上互相信任，工作中互相支持，感情上互相尊重，生活上互相关心的良好氛围，全年共召开党委会12次，其中研究重大工作部署7次，重大项目建设3次、重大人事问题6次、大额资金使用2次，经局党委讨论决定建盖县公安局业务技术用房项目正在稳步推进。七、扑下身子抓实事，身先士卒做表率。一年来，局党委坚持决策依据来自基层，工作思路源于实践，始终把工作的重心聚焦在基层一线和广大群众中，积极深入基层一线开展调研。按照局党委挂钩联系制度，党委成员共下基层走访、调研、督查300余人次。在急难险重任务面前，局党委坚持靠前指挥，在处置右所镇小湾村“9·17”堵路事件中，全局民警主动放弃中秋节、国庆节休假，局领导亲临现场指挥处置，亲自率领民警开展调查取证工作，为广大民警作出良好表率，领导班子执行力得到充分体现。八、坚持从严治警，从优待警的方针，先后制定民警年度体检制度、工休假制度、交心谈心制度、民警子女考入大学奖励制度、民警子女获奖奖励制度、民警住院慰问制度、民警就医“绿色通道”制度，制定看守所民警从优待警的五条措施，建立和落实基层派出所民警补助制度，对因公牺牲的民警家属、六一儿童节、民警职工生日、民警直系亲属亡故进行慰问，建立健全维护民警合法权益工作机制，保障民警合法权益，依法严肃查处暴力袭警和诬告陷害民警的行为。通过狠抓各项制度、措施的落实，最大限度凝聚警心，调动广大民警的工作积极性和创造性。九、抓公安宣传报道和理论研讨，弘扬公安主旋律。为树立公安机关的良好形象，在人民群众与公安机关之间搭起一座沟通的桥梁，提高群众对公安工作的理解与支持，不断拓宽宣传工作思路，创新宣传方法和手段，紧紧围绕公安中心工作开展宣传报道，先后在中央电视台、云南电视台、《云南法制报》、《警视窗》、《玉溪警方》等新闻媒体刊播公安新闻389篇，其中国家级新闻15条、省级90条。为总结工作中好的经验做法，深入开展理论调研，撰写报送上级公安机关调研论文9篇、编辑上报公安简报122篇、“三项重点工作”经验材料上报10篇，采用了10篇，圆满完成市局下达的任务。通过多渠道、多形式、多角度宣传报道，大力弘扬公安主弦律。

（李春华）

森林公安

【维护林区治安稳定】　2010年，澂江县加强维护林区治安稳定工作。全年全县共出动车辆176台（次）、警力573人（次），接警82起、处警82起，受理各类破坏森林和野生动植物资源的违法犯罪案件82起，查处82起，案件综合查处率为100%。其中，森林刑事案件立5起，破5起；林业行政案件立77起，查处77起；打击处理各类涉林违法犯罪人员83人，判处1人，警告、罚款和其它林业行政处罚82人次，林业行政罚款12.34万元，收缴木材、树木17.06立方米、野生动物80只（头）、野生植物131株，为国家挽回直接经济损失186万元。

【专项行动】　2010年，县森林公安局按照林业主管部门和上级森林公安机关要求，集中警力和时间开展以保护野生动物和打击破坏森林资源为重点的“冬季行动”和“春季行动”。专项行动期间，全县共清理野生动物驯养繁殖场所6处，清理木材加工经营场所11处，检查野生动物活动区域24处；集中整治阶段共查处各类案件18起，查处各类违法人员18人，林政罚款9.39万元，收缴野生植物23株，涉案价值达26.06万元，有力打击涉林违法犯罪分子的嚣张气焰，全面整治林区治安秩序。

【森林火灾案件查处】　2010年，澂江县遭遇旱灾，森林防火形势十分严峻。2009年12月至2010年6月期间，森林公安局全体民警、森警牺牲节假日及正常休息时间，严格24小时值班备勤制度，全力以赴战斗在工作第一线。接到火情，第一时间赶赴火场，为每起森林火灾案件的破获赢得宝贵时间。森林防火期间，全县共受理各类森林火灾案件11件，破获10起，其中，查获刑事案件5起（4起为未成年儿童），综合查处率为90%，比上年同期增长5%。

【林区禁种铲毒】　2010年，澂江县森林公安局加大禁种铲毒防控力度，落实不放过“一路一线、一山二坡、一株一苗”的要求，开展林区禁种铲毒工作。一年来，出动警力260人（次），参与禁毒专项宣传2次、踏勘可疑地块80处、清理林区出租房86间，有效巩固全县林区禁种铲毒工作成果，提高林区群众识毒、拒毒、防毒意识，消除林区不稳定因素。

【队伍建设】　2010年，澂江县森林公安局狠抓队伍管理建设。按照“凡晋必训”的要求，组织到期晋衔的民警参加了全省组织的警衔晋升培训班；按照计划要求，组织民警开展法律法规学习、案件评析活动、案件旁听活动、电脑基础知识培训、体能训练等活动；组织民警认真学习新颁布的《公安机关人民警察纪律条令》，认真贯彻执行《五条禁令》、《公务员八条禁令》、《六条警规》、公务用枪《四条措施》；严格按《公安机关人民警察着装管理规定》着装，严格工作纪律，严格日常养成。用制度规范民警行为举止。

【规范执法行为】　2010年，为提高民警执法办案水平，规范执法行为，澂江县森林公安局采取有效措施规范执法行为。具体为：执行“谁主管谁负责”的个案负责制，实行案件三级审核制度，实行办案人、法制部门、机关领导共同审核把关；执行案件审核测评、执法档案建设规定，控制违法违规办案和执法随意性问题；加强执法监督，查缺补漏。按照“事前介入，事中指导、事后监督”的要求，规定法制室每月必须下基层所队不少于2次，重点检查案件的办理情况、文书制作是否规范，对办案民警在执法办案过程中存在的问题给予及时解决，针对存在问题及时整改；加强理论辅导，同时采取互帮、互学、点评形式，对典型案件卷宗进行评述。通过集中培训及实际操作，民警的法律意识、证据意识、程序意识、诉讼意识和自我保护意识明显强化。

【警务信息化】　2010年5月，县公安局指挥中心为澂江县森林公安局配备到各所队的电脑（共计4台）全部安装公安网络，加上派出所及原来县局办公室安装的公安网络电脑，全局共有6台电脑接入公安网络，达到每个所队1台的标准，有力促进警务信息化建设，极大改善民警执法办案信息查询难问题。

【队伍正规化】　2010年，针对警力不足问题，县局为抚仙湖林区派出所新招录2名正式民警，从地方公安调入民警1人；为加强派出所领导班子建设，在全市统一招考副科级领导干部中，为抚仙湖林区派出所配备1名派出所所长。年末，澂江县森林公安局在职在编民警数增至14人，实职副科级以上领导3名。通过以上措施，有力加强队伍正规化建设，为全县森林公安事业发展奠定坚实基础。

（王艳琼）

检察院

【领导名录】

检 察 长　褚绍明

副检察长　罗玲芬

沈云坤

朱仁军

党组书记　褚绍明

党组成员　罗玲芬

沈云坤

马　森

李安明

速　春

纪检组长　速　春

【综述】　2010年，澂江县人民检察院围绕“社会矛盾化解、社会管理创新、公正廉洁执法”三项重点工作，全面履行检察职能，不断加强和改进自身建设，各项检察工作取得新进展，为澂江经济社会平稳较快发展作出贡献。

【队伍建设】　2010年，县检察院高度重视队伍学历和素质教育，积极选派检察干警参加上级检察院举办的各种教育培训和岗位练兵活动，增强队伍战斗力。继续鼓励干警提升自身专业素质，2010年，有3人顺利通过国家司法资格考试，队伍结构专业化水平大幅提升。充分发挥业务骨干的引领带头作用，一名干警获“全国检察机关反渎职侵权部门办案业务标兵”称号；3名干警被市检察院荣记三等功，多名干警受到县委、县政府和省市检察院的表彰奖励。

【纪律作风建设】　2010年，县检察院开展“一通报、一堂课、一宣誓、一展览、一讨论”的“五个一”廉政教育活动。以公开通报干警工作作风、纪律作风存在的突出问题，检察长上党课、检察官任职宣誓、参观检察机关自身反腐倡廉教育展览并深入开展讨论等形式，提高干警责任意识、敬业意识和遵章守纪自觉性；坚持从严治检不放松，党组成员率先严格要求自己，从自身做起，起好模范带头作用，对干警发生的违纪行为，严肃处理，绝不姑息迁就；深入开展“反特权思想、反霸道作风”专项教育活动，有效根除干警特权思想，提升服务意识。

【文化建设】　2010年，县检察院在开展“学习型党组织建设、创建学习型检察院”活动过程中，结合执法办案，深入调查研究，调动干警积极性和主动性撰写调研文章和检察工作简报，取得可喜成绩。一篇检察工作简报先后被省检察院、省委办公厅、中央办公厅层层转发后受到温家宝总理亲笔批示，之后玉溪市委书记孔祥庚、县委书记崔明又分别作出批示，充分发挥了检察信息为领导提供决策的辅助作用；在玉溪市检察机关一年一度重点调研课题评审活动中，县检察院1篇调研文章被评为一等奖，1篇调研文章被《玉溪检察》、《云南检察》、《中国检察官》等刊物转载；经过多年努力，《澂江检察志》顺利出版；开展创先争优文化长廊建设，努力营造积极向上的检察文化氛围。

【反贪反渎工作】　2010年，县检察院共立案查处贪污贿赂及渎职侵权案件13件13人，其中，反贪10件10人、反渎3件3人。所立办案件中，大案11件，占立办案件数的85%，通过办案挽回直接经济损失78万余元（反渎挽回25万余元）；突出查办危害能源资源和生态环境背后的职务犯罪，从全院干警中抽调精兵强将组成专案组，深入查办破坏环境资源背后的职务犯罪案件9件9人，占全年立办案件总数的69%。通过严肃查办此系列案件，有效打掉涉矿违法犯罪行为背后的保护伞，遏制了对矿产资源的盗采盗卖行为；加大对行贿犯罪的打击力度，从源头惩治腐败，在严肃查办受贿犯罪的同时，突出打击行贿犯罪，立办行贿案件3件3人；重视办案质量和安全，不断总结办案经验，在立案侦查的过程中，侦监、公诉部门适时介入，引导侦查，帮助依法收集、固定证据，确保每一个案件经受住历史的检验，所办理的13件案件中，人民法院均作出有罪判决；全面加强办案安全防范工作，不断完善办案安全的防控机制，提高安全防范意识，切实改善办案区硬件设施，确保加大查处职务犯罪的同时，办案安全零事故。

【侦查监督工作】　2010年，县检察院严厉打击危害公众安全犯罪、黑恶势力犯罪、严重暴力犯罪、多发性侵财犯罪和毒品犯罪，维护社会治安秩序，切实增强人民群众安全感。全年共受理移送审查批捕案件109件171人，决定批准逮捕93件150人，决定不予批准逮捕16件21人，发出《不逮捕理由说明书》16份，没有发生错捕、漏捕现象；加强立案和侦查监督，以有案不立和不该立案而立案为监督重点，共办理刑事立案监督案件14件15人；以纠正刑事诉讼中的违法行为、严防错漏、确保案件质量为重点，监督纠正诉讼活动中存在不符合法律规定问题的案件7件，追捕漏犯2人。

【公诉工作】　2010年，县检察院共受理各类移送起诉刑事案件140件213人，提起公诉126件195人，报送玉溪市检察院10件18人。提起公诉的案件没有发生撤回起诉的情况，所有提起公诉的案件法院均支持县院指控，作出有罪判决；强化刑事审判监督，建议人民法院及时纠正判决、裁定确有错误的案件3件；准确把握宽严相济刑事司法政策，坚持该宽则宽、当严则严、宽严适度，在打击严重影响群众安全刑事犯罪的同时，依法对轻微刑事犯罪适用从宽政策，从源头上减少社会矛盾对抗，对主观恶性小、社会危害不大、犯罪情节轻微的初犯、偶犯、过失犯、未成年犯、老年犯及因家庭、邻里纠纷引发的轻微刑事案件依法从宽处理，对13名不需要判处刑罚的犯罪嫌疑人作出不起诉决定，对63件案件提出从轻、减轻处罚的量刑建议，对罪行轻微且被告人认罪的案件20件24人建议法院适用简易快速审理程序。

【民事行政检察工作】　2010年，县检察院发挥民事行政检察工作在推进社会矛盾化解、社会管理创新、公正廉洁执法三项重点工作中的职能作用，实现办案力度、质量、效率、效果有机统一，强化民事审判和行政诉讼监督，共受理审查各类民事行政申诉案件16件，其中，提请市检察院抗诉并获改判2件，建议提请抗诉1件，省检察院已提出抗诉、向人民法院发出再审检察建议2件，支持起诉2件，督促起诉1件，说服当事人息诉服判8件。

【驻所检察室工作】 2010年，县检察院认真做好收押、释放、交付执行的监督检查工作，共检查刑事判决书、裁定书及其他法律文书813份，发现法律文书错误11处；在看守所的支持配合下，对在押人员的身体情况进行集中检查；以预防超期羁押工作为重点，向相关部门提前提示和催办案件14件22人次；配合看守所、武警中队做好监管场所的安全防范工作，开展打击“牢头狱霸”专项活动。

【控告申诉工作】 2010年，县检察院充分发挥控告申诉部门在社会矛盾化解过程中的前沿作用，全年共受理群众来信来访55件55人，检察长接待案件14件14人，所受理的来信来访案件虽无涉检情况发生，但全部按规定作出分流、转办处理。切实做好省、市、县三级检察长联合接访活动，认真答复、落实来访人员反映的问题，共接访10件17人；抓好涉检风险评估预警，制定预警机制，共对9件不批准逮捕、不起诉和涉及扣押款物案件进行风险评估或采取预警机制；贯彻落实《关于开展刑事被害人救助工作的若干意见》，制定《澂江县人民检察院开展刑事被害人救助工作措施》，切实有效保护刑事被害人及近亲属合法权益，配合政法委等部门对4件符合救助条件的刑事被害人进行救助，取得较好的社会效果。

【预防职务犯罪工作】 2010年，县检察院把预防职务犯罪作为化解深层次社会矛盾的有效途径，深入开展预防调查、犯罪分析和检察建议等工作。全年结合查办的职务犯罪案件开展立项预防7件，针对立项预防案件开展预防调查39次，发出检察建议12份，帮助单位、行业、系统查找问题，健全规章制度。在查处涉矿违法犯罪背后的系列职务犯罪案件中，预防工作同步跟进，通过参与办案，走访调查，撰写预防专题报告和检察建议，受到县委领导批示，引起相关部门高度重视并认真整改。先后与10家单位建立预防共建工作联系制度、信息共享机制和检察约谈制度。进行警示教育和预防宣传12次570余人，精心挑选发生在本县的典型腐败案例，配合相关部门制作警示教育片4部，分别在省、县电视台《聚焦公诉》、《法制澂江》栏目播出，收到良好的预防宣传效果。抓住系统预防、政府采购、建设招投标三个环节在全市基层检察院中率先打开全领域行贿犯罪档案查询工作。共受理查询78件161个单位，实现技术预防的重大突破，促进社会诚信体系建设。

【环境保护检察工作】 2010年，县检察院环保检察科协助公诉部门审查起诉各类刑事案件8件12人，提起公诉后法院均已作出有罪判决。接受院领导安排，审查起诉市检察院交办的职务犯罪案件2件2人，均已向人民法院提起公诉。案件审查过程中，承办人严把起诉案件证据确实、充分性标准，退回公安机关补充侦查3件5，涉及过失致人死亡、合同诈骗和招摇撞骗等罪名。其中，招摇撞骗案通过退侦并提起公诉后作了有罪判决。而涉案金额百万元以上的合同诈骗案经过两次退侦，承办人认为现有证据达不到起诉要求，遂提请本院检察委员会讨论，并两次报请市检察院论证后作了存疑不起诉处理。

【人民监督员办公室工作】 2010年，澂江县人民检察院组织人民监督员监督拟不起诉职务犯罪案件1件1人；按照全省检察机关人民监督员制度试点工作会议要求，加强对“五种情形”（应当立案而不立案；超期羁押，违法收查扣压、动结；应当给予刑事赔偿而不依法确认或不执行事赔偿决定的；检察人员办案中有徇私舞弊，贪赃枉法，刑讯逼供，暴力取证等违纪违法情况）的监督力度，在吸取其他检察机关对“五种情形”监督的工作创新启示下，积极探索和尝试，邀请人民监督员对本院反贪案件扣押涉案款处理情况进行监督，完成“五种情形”中“违法搜查、扣押、冻结情形”案件监督3件3人，实现“五种情形”案件监督零突破。此外，就全院2010年重点查办的破坏矿产资源职务犯罪案件，组织人民监督员旁听案件庭审1次。根据《玉溪市人民检察院关于进一步加强与省、市人大代表联系工作的意见》、《玉溪市人民检察院关于进一步加强与省、市政协委员联系工作的意见》内容，结合基层检察院工作实际，及时制定《澂江县人民检察院关于进一步加强与省、市人大代表联系工作的意见》和《澂江县人民检察院关于进一步加强与省、市政协委员联系工作的意见》，并经院党组讨论决定，人民监督员办公室作为县检察院与人大代表、政协委员联络工作的职能部门，成立以检察长为组长、副检察长为副组长、各科室负责人为成员的领导小组，组织协调与县人大代表、政协委员的联系工作。邀请部分省、市、县人大代表、政协委员视察反渎职侵权工作；邀请部分县人大代表、政协委员对盗窃矿产资源盗窃案进行旁听，并就出庭公诉人的语言、仪表等10个方面进行评议，有效促进公诉工作的提高。

【检务保障工作】 2010年，县检察院把上级院绩效考核办法和县委创先争优实施办法结合起来，制定《创先争优考核奖惩办法》，使各项具体内部管理规定内容与之紧密相连，奖罚分明，在市审计局对县检察院经济活动进行审计中，审计机关和审计人员对全院的财务管理给予了充分肯定；在公用经费保障标准得以全额落实基础上，积极向上争取资金，先后筹集到各级配套资金250余万元，全面偿清基本建设负债，改善了交通、技术设施，有效保障办公办案需要。

【检察技术工作】 2010年，县检察院检察技术科坚持建用并举、重在应用的思路，着力推动信息化应用水平。完成新版办公自动化安装配置并正式投入运行，实行案件网上同步办理，做好执法业绩档案的相关工作；利用网站开展检察宣传工作，及时在网上发布相关图片信息，全年宣传报道37条；维护和管理电视电话会议系统，全年完成与上级院电视电话会议连接30余次；做好电子政务、机要通道等系统日常维护工作，确保公文收发正常运行。

【党支部工作】 2010年，县检察院党支部认真贯彻落实《澂江县机关党建工作目标管理责任书》、《澂江县机关党建工作责任制目标考评表》相关规定，发挥党支部、党小组的战斗堡垒作用，面对特大干旱，积极组织全院干警捐款40000余元及矿泉水等生活用品送到灾区群众手中；组织科级以上干部结对帮扶活动，帮助解决农村贫困老党员的生活困难问题。

（吴文成）

法　院

【领导名录】

院　　长　潘万江（2010年1月离职）
　　　　　王海明（2010年2月任职）
副 院 长　洪家敬（2010年1月离职）
　　　　　陈伟山
　　　　　曾永祥
党组书记　潘万江（2010年1月离职）
　　　　　王海明（2010年1月任职）
党组成员　洪家敬（2010年1月离职）
　　　　　陈伟山
　　　　　曾永祥
　　　　　李　辉
　　　　　李兴华
纪检组长　李　辉

【综述】 2010年，澂江县人民法院以人民群众认同为目标，以社会矛盾化解、社会管理创新、公正廉洁执法三项工作为重点，紧紧围绕县委、政府中心工作，建立大立案、精审判、强执行、重监督管理格局，在立案、审判、执行、信访的全过程始终贯穿调解和执行两大理念，抓班子带队伍、完善法院管理、深化司法改革、发挥司法职能，各项工作取得新进展。全年共受理各类诉讼、执行案件1029件，同比受案上升7.64%，案件数量首次突破千件。审、执结989件，结案率96.11%，同比结案上升2.39%。

【立案信访窗口建设】 2010年，澂江县人民法院以满足群众需求为着力点，以争创全省优秀基层法院立案信访文明窗口为目标，加强立案信访文明窗口建设。一、完善立案大厅硬件设施。根据立案和信访“优质服务窗口”创建标准，改造立案信访便民服务大厅，在立案大厅设立立案、申诉、申请再审，绿色通道、诉讼服务、判后答疑、银行收费5个柜台式服务窗口，设置院长接待室、人民来访接待室、执行来访接待室及导诉、等候、便民服务等区域，同时配备自动饮水机、便民座椅、书写工作台、老花镜、助听器等便民设备，在便民服务台摆放《便民联系卡》、《司法服务指南》、《诉前告之书》等便民诉讼材料，免费提供当事人。二、实行立案、收费“一站式”服务。与金融机构协调，由金融机构在立案大厅开设专门的收费代办窗口，一般案件从诉状递交、证据审查、案件登记到诉讼费预交均可在20分钟内完成。三、规范窗口服务行为，提升服务质量，细化立案信访制度。通过以上措施做到方便群众诉讼，热情接待，全心服务百姓。

【刑事审判】 2010年，澂江县人民法院共受理各类刑事案件176件268人，审结172件264人，结案率97.73%。同比，收案上升6.02%，结案上升3.15%。其中，盗窃、故意伤害、抢劫等多发性犯罪110件178人，毒品犯罪15件21人，交通肇事15件15人，贪污、受贿、玩忽职守等职务犯罪13件13人。审结马增永等人暴力袭警妨害公务、非法拘禁案，梁小兵等人寻衅滋事、抢劫等涉恶势力暴力犯罪案，马克俊等人盗窃帽天山国家地质公园保护区磷矿石及相关国家工作人员受贿、渎职案，中纪委督办的原市运政管理处处长陈有云私分国有资产、滥用职权、受贿等大批社会影响重大的案件。在刑事审判中，着力从四个方面加强工作：一、坚持贯彻宽严相济的刑事政策，做到宽严依法、宽严适度、罚当其罪。共判处罪犯201人，其中，判处5年以上20年以下有期徒刑36人，判处5年以下有期徒刑、拘役、管制和单处罚金96人，依法免予刑事处罚8人，宣告缓刑61人，对12名自诉案件被告人依法作出无罪判决。二、积极开展量刑规范化工作，规范裁量权，将刑事审判量刑纳入法庭审理程序，确保刑事审判量刑的公开、公正、均衡。全年将量刑纳入庭审程序审结的案件占刑事结案的58.14%。三、加强刑事自诉案件和附带民事案件的调解、执行工作，力求调解双方满意，执行一次到位，做到减少社会对立，保障合法权益。共审结刑事附带民事诉讼案件63件，民事赔偿部分成功调解38件，履行标的109万元。四、加强对未成年人犯罪案件的审判、回访帮教和社区帮助。共对16件青少年犯罪案件的19名青少年进行庭审帮教，对7名罪犯进行回访考察，为预防和减少犯罪发挥了积极作用。

【民商事审判】 2010年，澂江县人民法院共受理民商事纠纷案件573件，审结554件，结案率96.68%，同比收案上升7.71%，结案上升3.07%。针对民商事案件的特点，注重审判的实际效果。对婚姻家庭纠纷、人身损害赔偿、相邻纠纷等矛盾容易激化的案件及群体性纠纷案件，注重做好调解工作，共调解上述案件276件，撤诉121件，调撤率71.66%，有效化解了矛盾纠纷，消除社会不安定因素；及时审理好各类借款合同等金融纠纷案件140件，有效防范和化解金融风险。在对买卖合同纠纷、工程承包合同纠纷等案件的审理中，注重引导市场经济参与者遵纪守法，合法经营，提倡诚实信用的良好商业道德，从而保障正常有序的社会主义市场经济秩序，共审结上述案件50件；对可能引发群体性事件和矛盾易激化的案件，及时建立审判风险评估和预警处置机制，提前应对、早做防范；加强对人民调解工作的指导，并采取特邀调解、指定调解的方式，鼓励支持社会组织、社会力量积极参与纠纷解决，实现诉调有效对接，抓好矛盾的源头预防和排查化解；注重调解案件的及时清结率，调解结案的276件案件中，当庭履行92件，履行标的338.46万元。

【行政审判】 2010年，澂江县人民法院行政审判工作以妥善化解行政争议，促进依法行政，维护人民群众合法权益，推进法治澂江建设为重点，忠实履行审判职责。共受理行政案件7件，审结6件，审查行政非诉执行案件36件，移送执行30件。一、依法履行司法审查职能，坚持维护、监督与支持并举，依法维护合法行政行为，纠正违法行政行为。保护公民、法人和其他组织的合法权益，维护和监督行政机关依法行政，妥善化解行政争议，促进地方经济发展。二、引入行政协调机制，强化协调力度。根据最高人民法院的部署和要求，积极探索用协调和解的方法，引导当事人以合法、合理的方式表达利益诉求，运用群众听得懂、信得过的方式处理问题，有效化解行政争议，增进人民群众与政府之间的理解与信任。三、推进行政机关法定代表人出庭应诉制度，促进依法行政，行政机关法定代表人出庭应诉案件7件。四、拓展行政审判服务领域，努力优化行政司法环境。加强与行政机关的联系、沟通，共同推进法治澂江建设。

【执行工作】 2010年，澂江县人民法院以争创“无执行积案法院活动”为载体，全方位入手，多管齐下，努力实现执行工作的良性循环。建立执行指挥中心和应急执行小组，及时处理执行线索和突发事件；加强执行考评体系，将案结事了率、实际到位率、恢复执行率等纳入考核；继续深入推行已建立的执行联动威慑机制、执行救助机制、立审执协调配合机制和执行结案标准，在提高案件调撤率的同时，着力提高同步执行率，尽力做到案结事了，防止产生新的执行积案。在立案、审判阶段共执行案件170件，执行标的527.5万元；不断转变作风，耐心做好教育宣传工作，对有执行能力而拒不执行及妨碍执行者依法制裁，共依法决定司法拘留7人次。由于执行措施有力，全年县法院共受理申请执行案件234件，同比，执行收案下降6.77%。执结218件，执结率93.16%，执结标的621.15万元。

【“两项”活动】 2010年，澂江县人民法院按照中央、省、市、县政法委和上级法院的部署，积极开展清理涉诉信访积案和案件评查“两项”活动。集中清理涉诉信访积案活动要求，对截至2009年底尚未息诉罢访的涉诉信访积案逐一摸排并力争2011年前将其彻底消化解决；案件评查活动要求对已办理的各类案件，重点评查群众反映强烈的信访案件、容易滋生腐败、容易发生违规违法的民商事审判和执行案件、适用缓刑的案件、经反复工作仍不能息诉罢访的案件展开评查工作。按照活动要求，县法院采取上下结合、内外结合等多种方式，对案件进行集中大排查，做到底数清、情况明、数据准。在院内各庭室集中摸底排查和自查的同时，向澂江县委、人大、政府、政协、纪委等部门进行摸底调查。经梳理，初步确定10件列入清理范围，并报请县委政法委进行甄别、指导。同时，筛选出刑事、民事、执行等不同类型的40起案件作为评查对象。活动中，县法院抽出专门人员成立活动领导小组，制定实施方案，对“两项活动”作出具体部署，将责任落实到部门，落实到人，强调院长、主管副院长要亲自包案，亲自接访，为第一责任人，同时坚持边排查边评查边化解、边清理边控访，边评查边整改的工作原则，加强源头治理。通过努力，10件排查出的信访积案已全部化解，对中院交办的6件信访积案，化解1件，报请终结2件，3件正在化解当中。对筛选出的40起案件，县法院围绕案件事实认定、法律程序、法律适用、法律文书等方面开展自查和复查，强化执法监督，提高案件质量。通过“两项”活动，实现当事人合理诉求解决到位，错误瑕疵纠正到位，思想教育疏导到位，实际困难帮扶到位。

【司法为民】 2010年，澂江县人民法院采取多项措施进一步加强司法为民工作。一、以解决群众最关心、最直接、最现实的司法问题为切入点，完善诉讼便民、利民各项措施，满足群众需求。加强诉讼指导和诉讼风险提示，保障当事人正确行使诉权；加大巡回审判力度，方便群众诉讼，减少当事人诉累和诉讼成本；设立绿色通道，为残疾人、现役军人、孕妇、70岁以上老人提供专门的服务窗口，对特殊案件标明绿色标志，加快办理进度；与县残联签订《共建无障碍通道协议书》，为残疾当事人建成专用无障碍通道，提供轮椅、拐杖等助残设施；开展司法救助，展现司法人文关怀，为交通事故以及抚养、赡养等23起案件的当事人缓、减、免诉讼费4.44万元。二、进一步关注民生，贴近民众，关爱弱势群体，积极落实涉法涉诉特困群体救助长效机制。全年解决25起司法救助执行案件，发放救助资金39万余元。取消了实支费、邮寄费的收取，真正让老百姓打得起官司。

【能动司法】 2010年，澂江县人民法院发挥司法能动性，拓展审判服务领域，支持、配合县委、县政府及有关部门积极履行职责，有效提升审判的社会效益。一、助力综治管理。与公安、检察机关密切配合，积极开展“打黑除恶”等专项整治行动，促进社会治安防控体系建设；在社区、村组、学校通过举办法制讲座、发放法制宣传资料等，为群众提供司法服务；积极开展案件回访和参与社区矫正等活动，配合做好特殊人群的帮教管理工作。二、强化司法建议。关注各类可能危及经济和社会安全的法律风险，加强对征地拆迁、劳动保障、环境保护、医患纠纷、交通事故等多发案件的排查梳理和分析研判，及时向党委、政府及其相关职能部门提出加强和改进社会管理的法律意见和建议。三、拓展服务领域。积极参与国土资源学院项目、蛟龙潭村及梨花路搬迁等工作的协调，为党委、政府决策提供法律参考。四、加强司法宣传。突出主题策划，认真研究和探索人民群众更易接受的宣传方式，扩大宣传效果，努力营造良好的法治舆论环境。

【党建工作】 2010年，歙江县人民法院坚持以党建带队建，着力加强党组织建设，健全组织生活制度，落实党建工作责任制。坚持抓班子带队伍，强化班子成员的政治意识、大局意识、服务意识。增强广大党员干警的党员意识，强化党性观念教育，严格党的组织纪律，要求广大党员克服各种困难，抓好执法办案，在推进三项重点工作中发挥先锋模范作用。

【作风建设】 2010年，歙江县人民法院紧密结合新形势下人民群众对司法工作的新要求、新期待，以解决司法不公、司法不廉洁为重点，积极配合上级法院司法巡查、巡视组的巡查、巡视工作，开展司法作风、司法警察警示教育活动，着力解决部分干警群众观念淡薄、作风简单粗暴、工作效率不高、敬业精神不强等问题，强化纪律作风建设。教育干警讲究司法礼仪、弘扬司法文明、增强群众观念、促进法院机关作风建设。

【“创先争优”活动】 2010年，歙江县人民法院根据中央和省、市、县委统一部署，积极组织开展“创先争优”活动。针对抗旱救灾工作可能出现的矛盾纠纷，按照中院出台的《关于当前形势下充分发挥审判职能作用做好抗旱救灾的指导意见》，确实加强审判工作，同时积极组织开展“抗旱救灾、共产党员先锋行动”。到扶贫点送温暖，共组织三次捐款活动，捐款人民币5万余元，并先后为联系点捐资、协调资金4万余元。组织开展办案能手、服务能手等评比活动。全面开展“共产党员先锋岗”、佩戴党徽、亮牌活动，不断推进法院各项工作。

【党风廉政建设】 2010年，歙江县人民法院全面落实党风廉政建设责任制和反腐败斗争的各项部署。层层签订党风廉政建设责任状，同时中层干部一并签订廉洁自律承诺书，强化“一岗双责”。积极开展党性党风党纪教育活动，加强领导干部党性修养。通过召开党组民主生活会、全院干警大会等形式，传达学习党风廉政建设工作的有关文件和会议精神，坚持开展经常性的司法文明教育、职业道德教育和廉政警示教育，使广大干警常修从业之德，常怀律己之心，常思贪欲之害，从而进一步增强党组班子成员及全院干警的党性观念和拒腐防变能力。认真落实“五个严禁”，设立举报电话和举报电子邮箱，加强对干警八小时之外的有效监督，加强对审判权、执行权等关键岗位的监督、制约，积极预防和遏制违法违纪现象的发生。加大查处力度，对影响司法权威和人民法院形象的不良工作作风，严格落实责任，做到惩前毖后，防患于未然。

【内部管理】 2010年，歙江县人民法院坚持从严治院，从严治警，建立以制度为核心的约束机制，做到以制度管人、管权、管事。规范审判管理。建立《绩效考核办法》，将立案、审判、执行、调解等各项工作纳入《绩效考核办法》，用《绩效考核办法》来客观评价各部门和全院干警的工作成效，实现对各个环节管理全面覆盖。通过有效的竞争机制，增强干警的责任意识和竞争意识，激励先进，鞭策后进，形成力争上游的工作氛围。完善政务管理，以绩效考评为依托，全面推行岗位目标量化考核，充分发挥绩效考评机制的激励作用。建立健全干部队伍管理机制。强化事务管理，健全财务监督管理机制，加强对人员经费、公用经费、诉讼费、执行款等款项的资金管理，从制度上、管理上堵塞漏洞。加强车辆管理，保障业务用车，使各项工作制度化、规范化、常态化。

【法院改革】 2010年，歙江县人民法院创新审判机制，实施三项改革：一、建立人民调解协议诉前司法确认机制。为建立矛盾纠纷多元化解决机制，实现人民调解与司法调解的有效衔接，构建大调解格局，最大程度的把矛盾化解在基层。县法院邀请县检察、司法等部门及时召开研讨会，经过多次研讨论证，由县综治委牵头，率先在全市施行人民调解协议诉前司法确认机制。该机制的建立，实现了人民调解组织与人民法院工作层面上更多的相互借力和参与，对构筑维护社会稳定防线，促进社会和谐具有现实的意义。得到了党委、人大、检察、司法等部门的支持配合及人民群众的普遍认可。二、推进案件繁简分流，建立“速调速执”机制，缓解审判压力，提高案件审判质量和效率。在审监庭、审务办分别设立速裁一庭、速裁二庭，与立案庭一并办理诉前调解。对简易民事案件实行即收、即调、即执；对复杂疑难案件按不同的案件类别分流到各业务庭审理。通过合理的案件分流，实现当繁则繁，宜简则简，难案精审，简案快审。全年共速裁民事案件129件，占全院民事结案总数的23.29%，其中，调解93件，撤诉36件，速执38件，执行标的53.85万元。高效、快捷的工作方式和良好的速裁效果赢得了群众的欢迎和赞誉。三、将“通知类准行政行为”纳入司法审查范围。在全县清理整治违法占地工作中，积极探索行政非诉执行案件审查的新方法，将土地行政机关在作出处罚决定前向土地违法当事人下发的《停工通知》视为准具体行政行为，并将此通知类行政行为纳入司法审查的范围，经土地行政机关申请，法院及时向行政相对人发出停止违法行为的裁定，司法前移，即时制止土地违法行为，有效支持行政机关依法行政。全年共审查歙江县国土局申请执行的“通知类准行政行为”案件36件，裁定准予执行30件，在辖区内产生了极大的法律威慑力，土地违法行为人在收到裁定书后立即停止了施工，之前想跟风动工建房的农户也打消了违法建房的念头，土地违法行为的蔓延态势得到了有效控制，取得了良好的社会效果。

【与人大政协联络工作】 2010年，歙江县人民法院认真贯彻《中华人民共和国各级人民代表大会常务委员会监督法》，自觉接受人大的法律监督和政协的民主监督。主动征求代表委员们对法院工作的意见建议，邀请人大代表和政协委员旁听重大案件庭审，视察法院工作，主动将审判和其他各项工作置于县人大、政协和社会各界的监督之下。全年共邀请县人大代表、政协委员26人次旁听13起案件的庭审情况，收获宝贵的意见和建议。“两会”期间，派出人员到各代表团广泛听取意见和建议，并认真加以落实。

【文化建设】　2010年，澂江县人民法院出台《澂江县人民法院关于加强法院文化建设的实施意见》，确实加强法院文化建设。积极开展争创“文明单位”、“先进集体”、“先进个人”等一系列活动，努力提升榜样的典型示范作用；举办优秀法律文书、调研文章、精品案例评选活动，并组织汇篇成3本书，即《澂江县人民法院调研论文集》、《澂江县人民法院审判案例要览》、《澂江县人民法院信息汇编》，将全院一年来的调研成果进行全面展示；利用现有的摄像器材，对审理过程中遇到的典型案例进行录制，并借助市、县电视台《法庭纵横》、《法治澂江》两个法制宣传栏目宣传全院法官积极践行“公正司法、一心为民”的先进典型和感人事迹，扩大办案的社会效果。全年播出《法庭纵横》电视栏目4期，播出《法治澂江》电视栏目5期；购置乒乓球桌及健身设施，深入开展丰富多彩的文体活动，提升干警高尚健康的生活情趣。通过加强法院文化建设，让公众从了解法院到理解法院再到信任法院。

【信息宣传调研】　2010年，澂江县人民法院制定《澂江县人民法院信息宣传调研工作考核办法》，加强全院信息、宣传、调研工作。全年，共撰写调研论文40余篇，其中，5篇参加全国法院系统二十二届学术论文评选，2篇系全省政法系统2010年综治调研课题；编写综合类、案件类、分析类等各种信息144条，被上级部门采用、转发84条，其中，省高院转发3条；编写案例评析25篇，其中，4篇参加《中国审判案例要览》评比。

【教育培训】　2010年，澂江县人民法院加强干警业务培训。全年共有4人参加了最高人民法院组织的法官晋级培训，5人参加了北京大学“中国法官能力建设与素质提升高级研究班”的培训，15人参加了云南省高级人民法院组织的刑事量刑规范化、预备法官、人事信息和法官等级软件应用、执行干警专项培训，36人参加了市中院、市委组织部组织的任职、司法警察业务技能、计算机网络管理人员、法检系统新录用人员培训。

【人民陪审员工作】　2010年，澂江县人民法院认真落实人民陪审员制度。按照精中选优的原则，经过层层严格的程序筛选，从24名竞选人员中选出10名热心法院审判工作、品行良好、公道正派的人员，报请县人大常委会批准任命为新一届人民陪审员，圆满完成了新一届人民陪审员的遴选，同时对新任人民陪审员进行了岗前培训。全年共邀请人民陪审员200余人次，参与审理案件176件，占普通程序审结案件总数的85.44%。

【基础建设】　2010年，澂江县委、县政府对法院依法独立行使职权给予坚定支持和有力保障，澂江县法院物质基础建设不断得到加强：投资12万元改造立案信访便民服务大厅，建设“无障碍”通道，服务于民；加强物质装备建设，改善办公设施，增购车辆1辆，更新车辆3辆，更新办公电脑8台；加强信息化网络建设，建成法院远程视频会议系统，启动国家司法审判信息系统工程（简称“天平工程”）项目建设，筹备建设法院局域网；偿还建设债务267万元。

（马继莲）

司　法

【队伍建设】　2010年，县司法局以深入学习实践科学发展观和创先争优活动为载体，全体干警和法律服务工作者依法行政、依法执业的能力和水平得到明显提高。一、以学习增本领。司法局始终把施教于先摆在突出位置，坚持每周一的学习制度，开展反腐倡廉宣传教育，引导全体干部职工树立马克思主义的世界观、人生观、价值观和正确的权力观、地位观、利益观，发扬艰苦奋斗、廉洁奉公的精神。加强法律业务知识的培训学习，组织人民调解员、司法助理员、律师、公证员、法律工作者参加各类业务培训，营造学习氛围，司法行政干警的业务能力明显提升，提高为人民服务的水平。二、以管理促作风。加强机关作风建设，推进责任政府四项制度和阳光政府四项制度落实，建立领导体制、工作机制、监督机制、考核奖惩机制和成果运用机制。进一步完善内部管理制度，加强日常管理，健全激励机制，大兴调查研究之风、民主团结之风、联系群众之风、求真务实之风。三、以制度保廉洁。认真执行“三重一大”工作制度，完善和规范局务会、领导班子会、党组议事等规章制度。做到重大事项集体研究决定，健全党风廉政建设制度和机关管理、用车管理等制度，坚持局务、财务、办事公开，严格司法所建设工程招投标制，执行政府采购制度，自觉接受县纪委、监察、财政、审计等相关部门和人民群众监督，确保司法行政系统廉洁。全县司法行政干警年内无一例违纪案件，全面实现勤政廉政目标要求。

【基层走访帮扶】　2010年，县司法局领导班子在抓干警学习教育的同时，多次深入联系点阳宗镇新街村委会及龙街镇尖山村委会调查研究法制宣传情况、民间纠纷调处情况、烤烟生产种植和收购情况，走访帮扶困难老党员，同镇党委、镇政府和村委会研究矛盾纠纷动向及预防群体性事件的对策等，为农村的社会稳定和经济发展作出了积极贡献。

【创先争优活动】　2010年，澂江县司法局认真开展创先争优活动，成立由局长任组长，副局长任副组长，各司法所，各科、室、处、所、中心负责人为成员的创先争优活动领导小组，领导小组下设办公室，明确了具体工作人员，落实领导和具体责任。制定下发了《澂江县司法局深入开展创先争优活动的实施方案》。2010年6月2日，召开了全局深入开展创先争优活动动员大会，对深入开展创先争优活动进行全面部署和动员。制定《澂江县司法局创先争优活动宣传方案》，宣传开展创先争优活动的重要意义和先进典型，营造浓厚的活动氛围。在全县确定的活动主题和载体的基础上，全局紧密联系实际，以“围绕中心创先进，服务大局争优秀”为主题，以“创建先进党组织、基层司法所、先进法律服务单位，争当优秀共产党员、优秀基层司法工作者、优秀法律服务工作者”为载体，做到“三个结合”，增强活动实效。即把创先争优活动与司法行政服务和重点工程项目建设工作相结合、与维护社会稳定工作相结合、与司法行政党员干部业务学习相结合，推动活动深入开展。强化日常管理，建立领导干部联系点制度。领导班子成员在局机关各科室、司法所、公证处、律师事务所、法律服务所、法律援助中心选择联系点，深入开展调查研究，指导督查活动开展情况，帮助解决活动中出现的实际问题。全局党员干部结合自身工作岗位实际，写下个人创先争优具体目标，公开接受社会监督和组织考核。开展“一建立、六上墙”活动。“一建立”即在县司法局会议室建立标准党员活动室，并将会议室与党员活动室合二为一，室内上墙的制度有党员权利、党员义务、党的宗旨、指导思想、性质、纪律、党支部职责等，党旗位于制度牌右侧，并明确了支部书记职责，从制度上巩固党的领导核心和领导地位，充分体现党组织的战斗堡垒作用。“六上墙”是在县司法局大院制作创先争优宣传栏10平方米，将司法局党支部承诺书、司法局领导班子承诺书、司法局创先争优工作思路、组织机构、总体要求、推进方式和全体党员的个人姓名、工作岗位、服务承诺等个人资料上墙，设立党员公示牌24块，支部党员全部佩戴党徽上班，把党员的身份亮出来。在澄清律师事务所、法律援助中心、公证处办公室分别设立3个党员示范窗口，并在办公室显著地方悬挂服务承诺制度牌子和监督举报电话，自觉接受社会、群众和服务对象的监督。另外，县司法局党支部把“五好五带头”创先争优活动列入司法行政工作目标管理考核的重要内容，制定《澂江县司法局绩效考核与管理办法》，与每个科室签订《目标管理责任书》和《澂江县司法局业务考核明细表》，与每位党员干部签订《澂江县司法局干部职工绩效考核表》，将创先争优的目标要求与司法行政的各项工作任务相结合，并细化到每个科室、每位干部职工，将平时考核与年终考核结合起来，年终统一绩效考核，并将绩效考核成绩作为中层干部调整和年终奖惩的重要依据，做到人人肩上有担子，人人手中有任务，人人心中有压力。结合2010年的民主生活会和组织生活会，举行创先争优领导点评活动，每位党员认真对照党员创先争优承诺书和“五好五带头”的要求述职，领导班子成员分别对每位党员从德、能、勤、绩、廉等方面进行详细点评。做到参加创先争优活动情况必点、践行承诺岗位争优情况必点、联系群众服务群众情况必点、存在不足及努力方向必点。建立点评档案，对点评领导、点评党员、点评时间、点评内容、整改落实情况等内容建立台账。对提出的点评意见，及时向相关党员反馈，督促个人整改到位。

【法律宣传】 2010年是“五五”普法的检查验收之年。县司法局以“规范基层管理，服务基层建设，保障基层稳定，建设法治基层”为目标，以“法律六进”为载体，开展依法治理工作。共开展《宪法》、《禁毒法》、《土地管理法》、《治安管理处罚法》、《人民调解法》、《消费者权益保护法》、《食品安全法》、《道路交通安全法》、《烟草专卖法》、《环境保护法》、《种子法》《云南省抚仙湖保护条例》和《烟草种子管理办法》等40余部法律法规的宣传活动，出动宣传车188辆次，播放录音带24盒，解答法律咨询1901人次，发放法制宣传日历10000份，宣传材料126250余份。“五五”普法工作通过市委、市政府检查验收并获得好评。

【法律“六进”活动】 2010年，县司法局深入推进法律“六进”（进农村、进机关、进社区、进学校、进企业、进单位）活动，紧扣领导干部学法用法，不间断地开展领导干部法律知识培训，坚持开设领导干部法制讲座和组织法制考试。紧扣国家公务员学法用法，以“法律进机关”、“法律进单位”为载体，举办各类法制培训班7期，培训人数达4300人（次）。组织全县1141名国家公务员参加了全省公务员法律知识考试，参考率与合格率均达100%；紧扣青少年学生学法用法，以降低青少年违法犯罪率为目标，深入开展“法律进学校”活动，在县看守所建立了“青少年法制宣传教育基地”，把法律知识教育列入各中小学校教学计划，做到“计划、师资、教材、课时”四落实。2010年分别在县二中、凤山小学、海口中心小学举办“青少年模拟法庭”活动3次，“法律进校园”、“学校法制讲座”等活动16场次，发放宣传资料5000余份，悬挂横幅标语45条，参与学校7所，直接受教育学生达2000余人次；紧扣城乡居民学法用法，开展“法律进农村”、“法律进社区”活动，把与群众生产生活密切相关的“三农”热点难点、农村弱势群体的维权、农村重大改革等农民急需的法律知识送进农家，引导群众正确处理土地、邻里及因水、电、路等产生的民事纠纷。加强澂江太阳山等项目被征地农民的法制宣传教育，引导群众合法表达合理诉求，转变思想观念，积极支持项目建设，促进经济发展。2010年共开展各类送法下乡活动180余场次，接待各类法律咨询5500人（次），向城乡居民免费发放普法年历1万份、法律书籍3000余册、宣传资料50850份；紧扣企业学法用法，深入开展“法律进企业”活动，向企业灌输“企业不消灭污染，污染就要消灭企业”的理念，切实提高企业依法生产、经营和管理的能力。强化维护职工合法权益的法制宣传教育，组织宣传《劳动合同法》、《安全生产法》、《工伤保险条例》等与职工切身利益相关的法律法规知识，有力维护企业职工的合法权益。2010年共组织开展企业经营管理人员法律知识培训1次，培训人员400人次。

【专项法制宣传教育】 2010年，县司法局围绕烤烟收购、征地拆迁、项目建设、环境保护、土地管理等县委、县政府的中心工作及群众关心的焦点、热点问题，积极开展专项法制宣传教育，引导群众把学习法律的过程转化为遵守法律、运用法律解决实际问题的自觉行动，综合运用教育、行政和司法手段妥善解决矛盾纠纷，确保社会和谐稳定，为全县经济社会发展保驾护航。一、开展烤烟育苗、种植、收购三个阶段的法制宣传活动。围绕抗旱救灾任务，把抗大旱、保民生、促春耕作为压倒一切的中心工作来狠抓落实，开展烤烟育苗、种植、收购、打假打私和涉烟矛盾纠纷专项法制宣传活动，深入全县各村组重点宣传《合同法》、《烟草专卖法》、《种子法》、《烟草种子管理办法》，切实把涉烟矛盾纠纷做到“小事不出村，大事不出镇，矛盾不上交”，共出动宣传车128辆次，播放宣传磁带3盘，发放烤烟法制宣传材料20000余份，入户宣传近3300余户，解答法律咨询1128人次。二、参与整治土地违法行为专项行动。在整治土地违法行为专项行动中，县司法局利用流动宣传车加强《土地管理法》、《治安管理处罚法》、《刑法》等法律法规宣传，引导群众按法律法规办事，争取群众支持，减小专项行动阻力。三、开展村（社区）“两委”换届选举宣传。全县村（社区）“两委”换届选举工作自2010年2月20日启动以来，县司法局积极参与到村级组织换届选举工作中，在法制宣传教育、矛盾纠纷排查化解、法律服务工作上力求先行广泛、矛盾纠纷排查化解力求全面深入、法律服务力求优质高效。四、在全县打击妨害执行公务暨抚仙湖保护法制教育集中宣传专项行动中，多渠道、多形式向全县人民群众宣传《环境保护法》、《云南省抚仙湖保护条例》、《刑法》、《治安管理处罚法》等法律法规，出动宣传车24辆次，循环播放法制录音磁带两盘，发放各类宣传单页18000余份，解答法律咨询280余起，普法环保购物袋2600余个，普法练习本3000余本，入户宣传200户，2万名群众受到教育。

【拓展法制宣传教育新阵地】 2010年，县司法局在巩固出动法制宣传车，运用标语宣传、现场宣传、板报宣传等传统宣传手段的基础上，与县政法委、法院、检察院、公安局联合开办《法治澂江》电视栏目。通过多种形式的以案说法，“说”身边的案件，“普”相关的法律知识，“引”观众的学法热情，增强法制宣传教育的渗透力、亲和力和吸引力。全年共制作司法行政专题栏目5期。在澂江县凤山公园繁华地带开设法制宣传橱窗，宣传社会主义法治理念，加强公民法制意识教育，弘扬法治精神。办好澂江司法信息简报，2010年共编发司法信息104期，国家级刊物采用3篇，省级刊物采用3篇，市级刊物采用47篇，市电视台播出新闻1条，县电视台播出新闻23条，县级刊物采用4篇，上报调研文章16篇，局机关刊出黑板报12期。

【专项普法宣传活动】 2010年，县司法局坚持节假日主题法制宣传教育，以3月综治维稳宣传月、三八妇女节、3·15国际消费者权益保护日、“立夏节”、“6·5”世界环境日、“6·25”土地日、“6·26”国际禁毒日、彝族火把节、“8·26”抚仙湖保护日、“12·4”全国法制宣传日等纪念日、宣传日为契机，开展法律法规宣传和法律咨询援助活动。2010年共利用宣传日发放宣传资料10万份、宣传画册1万余幅、图文展版130余幅，解答群众咨询4500余人次，出动宣传车180天次。

【“民主法治示范村”创建】 2010年，县司法局围绕建设社会主义新农村目标开展“民主法治村（社区）”创建活动，推进基层民主法治建设，切实提高群众的法律素质和村干部依法办事能力，确保广大群众依法行使当家作主的权利，促进农村协调发展。目前，全县拥有国家级“民主法治示范村”1个、省级“民主法治示范村”3个。

【人民调解工作】 2010年，县司法局认真开展人民调解工作。一、推行人民调解诉前确认机制，着力加强调解机构的网络化建设。制定《澂江县人民调解工作经费以案定补实施办法》，加快建立人民调解“以案定补”激励机制，切实整合司法、综治、维稳、信访力量，努力形成“大调解”工作体系，尽可能将矛盾化解在基层。二、加强对人民调解员的政治业务培训学习。针对2010年澂江县换届选举中多数调解员才新上任的实际，县司法局大力加强对村组调解主任、调解员的业务培训，每月或每季度培训一次，司法局组织全县调解主任培训1次共136人；镇司法所培训调解主任43次共1041人；各村（社区）调解委员会对各调解小组成员进行培训，培训调解员6次728人，共计培训50次1905人，培训面达100%。三、发挥人民调解“第一道防线”的作用，完善“三调联动”工作机制，深入开展排查化解矛盾专项攻坚活动和校园周边安全专项整治行动，组织司法行政工作人员和人民调解员经常深入村委会、社区、组、户和学校周边开展矛盾纠纷排查化解工作，解决群众反映强烈的“热点、难点”问题，从源头上防止群体性上访和群体性事件的发生，维护社会和谐稳定。四、动员律师、公证、法律服务工作者等司法行政资源参与到人民调解工作中，充分发挥人民调解、行政调解、司法调解在化解矛盾专项攻坚、清除陈年积怨的优势，集中化除陈年矛盾。五、开展清理化解涉法涉诉信访积案工作，组织人员深入基层，采取自下而上、上下结合的方式，按照排查清理范围，以多次处理、多次反复仍未解决的案件及容易诱发集体上访或群体性事件的案件为重点，切实摸清情况，确保不留死角。六、做好行政接边地区的联防联调工作，建立阳宗镇、九村镇、海口镇与宜良汤池镇、狗街镇、竹山乡联防联调组织、澂江与宜良县级联防联调组织。2010年共排查民间纠纷97次，排查1037件，调处1037件，调解成功1037件，履行1037件，调处率为100%，调解成功率为100%；防止民转刑1件8人，阻止群体性上访8件527人，防止群体性械斗1件7人，有效维护了社会和谐稳定。

【司法所建设】 2010年，县司法局在全面完成6个镇6个司法所建设任务的基础上，加快禄充司法所建设步伐，促进基层司法所规范化建设。新建司法所制定相应规章制度、工作任务和考核要求，并上墙公布让群众知晓，为基层基础建设及工作开展创造良好条件。按编制配齐司法所长，办理任命手续，落实副村级待遇，基层司法行政队伍整体素质得到提高。

【安置帮教】 2010年，县司法局按照“帮教社会化，就业市场化，管理信息化，工作职责化”的要求，对刑释解教人员区别不同对象逐一落实安置帮教措施，深入开展“奔新生、奔富裕、促和谐”主题帮教活动，做到对刑释解教人员“不脱帮、不漏帮，不脱管、不漏管”的工作目标。全县191名刑释解教人员帮教率达100%，安置率达93%，做到衔接登记清楚，制度健全，底数清、情况明，促进社会和谐稳定。

【社区矫正】 2010年，县司法局在对矫正对象实行分级管理和分阶段教育基础上，创新工作机制，加强社区矫正对象的思想教育、法制教育、社会公德教育。坚持组织开展公益劳动，提高教育矫正效果；实施以“正其本，育其人，暖其心，安其身”为主要内容的“阳光关爱”工程，做好帮困扶助工作；严格执行各项衔接管控措施，形成以监管、教育、疏导、帮扶为主要内容的社区矫正“四位一体”体系，防止脱管失控，防止再次违法犯罪，杜绝社会隐患。年内对全县92名矫正对象顺利进行矫正，未出现脱管漏管现象。

【基层法律服务】 2010年，县司法局指导各法律服务所完成年检注册，严格按照《基层法律服务所管理办法》执行，实现了法律服务所的规范化管理。针对广大群众的迫切需求和关注的热点、难点问题，广泛开展法律服务。全年共担任法律顾问34家，代理诉讼250件，代理非诉讼事务332件，调解纠纷171件，办理法律援助案件285件（包括调解案件），参与司法行政工作51次，办理其他事务168件，解答法律咨询2522人次，避免和挽回经济损失141万元，业务收入47.3万元。

【法律援助】 2010年，县司法局法律援助中心全体法律工作者以规范服务为重点，加大宣传力度，扩大法律援助社会影响。一、开展法律援助宣传周活动。5月1~30日，县司法局会同团县委、妇联、残联、各镇法律援助工作站在全县开展法律援助宣传周活动。在6个镇巡回宣传法律援助知识及《法律援助条例》、《云南省法律援助条例》、《妇女权益保障法》、《老年人权益保障法》、《未成年人权益保障法》、《工会法》等法律法规，解答有关经济纠纷、土地承包、婚姻家庭、损害赔偿、职工合法权益、残疾人维权等方面的咨询560余人次，发放宣传资料3500余份。二、开展《云南省法律援助条例》宣传活动。《云南省法律援助条例》于2010年7月1日施行。为把《条例》广泛宣传到群众当中，提高对《条例》的知晓率，司法局于6月28日至7月2日在全县各镇通过发放宣传单、法律咨询、流动宣传车等多种方式进行宣传，此次宣传设宣传站1处，咨询台2个，播放录音带1盘，粘贴宣传图画14幅，发放《云南省法律援助条例》、《玉溪市法律援助指南》、《残疾人法律援助指南》等各种宣传材料3000余份和法律援助卡1500张，出黑板报6期，悬挂布标1条，解答群众法律咨询450人次，在全县营造出一种人人关爱弱势群体，人人支持法律援助工作的良好氛围。三、利用法律“六进”、送法下乡、民间节假日、镇赶集日等活动形式通过展板展出、发放宣传资料、宣传法律援助案例等方式广泛宣传法律援助知识，营造良好的法制氛围。四、利用《法治澂江》等电视新闻载体，宣传《法律援助条例》和法律援助工作的典型案例和工作亮点。同时，建立健全制度，规范法律援助工作机制。严格受理承办法律援助案件，严把案件审查关，在办案过程中实现了法律援助工作统一标准、统一收案、统一指派、统一监督。建立法律援助工作目标考核制，把法律援助案件数量、工作质量、服务态度列人法律服务人员的年度目标考核内容，落实奖惩措施，进一步推进法律援助工作深入发展。

【拓展援助渠道】 2010年，县司法局发挥各镇援助工作站的作用，与工青妇、老龄委、残联等部门协调配合，以召开联席会形式探讨法律援助工作新思路，形成全县联动的整体合力，开展对未成年人、残疾人、妇女、老年人的特色法律援助，把法律援助延伸到社区、工厂、镇村。2010年全县共承办援助案件364件，其中，刑事案件40件，民事案件324件；非诉讼案件217件，提供法律咨询780人次。

【中央彩票公益金法律援助项目工作】 2010年，经市、县司法局申报，省司法厅审核，司法部批复，县司法局法律援助中心被确定为中央专项彩票公益金法律援助项目实施单位，财政部从中央专项彩票公益金中安排初步预算资金5万元用于司法县开展农民工、残疾人、老年人、妇女、未成年人法律援助工作。县司法局法律援助中心严格按各级通知精神，认真做好法律援助案件的审查、填报、上报工作。2010年，澂江县共上报42件法律援助案件。

【公证工作】 2010年，县司法公证处全体工作人员围绕“坚持信念、精通业务、维护公正、恪守诚信”的目标严把公证关，切实做好公证工作。2010年共办理国内公证393件，其中，民事公证227件，经济公证154件，涉外公证10件，涉港、澳公证2件，接待群众来信来访560人次，涉及经济合同标的额22532万元。所办案件中，提供法律援助28件，提出司法建议6件。工作中没有出现错证、假证，为澂江县的经济建设作出贡献。

【律师工作】 2010年，澂江县有澄清律师事务所和抚仙湖律师事务所，有专职律师6名。全年共办理各类案件184件，其中刑事案件64件，民事案件71件，经济案件28件，行政案件2件，办理非诉讼案件19件；担任法律顾问30家，代写法律文书125份，办理法律援助案件40件，免费提供法律咨询2241人次，涉及经济标的额3000余万元，挽回经济损失480万元，为维护社会和谐稳定发挥了积极作用。

（李　晶）

经委

【综述】 2010年，县经委贯彻落实县委十届六次全会、县十五届人大三次会议及全县工业经济发展会议精神，围绕“磷电结合，做强磷化工，做大建筑建材业，引进发展高新技术产业”的发展路子，深入实施“工业强县”发展战略，面对复杂多变的经济形势和全省严重干旱的影响，采取各种有效措施积极应对，工业经济保持平稳发展的良好态势。

【工业经济增长】 2010年，全县累计完成现价工业总产值364359.7万元，同比增长14.96%，其中，重工业完成330536.6万元，同比增长13.32%；轻工业完成33823.1万元，同比增长33.87%；规模以上企业完成260709.7万元，同比增长9.02%；规模以下企业完成103650元，同比增长33.21%。完成全县工业增加值111550万元，按可比价计算增长7.9%。

【规模工业企业】 2010年，澂江县工业企业克服严重干旱等不利因素影响，采取有效措施应对，力保全县工业经济稳步发展，工业强县战略深入实施。规模以上企业运行平稳，产销同步增长，效益明显回升。完成工业产值260709.7万元，同比增长9.02%；完成现价工业增加值60995.6万元，按可比价计算增长16.96%；实现主营业务收入248468.4万元，增长11.69%；实现利税总额21510.64万元，增1.67倍；实现利润总额13323.5万元，增加11145.7万元。

【项目投资增长】 2010年，澂江县工业项目固定资产投资完成42463万元，同比增长4.38%，其中，非电项目投资41476万元，比上年增长28.48%。年内新开工1000万元以上工业项目8个，分别为澂江县磷化工华业有限责任公司黄磷尾气综合利用，云南澂江富强工贸有限责任公司磷酸包装桶生产线建设，庆丰工贸有限公司（张玉凤）石料场建设，澂江县污水处理厂扩建，云南澂江华荣水泥有限责任公司尖峰山三号采石场建设，云南澂江华荣水泥有限责任公司尖峰山四号采石场建设，云南澂江天辰磷肥有限公司增建仓库、综合治理，澂江县磷化工华业有限责任公司环保综合治理；年内，1000万元以上工业竣工项目7个，分别为云南澂江华荣水泥有限责任公司2×2000t/d新型干法水泥熟料生产线，澂江地道酒业有限责任公司异地技改，云南澂江金山化工有限公司3.5万吨高纯度磷酸建设，澂江磷化工金龙有限责任公司5万吨食品磷酸建设，澂江庆丰工贸有限公司（张玉凤）石料场建设，云南澂江天辰磷肥有限公司增建仓库、综合治理，澂江县磷化工华业有限责任公司环保综合治理。

【乡镇企业持续发展】 2010年，澂江县乡镇企业完成增加值165877万元，同比增长21.88%；工业增加值144252万元，增长29.20%；上缴税金20631万元，增长24.56%；农产品加工业销售产值12754万元，增长15.21%。

【非公经济健康发展】 2010年，澂江县非公经济完成增加值228719万元，同比增长16%；上缴税金23067万元，增长22.84%；工商登记从业人员26290人，增长43.18%。

【主要工业品产量增长情况】 2010年，澂江县生产磷酸铵肥118256吨，增2.74倍；水泥1144406吨，增1.08倍；铝型材5835吨，增28.52%；红砖6.65亿块，增长25.83%；黄磷84871吨，增长24.4%；藕粉1234吨，增长4.66%；供电企业供电量11.045亿度，增长11.53%。生产塑料制品2135吨，下降35.03%；磷酸48610吨，下降33.72%；钢材69234吨，下降16.02%；发电量28155亿度，下降8.64%；配混合饲料17528吨，下降5.19%。

【强化经济运行监测分析】 2010年，澂江县遭遇旱灾，为保持县域工业经济平稳较快发展，县经委强化对经济运行的监测和分析，为领导全面掌握工业经济形势并作出决策提供重要依据和参考意见。关注宏观经济形势，及时研究分析宏观调控政策措施变化对澂江县工业经济运行的影响，提出措施建议；做好经济运行监测，加强对重点企业运行态势的监测，及时发现苗头性、倾向性问题；加强对经济运行指标的综合分析，通过监测和综合分析，准确把握工业经济形势。坚持每月一次的经济运行分析，针对工业发展中存在的困难和问题，采取各种有效措施积极应对。

【项目备案转报工作】 2010年，县经委按照审批范围及权限，严把国家产业政策关，对澂江华业水泥制品有限公司新型墙体材料生产线技改项目备案确认，对因项目法人及投资额变动的澂江地道酒业有限责任公司技改迁建项目重新备案；对华业磷化公司黄磷尾气节能减排综合利用项目备案申请进行审查并及时转报，由市经委审核给予备案确认；对云南澂江冶钢集团水泥有限公司2500t/d新型干法水泥熟料生产线技改开展前期工作申请进行审查，转市经委报省工信委审批。

【重点项目跟踪协调服务】 2010年，县经委积极做好重点项目跟踪协调服务工作，及时了解项目建设进展情况，协调解决项目建设中的困难和问题，确保项目顺利推进，切实增强发展后劲。云南宝泰轻化机械有限公司不锈钢成套设备及配件生产线、金山化工有限公司3.5万吨高纯度磷酸项目、华荣水泥厂二期、金龙公司5万吨食品磷酸项目、地道酒厂异地技改方家箐产区基本完工；冶钢集团公司2×3.5万吨高纯度磷酸、盘虎化工公司黄磷尾气发电节能减排综合利用、富强工贸公司500万只磷酸包装桶、冶钢公司2500t/d新型干法水泥熟料生产线技改、云南宝泰轻化机械有限公司1万吨钢衬塑等项目前期工作有序开展；6万吨六偏磷酸钠、2万吨聚磷酸铵、螺旋管（直缝管）等项目报批前期工作启动。

【节能降耗工作】 2010年，县经委根据《玉溪市2010年节能降耗目标责任书》和《玉溪市2010年工业经济发展目标责任书》，与13户重点能耗企业签定2010年度节能降耗目标任书，将节能降耗指标分解到重点能耗企业，要求企业定期报送报表，并及时跟踪监测，分析用能状况；组织全县13户重点耗能企业厂长（经理）及统计人员开展节能降耗知识培训6期，确保节能降耗工作顺利开展；认真组织开展节能宣传周活动，积极与县广电部门本地电视台联系进行以“节能攻坚、全民行动”为主题的宣传活动，将《关于开展节能宣传周活动的通知》转发到各重点耗能企业，要求各重点耗能企业以此为契机，加大宣传力度，增强员工的节能减排意识。在节能宣传周活动期间，13户重点耗能企业在单位大门口悬挂“节能攻坚　全民行动”宣传标语，厂区粘贴宣传标语1680条，采用黑板宣传节能知识26期，各重点企业内组织员工学习《中华人民共和国节约能源法》等相关节能知识。2010年，全县规模以上工业企业累计完成工业总产值（可比价）239879.5万元，完成工业增加值（可比价）61810.6万元，实际能源消耗总量为406677.04吨标准煤；万元产值综合能耗1.6953吨标准煤，同比增长1.15%；万元工业增加值综合能耗6.5794吨标准煤，同比下降9.14%；单位GDP综合能耗2.9784吨标准煤，同比下降4.2%。“十一五”期间，澂江县单位GDP能耗累计下降20.43%，超额完成市政府下达的18%的目标任务。

【淘汰落后产能】 2010年，根据《玉溪市经济委员会关于确保完成2010年淘汰落后产能目标任务的通知》和云南省工业和信息化委员会《关于下达2010年淘汰落后产能目标任务的通知》等文件精神，澂江县西浦水泥有限责任公司2条立窑水泥生产线（熟料产能16万吨）列为淘汰范围。为确保完成淘汰产能目标任务。县经委制定《澂江县淘汰落后产能工作实施方案》、《澂江县淘汰落后产能工作断电停产工作方案》和《澂江县淘汰落后产能工作应急工作方案》，多次入厂宣传调整水泥行业结构的总体规划、法律法规和政策措施。企业于9月29日实施全面停产，9月30日开始组织实施拆除。截至2010年10月21日，澂江西浦水泥有限责任公司已拆除2×3×11米水泥机立窑窑体、供电设施、原料供应系统、风机和卸料装置，全面完成2010年淘汰落后产能目标任务。

【清洁生产审核验收】 2010年，根据《玉溪市2010年工业经济发展目标责任书》下达澂江县1户清洁生产审核验收的目标任务，县经委结合澂江县实际，对自愿申请实施清洁生产审核验收的澂江县恺达塑胶有限公司进行全面宣传，组织人员入厂对企业管理人员和职工进行培训，积极鼓励企业员工提出合理化建议或意见，并由企业于10月底完成清洁生产审核报告。2010年11月11日，玉溪市经委组织澂江县经济委员会、澂江县环保局成立审核验收组，对澂江县恺达塑胶有限公司清洁生产进行现场审核验收，通过现场检查、核实、评价，澂江县恺达塑胶有限公司清洁生产通过审核验收。至此，全县共通过清洁生产审核验收企业20户，其中，抚仙湖径流区10户。

【优化工业经济发展环境】 2010年，县经委优化工业经济发展环境，搞好协调服务工作。根据全县实际，积极推荐上报符合条件的成长型中小企业：云南澂江志成磷化工有限责任公司、云南澂江云工建筑机械制造有限公司、澂江恺达塑胶有限公司3户企业被认定为云南省省级成长型中小企业。澂江恺达塑胶有限公司、云南宝泰轻化机械有限公司、云南澂江云工建筑机械制造有限公司、云南德春绿色食品有限公司4户企业为市级成长型中小企业；申报2户企业和13个项目争取列入玉溪市2010年“531”重点工业投资项目；申报黄磷尾气发电节能减排综合利用项目为云南省2010年关键共性技术研发及推广项目；做好流动资金贷款需求调查，为2户企业申报贷款1.45亿元。做好工业固定资产建设、技术改造项目贷款需求调查，为2户企业申报贷款1.7亿元；为云南澂江云工建筑机械制造有限公司、云南宝泰轻化机械有限公司、澂江地道酒业有限责任公司3户企业申报中央扩大内需专项扶持资金、省非公经济专项扶持资金及技术改造贷款财政贴息资金共计640万元。全年共争取到省、市各类扶持资金392万元；督促、指导好云工、天辰2户企业做好2008～2009年省级技改贷款财政贴息资金使用、管理等情况自查；配合统计部门，抓好工业企业纳规工作。将云南澂江云玺水电开发有限责任公司（鲊螂电站，新建，2009年试生产）和云南澂江三元德隆铝业有限公司自3月起正式纳规统计；继续做好澂江县藕粉厂、云南澄江华荣水泥有限公司、云南澂江德安磷化工有限公司3户企业的治乱减负监测工作，切实营造统一开放，竞争有序，充满活力的市场秩序，为企业发展创造宽松、良好的环境。

【“十二五”规划编制】 2010年是“十一五”规划的最后一年，做好“十二五”规划编制工作意义重大。县经委认真部署，着力推进“十二五”规划编制工作。4月，完成《澂江县促进工业产业结构优化升级研究》、《澂江县“十二五”期间节能减排、循环经济调研》、《澂江县“十二五”时期延伸矿电产业链发展研究》3个研究课题，为搞好专题规划打下坚实基础；9月，完成《澂江县“十二五”工业发展规划》、《澂江县“十二五”节能减排、循环经济发展规划》2个专题规划。

【推进工业园区建设】 2010年，澂江县工业园区成效显著。园区完成工业总产值（现价）24.87亿元，同比增长20.86%；完成出口交货值0.73亿元，同比下降44.33%；实现工业增加值5.4亿元，同比增长11%；销售收入21.10亿元，同比增长11.72%；税收0.59亿元，同比增长45.94%，利润0.85亿元，同比增长995.34%；园区企业完成固定资产投资3.04亿元，同比增长10.95%；累计完成园区基础设施投资1.23亿元。在园区的修编及建设上，一、完成园区总体规划修编评审工作。《澂江县工业园区总体规划》（评审稿）于7月21日通过了市级评审。于年初委托昆明理工大学科技产业经营管理有限公司编制工业园区总体规划修编环境影响评价报告，并于10月14日召开专家咨询会。至年末，环评编制正在按专家意见修改完善。二、为妥善处理磷渣，提高综合利用率，结合全县实际，研究制定磷渣综合平衡处理方案。磷石膏进入渣库堆放；磷渣全部进行综合利用，用于水泥生产、免烧砖、碾磨外销。三、东溪哨各企业生产用水严格按照项目环评要求进行处理，做到封闭循环使用，杜绝外排；并园区内的地表水及磷渣渗漏水，通过秧田冲、老客田库塘进行收集，由污水处理站集中处理，返供各企业使用，实现循环使用。四、为切实营造园区发展环境，鼓励企业加大投入，采用新的除尘技术，减少粉尘排放，大力倡导应用布袋除尘技术。至年末，9户黄磷生产企业安装布袋除尘设备和设施，除尘效果较好，粉尘排放大幅减少。五、对东溪哨片区道路、临时堆场进行规划，对磷矿石、磷渣等临时堆场严格按环保部门提出的要求进行建设和管理；对部分道路进行水泥硬化，对厂区进行绿化。

【企业改革改制】 2010年，县经委继续抓好企业改革改制工作。一、抓好澂江县物资总公司燃料营业部改制工作。澂江县物资总公司燃料营业部自1999年4月以来，经营过程中因多方因素，已停产多年，盘活无望。为切实解决职工问题，根据国有企业改革的相关文件精神和《澂江县人民政府关于澂江县物资总公司燃料营业部改革实施方案的批复》批复精神，2009年，县经委委托云南嘉富尔拍卖有限公司对澂江县物资总公司燃料营业部整体资产进行公开拍卖。至年末，正在进行销户工作。二、抓好澂江印刷厂的改制工作。澂江县印刷厂始建于1958年，1999年9月经县人民政府《关于澂江县印刷厂推行股份合作制方案请示的批复》改制为股份合作制企业。企业占地1067.3平方米，主要经营包装装潢印刷、胶印、铅印、不干胶印刷兼营纸盒、纸袋、染纸、纸制品加工销售。截至2010年6月，企业共有职工39人，其中，在职职工26人（固定工14人、农民合同工11人、门卫1人）、退休职工13人。经测算，预计需改革成本158万元。经澂江平正会计师事务所审计，截至2009年7月31日，企业帐面资产总额714027.93元，负债总额124403.85元，资产负债率17.42%。由于该厂亏损，职工要求改革的意愿强烈，改革的前期工作推进较为顺利，但按澂江县城市总体规划，该厂范围被规划为文化公园用地，不具备商住开发价值，一次性整体出售难度较大，改革工作陷入僵局。通过积极向县委、县政府积极反映并取得支持，现土地用途已变更，正在进行改革的前期工作。

【落实国家财政补贴高效照明补贴政策】 为认真贯彻落实科学发展观，倡导全民节能，共同建设资源节约型、环境友好型社会，2010年，县经委继续授权澂江县振兴路雅派灯饰店和澂江县环城南路德宏灯饰店为财政补贴高效照明产品推广销售点，全年推广国家补贴高效照明产品1.7万只。

【抗旱工作】 2010年，澂江县遭遇持续干旱，对工农业生产影响较大。面对严重灾情，县经委按照县委、县政府的安排部署，及时采取有效措施，深入开展抗旱救灾工作。成立抗旱救灾领导组，组织全县工业企业积极投入抗旱救灾工作，并拨给联系村委会1万元用于抗旱救灾；全力做好抗旱救灾煤电油运保障工作，保障灾区居民人畜饮水、抗旱泵站电力供应；要求东溪哨工业区企业，在停产期间，必须确保对周边居民生产、人畜饮水的供应；组织工业企业开展厉行节约用电、用水活动，确保抗旱救灾以及重点领域、重点环节用电、用水供应；要求停产的发电企业、黄磷生产企业做好设备检修工作及工业用水坝塘和沟渠的加固整改修建工作，确保雨季来临安全渡汛；要求8户黄磷生产企业在限电停产时间内，做好黄磷技改扫尾工作，确保黄磷炉体改达标验收，组织工部职工开展多次捐款活动，筹集抗旱资金23190元，为全县抗旱救灾工作作出贡献。

【综治维稳工作】 2010年，县经委继续加强综治维稳工作，首先，对综治维稳领导小组人员进行调整充实，确保综治维稳工作的组织领导。其次，多次召开会议研究部署综治维稳、安全生产工作，对综治维稳相关会议精神和内容进行学习，并与所属的澂江县民用爆炸物品专营有限公司、澂江县印刷厂签订《澂江县经济委员会2010年社会治安综合治理维护稳定目标管理责任书》和《澂江县经济委员会创建"无毒单位"责任书》；与科室负责人签订《澂江县经济委员会2010年社会治安综合治理维护稳定目标管理责任书》，并由科室负责人与科室成员签订《澂江县经济委员会2010年社会治安综合治理维护稳定目标管理责任书》，与单位职工签订《澂江县经济委员会创建平安家庭责任书》；民爆公司经理与炸药库的员工签订《安全责任书》。切实做到一级抓一级，级级负责抓好综治工作的新局面，并经常深入企业，做好责任书的检查落实工作。再次，开展综治维稳宣传月工作。成立"综治维稳宣传月"活动领导小组及办公室，确保对综治维稳月活动的组织领导；制定《澂江县经济委员会"综治维稳宣传月"活动方案》，明确此次活动的目标任务、宣传重点以及方法步骤。在单位大门口悬挂综治维稳宣传标语，并在办公楼楼道口显著位置开辟专栏，张贴综治维稳宣传漫画和相关知识，提高广大人民群众和单位干部职工对综治维稳的知晓率和积极性，确实增强干部职工的维稳意识和平安意识。最后，深入开展矛盾纠纷排查，做好群众来信来访工作。按照"横到边、纵到底"的总体要求，深入开展矛盾纠纷排查工作，排查出可能存在的矛盾纠纷隐患8起（已化解1起），对排查出的矛盾纠纷都建立台帐，同时将排查、化解情况及时上报综治委和县信访局。对来访人员，严格执行首问负责制，要求全体干部职工依据国家的相关政策法规做好思想政治工作。全年共接待来访人员500余人次。

【效能政府四项制度建设】 2010年，县经委充分认识效能政府四项制度对加强机关自身建设的重要意义，积极推进效能政府四项制度建设。首先，成立由县经委主任任组长的澂江县经济委员会推行效能政府四项制度领导小组，确保对效能政府四项制度工作的领导。其次，召开推行效能政府四项制度动员会，传达全省推进效能政府四项制度电话电话会议精神，学习推进效能政府四项制度的相关文件精神，同时对推行效能政府四项制度进行动员，并制定《澂江县经济委员会效能政府四项制度建设实施意见》和《澂江县经济委员会效能政府四项制度建设工作方案》下发到各科室组织实施。确定电力执法、办公用品管理为关键岗位加强监督。再其次，严格遵循公务用车配备和使用管理规定，严格执行统一保险、定点加油和定点维修制度，杜绝公车私用，着力降低公务用车运行成本。严格控制会议规模和接待标准，本着务实高效、热情大方的原则，着力降低会议和接待费用。按照县经委《澂江县建设学习型机关培训计划表》，组织开展保密知识及政府信息公开保密知识培训、节能减排培训两个专题进行培训，提高干部职工的业务能力和综合素质。确定年度重点工作任务，并分解到分管领导和科室。从年度重点工作任务中选取节能降耗目标和120万吨旋窑水泥二期工程建设进行目标倒逼管理。将《一线工作法》印发到委领导和科室，要求在集中学习的基础上认真自学，并严格按《一线工作法》开展工作，每季度填报一次《澂江县行政机关一线工作情况统计表》报办公室。全年共开展一线工作事项86项，其中，一线工作联系事项15项、一线工作联动事项45项、社情民意沟通事项26项。另外，进一步规范行政审批行为和行政处罚行为。要求涉及行政执法、处罚的科室进一步完善行政处罚执法文书，规范行政处罚行为。进一步推进电子政务建设。完善政府信息公开保密审查制度，制作"96128"政务信息查询登记表，将社会公众向县经委查询的问题进行集中登记。全年主动发布信息52条，通报事项34项。最后，围绕年度工作任务，将行政效能建设工作目标细化到各科室，确保行政效能建设各项工作目标落到实处，并每月对行政效能工作目标建设进度进行通报、分析，及时解决工作中存在的困难和问题。

【党风廉政建设】 2010年，县经委将党风廉政工作与经委的各项任务紧密联系，做到一起安排，一起落实。3月，党政班子召开党风廉政建设专题会议，专门研究制定党风廉政建设工作目标计划。召开系统党风廉政建设工作会，总结2009年党风廉政建设工作，对2010年党风廉政建设工作进行安排部署，与科室负责人、所属企业法人代表签定《澂江县经委系统2010年党风廉政建设责任书》，把党风廉政建设工作任务分解落实到基层。

【开展创先争优活动】 2010年，县委创先争优活动动员大会后，县经委立即召开会议，传达学习县委动员大会精神，成立领导机构和工作班子，制定《澂江县经济委员会深入开展创先争优活动实施方案》，确保活动的正常开展。在活动中，突出"明、紧、宣、改"四个字，具体为：突出一个"明"字。班子及班子成员、党员领导干部在会上作出书面承诺，接受党员群众监督，力争确保个人形象一面旗、工作热情一团火、谋事布局一盘棋，也让党员干部职工明白公开承诺不仅仅是一种形式也是一种责任；突出一个"紧"字，解决好中心工作与创先争优活动两不误的问题。县经委党委要求所有党员干部职工在"紧"字上做文章，在自己的职责和岗位上当模范、作表率，争做优秀共产党员，并把创先争优活动与中心工作紧密结合，二者兼顾，取得实效；突出一个"宣"字，解决活动氛围不深厚的问题。通过多种形式进行宣传，使创先争优活动人人皆知，为创先争优活动营造浓厚的氛围；突出一个"改"字，解决好作风转变的问题。党委要求党员干部在创先争优活动中结合学习、工作、思想实际，认真查找在思想、作风方面存在的问题，彻底解决“门难进、脸难看、事难办”的“三难”问题，并以公开承诺的方式，接受群众监督。通过创先争优活动开展，结合一线工作法的组织实施，推动创先争优活动深入开展。

【强化安全管理】 2010年，为将安全生产工作抓实抓好，县经委与德安公司、再峰公司、华业公司、印刷厂及民爆公司签订了2010年安全生产责任状，同时与德安公司、再峰公司、华业公司和志成公司签订防汛责任书。各企业结合自身实际，把安全生产责任分解到分厂、车间、班组，使安全生产责任落实到企业生产的各个环节，并由各企业建立健全安全生产工作机构，安排专人负责安全生产工作，认真进行安全生产隐患排查、整改工作，杜绝重特大事故的发生。同时，加强职工安全生产教育，不断提高职工的安全生产意识，完善安全生产救援预案，并组织开展必要的演练。开展经常的安全检查工作，督促指导企业安全生产工作。全年对各相关企业的安全生产隐患进行排查，共出动车辆47辆次，人员134人次，排查企业58家次，提出整改意见和建议140多条。针对澂江县遭遇持续干旱的情况，要求企业对职工进行防汛抗洪安全意识教育，增强久旱必涝的防范意识，树立防汛抗洪的思想观念，坚守工作岗位，扎实工作。特别是进入雨季以来，为确保南盘江上电站的安全运行，县经委高度关注全省气象变化情况，提前与各电站联系，要求企业提前做好防汛准备。

【黄磷电炉技改】 澂江县8户黄磷生产企业根据《云南省黄磷行业准入条件》和《澂江县磷化工产业发展规划》的相关要求，按“15万吨产能、13台磷炉”的总体要求，于2008年实施黄磷电炉技术改造，技改于2009年6月底完成。2010年12月29日，8户黄磷生产企业的黄磷电炉技术改造已先后取得环保验收批文，15万吨黄磷电炉技改全部结束。

【帮扶慰问】 2010年，县经委党政领导班子与龙街村委会4名困难党员结成“帮扶对子”，班子成员个人资助800元用于党员困难补助。同时，积极做好单位离退休干部职工春节、敬老节慰问及生病护理支出等工作。全年共支出10000余元用于慰问。

（阮洪林）

发展和改革委员会

【综述】 2010年，澂江县发展和改革委员会推进“十二五“规划研究与编制、项目建设和改革创新；争取扩大内需项目及各类建设项目、建设资金，加大项目管理工作力度，协调各方力量抓好全县重点项目建设；科学整理分析数据资料，客观反映经济运行现状；扎实做好价格监督检查、价格监测工作，努力稳定市场物价，全力保障群众基本生活。增强经济发展后劲，保障经济社会平稳快速发展。

【综合经济实力增强】 2010年，全县实现生产总值36.15亿元，完成年计划的115.5%，增长13.5%；人均生产总值达到22038元，增长13.1%；实现财政总收入5.4亿元，比上年增加8014万元，增长17.4%；地方财政收入创历史新高达到3.4亿元，完成年计划的100%，比上年增加7026万元，增长26%；实现农民人均纯收入6374元，完成年计划的107.1%，比上年增加773元；城镇居民人均支配收入达17014元，完成年计划的106.3%，比上年增加2107元。

【产业结构调整】 2010年，全县一、二、三产业比例由2009年的19：39：42（调整数）调整为2010年的18：40：42，产业结构呈现三、二、一的格局。一、农业稳步发展。加强水利基础设施建设，完成马槽地、石寨河、水箐水库除险加固和马吃水水库扩建，左所水库建设进展顺利。蔬菜、林果等产业发展壮大，蓝莓、黄金梨等特色林果种植规模逐步扩大，完成海口镇名特优水果示范园建设。二、新型工业化进程加快。积极引导磷化工企业向精深加工方向发展，生产原料取得新突破，实现以磷矿石为主到以黄磷为主的转变。金山公司3.5万吨高纯度磷酸、金龙公司5万吨食品磷酸建成投产。新型建材业发展规模扩大，华荣120万吨旋窑水泥技改二期工程竣工投产，淘汰落后水泥产能22万吨，完成15万吨黄磷电炉技改。三、以旅游业为主的现代服务业取得突破性发展。抚仙湖悦椿度假酒店正式营业，太阳山项目奠基动工，抚仙湖国际养生园、国际老年康体养生度假中心完成项目征地工作，仙湖圣境等项目稳步推进。澂江化石地申遗文本上报联合国世界遗产中心预审，金莲山、学山申报国家文物保护单位和关索戏申报国家非物质文化遗产通过评审。

【投资持续增长】 2010年，澂江县太阳山、湖畔圣水二期、行政中心等一批重大项目全面开工建设，固定资产投资快速增长。年初县人民代表大会通过的95项重点投资项目中，开工建设53项，其中，已竣工30项，在建23项，开工率56%。全社会固定资产投资总额创历史新高，达到24.2亿元，完成市下达任务的100.4%，比上年增长40.57%。其中，非农村限额以上固定资产投资156760万元，同比增长53.63%；房地产开发完成固定资产投资48160万元，增长3.12%；农村限额以上投资18232万元，同比增长132.52%；居民个人建房18960万元，同比增长21.17%；从三次产业上看：第一产业完成投资5891万元，比上年增长5.3倍；第二产业完成4.24亿元，比上年增长4.4%；第三产业完成19.37亿元，比上年增长48.3%。三次产业投资结构比例调整为2：18：80。

【消费趋旺】 2010年，澂江县全面落实“家电下乡”、“汽车下乡”、“农机农具下乡”等一系列促进消费的政策措施，全年全县兑付家电、汽车摩托车下乡补贴资金685万元，房产、汽车消费火爆。全年社会消费品零售总额达到8.45亿元，比上年增长25.4%。

【生态文明建设推进】 2010年，澂江县启动抚仙湖东岸蒿芝箐—大石洞生态农业试验示范区建设，完成禄充景区排水管网及提升泵站改造、梁王河流域环境综合治理、抚仙湖北岸生活垃圾转运站等工程建设，东大河流域水污染治理与清水产流机制修复试点工程前期工作启动。完成抚仙湖林业生态工程建设1万亩的造林任务和800亩还湖生态林工程。凤麓镇、龙街镇、海口镇创建生态镇工作通过市级审核。成立抚仙湖综合行政执法大队，开征抚仙湖资源保护费，环境综合整治和执法力度加大，国家级生态示范区建设成果不断巩固。

【社会事业建设取得进展】 2010年，澂江县全面落实“三免一补”政策，顺利通过“两基”迎国检检查验收，完成县二中、松元、吉花小学学生宿舍楼、尖山小学教学楼、一中食堂建设和广龙、万海村小学迁建，职业教育办学规模不断扩大，县一中、四中等8所学校被列为云南省“现代教育示范学校”。加大卫生基础设施建设，龙街镇、右所镇卫生院改扩建工程完工并通过验收，县医院住院楼开工建设。全面实施基本药物零差率销售，新农合参合率96.01%，加强狂犬病、手足口病等传染病防治。进一步落实就业再就业各项扶持政策，全县新增创业企业52户，创业带动就业比例1：3，创业拉动新增就业960人；城镇新增就业2200人，下岗失业人员再就业910人，就业困难人员再就业470人，城镇登记失业率2.85%；新增农村劳动力转移2016人。发放城市低保金363.2万元，发放农村低保金280.2万元，全面推行城乡医疗救助一站式即时结算服务管理模式，全年城市医疗救助1841人，农村医疗救助5172人。稳步推进殡葬改革，建设5个农村公益性公墓、1个中心城区经营性公墓。启动1999年1月1日后参加工作无房职工按月住房补贴工作。开展第六次全国人口普查。低生育水平趋向稳定，人口自然增长率控制在3.67‰。科技、老龄、气象等各项社会事业全面发展，民主法制建设不断深化，社会保持和谐稳定。

【争取中央扩大内需项目和资金】 截至2010年，澂江县共争取到新增中央预算内扩大内需投资项目21个，涉及项目计划总投资17697.5万元。其中，中央扩大内需资金8822万元，省级配套资金1350万元，市级配套资金1302万元，县级配套2457万元。资金到位合计17764万元，其中，中央扩大内需资金8822万元，省级配套资金1350万元，市级配套资金1315万元，县级配套2501万元，其它投资3776万元。四批扩大内需项目百分之百开工，至年底已完工15项，已完工项目和在建项目共完成投资15464.1万元。

【谋划“十二五规划”】 2010年，澂江县成立由51个相关部门为成员的“十二五”规划编制工作领导小组，组建“十二五”规划纲要的编写小组和专家咨询小组；将25个重点研究课题、24个专项规划、6个地区规划明确到各镇、各相关部门。立足实际，强化项目支撑，加强重大项目的研究和论证，力求将更多的事关全县经济社会发展的项目列入“十二五”规划，并做好与国家和省、市“十二五”规划纲要的衔接。委托中国西部规划研究院编制完成《“十二五”期间澂江县产业发展和空间布局研究》和《澂江县“十二五”发展思路研究》，县发改委完成24个重点研究课题和21个重点专项规划。《澂江县“十二五”发展思路研究》经县政府常务会讨论通过，再作修改完善。《澂江县“十二五”经济社会主要调控目标的说明》政府常务会讨论通过，《澂江县国民经济和社会发展“十二五”规划纲要》的撰写工作进展顺利，年底已完成初稿，并广泛征求修改意见。

【分析经济运行情况】 2010年，澂江县客观分析全县经济社会发展面临的有利和不利因素，实时把握全县经济发展态势，加强经济运行监测预测分析，按时编写每月经济运行情况分析报告，建言献策，为县委、县政府决策提供科学依据。2010年，共完成季度经济运行分析报告3篇、月度经济运行分析报告7篇，年度经济运行分析报告1篇。

【收费许可证年审、变更】 2010年，县发改委审验收费部门28个，行政事业性收费许可证75本，收费项目59项，收费金额为3628.35万元，圆满完成2009年度行政事业性收费许可证审验工作。

【多措并举确保市场价格基本稳定】 2010年，县发改委深入执收单位、企业和社会层面进行调研，先后完成《县发改委关于<澂江县中小学生健康体检管理办法实施意见>中有关学生体检收费标准的意见》、《澂江县对规范中小学服务性收费代收费的初步意见》、《澂江县关于2009年度旅游景点门票收费情况调查报告》、《澂江县规范治理社会团体收费工作总结》、《澂江县治理规范经营服务性收费工作总结》、《澂江县2010年水价及垃圾处理收费等情况调查》、《澂江县关于加强教育收费监管工作情况汇报》及《澂江县贯彻落实运用价格政策，加强淘汰落后产能工作情况汇报》8项专题调研。开展农机服务收费、涉农价格和收费、行业协会收费、涉企收费、农产品市场价格、电力价格、小水电上网电价、景区门票、质监收费、教育收费、医药价格等11个重点专项检查。认真做好成品油市场、农资市场巡查和节假日期间旅游、客运市场检查工作。配合市价格监督检查局查处涉企乱收费行为6项，没收违法所得376669元。规范涉企、涉农价格和收费，加强市场价格监管工作，规范市场价格行为，推进价格公共服务，提升价格监管依法行政水平。面对严峻的干旱形势和的波动的市场价格形势，多次出动检查人员，开展市场物价大检查，全力稳定物价保障群众基本生活。先后对县职中、四中、小洋村加油站、柿花园加油站、柿花园农产品交易市场、翠竹湾集贸市场、凤麓集贸市场及各米线加工经营户等多家单位进行检查、告诫，并反复宣传、强调价格政策。帮助经营单位出谋划策，共同努力保持物价稳定。稳定各集贸市场和农产品交易市场摊位费和水电费，各大超市进场费，成品油、客运市场票价，还建议学校食堂承包费在往年基础上下调，确保学生食堂饭菜价格不上涨。此外，县发改委还认真贯彻落实上级有关稳定价格总水平的通知精神，谨慎出台、调整物价价格；成立筹备价格调节基金管理委员会，负责对全县价格调节基金的征集、使用和管理。

【价格监测与信息服务】 2010年，县发改委重点对抗旱救灾物资、农业生产资料和居民生活必需品进行实时价格监测，建立价格预警、应急监测管理办法和价格异常波动监测预警制度。根据价格形势，适时增加对4个种类的热点商品价格进行跟踪监测。完善徵江县信息网价格信息查询版块和价格信息服务进农村工作，全年刷新网上价格信息52期，利用气象电子信息平台发布价格信息52期。

【价格认证工作】 2010年，县发改委认真做好公、检、法、司和各行政执法机关的各项价格认证委托工作，及时作出价格鉴证结论。全年共受理办结各种价格认证99件，标的金额149.9万元，其中，涉案的有92件，金额132万元；一般价格认证7件，金额17.9万元。

【信访工作】 2010年，县发改委加强“12358”价格举报电话24小时值守工作，尤其是重大节假日、抗旱救灾期间和价格波动较大等敏感时期，及时解决群众投诉的价格问题，维护正常市场价格秩序；掌握小型水库移民动向，畅通信访渠道，全年共接待群众来访5起9人，及时解决政策兑现中出现的各种矛盾和问题。

【大中型水库移民后期扶持工作】 2010年，县大中型水库移民工作领导小组办公室兑付移民后期扶持补助资金50.99万元，累计兑现资金218.3万元，在册直补对象847人。做好移民安置区的抗旱救灾工作，投入5万元分别在右所镇大仁庄小组、龙街镇上忠恕和下忠恕小组实施抗旱项目扶持。帮助大仁庄小组另辟水源并进行相关管网改造，新架设主管网870米，解决560人的饮用水问题；争取到库区和移民安置区项目3项：右所镇小西、补益村委会九龙箐机耕路建设项目，右所镇补益村委会二家村村内道路硬化项目和龙街镇忠窑村委会卫生所拆除重建项目。3个项目计划投资77.21万元，其中，移民资金补助30万元。争取上级节余资金项目1项：龙街镇梁王村委会沙坝至石门乡村道路改建工程，计划投资58万元。争取库区基金40万元，在建库区基金项目2个（新建右所镇吉花村委会卫生所7.2万元，龙街镇忠窑村委会十里亭七组农村文化活动室工程32.8万元）。“十一五”期间，完成项目扶持16项，投入资金116.20万元；在建项目2项，已投入资金47.8万元；争取省级结余资金项目一个，预计投入58万元。投入资金4万元，开展移民和移民安置区群众劳动技术培训（烤烟、蔬菜种植和家畜养殖）四期，培训移民和移民安置区群众400余人（旧城、补益、吉花、忠窑）。

【效能政府四项制度建设】 2010年，县发改委认真推进效能政府四项制度建设，以建设效能机关为目标，努力推动各项工作提高。认真落实行政绩效管理、行政成本控制、行政行为监督、行政能力提升四项制度，不断提高机关自身建设各项制度的执行力，确保效能政府制度的高效落实，巩固并提高法治、责任、阳光政府系列制度的成效，使机关自身建设系列制度进入常态化、规范化实施轨道。

【党风廉政建设】 2010年，县发改委着力深化改革和制度创新，把行政审批、投资体制改革推向深入，完善政府投资监管体系，加强政府投资决策和资金安排、企业投资项目核准和备案的监督管理；严格把好投资项目审批、核准、备案、上报关，杜绝办人情项目，杜绝上不合理项目，从源头上遏制腐败发生；规范政府投资行为，加强政府投资项目的管理工作，加强项目的评估和论证，加大重大项目稽察力度，开展招标、投标方案审核及招标监督、协调工作；严格控制党政机关修建楼堂馆所，在项目立项审批过程中从严把关。

【社会治安综合治理】 2010年，县发改委全面深化平安建设，着力排查调处矛盾纠纷、改进社会管理，完善社会治安防控体系，确保社会大局稳定。全年完成8项价格收费专题调研、11个重点专项检查。深入开展市场物价大检查，稳定物价保障群众基本生活；加强市场价格监测与监管，规范市场价格行为，推进价格公共服务；加强“12358”价格举报电话24小时值守，及时解决群众投诉的价格问题；畅通信访渠道，积极化解水库移民信访矛盾，妥善解决群众来访5起。

【帮扶慰问】 2010年，徵江遭遇特大旱灾，县发改委领导干部响应县委、县政府、工会等组织的号召，3次发动全委党员干部、职工为抗旱保民生踊跃捐款，3次共捐款21400元，为徵江县抗旱救灾工作贡献力量。开展“送温暖、解难题、办实事”的困难党员帮扶、互助的主题活动，关心和爱护生活困难党员。领导班子全体成员于春节前夕深入到七江村委会田坝、黄草铺、柏家村等小组亲切慰问结对帮扶困难党员，向每一位困难老党员送上200元慰问金、1桶食用油和1袋大米，帮助困难老党员度过一个安宁、祥和的春节。

（沈智文）

澂江县2010年1～12月份主要商品价格监测情况表

2010年平均价

序号	品名	一月	二月	三月	四月	五月	六月	七月	八月	九月	十月	十一月	十二月	全年平均价	去年平均价	增减额	涨幅%
一	食品类																
1	玉米	1.9	1.9	2.14	2.2	2.1	2.1	2.1	2.1	2.1	2.1	2.1	2.2	2.09	1.73	0.36	20.62
2	东北米	4.4	4.4	4.7	5	4.6	4.6	4.6	4.6	4.6	4.6	4.6	4.8	4.63	3.96	0.67	16.79
3	本地米	3.6	3.6	4.08	4.5	4	4	4	4	4	4.2	4.2	4.3	4.04	3.39	0.65	19.17
4	晚籼米																
5	面条	4.6	4.6	4.6	4.6	4.6	4.6	4.6	4.6	4.6	4.6	4.6	4.8	4.62	4.65	–0.03	–0.72
6	标准粉	3.2	3.2	3.36	3.4	3.4	3.4	3.4	3.4	3.4	3.4	3.4	3.5	3.37	2.98	0.39	13.14
7	富强粉	3.4	3.4	3.56	3.6	3.6	3.6	3.6	3.6	3.6	3.6	3.6	3.8	3.58	3.18	0.40	12.58
二	豆奶制品类																
8	豆浆	0.5	0.5	0.5	0.5	0.5	0.5	0.5	0.5	0.5	0.5	0.5	0.5	0.50	0.50	0.00	0.00
9	鲜奶	1.5	1.5	1.5	1.6	1.7	1.7	1.7	1.7	1.7	1.7	1.7	1.7	1.64	1.50	0.14	9.44
10	白豆腐	2.5	2.5	2.5	2.5	2.5	2.5	2.5	2.5	2.5	2.5	2.5	2.5	2.50	2.50	——	——
三	食用油类																
11	菜籽油	14	14	14	14	14.9	15.5	15.5	15.5	15.5	15.5	15	15	14.87	13.08	1.79	13.66
12	金龙鱼	55.9	55.9	55.9	55.9	55.9	55.9	55.9	55.9	55.9	55.9	62.9	62.9	57.07	56.59	0.48	0.84
13	滇雪	65	62	60	60	60	60	60	60	60	60	63	63	61.08	69.30	–8.22	–11.86
14	鲁花	118	118	118	118	118	118	118	118	118	118	125	125	119.17	124.60	–5.43	–4.36
15	金菜花	47	47	47	47	47	47	47	47	47	47	58	58	48.83	51.75	–2.92	–5.64
四	肉禽蛋类																
16	鲜猪肉	20.5	20.6	20	20	20	20	20	20.5	22	23	24.2	26	21.40	19.86	1.54	7.75
17	鲜牛肉	30	30	30	30	30	30	30	28	28	30	30	30	29.67	31.25	–1.58	–5.07
18	鲜羊肉																
19	鸡	12	10.5	11	11.25	11	8.5	10.5	13.5	13.5	14	12.5	12.5	11.73	11.17	0.56	5.01
20	鸡蛋	7.7	7	6.9	7	6.5	8.15	7.3	8.5	8.9	8.7	10	8	7.89	7.12	0.77	10.78
21	生猪							9.25	9	11.3	13	14.6	16	6.10			
五	水产品类																
22	带鱼	13	13	13	13	13	13	13	13	13	15	15	15	13.50	13.00	0.50	3.85

续表

序号	品名	一月	二月	三月	四月	五月	六月	七月	八月	九月	十月	十一月	十二月	全年平均价	去年平均价	增减额	涨幅%
23	草鱼	14	14	14	14	14	15	15	15	15	14	15	15	14.50	14.60	–0.10	–0.68
24	鲤鱼	12	12	12	12	12	13	13	13	14.5	14	14	14	12.96	11.83	1.13	9.54
25	鲢鱼	12	12	12	12	12	12	12	12	12	12	12	12	12.00	11.83	0.17	1.44
六	蔬菜类																
26	大白菜	1	0.8	1.86	2.2	1.56	0.475	1.75	1.63	1.05	1.3	1.7	1.1	1.37	1.09	0.28	25.57
27	大苦菜	1.3	1.5	1.98	2.5	1.2	1.2	1.67	1.6	1.23	1.83	1.54	1	1.55	1.22	0.33	26.71
28	土豆	1.6	2	2.7	3	3	3	2.8	1.93	2	2.1	2.8	2.5	2.45	1.15	1.30	113.26
29	韭菜	3.5	3.6	2.44	1.8	1.44	1.1	1.63	1.75	1.45	1.2	1.68	2.4	2.00	1.84	0.16	8.65
30	葱	1.5	1.5	1.22	1.88	1.22	1.1	1.8	2.1	2.3	2.76	2.22	2	1.80	1.78	0.02	1.12
31	生姜	5.6	7.2	8.6	9.75	10	15	13.25	11.25	9.25	7.5	6.2	4.8	9.03	2.85	6.18	216.96
32	萝卜	0.7	0.8	0.92	1.13	0.78	1.5	1.1	1.1	1.18	0.8	0.9	0.7	0.97	0.92	0.05	5.16
33	青辣椒	3.9	3.5	3.16	6.88	7.8	3.87	2.63	1.88	2.63	5.3	6.5	5.9	4.50	4.95	–0.45	–9.18
34	黄瓜	3.3	3.8	4.2	3.13	2.8	2	2.1	1.65	1.98	3.17	3.5	3	2.89	2.75	0.14	4.94
35	西红柿	2.8	2.9	2.44	2.83	2.68	2.23	2.2	2.38	2.35	2.57	2.9	3	2.61	2.81	–0.20	–7.24
36	绿豆						18	17.5	17	17	17	17	17	10.04			
37	独蒜						18	18	18	18	18	18	18	10.50			
38	瓣蒜						12	12	12	12	12	12	12	7.00			
七	糖烟酒类																
39	白糖	5	5	5	5.25	6	6	6	6	6	6	6	6	5.69	4.24	1.45	34.14
40	黄壳红梅																
41	包谷酒	5.7	5.7	5.7	5.7	5.7	5.7	5.7	6	6	6	6	6	5.83	5.24	0.59	11.16
八	水果类																
42	苹果	8	8	8	8	8	8	10	10	10	10	10	10	9.00	9.00	——	——
43	香蕉	2.6	3	3	3	5	5	5	5	5	5	5	5	4.30	3.00	1.30	43.33
九	工业品类																
44	螺纹钢	4037.5	4000	4080	4500	4460	4150	3950	4060	4425	4400	4520	4700	4273.54	3848.75	424.79	11.04
45	盘园线材	3912.5	3900	3920	4350	4210	3750	3675	3880	4275	4050	4250	4450	4051.88	3363.00	688.88	20.48
46	325# 水泥	360	280	308	290	274	250	250	242	257.5	270	280	280	278.46	240.00	38.46	16.02

续 表

序号	品名	一月	二月	三月	四月	五月	六月	七月	八月	九月	十月	十一月	十二月	全年平均价	去年平均价	增减额	涨幅%
47	425# 水泥	410	330	358	340	324	300	300	292	310	320	330	330	328.67	268.00	60.67	22.64
48	90# 汽油	5.99	5.99	5.99	6.12	6.24	6.07	6.07	6.07	6.11	6.11	6.28	6.28	6.11	5.34	0.77	14.42
49	93# 汽油	6.44	6.44	6.44	6.57	6.7	6.52	6.52	6.52	6.56	6.56	6.74	6.74	6.56	5.74	0.82	14.33
50	97# 汽油	6.89	6.89	6.89	7.04	7.18	6.98	6.98	6.98	7.02	7.02	7.21	7.21	7.02	6.14	0.88	14.40
51	0# 柴油	6.24	6.24	6.24	6.38	6.52	6.34	6.34	6.34	6.38	6.38	6.57	6.57	6.38	5.52	0.86	15.55
52	液化气	106.75	109	106.6	101.5	97	97	97	97	92	92	123	123	103.49	90.85	12.64	13.91
53	烤烟用黑煤	800	800	800	800	800	800	800	800	800	800	800	800	800.00	800.00	——	——
54	居民生活用水	2.1	2.1	2.1	2.1	2.1	2.1	2.1	2.1	2.1	2.1	2.1	2.1	2.10	2.10	——	——
55	居民生活用电	0.483	0.483	0.483	0.483	0.483	0.483	0.483	0.483	0.483	0.483	0.483	0.483	0.48	0.48	——	——
十	生产资料类																
56	普钙	0.61	0.61	0.61	0.61	0.61	0.61	0.61	0.61	0.61	0.61	0.61	0.61	0.61	0.63	−0.02	−3.17
57	碳酸氢铵	0.73	0.73	0.73	0.73	0.73	0.73	0.73	0.73	0.73	0.73	0.73	0.73	0.73	0.79	−0.06	−7.59
58	尿素（云天化）	2.08	2.08	2.08	1.92	1.93	1.93	1.93	1.93	1.93	2	2	2.23	2.00	1.96	0.04	2.21
59	农膜																
60	农药																
十一	收费类																
61	挂号费	0.4	0.4	0.4	0.4	0.4	0.4	0.4	0.4	0.4	0.4	0.4	0.4	0.40	0.40	——	——
62	住院费	1.3	1	13	13	13	13	13	13	13	13	13	13	11.03	13.00	−1.98	−15.19
63	普通高中学费	500	50	500	500	500	500	500	500	500	500	500	500	462.50	500.00	−37.50	−7.50
64	公厕费	0.2	0.2	0.2	0.2	0.2	0.2	0.2	0.2	0.2	0.2	0.2	0.2	0.20	0.20	——	——
65	出租车租价																
66	垃圾收集费	4	4	4	4	4	4	4	4	4	4	4	4	4.00	4.00	——	——
十二	房地产价格																
67	商品住房	1800	1800	1800	1800	1800	1800	1800	1800	1800	1800	1800	1800	1800.00	1800.00	——	——
68	商品住房	2300	2300	2300	2300	2300	2300	2300	2300	2300	2300	2500	2500	2333.33	2300.00	33.33	1.45

（赵梓斐）

审　计

【综述】　2010年，澂江县审计局共完成审计项目88项、审计调查2项，完成年初计划的307%，比上年增加38个项目。查出违规资金2482万元，是2008年213万元的11倍，是2009年736万元的3倍；查出管理不规范资金8574万元，是2008年1577万元的5倍，是2009年1728万元的5倍；固定资产投资审计核减工程投资4036万元，是2008年496万元的8倍，是2009年1057万元的4倍；审计处理决定上交财政1159万元，是2008年94万元的12倍，是2009年274万元的4倍。已上缴财政1211万元，应归还原渠道资金83万元，移送执行税务部门案件2件，涉及金额79万元。出具审计（调查）报告89篇，提出审计建议237条，撰写专题性、综合性报告及信息简报33篇，通过政务信息公开网公示审计工作报告和审计结果87项。

【固定资产投资审计】　2010年，澂江县审计局积极探索政府性建设投资前置审计和工程效益审计方法，强化对重大项目、重点资金的审计监督，力求审深审透，揭示政府性投资管理中存在的问题。全年共完成固定资产投资审计项目74项，比上年增加37个项目，其中，拦标价前置审计24项、竣工结算审计50项。送审项目投资额2.96亿元；查出管理不规范金额1949万元；审计核减投资额4522万元；共调整拦标价3075万元，调整率为25%。固定资产投资审计成果创新高。通过审计，揭露拦标价编制不规范、结算价不实多计、超概算投资、多收工程管理费用等问题，同时对多个工程投资项目从生态效益、社会效益、经济效益多方位进行评价，对审计发现的违规现象和行为及时向县政府、主管部门和被审单位反映，并提出审计建议，从源头防范资金浪费，促进项目从招标到结算的规范管理，有效提高工程投资效益。

【预算执行审计】　2010年，澂江县审计局共完成预算执行审计项目3项。审计财政地税执行县本级财政预算情况，同时对县环保局预算执行情况进行绩效评价，揭示预算管理不规范、税收不及时、部门预算资金浪费等问题，查出问题金额2741万元。就澂江县房地产开发存在的税收漏洞提出建议，积极促成相关部门整改落实。审计决定上缴财政863万元，2010年实际上缴财政905万元，补缴2009年未上缴款。

【经济责任审计】　2010年，澂江县审计局受澂江县委组织部委托对6名正科级领导干部开展经济责任审计，查出问题资金928万元，其中，负有主管责任的712万元、负有直接责任的216万元，决定上缴财政232万元，已上缴216万元。通过审计，揭露应缴未缴预算收入、违规改变资金用途、超标准支出、贷款逾期未清收、私存私放资金、核算不规范等问题，查出小金库行为2处共11万元，移送税务机关执行事项2项。审计局在领导干部经济责任审计中结合绩效审计，对领导干部任期内完成的工作目标、履行的职责和廉政行为、取得的成绩等作出客观评价，将领导干部经济责任审计结果报告提交县领导和组织部门，有效预防腐败行为发生，加强对领导干部权力的制约和监督，为党提拔选用人才提供依据。

【专项资金审计】　2010年，澂江县审计局开展抗旱救灾资金和物资、“两基”教育经费投入和管理情况、中央1～4批扩大内需资金、中小学校舍安全工程项目资金的专项审计或审计调查，审计专项资金总额4.49亿元，查出管理不规范金额1623万元，并及时向政府及相关部门反映审计情况，督促资金早日落实。

【财务审计】　2010年，澂江县审计局共完成澂江县给排水公司和澂江县龙街卫生院2009年度财务收支及绩效情况审计，共查出违规金额67万元，管理不规范金额556万元，决定上缴财政64万元，查出小金库行为1处，向被审单位提出审计建议加强内控，对违规行为进行严肃处理，维护财经纪律严肃性。

【绩效审计】　2010年，澂江县审计局将绩效审计作为各审计领域的共同目标，在合规合法审计基础上，把绩效审计与行政事业、经济责任、投资项目审计有机结合起来，对政府性投资项目的社会效益、生态效益、经济效益、资金效益进行全面解分析和评价，对领导干部任期内单位完成各项社会经济指标进行复核评价，对行政事业单位履行职能情况、公共资金使用的经济性、效率性、效果性进行分析评价，全年共完成绩效审计（调查）项目17项，查出问题金额3284万元，审计决定上缴财政320万元，已上交财政304万元，提出审计建议37条。

【其他审计】　2010年，澂江县审计局向省、市争取审计项目，代表玉溪市审计局完成审计项目2项，其中，澂江县2009年烟叶生产基础设施建设项目工程决算及绩效审计已完成，核减工程投资14万元；澂阳二级公路建设成本及债务锁定工作还在进行中，至2010年末已完成4个标段的审计认定，核减工程投资502万元，审计完成后将对缓解县财政困难、化解县级债务争取中央政策资金支持起到关键作用。

（张晓明）

商　务

【综述】　2010年是“十一五”规划的落幕之年，在这一年里，澂江县商务局以开展创先争优活动、建设学习型党组织活动为动力，立足于“商务兴县、流通富民”的部门职能，紧扣全年中心工作，更新观念、创新工作方式，较好完成了全年各项工作任务，为促进全县经济、社会又好又快发展做出贡献。

【商务经济指标完成情况】　2010年，县商务局商务经济指标完成情况：招商引资方面，1～12月，全县筹建项目3个，重点包装、宣传、推介项目4个。实际利用市外国内资金90311万元，同比增加19311万元，增长27.2%，完成使用市外国内资金目标任务8.5亿元的106.3%，其中，省外资金65611万元，同比增加 17111 万元，增长 35.3%，完成使用省外资金目标任务 6.5 亿元的 100.9%；实际使用外资金额为 385.57 万美元，完成使用外资目标任务 300 万美元的 128.5%。国际贸易方面，1~12 月，全县有 5 户企业有自营出口实绩，出口总额 4108 万美元，同比增加 271 万美元，增长 7.1%，完成市政府下达 4200 万美元目标任务的 97.8%。国内贸易方面，1~12 月，全县社会消费市场平稳运行，社会消费品零售额持续增长，实现社会消费品零售总额 84484.7 万元，同比增长 25%。生猪屠宰方面，1~12 月，全县共屠宰生猪 36732 头，同比下降 1.5%。成品油方面，1~12 月，全县 14 座加油站（其中，中石化 6 座；中石油 1 座；社会 7 座）累计购进汽柴油 25215 吨、销售 24857 吨、实现销售收入 19547 万元，同比分别增长 17.3%、15.4%、35.1%。万村千乡市场工程建设方面全年共新建或改造“万村千乡市场工程”日用消费品农家店 17 个，日用消费品配送中心一个，全部通过市级验收。家电下乡方面，截至 12 月 31 日，已备案登记 37 家销售网点。全县共销售家电 10550 台，销售金额 2247 万元，财政兑付农民补贴资金 278.19 万元。

【仙湖圣境旅游度假村项目签订投资意向书】 2010 年 1 月 11 日，澂江县人民政府与云南铂金投资有限公司就仙湖圣境旅游度假村项目签订投资意向书。仙湖圣境旅游度假村项目选址于云南省玉溪市澂江县龙街镇广龙红山片区，占地约 3000 亩，总投资 50 亿元人民币，建设周期 3~7 年，打造集艺术博物馆、休闲会议中心、主题乐园、配合地形分配高中低密度住宅，高档次高低密度酒店为一体的旅游度假社区。该项目是继 2009 年 9 月 23 日在玉溪市旅游发展大会上签订三个旅游项目后的又一个规划起点高、投资规模大、高规格高档次的旅游项目，仙湖圣境旅游度假村项目投资意向书的签订，标志着双方合作取得阶段性成效。该项目的开发建设将为澂江旅游业和经济社会的发展起到推动作用。

【新农科技蔬菜出口基地项目正式签约】 为调优澂江县农业产业结构，推进产业升级，提高农业效益，促进农业增收，澂江县与云南欣农科技有限责任公司经过多次洽谈，于 2010 年 7 月 1 日在县政府 5 楼会议室正式签约。该项目采用“公司 + 基地 + 农户”的方式，每年种植面积不低于 5 万亩，并建设一个 260 亩的集冷链物流、批发交易、商务综合服务及辅助设施等于一体的农产品出口物流中心。项目建成运营后将促进澂江县蔬菜种植加工业又好又快发展！

【华业笔架山庄荣膺“五叶级中国绿色饭店”称号】 2010 年 3 月，经全国绿色饭店评定机构严格评审，澂江华业笔架山庄成功荣膺“五叶级中国绿色饭店”称号，成为全国首批获此殊荣的酒店。澂江县笔架山庄自 2009 年初申报“绿色饭店”以来，对照国家“绿色饭店”标准，精心准备、自查整改，在专家的指导下不断完善，提升饭店经营管理的软硬件。以“安全、健康、环保”为核心理念，重视消防安全，治安安全、食品安全和职业安全；在健康方面突出绿色客房、绿色餐饮和卫生操作；在环保方面重视清洁生产、关注节能降耗和垃圾处理。经过一年的精心组织实施，达到了国家“绿色饭店五叶级标准”，2010 年 1 月 18~19 日，经国家专家评审组测评，实地查验，以高分通过评审。笔架山庄和红塔大酒店成为玉溪市第一批通过国家“五叶绿色饭店”评审的企业，并成功荣膺“五叶级中国绿色饭店”称号。

【第十八届昆交会成效显著】 2010 年，第十八届昆交会开幕，澂江县共组织 6 户企业参展，共申请 8 个标准展位。本届昆交会上澂江县申请了特装布展，集中宣传，充分展示澂江县主要特色产品，除参展企业的小型装载机、浓缩锅、法兰、藕粉及新鲜蔬菜，澂江县其他的特色产品康育鱼干鱼、康育鱼鲜鱼、仙湖春酒、人工虫草、盐水鱼等也引入昆交会展厅，是澂江县参展品种最多的一年。本届昆交会上主要展销商品“仙湖牌”藕粉、“德春牌”藕粉、“象峰牌”藕粉及新鲜蔬菜，昆交会期间销售金额共计 3.83 万元。借昆交会平台，澂江县企业不仅宣传特色产品，还结识了新客商，并与客商洽谈了合作意向，云南澂江朝阳净菜有限责任公司与海南兆涛科技发展有限公司签订荷兰豆销售合同，合同金额 159.6 万元。同时，本届昆交会硕果累累：对外贸易成交金额 1865 万美元，比 2009 年同期增长 10.6%；国内贸易成交金额 31817 万元，比 2009年同期增长 10%。

【新增农产品出口企业】 2010 年 7 月，澂江县新增 1 户农产品出口企业，即澂江县恒阳农业开发有限公司，该公司是一家以生产、加工销售无公害蔬菜为主的有限责任公司，2009 年 6 月注册成立，注册资本 100 万元，主要经营蔬菜保鲜及销售。公司有蔬菜种植基地 12000 余亩，有占地面积 20.88 亩的冷库 1 个，可生产加工蔬菜 12000 余吨，澂江县商务局在促进公司出口方面做了大量协调服务工作，并从政策方面给予积极宣传和引导，经过多方努力，公司 2010 年 7 月自营出口商品数量 75 吨，金额 16 万美元，主要出口豌豆和莴苣，主要出口国为马来西亚、新加坡等国家。

【调整家电下乡补贴种类】 2010 年是澂江县家电下乡工作启动的第二年，澂江县商务局以加大家电下乡政策实施力度为重点，认真贯彻落实扩大家电下乡补贴品种的政策，与县财政局联合印发《澂江县关于加大家电下乡政策实施力度相关问题的通知》，明确家电下乡相关政策措施：扩大家电下乡补贴种类，由 4 类增加到 10 类；调整补贴产品限购政策，将原来每户每类家电下乡补贴产品限购 1 台调增到 2 台；调整购买区域，将原来仅限于在县内购买补贴类家电产品享受财政补贴调整为凡在省内任何一家经过备案的家电下乡销售网点购买补贴类家电产品均可享受财政补贴；增加家电下乡销售网点方便农户购买，由原来的 7 户家电下乡指定销售网点增加到 37 户。通过宣传，群众购买家电下乡产品的积极性增强。根据家电下乡管理信息系统资料显示，截至12月31日，全县共销售家电10550台，销售金额2247万元（农民可兑财政补贴资金287.39万元），财政补贴备案核查通过10191台，兑付10059台，兑付金额达278.19万元。

【四项措施保柴油供应】 2010年11月以来，受国际原油价格上涨、国内成品油价格上调缓慢、台风爆发频繁和消费旺季到来等因素影响，柴油市场货源供应短缺。11月初，柴油供应紧张波及到云南并蔓延到澂江县。澂江县年柴油需求量1.5万吨，日平均需求量45吨。自11月5日起，昆明油库停止对小型成品油零售点的柴油批发，导致澂江县的社会加油站进不到柴油，停止对外销售柴油，从11月7日晚开始，澂江县只有中石化澂江支公司的凤麓、城西2座加油站销售柴油，出现车辆排队加油的现象。针对存在问题，澂江县商务局积极采取措施，缓解柴油供应紧张的矛盾。一、加强市场监测，及时向县政府分管领导汇报，请示县政府组织召开专题会议。2010年11月9日，按照玉溪市商务局要求，启动成品油周报监测制度。11月10日，玉溪市商务局召开成品油供应紧急会议并作出要求和部署。11月11日，县分管副县长召集商务、中石化澂江支公司召开专题会议进行安排，根据会议精神，商务局启动对凤麓、城西2座加油站的日报监测制度进行监测；二、发挥成品油领导小组办公室作用，及时牵头，成品油成员单位的人员及时到位，为成品油市场的安全有序奠定坚实基础；三、确定凤麓、城西2座加油站为柴油专供点，缓解县城内的交通压力，并且有利于进一步监管。做好加油站经营秩序的维护，预防安全事件发生；四、做好应急准备工作，重点“保供”。根据货源调配情况及保供重点需要，有计划的地重点保障公交客运、医院、学校、公安、消防等重点单位和县重点项目等事关国计民生的运输用油。通过以上四项措施的落实，柴油供应紧张的矛盾得到缓解，稳定全县柴油市场，未发生不安全事件。

【县生猪定点屠宰场建设完工投入使用】 2010年7月，澂江县生猪定点屠宰场建成。澂江县生猪定点屠宰场建设项目是为改变原凤麓生猪定点屠宰场在城市规划、环境保护、加工能力、技术标准等方面不适应现代经济社会发展要求而建设的一项民心工程。为进一步加强生猪定点屠宰管理，确保肉品质量和安全，让全县人民吃上“放心肉”，2008年7月4日，经县委常委会讨论决定新建生猪定点屠宰厂。该项目于2009年10月开工建设，于2010年7月建成，并于8月25日通过中介机构对屠宰厂3年的经营权成功招租。租贷方春良食品有限公司于10、11月进行机器调试和工人培训等前期工作，12月1日签定正式租贷合同，12月20日正式投入运营，并关停原凤麓、龙街两个屠宰场。一年来，澂江县屠宰办加大执法力度，每天对澂江县城区及部分镇的生猪屠宰场进行执法检查，主要打击白板肉和私屠乱宰行为。为给全县人民吃上放心肉，2010年共出动执法人员108人次，车辆73车次，检查生产经营户数511户。查处违法案件2起，没收病死猪肉75.2公斤，全部无害化处理，实施罚款9624元，确保猪肉市场安全。

【国家商务部驻昆领导调研澂江商贸流通工作】 2010年9月2日，在玉溪市商务局李云锋副局长陪同下，国家商务部驻昆赵特派员一行到澂江调研澂江县的商贸流通工作，在听取澂江县常务副县长李自乔汇报万村千乡市场工程农家店、家电下乡、市场监测、市场建设、生猪定点屠宰管理等工作情况后，赵特派员指出：商贸流通工作涉及千家万户的切身利益，要继续抓实抓好，特别是生猪定点屠宰管理工作更是重中之中，一定要按照商务部的要求，进一步完善“放心肉”体系建设，确保肉品质量安全，让人民群众吃上满意的“放心肉”。

【九村镇农贸市场建设改造通过市级验收】 2010年1月21日，澂江县九村镇农贸市场建设改造项目通过市级商务部门组成的验收组的考评验收。根据《云南省商务厅、云南省财政厅关于核准2009年乡镇农贸（集贸）市场和农产品批发市场建设改造项目计划的通知》要求，澂江县九村镇农贸市场改造项目被列入2009年全市10个改造项目之一。该工程由九村镇政府负责组织实施，2009年10月底完成工程预算、招投标工作，12月施工队正式进场施工，工期20天，于12月底完成全部工程建设内容。项目总投资42.4万元，企业自筹资金4.5万元，国家商务部和云南省商务厅市场建设改造专项资金补助20万元。建设内容为硬化场地3276平方米；建盖彩钢大棚834.72平方米，长度为28.2米，跨度为29.6米，檐口高度为4.2米，总高为5.4米；配套24平方米卫生公厕1个、60平方米简易经营房4间。该项目的建成，提升该市场的经营环境和经营规模，有效解决九村镇及周边镇农民农副产品的卖难问题，改善镇区农民的消费环境，提升消费质量，促进城区道路畅通和文明建设，对加快小城镇建设起到积极的推动作用。项目建设具有公益性，成为新农村建设亮点，得到广大农民经营者、消费者的高度赞扬。

【抗旱救灾捐款】 2010年入秋以来，澂江县遭受特大干旱，对全县工农业生产和群众生活造成严重影响。旱灾已成为全县人民生产生活面临的最大问题。2010年2月25日，县商务局响应县委、县政府的号召，组织全局干部职工和下属单位市场服务中心职工为抗旱救灾捐款。在局长的倡议和带动下，全局干部职工及市场服务中心职工踊跃捐款，共捐款3950元，为受灾群众的生产生活尽一份绵薄之力。

（马菊华）

工商行政管理

【推行“一月一法一学一考制度”】 2010年，澂江县工商局在定期组织学习和干部自学基础上，邀请大学教授、法学专家为全局干部职工举办法律法规知识培训。同时，采取“以案学法、以会代训”的方式，提高干部依法行政的能力。举行日常性考试11次，涉及工商行政管理法律法规50余部；举办相关业务知识讲座2次，开展以“以案学法、以会代训”的方式举办培训班4次，通过用典型案例分析和讲解来规范行政许可行为和行政处罚行为。坚持每周五下午学习制度和推行工商行政管理法律法规“一月一法一学一考”制度，促进工商行政管理职能的全面到位。

【落实效能政府四项制度】 2010年，澂江县工商局把效能政府四项制度的落实作为年度重要工作来抓，各机构负责人是实施效能政府四项制度的第一责任人，对执行情况负总责，各牵头股室从大局出发打破股室局限，联合相关股室，建立完善有效的协调机制，共同推动制度的落实，形成工作合力，通过网络监察和统计监察，及时发现和处理各种不履行或不正确履行职责及违纪违法的行政行为，实现对行政审批等关键岗位和重点环节的有效监管；建立健全举报、投诉、监督机制，围绕制度的落实，实施动态监控，通过定期或不定期明察暗访、开展专项督查、组织群众评议等多种方式，加大对效能政府四项制度实施的监督检查力度，并定期通报监督检查结果。

【党的建设】 2010年，澂江县工商局成立中共澂江县工商局总支委员会，选举出第一届总支委员会委员、总支书记、副书记、各支部书记。通过开展“创先争优”活动、党课教育、纪念建党活动，增强党组织的凝聚力、战斗力和共产党员在市场监管、行政执法等工作中的先锋模范作用，进一步加强党的思想建设和组织建设。

【信息宣传】 2010年，澂江县工商局围绕县局中心工作，探索服务发展和监管执法中的新措施、新方法，并通过《玉溪日报》、《澂江信息》、市局《动态与研究》等各级新闻媒体积极宣传报道。截至年底，共发布工商信息稿件120篇，其中，省工商局采用3篇、市工商局采用51篇，玉溪日报采用13篇，县级媒体采用15篇。

【行政执法】 2010年，澂江县工商局共查处经济违法违章案件619件，其中，一般案件179件，简易案件440件；继续把打击传销作为工作重点之一，保持打击传销高压态势，全年在公安部门配合下，组织开展2次打击传销专项行动，捣毁隐匿在澂江境内以“南京市华伦天奴露迪贸易有限公司”的名义，通过认购商品变相交纳入门费的方式从事传销的窝点7个，收缴用于传销活动的书籍及资料本500余本，没收用于传销的移动电话42台，教育遣散来自山东、四川、新疆、贵州等地参与传销人员40人；配合相关部门，开展农资市场、校园周边环境整治、立夏节市场整治、抚仙湖综合治理、犬类市场等专项整治活动，维护澂江社会经济秩序稳定；继续开展扫黄打非工作，净化文化市场，围绕维护社会政治稳定、促进未成年人身心健康、保护知识产权等开展集中行动，专项治理，强化基层指导，深入开展扫黄打非专项行动工作全年共组织开展“扫黄打非”专项检查6次，出动执法车辆15台（次），执法人员40人（次）。共检查各种音像制品、图书销售店铺、摊点60户次，查处取缔黑网吧6个，没收黑网吧用于经营的电脑41台，净化辖区文化市场秩序。

【食品安全专项整治】 2010年，澂江县工商局继续开展食品安全专项整治。一、开展规范食品经营主体资格专项执法检查。严格按照《食品安全法》及其实施条例和《食品流通许可证管理办法》的规定，结合个体验照、企业年检工作，认真开展规范食品经营主体资格专项执法检查。按照先证后照的要求，对流通领域食品经营实施行政许可，加大相关法律法规宣传，加强对经营户的行政指导工作，督促食品经营户依法办理食品流通许可。截至11月30日，共核发食品流通许可证879户。二、开展对重点食品和重点区域、重点场所食品经营以及季节性、节日性食品市场的专项执法检查。1~6月共组织开展各类食品安全专项整治工作8次，出动执法人员394人次，车辆136台次，检查经营户4170户次，查处涉及食品类违法违规案件44件，其中，制售假冒伪劣食品案件32件，无照、超经营范围案件10件，罚没款10010元，没收不合格食品171.5公斤。三、落实总局《流通环节食品安全示范店规范指导意见》，与商务部门联合在农家店开展“农村食品安全示范店”创建活动，共创建食品安全示范店17户。组织相关人员对全县农资市场进行专项整治，共出动执法人员144人次，车辆24台次，检查农资经营户265户。检查中对销售过期、伪劣农药、种子、兽药的经营户实施行政处罚，其中，对违法情节轻微的91户实施当场处罚，罚款4550元，没收不合格种子、农药、兽药400袋（瓶）；检查中对有一定经营规模、并初步判断可能存在质量问题的12户经营户中的7个品种的化肥进行抽样送检。立案查处农资违法违规经营行为4起，罚没款4万余元。监督农资经营户加快建立以“两帐两票”、“一书一卡”、“进货查验”“质量承诺”“不合格产品退市”为重点内容的自律制度，试行建立农资产品经营留样备查管理，按农资“安全示范店”的标准要求推进农资商品经营店达标规范工作，加大农资市场监管规范及打假力度，铲除坑农损农害农行为。

【消费维权】 2010年，澂江县工商局共接待来人、来访、咨询188人（次）；受理消费者投诉35件，解决消费者投诉35件，为消费者挽回经济损失45760元；受理侵害消费者的申诉举报11件，查处3件，处罚金额2500元，查无实据的7件，正在调查处理1件。加强“一会两站”建设。目前，全县6个镇共挂牌建立消协分会6个；挂牌建立投诉站、联络站55个，落实联络员110名，消费者投诉网络有效延申至村委会。加强对拍卖、招投标活动的监督管理。参与监拍、招投标5次，公开拍卖、招投标共计成交金额1.2亿元。

【市场主体登记注册】 截至2010年11月30日，全县共有内资企业599户（其中，私营企业390户），注册资本

174,264.1万元，私营企业从业人员16876人，新办企业46户，变更171户，注销8户；2010年，应检数545户，已参加年检的490户，年检率为89.9%；未年检的55户。个体工商户5525户，资金数额25161万元，从业人员12141人，全年新开业1191户，变更876户，注销235户；个体工商户应验照4569户，已参加验照的2961户，注销159户，吊销1449户，验照率为100%。外资企业15户含5户分支机构，注册资本4005.65万美元，实收资本（已到位）3378.64万美元。

【商标广告监管】 2010年，澂江县工商局结合“4·26”保护知识产权活动，组织对保护商标专用权的宣传和不正当竞争等违法行为专项检查，出动工作人员6人次，检查相关经营户100余户。开展商标战略，主动申报2010年云南省著名商标3件，申报玉溪市知名商标3件；继续开展基层工商所“一所一标”和“一所多标”工作，截至年底，全局共完成7件商标注册登记，圆满完成工作任务；继续建立“三书一卡”制度、注册商标登记台帐和拟注册商标登记台帐，完善“两本帐”建全工作；并向企业宣传省市县各级政府对开展商标战略的方针、政策，积极争创品牌活动，引导企业树立品牌意识。深入推进药品、医疗、保健食品、化妆品、美容服务等重点虚假违法广告专项整治工作，推进广告监管的制度化、规范化、程序化、法制化建设，年初组织全县广告经营户参加年检，年检率100%。对全县辖区内所有户外广告进行拉网式清理，规范广告市场；加强对广告经营单位的法律法规宣传及日常监管。

（万 文）

统 计

【制度建设】 2010年，县统计局把加强制度建设、强化制度管理作为转变机关作风和提高工作效率的重要内容切实抓紧抓好。为强化内部管理，促进机关工作规范化、制度化，确保各项工作顺利开展，发挥统计工作的整体功能，制定《澂江县统计局内部管理制度》；为激励全局干部职工做好统计信息、分析服务工作，制定《澂江县统计局行政效能考核办法》；制定《澂江县统计局推行服务承诺制首问责任制限时办结制实施方案》、《澂江县统计局服务承诺制等三项制度实施细则》及相关配套制度，并对局机关服务承诺事项进行全面清理，明确服务项目、服务标准、办事条件、所需提供的材料、办事程序、办理时限、办理结果以及直接提供服务的科室及责任人等，通过政府信息公开网站向社会公布，方便群众办事，提高办事效率，确保服务到位。

【班子建设】 2010年，县局采取措施加强领导班子各项建设，增强党组织的向心力、创造力、战斗力。抓学习，完善班子学习制度，切实提高领导班子的政治理论水平和业务素质；以人为本，强化服务意识，加强领导班子、党员干部与群众之间的联系沟通，扎实解决群众关心和涉及群众切身利益的实际问题；改进作风，增强领导班子和党员干部的服务意识，着力打造诚信统计、服务统计、权威统计品牌，树立统计良好形象；科学管理，建设一支高素质、高效能的领导班子队伍，在统计系统营造积极进取、勤于思考、努力工作、多做贡献的浓厚氛围；与时俱进，积极探索新时期统计领导班子建设新思路、新方法，推动统计各项事业改革，创造一流工作业绩；廉洁奉公，严格落实党风廉政建设责任制，班子成员以身作则，带头遵守，廉洁从政，永葆共产党人政治本色。

【队伍建设】 2010年，县局继续把干部队伍建设放在重要位置来抓，提出“干部队伍要过硬，基础工作要扎实，统计工作要创新”的基本要求，树立“有能才有为，有为才有位”的理念，不断加强学习，提高干部队伍的综合素质。组织干部职工认真学习贯彻全书、全市统计会议精神，积极开展解放思想大讨论活动，增强干部职工的政治意识、责任意识、大局意识、服务意识；组织干部职工认真学习县委、县政府全会精神，把握县委、政府工作思路，努力提高统计调查工作的针对性、时效性；按照省、市的安排部署，组织做好统计从业资格申请的受理和审查、资格证书的换证、统计从业资格证书的管理工作，2010年共组织部门、企业统计人员8人参加全市统计从业资格培训考试，完成13人资格证书的换证工作；组织专业人员及相关企业统计员参加省、市组织的各种统计业务知识的培训，对基层统计人员切实提高业务能力起到促进作用，同时也为确保源头数据质量，更好地服务地方经济和社会发展打下坚实基础。

【党员教育】 2010年，县局党支部根据新的形势、任务和要求，结合统计工作实际，对党员开展经常性党的理想、信念、宗旨教育，党的基本理论、基本路线和基本方针的教育，政策法规、市场经济、业务知识教育，组织党员干部参加县上组织的培训班和专题讲座，鼓励和支持党员干部参加各种学习培训和考试，用马列主义、毛泽东思想、邓小平理论武装广大党员的头脑，用“三个代表”重要思想规范党员的一言一行。利用会议、支部活动组织党员认真学习《党章》、邓小平理论、“三个代表”重要思想，省、市、县党代会精神及法律法规、统计业务知识，学习模范人物的先进事迹。在学习中采取自学与集中学习相结合、读原著与谈体会相结合、重点讲解与做读书笔记相结合的方法，将理论学习系统化，业务学习专业化，并建立相应考勤考核制度，增强党员学习主动性，提高党员党性修养和理论水平。在工作中，经常教育党员以身作则，班子成员率先垂范，对党员高标准、严要求，从一点一滴做起，从生活小节做起，树立正确的世界观、人生观、价值观。由于党员模范作用的带动和影响，全局形成讲学习、比干劲、讲政治、比奉献、讲正气、比业绩的良好氛围，圆满完成各项统计调查任务。

【苏绍华调研】 2010年7月24日，澂江县县长苏少华到县统计局、调查队调研。在听取统计局、调查队相关专业人员对上半年工作分析后，苏绍华提出要求：全体统计调查干部要树立做好统计调查工作的光荣感；把握好全县经济发展趋势加强部门联系，深入基层调查研究，吃透县情，做到应统尽统，依法依规统计；统计调查工作者要爱岗敬业，干部职工要干一行爱一行，维护统计调查工作权威性，同时局队领导班子要用事业留人、用感情留人、用荣誉留人，在干部职工中结合创先争优活动，形成“比、学、赶、超”局面；领导班子要加强团结，要加强统计业务学习，熟悉并精通统计业务，才能领导、指导好全县统计工作。

【镇统计站建设】 2010年，县统计局围绕镇统计站基础建设、制度建设、综合职能发挥方面，加强各镇统计站人员业务培训；积极向市局争取资金7万元，加快统计站硬件建设工作；加强对各镇统计站统计工作的检查指导，督促建立健全基层统计工作的规章制度，规范统计操作，提高统计质量和服务水平。

【开展“R&D”资源清查工作】 2010年，澂江县及时成立“R&D”资源清查领导小组，组织人员参加省、市组织的方案培训会和摸底培训会，做好单位清查摸底、培训和清查表发放、填报工作，完成清查表的审核、录入、上报工作。从收回清查表格总体情况来看，全县所涉及的24户规模工业企业里有科技活动和科技项目的2家，占全部规模工业企业的8.3%。

【省学术研讨会在澂江举行】 2010年5月21~22日，云南省高级工商管理研修班暨统计硕士研究生进修班学术研讨会在澂江象山宾馆召开。研讨会主要围绕新时期统计方法制度改革和发展趋势开展讨论，并宣读优秀论文。云南省统计局局长姚堂文、副局长罗进忠参加会议，常务副县长李自乔到会表示祝贺。

【抗旱救灾捐款】 2010年3月25日，澂江县统计局全体党员和干部职工积极响应省委号召，开展“抗旱救灾特别捐款”。全局共计捐款8100元，其中，5名党员干部共计捐款5500元，非党干部捐款2600元，该款已于当日交民政局统一发往灾区。

【扶贫帮困捐赠】 2010，县统计局加强对挂钩联系点的联系和指导，定期不定期深入到所联系的桃李、松元村委会调查研究，指导工作；在经费紧张的情况下，想方设法从单位有限的资金中挤出10000元帮助解决村委会办公经费困难问题；春耕生产期间，积极组织干部职工参与2010年送“温暖暖献爱心”捐赠活动；春节前夕，积极筹措价值1110余元的鲜肉、水果、糖果等慰问品和现金，慰问结对帮扶困难党员。

【健全完善评估体系】 2010年，县统计局以提高数据质量为中心，以优质服务为重点，深入调查研究，健全完善数据质量评估体系，坚持每月对国民经济运行指标数据进行评估制，加强对各专业基础数据的把关，确保统计资料的及时性、真实性和可靠性，以达到提高数据质量和统计服务水平。各专业在做好常规统计的基础上，有针对性地开展重点调查、典型调查等专项调研活动，在掌握第一手资料的基础上，准确评估基层统计数据，确保源头数据的准确性；围绕国内生产总值、工业增加值、农业增加值、社会消费品零售总额、固定资产投资、农民人均纯收入等几大主要指标，加强统计局数据与部门数据的协调联动，实现口径统一，数据衔接，成果共享，提升统计调查工作的整体合力，以翔实可靠的数据反映全县经济结构、经济总量、经济增长速度；每月专业数据出来后，组织相关专业人员对数据进行评估，力求客观、真实，确保数据质量，全面提高全县统计调查数据质量水平。

【第六次全国人口普查工作】 2010年，根据国务院《关于开展第六次全国人口普查的通知》，澂江县高度重视全国第六次人口普查工作，县、镇成立第六次全国人口普查领导小组，组建办公室；抽调县、镇人口普查办公室工作人员28人；落实普查经费和办公地点；组建好普查员队伍，做好业务培训；按照省、市人普办对普查指导员、普查员的选调条件要求，提前完成“两员”选调工作，共选调普查员782人，普查指导员145人，总人数927人；以镇为单位，由镇组织县人普办主讲，开展人普业务培训；广泛开展宣传动员，营造良好社会氛围。精心制定宣传工作方案，广泛深入开展宣传，做到家喻户晓，人人皆知；科学划分普查小区，精心绘制普查地图；以本区域户口整顿、摸底调查基础资料为基础，采取“在地原则”划分普查小区，绘制村委会、社区普查小区地理图；制定工作计划、建章立制、落实岗位职责；做好人口普查入户登记、清查和录入工作。615个普查小区、927名普查员、普查指导员严格按照普查方案、程序开展工作，齐心协力，攻坚克难，圆满完成入户登记工作任务。2010年11月28日，按照市人普办的统一部署，澂江县首家将人口普查表31箱284袋送到市人普办进行数据处理光电录入工作。目前，全县已完成普查表的光电录入工作。

【完成2009年年报和2010年各项定期报表任务】 2010年，县统计局以提高统计数据质量为中心，以GDP核算为龙头，采取措施，加强统计工作，强化规范管理，准确、及时地完成2009年年报和2010年定期报表任务，数据质量得到明显提高。具体实施步骤：专门成立统计年报、定期报表工作领导小组，并召开年报、定期报表工作会议，研究制定总体思路和实施细则，明确年报、定期报表工作的组织方式、数据处理、质量控制及总结考核等各环节工作要求，切实加强年报、定期报表工作组织领导；明确各专业人员工作目标责任，并具体落实到人；落实基础工作规范化建设制度，要求每个专业人员必须严格按照规范化建设的标准和要求，严把报表质量关；加强沟通协调，加大专业科室的协调力度，及时准确收集专业基础数据；加强与相关部门和上级统计部门的沟通、衔接，掌握第一手部门基础资料，切实加强全县统计工作。

【专项调查】 2010年，县统计局在保证高质量完成年报和定期报表任务基础上，有序开展“党风廉政建设和反腐败工作评价及纪检监察干部队伍建设状况问卷调查”、“公众安全感问卷调查”、“供电服务情况问卷调查”、“农村居民国内旅游调查”、“农民工调查”、“政风行风调查”、“云南省机关行风调查”“云南省县级党政机关及领导公信度问卷调查”“云南省镇村党政机关及领导公信度问卷调查”等多项专项调查工作，为上级政府、业务部门提供真实可信的数据资料和社情民意。

【统计服务】 2010年，县局全体干部职工进一步增强服务意识，着力提高统计服务质量，切实做好统计服务工作。收集整理有关统计调查资料，编辑印制《2009年澂江县国民经济和社会发展主要指标及解释》小册子870本，为参加“两会”的县人大代表、政协委员及其他参会人员提供了适时便利的服务；组织编辑印制《2009年澂江县国民经济和社会发展统计公报》150本，为各级党政领导和社会各届人士查询统计数据提供方便，同时热情为前来查询统计调查数据的部门提供咨询服务，截至目前已向社会各界提供统计调查数据信息咨询服务达5000余笔、次；充分发挥统计信息咨询作用，提高统计服务水平，对2009年全县国民经济和社会发展的统计数据进行编辑、整理印刷《澂江县2009统计年鉴》350本及时发放到全县各部门、单位，为各级领导及相关部门研究经济工作提供丰富的数据资料；认真开展全县经济社会发展形势分析，每月密切关注宏观经济形势的变化，及时向县委、县政府提供统计数据资料和统计分析报告；为强化统计优质服务，认真办好《澂江统计》、《澂江统计信息》，坚持按月编发《澂江县国民经济和社会发展指标》小册子。至年末共编发《澂江统计》44期1320份、《澂江统计信息》33期1100份、《六普简讯》36期1200份《澂江调查》5期、《统计调查简讯》11期、《澂江县国民经济和社会发展指标》小册子11期495份，编写信息、简讯、分析129篇；完成“十二五”规划课题“澂江现代服务业发展”。充分发挥政府信息网站的信息平台作用，及时在网上发布统计数据和统计分析，切实做好网站信息资料的更新维护，为社会各界了解澂江经济社会发展情况提供方便、快捷的统计调查信息资料；做好来人来电的信息咨询工作，全年共为各单位、部门提供信息资料300余次。

【部门协作】 2010年，县统计局主动加强与有关综合职能部门的沟通协作，坚持“多为”服务和“有为”求“有位”的方针，使统计对上服务与对全社会服务有机结合，促进统计信息资源共享，实现部门优势互补。年内，局（队）与财税、金融、经贸、发改委、商务等综合部门联合建立季度经济形势分析例会制度，从不同角度分析探讨全县经济发展状况，拓宽信息渠道，拓展分析视野，以及在重点企业调研、部门统计合作等方面，联合开展一系列工作，形成你“无”我“补”，我“弱”你参与的工作局面，实现信息共享，增进部门配合促统计的氛围。

【2010年经济目标实现情况】 2010年，澂江县实现现价生产总值361525万元，按可比价计算增长13.5%（下同），完成年初计划的115.5%；第一产业实现增加值66324万元，同比增长5.7%，完成年初计划的110.5%；第二产业实现增加值118654万元，同比增长14.6%，完成年初计划的105.6%，其中，工业增加值实现111550万元，完成年初计划的101.4%；第三产业实现增加值151619万元，同比增长15.3%，完成年初计划的129.6%；现价工农业总产值实现461506万元，同比增长14.8%，完成年初计划的104.9%，其中，农业总产值97146万元，完成年初计划的107.9%，工业总产值364360万元，完成年初计划的104.1%；全社会固定资产投资实现242112万元，同比增长40.6%，完成年初计划的100.1%；全社会消费品零售总额84485万元，同比增长25.4%，完成年初计划的100%；引进市外国内资金90311万元，同比增长27.2%，完成年初计划的119.5%；财政总收入实现54046万元，同比增长17.4%，完成年初预算的111.9%；地方财政收入实现34026万元，同比增长26%，完成年初预算的105%；农民人均纯收入达6374元，同比增长13.8%，完成年初计划的107.1%；城镇居民人均可支配收入达17014元，同比增长14.1%，完成年初计划的101.4%；旅游业总收入实现58799万元，同比增长14.6%，完成年初计划的106.9%。

【农业生产】 2010年，澂江县农、林、牧、渔业总产值增长，实现农业总产值97146万元，同比增长11.4%，其中，种植业产值73082万元；林业产值708万元；畜牧业产值20694万元；渔业产值1918万元。农业增产。2010年全县农作物总播种面积为312407亩，比去年同期增加3944亩，增长4.5%，完成年初计划的101.1%；粮食作物播种面积90892亩，减少13.7%，完成年初计划的81.2%，粮食总产3241万公斤，比2009年减少468万公斤，下降12.6%。蔬菜种植面积为159527亩，完成年初计划的122.7%，比2009年增加37252亩，增长30.5%；蔬菜总产14917万公斤，完成年初计划的115.6%，比2009年增产2420万公斤，增长19.4%。全县烤烟种植面积为51499亩，完成年初计划的110.8%，比2009年减少12774亩，下降19.9%，烤烟总产686万公斤，比2009年减少236万公斤，下降25.6%。畜牧业快速增长。2010年全县畜牧业产值20694万元，比上年增加2146万元，增长11.6%。家禽出栏171.32万只，完成年初计划的102%，比去年同期增加12.22万只，增长7.7%；禽蛋产量185万公斤，完成年初计划的105.1%，比2009年同期增加12.2万公斤，增长7.1%；生猪出栏102348头，完成年初计划的99.4%，比2009年同期增加1841头，增长1.8%；羊出栏11162只，与2009年持平。年末大牲畜存栏

16547头，比2009年同期增加295头，增长1.8%；生猪存栏73631头，与上年持平；羊存栏30486只，比2009年同期减少418只，下降1.4%。

【全国人口普查督查组到澂江督查人口普查工作】 2010年6月18日，以国务院第六次全国人口普查办公室主任、国家统计局党组副书记、副局长张为民为组长的全国第六次人口普查督查组，在云南省统计局党组书记、局长、省政府第六次全国人口普查领导小组副组长姚堂文、玉溪市委常委、常务副市长、市第六次全国人口普查领导小组组长谢兴荣、市统计局局长、市人口普查领导小组副组长吕伟等领导的陪同下到澂江县龙街镇督查人口普查工作。督查组领导在龙街镇听取澂江县委书记崔明、县长苏绍华、县委常委、常务副县长李自乔以及龙街镇党委书记吴正坤、镇长张世杰、县统计局局长郭亮等的普查工作汇报后，张为民主任指出，澂江县人口普查前期准备工作做得非常好，完成省、市安排的各项工作任务，在机构、人员、经费、办公地点上准备充分，县委、县政府严格按照国家相关政策，加强领导、组建机构、落实责任、细化措施，完成人口普查的前期准备工作。张为民主任代表国务院第六次全国人口普查领导小组对所有工作人员表示亲切慰问。汇报会后，张为民主任等一行来到龙街镇人口普查办公室，实地查看办公环境、翻阅普查前期文档资料，并亲切看望普查办的工作人员，对他们的辛勤工作表示感谢，并鼓励大家再接再励，做好人口普查的下一步工作。

【非公经济发展状况】 2010年，在县委、县政府的正确领导下，县统计局狠抓各项政策措施的具体落实，努力营造有利于非公经济发展的良好环境，克服经济发展中的不利因素的影响，促进全县非公有制经济保持平稳较快增长。2010年，全县非公经济实现增加值228719万元，按可比价计算同比增长16%（下同），增幅高于全县GDP增幅2.5个百分点，占全县GDP的63.3%，比上年提高5.9个百分点。其中，第一产业增加值16453万元，增长18.9%；第二产业增加值133973万元，增长16.3%；第三产业增加值78293万元，增长14.9%；2010年，全县非公经济固定资产投资累计完成195731万元，比2009年同期增加78969万元，增长67.6%，占全县固定资产投资242112万元的80.8%，比2009年提高13.1个百分点。2010年全县非公经济实现社会消费品零售总额59413万元，比2009年同期增加11193万元同比增长23.2%，占全县社会消费品零售额比重达70.3%，其中，个私经济实现社会消费品零售额49842元，同比增长26.6%。四、非公有制工业稳步增长。2010年，全县非公有制工业企业实现工业总产值320003万元，比上年同期增加38869万元，增长13.8%，占全县工业总产值的87.8%，其中，规模以上非公有制工业企业完成总产值216353万元，比2009年同期增加13029万元，增长6.4%，占全县规模以上工业总产值的82.9%。全县非公有制工业企业实现工业增加值105735万元，按可比价计算同比增长8.6%，其中，规模以上非公有制工业企业完成增加值55181万元，按可比价计算同比增长3.8%。

【特色优势产业发展】 2010年，澂江县“三优一特”产业发展发展迅速，磷化工、矿电、旅游文化和县域经济发展，全面推进全县经济快速发展。据统计，2010年全县实现优势产业总产值349566万元，比2009年同期增长12.9%；特色产业总产值77392万元，比2009年同期增长26.5%。优势产业平稳发展：2010年，优势产业完成现价总产值349566万元，比上年同期增长12.9%，实现增加值101556万元，同比增长24%。其中，两烟及配套产业实现产值10378万元，同比下降35.4%，实现增加值6541万元，同比下降34.4%；矿电产业完成产值277802万元，同比增长11%，实现增加值72240万元，同比增长9.7%，成为全县主要支柱产业。旅游文化产业快速发展，完成总收入61386万元，同比增长41.9%，实现增加值22865万元，同比增长170.4%。2010年，全县优势产业实现财政总收入28599万元，比2009年同期增长18.4%，占财政总收入的52.9%；实现地方财政收入17418万元，比2009年同期增长10.7%，占财政总收入的51.2%。特色产业产值保持两位数增长：2010年，特色产业完成总产值77392万元，比2009年同期增长26.5%，实现增加值30496.6万元，比2009年同期增长19.5%，其中，蔬菜及畜牧业完成农业总产值60514万元，比2009年同期增长29.7%，实现增加值25435.6万元，比2009年同期增长15.8%；食品制造业、农副食品加工制造业及塑料制品业完成工业总产值16878万元，比2009年同期增长16.2%，实现增加值5061万元，比2009年同期增长42.6%。

【工业经济】 2010年，全县完成现价工业总产值364360万元，同比增加47414万元，增长14.96%。其中，26户规模以上工业企业完成现价总产值260710万元，同比增长9%，占全县工业总产值的71.6%；实现工业增加值60996万元，按可比价计算同比增长6.96%（增加值增幅均为可比价）。水泥制造业方面：水泥制造业完成工业总产值14443万元，同比增长8.9%；实现增加值4503万元，同比增长5.74%。钢材企业：钢压延加工企业完成工业总产值23951万元，同比降低4.8%；实现增加值3758万元，同比降低4.89%。磷化工行业：10户规模以上化学原料及化学制品制造企业完成工业总产值144555万元，同比增长9.3%；实现增加值38982万元，同比增长7.67%。其中，8户黄磷生产企业完成工业总产值117294万元，同比降低5.6%；实现增加值33370万元，同比降低2.63%。电力行业：7户规模以上发电、供电企业完成工业总产值54164万元，同比增长17.7%；实现增加值8021万元，同比增长13.7%。其中，发电企业完成工业总产值9807万元，同比降低3.8%，实现增加值2206万元，同比降低5.37%；供电企业完成工业总产值44357万元，同比增长23.9%，实现增加值5815万元，同比增长23.01%。

主要工业产品产量8增5减，具体为：生产磷酸铵肥118256吨，增2.7倍；水泥1144406吨，增1.1倍；水泥熟料912934吨，增1.5倍；铝型材5835吨，增28.5%；供电量110450万度，增长11.5%；黄磷84871吨，增长24.4%；红砖66500万块，增长25.8%；藕粉1234吨，增长4.7%；磷酸48610吨，下降33.7%；钢材69234吨，下降16%；发电量28155万度，下降8.6%；配混合饲料17528吨，下降5.2%；塑料制品2135吨，下降35%。企业效益大幅增长，具体为：规模以上企业实现主营业务收入24.85亿元，同比增2.6亿元，增长11.69%；实现利税总额2.15亿元，同比增加1.35亿元，增长1.7倍，其中，利润总额1.33亿元，同比增加1.11亿元，增长5.1倍；亏损企业3户，比上年减少4户，亏损总额354万元，减少2223万元，下降86%。重点行业总体运行情况：磷化工、电力、建材是我县工业经济的三大支柱行业，在规模以上企业中占96%。三大行业总体运行情况为：磷化工行业产值增长9.3%，销售增长12.9%，利税增4.7倍（其中，利润总额增9.5倍）；电力行业产值17.7%、销售增22.6%，利税增52%（其中，利润总额增60.3%；建材行业产、销、税、利润同步减少。

【城乡居民收入情况】 2010年，澂江县农民人均总收入9555元，同比增加1105元，增长13.08%，农民人均纯收入达6374元，同比增加774元，增长13.82%。生活消费支出5665元，占人均纯收入的88.9%。在农民人均纯收入中，四大收入来源增幅均超过10%。具体为：工资性收入增长17.1%。据调查，2010年全县农民工资性收入人均1126元，同比增加164元，增长17.1%。工资性收入增长主要原因是农民外出从业收入增加；家庭经营纯收入增长12.07%。据对80户家庭调查显示，2010年全县农民家庭经营纯收入人均4648元，同比增加509元，增长12.3%。第一产业纯收入增长11.57%。据对80户家庭调查显示，2010年全县农民第一产业纯收入人均3779元，同比增加392元，增长11.57%。其中，农业纯收入3139元，同比增加351元，增长12.6%；林业纯收入20元，同比增加9元，增长77.1%；牧业纯收入533元，同比增加44元，增长9.07%。渔业收入87元，同比减少12元，下降12.4%。蔬菜纯收入大幅增加。据测算，2010年全县农民蔬菜纯收入人均1910元，同比增加561元，增长41.6%。农民牧业纯收入人均为692元，同比增加47元，增长7.3%。三产业纯收入增加。据调查，2010年全县农民第二产业纯收入人均128元，同比增加12元，增长10.56%。第三产业纯收入人均731元，同比增加95元，增长15%。财产性纯收入增长28.01%。据调查，2010年，全县农民财产性纯收入人均193元，同比增加42元，增长28.01%；转移性收入增长19.3%。据调查，2010年全县农民转移性纯收入人均417元，同比增加67元，增长19.3%；2010年全县城镇居民人均可支配收入17014元，增加2107元，同比增长14.1%。城镇居民人均生活消费支出10307元，增加1106元，同比增长12.5%。

【固定资产投资】 2010年，全县全社会固定资产投资完成242112万元，同比增加69881万元，增长40.6%。固定资产投资增长在以下方面：非农村限额以上投资156760万元，同比增长53.6%，其中，工业固定资产投资42463万元，同比增长4.4%；农村限额以上投资18232万元，同比增长1.3倍；居民个人建房18960万元，同比增长21.2%；房地产开发投资48160万元，同比增长3.1%。从投资方向看：第一产业完成投资5891万元，增长5.3倍；工业完成投资42463万元，增长4.4%；第三产业完成投资193758万元，增长48.3%。

【社会消费品零售总额】 2010年，澂江县消费市场活跃，全县社会消费品零售总额实现84485万元，同比增长25.4%。其中，公有经济20931万元，增长31.3%；非公有经济59413万元，增长23.2%。

【居民消费价格上涨】 2010年，澂江县居民消费价格上涨。至年末，居民消费价格总指数104.92，8大类消费品上涨，具体为：食品上涨8.6%，烟酒及用品类上涨0.65%，衣着类上涨3.28%，家庭设备用品及维修服务类上涨0.75%，医疗保健和个人用品类上涨1.46%，交通和通信类下降0.32%，娱乐教育文化用品及服务类上涨7.02%，居住类上涨3.42%。

（苏永寿）

质量技术监督

【综述】 2010年，澂江县质量技术监督局认真做好组织机构代码证书的新办、换发、变更、年审、注销工作；积极为企业服务，完善企业标准的审查、备案，对生产企业执行国家标准、行业标准、地方标准实施监督；加强计量器具的监督管理；重视锅炉、压力容器、管道、行车、电梯、液化气瓶等特种设备的管理以及日常安全监察；积极帮助企业做好工业生产许可证年审工作；落实食品安全和食品添加剂专项整治工作；加强特种设备安全监察工作，在服务县域经济建设和推动社会和谐发展方面发挥了重要作用。

【组织领导】 2010年，为认真贯彻落实云南省质量技术监督局《关于在全系统推行效能政府四项制度的实施意见》的相关精神，积极推进机关实施“效能政府四项制度”工作，县局成立质量技术监督局实施“效能政府四项制度”工作领导小组。组长由局长周继荣担任、副组长由纪检组长沐昆涛担任、成员由鲍汝坤、王江萍组成。领导小组下设办公室，办公室主任由沐昆涛担任，负责统筹协调推进机关实施“效能政府四项制度”督促检查工作。根据中共中央、国务院《建立健全教育、制度、监督并重的惩治和预防腐败体系实施纲要》，云南省人民检察院、云南省质量技术监督局《关于在查处和预防渎职等职务犯罪工作中加强联系协作的若干意见（暂行）》的通知，经澂江县人民检察院、澂江县质监局共同研究，成立澂江县人民检察院、澂江县质量技术监督局预防职务犯罪工作协调领导小组，负责对澂江县质量技术监督局预防职务犯罪工作的研究、指导、督促和检查。组长：周继荣（澂江县质监局党组书记、局长）、副组长：朱仁军（澂江县人民检察院副检察长）、沐昆涛（澂江县质监局党组成员、纪检组长）、成员：洪和兴（澂江县人民检察院职务犯罪预防科科长）、郑彪（澂江县人民检察院主任科员）、鲍汝坤（澂江县质监局党组成员、副局长）。预防职务犯罪工作协调领导小组下设办公室，办公室设在澂江县质监局，办公室主任由周继荣兼任，副主任由沐昆涛兼任，工作人员由澂江县人民检察院职务犯罪预防科和澂江县质监局人员组成。在基层党组织和党员中开展争先创优活动，依据《关于在玉溪市质量技术监督系统党的基层组织和党员中深入开展创先争优活动的实施意见》的安排部署，结合县局支部实际，为确保创先争优活动的各项工作落到实处，经研究，成立澂江县质量技术监督局深入开展创先争优活动领导小组：组长：周继荣（党组书记、局长）、副组长：沐昆涛（党组成员、纪检组长）、鲍汝坤（党组成员、副局长）、成员：杨虎、曾希伟、李瑞芳。领导小组下设办公室，办公室主任由沐昆涛担任，人员由杨虎、曾希伟、李瑞芳组成。领导小组办公室在局党组的领导下，负责创先争优活动组织协调和相关事宜。

【成立工会组织】 2010年11月8日，澂江县质量技术监督局召开全体工会会员大会，进行工会组建工作。根据相关规定，领导班子通过酝酿推选工会班子成员由3人组成，其中，设工会主席1人，委员2人，实行等额选举。通过召开职工大会讨论后采取无记名投票方式一致通过鲍汝坤任工会主席，沐昆涛任经济审查委员，王江萍任财务委员兼女工委员。2010年11月16日报县总工会批准成立澂江县质量技术监督局工会委员会。

【移交阳宗镇辖区质监职能】 2010年，根据《云南省机构编制委员会办公室关于设立昆明市质量技术监督局阳宗海风景名胜区分局的批复》要求及有关文件精神要求，原澂江县阳宗镇自2010年7月起划归昆明市阳宗海风景名胜区管委会管理，并相继成立昆明市质量技术监督局阳宗海风景名胜区分局。2010年12月23日，作为移交方代表澂江质监局副局长鲍汝坤与接收方代表昆明市质量技术监督局阳宗海风景名胜区分局局长霍剑波双方签署职能移交协议。移交协议的签订标志着澂江局正式将阳宗镇辖区质监职能移交昆明市质量技术监督局阳宗海风景名胜区分局全权负责。在移交仪式上，县局同时移交涉及阳宗镇区域内生产企业台帐和食品生产加工小作坊台帐和相关企业质量档案和标准资料65份（件）。

【依法撤销澂江县质量管理协会】 2010年11月2日，县民政局依法撤销澂江县质量管理协会。澂江县质量管理协会成立于2003年10月，依法由澂江县民政局审核批准。该协会组织由企业自愿组成，性质属按照其章程开展活动的非营利性社会组织。该协会由于近年来协会人员变动较大，不能很好地履行协会职能，发挥各协会成员单位在质量管理与技术提升中的积极作用，根据2010年8月9日玉溪市质量技术协会第一次会员大会的决定，各县区质量管理协会职能、职责由玉溪市质量技术协会来承担，县级不再成立质量管理协会；10月31日前停止一切业务活动，撤销银行帐务，现有银行存款全部移交玉溪市质量技术协会。

【执法打假】 2010年，县局坚持执法与服务相结合、整治与建设相结合、治劣与扶优相结合、打击与治本相结合“四个结合”，突出重点产品、重点区域、重点行业、重点环节“四个重点”，采取打防并举、查堵结合、联合行动、综合治理等措施，严厉打击制假售假违法行为，开创打假工作新局面，为构建和谐澂江发挥了积极作用。一年来，定期不定期地安排执法人员深入到企业，对建材、食品、饮料、酒、化肥等生产企业进行巡查、巡查225户次，出动车辆115辆次，出动执法人员373人次，巡查主要是对原材料、成品、化验室、计量器具、特种设备、包装标识，执行标准等方面进行检查，通过检查，对发现企业存在的问题现场提出整改要求。全年共立案调查17起，涉及产品质量10起，特种设备5起，计量2起，现场处罚案件10起。全年结案率100%无行政复议案和行政诉讼案。通过查处各类违法案件，规范了企业生产行为，提高了企业质量意识。

【质量兴县】 2010年，县质监局作为澂江县人民政府“质量兴县”工作领导小组主要成员单位，履行综合协调实施“质量兴县”工作。研究制定提高质量整体水平的政策措施，督促检查涉及产品质量、工程质量、服务质量和环境质量有关政策贯彻落实和工作进展情况，制定切实可行的《澂江县“质量兴县”工作方案》；加强宣传，深入企业走访座谈，引导企业树立名牌意识；帮助企业完善质量体系，提高产品质量，争创名优产品，特别是对于骨干企业和重点企业，实行定期联系制度，由局领导和业务骨干定期上门服务。通过面向企业、强化服务等工作，为地方经济的发展注入新的生机和活力。

【构建食品安全放心工程】 2010年，县质监局把食品质量安全监督管理作为工作重心，不断创新监管模式，采取有效措施，确保食品质量安全。一、摸清底码，建立台帐，做到心中有数。组织全局执法人员对全县所有食品生产加工企业展开全面、深入、细致地调查，登记造册，摸清本辖区食品生产企业的数量、所加工产品的类别、规模和质量状况，无论企业规模大小，品种多少，都认真登记、汇总，搜集第一手信息，建立食品生产企业台帐，并录入微机，实行动态化管理。全年建立食品生产企业台帐88家，其中，获生产许可证企业16家，食品生产加工小作坊72家，通过ISO9000认证企业1家，通过国家绿色食品认证2家，获省级名牌产品企业1家。

二、在建立档案基础上，与16家食品生产获证企业逐一签订《澂江县食品质量安全责任书》和72家食品生产加工小作坊签订《食品生产加工小作坊质量安全承诺书》，落实食品质量安全主体责任，增强企业自律意识。三、切实加强对小作坊的监管，做好生产加工环节的食品安全，对人民群众关心的热点产品进行监督，确保人民群众满意。重点对榨油坊、酒坊、糕点面包坊、米线加工坊、豆腐加工坊进行巡查，巡查内容主要是对原材料、成品、食品添加剂使用和备案情况等方面进行检查，对发现存在问题的16家小作坊现场提出整改要求。四、结合“安全生产年”活动，在元旦、春节、“3.15”、中秋节、国庆节等重要时段进行食品安全专项检查；积极参与县食安委组织的专项整治联合行动。继续开展打击违法添加非食用物质和滥用食品添加剂专项整治工作。全年共出动执法人员178人次，执法车辆75车次，检查食品生产加工企业125户次。

【食品安全专项整治】 2010年，县质监局根据《澂江县人民政府办公室关于印发2010年食品安全整顿工作实施方案的通知》精神，制定专项整治方案，确定重点整治的范围，明确人员分工、任务分解、工作要求等事项，对各项整治工作狠抓落实专项整治工作取得阶段性成果。全年全局共抽检63个食品样，立案查处3个食品案件，当场处罚2个食品案件。

【乳制品安全风险监测】 2010年，县局加强含乳制品的安全风险监测，加大对乳品和含乳食品的监督抽查频次、范围和风险监测，做到早发现、早研判、早控制，使含乳食品生产企业进一步强化了生产高风险食品的风险意识和责任意识，在原材料进货方面把好“质量关”、在生产环节上严格执行“标准关”。全县共有1家生产含乳制品企业，年内共三次抽检原料乳和含乳产品4个品种，均为合格产品。

【产品质量监督抽检】 2010年，县局共抽检84家企业的140个样品，合格107个样，合格率76.4%，比上年69.67%合格率有提高。其中，食品类63个样，合格50个，合格率79.37%；建材类31个样，合格16个样，合格率51.6%；化工类（化肥）2个样，合格2个，合格率100%；塑料制品（排污管）3个样，合格3个样，合格率100%；金属制品（吹氧管）3个，合格3个样，合格率100%；燃料类（汽油）23个样，合格23个样，合格率100%。对30个不合格产品的生产企业，按照后处理程序进行监督整改。通过监督抽检，强化生产经营企业的产品质量意识，杜绝制假造假事件的发生，保护消费者合法权益。

【标准化管理】 2010年，县质监局继续实施标准化管理，深入贯彻落实《云南省人民政府关于实施标准化发展战略的意见》，积极主动配合县人民政府建立澂江县标准化工作联席会议制度，为全县标准化发展战略的实施工作奠定坚实基础。巩固消灭无标生产成果，促进企业规范生产，提高标准化水平。成立澂江县企业产品执行标准登记工作领导小组，制定《澂江县企业产品执行标准登记工作实施方案》。全年完成全县43户企业执行标准登记审核工作；帮助2家企业制、修定企业标准2个，办理企业标准备案2个。

【工业生产许可证管理】 2010年，县质监局为提高企业竞争能力，积极开展生产许可证的申报、咨询工作。组织学习、宣传生产许可证管理制度，帮助企业健全质量管理体系，完善生产、检测条件，提高技术水平，增强市场竞争力。全年有3家工业生产企业（云南澂江华荣水泥有限责任公司、澂江华荣水泥制品有限公司、澂江新华眼科验光配镜中心）取得生产许可证，1家食品企业（澂江森野富贵食品有限公司）通过生产许可证初审，2家企业（澂江县云峰塑料制品厂和云南省澂江县长德机械包装有限公司）通过复审换证。年末，全县共有获证企业已达42家，取证数达43个生产许可证。

【特种设备安全监察】 2010年，县质监局与市局签定特种设备安全生产责任书，与特种设备使用各单位签订责任书。通过层层签订责任书，进一步落实“一岗双责”制度，局长亲自抓，对特种设备安全负总责，同时，把责任具体落实到每个环节、每个岗位，确保监管到位。本着安全无小事的宗旨，采用定期巡查、定期回查、专项检查、重点排查和加强安全责任考核、安全宣传教育相结合的方式，以特种设备的安装、使用、检测和操作人员的操作资格、安全隐患，以及安全生产制度为重点，全面加强特种设备安全监察工作的力度。与78家拥有特种设备的单位签订《安全生产责任书》，责任书签订率100%。全县现有特种设备292台件，使用登记290台件，使用登记率达99.3%，并帮助建立较为翔实的特种设备档案；配合市局组织验收新安装和年检电梯、锅炉、行车等292台件，检定率达100%；配合市局统一部署，统一行动，开展元旦、春节、“五一”节特种设备安全大检查，对易燃易爆各类气体充装站、储备站、危险化学品生产企业、人员聚集的学校、宾馆等生产生活相关重点场所使用的锅炉、压力容器、压力管道、电梯、起重机械进行重点检查，对查出的安全隐患，采取措施坚决予以整改，通过检查，确保了节日期间安全。一年来相继组织开展对压力容器、锅炉、危险化学品安全生产检查企业85家，通过专项检查，清除了安全隐患，有效保障了特种设备的安全运行。组织开展了1次以锅炉、叉车、起重机械和安全阀、压力表为重点的专项检查，1次以石油液化气瓶、乙炔瓶和氧气瓶受检状况的重点排查，2次以确保节假日安全为目的安全大检查，对全县范围内特种设备使用单位进行3次安全巡查和一次设备运行状况排查。全年出动安全监察人员320余人次，查出事故隐患16处，下达安全指令书16份，已责令其全部整改，对违反行政法规的立案查处5件；加强特种设备应急救援体系建设，制定特种设备应急救援预案，完善救援队伍，帮助相关企业制定典型、重点特种设备事故应急预案10余份，并指导重点单位进行演练，对防范特种设备事故起到重要作用，成为应对突发公共事件的重要组成部份。

【计量器具管理】 2010年，县质监局充分发挥计量管理职能，开展“民心工程”。组织执法人员深入企业生产一线和大型超市，加强定量包装商品计量监督检查。共抽检10家生产、销售企业定量包装商品13个批次，合格10个批次，合格率为76.9%。全年立案查处定量包装不合格案件2件，现场处罚计量违法案4件，有力打击了计量违法行为。委托周检计量器具3784台件（只），其中，医疗器具74台（件），电能表3460只、压力表200只、水表50只；帮助县给排水公司和德安磷化工公司通过市级计量标准测量能力的评定和开展量质传递资格复查考核，确保量质传递的准确性，进而维护公司和消费者合法权益；开展汽车衡计量专项整治行动和电器销售产品能源效率标识专项检查。两次专项行动共出动执法人员16人次，车辆8辆次，检查13家汽车衡使用单位的15台在用汽车衡器，4家电器销售企业的321台电冰箱、电磁炉等电器产品，专项行动的开展，有效提高经营者的法律意识，切实维护了广大消费者的合法权益。

【组织机构代码证书管理】 2010年，县质监局新办、换证、变更代码证338个，年检代码证366个。完成338个代码证电子档案的扫描上报工作、完成代码废置库198条数据的电子档案扫描工作，保证代码库合格率达到省代码中心的要求。

（沐昆涛）

安全生产监督管理

【综述】 2010年，澂江县安全生产工作结合深入开展“安全生产年”、结合打击非法生产经营建设行为专项行动、结合安全生产大检查、结合各项重点专项整治、结合隐患排查治理和企业标准化建设工作展开，扎实做好对重大危险源监控和重点部位、重点场所、重点路段的安全措施落实，切实消除一批重大安全隐患，实现全年无重大伤亡事故发生的目标，较好地完成各项安全指标任务，提升安全生产监管工作质量，确保全县安全生产形势稳定好转。

【安全生产指标控制】 2010年1～12月，全县共发生各类事故144起，死亡10人，受伤46人，直接经济损失67万元，与2009年同比事故起数下降27.64%，死亡人数下降41.18%，受伤人数下降12%，经济损失下降74.1%。厂矿企业发生1起1人死亡事故，与2009年同比，事故起数下降50%，死亡人数下降75%，经济损失下降73.5%。全年全县安全生产形势稳中有降，死亡人数、事故起数、受伤人数、经济损失4项指标都比上年同期下降。实现市政府要求的安全生产事故稳中有降的总体目标，至12月，全县死亡人数在市政府下达控制指标内。

【安全生产工作组织领导】 2010年，县安监局继续加强安全生产工作，全年共组织召开7次安委会全体会议，下发春季大检查、安全生产月、行业安全专项整治、通报等20余份文件，组织10余次安全联合大检查。坚持每月对安全生产形势和考核指标控制情况进行一次分析研究，每季度向县政府汇报一次安全生产形势和考核指标控制情况，保障安全事故结案率达100%。同时，协调各成员单位紧密配合，及时沟通信息，收集各安委会成员单位汇报材料500余份，及时掌握安全生产工作动态，确保全县安全生产工作有重点、有计划、有步骤开展。

【落实安全生产责任制】 2010年，根据市政府下达的安全生产目标任务，县局结合全县各镇、县直行业主管、重点企业等不同层面的安全管理职能，拟定出5类有针对性、操作性强的《安全生产目标责任状》，并与6个镇、4个县直行业主管部门签订《安全生产目标责任状》。同时，又把各项指标任务细化分解到6个镇安监站并签订《责任状》，把目标责任量化、分解，落到了实处。一年来，县安监局各职能科室坚持常年深入企业，每月对辖区范围内的企业进行1次以上的监督检查，并督促企业定期自检自查，不定期进行抽查，对企业安全生产责任制的落实情况实行动态管理，从而实现安全生产责任制“横向到边，纵向到底”的格局，促进安全生产责任制落实。

【安全生产培训】 2010年，国务院《关于进一步加强企业安全生产工作的通知》（以下简称《通知》）由国务院第118次常务会议审议通过并下发后，县安监局及时订购100册学习读本无偿下发至相关部门，组织全县各镇、各相关部门、企业干部职工学习，并布置在第四季度宣传培训工作中把《通知》的学习和宣传、贯彻作为宣传培训工作的重点。同时，制定《澂江县学习贯彻国务院进一步加强企业安全生产工作实施方案》下发到各镇人民政府，要求县安委会各成员单位、各级各有关部门认真组织学习、切实领会精神实质，强化宣传教育，研究建立重大隐患治理政府挂牌督办和公告制度、建立事故查处督办制度、强制推行先进适用的技术装备，推进应急救援体系建设、实施更加严格的行业安全准入制度等相互配套的工作措施。12月初，组织全县辖区内企业负责人进行专项培训，贯彻落实《通知》精神。年末，《通知》的学习和宣传、贯彻工作正在全县各级、各相关部门和企业开展。

【安全生产工作硬件投入】 2010年，县政府积极建立与当地经济发展规模相适应的安全生产专项资金，为安监部门划拨安全专项工作经费28万元，工作经费比上年增加3万元。2010年6月，澂江县投资255000元先后共采购“GPS”定位仪、激光测距测高测角一体机、防尘防毒空气呼吸器、压缩空气泵、复合气体测试仪、照相器材、投影仪、笔记本电脑等安全监察仪器设备13款，23个（台）设备。至2010年9月，全局共有监管车辆3辆，电脑14台。同时，县政府领导通过工作调研，为县安监局解决了财政供养行政执法用车困难问题，使安监部门的办公条件得到改善。

【非煤矿山专项整治】 2010年，滇江县继续加强非煤矿山整治工作。4月19日，澂江县召开全县开展安全生产大检查和非煤露天矿山安全生产专项整治工作会。会上传达学习《澂江县人民政府办公室关于立即开展全县安全生产大检查的通知》和《澂江县2010年非煤露天矿山安全生产专项整治工作方案》并对全县非煤矿山安全生产专项整治进行具体安排部署。会后，县安监局重点对全县非煤露天矿山进行全面摸底排查，提请县人民政府挂牌督办9户，报请市人民政府挂牌督办1户；专项整治期间共下达责令整改指令书10份，发现隐患20条，当场整改5条，限期整改15条；强制措施决定书1份，停产整顿1户。2010年5月31日，县局又组织召开非煤露天矿山安全生产专项整治工作领导小组及县政府挂牌督办企业工作会，会上与10户挂牌企业签订整改责任书和承诺书。通过复查，20条隐患中整改完成15项，重大安全隐患2项已经列入计划整改。

【危险化学品和烟花爆竹专项整治】 2010年5月5日，县安监局印发《2010年深化危险化学品安全生产专项整治方案》至各镇安监站和各危险化学品生产企业，对危险化学品专项整治工作进行安排部署。具体为：2010年6月5日，县局组织召开危险化学品企业标准化建设推进会议。要求到12月底以前所有危化企业达到二级标准；严格许可证换证要求，严格定期安全评价，根据《危险化学品管理条例》中有关规定，督促危化品从业单位换证时必须做现状安全评价；开展危化品检查专项行动，对63家危险化学品企业（其中，危化品生产企业15家）进行检查。至10月底，发现一般隐患68条，填写整改指令书5份，复查意见书4份；规范安全审查，依法落实“三同时”责任，把好源头审查关。年末有2个项目通过试生产联合审查及试生产方案的备案。通过“三同时”竣工验收正式投产的危化品企业1家；认真完成各项行政许可工作。至年末，全局协调办理到期换取危化品经营许可证的上报资料2份，配合市局对危化品经营单位进行现场核查换证1家，审核签发非药品类三类易制毒危化品经营单位1份备案证，应急预案备案4份。

【烟花爆竹专项整治】 烟花爆竹整治工作主要集中在元旦和春节前后，具有跨年度特点。澂江县于2009年12月14日下发《澂江县安全生产委员会关于印发开展烟花爆竹安全经营专项检查方案的通知》文件，对县烟花爆竹专项整治工作进行部署。县安监局严格把关，认真做好换发新证的工作，积极开展烟花爆竹安全检查工作。截至2010年12月底，全县已依法颁发销售许可证的共92户。对县域内的92户烟花爆竹销售点进行安全大检查。

【建筑施工整治】 2010年，县安监局协调制定《建筑施工专项整治方案》，对专项整治工作进行安排部署，由建筑安全监督管理站具体负责专项整治工作，按照《建筑工程安全生产条例》对全县建筑施工安全进行专项整治。开展专项整治以来，县建设局、安监局组成的联合检查组针从防范高出坠落、机械伤害、坍塌、触电、火灾等多发性伤亡事故入手，对13个施工企业进行了安全检查，结果为：个别施工工地安全网封闭不严，2个工地消防器材不齐全，3个工地排水设施有待完善。针对以上问题，县建设局下发隐患整改通知书6份，停工整改通知书5份，2个工程因其他原因目前处于停工。

【交通安全整治】 2010年，县安监局与交通等部门协调制定《道路交通专项整治方案》，对专项整治工作进行安排部署。按照辖区管理和“谁主管、谁负责”原则，由县交警大队、交通局、农机站牵头，各镇政府共同配合，实行联合行动，负责道路交通安全大检查。检查中发现部分山区干线存在农用车和拖拉机载人现象。为此，县农机部门和相关镇政府进一步加强合作，加大对群众相关安全知识的宣传教育和车辆日常监管力度；凤麓镇城区车辆乱停乱放现象突出。县交警、城管部门已加强对车辆乱停乱放的日常监管和维护。

【重点建设项目专项整治】 2010年，澂江县列入云南省重点建设项目2个，市列项目20个，其中，水利部门5个，建设部门在建工程14个。为此，县安监局协调成立澂江县治理工程建设领域突出问题工作领导小组，制定下发《关于开展工程建设领域突出问题专项治理工作的实施方案》，并强化监督检查，确保安全措施到位。全年针对重点建设项目开展5次全县性安全生产大检查。检查中发现11个隐患，已及时安排整改和处理。

【挂牌督办重大安全隐患】 2010年，全县有市级隐患挂牌督办1个，即双树黑码头采石场，正在整改中；县级隐患挂牌督办8个，分别为：矣旧黑龙庙采石场、诚合公司王搞庄矿点、诚合公司麦田坡矿点、八哥岩砂场、吉花水泥公司采石场、冶钢集团水泥厂采石场、海口红砖厂、九村红砖厂，年末全部整改完成。

【打击违法生产经营建设行为】 2010年，澂江县开展打击非法违法生产经营建设行为专项行动。起草下发《澂江县集中开展严厉打击非法违法生产经营建设行为专项行动实施方案》和《澂江县人民政府办公室关于开展安全生产大检查的通知》，对打击非法违法生产经营建设行为专项行动工作和中秋节、国庆节开展大检查工作进行部署。协调各相关部门根据行业主管特点制定各部门实施方案，并进行打击非法违法生产经营建设行为专项行动的摸底调查和统计工作。其中，非煤矿山企业42家，危险化学品企业63家，交通运输企业7家，建筑施工企业7家，民用爆炸物品企业1家，冶金企业1家，未发现存在非法违法生产经营建设行为；特种设备企业76家，存在的问题是特种作业人员未持证上岗32人；督促相关部门开展专项行动，交通部门检查10家企业，其中，水上运输

7家；建设部门检查了8家企业，查处非法违法行为6件，停产整顿1家；县安监局结合中秋、国庆节大检查的安排部署，从8月以来共对61户生产经营单位或场所进行了监督检查，出动督查人员152人次，查出72项安全隐患，已督促整改完成70项，按期整改率97.2%。非煤矿山共检查辖区内23户企业（其中，11户石场，5户沙场，6户砖厂，1户磷矿开采单位），查处一般性隐患34项，已整改34项，整改率100%。危险化学共检查了35户（其中，14户危险化学品生产企业，10户加油站，同时，抽查6户危险化学品经营单位和5户农药经营单位），查处一般性隐患32项，已整改32项，整改率100%。烟花爆竹：对5个镇40个村委会的92家烟花爆竹经营零售点进行抽查。此外，县安监局还对行政许可范围外的轧钢厂、水泥厂等也进行安全检查，发现4条隐患，督促整改4条，整改率100%。同时，对各企业落实自查自改工作要求、建立隐患排查治理档案、加强重大危险源监控、完善应急救援预案等工作进行重点督查。认真开展建材、机械、轻工、商贸等行业企业安全生产基本情况调查工作和开展职业危害申报工作以及粉尘与高毒物品危害治理专项行动，并认真进行调查及核实后上报市安监局。

【群众来信来访及安全生产事故查处】 2010年，县安监局共收到群众举报和来信来访2起，县局按照服务承诺内容全部办结，受到人民群众好评。同时，安监监察大队坚持每月例行监察，强化安全生产行政执法，加大安全生产行政处罚力度，及时查处安全生产违法行为，认真办结年内发生的1起工矿企业安全生产事故，查处率100%。

【宣传教育培训】 2010年，县安监局突出安全生产宣传教育活动，结合安全生产实际情况，广泛开展送安全生产法律法规进工地、进矿山等活动，将抓好安全生产监管的目的、意义和重要性向企业和项目管理、建设单位进行宣传，督促其重视和做好安全管理和安全监管工作。针对安全生产实际工作中存在的问题，及时举办企业单位负责人、安全管理人员、特种作业人员培训班4期，培训各类人员500余人，培训率和持证率均达100%。6月13日，澂江县以6月安全宣传咨询日为契机，利用群众赶集机会，广泛开展以“安全发展，预防为主”为主题的安全知识宣传活动，精心制定活动方案，并按照方案要求，组织交警、消防、总工会、宣传部、团县委、财保公司、气象、农机等部门上街，用设固定安全知识宣传点、安全知识咨询点散发各种安全知识宣传材料等形式，广泛开展各项安全知识宣传。参加活动的单位都分别发放数量较多、内容丰富的宣传单，涉及内容分别有《中华人民共和国消防法》、《安全生产基本常识》、《农民工劳动卫生知识读本》等。在当天的宣传中，上街开展安全宣传的各部门共发出各种安全知识宣传材料8000余份，接待咨询群众300余人。

（鲁　鹏）

国土资源

【耕地保护工作】 2010年，县国土资源局落实国家耕地保护政策和基本农田保护各项措施，制定并印发《澂江县人民政府办公室关于建立耕地保护共同责任制度的通知》，加强国土资源执法监察管理工作中的协调配合，落实各部门工作责任，形成政府领导负总责、有关部门密切配合、社会广泛参与的国土资源执法监管体系。逐级签定耕地保护目标责任书，逐级落实耕地保有量和基本农田保护面积，并进行严格考核，确保全县基本农田总量不减少、用途不改变、质量有提高。

【建设用地预审工作】 2010年，为加强土地供应管理，合理利用土地资源，澂江县严格土地用途管制制度，在项目用地之前通过预审及时掌握用地情况。全年共完成用地预审10件，面积819.56余亩；为省发改委立项的垃圾焚烧厂、“十一五”规划“三湖一海”水污染综合防治目标责任书中的抚仙湖蒿枝箐至海口村湖滨带生态恢复治理等项目建设用地完善前期用地工作。

【报批各类项目用地】 2010年，县国土资源管理局遵循“区别对待、有保有压”的用地原则，严格执行农用地转用计划，保障建设用地需求。共组织上报农用地转用报件9个，面积200.05公顷，其中，5个批次用地，面积135.76公顷，4个单独选址项目，即帽天山动物化石群基础设施建设项目、海口污水处理厂及河阳110KV变电站、国土资源职业学院项目，面积64.33公顷。上报省、市供地报件9个，面积4592.01亩；上报县政府供地报件2个，面积10余亩。

【农村集体土地管理】 2010年，县国土资源局严格执行农村宅基地“一户一宅”规定，实行先规划后建设，新批宅基地与旧村改造同步实施。结合《澂江县农村宅基地管理办法》，共审批宅基地103宗，面积16.8亩，有效保障人民群众的根本利益；切实抓好空心村、废弃砖瓦窑、工矿废弃地综合利用和开发复垦试点工作，整治郭家山片区和磨盘山片区两个废弃矿山，面积27.74公顷。稳步推进集体建设用地流转。

【项目用地实现保发展与保民生】 2010年，为保障项目供地，缓解土地供需矛盾，澂江县积极组织征收化石群保护基础设施项目、行政办公区龙溪路延长线项目、县垃圾焚烧厂等12个项目用地，土地征收权属涉及4个镇12个村民委员会27个村民小组的土地面积6664.47亩，兑付土地征收补偿费36077.87万元，兑付率达100%，切实保障被征地农民切身利益，有力促进社会和谐稳定。

【挖掘用地潜力】 2010年，县局积极推进土地开发整理工作，完成阳宗镇土地整理项目（面积3984.75亩，投资691.12万元），并通过市级验收；申请协调省级立项的黄草铺土地开发整理项目（面积2806.41亩，投资452万元）已经得到落实。着力盘活存量土地，在开展存量（闲置）土地情况调查的基础上，根据存量（闲置）地块具体情况进行细致分析，选择条件成熟地块做工作，宣传政策，做好跟踪服务，经过多方努力，盘活存量土地10宗，面积232.48亩，缓解建设用地计划指标紧缺矛盾。

【加大市场配置土地资源力度】 2010年，县局进一步规范和发展土地市场，巩固和完善经营性土地出让招拍挂制度，全面实行工业用地招拍挂出让，经营性用地及工业用地招拍挂出让比例实现100%。共挂牌出让土地宗数6宗，面积1021.71亩，土地成交价款12700万元，全年土地纯收益5243.19万元。

【整顿和规范矿产资源开发秩序】 2010年，鉴于国土部门查处矿产资源违法行为难以操作的实际，澂江县在县政府成立矿山联合执法组的基础上由县综治办牵头，制定并下发《澂江县关于建立维护磷矿资源开采秩序和保护矿山地质环境长效机制的实施意见》，并建立举报奖励机制、信息联络员制度、联席会议制度、巡逻巡查制度、部门联动机制、严打整治机制，形成县综治办、公安、工商、国土联合办案的工作机制，统筹协调相关部门职责分工，加强联合执法和监督管理，有效预防、打击涉矿违法犯罪行为，找到查处矿产资源违法行为突破口。

【推进矿产资源整合】 2010年，澂江县委、县政府以2.55亿元成功处置澂江县大山寺磷矿探矿权，完成大山寺磷矿探矿权处置后转让审批、矿权变更工作；梁王冲磷矿探矿权变更工作由云南玉溪迈特实业有限公司持有的《云南省澂江县梁王冲磷矿区详查》探矿权转让过户给澂江县国有资产经营有限公司，以此巩固澂江县矿产资源整合成果，解决探查资金投入不足问题，加快了详查进度，满足澂江县磷化工资源需求；加大对空白区块的勘查找矿工作，对九村镇渔户村北段“风口哨—黑吗地”、海口镇“马吃水—红坡”的两个磷矿空白区块由澂江县国有资产经营有限责任公司委托省矿业协会进行公开邀标探查；严格执行探矿权采矿权招标挂牌出让制度，挂牌出让阳宗辖区范围内新设置的5个采矿权（4个石场采矿权、1个砂场采矿权）。

【矿业权实地核查工作】 2010年，县国土局依据全县矿业权实地核查成果，进行该项成果与澂江县矿业权的系统登记对比和后续换证工作的实际应用，并以此为基础，切实做好全县矿业权管理系统的清理工作。完成矿产资源利用现状调查任务，认真查清县磷矿资源的利用情况和开发方向，该项调查成果为建立全县磷矿资源数据库奠定坚实基础，并为澂江县磷化工企业管理和磷矿资源的可持续发展提供科学完整的系统指导。

【落实地质环境管理措施】 2010年，县局加强对帽天山周边矿山的巡查力度，保证帽天山动物化石群周边磷矿采点自禁采以来没有出现复采；继续推进帽天山周边环境恢复整治工程，该项目于2010年12月16日通过省、市联合检查验收。

【地下找水突击行动】 2010年，针对澂江干旱实情，县局积极争取省、市支持，圆满完成阳宗镇桃李村委会小屯、右所镇补益村委会二家村、九村镇九村村委会九村小组等3口浅井、2口深井的打井工作，有效缓解群众生产生活用水问题。被省国土资源厅授予抗旱救灾地下找水突击行动先进单位。

【地质灾害防治工作】 2010年，县局制定并印发《澂江县突发性地质灾害应急预案》及《澂江县2010年地质灾害防治方案》，并签定责任书；提前培训信息员，全年培训300余人；提前全面摸底排查地灾点，做到心中有数；提前深入宣传，发放“两卡”（即地灾防治明白卡、避灾明白卡）。全年发放“地灾防治明白卡”2300余份，“避灾明白卡”2300余份；提前进行灾情、险情预报，有效提高避让成功率；启动地灾搬迁点3个，其中，1个搬迁点已完工，2个搬迁点正在有序推进。全年全局投入地质灾害防治经费28.6万元，经过广大领导、干部、群众的共同努力，确保汛期全县没有发生因地质灾害造成的人、畜伤亡。

【土地规范化建设管理工作】 2010年，县国土资源局稳步推进土地规范化建设管理工作。全年全县共发土地使用权证2167本，其中，国有1522本，集有645本，办理他项权证484本。土地抵押贷款面积759767平方米，抵押贷款金额44440.7万元。

【推进各项土地基础业务】 2010年，县局完成土地利用规划修编、第二次全国土地调查、第二轮矿产资源规划编制、基础测绘规划、地灾防治规划、矿业权实地核查等基础工作；履行测绘行政管理职能职责，完成辖区内永久性测量标志的检查、修复、保护、登记工作，完成辖区内测绘资质单位的年度备案、初审及监督管理；完成数字玉溪地理空间框架建设任务，按时完成辖区内基础测绘数据清理统计、按规定开展数据更新；“金土工程”建设步伐加快，全面完成县国土资源电子政务系统建设，正式启动县国土资源电子政务办公系统。

【国土资源收益稳步增加】 2010年，县局严格执行财务“收支两条线”管理，强化专项资金监管。土地出让金收取严格按相关规定执行，共收缴土地出让金11640.87万元（含二级市场）；上缴省国土资源厅新增建设有偿使用费639.47万元（其中，上缴中央255.79万元、上缴省级383.67万元）、征地管理费3.40万元，耕地开垦费85.92万元；上缴市国土资源局征地管理费12.74万元，耕地开垦费55.96万元。上缴入库矿产资源补偿费44万元、矿产资源有偿使用费322.27万元，采矿权价款1298.07万元，矿山恢复治理保证金316.91万元。

【宣传国土资源国策法规】 2010年，县局利用“4·22”世界地球日、“6·25”全国土地日等时机，组织开展国土资源国策法规宣传教育活动。通过设置宣传展板、发放宣传资料、悬挂宣传横幅、召开“全国土地日”专题座谈会、组织土地管理法规宣讲团、在澂江电视台滚动播放宣传标语和干部职工积极撰写信息等多种形式，将依法合理利用国土资源的法制观念灌输给广大干部群众，为严格执法、推进国土资源市场规范运行营造了良好的社会氛围。

【强化执法监察工作】 2010年，县局经请示市国土资源局和市中院，澂江县被批准作为非诉审查的试点县，对查处违法用地案件的具体办法和措施进行探索。为此成立整治土地违法行为专项行动领导小组，制定专项整治行动实施方案，及时召开专项行动动员会，抽调工作组，研究提出《关于对违法用地采取强制停工措施案件审查的实施意见（试行）》，为有效遏制乱占乱建土地违法行为，营造良好的土地资源执法管理环境找到突破口。全年进行非诉审查查处违法用地63起，面积11.99亩。开展整治土地违法行为专项行动，全县共清理各类违法用地320宗，面积90.87亩，土地管理法的权威性得到有效维护。严格按照上级要求做好土地执法检查工作，2010年，全县违法占用耕地面积占新增建设用地占用耕地比例的8.7%。

【矛盾纠纷排查化解工作】 2010年，县局认真做好群众来信来访，切实抓好不稳定因素的排查、调处工作，重点解决农村征地等方面存在的损害群众利益的突出问题，有效遏制群体性事件发生。年内，共接待来信来访18件，来访人员35人次，办结率100%。

【干部队伍建设】 2010年，县国土资源局把加强国土资源干部队伍建设与全面落实干部教育培训计划相结合，通过全体干部每周五集中学习、交流、授课等形式，认真学习国土资源法律法规、政策文件和基础业务知识。年内，投入干部培训经费5.6万元，开展基层业务培训16期，共2524人次参加，参加省、市相关培训35人次，为各项业务的开展奠定基础。

【廉政教育】 2010年，县局认真抓好《中国共产党党员领导干部廉洁从政若干准则》的贯彻落实，组织全体干部职工到县法院刑庭旁听反腐倡廉反面典型案例审理，并要求结合工作实际，就如何筑牢思想防线、防止权力被滥用撰写出书面心得体会，做到人人接受教育、人人提高认识。通过一系列的学习活动，反腐倡廉意识深入人心，使广大党员、干部受到深刻的党性、党风和反腐倡廉教育，增强自觉抵御腐败侵蚀的能力。

（岳　霞）

城乡建设

【规划管理】 2010年，县规划局加强城市规划管理，规范城市建设，通过完善内部管理机制，加强职工行政执法培训，加大规划宣传力度，强化城市规划监察，健全规划联络员制度，使城市规划的龙头作用明显增强。在做好相关项目日常规划管理等工作的基础上，一、完成澂江县城市总体规划修编工作，县城城市总体规划修编成果通过专家评审。同时，委托云南省城乡规划设计院完成澂江县城市特色规划编制工作，为全县城市建设、规划审批打下坚实基础；二、完成澂江县工业园区总体规划修编工作；三、做好村镇规划编制技术服务和指导工作。完成九村镇、右所镇总体规划编制工作。组织实施15个村庄规划编制，完成九村镇渔塘村、禄充风景区老渔村、海口镇啰哩山村三个自然村规划编制，其余村庄完成地形图的测绘工作；四、做好重点项目服务工作。对湖畔圣水、碧湖园小区、云南省国土资源职业学院等重点项目按县委提出的主动服务、超前服务的要求，不等不靠，服务业主，服务项目，确保重点项目稳步推进。全年共核发“两证一书”187份（即建设用地规划许可证、建设工程规划许可证、建设项目选址意见），其中，核发建设项目选址意见书22份，选址面积814.14亩，建设用地规划许可证17份，规划用地面积388.93亩；核发建设工程规划许可证104份，总建筑面积70.9万平方米；核发村镇建设许可证44份，建筑面积8248.20平方米，有效保障了城市总体规划的顺利实施、为全县经济发展和项目建设提供了规划保障。

【城市道路建设】 2010年，县建设局抓住创建卫生县城的契机，争取县政府支持，由县交通局出资160余万元对仙湖路上段、澄波路中段、翠竹中路、环城东路上段等几条破损较为严重的城市主干道进行大修，改善城市道路状况；加强对入城货车管理，争取县政府资金支持，投资27万元，分别在凤翔路、澂阳路、东浦路入城口、右所横大路右所大桥处四个县城主入口安装城市限高装置4套，限制超高、超重大型车辆入城，维护城市道路，改善县城环境，消除二中、凤山小学学校周边交通安全隐患。

【城市园林绿化建设】 2010年，县建设局为把澂江建成现代服务型生态旅游城市，按县委、县政府的安排经费，完成玉溪市出水口公园澂江园绿化景观工程建设任务，栽植各种树木146株，其中，大型名木古树17株，栽植灌木6018株，铺植草坪4200平方米，展现澂江“生命摇篮，山水澂江”魅力；完成养护城市绿化树木7905株、灌木造型25758.4平方米、草坪20571平方米，补植县城各种景观树60株，花灌3万余株；制定并报经县政府批准实施《澂江县绿色图章管理规定》，为实现城市建设和绿化景观建设同步发展提供有力保障，启动实施澂江县城市绿地和树木认建认养活动，充分调动广大干部职工和社会各界爱绿、护绿、建绿积极性。全年共有126名干部职工、1家单位参与认建认养活动，筹集绿化建设捐款71500元，扩展澂江县城市绿化和公园建设融资渠道；严格绿化申请批准管理程序。全年共依法办理占用、挖掘、修剪城市园林绿化申请事项4起，查处破坏、侵占城市园林绿化行为2起。

【城市公园建设管理】 2010年，县城建局在不断加强凤山公园、西浦公园建设，为广大人民群众提供一个景观优美、生态和谐、整洁干净的休闲活动场所的基础上投资33.4万元，实施凤山公园北大沟游路路灯建设工程和凤山公园观赏水池坝埂路面建设工程，安装路灯18盏，建成公园混凝土游路655平方米，建成公园绿地255平方米。在凤山公园老园区内建成一个全民健身区，安装全民健身器械13套，养护公园景观绿地15万平方米，清扫保洁环境8万平方米；中请县编办批准成立西浦公园管理所，明确机构和编制，落实人员，从组织上保证公园的建设。先后投资25万元，栽植各种树木417株，地砖铺设游路、场地450平方米，修补公园水池池壁及护栏30米，清理公园水池、沟渠淤泥、水草等污染物95吨，为全县广大人民群众提供一个景观优美、生态和谐、整洁干净的休闲活动场所，保护县城供水的水源点取水安全；按“公园景区化、景区标准化”的发展思路启动凤山公园、西浦公园争创国家“AA”级景区工作，完善公园标识标牌、垃圾收集设施等，使公园更好的服务人民群众。

【城市路灯建设】 2010年，县路灯管理所不断强化城市亮化建设。配合悦椿度假酒店的开业，营造良好的招商引资环境，按“政府出一半、企业出一半”的原则，共筹集资金25万元完成水苑路口至湖畔圣水路灯亮化工程；筹集资金80余万元，对环城南路、环城东路、环城西路、北正街、南正街等老城区主要街道路灯进行全面更换，新增城市照明路灯120盏，基本实现城区主干道城市照明全覆盖，解决老城区居民长期反应的“城外灯火通明、城区黑灯瞎火”的问题；强化城市路灯日常维修养护工作，全年新装路灯170盏，维修路灯800余盏，更换钠灯灯具160余盏，更换灯泡680盏，镇流器380余套，更换线路2000余米，对环湖路、振兴路、仙湖路路灯进行全面维修养护、改造，对振兴路、仙湖路路灯灯杆进行打磨喷漆和维护养护。

【市政设施维修与养护】 2010年，县建设局在不断强化市政工程施工管理、燃气消防、给排水等公用设施日常监管的同时，修补翠竹东路、北正街、卫生局路口等城市道路盖板7块，更换被盗窨井盖24块，修补落水篦14套，确保市政基础设施功能正常发挥，为群众提供安全、便捷的城市出行环境。

【城市管理】 2010年，县建设局不断加强城建监察管理工作，一方面加大相关法律法规宣传力度，争取群众理解、支持的同时，及时调整管理模式，改变工作方法。在执法过程中采取教育说服为主，监管结合、教罚并处，疏堵结合方法，做到依法行政、文明执法，提高执法成效，有效遏制执法过程中暴力抗法恶性事件发生。另一方面加强对店外经营、乱停乱放、货车运输遗漏泼洒等现象进行治理。在城市管理整治过程中采取有效管理模式，“分片区、定岗位、定人员、定职责”并结合巡察车流动巡查的管理模式，对监察员进行详细分工，做到每一条街都有一名监察员管理。实现每件事都有人负责、每位群众都有人接待的格局。在认真履行职能，强化日常管理基础上，全面完成县委、县政府安排的创卫工作，取缔凤麓、翠竹市场周边的违规占道经营户和红枫街占道水果经营户；对占道经营摊点全部进入揽秀市场规范经营；开展县城学校周边环境及城市“牛皮癣”小广告专项整治活动；对凤凰桥违规建设，竹园小区、澂江原政府片区乱搭乱建等行为，依法进行整治。全年共组织在城区范围内进行相关法律法规宣传11次，发放城市管理相关法律法规宣传材料17000余份，办理一般程序案件6起，当场处罚案件27起，当场处罚收罚款1350元，查处违规建筑4起，办理建筑占道23起，强制拆除1起。其他案件5件，责令停止违法行为通知书105份、接谈通知5份、建设行政证据先行登记通知书40份、暂扣违法占道经营物品1574件，清除“三乱”小广告7500余份，没收非法小广告2000余份，收罚没款600元，户外广告设置费4510元，办理占道挖掘费204793元。通过整治，有效改善城市环境，营造良好城市形象。

【建筑市场管理】 2010年，县建设局强化建筑市场管理，杜绝建设工程重特大安全质量事故发生。整顿和规范建筑市场秩序，强化建筑业管理人员安全意识，围绕狠抓建设工程质量和安全主题，在加强工程项目执法检查的同时，完善建设工程质量和安全管理体制，规范建设工程勘察、设计、监理、施工、定额管理。在建筑市场日常管理方面，在加强施工企业资质、从业人员、施工安全管理的同时，严格按照省、市、县安全生产管理相关文件精神，组织开展“春节”、县人代会和政协会、国庆节安全大检查和建设领域安全生产百日督查专项行动，组织210人建筑企业从业人员参加技术工种培训考核取证，120人特种作业人员通过培训考核换证，组织全县建筑企业50余人次参加全国建造师考试，组织其他全国建造师持证人员继续再教育培训考核200人，全年深入施工现场及企业督促检查70余次，依法办理报建手续17项，办理施工许可证30项，预算投资金额达4亿元，核发《建设工程施工图设计文件审查通知》23份，收到市审图中心《建设工程施工图设计文件审查通知》22份。

【建设工程质量管理】 2010年，县建设工程质量监督管理站不断强化建设工程质量和安全日常管理，先后组织建筑施工企业200余人次进行建筑安全培训。全年共检查建筑工程施工现场40余次，查处安全违规事件105起，核发限期整改通知书87份、核发安全停工通知书30份。监督新开工单位工程26个，建筑面积15万平方米，完成砼抗压试验1985组，砂浆抗压试验1056组，砂、石料分析124套，红砖检验56组，钢筋力学试验3126根，水压试验5685平方米、超声回弹综合检测混凝土强度782组，监管的建设工程均未发生任何重大工程质量和安全事故，保证建设工程质量和安全。

【农村民居工程建设】 2010年，根据省市建设部门下达给澂江县抗震民居房屋改造、危房改造工程和廉租房建设的建设任务，县建设局在农村实施抗震民居房屋改造和危房改造工程，解决农村生活困难群众的住房安全；在城区发放廉租住房货币补贴和建设廉租住房，解决县城居民低收入人群住房困难。2010年玉溪市建设局下达澂江县农村民居地震工程任务2200户，其中，加固改造2000户，拆除重建200户；下达农村危房改造工程任务 150 户，两项工程共安排专项资金 750 万元。任务下达后县建设局及时将任务分解到各镇，并组织召开专题会议，县政府分管领导与各镇政府签定目标责任书，逐级分解任务，层层落实责任。委派专职技术人员到各镇进行技术指导，确保农村民居危旧房改造和抗震民居安全工程两项惠民利民工程抓紧抓实，切实办成人民满意工程。完成拆除重建200 户、加固及危房改造 2150 户。

【保障性住房建设】 2010 年，县建设局全面组织完成 2009 年全县 16500 平方米廉租住房建设任务，于 9 月竣工验收并交付使用，其中，教育系统教师周转房 6500 平方米、集中建设 10000 平方米廉租住房。集中建设的廉租住房本着“公开、公平、公正”原则进行分房，采取抽取序列号，以序列号抓阄，按照“三道门槛二榜公布”的分房审核程序，最终确定 134 户入住第一批廉租住房，并确保保障对象及时入住。剩余 82 套于 2011 年春节前分配到保障对象，基本可实现保障对象应保尽保，确保保障对象节前入住；2010 年，10000 平方米廉租住房建设任务（4 栋，每栋 6 层，共计 204 套）投资 1200 万元，完成主体工程建设。发放 2010 年租住房货币补贴 770 户，发放补贴 102 万元。

【两污项目建设】 2010 年是全面完成“十一五”环保目标责任书的关键之年，建设系统涉及三项“两污”项目。一、县城污水管网配套工程：项目年内完成投资 1696.44 万元，建设管网 19.4 千米，完成项目竣工验收审计，并得到市、县肯定。通过该项目的建成投入使用，县城污水配套管网长度增至 79.86 千米，排水管网覆盖率为 95%，污水收集率达 83%。污水浓度由 110 毫克 / 升提高到 343 毫克 / 升。二、污水处理厂扩建工程。项目在县城污水处理厂内按一级 A 标的要求新建 5000 吨 / 日污水处理生产线一条，该项目土建工程于 2010 年 8 月开工建设，投资 300 余万元，完成土建工程建设。设备招标工作于 2010 年 11 月完成，设备安装工程将于 2011 年 6 月完成；项目建成后澂江县污水处理厂的日处理能力将提升至 15000 立方米，处理后排放标准达一级 A 标。三、垃圾焚烧厂建设项目。城镇生活垃圾处理项目是“十一五”两污项目中重中之重的项目，项目原采用填埋工艺，但因澂江县处于抚仙湖、阳宗海两个重要水源的泾流区，无法选址，专家建议改选焚烧工艺。垃圾焚烧厂选址于工业园区东溪哨村以东处，占地 40 亩。县委、县政府高度重视垃圾焚烧厂项目建设，县编办批准成立县垃圾焚烧处理中心，明确机构、安排编制、落实人员，保证有人做事。同时先后投资 500 万元，解决项目前期工作经费和项目征地资金的问题。年内项目完成土地预审、地形图测量及勘界、地质初步勘察报告、可行性研究报告、地质灾害评估报告、矿产资源埋覆报告、水土保持报告，施工图、初步设计文件，环评报告经过第二次复审通过，报省发改委审批立项。与征地群众签定土地征用协议并支付农地取得费 200 余万元，完成详细勘查工作，厂区围墙建设完成招标并实施建设，实现项目年内开工建设目标，年内累计完成投资 300 余万元。该项目报经省两污办同意延期至“十二五”建设。

【重点项目建设】 2010 年，县建设局稳步推进各重点项目建设。一、行政中心项目。行政中心项目是县委、县政府的重点工程，项目历时时间久、社会关注度高，建设行政主管部门抽调局领导和业务骨干进驻项目指挥部，配合项目业主积极协调省发改委、省建设厅办理项目可研批复、初设批复，完成项目施工图设计等前期工程。坚持按基本建设程序一个也不能少的原则稳步推进项目建设，投资 2100 余万元，完成了征地拆迁、三通一平，桩基工程，施工场地围栏、围墙及砂石料、钢筋堆场、配电房、临时办公室等设施建设。与行政中心配套的龙溪路建设，由行政中心施工单位垫资进行修建。二、社会投资项目。利用社会资金参与城市建设。碧湖园居住小区项目，于 2010 年 8 月 5 日开工建设，项目预计投资 9900 万元，总建筑面积 7.5 万平方米，预计 2012 年元旦建成投入使用；容大广场建设项目投资 9000 万元，总建筑面积 2.3 万平方米，已竣工并交付使用；老政府片区开发项目，完成原购物中心土地收购，设计方案通过规委会审查。

【规划委员会审批项目】 2010 年，澂江县发挥县规划委员会办公室作用，作好项目审批服务工作，执行城市总体规划，服务项目业主，为县城建设提供有力项目支撑，全年共报规划委员会审核澄福园、宽澂鼎元等 28 个项目规划，规划总面积达 176.7 万平方米，规划建筑面积 157.4 万平方米，概算总投资达 109.2 亿元，为城市建设储备一批项目，增添发展后劲。

【建设工程招投标】 2010 年，县建设局招标办通过不断完善招投标管理制度，严格遵循公开、公正、公平的竞争原则，主动邀请监察、检察、审计、公证等监督部门，对招投标工程进行招标全程跟踪监督管理，有效遏制腐败现象和不正之风滋生，通过招标的建设工程，严格科学地控制工期和造价，强化监理和质量监督制度，提高工程质量，节约建设资金。全年共完成招投标项目 51 项，其中，限额以上的 43 项，限额以下的 8 项，工程总造价（栏标价）29787.63 万元，中标价 28838.62 万元，通过招标共节约资金 949.01 万元，建设工程公开招投标和应招标率均达 100%。

【房产管理】 2010 年，县建设局房产管理所在开展日常业务办理的同时，通过拓展新业务，狠抓工作纪律和服务质量，强化工作人员服务意识。将服务窗口搬迁至原公积金办公处，既方便办事群众，又树立窗口形象。争取县政府支持，实现由自收自支的事业单位转变成财政全额拨款事业单位，工作效率和服务质量得到提高。全年，共办理房屋所有权初始登记 552 起，登记面积 9.6 万平方米，转移登记 1678 起，登记面积 29.6 万平方米，变更登记 143 起，登记面积 5 万平方米，颁发房屋他项权证733起，设定抵押权价值18.7亿万元，注销房屋他项权证登记463起，办理商品房预售登记备案250宗，备案登记面积1.9万平方米。开展房屋安全鉴定1起，鉴定面积607平方米；完成公、私产房屋测绘1303宗，测绘面积24.5万平方米，提供有关房地产产权、产藉查询服务236起，整理、建立产权产籍档案2156宗。受县政府委托对教师小区房产举办公开竞价转让会2次，销售商铺、车库34间，实现销售额521万元，平均售价6480元/平方米，最大限度实现国有资产增值。

【住房改革】 2010年，按照房改精神，县建设局房改办对房改工作进行规范，分别对9个单位21笔住房资金贷款发送《住房资金逾期贷款催收通知书》84份；对房地产龙街分公司住房贷款依法提起诉讼；对已启动住房档案办公自动化管理系统的220个单位5951名职工的住房档案数据进行修改完善，并根据省、市住房补贴发放的相关要求，启动1999年1月1日后参加工作无房职工按月发放住房补贴工作。全县机关事业财政全额拨款单位共有108个，核对符合补助总人数801人，发放2009年1月至2010年3月共15个月补助总资金198万元，2010年3月后按月足额发放。

【城市供水】 2010年，县建设局给排水公司坚持“以需定压、以压定量”的供水办法，合理调节供水量，加大水费收缴力度，提高水费收缴率，加强用工制度管理，实现由企业转变为自收自支事业单位的体制改革，保证城镇正常供水。全年给排水公司累计供水194万吨，出厂水水质合格率达100%，实现售水收入265万元；处理污水179万吨，实现污水处理费收入161万元，安装修理收入87万元；投资163余万元，完成行政中心、屠宰场、容大广场、廉租住房等供水工程；铺设新管网2000米，改造老管网600米，主管道抢修24起，进行入户管道改造62起，完成零星修理380余起，查处违章用水6起；对司法局、土矿局、中国银行、大小前所、磷化小区等11个单位712户进行“一户一表、水表出户、抄表到户”改造。

【污水处理】 2010年，县城污水配套管网工程建成投入使用。县城污水配套管网长度增至79.86公里，排水管网覆盖率95%，全年累计处理污水210万吨，去除生物需氧量103吨、化学需氧量303吨、悬浮物254.5吨、总磷4.9吨、总氮22吨，打捞各种垃圾杂物80吨，产生干泥600吨。经过处理的水质经玉溪市环境监测站监测，均达到国家一级排放标准，有效减少抚仙湖的入湖污染。

【住房公积金管理】 2010年，澂江县住房公积金管理中心按照“依法、安全、稳健、规范”的总体要求，紧紧围绕“强化归集、突出效应、规范管理、改进服务”的工作思路，圆满完成年初确定的各项工作目标，实现了住房公积金管理工作新发展。全年累计缴存住房公积金3.4亿元，个人累计提取1.6亿元，余额1.8亿元。委托贷款总额3亿元，贷款余额1.2亿元，贷款占公积金归集余额比率为70%，逾期贷款为零。新增缴存单位15个，新增缴存职工438人，归集公积金4456万元，发放贷款人数126人，发放贷款2621万元，提取公积金1210人，支取金额3328万元，有效支持了职工购建房，促进澂江县城市建设步伐。

【建筑设计】 2010年，县建设局建筑设计所在做好设计工作的同时，结合自身实际，拓展新业务，参与测量、施工放线以及技术服务等工作。全年共完成单项工程设计任务16项，建筑面积31500平方米，实现产值23.1万元。

【办理人大建议及政协提案】 2010年，县建设局按照人大建议和政协提案的办理要求把人大建议和政协提案的办理工作提到重要议事日程，成立专门办理领导小组，多方筹集资金，按时按质办理。所有建议和提案均在规定的时间内全部办理完毕，办复率、面商率、满意率均达100%。35件提案和建议中，已全部解决的有30件，占86%；正在解决的有5件，占14%。

【法制建设】 2010年，县建设局推广《玉溪市建设系统8县1区行政处罚自由裁量标准（试行）》，总结市建设局推行行政执法责任制的经验，对建设部门的行政主管部门的行政审批事项进行清理。

【党建工作】 2010年，县建设局党总支结合建设系统实际在全系统开展“爱学习、讲团结、懂业务、比奉献”教育活动，把加强干部职工的思想教育作为干好各项工作的前提，开展思想政治教育和创先争优活动，加强党的基层组织建设，加强各级领导班子建设，提高干部职工的工作效率、执行力和战斗力。一、制定《建设局创先争优活动实施方案》及创先争优工作目标，认真开展各项学习实践任务，达到预期效果。二、坚持每月1日和15日的集中学习制，全面系统的学习省、市、县的有关法律、法规和文件精神，通报交流各项工作进展情况，实行上下班签到制、行政问责“三项制度”、行政机关八项工作承诺制等。三、深化阳光政府四项制度，制定《澂江县建设局效能政府四项制度实施方案》及《澂江县建设局效能政府四项制度实施细则》，对重点工作进行倒逼管理。四、出台《澂江县建设系统加强科室、站所、公司管理的规定（试行）》。五、严格按党组织建设目标要求，对2009年13名入党积极分子加强培训，发展预备党员4名，预备党员转为正式党员1名，强化基层党组织模范带头作用。六、开展捐资献爱心活动。2010年，由于长时间干旱，县域部分地区干旱严重，县建设局组织全体干部职工，先后两次捐款12490元，5个支部捐赠特殊党费35700元。为配合国家“两基”教育检查，捐赠图书157册；七、组织县建设系统干部职工参加“全民健身日”长跑活动，丰富职工业余生活，提高队伍凝聚力和战斗力，为澂江县建设系统各项工作的开展奠定基础。

【成立机构】 根据中央、省、市推进相对集中行政处罚权的相关文件精神，2010年10月，澂江县挂牌成立澂江县城市管理综合行政执法局；为进一步加强城市供水水源点保护，2010年6月，西浦公园管理所由县林业局划归建设局管理，成立西浦公园管理所；为更好地保护抚仙湖，科学地处理城市生活垃圾，保障建成后的垃圾焚烧厂顺利运行和加强全县城镇生活垃圾的管理工作，2010年9月，成立澂江垃圾焚烧处理中心。

【举办建筑工匠培训】 2010年8月17日，县建设局举办农村劳动力转移建筑工匠培训，全县5个镇86名有建筑施工经验的农民工、正在从事建筑施工的农民工、以及尚未找到工作而又有从事建筑工匠经验的农民工参加培训。培训特聘请市建设局有经验的老师授课，培训会主要对建筑抗震、地震安全工程技术、乡村建筑抗震技术、农村建房通用图集等进行全方位讲解。

（曾敬涛）

环境保护

【水污染综合防治“十一五”责任书项目工作】 2010年，对照2006～2010年《玉溪市“三湖一海”水污染防治“十一五”目标责任书》内容，澂江县环保局共涉及责任书项目10个大项，2010年底已全部完成。其中，抚仙湖责任书项目7个大项，即完成禄充旅游景区污水处理站管网配套工程、农作物秸秆及湿地植物残体综合利用、退塘退田还湖工程、农村环境综合治理工程、入湖河流末端治理工程、海口段湖滨带建设工程、抚仙湖东岸截污治污工程。抚仙湖责任书项目完工率100%。阳宗海责任书项目3大项，即完成阳宗海生态湖堤建设示范工程、阳宗海入湖河道末端治理工程和阳宗海地下水地形测量工程，完工率100%。

【抚仙湖、阳宗海主要入湖河道管理】 2010年，为建立健全抚仙湖、阳宗海流域入湖河道管理长效机制，切实改善入湖河道的水环境质量，从源头上有效控制和减少农村面源污染，确保抚仙湖、阳宗海水质。县环保局采取措施，加强河道管理，首先，实施河道日常管理。在县劳动保障局的支持下，由县环保局聘请29名“4050”人员对梁王河、马料河等11条主要入湖河道进行日常监管，并定河道、定人员、定责任、定报酬，建立起规范的长效管理机制和监督检查机制。其次，开展入湖河道专项保洁行动。组织全县领导干部职工，镇、村、组干部群众大规模清理抚仙湖、阳宗海24条主要入湖河道垃圾淤泥，参加人数30000余人。出动挖掘机、装载机16台、东风车80辆、打捞河道垃圾淤泥34410吨、投入资金243万元。再次，在第六个“8.26”抚仙湖保护活动日到来之际，组织全县1200余名机关干部职工及保洁员清理打捞抚仙湖24条入湖河道及湖滩垃圾，共清理垃圾650余吨，出动垃圾清运车辆4辆。

【建设项目环境管理】 2010年，县环保局施行建设项目集体审批制，严把环境准入关。截至2010年11月30日，共审批建设项目27个，其中，市级审批项目9个，县级审批项目18个；办理报告书2个，报告表11个，登记表14个，建设项目环境影响评价执行率100%；共受理县级审批项目“三同时”验收26个，验收11个，未通过验收15个，并对未通过验收的15个建设项目下达了整改通知，同时建立完善建设项目“三同时”台账。

【污染源监督管理】 2010年1～11月，县环保局对全县82家企业的生产现状、环保手续、污染治理设施运行情况、污染物处置（排放）情况及存在安全隐患的方面进行现场监察，出动人员2764人次，作出现场监察记录691份，提出处理建议1380条，处罚违规企业7家，处罚金额14.6万元。

【排污费征收工作】 2010年，县环保局按照《排污费征收使用管理条例》规定的征收范围、权限，时限和程序严格征收排污费。全年共对达到征收条件的76户排污企业征收排污费208万元，提前超额完成市级下达全县征收任务的173.3%。

【查处环境污染纠纷】 2010年，县环保局加强查处环境污染纠纷工作。截至2010年11月，共接待污染举报投诉、群众来信来访案件43起，处理率100%。做到事事有回音，件件有着落。

【东溪哨工业园区环境综合治理工作】 2010年，澂江县加强东溪哨工业园区环境综合治理工作。首先，启动鱼塘村搬迁工作，至年末，整村搬迁工作已进入尾声，农户居民住宅主体工程已结束。其次，完成秧田冲坝埂加固除险工程、工业园区污水处理站工程、花园河渣库一期工程，现正在开展渣库二期工程前期工作。再次，开展工业园区污染治理。整个工业园区水洗矿工段已全部拆除，改为干筛操作，布袋除尘全部安装完毕；厂界四至基本明确、企业纠纷基本平息；泥磷残渣三防渣库已经建设完毕，黄磷水渣临时堆存渣库已经建设完毕，磷渣转运、销售协议已经签订；已经制定地下水质监测井的水质监测计划；道路硬化、厂区绿化、厂容厂貌有了较大的变化。华业公司准备将黄磷尾气输送到华荣水泥厂作为热源；盘虎公司准备将尾气运用于发电，黄磷技改项目全部通过市局验收。

【生态创建工作】 2010年，澂江县巩固国家级生态示范区创建成果，积极开展生态镇创建工作。凤麓、龙街、海口镇积极行动，紧紧围绕生态镇建设目标开展创建工作。三镇创建工作通过市级组织的专家审核，待通过省级验收。同时，全县积极开展绿色创建工作，禄充、凤小、九村、立昌、吉花、龙潭等6所小学完成市级绿色学校的创建申报工作，拥辉社区完成市级绿色社区创建申报工作。至年末全县共有省级绿色学校3所，市级8所，省级绿色社区1家，市级绿色学校1家。

【环保宣传教育】 2010年，县环保局配合团县委、教育局在“6·5”世界环境日到来之际，开展系列宣传活动。首先，举行万人环保签名承诺活动。在邮政局门口设置万人环保承诺活动主会场，开展“低碳减排 绿色生活”“6·5”世界环境日环保承诺宣传活动，举办环保展板展出，环保知识问答，同时穿插环保宣传文艺节目，向过往群众发放10000个环保手提袋和10000余份环保宣传资料。其次，开展环保知识进校园活动。在广龙、万海等沿湖6所学校向学生签订发放《环保承诺书》、《环保小窍门》2000份，将环保承诺带进学校、带回家，从而达到以点带面的良好宣传效果。配合团县委组织环保宣讲团深入澂江职中开展环保知识讲座、环保知识问答，向学生讲授环保知识和环保法律法规，参加人数200余人。环保实践活动。组织立昌小学、禄充小学、海口小学4所沿湖学校1200名师生开展环保实践活动，清理沿湖及入湖河道垃圾、淤泥。

【实施效能政府四项制度】 2010年，根据澂政发文件关于印发《澂江县人民政府关于在全县行政机关推行效能政府四项制度的实施意见》，县环保局成立由局长任组长，副局长为副组长，各科室负责人、监察大队队长、监测站站长为成员的效能政府四项制度工作领导小组。同时制定《澂江县环境保护局关于推行效能政府四项制度的实施方案》和《澂江县环境保护局关于印发推行效能政府四项制度四个工作方案的通知》，明确工作目标要求和保障措施。按要求对重点工作实行倒排目标管理，明确三个科室为关键岗位和重点环节，并制定监督防范措施及风险防范措施。通过实施效能政府四项制度，全局干部职工工作作风明显改进，服务能力明显改善，办事效率明显提高，依法行政意识明显增强。截至2010年11月30日，全局公布信息192条，重点项目定期通报47条，重要事项公示11条，受理涉及服务承诺事项报件数144件，限时办结数144件，办结满意率100%。

【《生态镇规划》通过评审】 2010年2月2日，玉溪市环保局在澂江西都会议室主持召开凤麓、龙街、海口镇《生态镇规划》评审会，市环保局、市环科所及县政府、县农业局、县水利局等市县相关部门的领导参加会议。与会专家及领导在听取项目编制单位的汇报后，经认真质询、论证一致同意《生态镇规划》通过评审。创建生态镇是生态县建设的一项重要工作和必要条件。凤麓、龙街、海口镇具有较强的区位、政治、经济和民族文化优势，创建生态镇的主要工作任务是合理布局和调整产业结构，围绕结构调整和生态工业链，发展工业循环经济，围绕立体种植、养殖有机循环模式，发展农业循环经济，建立完善社会再生资源回收利用体系，以示范工程带动循环经济的发展等。生态镇的创建可保持镇较快的经济发展速度，稳步提高经济总量，不断建立区域经济、社会和环保协调发展的机制，增强可持续发展能力，改善生态环境，提高资源利用效率，从而推动全镇走上生产发展、生活富裕、生态良好的文明发展道路。

【支持新农村建设】 2010年，县环保局积极响应县委的号召，把下派新农村建设指导员工作作为一项重要工作来抓，精心挑选思想政治素质好、有一定组织协调能力、作风踏实的优秀干部为新农村指导员下派到村委会。工作期间要求指导员认真遵守村委会各项规章制度，创造性地开展农村工作。同时，县环保局在业务经费紧缺的情况下，筹措3万元资金支助村委会清理沟道，改善村容村貌，为村民提供一个空气清新的生产生活环境。

【召开人口资源环境工作座谈会】 2010年2月24日，澂江县召开2010年人口资源环境工作座谈会，会议的主要内容是回顾总结2009年全县人口资源环境工作，安排部署2010年工作。参加座谈会的有县四套班子领导，县直各委办局主要领导，各镇书记、镇长，华业集团、德安公司、再峰公司等8家企业的主要领导。座谈会上，县委书记崔明对环保工作提出四个方面的要求：一、进一步提高全民环保意识。认真总结抚仙湖、帽天山保护和生态建设的成功经验，牢记阳宗海砷污染事件教训，广泛开展全民生态文明意识教育，让“生态立县、治湖为先”、“湖清民富”的理念植根群众心中，促进人文环保建设，使全县公民自觉养成珍惜和爱护环境的良好习惯。二、加强环保基础设施建设。按照争项目、引资金的思路，抓好重大环保项目前期工作，争取把更多的环保项目挤入国家、省市的计划盘子。围绕《玉溪市“三湖一海”水污染防治“十一五”目标责任书》（澂江部分），在确保工程建设质量和安全的前提下，加快抚仙湖东岸截污治污、梁王河流域环境综合治理、帽天山保护区恢复治理等在建项目建设工程。抓紧抚仙湖北岸截污治污、县城生活垃圾处理、县城污水处理厂扩建前期工作，争取在年内开工建设。积极配合项目方深入开展阳宗海砷污染综合治理，促进阳宗海水质明显好转。三、要突出抓好农业农村面源污染治理。在全县范围内部署开展爱国卫生运动，整治城乡环境“脏、乱、差”问题。继续推进天然林保护、退耕还林、防护林工程建设，推广保护性耕作技术，鼓励施用有机肥、生物农药、降解地膜，积极发展节约农业、循环农业和生态农业，加大以改路、改水、改厕、改线、垃圾和污水收集处理为主要内容的农村环境综合整治力度，提高农业农村面源污染治理成效。四、要建立健全环保长效机制。建立一岗双责，把环保工作纳入各级各部门创先争优考核内容。坚持完善抚仙湖、阳宗海入湖河道河（段）长责任制，将责任范围向支流沟渠和村庄延伸，建立工作情况月通报制度。制定出台地方性环境保护刚性规定和针对镇村的环保工作考核和奖励办法，结合村（社区）“两委”换届选举，引导新一届村级组织将环保责任和义务纳入村规民约。全力支持环保等相关职能部门大胆履职、依法行政，加大环境监管力度，督促企业完善环保设施，落实治理措施，切实加大对污染源和污染隐患的排查整治力度，严肃查处、打击环境违法行为，杜绝重大环境污染事件的发生。

【县人大调查环境保护工作】 2010年，澂江县人大副主任李菊英及环资委主任李志勇等领导调查全县环境保护工作，并对下步工作提出建议。李菊英副主任一行在听取县政府领导对近年来抚仙湖污染防治、工业污染治理及宣传执行《中国人民共和国环境保护法》等方面工作的汇报后，先后到各镇采取听汇报、查资料、看现场方式对环境保护工作进行了调查，对全县环境保护工作提出建议：一、要积极争取将抚仙湖保护和开发项目纳入全省、全国的重大项目，使保护抚仙湖的补偿资金列入省级乃至国家级的支付盘子。二、县政府及相关职能部门要进一步积极争取省、市的支持，争取项目，争取资金，努力解决好市、县配套资金难以落实的问题。三、要推进产业结构调整，发展生态农业。减少农药化肥的使用，提倡施用农家肥，最终达到杜绝农药、化肥进入抚仙湖流域，从源头上控制农村面源污染，达到建设生态花园式新澂江的目的。四、要开展沿湖村组环保示范村创建工作，将抚仙湖保护与沿湖村委会村级组织建设有机结合起来，把抚仙湖保护管理工作纳入村规民约，渗透到基层各项工作中。在沿湖村组开展环保示范村组创建工作，以点带面，加快推进沿湖农村环境综合整治和抚仙湖生态文明建设。五、要进一步完善和推广沿湖景区（点）经营管理公司化运营模式。抓住抚仙湖旅游综合改革示范实验区建设机遇，探索规范沿湖景区（点）经营管理的长效机制。推广公司化运营，加大规范管理力度，切实解决乱搭乱建、违规经营和无序经营的问题，加快发展以旅游业为主的现代服务业，推进生态县建设。六、要理顺并创新主要入湖河道管理体制。建议整合河道整治项目和各方在河道管理上人力、物力、资金的投入，研究出台系列考核奖惩政策，加大主要入湖河道整体管理工作力度，明确责任主体和工作要求，探索节约有效的河道保洁和监管办法。七、要加大环保监管和综合执法工作的管理力度。理顺机构，完善管理体制，加强执法队伍建设，提高管理科技水平，建立综合执法相关部门联动机制和长效机制。八、要尽快配备环境保护监测站的各种设施。政府要及时配套相应的资金，使环境监测站早日发挥耳目作用。九、要继续加大环保宣传力度。加大对《中华人民共和国环境保护法》、《云南省抚仙湖保护条例》等法律法规宣传力度，提高群众环保意识，建立抚仙湖保护治理公众参与机制，将环境保护与抚仙湖保护工作纳入到村规民约和基层考核机制。

【“三湖”督导组督导澂江湖泊水污染综合防治工作】 2010年7月7～8日，市政府“三湖”督导组领导到澂江督导抚仙湖、阳宗海水污染综合防治“十一五”目标责任书项目，县五套班子主要领导参加督导工作。督导组一行重点查看梁王河流域环境综合治理工程、抚仙湖东岸环湖截污治污及矣旧上村环境综合整治等8个在建项目的工程进度及工程实施过程中存在的问题困难，同时在听取县政府对全县水污染综合防治“十一五”项目责任书执行情况汇报后，督导组建议：加强领导，增强水污染综合防治工作的责任心和事业感，抓紧实施已完工项目的验收准备工作，对未完工的项目尽快成立工程指挥部，组织力量到施工现场进行指挥、协调；同时要求按照责任书时限再细化阶段目标，落实项目责任人，分解工作任务，倒排工作计划，确保水污染综合防治“十一五”责任书项目圆满完工。

【生态镇创建通过市级考核验收】 2010年10月12日，玉溪市环保局主持召开澂江县凤麓、龙街、海口镇创建云南省生态镇考核验收审查会，凤麓、龙街、海口镇等相关部门领导及专家参加会议。与会人员听取凤麓、龙街、海口镇对创建云南省生态镇技术总结汇报及生态镇创建视频，经审阅有关资料，现场检查、质询、答疑，认真评议，一致同意通过市级验收。

【民主评议政风行风】 2010年，为扎实有效地开展民主评议政风行风工作，广泛听取社会各界的意见和建议，树立良好的环保队伍形象。澂江县环保局邀请县人大代表、政协委员，县直相关部门领导，服务对象及企业代表，社区领导，环保局部分职工等39人，采用无记名方式对环保局的政风行风进行民主测评。测评内容包括信息公开、依法办事、服务质量、廉洁自律及制度建设5个方面，评议活动由县纪委第二纪工委组织，民主评议活动对全县的环境保护工作的开展起到推动作用。

【村落环境综合治理工程项目通过验收】 2010年，玉溪市环保局在澂江西都大酒店召开《龙街镇立昌村村落环境综合治理工程》《矣旧上村村落环境综合治理工程》等10个环境综合治理工程项目验收会，市发改委、市财政局，县政府及县监察局、审计局等县直相关部门的领导参加会议。参会领导及专家在实地查看工程建设情况的基础上，听取建设单位、审计局及监理、质检等单位的情况介绍，并认真查阅资料后，认为：环境综合治理工程建设能够严格按照项目建设管理规定，公开招标，在县公证处的见证下与施工方签订《建设工程施工合同》，双方与县监察局签订了《工程建设廉政合同》。在施工过程中认真抓好施工现场监管，严把质量关，做到监管、责任、措施落实到位到位，确保工程质量优良。资金管理上做到专款专用，未出现挪用、拉用现象，未向施工队提出过任何吃、拿、卡、要，没有接受过任何礼金、有价证券、信用卡等礼品，没有收取任何好处费及工程回扣，没有向乙方报销任何由甲方支付的费用，做到了廉洁公证，验收组一致同意验收。10项工程总投资2086万元，项目自2006年动工建设至2010年11月底相继完工，并进行了初验。项目建设后，可削减入河污染负荷、改善水质，确保抚仙湖水质稳定保持Ⅰ类水质。

【抗旱救灾捐款】 2010年，澂江县遭遇旱灾，澂江县环保局全体党员发挥共产党员模范带头作用，积极响应县委号召，踊跃参与“共产党员抗旱先锋行动”。全局16名党员共计捐款1.73万元，为抗旱救灾工作尽绵薄之力。

【公务员宣誓活动】 2010年，为提高行政机关公务员职业道德水平和公共服务效能，增强公务员对党、国家和人民的忠诚，对责任的坚守和廉洁自律，澂江县环保局全体干部职工在局党支部书记、副局长吴利明的带领下，按照全省统一誓词进行庄严宣誓。宣誓结束后，吴副局长要求全体干部职工在工作中要爱岗敬业、忠于党、忠于人民、始终牢记和遵守“立党为公、执政为民”职业操守和行为规范，围绕县委提出的生态立县发展战略，以抚仙湖保护为重点，加快梁王河流域综合治理工程及环湖东岸截污工程施工进度，确保《玉溪市“三湖一海”水污染防治“十一五”目标责任书》（澂江部分）的完成。

【县人大政协参与环境监察】 2010年，澂江县环保局邀请县人大环资委、政协人口环境资源委等领导参与环境现场监察。主要是对华业黄磷厂、仙湖扎钢厂等企业的生产现状、环保手续、污染治理设施运行等方面的情况进行现场监察。通过现场监察，县人大环资委、政协人口环境资源委领导对环境执法工作给予充分肯定，并提出合理化建议。

【召开领导班子民主生活会】 2010年，根据澂组发《关于开好2010年度各级党组织和党员领导干部民主生活会的通知》要求，县环保局召开党员领导干部民主生活会，县直机关党委、县直纪工委等领导参加会议。会议由局党支部书记、副局长吴利明主持。会议首先通报2009年民主生活会整改措施落实情况，并对会前准备作了说明，同时通报了2010年度领导班子廉政执行情况。局长张咏代表领导班子查摆了存在的问题，随后班子成员之间逐一对照检查，认真开展批评和自我批评。通过领导班子成员查找，在下步的工作中，从几个方面整改：加强政治理论和环保法律法规的学习，不断提高环保队伍素质；完善制度建设，进一步转变工作作风；加大抚仙湖环境综合整治力度；加大环境执法力度。

【召开“十一五”水污染综合防治项目推进会】 2010年5月5日，澂江县召开“十一五”水污染综合防治项目推进会，县长苏绍华、副县长朱应生及环保、抚管、水利、林业、6个镇等项目建设单位的主要领导参加会议。会上，环保、抚管、水利等7家单位详细汇报各个项目建设的进展情况及存在的问题，县长苏绍华在听取各建设单位的汇报后，对下步工作提出要求：千方百计保证环保目标任务的完成；在工程管理上要科学、规范管理；单位一把手要实行抓好业务工作和环境保护工作的双重责任制度，要亲自抓好辖区内的环保工作，对环境保护工作负全面领导责任，做到“一岗双责”要把环境保护工作融入到经济社会建设的各个方面，为推进澂江经济社会可持续发展创造良好的环境。

【环保部环境监察局领导到澂江调研】 2010年，国家环保部环境监察局办公室副主任史庆敏到澂江调研环境监察工作。县人民政府副县长朱应生就澂江县环境监察大队的自身能力建设及监察工作开展情况向史副主任做详细汇报，史副主任一行在听取情况介绍后对澂江县环境监察工作给予肯定，并强调鉴于基层环境监察机构编制、技术装备及办公设施等方面存在的困难问题，建议纳入环保部环境监察局“十二五”规划逐步落实。此次调研为全面提升环境监察人员的综合素质，营造良好的环境监察工作奠定坚实基础。

【为村干部讲解环境保护知识】 为进一步提高村（社）“两委”干部的环境保护意识，增强做好全县环境保护工作的信心和决心，2010年，在县委组织部、县委党校举办的村（社）“两委”干部培训班上，县环保局为参加培训的256名村干部讲解环境保护知识。培训内容以“农村环境建设与保护”为主题，结合全县环境现状从人类所面临的主要环境问题、当前农村环境污染现状、导致农村环境污染严重的主要原因、农村环境建设的必要性及农村环境保护的对策等7个方面进行讲解，并建议村（社）“两委”干部要加大宣传教育力度，开展多层次、多形式的农村环境保护知识宣传教育，提高农民环保意识，引导农民采用有利于环境保护的生产生活方式，自觉保护农村生态环境。以村规民约的形式，制定环境卫生管理制度，制约规范村民卫生行为。

（韩云芬）

抚仙湖管理

【综述】 2010年，澂江县抚仙湖管理局坚定不移推进“生态立县战略”实施，牢固树立“因湖立策、治湖为先、治湖为本、湖清民富”治湖理念，不断推进抚仙湖保护“一退够、二调优、三保护”战略全面深入实施。坚持依法治湖、属地管理、专群结合、全民参与原则，严格执行《云南省抚仙湖保护条例》等相关法律法规，以《抚仙湖流域水环境保护与水污染防治规划》批准实施为契机，抓好抓实抚仙湖水政、航政、渔政、综合行政执法、环卫、环保等各项工作。开拓性开展抚仙湖“四个重点”执法工作制度，团结带领全局干部职工立足实际、认真履职，圆满完成各项任务，为确保抚仙湖I类水质作出了积极贡献。

【抚仙湖资源保护费征收】 根据《云南省财政厅、云南省发展和改革委员会关于抚仙湖资源保护费有关问题的通知》、《云南省物价局、云南省财政厅关于抚仙湖资源保护费收费标准及有关问题的通知》、《玉溪市抚仙湖资源保护费征收管理实施细则》等文件精神，切实做好抚仙湖资源保护费征收管理工作。在县城设咨询点，解答咨询450余人次、张贴宣传画120余份、发放宣传单19300余份。并深入镇、村组调研6次、召开动员会18场次、举办专题讲座4次，自2010年8月1日，启动抚仙湖资源保护费征收工作以来。截至年底已对进入景区32681辆次车辆收取资源保护费16.34万元；

对非机动船只 874 条收取资源保护费 20.34 万元；地税部门代征企业、宾馆、个体经营户资源保护费 49.83 万元。全年共征收 86.51 万元。

【抚仙湖沿岸环境卫生管理】 2010 年，为认真落实《玉溪市人民政府关于加强抚仙湖保护管理综合行政执法的实施意见》及《澂江县人民政府关于印发澂江县加强抚仙湖保护管理综合行政执法实施方案的通知》精神，县局按照属地管理原则，将承担的沿湖环境卫生工作正式移交到当地镇政府，沿湖三镇均成立执法中队和环卫站。实现机构设置和监管“全覆盖”。1～10 月沿湖环境卫生工作仍然由我局负责，在此时期，县局共出动垃圾清运车 1608 辆次、装载机 201 台次对抚仙湖沿岸及老环湖路垃圾池垃圾进行清运，清运垃圾 23025 吨。

【抚仙湖渔政管理】 2010 年，县抚仙湖管理局继续加强渔政管理。一、宣传贯彻落实抚仙湖开封湖银鱼捕捞和渔业生产安全相关规定、政策，强化监管、严厉打击使用违禁网具捕捞、偷捕偷捞等违法违规行为，维护抚仙湖正常渔业生产秩序。按照《关于 2010~2011 年度抚仙湖开湖捕捞银鱼的通知》及《抚仙湖渔政管理专项整治工作实施方案》精神，县局研究制定宣传教育动员方案、开湖前的专项整治行动工作方案，办理开湖入湖许可证、捕捞证工作方案，开湖期间渔业秩序维护及渔业执法工作方案。利用沿湖村组广播、宣传栏，采取召开干部群众会等方式进行宣传 80 余次、粘贴宣传标语、发放宣传资料 3500 余份，对沿湖 10 个村委会进行宣传告知，并对沿湖各渔业捕捞户按分片负责进村入户告知；发布电视公告 6 期，通过手机短信发送开封湖通知 2000 余条，共办理捕捞许可证 273 本。二、加大执法力度，严厉打击使用违禁网具、无证、偷捕偷捞行为。共出动 338 车（船）次、1388 人次，收缴船只 13 条、违规网具 111 张、网绳 3550 公斤，电鱼设备 6 套、灯光诱捕灯具 180 套，销毁违禁拖网 8 张，收缴地笼 35 个，查处渔政案件 96 起、涉案人员 223 人次。

【抚仙湖水政航政管理】 2010 年，县局继续加强水政航政管理。一、认真贯彻《抚仙湖非机动船管理暂行办法》和《云南省抚仙湖保护条例》，加强非机动船入湖安全监管。五一节、中秋节、十一国庆节等节假日期间，与县旅游局、县安监局、交通局及沿湖三镇组成检查组，分 3 次对澂江县抚仙湖水上交通安全进行检查，共出动人员 36 人次，车辆 10 辆次。检查中发现安全隐患 3 处，当场整改 2 处，限期整改 1 处，发出整改复查意见书 4 份。二、认真组织开展第九个全国“安全生产月活动”。此次活动，县局出动人员 60 余人次，车辆 8 辆次，并定期对沿湖景区景点进行监管与巡查，确保人民群众生命安全与财产安全。

【抚仙湖径流区建设项目审批】 2010 年，澂江县抚仙湖管理局充分发挥抚仙湖径流区建设项目审批领导小组办公室协调服务职能作用，为抚仙湖径流区建设项目审批工作提供优质、高效、便捷的服务。受理前置审批项目 28 个。其中，县级审批建设项目 10 个，通过审批 7 个，否定 3 个；上报市抚仙湖沿岸建设项目审批领导小组审批的项目 21 个，通过 16 个，待批 5 个。

【抚仙湖综合行政执法】 2010 年，县抚仙湖管理局实施“四个重点”综合执法工作制度。针对抚仙湖一级保护区各类违反《云南省抚仙湖保护条例》行为发生的时段及区域的规律，研究制定“重点时段、重点区域、重点内容、重点执法”（以下简称“四个重点”）的综合执法工作制度。一、自 4 月起，明确要求全局人员节假日不休、上下班时间调整、全局职工参与，正式实施“四个重点”综合执法制度。在早晨蔬菜收购时段、洗菜时段、农事活动结束时段、午饭和晚饭前后、节假日、沿湖市场赶集日、暴雨过后等时段，对临湖村庄、入湖河道口、旅游集中地（景区景点）等重点区域，集中对污染破坏性较直接的违法行为或违法类别等进行专项查处和整治。实施“四个重点”抚仙湖综合执法工作以来，共出动车辆 293 辆（次），1700 余人次，查处污染案件 5 起，网箱、围堰暂养水生生物案件 60 余起，洗衣、洗菜等案件 25 起，制止警告违禁行为 120 余起。二、与龙街镇联合在禄充景区一级保护区范围内实施强制拆除乱搭乱建 650 平方米，涉及经营户 47 户，拆除乱搭秋千 18 架，对 35 只乱停乱放渔船集中停放。共出动执法快艇 3 艘、清运车辆 2 辆、执法车辆 10 余辆，人员 100 余人。组织拆除新河口景区乱搭、乱建和擅自在水域构筑小码头 16 个。

【“8·26”抚仙湖保护日活动】 2010 年“8·26”抚仙湖保护日活动期间，县抚仙湖管理局举行澂江县抚仙湖保护日专题会议，并于 8 月 25 日下午，与共青团澂江县委联合开展了“8·26”抚仙湖保护日环保宣传活动。活动期间共发放各类宣传材料 5000 余份，环保购物袋 6000 个。组织全县机关干部职工开展抚仙湖湖滩及入湖河道垃圾打捞、清扫活动，全县共出动机关干部 1200 余人次、打捞垃圾 650 余吨，清运垃圾 650 余吨。

【队伍建设】 2010 年，县抚仙湖管理局按照“领导靠前指挥，干部一线上岗”的要求，坚持“管湖就到湖边管”的思路，采取“一项工作一支队伍、一个方案”，“人员跟着工作走、经费随着工作配”的办法，将人员、经费向一线倾斜。制定专项工作方案，明确工作任务，采取中层干部竞争上岗，普通职工双向选择的办法，对每个岗位定岗定责，将机关 25 名工作人员中的 17 名派至基层一线开展执法工作。机关原来的 7 个科室合并为 2 个，工作人员从原来的 18 人缩减为 8 人。同时，贯彻落实《玉溪市人民政府关于加强抚仙湖保护管理综合行政执法的实施意见》和《澂江县人民政府关于印发澂江县加强抚仙湖保护管理综合行政执法实施方案的通知》文件精神，将原湖管站、县抚仙湖综合执法大队、环境卫生监督管理站撤销，成立澂江县抚仙湖综合行政执法大队，下设机动中队、水域中队、龙街中队、右所中队、海口中队，并将各中队办公点设置在沿湖，人员驻守在湖边，走专业管理和属地负责相结合路子，从而实现执法区域机构设置“全覆盖”、执法监管工作“全天候”。另外，公开招聘的50名协管员，全部分配到各中队一线岗位，走专业化管理路子。实现每个沿湖村民小组的监督员不少于5人，并坚持就地就村选配，以便就近就地适时进行监管。再次，增加抚仙湖保护管理执法经费投入。澂江财政将50名协管员、200名监督员的工资和日常工作经费列入财政年度预算，添置执法服装、执法取证用的照相机、摄像机和车辆、防卫器械等设备。工作之余，县局组织干部职工自己动手改善新成立的5个中队办公条件，美化工作环境。组织全局新老员工分别开展岗位职责教育、湖情教育，执法技能培训、抚管业务培训，军事化训练和体能训练等，全体干部职工整体素质得到提升。

（王凤梅）

种植业

【综述】 2010年，澂江县农业局克服特大干旱带来的困难和影响，以农村稳定、农业增效、农民增收为重点，千方百计抓好烤烟、粮食、蔬菜、畜牧、花卉等产业发展。认真贯彻落实抚仙湖保护“一退、二调、三保”战略，稳步推进现代农业、生态农业、观光农业、休闲农业与旅游农业建设。2010年，全县农业总产值97029.23万元，农民人均纯收入6374元。

【“十一五”期间农业取得成效】 2010年是“十一五”规划的最后一年，澂江县获得无公害、绿色、有机食品认证7个，农产品市场满足了不同消费层次的消费要求，农业和农村经济持续、快速、健康发展，农民收入稳步增加。全县农业总产值由47184万元上升到97029.23万元，烤烟产值由11487万元上升到13353万元，粮食产值由3237万元上升到9923.51万元，蔬菜产值由15202万元上升到39835.32万元，花卉产值由4113万元上升到6049万元，畜牧产值由1701万元上升到13841万元，渔业产值由1701万元下降至1592万元，农民人均纯收入由3185元上升到6374元。粮食生产以新品种、新技术引进、试验、示范、推广为方向，良种覆盖率提高，科技措施到位率和实施质量提高，有效防治病、虫、草、鼠害，落实中央、省、市、县各级政府对种粮农民的扶持政策。推广有无机复合肥和测土配方施肥技术21.3万亩，实施退耕还林3.4万亩，坡改梯2.14万亩，基本农田保护16.1万亩，基本口粮田建设1.2万亩，提高土地产出率，增加有效耕地面积和土地收益，改善农业生态环境。

【农业产业化】 2010年，澂江县农业局农业产业化发展坚持以市场为导向，以提高经济效益为中心，对农业支柱产业和主导品种实行区域化布局、专业化生产、使之和市场接轨。首先，逐步实现农业产业的专业化、商品化和社会化。凤麓、龙街、右所镇重点以菜豌豆、大蒜、韭菜、葱、芫荽、黄金梨、蓝莓等经济作物为主打产业，九村、海口以青（白）花、夏秋反季蔬菜种植和特色菜种植主打市场，全面推进标准化生产，发展无公害蔬菜。同时，推广优良品种，提高品质。坚持蔬菜轮作，避免重茬，大力发展烟后菜豌豆种植，坚持最佳节令播种，杜绝抢播抢种。其次，积极培植龙头企业，加强无公害农产品、绿色食品申报认定，无公害农产品基地认证23764亩，实施5个无公害农产品的申报认证工作和“公司+基地+农户”带动战略，推进农业产业化，提升农产品质量，增强农产品竞争力。再其次，积极做好农产品农药残留检测工作，每月开展100个样品的蔬菜农药残留检测，合格率达96.2%，抽检烤烟样品600个，合格率100%。再次，以创建省级优质鲜切花出口基地为契机，按照规模化、基地化和区域化的发展格局，积极鼓励和引导花卉投资企业向烟区以外的区域发展，加大招商引资力度，积极营造良好的投资环境，加强花卉产业的科研和科技推广力度，增强创新能力，提高市场竞争力。2010年，全县种植业农产品加工龙头企业14家，其中，蔬菜农产品加工重点龙头企业5家，花卉重点龙头企业9家，无公害、绿色、有机农产品7个，建设农产品专业批发市场7个，柿花园菜豌豆专业市场占地33770.85平方米，被指定为农业部农产品质量安全监测定点市场。

【落实各项支农惠农政策】 2010年，县农业局全面落实各项支农惠农政策，兑付农资综合直补、种粮补贴、油菜良种补贴622万元，并通过“一折通”直接发放到农户手中；共支出扶农资金628.2万元。

【中低产田地改造】 2010年，按照《澂江县中低产田地改造规划（2009~2020

年），澂江县投入资金5911.96万元实施中低产田地改造项目8个，改造中低产田、地4.66万亩，其中，旧城农业综合开发项目投资602万元，改造面积0.6万亩；左所农业综合开发项目投资595万元，改造面积0.5万亩；马吃水水库扩建工程和马吃水项目区基本烟田基础设施建设项目投资1616万元，改造面积1.24万亩；左所水库新建工程和左所水库项目区基本烟田基础设施建设项目投资1889.96万元，改造面积1.54万亩；补益巩固退耕还林成果基本口粮田建设项目投资112.5万元，改造面积0.14万亩；中央财政支持现代农业蔬菜项目建设投资300万元，改造面积0.1万亩；左所巩固退耕还林成果基本口粮田建设项目投资104.5万元，改造面积0.14万亩；脚步哨土地整理项目投资691.6万元，改造面积0.4万亩。在实施中低产田地改造项目中，县委、县政府加强领导，将中低产田地改造列为全县重点工作之一，成立由县委书记任组长、县长和四套班子有关领导任副组长，相关单位主要领导为成员的澂江县中低产田地改造工作领导小组，制定专项考核办法和责任追究制度、层层签订责任书，将责任细化分解下达到各相关部门，严格按照《中低产田地改造规划》和年度建设计划，以片区为单位，加大资金整合力度，稳步推进项目的整合、规划、上报和实施工作。同时，健全完善筹资筹劳制度，让群众全程参与项目实施，在项目开工前召开村组干部、村民代表动员会和群众座谈会，告知相关信息，听取群众的要求和建议，邀请当地素质高、责任心强的干部和群众担任施工义务监督员，全程跟踪监督工程质量和进度。严格按照省、市相关技术要求，严禁随意变更及调整项目建设内容和数量，严格执行招投标制、双合同制、监理委派制、工程建设责任分段负责等制度。严格工程质量管理公示制并按照工程进度监督工程资金使用情况，做到专款专用、专项管理、专人专帐、独立核算，有效保障项目资金安全。

【建立农村劳动力资源库】 2010年，县农业局对全县5个镇劳动年龄段内农业户籍人口和农村劳动力进行登记，建立农村劳动力资源库，实行动态管理，做到“八清”，即总数清、流向清、收入清、技能清、培训需求清、文化年龄结构清、从事行业和工种清、生活状况清，形成功能完备、信息充足、高效快捷的劳动力培训转移和就业信息库，确保培训和就业服务的针对性、有效性，为各级党委、政府及时了解掌握准确、科学的劳动力资源数据库情况，制定统筹城乡就业科学决策提供依据。

【劳动力培训信息库】 2010年，县农业局建立劳动力培训信息库，以村民小组为单位，内容包括姓名、性别、民族、出生年月、家庭住址、联系电话、培训时间、培训岗位、补助方式、收费标准、培训基地名称、培训基地法人代表、培训基地联系电话等方面。全县采集、录入5000人劳动力培训情况。

【劳动力转移就业动态信息库】 2010年，县农业局建立劳动力转移就业动态信息库，以村民小组为单位，包括转移就业单位、转移就业时间、就业收入、转移就业单位联系电话等方面内容。全县采集、录入6500人劳动力转移就业情况。

【农民工跟踪管理信息库】 2010年，县农业局建立农民工跟踪管理服务信息库，以村民小组为单位，包括姓名、性别、民族、出生年月、家庭住址、联系电话、转移就业单位、何时转移就业、转移就业累计时间、转移就业岗位、月工资收入、何时返乡、返乡原因等方面内容。全县采集、录入6500人劳动力转移就业情况。

【用工及培训信息平台】 2010年，县农业局建立用工企业、培训基地信息交换平台，实现资源共享，信息互动。依托玉溪农业网，建立农村劳动力转移培训阳光网，加强管理和完善，充分发挥劳务中介组织的作用，多形式、多渠道收集企业用工信息，及时对外发布农村劳动力资源信息，为企业用工和农村劳动力转移就业建立绿色通道。

【粮食作物间套种】 2010年，县农业局在全县开展粮食作物间套种技术，示范推广6.4万亩，增产粮食80万公斤。其中，小春粮食作物间套种技术推广2.8万亩，增产粮食15.36万公斤；大春粮食作物间套种技术推广3.6万亩，增产粮食71.39万公斤。项目示范推广优质高产品种，因地制宜扩大粮粮、粮烟、粮油、粮菜、粮果等间套种高产栽培模式，加强病虫害绿色防控和技术培训。大、小春两季共建设200亩核心区、3000亩中心示范片，辐射带动大面积推广。

【农作物病虫害预警及指导】 2010年，全县范围内共设有7个病虫监测点及时掌握病、虫、草害的发生危害趋势，迅速传递植保信息，及时指导大面积防治工作。全年共发布植保信息12期594份，信息辐射全县6镇40个村委会（社区）。水稻旱育秧面积2285亩，预防苗瘟2204亩次，防治青枯、立枯病2674亩次，水稻移栽18132亩，防治稻瘟病14167亩次，稻田除草16985亩次；稻飞虱发生12108亩，防治4350亩次，粘虫发生1274亩，防治291亩次。蔬菜面积159467亩，菜青虫发生17442亩，防治54147亩次；小菜蛾发生25200亩，防治54174亩次；斑潜蝇发生53467亩，防治114740亩次；黑斑病发生32456亩，防治47383亩次。烤烟面积51499亩，病毒病发生13468亩，防治25487亩次，赤心病发生13450亩，防治43864亩次。玉米面积36533亩，蚜虫发生18749亩，防治11474亩次，螟虫发生8454亩，防治837亩次，锈病发生3678亩，防治1947亩次，黑斑病发生857亩，防治244亩次。

【稻飞虱统防】 2010年，受境外和邻近地区稻飞虱虫源大量迁入的影响，全县稻飞虱呈大爆发趋势，是近年来发生危害较严重的一次虫灾。全县稻飞虱发生面积12108亩，占全县水稻面积18132亩的70.9%，稻飞虱的爆发严重影响了水稻生产安全。县农业局及时召开全县稻飞虱统防工作会议，按照“统一时间、统一配药、统一防治”的要求，做好全县稻飞虱统防工作，防治面积 18132 亩，占水稻面积的 100%，没有出现因稻飞虱危害落塘的情况，平均防治效果达84.3%。

【农田鼠害防治】 2010 年，县农业局认真抓好鼠害连防工作，由各级农业科技人员负责灭鼠技术指导、宣传、培训，全县统一于 6 月 28 日至 7 月 3 日投药。全县共有各级鼠害联防领导小组 47 个，灭鼠技术骨干 407 人，鼠害联防工作做到统一组织、统一方法、统一时间、统一供药、统一行动，按质按量，确保全县城镇和农村农户农田鼠害联防工作的圆满顺利实施。工作实施中，按耕地面积、农户数分发鼠药，由村委会农科员或小组负责人统一配制毒饵。全县共发放 80%敌鼠钠盐 31 公斤，投放毒饵户数 44460 户。耕地面积发生鼠害 10.03 万亩，投放毒饵 10.03万亩，投放率 100%。在做好投放毒饵工作的同时，强化凤麓、吉花、忠窑、阳宗、海口等 5 个监测点的鼠情检测工作，检测结果显示，药前农田鼠密度平均为 4.2%，农户室内鼠密度平均为 2.4%，投药后一个月，农田鼠密度平均为 0.6%，农户室内鼠密度平均为 0.4%，分别比药前下降 3.6%和 2%，防治效果分别为 85.72%、83.34%。

【植物检疫】 2010 年，县农业局植保植检站开展植物产地检疫，检疫水稻 13526 亩，蔬菜 25442 亩，各种果树 13507 亩，调运检疫花卉 8 批次 28000 盆（株）。所检植物和种子均未发现危险性病、虫、杂草等危害物种。检疫过程中，专业人员重点对全县 32 个种植水稻的村委会进行全面普查，未发现水稻象甲害虫。

【推广绿色防控技术】 2010 年，县农业局植保植检站在凤麓、右所、龙街、海口、九村镇开展性诱剂推广示范，推广面积 15780 亩。通过对 25 个监测盆 20 天的系统观察，监测盆每天的诱蛾量最高为 336 头，最低为 75 头，平均为 205 头。小菜蛾性诱剂每亩用 2 个，20 天更换一次诱芯，一季蔬菜应用 2 次（即 4 只 / 亩）投入 8 元 / 亩，应用性诱剂平均每亩减少用药 4.6 次，减少用工 4 小时，每亩用药成本 16.5 元，每小时用工 6.25 元，共节约用药成本 79.5 元，节省打药工时费 25 元，一亩蔬菜一茬共节约投入 100.9 元，扣除诱芯成本每亩减少投入 92.9 元。通过绿色防控技术的推广，有效防治小菜蛾对十字花科蔬菜的危害，减少施用农药次数，降低农药在蔬菜中的残留。对增加农民收入，提高农民生活水平具有积极的推动作用，为创建无公害蔬菜生产基地提供有力技术保证，同时也减轻了农药对环境的污染，维护了生态平衡，保护了抚仙湖。

【巩固退耕还林口粮田建设】 2010 年，县农业局根据省、市《关于 2009 年巩固退耕还林基本口粮田建设实施方案的批复》，结合县情实际，研究制订澂江县的具体措施，经过与相关部门沟通协调，退耕还林粮田建设项目确定在龙街镇左所村委会农田进行。建设总投资 104.49 万元，其中，国家补助 84 万元，市县配套及农户自筹 20.49 万元。建设内容 3 项，其中，排灌沟渠建设 2.16 千米，投资 79.99 万元，（国家补助 59.5 万元，市县配套及农户自筹 20.49 万元）；地力培肥 1400 亩，投资 11 万元（国家补助）；坡改梯及土地平整 13.5 万元（国家补助）。澂江县委、县政府对巩固退耕还林成果基本口粮田建设项目高度重视，成立由分管农业副县长为组长、财政、农业局主要领导为副组长、县发改委、水利、林业等部门负责人为成员的领导组，在项目实施阶段组建工程指挥部，下设技术科、协调组、财务组。工程实行招投标制、监理制、审计制，并采取合同管理方式，由县农业局与承建单位签订合同，报项目批准单位备案，按合同严格管理。指挥部工程技术人员对整个工程进行技术、质量方面定期或不定期的抽检，对不符合施工技术要求的一律返工，并建立施工档案，编制施工报告，按照国家基础设施建设程序要求，组织有关部门验收，办理有关移交手续。项目资金实行专人管理、专户存储、专帐核算，专款专用。保证巩固退耕还林成果基本口粮田建设资金足额到位，开支符合规定，流向正确，实行县级报账制。

【抗旱保丰收】 2010 年，澂江县遭遇特大旱灾，地表水严重不足，库坝塘蓄水量 1965.83 万立方米，比上年减少 958.44 万立方米，抚仙湖水位下降 1.2 米，给全县农业生产造成严重旱灾，经济损失达 1.23 亿元。澂江县委、县政府分别召开抗旱救灾工作会，专题部署抗旱救灾工作。按照县委、县政府“重点保人畜饮水、保两秧‘育苗工作’的指导方针，澂江县农业局所属站（所）深入联系镇、村指导大春品种选择，培训水稻旱育稀植、塑盘育秧技术，蔬菜地膜覆盖技术等，普及节水灌溉；动员组织干部职工捐资抗旱献爱心，捐资 2 万元帮助群众解决抽水设备的修缮；全县共收储调供水稻良种 6.5 万公斤，其中，“楚粳 26 号”1 万公斤、“楚粳 28 号”1 万公斤、“楚粳 29 号”1 万公斤、“云粳优 17 号”1 万公斤，其它品种 2.5 万公斤。包谷良种 3.5 万公斤，其中，“会单 4 号”0.5 万公斤、“长城 799”0.5 万公斤、“路单 8 号”0.5 万公斤、“兴黄单 892”0.5 万公斤，其它品种 1.5 万公斤，玉米种子实现杂交良种化、包衣化；全县共储备化肥 5080 吨，其中，尿素 1025 吨、碳铵 942 吨、普钙 1350 吨、复合肥 1575 吨、钾肥 280 吨、农膜 25 吨、农药 105 吨；全县柴油储备充沛；以村小组为单位统一旱育秧集中育苗，杜绝水秧，防止旱撒水管，旱育秧苗床面积 2236 亩。同时，组织全局 140 余名党员干部职工集中学习，深刻领会上级会议精神，树立抗大旱、促春耕、“小春损失大春补”思想，争取省市支持，昆明陆军学院派出运水车帮助运水保栽种，与云南欣农科技有限责任公司签订蔬菜种植销售合同。在澂江电视台发布致全县农民朋友公开信，推荐大春栽种优良品种，收到很好的效果。另外，发挥部门职责职能，采取措施，加强备耕生产工作的指导和技术培训，指导农民进行节水灌溉，推广各种抗旱科技措施，做好“FA”旱地龙、地膜覆盖、秸秆覆盖、袋苗、机制钵育苗等抗旱科技措施的推广和运用，狠抓各项科技措施的到位率和实施质量，做到超前服务、主动服务、入户服务。干旱期间，共开展培训 24 期，培训人数

3870人，发放资料5490份，拟定水改旱作方案，实施玉米地膜覆盖2万亩，蔬菜地膜覆盖1万亩，农作物间套种4万亩，蔬菜高产创建2万亩。全县投入的抗旱资金700余万元，县农业局投入抗旱资金12.5万元，指导农民打井取水，修缮水机水池，并想办法做好农村劳动力转移培训工作，在澂江电视台播出招工广告，转移出一部分农村剩余劳动力，在大旱之年增加农民收入。

【冬季农业开发】 2010年，澂江县在冬季农业综合开发工作中，按照标准化生产规程，集中资金、技术、人才等要素，从产前品种、产中技术、产后服务全程抓落实。蔬菜以龙街镇、右所镇、凤麓镇为基地，叶类菜以九村、海口镇为主，任务下达到镇、村、组。县农业局各职能单位按照冬季农业开发项目实施措施的各项要求，抓好面积落实。全年小春及冬季农业开发共完成播种面积9.75万亩，其中，冬早蔬菜7.87万亩，马铃薯0.13万亩，冬玉米0.2万亩，冬大豆0.15万亩，其它作物0.47万亩。与上年比较，面积增加2.03万亩，产量增加1055.6万公斤，产值增加4222.4万元，种植农户人均增加202元，体现冬农开发的增收效果。全县参与冬季农业开发的农户达3.1万人次，具备了广泛的参与群体。为带动广大农民扩大生产规模，县农业局在典型村社举办3个品种145亩的示范样板，选派技术人员进行指导，利用集市、广播、黑板报等阵地，联合科技局、县妇联、团县委对农民展开技术培训，在整个项目实施中，培训农户10400人次，发放资料5000份，培训面达80%，在培训中做到按农作物品种制定培训要点和方案，采取课堂讲授、田间分类指导，“农民田间学校”，发放技术资料等方式，广泛开展科技培训，农民听得懂、学得会，农业开发项目顺利完成。

【玉米高产创建项目实施】 2010年，面对特大干旱，为完成“小春损失大春补”、“抗旱保春耕及科技增粮计划”的总体部署，澂江县实施玉米高产创建和地膜玉米推广。澂江县2010年在龙街镇尖山村委会路岐、干冲村民小组建立126亩玉米核心区，在尖山、广龙村委会建立1089亩玉米展示区；在龙街镇尖山、广龙、双树、左所、高西、梁王等14个村委会建立12371亩玉米示范区，通过创建玉米高产示范区，带动全县5.1万亩玉米种植，达到单产、品质和效益明显提高，100亩玉米核心区单产达750公斤；1000亩片展示区单产达700公斤；10000亩示范区单产达650公斤以上。玉米高产创建项目以种植规模、高产示范样板和多年来的栽培技术作基础，农业科技人员扎实的科技应用作保证，职能机构积极参与，使玉米生产达到优质、高产，产生较好的经济效益和社会效益。

【沼气维护管理工作】 2010年，县农业局组建以县能源站为核心的“村级沼气维护管理体系”，进村入户进行沼气池维修管理、安全使用知识宣传和技术指导，发现问题及时处理，并根据用户日常管理使用中存在的问题制定工作回访制度，凡来人、来电、来信反映沼气问题的，坝区一天内、山区3天内给予解决。一年来，组织职工进行沼气使用、管理、维修技术指导1万余人次，组织沼气户管理知识培训4期300余人次，发放沼气管理使用手册7000余份，群众和各级反映的沼气问题都得以及时解决。

【农产品质量安全整治工作】 2010年，县农业局坚决杜绝重大农产品质量安全事故，全面开展农产品质量安全整治工作，禁用农药、兽药、添加剂、有毒有害农产品基本消除，农业部、省农业厅抽检合格率稳定在95%以上。在整治工作中，县农业局与各监管单位协调合作，召开农产品质量安全工作联络员专题会议6次，举办联络员培训4期，培训执法人员39人次，上报农产品质量安全专项整治工作动态信息8期，上报迎世博农产品质量安全监管专项整治周报表11期，上报迎亚运会和亚残会农产品质量安全监管专项整治和食品安全综合监督情况10期。共出动执法人员1488人次，检查整治农产品生产经营企业（个体经营户）1396家，发放宣传资料12863份，通过玉溪日报媒体宣传1次，澂江新闻报道5次，指导企业培训96场次，培训企业生产经营人员565人次。

【农机作业】 2010年，在特大干旱下，县农业局组织投入耕整机械参与犁、旋耕、耙田地作业，全年完成旋耕田地18万亩、机耙5万亩；投入39台大型拖拉机实施烤烟田（地）机耕机耙作业，完成机耕机耙面积2.7万亩；机械化育插秧试验示范3.7亩。

【植物检疫】 2010年，县农业局继续开展植物检疫工作，全年检疫水稻13526亩、蔬菜25442亩、各种果树13507亩，调运检疫花卉8批次28000盆（株），所检植物和种子均未发现危险性病虫杂草等外来物种。

【农药经营人员考核】 2010年，县农业局种子站与农广校共同举办“澂江县农药经营人员上岗培训及村级植保工技能培训”，共培训223人，培训发出《农药经营考核合格证》170份。

【农药监管】 2010年，县农业局植保站认真开展农药监管工作。全年出动植保执法人员92人次，检查农资经营户387户，检查农药品种1453个，抽查农药标签50个，开展宣传活动3次，发放宣传资料3500份，调解农药药害纠纷4起。

【农药残毒抽查】 2010年，县农业局认真开展农药残毒抽查工作。全年检测蔬菜样品1660个，其中，抑制率＜70%的样品有1630个，占98.2%，抑制率≥70%的样品有30个，占1.8%。

【扶持农民专业合作社】 2010年，县农业局继续开展扶持农民专业社工作，成立了澂江县农民专业合作社联社，新成立农民专业合作社4个，截至年底共有农民专业合作社26个。

【农村财务审计】 2010年，县农业局在县纪委、组织部等单位的配合下，进行第三届村、组干部任期和离任经济责任审计，审计时限自2007~2009年。审计涉及60名村委会书记（主任）、354个村民小组的账目。通过审计，对违纪违法账务按法律法规进行处罚。

【农村财务会计人员培训】 2010年，县农业局组织县、镇两级农经管理人员、财政所职工、县财政局相关科室人员共计120人培训。培训内容为《村集体经济组织会计》、《村集体经济组织财务管理》等。通过培训，提高了财务专业人员的业务素质和理财能力。

【测土配方施肥】 2010年，县土肥站对全县10.3万亩耕地（6个土类、10个亚类、13个土属、28个土种）进行规划布点采样。在上年采集1500个土样的基础上，补充采集700个土样，其中，核心土样240个，辅助土样460个。共填写1880份表格为50户农户开展个性化测土服务，实施测土配方施肥13.38万亩，其中，水稻1.81万亩、玉米3.78万亩、小麦2万亩。在龙街、右所建立水稻核心样板0.1万亩、菜豌豆核心样板0.1万亩。同时，采取广播、电视、报刊、明白纸、现场会等形式，广泛开展测土配方施肥技术宣传培训，共发放施肥建议卡15000份，举办培训班8期，培训技术骨干60人次，培训农民4000人次，发放培训资料4000余份，网络宣传10条，墙体广告30条，现场会2次。

【劳动力培训】 2010年，县绿色证书培训办公室继续开展培训工作。全年共组织培训826人，考试合格826人，颁发绿证673人；农广校组织农村剩余劳动力培训802人，转移就业797人，在澂江电视台播放企业用工信息5天，到各乡镇发放企业用工信息500余份。

【举办劳动力转移就业招聘会】 2010年4月2日，县农业局在澂江县再峰集团召开农村劳动力转移就业招聘会，为农民工转移就业搭建平台，到会人员50余人，通过面试，当场签定用工协议31份。

【农村技能培训】 2010年，县农业局在全县6镇组织农业技术骨干培训1609人，培训公共课《农业政策与农村法规》、《农产品经营管理》、《技术操作规程》、《农药管理及相关规定》。专业课培训以烤烟、水稻、农药安全使用、蔬菜新品种推广技术及平衡施肥为主，镇、村技术人员分别到各个村组利用广播、电视进行宣传，发放宣传资料2万余份。

【现代烟草农业基地单元建设】 2010年，县农业技术推广站与镇、村、组密切配合，在6个镇建设现代烟草农业基地。6个镇共移栽烤烟57480亩，其中，田烟10000亩，地烟47480亩。在现代烟草农业基地建设过程中，县农业局开展预整地理墒移栽、测土配方施肥、中耕管理、病虫害防治、烘烤、分级扎把等供培训11次，广播宣传16次，发放宣传资料10883份，培训烟农10183人次，培训面100%。

【执行“种子执法年”任务】 2010年，县农业局认真落实“种子执法年”各项指标任务，履行种子管理职责，依法管理种子生产、经营、使用及质量监督等环节。加强与县工商、质监等部门配合，开展“3.15维权”等活动。任务实施过程中发放宣传资料4000余份，举办种子经营从业人员种子鉴别和使用基本知识培训，参加培训的36人全部考核合格。

【新品种试验、示范】 2010年，县种子站在九村镇牛场村玉米品种区开展新品种试验，共试验2组28个品种。在高西村委会旧街子村试验水稻新品种7个，展示品种12个。在小西村委会廖官营村展示油菜新品种3个。另外，县经作站与市农科院联合进行茄果作物类新技术试验示范工作，地点选定在吉花村委会洋潦营村，面积150亩。黄瓜侧芽嫁接研究及嫁接技术推广、马铃署嫁接丰产栽培技术研究、西红柿嫁接丰产栽培技术及果实耐储性研究、彩椒嫁接苗抗病性研究、烤烟木本化栽培研究等取得科学成果。在马房村苗圃引入水果玉米新品种“金莲黄糯”、“金珍甜3号”、“金凤13号”、“金珍甜1号”、“普朗丽人”栽培，为新课题研究打下坚实基础。

【畜牧生产】 2010年，县农业局在全县6镇40个村委会开展产地检疫工作，产地检疫开展面达90%以上，检查兽药经营户87户（次）。同时深化产地检疫，对调出县境的动物及其产品出具出县境检疫合格证明17份，涉及家禽30500只，生猪40头。另外，严把生猪宰前检疫、宰后监督关，确保了进场屠宰生猪检疫率达100%，出证率达100%；开展“瘦肉精”等违禁药物的残留抽样检测工作，共抽检生猪300余批次。通过检测均未发现“瘦肉精”残留呈阳性；开展旋毛虫检疫工作，全年共检693头，从源头上保障人民群众的生命财产安全；做好市场巡查工作，共巡查18户，并与畜禽贩运户签订畜禽疫病防治责任书50份，与规模养殖户签订农产品质量安全责任承诺书313份，为畜产品质量安全提供强有力的保障。

（保长喜）

烟草专卖

【烤烟生产收购稳步推进】 2010年，澂江县涉及种烟镇6个，种烟村委会33个，种烟村民小组273个，签订合同户数4264份。烤烟计划种植5.05万亩（原计划4.65万亩，新增专项计划0.4万亩），其中，田烟1万亩，地烟4.05万亩（专项计划面积0.4万亩，均为地烟）。实际落实移栽面积5.79万亩，其中，田烟1万亩，地烟4.79万亩。烤烟种植涉及“KRK26”和“K326”两个品种，其中，“KRK26”种植面积4500亩，其余均为“K326”品种。全年全县计划收购烟叶765万公斤，其中，指令性计划650万公斤，出口备货50万公斤，专项计划65万公斤。全县实际收购烟叶665.97万公斤，其中，指令性计划收购550.97万公斤，出口备货收购50万公斤，专项计划收购65万公斤，收购金额9650.87万元，上等烟比例51.58%，中等烟比例28.93%，下低等烟比例19.49%，均价

14.49 元。虽然全年的烟叶收购任务没能完成，但整个烟叶收购工作实现了“烟农、政府、红塔集团、公司”四满意。

【抗旱保生产】 2010 年，澂江遭遇特大旱灾，对烤烟生产带来极大影响，为确保烤烟育苗、移栽工作顺利进行，澂江县分公司积极践行“利国惠民、至爱大成”的核心价值理念，号召广大干部职工捐款 22800 元。在抗旱育苗保移栽期间，全县共投入抗旱资金 2200.8 万元，其中，烟草行业投入 102.8 万元，政府投入 2098 万元，圆满完成全县烤烟移栽任务。

【烤烟科技措施落实到位】 2010 年，全县加大科技措施推广和落实力度，举办各种形式的烤烟科技培训会 990 次；针对干旱天气，在水源条件较好的地方实行漂湿育苗，重点抓好炼苗，应对抗旱移栽；推广烟蚜茧蜂生物防治，布置繁蜂小棚点 9 个，繁蜂小棚 800 个，繁蜂大棚 1 个，实现 100%烟蚜茧蜂防治烟蚜；推广化学抑芽技术，推广使用率均 100%。一年来，全县揭膜培土 1409.9 亩。受本地秸秆资源的限制，秸秆覆盖面积为 833.1 亩。全县高茎壮苗培育、烟蚜茧蜂生物防治、封顶打杈、科学烘烤等工作得到市局（公司）检查考评组充分肯定。

【烟叶质量管理】 2010 年，为确保烟叶收购质量落实到位，加强烟叶质量管理工作，县分公司成立质量管理领导小组，全面负责烟叶收购质量工作，设立质量总检、主检、副检，层层分解质量管理工作目标，确保提高烟叶收购质量。各站点坚持每天抽检一次收购烟叶，做到每日一分析，每日一总结，每日一上报。

【现代烟草农业建设取得成效】 2010 年，澂江县现代烟草农业建设围绕抚仙湖流域规划 10 个片区，规划面积 7680 亩，其中，田烟规划 3980 亩，地烟规划 3700 亩。确立了三个核心示范区：左所核心示范区、双树核心示范区、兜底寺核心示范区，三个核心示范区规划面积 2000 亩。示范区签订合同户数 453 户，落实移栽面积 7196.1 亩（其中，田烟 3475.1 亩，地烟 3721 亩），核心示范区实际移栽面积 1890 亩。通过集约化经营，专业化服务，育苗、机耕、植保、烘烤四个环节的烤烟生产成本与劳动用工和传统散户操作相比，示范区集约化经营、专业化服务每亩可以减少烟农劳动用工投入 8 人，将生产成本和劳动用工一起比较，专业化服务模式每亩可减少烟农投入 260 元。在烤烟生产过程中，合作社充分发挥组织管理作用，减轻种烟劳动强度，让烟农实现轻松种烟。

【烟水配套工程建设】 2010 年，澂江县烟水路配套工程建设情况：马吃水水库片区涉及 13 个村民小组，种烟地块面积 14800 亩，工程总投资 2080.63 万元，项目区规划工程 44 件，已全面完工；左所水库片区涉及 4 个村委会，种烟地块面积 8987 亩，工程总投资 2922.05 万元，规划工程 41 件，项目区左所水库新建工程还正在建设中，其余渠道、机耕路工程已基本完成正在进行扫尾工程；规划新建卧式密集烤房 1 群 20 座，建造地点为九村镇九村村委会蛟龙潭小组，于 3 月初组织动工，7 月底完工投入使用，有效缓解当地烟叶烘烤拥挤难题。

【卷烟销售迈上新台阶】 2010 年，玉溪市局（公司）下达给澂江县的卷烟销售任务为 6900 箱，其中，一类烟 494 箱，单箱销售收入 17800 元。实际全年销售卷烟 7792.76 箱，超计划 892.76 箱，超 12.94%，单箱销售收入 20314.48 元，超计划 2514.48 元，超 14.13%。其中，一类烟销售 702.628 箱，超计划 208.63 箱，超 42.23%。卷烟销售以抓“创建优秀县级分公司”促网建为重点，重视 2010 年的“创建优秀县级分公司（营销部）”工作，成立“创优”工作领导小组，拟定“创优”工作实施方案，对照“创优”标准，创造性地开展“创优”工作，收到显著实效，“创优”工作通过省局（公司）考评验收并获好评。网上订货工作扎实有效，建立了 24 个网上订货互助点，加强终端建设。全年共计发放柜台 314 个，其中，县城 251 个，覆盖率 95%；镇 30 个，覆盖率 27%；农村 33 个，覆盖率 8%。

【专卖管理规范有序】 2010 年，县分公司专卖管理保持打击涉烟违法犯罪活动高压态势，以“打源头、端窝点、破网络、抓主犯、清市场、守边境”为重点，突出开展打击非法涉烟网络、非法经营烟叶等专项行动，内部监管、两烟市场、证件管理规范有序。全年共出动执法人员 1814 人，出动车辆 284 辆次，对全县卷烟市场进行 112 次日常逐户查访，检查涉烟经营户约 5891 户。共计查处案件 28 起（其中，卷烟违法案件 24 起，烟叶违法案件 4 起），查获各类卷烟 186.4 条，查获烟叶 5127 公斤。其中，一般程序行政处罚 8 起，简易程序行政处罚 10 起，移送工商部门处理的无证经营卷烟案件 10 起。共计罚款 2321 元，没收假冒伪劣卷烟 22 条，没收烟叶 5127 公斤。

【党风廉政建设】 2010 年，县分公司制定局（分公司）党风廉政建设责任制，开展党风廉政建设的教育和宣传工作。签订领导干部廉洁自律责任书 24 份、工作人员明示承诺书 83 份，做到目标清、责任明、点面结合。

【安全维稳工作】 2010 年，县烟草分公司突出加强安全生产工作，抓安全生产“职业健康安全管理体系”有效运行，完善应急预案体系和预警体系，强化安全设施建设，推进安全生产工作，安全生产工作稳步推进。2010 年分公司与各室（科）、站签订社会治安综合治理、信访稳定工作责任书 13 份、安全协议 88 份、安全责任告知书 88 份，与季节工、临时工签订安全合同 722 份、安全责任告知书 722 份，研究制定应急预案 6 个，组织驾驶员进行交通安全培训 11 次 242 人，安全生产、交通、消防培训 1936 人，妥善处理来信来访 2 人次。

（杨　妹）

烤烟生产

【综述】 2010年，澂江县认真贯彻落实省、市烤烟生产、基础设施建设工作会议精神，以提质增效为目的，以发展现代烟草农业为契机，宣传烤烟政策，强化基础设施建设，加大科技培训和检查督促指导力度，解决严重旱灾和克服烟用物资涨价及上年烟叶收购政策不平稳的影响，攻坚克难完成烤烟生产各项工作。完成烟叶收购量665.97万公斤，完成年初计划的87.05%。支付收购资金9650.86万元，实现农业税2123.19万元，兑现烤煤及品种补助428.91万元，支付烤烟受灾补助5.05万元，农民直接烤烟收入10084.96万元，实现农民人均收入701.66元，比上年减少266.34元。收购总量中含级内烟635.79万公斤，级外烟30.18万公斤。级内烟与上年对比：上等烟比例54.02%，比上年增长3.97%；中等烟比例占30.03%，比上年降低6.97%；平均单价每公斤15元，比上年增加每公斤0.27元。

【烤烟生产宣传培训】 2010年，澂江县烤烟生产办公室在澂江电视台黄金时间播出“烟农早知道”栏目，宣传烤烟政策，传播烤烟生产知识，讲解种植技术；组织烤烟育苗、预整地、移栽、病虫害防治、烘烤等各项培训会990次11万余人次；开展核心示范区以会代训9次、广播宣传51次，发放宣传资料9260份，培训烟农8561人次。

【烟用物资准备】 为满足烤烟生产需求，2010年，澂江烟草分公司准备复混肥5057.87吨用于烤烟种植，（其中，农福旺烟草专用肥1031.7吨），硫酸钾642.25吨，提苗肥141.41吨，育苗基质2060立方米，育苗盘60000块，遮阳网10000平方米，池膜4吨，菌毒净1吨，漂白粉8吨，烟种“K326”品种16520袋206罐，“KRK26”品种2640袋。

【继续推行专业合作社管理模式】 2010年，澂江县共组建松散型烤烟专业合作社3个，分别为澂江县营燕烤烟专业合作社、石子田烤烟专业合作社、梅玉烤烟专业合作社。按照“四统一分”运作模式，育苗、机耕、病虫害统防由合作社统一组织操作，中耕除草、田间卫生、封顶打杈等环节在规定的时间内分片区由烟农以互助组形式操作完成。

【新品种实验示范】 2010年，澂江县引进“KRK26”新品种烤烟种植，在右所、小西、左所、双树、万海几个村委会试验示范面积4500亩。由于品种抗病性较差，加之受干旱气候影响，爆发“两黑病”，死亡绝收2321.76亩，损失较大。

【烤烟育苗】 2010年，澂江县烟苗自1月26日开始下种，到3月5日全面完成烟苗播撒工作。3月8～9日，县烟办实地清点验收，共播撒大棚22个，中棚54个，小棚10233个，可栽面积52850亩。

【烤烟移栽】 2010年，市级下达给澂江县烤烟计划种植面积5.05万亩，其中，田烟1万亩，地烟4.05万亩。全县田烟从4月16日开始移栽，地烟自5月5日开始移栽，至6月6日，烤烟移栽工作全面结束。全年全县共完成烤烟移栽面积57480亩（“KRK26”品种4500亩，其余为“K326”品种），其中，田烟10000亩，地烟47480亩，完成指令性计划的118%。

【收购工作】 2010年，澂江县烟草分公司加强预检及收购人员的聘用、培训、考核等方面管理，制定《澂江县2010年烤烟经济目标责任考核办法》、《澂江县2010年预检员管理办法》、《澂江县2010年烤烟预检收购廉政规定》等文件。全县共聘用烟叶预检收购人员547人，经过岗前培训合格后上岗。8月10日在桃李烟站、七江烟点试点开磅收购，8月14日其余站点全部开磅收购。县烟草分公司职工坚持以人为本，根据气候特征、品种特性，按照市委、市政府收购工作会议统一的样品对样收购，实现平稳收购。

【烤烟灾情】 自2009年9月以来，澂江县气温持续偏高，降雨量持续偏少，出现秋、冬、春连续干旱，遭受旱灾，导致沿南盘江一线的七江、永和、松元等村委会4000亩地烟死亡，直接造成减产48～50万公斤。加之烤烟病虫害严重，全县总的发病面积为12431.12亩，其中，两黑病7796.14亩，病毒病4075.6亩，叶斑病246.38亩，烟蚜、烟青虫313亩。两黑病发病亩数中，包含“KRK26”品种，该品种种植4500亩，发病3502.9亩，全部为两黑病，绝收2321.76亩，导致产量减少50～60万公斤。

【烤烟生产抗旱救灾工作】 2010年，面对旱情，全县把保民生、促春耕、抗旱移栽有机结合起来，积极筹措资金，投入1980万元，实施抗旱应急工程4批，保证了烟区育苗、人畜饮水、烤烟移栽等方面的用水。在大春用水方面，县委、县政府制定了优先保证烤烟育苗、移栽用水，然后是其他作物用水的原则。广大农科人员、烟草公司技术人员、辅导员深入到育苗场地，因地制宜采取节水措施，动员和组织群众采用车拉、马驮、人挑等方式对育苗棚供水，水窖补水，开展自救工作。对不具备育苗技术及场地、资金等条件的凤麓中棚和阳宗桃李村委会及时协调由公司统一育苗，保证育苗工作顺利进行。积极筹措抗旱资金69.39万元，对6个镇水浇地设施进行修缮，确保提水设施和水浇地工程正常运转。及时制定抽水电费的补助政策：对3月1日至5月31日，提水饮用、育苗、移栽的电费由县政府补助60%，镇、村、组农户自筹40%，积极协调电力公司按农排用电收取电费，千方百计减轻农民负担，增加种烟收入。动员各镇、村加大水资源的调度力度，采取提水入库等办法，增加库坝塘的蓄水量，把抗旱栽烟工作逐项落到实处。积极推广明水栽烟、地膜覆盖等抗旱移栽新技术，增强烟株抗旱能力。

【红塔集团基地单元建设工作】 2010年，为深入贯彻国家烟草专卖局烟叶资源配置方式改革和全国烟叶基地建设工作会议精神，围绕行业“卷烟上水平”的方针和红塔集团“51518”发展战略，努力实现“原料供给基地化、烟叶品质特色化、生产方式现代化”的目标，按照集团现代化烟草农业基地单元建设的构想，打造优质原料基地。澂江县规划两个单元基地：一单元（编号 YX–7）主要是龙街、右所、凤麓镇，烤烟计划种植面积 19228 亩，计划收购烟叶 310 万公斤。核心示范点安排在双树村委会和左所村委会，示范面积 1100 亩。二单元（编号 YX–8）主要是九村镇和海口镇，烤烟计划种植面积 31272 亩，计划收购烟叶 455 万公斤。核心示范点安排在海口村委会，示范面积 1190 亩。两个基地以基地单元化为平台，以科研项目为切入点，整合技术资源，充分发挥各部门的职能作用，实现基地生产、组织、管理、机制的创新，通过市级验收。

【2009 年烟叶生产基础设施建设项目通过验收】 2010 年 6 月 25 日，澂江县 2009 年烟叶生产基础设施龙街镇龙街、万海项目区通过国家、省、市三级相关部门验收，经市审计局审定：实际完成工程项目 45 件，其中，沟渠 40 件、长 31.812 千米，机耕路 5 条、长 4.269 千米，审定工程总投资 597.65 万元，其中，工程直接投资 575.98 万元。直接投资中烟草行业补助 454.32 万元，县、镇政府配套 76.74 万元，农民投入 44.92 万元。

【2010 年烟叶生产基础设施建设项目顺利推进】 2010 年，澂江县争取批复烟叶基础设施建设项目区两个，即海口镇马吃水项目区、龙街镇左所项目区，共计批复总投资 3505.96 万元。马吃水水库扩建工程自 1 月中旬开始进场准备工作，截至 6 月底水库大坝顺利封顶，并正常蓄水，马吃水项目区附属工程于 2010 年 3 月完成工程招投标，3 月底组织群众投工开挖土方，4 月中旬施工队开始施工，2010 年 12 月底工程基本全部竣工，初步统计：完成水池 27 个；渠道工程全部完工，完成 1200 米；倒虹吸工程基本全部完工，完成 4100 米；管网工程完成 130 公里，全部完工；泵站工程完成土建工程，机器还未安装；机耕路完成 8 公里。预计完成概算投资 1299 万元。左所水库新建工程于 2010 年 2 月开始进行建设前期准备工作，4 月正式施工。截至 12 月完成溢洪道、输水涵洞砌筑、闸室、结合槽开挖灌浆、盖板浇筑、大坝河床清基、导流沟开挖、临时围堰填筑、堆石排水棱体、料场风化料及粘土料剥离、料场碾压试验。附属工程于 10 月开工，截至 12 月沟渠完成 14000 米，机耕路完成 250 米。预计整个项目区完成投资 782.50 万元。

（白　芳）

畜牧兽医

【综述】 2010 年，澂江县畜牧兽医局年末完成生猪存栏 73631 头，其中，能繁母猪 9583 头，肉猪出栏 102348 头；水黄牛存栏 12824 头，肉牛出栏 4672 头；羊存栏 30486 只，肉羊出栏 11162 只；家禽存栏 78.6 万只，家禽出栏 171 万只；肉类产量 1269 万公斤，禽蛋产量 185 万公斤，肉奶蛋总产量 1468 万公斤，全县人均占有肉奶蛋量 88.4 公斤；畜牧业产值 1.91 亿元，农民人均畜牧业总收入 1314 元。

【开展种草养畜】 2010 年，县畜牧兽医局开展农闲田地种草养畜工作，全年种植紫兰苜蓿 300 亩，一年生黑麦草 1000 亩，鲁梅克期年 150 亩，黄竹草 100 亩，饲料地建设 1764 亩，青贮窖建设 1170 立方米，棚舍改造 1100 平方米，实行科技承包责任制，技术人员分片负责，加大鲁西黄牛和高峰牛改良本地牛，波尔山羊和黄山羊改良本地黑山羊的力度，积极推广科学养牛羊“六改”配套技术，草食牛羊业发展加快。

【畜种更新】 澂江县以良种推广为突破口，不断深化科学养猪“八改“，养牛羊“六改”，养禽“四改”配套技术，重点推广母猪“三高”饲养和仔猪“两早、两料、两阶段”科学培育技术，青贮料肥猪，氨化料育牛等技术，加大科技推广力度。2010 年引进“LY”母猪 368 头，约克，杜洛克种公猪 53 头，良种牛 96 头，良种羊 15 只，推广猪人工授精 0.42 万窝，按“三高”标准培育仔猪头 12.5 万头，用波尔山羊、黄山羊改良本地黑山羊 0.42 万只。推广配合饲料喂猪 2.7 万吨，推广青贮饲料喂猪 1.97 万吨，氨化料育牛 1.57 万吨，科学技术对畜牧业发展的支撑作用明显增强，养殖水平不断提高，家禽和肉猪出栏率分别突破 250%和 150%。

【规模化养殖】 2010年，澂江县畜牧兽医局组织科技人员深入到基层开展技术培训 52 期 3960 人。通过培训，全面提高劳动者素质，促进标准化、规模化养殖快速发展。2010 年，饲养肉牛 5 头以上户达到 186 户，年出栏肉羊 20 只以上户 279 户，出栏肉鸡 2000 只以上户 386 户，出栏肉猪 30 头以上户 392 户，10 头以上户 3842 户。同时，澂江县还建立永和村、大前所村 2 个养猪专业村，科技联系饲养生猪 100 头以上大户 10 户，建设优良仔猪繁育体系，推行生猪标准化生产技术，畜牧业生产能力明显增强。

【建立动物保护体系】 2010 年，澂江县畜牧局坚持把疫病防治作为加快畜牧业发展的措施来抓，建立完善动物疫情测报、兽医冷链、疫病诊断、防疫监督、兽药监察 5 大体系和免疫档案，强化兽医综合防治措施。全年实施猪瘟免疫 17.6 万头，禽流感免疫 196.8 万只，鸡新城疫免疫 207.9 万只，口蹄疫免疫猪 15.6 万头，牛 1.2 万头，羊 3.1 万只，推行免疫标识制，耳标佩戴率达 95%，建立免疫档案，各项防疫工作逐步实现制度规范化，操作程序化、管理科学化。动物防疫手段和能力明显提高，猪牛羊禽死亡率控制在国家标准 3%、1%、2%、6%以内，动物防疫综合防治技术达到国内先进水平。

【推行产地检疫】 2010 年，澂江设 71 个报检点开展产地检疫；在 6 个生猪定点屠宰场实施生猪宰前检疫，宰后检验，与屠户签订责任书，推行市场准入制；

加强兽药饲料监督执法力度，杜绝病害肉品和假劣兽药饲料上市。全年开展产地检疫猪8.6万头、牛0.31万头、羊1.8万只，活畜市场检疫动物4.6万头，鲜猪肉检疫5.3万头，兽药饲料打假执法行动32次，使畜产品质量安全得到有效保障，让人民吃上卫生合格肉品，既稳定社会又保证人体健康。

【项目建设】 2010年，澂江县畜牧兽医局争取上级项目建设资金，实施畜牧业项目建设。年内，市政府投资60万元，县、镇投资90万元，重建龙街、右所、海口等3个镇畜牧兽医站；政府投资50万元，建立年出栏肉猪500头以上标准化、规模化养猪小区2个，通过实施畜舍改造，建立消毒和粪污处理设施，引进良种，科学饲管，推行规模化养殖，有效提高防疫和生产力水平，提升产品质量，减少环境污染和畜禽粪尿污染抚仙湖的机率。

【扶持畜牧业发展】 2010年，澂江县加强对畜牧业的扶持力度。一、强化畜种质量。年内，政府对群众引进母猪每头给予补助500元，引进杜洛克，约克种公猪每头给予1000元的补助，全县共兑现引种补助资金10万元，通过引进杜洛克公猪与母猪杂交，突出杂交优势，生产优质仔猪，对提升猪群质量，建立标准化生猪生产基地起到了较好的作用。二、实施猪舍改造，建立消毒和环污处理设施，减少环境污染。年内，政府投资50万元，建设肉猪规模养殖场2个，通过畜舍标准化改造，建设消毒池和尿污三级净化池，有效减少疫病传播和环境污染。三、发放贴息贷款，扶持规模发展。年内县政府对资金确有困难的养殖大户给予发放贴息贷款1200万元扶持，受益农户362户，彻底解决养殖资金困难的问题，有效促进了规模养殖的快捷发展。四、对饲养母猪户给予母猪人保险补助，年内，共兑现母猪人保险补助46万元。以上各项举措对提高群众饲养母猪的积极性，保证猪源供给起到了行之有效的作用。

（邓永森）

林业

【防护林工程项目完成】 2010年，县林业局完成澂江县防护林工程2009年第四批扩大内需2.3万亩防护林工程项目，该建设项目范围以抚仙湖、阳宗海径流区生态脆弱区域为重点，主要布局在澂江县梁王山林场、抚仙湖林场、龙街镇、九村镇、阳宗镇5个造林单位。项目区涉及梁王山管理所、国有抚仙湖林场、龙街镇、阳宗镇、九村镇，分布在梁王河、东大河、山冲河、虎山河、尖山河、代村河、七江河、阳宗河、七星河及禄充河10个小流域。项目建设总规模23000亩。其中，人工营造高规格、高质量的防护林8000亩，封山育林15000亩。人工造林分别为：梁王山林场2770亩、抚仙湖林场1780亩、龙街镇3450亩。封山育林分别为：龙街镇7670亩、阳宗镇2470亩、九村镇4860亩。项目建设总投资为346.35万元（含材料费、劳务费、间接费），其中，人工造林投资214.6万元；封山育林投资131.75万元。至2010年末，1.5万亩封山育林和人工造林及补植补造面积建设工作已全部结束。工程中的人工造林、封山育林中的补植补造面积、封山牌、机械围栏工程纳人公开招标程序，工程的招投标工作于2010年2月10日圆满完成，且已签订造林协议，封山育林的所有辅助设施（机械围栏、标志牌等）已经开始实施。2.3万亩的扩大内需工程已通过市、县两级检查验收。

【完成澂江县2009年巩固退耕还林成果林业项目】 2010年，澂江县2009年巩固退耕还林成果任务为种植业1.1万亩，项目主要布局于梁王山林场、抚仙湖林场、龙街镇、右所镇、阳宗镇、海口镇6个实施单位。工程于6月中旬进行招、投标工作，工程项目总投资132万元。2010年，该项目工程已全部完成。

【完成澂江县2010年巩固退耕还林成果林业项目】 2010年，澂江县巩固退耕还林成果的任务为种植业7500亩，项目主要布局于梁王山林场、龙街镇、九村镇3个实施单位，项目总投资90万元。2010年，该项目工程已完成项目招标并已开始实施。

【完成澂江县2010年核桃、竹子产业建设项目】 2010年，澂江县核桃种植任务面积0.5万亩，竹子栽植任务面积0.29万亩（为2009年尚未完成省级下达的种植任务数），所下达任务已由县政府行文下达到各镇，年末已完成下达的各项工程任务。

【完成“三湖一海”水污染综合防治目标责任项目】 2010年，县林业局完成市政府下达的“三湖一海”水污染综合防治目标责任项目。首先是抚仙湖林业生态建设。抚仙湖林业生态工程造林3万亩，已完成造林任务；还湖生态林800亩已全部实施完成；抚仙湖重点公益管护林18万亩已落实管护责任和措施。其次是阳宗海林业生态建设：阳宗海林业生态工程建设造林1万亩已完成造林任务；阳宗海封山育林3万亩，已落实管护责任和措施。

【集体林权制度改革工作】 澂江县集体林权制度改革工作自2007年5月启动以来，县林业局按照时间步骤要求，已经全面完成主体改革任务，通过了省、市的检查验收。2010年7月，澂江县林权管理服务中心建立完成，办公设施和设备初步安装完工，人员编制到位。已初步拟定完成《澂江县深化集体林权制度配套改革实施意见》、《澂江县林地林木流转管理暂行办法》、《澂江县林权证管理暂行办法》、《澂江县林权抵押暂行办法》、《澂江县森林资源资产评估管理暂行办法》等5个配套改革相关文件及管理办法。2010年，澂江县的集体林权制度改革工作荣获云南省集体林权制度主体改革工作先进集体表彰。

【国家级公益林管护工作】 2010年，澂江县实施国家级公益林管护工作。全县国家级公益林29.13万亩分布于凤麓镇、龙街镇、右所镇、海口镇、九村镇、阳宗镇6个镇，梁王山自然保护区、国有抚仙湖林场及一个县级苗圃，涉及33个村委会，242个林班。保护等级均为二级。县林业局设置专职护林员140人，并定期对护林员进行法律、法规、政策等方面的学习培训，为保护好公益林打下基础；加强对管护人员的日常检查，实行严格的奖惩措施，各镇均制定出台护林员考核办法，并与护林员签订公益林管护责任书，对不合格的护林员及时解除聘用合同关系。

【林政资源管理】 2010年，县林业局加强林政资源管理。全年共发生林业行政案件60件，查处率100%，罚款16万元，处罚人数27人。实施森林限额采伐量控制：实施农民自用材实际采伐521.9立方米、商品材实际采伐材积量3473立方米，较好地完成目标任务；受理建设征占用林地的相关手续，共审核上报省林业厅征占用林地项目5件，现已批准4件，其余1件待批，上缴省林业厅森林植被恢复费124万元。全年下达澂江县的限额为商品材年采伐量6470立方米，出材量4500立方米。全年全县共发放林木采伐证164张，农民自用材521.9立方米、商品材3473立方米，烧柴206.5立方米。没有出现超限额采伐情况。

【森林有害生物防治工作】 2010年，县林业局继续加强森林有害生物防治。全县全年共发生林业有害生物4.26万亩(轻度危害2.67万亩、中度危害0.92万亩、重度危害0.67万亩)。其中，松小蠹发生面积1.84万亩，松褐天牛发生面积0.6万亩，华山松球蚜发生面积1.30万亩，竹秆锈病发生面积0.3万亩，食叶害虫发生面积0.06万亩，有林地旱灾主要发生在右所镇，发生面积0.17万亩。目标任务完成情况：2010年期间全县实施种苗产地检疫面积1570亩，种苗产地检疫率达100%，比市局下达指标98%增长2%；林业有害生物防治作业面积5.62万亩，无公害药物防治作业面积4.56万亩，人工清理作业面积1.06万亩，无公害防治率达100%，比市局下达指标82%增长18%；成灾面积0.67万亩，成灾率25‰，比市局下达指标13.6%增长11.4%。测报准确率达56%，比市局下达指标88%降低22%。

【森林防火工作】 2010年，县林业局认真贯彻执行“预防为主，积极消灭”方针，坚持政府全面负责、部门齐抓共管、社会广泛参与的工作机制；强化宣传教育工作，全面提高群众防火意识、法律意识，从火源管理入手，排除林区不安全火灾隐患，有效遏制森林火灾的发生；完善预案，提高应急反应能力，专群结合，全力扑灭森林火灾；加大打击力度，依法治火；建立和完善森林防火工作措施，针对各个时期，不同特点，采取相应措施，防范与扑救并举；克服高温干旱、火险等级居高不下等不利因素，取得森林防火工作全面胜利。年内全县共发生森林火警火情4次。火灾次数、森林受害面积和受害率均远低于省、市规定指标。

【林场建设】 2010年，县林业局加强林场建设工作，实施秧田冲林区绿化大苗基地100余亩建设、净莲寺林区栽种70亩森林蔬菜及200亩云南红豆杉基地的建设；实施2010年度松小蠹喷药防治工程，防治面积16430亩；开展国有林场危旧房改造工作。林场严格按照国家规定的改造范围和标准，先后于2010年9月30日和10月9日，召开离退休和在职职工宣传动员会，会议通过民主推荐和无记名投票的方式，选举产生离退休职工代表2名和在职职工代表7名。此次纳入国有抚仙湖林场和梁王山林场危旧房改造项目共计122户。

【种苗工作】 2010年，县林业局认真实施种苗调运、培育及执法工作，首先，完成苗木调运、培育工作。全年共培育造林苗木170.5万株，其中，大叶樟2.3万株，滇朴3.5万株，旱冬瓜130万株，叶子花0.7万株、核桃实生苗4.5万株、直干桉12万株、冬樱桃9万株、清香树0.5万株、火棘4万株、黒荆4万株。截至10月，共栽植苗木163.8万株，其中，栽植泡核桃27.3万株，从新平县调入核桃嫁接苗9.5万株，完成春季造林5151亩。全县育苗2000亩，其中，造林苗700亩，绿化苗1200亩。其次是种苗执法工作。全年依法受理依规核发许可证20份，其中，生产许可证10份，经营许可证10份，同比上年增加12份，增长200%。

【扶贫助困】 2010年，县林业局积极响应县委、县政府号召，动员全系统干部职工为玉树地震、抗旱救灾捐款9810元。

【实施效能政府四项制度】 2010年，县林业局继续实施效能政府四项制度建设。成立了领导小组，制定《澂江县林业局行政绩效管理制度工作方案》、《澂江县林业局行政成本控制制度工作方案》、《澂江县林业局行政行为监督制度工作方案》、《澂江县林业局行政能力提升制度工作方案》，并及时召开全局推行效能政府四项制度工作会议，全面安排部署推行效能政府四项制度工作，使全局干部职工深入领会效能政府四项制度的含义。同时，充分运用舆论监督、群众监督等监督形式，及时发现和解决推进过程中出现的问题。“96128”政务信息查询专线电话设立专人负责，确定专人负责政务信息网上查询系统，完成常见问题并输入信息19条，内容涉及林政、森防、退耕还林等相关政策法规；2010年完成重大决策听证1项，重要事项公示5项(招标代理机构为昆明市同力建设工程咨询有限公司)，重点工作通报26项，效能政府四项制度6条。

【创先争优活动】 按照澂办发文件《关于在全县各级党组织和党员中深化创先争优活动的实施意见》及县委创先争优活动领导小组办公室《关于创建基层党组织建设先进县实施方案》的要求，澂江县林业局党总支于2010年6月4日召开“创先争优”活动动员大会，以“树行业形象，促科学发展”为活动主题，扎实有效开展“创先争优”活动。在该次活动中，基层各支部切合实际制定创先争优活动的实施方案5个，各支部党员结合自身的岗位职责制定个人创先争优工作目标68份和个人创先争优活动工作目标个人承诺书68份；党总支设“创先争优”活动党员示范点1个，党员先锋岗服务窗口4个；县林业局机关党支部设“创先争优”活动党员示范点1个在营林站，在森防站设党员先锋岗服务窗口1个；森林公安局党支部在抚仙湖林区派出所设“创先争优”活动党员先锋岗服务窗口1个；抚仙湖林场党支部在帽天山林区设“创先争优”活动的党员先锋岗服务窗口1个；梁王山自然保护区管理所党支部在净莲寺林区设“创先争优”活动的党员先锋岗服务窗口1个。同时制定完善示范点《服务承诺》，《岗位职能、职责》等规范上墙；制定完善党员先锋岗服务窗口的《服务承诺》，《岗位职能职责》等规范上墙。

（胡丽华）

水　利

【综述】 2010年，澂江县共完成水利投资6807万元，水利企业总体运行效益良好。完成新增水浇地0.54万亩；新增节水灌溉和恢复灌溉面积0.46万亩；蓄水1198.67万立方米；完成山区“五小”水利工程建设1495件；完成投资1410万元；完成中小型水库除险加固3件；完成病险水库治理21座；渠道清淤补漏385千米，渠道防渗2.1千米；建成农村人畜饮水工程146处，解决3.34万人及7501头大牲畜的饮水困难；治理水土流失面积19.2平方千米；征收水资源费53.1万元；完成渔业产量1610吨；完成农村小型水利体制改革。

【梁王河水库除险加固】 2010年12月25日，梁王河水库除险加固工程完成省市验收。该工程于2009年1月5日正式开工建设，主要完成拦河坝除险加固、新建输水隧洞、溢洪道改造、外坝坡楼梯、方格字体修整、草坪护坡、坝顶路沿石、防汛道路施工。工程完工后，灌溉下游1.34万亩农田，防洪能力提高，保护面积26平方千米，对下游经济发展具有重要意义。

【水箐水库除险加固】 2010年2月，澂江县水箐水库除险加固工程建设完工。工程主要完成水库大坝帷幕灌浆，完成项目投资55万元。工程的实施有效提高水库的防洪和抗旱能力。

【马槽地水库除险加固】 2010年3月，澂江县马槽地水库除险加固工程开工。工程总投资466.68万元。主要建设项目：拦河坝除险加固；改造溢洪道；输水隧洞灌浆，更换启闭机及闸门止水；扩修入库公路；新增工程监测设施。除险加固完成后，提高水库安全运行和防洪能力。工程的实施，有效保护下游9个村庄6500人的生命财产安全。该工程至年底完成300万投资。

【石寨河水库除险加固】 2010年2月，石寨河水库除险加固工程开工建设。工程总投资566.87万元。年底隧洞开挖完成125米、钢支撑25吨，竖井开挖深度16米，进库公路已扩修完成，年底完成主体工程建设，工程进展顺利。完成投资400万元。除险加固完成后，提高水库安全运行和防洪能力，保护下游9个村庄2579人、1所学校及公路等的生命财产安全。

【新建左所水库工程】 2010年3月，左所水库新建工程开工建设。初步设计总投资1270.21万元。工程实施过程中，一标项目部完成直接投资127万元，二标项目部完成直接投资165万元，完成前期勘测、设计、林木补偿等投资247万元，年底完成主体工程建设。完成投资800万元。

【抗旱救灾】 2009年9月以来，澂江县遭遇旱灾，26个村委会77个村民小组3.3429万人、7501头大牲畜、8所小学2415名师生受灾。澂江县实施136件应急人饮及农灌工程，新建699口爱心水窖，16件因旱灾干涸水库坝塘应急修复工程，共计投入抗旱资金1910万元。

【“中央财政预算内专项资金农村饮水安全项目”实施】 2010年，澂江县中央财政预算内专项资金农村饮水安全项目共涉及右所镇、九村镇、龙街镇、海口镇4个镇10个村民小组。项目实施解决饮水水质不达标人口5019人的饮水不安全问题。完成总投资252.96万元。

【农村小型水利工程】 2010年4月，县水利局组织实施2010年“共产党员爱心水窖”建设工程。投入资金145.95万元，完成699口水窖建设，切实改善广大山区农村人畜饮水和农业生产耕地浇灌用水，及时缓解了旱灾，为农村经济的发展奠定坚实基础。

【水源地环境治理】 2010年，县水利局继续加强水库坝塘等重要水源地水环境安全专项整治。按照已制定的专项整治工作方案，严格取缔水库坝塘养鱼，确保湖泊源头珍贵的水资源不因人为因素而污染。全年共有18座水库坝塘终止了承包合同或停止了投饵施肥养殖。

【海口大闸生态修复】 2010年，澂江县水利局组织实施海口大闸生态修复工程。完成局办公楼拆除、大闸防渗处理、地面青石板铺设、海口河（上段）石栏杆安装及绿化等工程。工程累计完成投资158万元，已全面完工。

【马庄河小流域治理】 2010年，澂江县完成马庄河小流域治理工程。完成治理水土流失面积8.06平方公里，其中，灌木林739.4平方公里，封禁治理7315.9平方公里（其中，补植补种1202.2平方公里），拦沙坝2座，沼汽池6口，宣传牌1块，宣传碑6块。共完成投资20万元。

【农业综合开发建设】 2010年3月，澂江县东大河水库灌区中低产田改造项目完工。工程于2009年11月开工，项目总投资601.18万元，治理面积0.6万亩，其中，改造中低产田0.5万亩，新增灌溉面积0.01万亩，改善灌溉面积0.49万亩，新增除涝面积0.01万亩，改善除涝面积0.1万亩，配套渠系建筑物 7 座；衬砌渠道 6.70 千米，机耕路完成 4.09 千米。

【烟田基础设施建设】 2010 年，全县烟田基础设施建设项目完成投资 1150 万元。工程共分两个项目区，一、海口镇马吃水水库项目区，主要建设内容为扩建马吃水水库工程及建设烟水配套工程，项目区计划投资 1616 万元。二、龙街镇左所水库项目区，主要建设内容为新建左所水库，对原有 37 条沟渠进行三面光衬砌，新建机耕路 3 条，新建水池 28 个，倒虹渠 1 件 4382 米，管网建设 5 件，坝塘改造 1 座，泵站新建 2 站。

【多种经营收入】 2010 年，澂江县梁王河、东大河、山冲河 3 个水库管理所全年共实现水费收入 51.2 万元；排灌总站实现经营收入 140 万元；抗旱服务站实现经营收入 213 万元。

（苗玉平）

财　政

【综述】　2010年，县财政局认真履行财政职能，全面规范财政管理，积极组织财政收入，严格控制财政支出，加大财政监督力度，全县各项财政工作取得较好成绩。

【县财政收支完成情况】　2010年，全县财政总收入完成54046万元，比2009年增收8014万元，增长17.4%。其中，上划中央收入16253万元，比2009年增收502万元，增长3.2%；上划省级收入3767万元，比2009年增收486万元，增长14.8%；地方财政收入完成34026万元，完成年初预算数的100.8%，完成调整预算数的100.1%，比2009年增收7026万元，增长26.0%。地方财政支出完成72253万元，完成年初预算数的150.8%，完成调整预算数的125.8%，比2009年增支9103万元，增长14.4%。全县地方财政收支平衡情况：财政收入总计75051万元，其中，一般预算收入29196万元，基金预算收入4830万元，上级补助收入39742万元，2009年结余98万元，调入资金1127万元，债券转贷收入58万元；财政支出总计75046万元，其中，一般预算支出66369万元，基金预算支出5884万元，上解上级支出2793万元。财政收支相抵，年终滚存结余5万元。

【财政收支创新高】　2010年，全县各级财税部门及执收部门紧密协作，积极应对金融危机对县域经济的严重冲击和各种政策性减收因素的不利影响，千方百计挖掘税源，大力推进综合治税，依法加大对重点纳税行业的税源监管和收入征管力度，采取重点调度、联合执法等措施齐抓共管，着力推进收入精细化管理，保持全县财政收入快速增长，收入结构和质量进一步优化。全年税收收入完成21586万元，为调整预算数的102.3%，占一般预算收入的73%，占地方财政收入的63%，同比增收4343万元，增长25.2%；非税收入完成7610万元，占一般预算收入的26%，占地方财政收入的22%，为调整预算数的139.1%，同比增收658万元，增长9.5%；政府性基金收入完成4830万元，占地方财政收入的14%，为调整预算数的65.1%，同比增收2025万元，增长72.2%。在财政收入较快增长、上级专项资金增加前提下，财政支出比2009年增长11%，实现新突破。

【"三农"工作】　2010年，县财政局高度重视"三农"工作，始终把解决好"三农"问题作为工作的重中之重，不断加强惠农资金的监管力度，支持社会主义新农村建设，促进农村繁荣、农业增效、农民增收、社会和谐。一、及时拨付惠农政策补贴，充分调动农民发展生产积极性，通过"一折通"形式将83.42万元良种补贴资金和401万元农资综合补贴资金及时兑付给40461户种粮农户。对全县7111户退耕还林农户发放83.42万元退耕还林补助资金。二、引导金融信贷和民间资金投入，全年由财政贴息资金63万元，通过农村信用社和农业银行发放农村小额信贷和扶持畜牧业发展贷款1400万元，扶持745户农户发展养殖业。加强扶贫资金的管理和监督，充分发挥财政扶贫资金使用效益。三、切实做好财政扶贫工作，投入财政扶贫资金230万元，对16个自然村进行整村推进扶贫、村容村貌整治工作，帮助贫困地区改变村容村貌，改善村民生活环境。四、着力推进农村综合改革，推进2010年农业综合开发左所水库灌区中低产田改造，开展村级公益事业"一事一议"财政奖补试点工作，改善农业农村发展条件。积极筹措资金，及时拨付抗旱救灾资金862万元（其中，上级财政下达抗旱救灾资金702万元，县级财政安排160万元），确保人畜饮水、森林防火和抗旱保春耕等抗旱救灾工作顺利开展。五、做好2009年新增农资综合补贴动态调整资金项目申报工作。申报项目为

《澂江县龙街镇华光村委会走水田灌溉沟支砌工程项目实施方案》和《澂江县右所镇小西村委会梨花村沟渠项目实施方案》，申报补助金额99.08万元。通过市财政局审核并上报省财政厅审批后下达补助资金94万元，至年底，龙街镇华光村委会走水田灌溉沟支砌工程项目（46万元）和右所镇小西村委会梨花村沟渠项目（48万元）正在组织实施。六、为确保全县病险水库除险加固工程项目顺利实施，积极筹措200万元用于项目工程启动资金。精心组织实施家电、汽车下乡工作，改进兑付办法，最大限度方便群众。认真落实家电、汽车、摩托车下乡政策，加强政策宣传、人员培训、补贴资金兑付各项工作，全县累计销售家电下乡产品11287（台）件，发放补贴资金685万元，其中，销售家电下乡产品6991辆，兑付补贴资金196万元销售汽车摩托车下乡产品4296辆，兑付补贴资金489万元。此外，一批新启动项目也正在加紧实施中。上述举措使农业基础设施进一步改善，农村综合发展能力增强。

【保民生工作】 2010年，县财政局加大社会保障投入力度，完善城乡低保制度，鼓励灵活多样的就业方式，多渠道增加就业岗位，积极开发公益性岗位，帮助就业困难群体和“4050”等下岗失业人员实现再就业，全年全县城镇新增就业人数实际完成人数1500人，城镇下岗失业人员再就业完成900人，帮助就业困难人员148人实现再就业，城镇登记失业人员783人，登记失业率2.15%，新增农村劳动力转移1968人。鼓励下岗失业人员积极开展创业，财政贴息288.162万元，发放“创业促就业”小额贷款2973万元，“贷免扶补”贷款2362.51万元，以创业促进就业。支持残疾人事业快速健康发展，征缴残疾人就业保障金178万元，实行专户管理，确保残疾人就业、培训等工作的顺利进行。提高社会保险待遇水平，降低社会缴费标准，对企业退休人员增发一次性生活补助费，发放标准为每人一次性发放生活补助费300元，建国前参加革命工作的退休老工人，在此基础上再增发100元的生活补助费。全县纳入此项发放范围的人员共826人，发放金额24.8万元，已于春节前全部发放到退休人员手中。为企业退休人员增发基本养老金，澂江县符合增资的退休人员933人，月增加养老金12.63元，调整后月人均养老金水平达1356元，比调整前的1221元增加135元，增长11.06%。继续完善城乡低保制度，10月底有城市低保对象1040户1647人，发放保障金192.72万元，人均补助水平117元；有农村低保对象5421户5806人，发放保障金245.2万元，平均补差为50.5元。完善城乡医疗救助制度，具体方式为：资助包括城乡低保户、五保户、重点优抚对象参加城镇居民医保或新农合；通过医疗救助制度，对救助对象个人难以自付的医疗费用按规定给予50%的补助，农村医疗救助上限为3000元，城市医疗救助上限为10000元，对五保老人还给予300元的门诊费救助；通过临时救助，对特殊困难群众给予临时性帮助；发挥慈善作用，广泛动员社会力量，通过社会捐赠，帮助困难群众缓解看病难问题。加强养老服务事业，对全县80～89周岁的无退休金老年人每月发给保健补助50元，90～99周岁的无退休金老年人每月发给保健补助100元，100周岁以上的老年人每月发给长寿补助300元。支持农村公共卫生体系建设，落实新型农村合作医疗补助1804.55万元，着力解决“看病难、看病贵”问题，受益群众327855人次。提高被征地农民养老保险政府补贴比例，支付政府补贴351万元，发放参保农民生活补助416万元。完善廉租住房保障制度，拨付补贴资金515万元，并安排资金1100万元，加快推进，10000万平方米廉租住房建设。加强环境保护与治理，保护抚仙湖水质。积极推进“平安澂江”建设，保障了县政法部门的硬件建设和办案经费。与此同时，加大对计生、文体等事业的投入，全县保持安定团结、和谐发展的良好局面。

【重视教育工作】 2010年，县财政优先保障义务教育经费投入，安排农村义务教育经费保障机制经费13820万元，认真落实“三免一补”惠民政策，投入“三免一补”资金842.55万元，其中，县财政配套资金103.62万元，对15743名小学生，7422名初中生实行免学杂费和文具费，对2151名小学寄宿制学生、4084名初中贫困家庭困难学生进行生活补助。投入105.43万元对小学、初中学生免教科书，对全县寄宿制学生实施伙食补助，对困难学生实施生活补助。为高质量、高标准完成“两基”国检工作，县委、县政府、县财政积极筹措资金1453.4万元，于7月安排资金347万元，用于校安工程经费300万元、七江小学搬迁经费12万元、课桌凳购置5万元及“两基”国检工作经费30万元；8月，县财政安排资金520万元后，又于9月安排资金268万元用于农村中小学功能室设备、教学仪器和图书购置，以及五中教学楼建设156万元；7月、11月，县财政安排资金318.4万元，用于农村中小学校安工程建设等。

【国有资产管理】 2010年，县财政局根据中央、省、市的工作安排和部署，围绕上级部门的要求和工作重点加强国有资产管理，特别是闲置国有资产管理。全年共受理国有资产处置60家，账面原值2881.37万元，处置收入3643万元。其中，公开拍卖3宗，账面原值379.22万元，评估价1307万元，处置收入3643万元；报废24宗，账面原值449万元；划拨18宗，账面原值1726.65万元；危房拆除15宗，账面原值326.5万元。

【资产管理信息工作】 2010年，为进一步加强行政事业单位国有资产管理，创新管理手段，推进行政事业单位资产管理信息化工作，实现对资产的动态监管。2010年7月，澂江县正式启动行政事业单位资产管理信息系统工作，并于10月上旬完成基础数据收集、审核和上报工作，本次行政事业单位资产管理信息系统工作共纳入上报单位172家。

【小金库专项治理工作】 根据市级玉清库办关于印发《玉溪市国有及国有控股

企业“小金库”专项治理工作方案》的通知要求，澂江县认真开展“小金库”专项治理工作。2010年，全县纳入本次清查的国有企业共9家，通过认真自纠自查和重点检查，所清查的9家企业没有隐匿收入设立“小金库”违纪违规行为，没有虚列支出设立“小金库”，没有转移资产和以其它形式设立“小金库”。

【国库集中支付改革】 国库集中支付改革一直是财政改革工作中的重点，也是缓解地方财政压力、发挥财政资金最大效益的重要举措，2010年，县财政局重点从以下三个方面来巩固和深化国库集中支付改革。一、积极推进公务卡改革。为认真落实《云南省人民政府办公厅关于全面实行公务卡结算制度的通知》精神，澂江县于7月1日正式实施公务卡改革工作，截至年末，县级行政事业单位全部完成公务卡改革，开卡单位103个，发卡1937张，占工资统发人数的57%。二、加强财政统发工资监管工作，采取有效措施，确保工资发放。三、加强账户管理，对不规范、不符合条件的账户进行清理、归并。

【财政监管工作】 2010年，县财政局按照建立事前、事中和事后监督相结合的财政监督机制要求，创新监督理念，改进监督方式。一、开展扩大内需资金管理检查工作。组织开展对全县21个扩大内需项目资金的检查，支持扩大内需项目工作的开展，为实施中央“扩大内需”战略奠定基础。二、与医保中心密切配合，及时组织工作人员对全县城镇居民医疗保险资金的到位、使用、管理、结存等情况进行全面、细致的自查。三、组织相关科室对“十一五”期间澂江县花卉产业发展情况、存在的问题及建议进行调研。四、为加强全县经济发展和社会稳定，促进全县社会和谐发展，2月23日，联合县纪委检查维稳资金使用情况。各专项资金的监督检查，为探索财政监督管理新机制提供第一手资料。五、认真开展会计信息质量检查，加强会计监督，强化财政监督职责，提高会计信息质量和财政专项资金的使用效益。六、认真组织开展企业所得税调查，为研究财税改革方案、制定财税政策、加强税政分析奠定基础。通过认真自查和重点检查，全县164个县级预算单位和9家国有及国有控股企业单位没有隐匿收入设立“小金库”、没有虚列支出设立“小金库”、没有转移资产和以其它形式设立“小金库”等违纪违规行为的发生。

【融资平台建设】 2010年，县财政局加强政府综合性投融资平台建设，积极探索和完善激励机制，鼓励金融部门加大对重点项目、重点行业、重点企业的扶持力度，多渠道筹集融通资金，为地方基础设施、环保、农业等公益性项目建设做好服务工作。2010年1月20日，东风度假村整体资产拍卖，拍卖价款为3547万元，资产移交及房地产产权变更手续已完成，收益部分已全额上缴县财政；经澂政文件批复，2010年3月10日，融资公司代表县政府以担保方式向县信用社贷款200万元，用于新建左所水库及扩建马吃水水库工程建设，贷款期限6个月；经澂政文件批复，2010年4月15日公司与云南省矿业协会签订《澂江县九村、马吃水磷矿勘查（详查）项目招标代理合同》，委托云南省矿业协会以招标方式邀请有资质的勘查单位，对九村、马吃水磷矿详查项目进行招标。委托勘查合同于2010年8月19日签订，目前两个探矿权的磷矿资源储量勘查已进入实质性阶段。

【农业综合开发显成效】 2010年，全县农业综合开发成效显著。截至2010年2月25日，全县35个财政奖补项目已全部完工，其中，村内道路硬化项目16个，人畜饮水项目7个，兴建村内公共活动场所12个；共修建村内道路76条9.7公里，浇灌混凝土8782立方，其中挡墙780立方，修建水池3个1849方，饮水管23千米，兴建村小组公房12个6299平方；项目涉及全县除凤麓镇外的5个镇22个村委会37个村民小组，直接受益村民人数5106户1.7万人。项目总投资额最大的为120万元，最小的为5万元。至2010年4月16日，县级一事一议财政奖补资金专户共收到省级预拨资金89万元，市级配套36.25万元，县级配套38万元，合计到位资金163.25万元，已拨付各镇140万元，奖补资金到位率50%。

【政府采购改革】 2010年，县财政局继续加强和深化政府采购管理。近年来，随着各项事业的发展和政府采购管理的不断深化，部门采购目录项目日益增多，2010年除通用办公设备外，其他项目绝大部分都列为部门集中采购项目。为规范部门采购行为，2010年，根据相关政策法规，草拟了部门集中采购管理办法，强化了政府采购管理。另外，2008至2009年的政府采购目录实施到期，省市都重新修订了政府采购目录，县财政局在收到省、市的新目录后，认真研究省、市新目录的特点，并结合澂江县近年来的采购实施情况，结合实际，提出了澂江县2010~2011年的政府采购目录，待县政府采购领导小组会审议后实施。2010年根据各单位的需求情况，按照相关政策法规为各单位做好采购服务工作。共完成采购金额1769.19万元，比上年的1090.4万元，增加678.79万元，增长62.25%，比采购预算金额2022.79万元节约253.6万元，节约率为12.54%。其中，集中采购1595.7万元，比上年的983.5万元增加612.2万元，增长62.2%，组织实施集中采购45次，其中，公开招标5次，竞争性谈判8次，询价32次；部门集中采购173.47万元，比上年的106.9万元增加66.57万元，增长62.27%。

【抓融资促发展】 2010年，为进一步规范政府融资平台的融资行为，全面、真实、准确掌握政府融资平台情况，县财政组织对全县融资平台公司的贷款情况、担保情况、经营情况及贷款投向开展专题调查，促进县委、县政府既定的、有投资回报的建设项目向金融企业融资，按照县委、县政府搭建融资平台的要求，积极筹措资金，支持基础设施、矿产资源开发等工作的开展。2009年6月2日，为县污水处理厂向中行澂江支行借款5,000万元提供担保，借款用于抚仙湖东岸环湖截污治污工程。另外，为确保县政府对全县磷矿资源的有效控制，2009年9月7日，与省国土厅签订“澂江县九村磷矿普查探矿权出让合同”和“澂江县马吃水磷矿普查探矿权出让合同”，为全县磷化工企业提供后备资源保障。

【党风廉政建设】 2010年，县财政局不断加强政治理论、财政业务、法律法规等基本知识的学习，搭建各种有利于促进学习的平台，结合学习贯彻《廉政准则》教育活动狠抓党风廉政建设，树立财政干部清政廉洁形象，努力打造政治素质硬、道德素质高、业务素质精的财政干部队伍，不断增强干部职工服务县域经济发展能力。按照党风廉政建设总体要求，认真落实推进财政体制改革、加强财政监管、深化政府采购制度改革、国有资产管理、强农惠农政策以及镇村债务财务的规范和管理等方面的部门分工任务，认真贯彻落实责任政府、阳光政府效能政府四项制度，及时上报各项总结材料和报表，落实各项纠风工作责任制、政风行风建设责任制。

（苏 娜）

国 税

【国税收入】 2010年，澂江县国税局共组织入库税收收入17355万元（其中，中央收入12741万元，省级收入900万元，县级收入3714万元），比上年同期的18141万元减少786万元，下降4.3%。其中，增值税入库12498万元，比上年同期的14934万元减少2346万元，下降16.3%，消费税入库税款20万元，上年同期入库税款29万元，减少9万元，同比下降31%；企业所得税入库3691万元，比上年同期的2554万元增加1137万元，增长44.5%；个人所得税入库35万元，比上年同期的103万元减少68万元，下降66%；车辆购置税入库1111万元，比上年同期521万元增加620万元，增长179.2%，促进地方经济社会发展。

【欠税清缴】 2010年，澂江县国税局坚持依法治税原则，将“零欠税”作为欠税管理工作目标，开展经济税源调查分析，加强税源监控管理，提高征管质量和效率，有效防止欠税产生。全年共清理入库陈欠税款146.2万元，实现连续7年无新增欠税。

【税源管理】 2010年，县国税局探索实施纳税人分类管理方法，建立起重点税源、重点行业、小规模纳税人等不同的分类管理机制。加强砂、石料、砖瓦行业征管。在规范税收管理秩序的同时，净化税收环境，减少税收执法风险，税收增收明显。2010年，企业申报实现销售收入2120万元，缴纳增值税107.8万元。

【纳税评估】 2010年，澂江县国税局按照市局纳税评估工作规程，确定专、兼职评估人员开展评估工作，主要对“四类企业”和无稽查任务的化工企业进行评估。全年，共评估企业37户，有问题32户，评估补税合计520.7万元，达到了“以评促管”、促增收的作用。

【发票管理】 2010年，澂江县国税局加大发票管理力度。对外，结合打击假发票和“家电下乡”发票检查工作，加大对普通发票的管理力度。全年共检查623户纳税人，有问题474户，收缴发票替代品483本（12135份），共计查补税款32.5万元；对内，以推广运用“普通发票管理系统”为切入点，狠抓内部控管。“以票控税”工作得到加强。

【所得税管理】 2010年，县国税局重点抓好年度汇算清缴、核定征收和约谈工作。重点约谈房地产企业，主要针对长期不结算项目的管理和预售预征管理，约谈成效明显。约谈后，房地产开发企业自觉补缴企业所得税212.7万元。

【出口货物退免税管理】 2010年，澂江县国税局全面落实税收政策，不断优化出口企业免抵退税服务。全年发生出口业务企业5户，其中，1户企业出口产品办理免抵退税359,193.85元，4户企业出口产品不予办理免抵退税，视同内销征税。共核查474条货物出口信息，按规定计提销项税额32,409,341.85元，并缴纳增值税，支持出口企业发展。

【企业所得税汇算清缴】 2010年，澂江县国税局结合工作实际，精心组织、措施有力，顺利完成2009年度企业所得税汇算清缴工作。2009年度，全县应汇缴企业199户，实际汇缴194户，收入总额123263.49万元，比上年同期减少34569.29万元，下降22%；税收调整净额6255.18万元，比上年同期增加2188.18万元，增长54%；弥补以前年度亏损1287.4万元，比上年同期增加759.45万元，增长144%；应纳税所得额8263.9万元，比上年同期减少1096.14万元，下降12%；应纳所得税1407.52万元，比上年同期减少26.12万元，下降2%；减免所得税额632.08万元，比上年同期减少270.69万元，下降30%，实际应纳所得税1411.39万元，比上年同期减少25.85万元，下降3%。

【税收优惠政策】 2010年，县国税局贯彻执行各项税收优惠政策，政策执行与落实规范到位。增值税征前减免72户，减免销售额58565万元；福利企业、资源综合利用企业办理即征即退增值税3户共210.9万元，宣传文化单位出版物增值税退税1户16.4万元；免征企业所得税33户，减免企业所得税264万元。为扶持企业发展，培植县域税源、财源做出贡献。

【税收执法】 2010年，县国税局开展税收规范性文件合法性审核、清理工作；提高对税收执法考核系统的应用水平，对税收权力运行实施过程监控，减少执法随意性；开展案件评查工作，规范执法、防范执法风险。自2006年2月以来，澂江国税实现连续57个月无执法过错扣分，干部执法水平实现阶段性提升。

【税务管理信息化建设】 2010年，县国税局按照纳税服务工作规范的要求，创新服务方式、健全服务机制，对内加强办税服务厅规范化建设，规范设立服务厅标识，对外推行“网络申报”（14户）、网上认证（1户）、“重点税源网上直报”；利用政府网站、电视、手机短信等平台广泛开展税收宣传和纳税咨询；加大政务公开力度，丰富公开内容，方便社会各界及纳税人监督。主要工作有：一、成立纳税人学校。目的是通过长期系统、规范的教育培训，持续提高纳税人税法遵从度和法制意识，将纳税人学校办成税法宣传教育的“新阵地”、税企交流的“新平台”、社会监督的“新窗口”。至年末，设置课程5门，开课3期，400人次听课。二、研究开发“纳税服务.涉税百问”工作平台。三、将纳税服务工作与县国税局“税务行政效能考核”相结合，设立考核指标42项，对纳税服务工作进行考评。

【税法宣传】 2010年，县国税局开展以“税收·发展·民生”为主题的第19个税收宣传月活动。通过成立“纳税人学校”宣传税收政策，举办“税收六进”活动，与县地税局联合举办“保护抚仙湖环保行动”开展税收宣传。并利用各种新闻媒体，围绕税收宣传重点开展，收到了良好的社会宣传效果。税收宣传扩大税收对社会影响，增进部门协调，促进公民税收意识提高，拉近征纳人之间的距离，营造和谐社会氛围。

【干部队伍建设】 2010年，县国税局牢固树立“人才兴税”理念，把学习教育培训作为实现国税工作和谐发展的重要手段，完善措施，探索健全学习教育培训机制，提高干部队伍的整体素质，推动学习型国税组织的建立。一、建立完善激励机制。对取得研究生学历、获得“三师”资格、获得业务能手称号、参加文化创建、实现工作创新的，在给予物质奖励的同时，作为有关评比和干部任用的重要依据之一。二、开展形式多样的学习活动，推进学习型组织建设。扎实开展“三读”活动，制定详细的“三读”活动方案，精选书籍发放干部职工，在县局协同办公系统开通“三读”专栏，引导活动开展。评选优秀心得体会，通过县《抚仙湖》杂志刊载干部“三读”活动优秀作品，给广大干部提供展示自我的平台。

【党风廉政建设】 2010年，县国税局继续贯彻落实《建立健全惩治和预防腐败体系2008～2012年工作规划》实施意见和分解方案，把管思想、抓教育、正党风、防违纪作为贯彻各项工作的主线，重点抓好“一岗双责”和“一案双查”工作，并与县检察院共同制定开展预防职务犯罪工作方案，参加庭审旁听、举办警示教育学习、参观等活动；在县局“协同办公系统”网站开通专栏，抓好“廉政文化”宣传，突出廉洁从政和法制纪律教育，引导广大干部树立正确价值取向，形成知廉、守廉、护廉的良好氛围。

【教育培训】 2010年，县国税局加强教育培训工作。一、开展学习日活动。每月举办一期，以加强岗位技能培训为主，外请专家、内请业务骨干，重点放在所得税管理、政策法规学习和系统的应用与操作上。二、把“学习自测考评系统”纳入学习重点。依托这一系统改变学习习惯，促进干部学习自觉性的养成。据此实施年度全员考试，并将考试结果纳入税务行政效能绩效管理考核。三、筹备参加市级业务能手竞赛。通过日常工作实践来提高干部业务素质，不搞长时间脱岗封闭学习。在玉溪市国税系统第十届业务能手级赛中，县局获得团体第二名，并有二名选手获得“市级业务能手”称号。四、以“健康生活、快乐工作”为指导，发挥工会组织凝心聚力的作用，开展丰富知识面、培养兴趣爱好和生活情趣的各类活动。

（普艳艳）

地 税

【综述】 2010年，县地税局以创先争优活动为契机，坚持服务“科学发展、共建和谐”税收主题，以确保税收收入平稳较快增长为中心，以落实税收政策为重点，以抓实税收征管工作为起点，以加强干部队伍建设为手段，加强税种精细化管理，强化重点税源征管、税收分析和税务稽查，提高信息化建设和应用，增强纳税服务，推进地税事业发展，为地方经济平稳较快发展和社会和谐稳定做出积极贡献。

【税收收入执行情况】 2010年，县地税局组织各项地方税收收入23361万元，较上年同期增长35%，增收6011万元。其中，工商税收18481万元，同比增长33%，增收4539万元；农业税收4880万元，同比增长43%，增收1472万元。全年总体税收形势较好，除烟叶税因百年不遇的大旱而减收外，其余税种都实现了不同程度的增收。增收的主要原因是：加大税收征管力度，加强和完善税收征管措施，强化税收源泉控管，确保税收应收尽收；地方经济保持平稳较快发展，固定资产投资增加，在建工程建设项目发展较好，营业税、契税、所得税等相关税收大幅增收。全年税收收入继2008年突破1亿元大关后，2010年又取得突破2亿元的历史性成果。

【基金费代征执行情况】 2010年，县地税局组织各项基金（费）收入11811万元，较上年同期增长10%，增收1036万元。其中，社会保险费10,955万元，同比增长6%，增收608万元；工会费完成475万元，同比增长41%，增收139万元；地方教育附加完成200万元，同比增长8%，增收15万元；文化事业建设费14万元，与上年同期持平；残疾人保障金47万元，同比增长16%，增收7万元；自8月1日起开始代征抚仙湖资源保护费以来，组织完成收入80万元。

【“十一五”期间地税收入成果辉煌】 “十一五”期间，县地税局累计组织各项税费收入119,890万元，是“十五”期间的2.68倍。2006～2010年的税费收入分别为14610万元、18064万元、23780万元、28318万元、35172万元，其中，地方税收收入从2006年的8108万元增加到2010年的23361万元，增长1.9倍；基金（费）收入从2006年6502万元增加到2010年的11811万元，增长0.8倍。5年的时间，税费收入实现了1.5亿元到3.5亿元的跨越性增长和突破，占地方财政收入的比重由“十五”规划末的66.02%提高到2010年的68.66%，税收职能得到了充分发挥，为地方社会经济发展和稳定做出了自己应有的贡献，为“十二五”规划的开局提供了财力保障。

【“年所得12万元以上个人自行纳税”申报】 2010年，澂江县申报纳税人数33人，申报年所得总额共计1419万元，应纳税所得额1408万元，应纳税额47万元，已缴税额47万元，年度年所得12万元以上个人自行纳税申报工作圆满完成。

【企业所得税汇算清缴】 2010年，县地税局加强所得税汇算清缴过程的监控，重点做好汇缴前的宣传发动、汇缴中的政策辅导、汇缴后的审核统计，使汇算清缴工作做到有组织、有制度、有落实，保证汇算清缴工作质量。全县2009年度企业所得税应汇算户69户，自行汇缴户69户，自汇面达100%。汇算后调整增加应纳税所得额2383万元，应补所得税567万元。

【欠税（费）清缴】 2010年，县地税局加大清欠力度，强化欠税管理，年内清收入库城市房地产开发公司、县房地产开发公司和长德机械厂等6户企业欠税45万元，并采取有效的征管措施，遏制新欠发生；落实社会保险费清欠任务，全年累计清缴历年欠费91万元，其中，清缴企业养老保险历年欠费33万元，完成市局下达2010年清欠计划任务29万元的113.82%。

【减免税审批】 2010年，围绕现行各项税收优惠政策规定，澂江县地税局贯彻执行各项税收优惠政策，做好各项优惠政策的上报和审批工作。在减免税工作中坚持减免税领导小组集体讨论，并严格按程序上报审批，做到政策依据准确，手续完备。全年审批减免房产税、城镇土地使用税、所得税等税额2478万元；上报市局审批同意享受西部大开发税收优惠政策企业5户。

【加强税收稽查力度】 2010年，全县税务稽查检查纳税人8户、税务稽查约谈24户、房地产企业分级分类自查13户，合计查补税款总额991万元，实际入库991万元，稽查选案准确率、稽查案件结案率分别达80%、95%，查补收入入库率100%，稽查户数及查补收入均创历史新高。重点抓好三项工作：一、积极组织好年度专项检查工作，切实抓好房地产和建筑安装业、药品经销业、交通运输业及营利性医疗与教育机构的专项检查。二、开展打击假发票专项整治行动。4月，以打击制售假发票和非法代开发票为目标，县国税、地税、公安部门在县政府的统一部署下，抽调人员组成联合行动小组对县内发票使用情况进行清理整顿，对车站、印刷厂、文具店、规模较大的餐饮行业等进行重点检查，对3家印刷厂进行突击检查；11月，按照省局部署，开展整治虚假发票“买方市场”专项行动。行动中虽未发现有印制假发票或带发票性质单据的行为，但对不按规定开具发票、发票填写不规范的纳税人当场进行教育辅导，对销售、使用非法印制的发票替代品当场进行收缴，共收缴483本、12135份发票替代品，震慑了各类发票违法犯罪行为。三、加强举报案件查处和协查工作。按照“举报保密、有报必查、有查必复、举报有奖”的原则，年内受理上级局转办的举报案件2起，共计查补税款766万元，实际入库766万元；协助执行1起，共计查补税款、滞纳金、罚款153万元。

【防范税收执法风险工作】 2010年，根据国家税务总局《税收执法检查规则》和《玉溪市地方税务系统税收执法检查工作制度》、《玉溪市地方税务局关于开展税收征管执法质量检查及执法监察工作的通知》精神，玉溪市地税局税收执法检查组到澂江地税开展税收征管执法质量检查。检查组通过查看相关征管资料、深入走访纳税户等方式，对澂江地税局2007～2009年期间的税收征管执法情况进行地毯式检查，查出税款征管、发票管理、稽查、减免税管理、规范性文件制定等各个执法环节中存在的各类问题，并向县局各部门进行反馈。根据市局检查反馈的意见和建议，县局进行梳理、分类和通报，并仔细分析产生问题原因进行整改。通过检查，及时发现县局在税收征管执法方面的问题和漏洞，有效降低和避免税收执法风险，保护了地税干部。

【重大案件审理工作】 2010年，按照国家税务总局《重大税务案件审理办法》（试行）及市局印发的《玉溪市地税系统重大税务案件报备制》相关要求，县地税局不断规范重大税务案件审理工作，成立澂江县地方税务局重大案审委员会并充实人员，增强重大案审委员会案件审理的主动性和履职的程序性、合法性。全年组织召开重大案审委员会工作会议6次。有效发挥监督作用，提高税务机关执法能力和水平。

【开展征管数据清理】 按照省、市局关于大集中系统数据清理工作的安排和部署，县地税局自2010年4月起，对数据大集中系统中登记的纳税户信息进行严格、细致、慎密清理检查。共清理出垃圾数据685条，涉及纳税户513户次，占登记户的11.16%，确保数据大集中系统正常有效运营。

【建好“两税”数据库】 2010年，县地税局为把房产税和土地使用税两税征管工作纳入规范化管理，夯实两税征管工作基础，在2010年的两税清理工作中，采取边清理、边收集、边建档的方式，主动抓好“两税”数据库的建库工作。在及时足额收缴税款的同时，加强对两税数据的收集、审核、录入，逐步完成数据库建立健全工作。

【重点税源监控】 2010年，县地税局在重点税源监控和管理工作中，主要从内涵上进行完善和拓展：对全县纳入重点税源监控管理的企业进行重新整理和整合，剔出不达标准及收入规模小企业，增加收入规模大、市场前景好、对完成收入及提高干部业务素质作用大的企业；加强对2009年缴纳地方工商各税收入在50万元以上的10户重点纳税户的日常监管力度；按照国家税务总局的要求，及时建立健全重点工程建设项目管理制度，对符合条件的25个项目做好监控及跟踪管理。

【二手房交易市场最低计税价格获准执行】 2010年，县地税局组织开展澂江县房地产交易二手房最低计税价格的调研工作，在掌握数据和资料基础上，向县委、县政府上报《澂江县地方税务局关于二手房最低计税价格问题的请示》，经过县委县政府充分论证和研究，《澂江县地方税务局二手房交易最低计税价格有关问题的规定》得以制定，并自2010年10月1日起施行。自此，全县二手房交易价格有了最低限制，为地税部门的征税提供最低计税依据，有效防范全县二手房交易市场上的偷税、漏税行为，堵塞征管漏洞，为地方经济发展提供更多财力保障。

【个体工商户管理】 2010年，县地税局把管理个体工商户定期定额纳税工作作为提高税收征管质量的重要内容来抓，具体为：做好典型户调查工作，对调查结果进行认真细致分析，并作为分局个体户税收核定的依据；做好个体户定期定额核定工作，在对典型户调查基础上，客观、公正、公平地完成好个体工商户税收定额核定工作。2010年个体工商户定期定额管理工作取得新突破，在充分调研基础上，形成了《澂江县地方税务局关于加强个体工商户定期定额征收管理有关问题的意见和措施》，使定期定额管理有了更加合理、规范的操作规程；加强共管户管理，与国税局协调，实施信息共享，以加大对共管户的管理力度。

【税收宣传】 2010年，县地税局税收宣传工作注重特色和创新，采取的具体方式为：一、搞好一场重点宣传。联合国税举办“税收宣传进景区”活动，以新颖的形式、热烈的气氛，吸引大批游客，营造宣传声势，收到良好的宣传效果。二、搞好一项专题活动。抓好税收宣传征文主题活动，在广大纳税人及地税干部职工中做好征文动员工作，共接到纳税人及社会人士投稿10余篇、地税职工投稿6篇。三、抓好多媒体宣传工作。税收宣传月期间，在澂江县电视台每天黄金时段及澂江网上滚动播出税收宣传标语及口号累计达300余条次；制作红色标语4幅在征税大厅及其他办公区悬挂，在征税大厅触摸屏加载税收宣传月内容，在电视墙滚动播放市局摄制的税收宣传公益片，营造税收宣传气氛；在乡镇街道、村庄景区等公共场所粘贴税收宣传画，扩大税收宣传辐射范围。四、搞好税收服务进企业活动。通过地税干部主动深入走访企业，征询相关建议和意见，帮助解决或解答问题；针对部份纳税人需要，为他们送去《云南地税》、《玉溪市地方税务局招商引资、地方税收、优惠政策服务指南》等税收政策读本；发放新营业税条例、房产税、城镇土地使用税和企业所得税等税收宣传资料180余份，从而让纳税人方便了解税收政策变化并有效运用税收优惠政策。五、利用短信平台扩大宣传。全局职工手机及所有座机上加载税收宣传彩铃，通过彩铃中简洁精辟的税收宣传口号诠释地税服务宗旨，增进社会各界人士对地税工作的理解和支持，促进税收宣传效果。

【办税服务厅建设】 2010年，县地税局加强办税服务厅建设，一、改善办税环境。按照规范化办税服务厅建设要求统一安装使用办税服务厅窗口标牌，更新配备计算机液晶显示屏等设施，对发票专用库房进行升级改造。二、优化办税流程。1月底彻底实行“单一入口，后台分解”的纳税服务机制，把以往由管理、征收分别受理的机动车审车验证和“房地产一体化”涉税审批等事项统一划归办税服务厅单一受理，做到“一窗式”受理、“一站式”服务，减少办税手续和环节，有效减少纳税人办税成本。三、拓展服务方式。1月20日起，在办税服务厅正式设立专柜，引进县信用联社专人进行税款征收，款项实现当场存取和刷卡。四、完善服务制度。结合5月14日省局宣教处一行对全局创建文明行业工作实施检查后所提出的建议和意见，制订“全员参与、全程覆盖、全厅联动”的“三全”服务机制，以崭新的姿态提供优良纳税服务。五、创新工作制度。推行正、副分局长轮流值班制度，即征收分局的正、副分局长每周轮流到前台负责接待纳税人咨询和来访，处理争议，协调关系；建立导税值班制度，由综合服务窗口人员负责引导办税，及时解决纳税人办税的盲目性，做好纳税引导服务。

【创先争优活动】 2010年4月，县地税局启动创先争优活动，认真组织全体党员积极参与，及时成立了由党组书记、局长罗仕祥任组长的活动领导小组，制定《澂江县地方税务局创先争优活动实施方案》，广泛宣传和动员，稳步推进活动，充分发挥党组织战斗堡垒作用和共产党员的先锋模范作用，争创一流工作业绩，努力推进地税事业发展。

【“七个一”活动】 2010年，县地税局以“忠诚教育”为核心，开展“七个一”活动。具体为：举行公务员宣誓仪式；以计算机基础知识、税收业务知识培训为主要内容开展岗位练兵活动；开展“爱读书读好书善读书”活动，组织阅读学习《工作没有任何借口》、《细节决定成败》、《公共服务职业道德与技术方法》等书籍；开展廉政警示教育活动，组织全体干部职工观看《玉溪市党员干部严重违纪违法案件通报会》等警示教育片，组织中层干部到县法院旁听职务犯罪案件庭审，以预防职务犯罪问题发生；开展红色教育，以庆祝共产党成立89周年为契机，开展重温入党誓词、重新学习《党章》、观看《情暖万家》等系列活动；组织征文比赛，围绕“忠诚于祖国的税收事业”主题，干部职工结合岗位职责、认真撰写《情系税徽写忠诚》等文章上报；举办“忠于祖国，爱岗敬业”主题演讲比赛。

【干部职工教育培训】 2010年，县地税局加强干部职工教育培训。年内推荐选送2名年轻干部参加省地税局委托云南省财经大学MPA的学习；积极组织动员广大地税干部参加注册税务师资格考试，并购买注册税务师资格考试专用书籍30余套分发给税收管理员阅读使用，以提升基层干部的岗位适应能力和税收业务能力；强化专门业务培训，按照“需要什么，培训什么”的工作思路，2010年10月至2011年1月，组织18期税政业务知识专题培训，系统学习地税税收政策及征管业务知识。

【学习《廉政准则》】 2010年，县地税局为把思想和行动统一到中央的决策部署和《廉政准则》的规定要求上来，抓好学习组织和贯彻落实工作。县局党组成立学习贯彻《廉政准则》领导小组，并印发《中共澂江县地方税务局党组学习贯彻〈廉政准则〉实施意见》及《实施方案》，采取多载体、多形式的学习：将省局统一印制的《廉政准则》手册及时下发每位干部职工，做到人手1册，同时将《廉政准则》内容在征税大厅触摸屏及《澂江地税纪检监察简报》上原文刊出，并作为3月纪检日活动的重要内容，认真组织原文学习。在学习过程中，全局人员分为5个学习小组开展交流和专题讨论。在全体干部职工的工作电脑上均统一安装了市局制作完成的“八条禁令”屏幕保护程序，以时刻敲响廉政警钟。通过形式多样的学习后，组织全体干部职工认真撰写学习心得体会48篇，做到熟知准则内容，入脑入心。同时，整章建制，形成长效机制。把《廉政准则》内容纳入党风廉政建设责任制考核内容，并与深入推进反腐倡廉建设、加强作风建设、从源头上防治腐败结合起来，健全和完善惩防体系制度，形成加强领导干部廉洁自律长效工作机制。

【税检共建职务犯罪预防机制】 2010年，县局反腐倡廉建设工作取得突破。年初，经县地税局与县检察院多方协商研究，联合成立“预防职务犯罪工作协调领导小组”，建立预防工作联络员制度和联席会议制度，形成税检共建职务犯罪预防机制。共建工作中，将逐步建立职务犯罪预测预警机制，试点推行“检察约谈”制度，由检察部门对地税队伍管理“把脉问诊”，及时提出整改意见，并对整改落实情况进行监督。税检职务犯罪预防机制通过协同开展预防宣传教育，使人不想犯罪；通过落实预防工作责任制，使人不能犯罪；通过建立健全监督检查工作机制，使人不敢犯罪，从而确保税收队伍廉洁性。

【落实效能政府四项制度】 按照省政府关于在全省县级以上行政机关推行以“行政绩效管理、行政成本控制、行政行为监督、行政能力提升”为主要内容的“效能政府”四项制度要求，2010年，县地税局及时成立领导小组，制定相应实施方案，按市局相关要求进行工作部署、督办、督促检查和考评，从而推动和提升服务能力和水平，构建高效能的行政机关。

【阳宗镇地税征管业务工作交接】 根据《云南省人民政府办公厅关于印发昆明阳宗海风景名胜区管理委员会设立方案〈暂行〉的通知》和昆明市、玉溪市市政府共同签订的《昆明市人民政府托管玉溪市澂江县阳宗镇移交协议书》精神及2010年11月17日昆明市地税局、玉溪市地税局关于阳宗镇地税业务划转工作会议纪要要求，2010年12月31日，澂江县地方税务局与昆明市阳宗海风景名胜区管理委员地税分局签订《玉溪市澂江县阳宗镇地税征管业务工作移交协议》，在组织人力、物力对阳宗镇全部管户开展清税清票工作的基础上，将截至2010年12月25日内的管户地税管户和缴费户相关资料正式移交昆明市阳宗海地税分局。至此，阳宗镇地税征管业务工作正式实现划转移交。

【救灾捐款】 2010年，澂江县遭遇特大旱灾，县内部分地区人畜饮水困难、农作物不同程度绝收。2月26日，县地税干部职工积极响应县委、县政府抗旱救灾保民生的号召，开展了第一次抗旱救灾捐款活动，全局47名干部职工在短短半天内捐款7610元，以自己的微薄之力为全县遭受旱灾的百姓献出自己的一份爱心，在关键时刻显现地税工作人员的强烈社会责任感。3月30日，地税干部职工响应全省“共产党员抗旱救灾特别捐献活动”号召，开展了第二次捐款活动。全局19名共产党员现场捐款19500元，在党员的带动下，其余干部职工踊跃捐款5900元。全局47名干部职工为抗旱救灾两次共计捐款33010元。4月14日，青海省玉树县发生地震，澂江县地税干部心系灾区，踊跃捐款2790元，以自己的绵薄之力表达对玉树灾区人民的关怀之情，再次彰显了地税工作者强烈的社会责任感。

（薛红丽）

【综述】　澂江县坚定不移地实施“工业强县”战略，走“磷电结合，做强磷化工，做大建筑建材业，引进发展高新技术产业”的发展路子，形成了磷化工、水电、建筑建材、农产品加工为主的工业经济发展格局。2010年底，全县共有磷化工企业15户，具备年生产黄磷15万吨、磷酸33.4万吨、硫酸22万吨、三聚磷酸钠6万吨、过磷酸钙10万吨、一铵22万吨、二铵12万吨的能力；建成地方小水电站12座，装机容量14.189万千瓦；建有220千伏变电站1座、110千伏变电站4座、35千伏变电站5座，供电网络相互贯通，国家电网和地方小水电并网运行；全县建筑建材产品主要以水泥、钢材、红砖、铝型材、塑胶管等为主，具备年产水泥熟料156万吨（立窑36万吨）、钢材25万吨、红砖7亿块、铝型材1万吨、塑胶管3万吨的能力；农产品加工业主要以藕粉、净菜等产品为主，具备了年产配混合饲料10万吨，藕粉2000多吨的生产能力；此外，还具备了卷烟专用胶3000吨，小型装载机2000台的生产能力。全年实现现价工业增加值111550万元，按可比价计算比上年增长7.9%，拉动GDP增长2.8个百分点，对GDP增长的贡献率为20.9%。完成现价工业总产值364360万元，同比增加47414万元，增长15%。

（阮洪林）

供　电

【综述】　2010年，澂江供电有限公司践行南网方略，以加快“一体化”融合为主线，以提高供电可靠率为总抓手，全力做好电力供应，保障安全生产，推进电网建设及创先争优工作。抓好队伍建设，深化党建工作，提升公司管理水平，完成全年各项工作目标，公司继续保持了良好的发展态势。年末，公司有在职员工123人，设9个部室。拥有35kV变电站2座（35kV小村变、35kV阳宗变），主变容量2.6万千伏安，35千伏变电站2座，总容量2.6万千伏安；35千伏线路3条，长度23.24千米；10千伏配电线路36条，总长度740.83千米；配电变压器1212台，容量14.78万千伏安。公司拥有资产总额9509.53万元。担负着全县53306户用电客户的供电任务。

供电经济技术指标

指标名称	单位	本年完成	上年完成	同比增减（%）	备注
供电量	万千瓦时	58822.63	40179.94	42.49	
售电量	万千瓦时	57610.60	37994.48	51.63	
售电平均电价	元／千千瓦时	506.60	476.94	6.22	
供电单位成本	元／千千瓦时	67.96	67.32	0.95	
线损率	%	2.06	7.96	5.90	
主设备完好率	%	100	100	持平	
综合电压合格率	%	98.18	98.54	-0.36	
供电可靠率	%	99.474	99.945	-0.471	
电费回收率	%	100	100.31	-0.31	
企业总资产	万元	9509.53	8979.49	5.9	
实现利润总额	万元	664.45	354.60	87.38	

【安全生产】 2010年，县供电有限公司以“有责、知责、尽责”为核心，认真开展“责任落实年”活动，逐级签订安全生产目标责任书和个人安全保证承诺书，实现安全责任逐级传递；以“抓意识、抓思想、抓精神状态、抓队伍建设、抓持证上岗、抓责任制落实、抓执行力、抓作业现场过程安全管控”为重点，深入开展安全百日提升专项活动，在公司上下补短板、堵漏洞、反违章、强素质，提高了全员安全意识；注重风险管理，加大安全隐患整治力度，及时整改存在的问题；继续修编完善应急预案和现场处置方案，先后组织开展破坏性地震应急演练、电网联合反事故演练等应急演练工作，提高各级人员应急处置能力。公司全年没有发生有考核责任的安全生产事故和有恶劣影响的供电事件，确保电网、设备和人身安全，实现3个安全生产百日数。

【电力供应】 2010年，县供电公司沉着应对特大旱灾，开辟抗旱救灾保电“绿色通道”，缩短报装时限，保证抗旱电力供应，为夺取全县抗旱救灾工作胜利打下基础；及时掌握用电市场变化情况，提高负荷预测准确率，积极支持政府经济增长重点项目持续跟踪，全力做好保障和服务；主动走访重要客户，建立联系沟通长效机制；加强业扩报装管理，对重点业扩项目实行提级管理，提高办电效率。2010年，受理业扩报装3306户，报装用户负荷5.19万千伏安，业扩按时接电率100%；强化电网调度运行管理，履行停电审批流程及停电平衡会议制度。及时批露计划用电的多方信息，做好限电、让电以及引导用户错峰用电等工作；精心衡编制电网运行方案及保供电方案，实时调整电网运行方式，开展节假日特巡检查工作，保证电网安全运行；圆满完成重大节日及重要活动的保供电任务。

【优质服务】 2010年，县供电有限公司紧扣“万人下乡　抗旱救灾”主题，积极开展“服务一方群众、点亮万家灯火”抗旱保供电优质服务活动；开展以“亚运有我更精彩——南网情深感恩客户”、“和谐南网迎亚运　优质服务树品牌”为主题的“迎亚运树品牌、安全服务进万家”活动；统一对外服务形象，上街道、到工厂、进社区，为客户提供安全用电、科学用电、节约用电宣传；不断拓宽电费收缴渠道，与工商银行联合开展银行代扣及网上缴费业务，在营业厅推广运用叫号排队系统，为群众提供方便、快捷的缴费服务；加强客户服务支持系统应用，客户服务受理业务7225起，客户满意率100%。

【“十四项基础管理达标优秀企业”创建工作】 2010年，县供电有限公司按照云南电网公司玉溪供电局《关于“十四项基础管理达标优秀企业”工作的总体部署及要求》，成立公司14项基础管理达标优秀企业创建工作领导小组及工作机构，设立了14个专题组。编制《澂江供电有限公司十四项基础管理达标优秀企业创建实施方案》，分宣传启动、学习培训、梳理制度、实施整改、自查评估、自检自查、检查验收、申报评审8个阶段开展工作。按标准完善资料，规范各项工作流程，建立覆盖公司各重点工作规章制度、管理标准305个，编制作业指导书113个，梳理工作流程30项，规范业务记录台账50个，公司基础管理水平提高。

【经营管理】 2010年，县供电有限公司加大预算管理，优化内控机制，结合“财务内控提升年”活动，完善公司内部审计监督机制和工作机制，制定并执行《招标管理办法》和《采购管理办法》，严格对各项物资采购项目进行审批，评标定标分离，规范公司招标及采购流程；抓好工程建设领域突出问题专项治理，围绕工程建设领域项目决策、工程招标、物资采购、资金管理和工程建设等重点部位、环节存在的突出问题进行排查整改；开展“小金库”专项治理工作，对各类账户、票据、账务进行清查，建立防范“小金库”长效机制，提高公司依法经营的执行力。被云南电网公司评为“财务报表先进集体二等奖”。

【电网规划建设】 2010年，县供电有限公司完成《澂江县“十二五”电力发展规划》和《澂江县2010~2015年农网改造升级规划》编制工作。完成公司小型基建“十二五”规划，结合澂江县政府行政中心建设，编制完成新城区及行政中心建设电网整体改迁方案。配合玉溪供电局完成110千伏桃李输变电工程用地预审。全力推进2010年澂江县农网改造升级工程10千伏及以下项目建设，年内完成投资717万元。完成2010年大修投资852.92万元，完成率100.67%；资本性支出完成1527.05万元，完成率88.33%。完成生产调度大楼建设项目的可行性研究工作，办理项目备案证、项目选址意见书、建设用地规划许可证，取得了相关部门对水土保持方案、地质灾害危险性评估报告的批复。编制2009~2013年澂江县110千伏及以下配电网规划，并通过云南电网公司审核。完成110千伏桃李输变电、35千伏海口输变电工程可行性研究报告，其中，35千伏海口输变电工程项目通过玉溪供电局评审，列为2010年扩大内需项目，并开工建设。

【人力资源】 2010年，县供电有限公司深入实施绩效管理。制定公司2008~2010年人力资源规划和2010年及2011年劳动用工规划，规范公司用工管理；组织实施公司中层管理人员考核、全员组织绩效和经济责任制考核；全面推进“四好班子”建设和员工素质工程，共建学习型班子和高素质员工队伍，干部员工整体素质得到提升。全年公司共组织对外培训254人次，内部培训354人次，全员培训率100%。

【党建工作】 2010年，县供电有限公司根据省、市、县委关于“共产党员抗旱先锋行”总体部署，广泛动员全体干部员工、党员全力投入抗旱救灾行动。积极开展抗旱保供电优质服务活动，开辟抗旱保电“绿色通道”，新装农业排灌用电13户，容量1863千伏，解决20410人、12594亩地的抗旱用电，捐赠抗旱资金50050元。以艰苦奋斗作风教育月活动为切入点，推进学习型特色党支部建设。组织开展创先争优促“三好”主题活动。开展好民主评议（测评）党员，在职党员全年平均优秀率100%。全面完成党支部委员会换届选举工作。

【党风廉政建设】 2010年，县供电有限公司认真落实与玉溪供电局签订的《云南电网公司玉溪供电局惩治与预防腐败体系建设责任书》，制定公司惩防体系计划并按计划落实各项工作；开展领导班子述廉、议廉及中层管理、重点岗位管理人员签订廉洁从业承诺书及拒收红包承诺书活动，提高领导干部及员工的廉洁自律意识；开展廉洁自律教育月活动，及时调整公司治理商业贿赂领导小组，继续与县检察院建立了预防职务犯罪长效协作机制，从源头上有效预防职务犯罪的发生。

【工会工作】 2010年，县供电有限公司注重加强自身建设，完成新一届工会委员会换届选举工作。新一届公司工会完善职代会制度，深化企业民主管理工作，认真履行厂务公开制度，维护员工切身利益；加强职业健康管理工作，认真组织员工体检；落实“五必访、五必谈”制度，组织开展“送温暖”活动；举办装表接电员工技能比武，开展形式多样的文体娱乐活动；组织参加全县第二个“全民健身日”公路长跑活动。

【共青团工作】 2010年，县供电有限公司完成团支部委员会换届选举工作。组织团员青年参加云南电网公司团委举办的青工网络知识竞赛，开展“百日安全提升专项”活动，召开青年员工座谈会等，号召广大团员青年立足岗位，复为公司发展建功立业。通过青年文明号考查，凤麓供电所继续保持“市级青年文明号”，阳宗供电所保持玉溪供电局“青年文明号”称号。

（谢赵金）

云南再峰（集团）有限公司

【综述】 2010年，对于云南再峰（集团）有限公司来说是极不寻常的一年。刚刚经历金融风暴的洗礼，又迎来百年一遇的干旱气候。尽管如此，公司各项工作仍井然有序、健康发展。公司始终坚持以创新求发展，以管理创效益的发展理念。在确保安全生产、高效发展的同时，加强环境治理和环境保护力度，最大限度做好节能减排工作。倡导和谐企业、和谐社会建设。除此之外，又投入了新的房地产开发项目，使公司的发展又上了一个新台阶。

【生产经营情况】 2010年，云南再峰（集团）有限公司所属红石岩电站、罗碧电站、黄梨山电站、汇口电站、朱家桥电站发电量为20160万度，含仙湖春酒厂、西都酒店、金禄酒店在内，2010年总收入为9244.88万元，缴纳税金1213.04万元；另外，盘桥黄磷厂生产黄磷8315吨，销售收入为11523万元；缴纳税金1959万元；龙凤厂生产黄磷8147吨，销售收入8082万元，缴纳税金733万元；金山化工公司生产液体磷酸3766.21吨，生产固体磷酸864.34吨，销售收入1944万元，缴纳税金36.68万元。

【黄磷生产技术改造】 2010年，云南再峰（集团）有限公司继续把节能减排作为头等大事来抓，控股的盘桥、龙凤黄磷厂投资80余万元成功改造电极自动化控制系统，改造后节电率达到3～5%。除特殊部门外，一律推广使用节能灯泡。真正将节能减排落到实处；为营造清洁、舒适的工作环境，减少和杜绝粉尘污染，强力控制职业病的产生，公司投资300余万元对原料破碎、烘干、配料等易产生粉尘污染的工序进行改造，尤其是配料系统由原先的水膜除尘改为布袋除尘，运行效果良好；与此同时，两个黄磷厂投资30万元进行配料自动化系统的改造，从根本上大大降低成本，提高工作效率；在发展经济的同时，美化环境也成了两个厂的一项重要生产指标，公司除了投资320万元对进厂公路进行硬化以外，还投入人力、物力对厂区进行绿化，两个厂共植树1万余棵。在相关部门的帮助和指导下，两个黄磷厂从实际出发，从一点一滴抓起，实现安全管理规范化、制度化，顺利通过国家二级安全标准化现场考评，现场通过精心改造，各项排放指标都符合国家规范化生产要求。

【新增化工项目】 2008年7月至2010年7月，公司投资200万元新组建年产3.5万吨的液体磷酸厂和年产2千吨磷酸酐、6百吨硫酸的固体磷酸厂，该项目于2010年9月投产使用，同时完成各项行政报批手续，领取安全生产许可证。

【电站检修工作】 2010年，公司针对天干水小的气候特点，组织安排各电站对坝前坝后沿江两岸及平时被水淹盖的土建工程进行加固。其中，七江电站投入加固资金300余万元；罗碧电站投入加固资金100万元，汇口电站投入加固资金200万元。通过加固，一方面巩固了电站的生产土建设施，另一方面解决了南盘江在澂江境内对沿江两岸冲击造成的水土流失问题。

【创建绿色电站】 为了美化工作环境，创建绿色家园，2010年，再峰公司组织电站员工分别在各电站植树，下属各电站共植树7万余棵，树种有香樟树、天竺桂、柏枝树、滇朴树等。公司各电站显现绿树成荫景象。

【员工规范管理及培训】 2010年，公司下属各厂、站员工继续实行挂牌上岗，并于2月份由总公司出题，对各岗位的专业技术和《安全工作规程》进行考试。《安全工作规程》实行百分制，合格率为100%，专业技术考试合格率达到98%以上。除此之外，公司还委派大批职工参加建设行政主管部门组织的各种技能培训。

【酒店经营及业务扩展】 2010年，公司下属的西都、金禄酒店本着安全经营、优质服务的理念，采取狠抓管理，深挖潜力，节流节支，合理用工措施，实现公司各项工作稳中创收。与2009年相比，扭亏为盈。2009年8月至2010年4

月，西都酒店又投资500余万元进行大规模扩充，创建玉溪市最豪华的“KTV”包房15间及高品质的音响等硬件设施。

【湖泉酒业发展】 2010年，随着澂江旅游业的蓬勃发展，云南再峰（集团）湖泉酒业有限公司生产的仙湖春酒正被越来越多的消费者喜爱和认可。湖泉酒业公司机构健全、纪律严明；在业务工作上精益求精、尽善尽美；从领导到职工一律遵循“质量就是生命”的发展理念，严把质量关，为广大消费者提供优质健康的好酒。并将酒文化发扬光大，仙湖春秉持传统工艺与现代科技有机结合，以其独特的生产工艺、大型的专业生产装置和产品检验标准，确保产品卓越品质。借助其雄厚的资金实力及完善的管理、营销经验，成功地实现了企业阶段性、战略性突破和健康发展。所产仙湖春属酱香型白酒，具有香而不艳、低而不淡、醇香优雅、不浓不猛、香味细腻、回味悠长等特点。其生产环境和原料无污染，属天然发酵产品，是纯天然的绿色、有机食品。经过特殊的蒸煮、摊凉、加曲、高温堆积、入池发酵等酿造工艺及陈年窖藏，随游离的酒精分子越来越少，所以酒体越来越醇和细腻，不辣喉，对身体的刺激也越来越小。同时，酒体中富含酚类化合物、乙酸、乳酸、SOD等有益人体健康因子与微量元素，真正满足成功人士对健康与时尚的追求。

【员工业务技能培训工作】 2010年，公司注重加强职工培训，参加劳动局组织的电焊工和吊车工学习，通过学习使大家的实际应用和操作能力得到巩固和加强，提高业务知识的同时也拓宽其它方面的知识领域，职工全部达到持证上岗的规范化要求。各厂、站多次组织广大职工学习专业技术知识，利用检修机组、线路维护等实践机会，开展技术学习，发扬学技术，懂技术、比技术的良好风气，把生产知识和生产实践紧密结合，使职工工作能力、业务水平大幅度提高。同时，公司在下属各个厂、站都装设了意见箱，实行无记名投票方式，每个月都由专职人员将各个点的意见和建议汇总交到主管部门。公司通过开展这项活动，促使合理化建议成效得到了提高。

【安全生产】 2010年，公司下属各厂、站紧紧围绕“安全第一、预防为主”方针，认真落实安全生产责任制，加大反违章力度，严格查处违章者，全面排查安全隐患，使安全思想深入人心。细抓安全生产全过程，由公司与各厂、站签订《安全生产责任书》，各厂、站又与班组签订安全生产责任书，实行一级抓一级，层层抓落实。扎实有效的开展安全月、安全日活动，提出安全记录不中断的号召，根据季节特点做好防汛、防火、防盗等工作；按时组织用电安全大检查，认真落实安全隐患整改措施，在生产中做好设备的检修、巡视和维护工作，及时消除设备缺陷；积极开展“零违章”、“零违纪”、“从我做起”的责任承诺，增强了职工的安全责任感，让每一位员工都树立“居安思危、警钟长鸣”的安全责任意识。

【房地产开发建设项目】 为盘活闲置资产，2010年6月，再峰公司投资组建了云南宽澄房地产有限责任公司，紧接着向县规划局递交了“宽澄鼎元”和“宽澄盛世”两个房地产开发项目文本。该项目属于大规模的高层建筑，有18~33层不等共30余幢。按照高容积率、大绿化率、低密度的方案来规划设计。这一举措与国家“节能减排”、“高效环保”政策相吻合，因此得到了县委、县政府的高度重视和大力支持。“宽澄鼎元”和“宽澄盛世”项目由云南天怡建筑设计院进行规划设计，无论从风水和户型上都融入了发达地区的先进思想和理念。在布置上错落有致；在户型上合理别致；在施工方面，公司的承诺是“视质量为生命”；在附属设施配置上，采用智能化与人性化相结合的先进模式。

（施菊焕）

德安磷化工业

【综述】 2010年，云南澂江县德安磷化工有限责任公司以创建“和谐企业”为目标，以开展“争先创优”、“创建学习型党组织”活动为载体，以加强基层基础工作为主线，以健全长效工作机制为抓手，强化责任，实施社会安全生产工程。面对原材料价格上涨和环境保护整治压力等困难，公司全体员工以“内抓管理，外抓市场”为工作重点，狠抓节能降耗和技术创新，开拓国内外市场。推进新型产业发展，实现产业升级，认真做好节能减排、清洁生产工作，加强环境治理和环境保护力度。强化安全管理，促进“以人为本”的治企理念，倡导和谐企业、和谐社会建设，一年来，企业的各项工作有序、健康发展。

【生产经营情况】 2010年，公司生产黄磷18283吨；生产磷酸28300吨，其中，工业磷酸6592吨，食品级磷酸21708吨；发电量3021万度；实现销售收入7.3亿元，上缴税金3046万元。

【抗旱捐款】 2010年4月2日，公司党委组织全体党员为旱区捐赠抗旱救灾款4255元，4月9日，公司工会委员会组织全体员工为旱区捐赠抗旱救灾款5170元，体现党组织及共产党员对灾区人民的一点微薄之心。

【配料系统改造】 2010年，公司根据生产环节运行规律，按照节能减排要求，利用限电停炉期间对黄磷生产配料系统进行自动化改造。改造后，提高了配料精确度，降低了各种消耗，达到节能降耗目的，同时也降低操作人员劳动强度。

【原料输送皮带技改】 2010年，公司有效利用地形优势，投资120万元技改一套500余米的活动式原料运输皮带，技改后，降低运输成本，减少粉尘排放量。

【远程在线监控系统改造】 2010年，公司按照安全标准化要求，投入8万余元在生产区安装一套远程在线监控系统，对厂区各危险源点等重点部位实施时时在线监控，有效地降低偷盗事件和安全事故发生。

【植树活动】 2010年5月20日，公司组织机关后勤100余人，在被关停后的大坡头厂区及生活区空地进行植树活动，共移植各种树木5000余株。

【安全现场演练】 2010年5月25日，公司开展"安全生产月"演练活动，组织200余名员工参加以"消防器材、防毒面具使用、心肺复苏术、应急疏散"为主要内容的现场演练活动。通过演练，员工能够正确使用、熟悉掌握各种防护器材，遇到紧急情况能够及时组织自救，能够安全有序疏散。2010年6月23日，由云南省安监局、省工会、省团委组成的省安全纵深检查组到公司进行安全检查，在公司总经理龚云平、副总经理孙志坚的陪同下，观看公司组织的"消防器材、防毒面具使用，心肺复苏术，应急疏散"为主要内容的现场演练表演。

【安全演讲比赛】 2010年6月25日，公司组织300余人开展以"安全在我心中"为主题的安全演讲比赛和安全知识竞赛。有6名职工参加安全演讲比赛，有6个队参加安全知识竞赛，公司领导为获得一、二、三名的个人及参赛队颁发奖状。

【节能减排】 2010年，公司通过加强设备技改，强化内部管理，狠抓技术革新，强化工艺、设备改造和节能降耗，开展清洁生产等系列工作，各项消耗和能耗、污染物排放等指标低于同行业平均水平。具体为：在成熟生产装置的基础上，结合实践经验，对装置进行优化设计；实施安装电极自动化装置；采用自动配料装置，加强密闭，减粉尘污染；采用节能灯具、节能电机，大功率电机变频调速；加强"三废"治理和回收利用；采用"热法磷酸生产热能利用技术"；完善原料破碎、烘干、配料工序布袋除尘设备。通过上述措施的开展，清洁生产工作及三废利用率大幅提高，营造一个清洁舒适的工作环境，减少和杜绝粉尘污染，经济、社会效益和节能减排效果双赢。

【综治工作】 2010年，公司社会治安综合治理维护稳定工作以创建"和谐企业"为目标，以开展"创先争优"、"创建学习型党组织"活动为载体，定期分析形势，研究部署工作。坚持党政工齐抓共管的工作原则，健全了综合治理责任机制；坚持依法治企、打防结合的工作方针，强化企业内部管理，根据公司的性质和特点，开展预防和打击违法犯罪活动，加强法制教育，强化专项整治；坚持综治人员自身建设工作机制，规范综治工作内业工作中，发挥保卫在社会治安综合治理工作中的主力军作用，提高保卫人员自身素质和业务水平；坚持事前预防、定期检查工作措施，杜绝安全事故发生。一年来，企业生产生活稳定，治安状况良好，无重大生产安全事故和治安案件发生的。

【工会工作】 2010年，公司工会认真贯彻"组织起来，确实维权"的方针，维护企业、职工合法权益，团结广大职工切实做到在共建中共享，在共享中共建，立足和谐发展，倡导和谐理念，找准位置，发挥优势，在大局下行动，主动为大局服务。认真协助做好困难职工、生病职工、单亲职工家庭帮扶慰问，积极促进和谐劳动关系、和谐企业建设。

【安全生产】 2010年，公司安全生产工作遵循"安全为了生产，生产必须安全"，"安全第一，预防为主，综合治理，全员参与"的工作方针，强化生产必须安全，安全就是效益的意识。在公司内实行安全生产责任逐级分解制，从分厂（公司）、处（室）、工段、班组逐级签订安全责任书，形成一级抓一级，一级对一级负责，层层落实的安全责任体系。实行以部门为单位的安全风险金奖惩制度，年终由公司安全生产委员会考评实施奖惩。加强员工的安全教育培训，提高安全意识、职业健康意识、防火防灾意识、环保意识。加强公司安全生产委员会职责，执行安全生产检查制度，对检查出的安全隐患定期监督整改。强化安全硬件设施建设，安装防爆灯泡、二氧化碳报警仪、差压液位器、模拟置变送器、监控头等安全防范设备仪器。

【社会公益事业】 2010年，公司向社会捐赠213.78万元，其中，右所中心小学助学1万元，抗旱救灾36万元，右所村民委员会老龄事业1万元，云南能源职业技术学校5万元，龙街镇文化教育事业100万元，右所镇补益村民委员会70.78万元。

【打造著名商标】 2010年，公司"盘虎"商标再次被云南省工商行政管理局评定为"云南省著名商标"，被玉溪市工商行政管理局评定为"玉溪知名商标"；公司被玉溪市总工会、人力资源和社会保障局、安全生产工艺管理局授予玉溪市"劳动关系和谐企业"。

（杨增学）

交 通

【综述】 2010年，澂江县交通局在县委、县政府的正确领导下，在省、市交通部门的指导帮助下，以邓小平理论和“三个代表”重要思想为指导，全面贯彻落实科学发展观，深入开展“创先争优”活动。紧紧围绕县委、县政府的中心工作，团结一致、解放思想、求真务实、攻坚克难，以道路基础设施建设为重点，农村公路网建设、路政执法、运输市场管理、安全生产等工作再上新台阶，较好地完成县委、政府交给的目标任务，为全县经济社会又好又快发展打下坚实基础、营造良好交通环境。

【澂阳公路联络线梨花路工程】 2010年，完成澂阳公路联络线梨花路前期工程，该路全长786米，预计投资3600万元。完成施工图设计，并上报审批，签订建设用地和安置地的征（占）用协议，完成东大河村拆迁户房产评估并公示，土地征用手续已完毕，正在与房屋拆迁户协商拆迁协议，工程建设的拦标价已报送审计局进行前置审计。

【梁王河路面修复工程】 2010年，完成梁王河路面修复工程，梁王公路起于澂江县龙街镇白土坡村（梁王河水库旁），沿途经过十里亭村、萝卜村交叉口、澂马路交叉口、高西村、师家村、撒马都村、毛家营村、香村、九条沟村、万家营、澂川路交叉口，止于澂江县龙街镇大河口村（抚仙湖畔），路线全长7.829KM，路基宽度为8米，路面宽7米。其中，“K0+000～K1+460”段为沥青混凝土路面，“K1+460～K7+829”段为水泥混凝土路面。该工程于7月开工建设，9月30日完工，投资142万元。

【澂阳二级公路】 2010年5月31日至6月4日对澂阳二级公路的路基、路面、桥梁、隧道及交通安全设施工程进行质量检测评定，评定为质量合格，正在进行工程审计工作，累计完成投资39350万元。

【“三湖一海”公路（澂江段）】 2010年，交通安全设施和绿化工程建设完成投资790.12万元。其中，安全设施工程建设于3月开工，11月完工，投资320.00万元。景观绿化工程建设，于7月开工，12月完工，投资470.12万元。

【农村公路科技示范工程】 2010年4月27日，玉溪市公路质检站对澂江县农村公路示范工程进行质量评定，专家组评定分数为94.79分，工程质量为合格，该工程累计完成投资1257.5万元。

【矣旧至独发箐农村公路改造工程】 2010年6月17～18日，玉溪市公路质量检查站通过施工现场控制，现场检测，查阅施工、试验、检测资料，依据《公路工程质量检验评定标准》对矣旧（老鹰地）至独发箐（海口）农村公路改造工程进行评定，该工程质量为合格，累计完成投资1790.64万元。

【公路管养】 截至2010年底，澂江县境内通车里程有884.5公里。县交通局加强公路管养工作，在各镇成立交通管理所，做好165.06公里的县乡公路和22.2公里的省道养护工作，指导、督促各镇搞好671.87公里乡村公路的养护管理。建立健全乡村公路管养责任书，明确责任，完善奖惩制度，建管结合，把农村公路养护工作纳入“长效工程”管理，坚持“谁受益，谁养护”的原则，实行县、镇、村三级负责制，公路管养工作取得显著成效。旱季期间投入资金12.5万元，投工756多人次对公路两旁绿化带进行浇水、修枝断头、清除杂草，刨除死苗，补栽新苗，使澂川二级公路常年绿树成荫；雨水季节期，投入资金67万元，出动人员860人次，清理公路两侧水沟，疏通桥涵，清扫路面860平方米。全年完成砂石料采备2.2万立方米，路面清扫252.5万平方米，清理水沟495公里，疏通桥涵180道，1260米，整理路肩472公里。县乡公路养护好路率为70.8%，比2009年提高6%，通车率达100%；乡村公路好路率为42.6%，比2009年提高5%，通车率达100%。

【路政执法】 2010年，澂江县交通局路政大队按照“科学检测、卸载放行、警告为主、处罚为辅”的原则，依法治超。全年查处超限运输车辆64350辆次，收取超限赔（补）偿费770万元，全部上缴财政。加大全县公路的巡查力度，及时掌握动态，查处、制止各类违章建筑12宗，其中小湾村违章建筑9宗，建筑面积234.1平方米，下达交通违法行为通知书，限期拆除。公路巡查670余次，出动人员1140余人次，清除路障750余处，拆除非公路标牌8块、布标116块。清除公路堆放农业垃圾3040平方米，农粪201平方米；警告343人次，受教育175人次；交通肇事损坏公路路产立案549起，查处549起，查处率100%，索赔率100%，收回公路路产12571平方米，收回公路路产损失赔偿费102万元，无一起路政复议案件发生。对易泼洒货物车辆的运输，要求必须加盖蓬布，以防止货物泼洒污染公路路面，查处违章车辆122辆，收取清扫费17650元。

【交通规费征收】 2010年，县交通局按照“加强管理，提高效益，优质服务，树立形象”的总体要求，以提高服务质量和征收能力为重点，内强素质，外树形象，做好交通规费征收工作。全年收取通行费1235.3万元，其中，澂川收费站收取807万元，比上年增加61.75万元，增加8%，完成目标任务的124%；澂马收费站收取428.3万元，比上年减少55.6万元，下降11.5%。

【规范交通运输市场秩序】 2010年，县交通局加大运输市场的整治力度。截至12月31日，全县有普通货物运输业户2423户，普通货物运输营运车辆2876辆。全年办理普通货物运输《道路运输经营许可证》440套，《道路运输证》599本，其中，新增481辆、转入118辆；审验《道路运输经营许可证》1725套，《道路运输证》2208本；出动稽查车辆4320辆次，执法人员1600人次，检查车辆1754辆次，暂扣车辆42辆，罚款17.4万元；核发《云南省鲜活农产品运输准运证》1170张。

【安全生产】 2010年，县交通局加强重点场所部位的管理，促进治安管理和安全生产管理制度化、经常化。坚持一年5次“四防”（防火、防盗、防毒、防爆）和生产施工重点部位的安全检查，围绕春运、五一节、六月“安全月”、十一黄金周及雨季道路保通目标，制定安全生产工作方案及应急方案；加大非法客运打击力度，保障合法经营户的利益；加强水陆运输市场秩序整顿，消除不安全因素；加强安全生产目标责任单位、重点部位、易燃、易爆物品防范；强化安全生产宣传教育，加大安全生产防范事故的力度，形成全局人人讲安全，处处抓安全的格局。全年召开安全生产会议13次，学习各类安全文件22个，悬挂安全生产标语23条，发放宣传材料2000余份，开展各类安全检查36次，排查道路事故隐患11处，整治安全隐患24起，投入整治经费9万元。

【综治维稳】 2010年，县交通局以创建“平安交通”为载体，完善工作机制，排除调处各类矛盾纠纷，把维护政治稳定和抓好综治安全工作列为重要议事日程，做到责任明确，分块负责。局机关与各站、所签订“综治”目标管理责任书7份，签订率达到100%。五一节、十一黄金周，办公室安排值班表，实行24小时值班制度，并严格要求作好值班记录，有事报事、无事报平安，真正将维稳责任落实到人。综治工作年初有计划、有安排，层层有人抓、级级有人管，季度、半年、年终有检查、考评、总结。全年接待来信来访52件，264人次，所反映的问题全部得到妥善解决和圆满回复。

【创先争优活动】 2010年，县交通局以深化学习实践科学发展观为主题，以“筑交通党的坚强堡垒、树交通党的先锋形象，促交通科学发展”为主线，以创建“五个好”先进基层党组织和争当“五带头”优秀共产党员为主要内容，强化交通“三个服务”，认真开展“五比五创”主题实践活动，把开展创先争优活动成果转化为实实在在的工作业绩，大力推进学习型党支部创建工作，营造热爱学习、比学赶超的良好氛围，着力提高广大党员的综合素质，推进交通事业再上新台阶取得实效。

【队伍建设】 2010年，交通局以开展“三读”活动为契机，认真抓好相关条例、文件和《廉政准则》、《中国特色社会主义理论体系学习读本》、《科学发展观学习读本》以及《六个“为什么”》学习教育活动，组织党员干部认真学习《中国共产党党员党内监督条例》、《中国共产党纪律处分条例》、《中共中央纪委关于严格禁止利用职务上的便利谋取不正当利益的若干规定》等，让党员和干部职工了解党在新时期的方针、政策和经济发展方向，提高思想理论素质，为全局各项工作健康有序开展营造良好环境。

【廉政建设】 2010年，县交通局按照“三重一大”和“四项制度”的相关要求，本着“标本兼治、综合治理、勇于创新”的原则开展党风廉政建设工作。成立交通局党风廉政建设领导小组，并与局属各单位签订《2010年党风廉政建设目标管理责任书》，明确责任目标，按照“谁主管、谁负责”的要求，把廉政责任层层分解，增强党员领导干部廉洁从政意识。完善接待、用车、财务管理、“三重一大”、“励行节约”及“节能减排”等制度，从思想上、政治上、组织上、作风上、行动上规范党员的行为，从制度上筑牢廉政建设防护网。

【办理人大建议案和政协提案】 2010年，县交通局收到人大代表建议15件，政协提案18件。成立以局长为组长、副局长为副组长、局属各单位负责人为成员的议案、提案办理工作小组，对议案按归属进行了分类，指定每件议案提案的具体办理人员，明确督办领导。在办理过程中，采取电话、面商等灵活的方式，对议案、提案的办理多方征询代表、委员们的建议和意见。同时，邀请人大代表、政协委员以及相关领导召开提案议案面商会，对代表们提出的建设性意见，积极想办法解决，办复率、满意率达100%。

【规范公交车管理】 2010年，县交通局采取有效措施，完善各项制度，全力以赴做好公交车运行工作。截至12月31日，全县开通10路公交车，投放公交车辆73辆；线路基本覆盖各镇，同时办理了909位70岁以上老人乘坐公交车免费证，为老百姓出行提供安全、便捷、舒适、价廉的运输服务，让人民群众切实从交通运输发展中得到实惠。

【帮扶献爱心活动】 2010年，县交通局积极开展“送温暖、献爱心”社会捐助活动，开展“帮扶地方困难党员”、“抗旱救灾捐赠”活动，捐款38640元。其中，局党政领导班子与提古村委会4名困难党员结成“帮扶对子”，个人资助1280元；系统干部、职工抗旱救灾捐款14210元；“共产党员抗旱救灾特别捐赠”捐款23150元，为灾区人民、地方困难党员送去党的温暖。

（张鸿英）

邮　政

【综述】 2010年，澂江县邮政局认真贯彻落实党的十七大精神，全面落实市邮政局关于邮政体制改革和发展的部署，以科学发展观统领全局，坚持规模效益并重发展，转变发展方式，调整业务结构，深化体制改革，创新发展机制，突出精细化管理，推进邮务、速递物流、代理金融三大板块协调快速发展，企业改革稳步推进，业务市场得到拓展，通信能力较快提升，邮政服务较大改善，和谐建设成效明显。

【业务发展情况】 2010年，澂江县邮政局业务收入344.64万元，完成市局下达计划的98.86%。其中，邮务类业务106.14万元，占30.80%；速递物流业务收入102.36万元，占29.70%；代理金融类业务收入132.54万元，占38.46%；其他业务收入3.60万元，占1.04%。

【邮务类业务】 2010年，澂江县邮政局坚持规模、效益并重，社会效益与企业效益相统一的原则，突出函件业务的根基作用，加快发展以商函为重点的函件业务，以贺卡为基础，抓好账单、邮资封片卡、中小学书信大赛活动，推进函件业务健康发展；扩展报刊发行方式，从普遍发行向“重点区域、重点报刊、重点客户”发行转变，加大以企业形象期刊、订阅卡为主要产品的第三方订阅市场的开发；抓好春秋季教材征订发行的组织实施工作，配送全县6所中学教科书173428册，实现码洋106万元；健康发展新邮预订，规模发展形象年册，实现2011年度新邮预订19万元，形象年册制作200册，收入5.2万元。拓展个性化邮票开发题材，在“金色童年”个性化邮票基础上，推出“我爱我家”、“爱相随”、“教师您好”等个性化邮票，扩大集邮业务的增长点，有效促进澂江集邮的健康良性发展。

【邮政金融业务】 2010年，澂江县邮政局立足邮政网点和网络优势，突出重点市场和高效网点支撑，转变增长方式，拓宽业务领域，促进邮政金融业务健康发展。邮政金融业务是邮政的一项重要业务和长效业务，储蓄收入是邮政金融业务收入的重要来源，全局上下高度重视，统一思想，确立抓好余额的发展，是发展邮政金融业务的首要任务；以客户为中心，采取有效措施，做大余额规模，加强员工素质培训和网点建设，整合内外部资源，创新模式，挖掘潜力，保障储蓄余额快速发展。

【速递物流业务】 2010年，澂江县邮政局以快速扩张市场份额为目标，立足重点区域、重点市场和重点业务，加快速递物流类业务发展，确保市场先进地位。重点发展同城和异地特快等产品，优先发展经济快递业务，确保速递业务“快、加快、再加快”；做好大客户的维护工作，加强“次晨达”、“次日递”业务的宣传，拓展“思乡月”的寄递，提高国内异地业务收入；做好中高考录取通知书、单证照等项目的投递；整合资源，在城区大力发展同城配送业务，把物流与社区服务、城市投递、大客户开发有机地结合起来；强化管理，完善服务，保证质量，规范运作，降低风险。

【安全生产专项整治活动】 2010年，澂江县邮政局开展“加强安全生产管理，提升通信服务质量”专项整治活动，对邮运、资金、邮件交接验收等重点环节进行全面检查和整改，加强社会监督员、来信、来访等邮政内外部监督。全年用户有理由的重大投诉为零，没有发生金库、运钞车被盗抢、重大资金案件和安全事故。通信质量指标完成率达100%。

【开展“讲党性、重品行、作表率”活动】 2010年，澂江县邮政局制定方案，广泛开展“讲党性、重品行、作表率”活动。统一干部职工的思想，提高认识，切实增强“讲党性、重品行、作表率”的自觉性；加强理论学习，准确把握“讲党性、重品行、作表率”的深刻内涵；注重活动实效，促进全体党员自觉践行“讲党性、重品行、作表率”的具体要求。全体党员每人撰写心得体会1篇。

【开展“爱读书、读好书、善读书”活动】 2010年，澂江县邮政局在全局干部职工中开展“爱读书、读好书、善读书”活动。组织职工阅读《建设学习型党组织必读经典》、《没有任何借口——企业、政府机关员工精神读本》、《科学发展观学习读本》、《六个“为什么”》等书籍，提高干部职工政治敏锐性和政治鉴别力，讲党性、重品行、作表率，切实改进工作作风。

（张　琼）

电　信

【综述】 2010年中国电信股份有限公司澂江分公司在县委、县政府及省、市电信公司的正确领导下，全面贯彻落实聚焦客户的信息化创新战略，坚持全业务有效益规模发展，聚集重点，围绕短板业务寻找解决办法开展各项工作取得成效。

【业务发展】 2010年，澂江本地电话达2万余户，其中，固定电话1.1万余户，致富通0.2万余户，电信宽带0.5万余户，CDMA天翼手机0.65户余户，3G互联网手机0.1万余户。

【网络建设维护】 2010年，澂江电信分公司投资500万元，完成滚动投资各项维修计划及网络优化、宽带提速，"FTTH"、"FTTB"光纤到户，"C网"基站扩建，语音数据传输设备等优化扩容改造建设，网络覆盖及维护质量得到改善和提升；改进网络部维护一体化执行方案，推行市、县维护一体化工作，细化落实员工工作岗位职责，工作效力有所提高；做好维护外包工作，按市公司要求完成专业考核工作16次项；组建VIP维护支撑团队，政区客户维护工作明显改善；认真落实省、市公司管理工作要求，加强机房现场管理；及时处理抢修电缆被盗38次、意外通信事故11次，侦破通信电缆被盗案3起。

【市场经营】 2010年，澂江电信分公司开展"自行车礼包"活动、"预存话费送手机、送农资、送中秋礼盒"等系列营销活动。充分利用IPTV数字电视业务的先进性，把IPTV数字电视和宽带向客户共同推进。加强与电脑代办商的合作，采取"电脑下乡、宽带进家"的营销方式，推动农村宽带业务的发展。利用3G网络的优势，强化3G移动业务的运用，提高"我的E家"渗透率，做好固网语音保存，在政企行业应用上加快项目拓展。

【扩展渠道建设】 2010年，澂江电信分公司组建两家合作营业厅，新建龙街、右所、九村三个镇营业厅，实现县城一家主厅居中，两家合作营业厅分据两头，全县各镇都有营业厅服务覆盖的局面，方便广大农村用户，树立电信公司方便快捷、优质服务的良好形象。

【内部管理】 2010年，澂江电信分公司提出：对待企业犹如对待自己的家，"从细节开始，从小事做起"的经营管理理念，梳理内部流程，建立整体合理的组织架构体系，从岗位职责、规章制度的建立、绩效考核的细化透明等方面夯实管理基础。严格执行考勤制度，制定实施业务接待、考勤管理制度及车辆安全、人员岗位职责、信息编报等管理办法。

【职工教育培训】 2010年，澂江电信分公司把提高员工综合业务素质作为一项重要工作来抓。建立培训学习制度，科学制定培训计划，多次组织职工学习营销方案、业务知识、营销技巧、服务规范等内容；指导员工参加网上大学学习；组织员工参加市分公司组织的业务技能、经营分析等培训；坚持每周组织营业员进行组内信息沟通、交流、互助学习；加强科室、班组间的信息沟通，使内部资源信息、外部市场信息有效共享。

【安全生产】 2010年，澂江电信分公司认真贯彻上级安全生产工作会议精神，落实安全生产责任制，每个季度和法定假日由综合办牵头组织网络部、市场部对通信要害部位和各生产单位进行安全检查。利用职工学习会，组织学习安全生产、消防安全相关法律法规，做到安全生产警钟长鸣，长抓不懈。开展"安全生产周"活动，积极抓好制度建设和安全知识宣传教育，预防工伤、火灾、重大交通和通信事故的发生，实现全年无安全事故的目标。

【党风廉政建设】 2010年，澂江电信分公司积极开展先进基层党组织工作，坚持"三会一课"制度，加强党员思想教育，抓好专题学习，深入开展科学发展观活动，积极做好精神文明单位创建和申报工作，执行廉洁自律承诺制，层层落实廉政责任，抓好党风廉政建设工作。

【工会活动】 2010年，澂江电信分公司围绕企业的生产经营目标，开展评先树优活动。开展送温暖、捐款献爱心及诗歌朗诵、春节文艺汇演、拓展训练、知识竞赛、篮球联谊赛、为员工集体过生日等多种形式的职工活动，加强员工之间交流，有效地增进员工之间的理解和信任，促进企业的和谐与稳定。

【工作环境建设】 2010年，澂江电信分公司利用电信大楼长期闲置的2000平方米的空地，发动全体员工捐赠小树苗并义务种植，责任到人，进行分期绿化，美化公司大院环境。

【企业文化宣传】 2010年，澂江电信分公司高度重视企业文化宣传工作，创办企业文化宣传栏，对信息和典型优秀人物事迹进行快速宣传报道，坚持每月编排更新一期。制定信息管理奖惩考核制度，将行为规范、文明准则等制成宣传牌悬挂在墙壁上。

（叶云惠）

移动通讯

【综述】 2010年，中国移动通讯集团云南有限公司澂江分公司在市公司的正确领导和大力支持下，在县委、县政府的关心帮助下，围绕"一个中心、三个重点、两个关键、两大目标"价值提升工程，认真践行"正德厚生，臻于至善"的企业核心价值观，通过全体员工的共同努力，整体工作体系得到完善，各项重点工作扎实推进，客户规模、网络规模显著增长，取得喜人的成绩。年末，澂江移动用户数达8万余户。本年，分别荣获市公司"139贴心服务工程优胜单位"二等奖、"年末营销"二等奖。

【网络建设上台阶】 2010年是"精细提升年"，移动通信澂江分公司从"理流程、定制度、重执行、强内功"入手，以客户为中心，市场为导向，加大资源配置力度，强化运营管理水平，确保网络支撑优势；降低管理风险，提高投资效益；优化网络资源，促进共建共享工作。全年完成各项KPI考核指标任务，搞好31个基站的协调建设，新开通基站10个，建成"红山超级基站"，为政府应急通信确实做好保障工作；为多个度假村解决网络覆盖问题，完成15个光纤拉远基站的选点工作；采取多种措施，全面提升网络综合能力，以优质、高效、稳定、先进的通信网络，巩固市场优势。

【贴心服务再升级】 2010年，移动通信澂江分公司树立“以客户为根，以服务为本”的服务理念。开展“便捷服务，满意100”为主题的服务提升活动；推出“五星服务”举措，在凤翔路沟通100厅开展“3·15”总经理接待日活动，现场接待客户咨询、投诉，倾听用户意见建议，现场为客户解决服务问题，实现与客户零距离沟通；公开向社会公布“八项服务承诺”，为客户创造和谐、良好的消费环境。

【开展“橙人行动”活动】 2010年，移动通信澂江分公司一直秉承“正德厚生，臻于至善”的企业文化理念，积极响应市团委的号召，7月，启动动感地带第四季“橙人行动”，为青年学生提供创业就业实践基地。

【“136”信息富民工程】 2010年，移动通信澂江分公司本着让农民用的好、用得上、用得起的宗旨，在5个镇，36个村委会实施农村移动“136信息富民工程”。利用现代通信技术服务新农村建设，使农民通过手机、农业专家热线、农业信息网站、农业信息宣传栏等渠道，便捷的获取各种信息，帮助农民增收致富。推进了农村信息化建设，增强村委会（社区）的服务能力，农村移动电话普及率大大提高。至年底，全县创建农村惠农网36个，惠农网成员10200户，制作村委会信息宣传栏36块。“136”信息富民工程涌现出了一批工作扎实、作风优良的先进集体和先进工作者，2011年1月21日，澂江召开农村移动“136”信息富民工程2010年度总结表彰会，对18个村委会及先进个人进行表彰奖励。

【建章立制】 2010年，移动通信澂江分公司完善制度，执行劳务派遣制和一线职位绩效考核制，做好薪酬优化试点和定向招聘人才工作。建立目标明确、压力传递、上下同欲、奖优罚劣的工作体系，有效地激发员工活力。采用岗位竞聘及职位梳理，明确员工岗位职责，让员工按照岗位职责理顺工作流程，杜绝出现空岗、推诿、扯皮的现象，提升工作执行力。

【党建工作】 2010年，移动通信澂江分公司加强基层组织建设和党员队伍管理，要求广大党员、工会积极分子、优秀团员认真履行岗位职责，发挥先锋模范作用。在评优树先的基础上，把思想品质过硬、岗位业绩突出的优秀员工，及时吸纳到党组织、工会组织和共青团组织，在全公司营造争做岗位专家的氛围。积极开展创先争优活动，以着力创建“学习型班组”为重心，扎实推进党建工作示范点建设，党建、党风两个责任制实绩突出，获上级党组织的表彰。

【抗旱救灾】 2010年，移动通信澂江分公司积极按照省、市公司倡导的做优秀“企业公民”，勇担社会责任的要求，号召全体职工努力成为一个品格健全、受人尊敬的优秀“企业公民”。面对百年一遇的特大干旱，广大员工捐款捐物，仅党支部就缴纳特殊党费3000元，全体员工捐助物资款31585元，为饮马池小学和村委会解决生活用水难题；为养白牛小学师生送去抽水机和饮用矿泉水，解决师生166人的饮用水问题；为灾情较重的边远山区村民送去小型抽水机，帮助解决抽水不便的问题；对澂江县护林防火指挥部的20名临时护林防火队员进行工资补贴。

【关心重病离职员工】 移动通信澂江分公司一位员工2009年9月进入公司，2010年11月，在医院检查出白血病，接受手术治疗，公司及时为该员工办理医保报销手续，解决部分昂贵的医药费用问题。因病情原因该员工选择离职，市、县公司领导多次到他家探望慰问，表达组织的深切关心。

【星级服务明星评比活动】 2010年，移动通信澂江分公司在营业厅窗口、一线服务人员开展服务明星厅及服务明星评比活动。通过选树优秀的服务厅、服务明星典型，发挥先进模范作用，激发员工的服务热情和向上进取的精神，增强班组荣誉感。成立评审领导小组，制定《星级服务明星评选办法》，每月对一线服务人员从规章制度、服务规范、礼貌态度、服务主动性、业务能力几方面进行考评，采取营业员自评、班组长评定、经理评定、服务主管抽查、统一业务考试等方式，把服务态度好、业务技能强的员工评选出来，真正树立澂江移动窗口服务的典范。

（李　兰）

粮油经营

【综述】 2010年，澂江县粮食局收购粮食1136万公斤，销售粮食974万公斤，实现销售收入2439万元，利润7.7万元，全年无重、特大事故发生，干部职工无违法违纪行为，保证全系统人、财、物的安全，圆满完成各项指标任务。

【粮食收储】 2010年，澂江县粮食局贯彻《国家粮食流通管理条例》，做好县级储备粮收储、轮换及管理工作，达到储备粮数量真实，质量优质，以备急需时调得动，用得上，保证全县粮食供应和粮食安全；坚持开展每个季度的“一符四无”粮仓检查工作，每个季度特别是夏季气温高，雨水多，组织力量深入到每个粮食仓库，粮油加工车间，粮油销售门市开展“一符四无”粮仓检查，保证粮食仓储质量和安全，全县科学保粮达98%，“一符四无”达100%。

【粮油购销】 2010年，澂江县粮食局针对全县粮食逐年减少的情况，积极面向市场，搞好对农村的粮食购销服务，保护种粮农户利益，维护好粮食市场的供求稳定，做好粮油收购和销售工作。在大、小春粮食收购前，向广大种粮农民积极宣传国家粮食收购政策；坚持县内应收尽收，县外尽量多收，方便群众，服务群众的原则，不压级压价，不打白条，采取在全县各镇及农贸市场增设网点和流动收购点，延长收购时间，开展服务上门，粮食品种兑换等方式收购县内粮食，积极主动走出县门到石林、泸西、弥勒开展粮食收购工作。全年收购粮食1156万公斤，（县外购进1136万公斤），其中，稻谷332万公斤，小麦152万公斤，玉米652万公斤，其它粮食20万公斤。拓展粮油销售市场，建立粮油批发和零售网点，在县粮食局办公楼和举竹湾农贸市场建设国有粮油销售放心超市2个，在各镇设粮食销售网点5个。主动走入厂矿、学校、宾馆、居民小区、农村开拓销售市场，确保全县学生食堂由粮食局收储公司放心粮店供粮，使学生吃上放心粮油。全年销售粮食974万公斤，其中，小麦183万公斤，玉米522万公斤，大米117万公斤，稻谷141万公斤，其它粮食11万公斤，销售油脂8万公斤。

【粮食经营】 2010年，澂江县粮食局多次召开粮食经营分析会，制定经营策略。局领导班子，经常深入企业调查研究，帮助和指导企业搞好粮食经营。组织营销人员到黑龙江、河南及省内石林、陆良、楚雄、弥勒县等产粮区进行粮情考察，积极与省内外产粮大县及粮食经营部门建立长期稳定的粮食购销协作关系，保证全县粮食市场供应。全年从省内外购进粮食1136万公斤，销售粮食974万公斤，实现销售收入2438万元。

【政策性粮油供应】 2010年，澂江县粮食局加强与驻澂部队、县民政局等相关部门的协调，切实做好军需、民政、救灾救济等政策性粮油的供应工作。树立全心全意为部队、为灾民服务的思想，严把质量关，积极筹措粮源，确保军粮和民政救济粮供应的质量、数量，得到驻澂部队官兵和民政部门的一致好评，圆满完成政策性粮油供应工作。

【粮食企业改革】 2010年，澂江县粮食局为充分调动职工积极性、主动性，降低企业成本，减少支出，提高企业经营效率，帮助指导粮食企业执行二次改革，将偏远、闲置的粮点在企业内部职工中进行竞标承包，解决职工就业问题，盘活闲置资产，扩大经营规模，努力创造再就业机会，增加就业岗位，为实现再就业和解决职工生活困难，维护稳定大局发挥作用。

【提升内部管理机制】 2010年，澂江县粮食局结合粮食收储企业实际，指导企业制订科学的内部管理制度，分别制定

《收储公司内部管理制度》、《2010年经济指标任务和考核办法》、《经理、副经理权力责任制度》、《内部议事及重大事项报告制度》、《驾驶员及车辆管理制度》、《财务管理制度》等，明确职责、科学管理，充分调动职工积极性，提高工作效益，使公司管理进一步规范化、科学化、具体化、现代化。同时，与下属公司签订《党风廉政建设工作责任书》、《经济指标责任书》、《财务管理责任书》、《粮食储运管理责任书》、《生产安全责任书》，加强管理，提高效益，增强企业发展后劲。

【依法管粮】 2010年，澂江县粮食局在大小春粮食收购和重大节日期期间，配合县工商局、食品安全局、质量技术监局开展本辖区内粮食市场秩序清理整顿及检查工作；严格执行《行政许可法》和《粮食流通管理条例》等法律法规，依法行政，使粮食行政管理工作逐步走向法制化轨道；开展科技月活动和“粮食日”活动，加强粮食流通执法宣传，成立《粮食流通管理条例》宣传活动小组，走向街头、市场、粮食经营户进行宣传，促进全县25户粮食经营户依法经营，强化粮食市场监管，维持粮食市场流通秩序，确保粮油食品安全。

【重点建设项目】 2010年，澂江县粮食局执行县委、县政府对重点工程项目处置和新项目建设的安排部署，加强建设资金使用情况和工程质量的审核和监督。办理了粮食储备中心库区建设工程立项、规划、土地、消防、测评、环保、可行性研究、抚仙湖管理等审批手续，上年12月23日破土动工，投资1030万元，本年12月1日工程全部竣工，建成一个集粮食收储、加工为一体的现代化综合粮食储备库区，提高粮食仓储能力、科技含量，确保澂江县粮食安全。澂江县粮食收储公司于本年12月29日搬迁到新建粮食储备中心开展工作。

【粮食清仓查库工作】 2010年，澂江县粮食局主持开展全县粮食清仓查库专项工作。按照清仓查库的范围、内容、时点、方法、要求和“有仓必到，有粮必查，有帐必检，查必彻底”的原则，成立澂江县粮食清仓查库领导小组，在县人大、政协代表的参与下，请查全县库存粮食。同时，接受省、市清仓查库领导小组抽查，所查粮库，粮食充实，质量良好，帐实相符，储备安全，对维护粮食市场稳定，保障粮食安全，保持社会稳定具有重要意义。

【社会粮食流通统计】 2010年，澂江县粮食局建立和完善社会粮食流通统计信息报告制度。全县从事粮食、油料收购、销售加工的粮食经营户35户依法建立经营台帐，定期向粮食行政管理部门报告粮食购进、销售、储存等经营基本数据和有关情况。全年自产粮食30540吨，购入21007吨，消费85300吨，库存各种粮食，保证军需民食及各类生产用粮，繁荣城乡市场。

【粮食价格监测】 2010年，澂江县粮食局加强粮食供求平衡和宏观调控，及时掌握粮价波动情况，采取有效措施解决粮食市场出现的苗头性、趋势性问题，建立和完善粮食供应应急预案和应急机制，管好各级储备粮，建立农户粮情固定调查点25户。及时提供粮食购、销信息，为各级政府制定粮食政策提供依据。

【党风廉政建设】 2010年，澂江县粮食局采取多种形式开展党风廉政建设工作，全年组织干部职工学习法律法规10次，学习《五五普法》、《中华人民共和国物权法》、《国务院关于开展治理商业贿赂专项工作的意见》，运用正反两面教材，对党员干部进行廉政教育和警示教育。制定《建立健全教育、制度、监督并重的惩治和预防腐败体系实施纲要》实施办法，与各基层单位签订《党风廉政责任书》，基层党支部与25名党员签订《党员目标管理责任书》，认真落实党风廉政建设责任制和责任追究制，推进机关作风建设制度化、规范化建设，提高党员干部反腐倡廉、勤政廉政，依法行政自觉性。

【行政效能建设】 2010年，澂江县粮食局把创先争优和行政效能工作列为重要议事日程，成立领导小组，并指定专人负责落实。组织全体干部职工学习法规、文件，健全制度，使干部行有目标，做有制度。制定实施意见，把部门工作量化到科室和个人，增强干部紧迫感和责任感，提高工作水平和工作效率，圆满完成粮食工作行政首长负责制、创先争优、行政效能、党风廉政建设、社会治安综合治理、食品安全等各项工作任务，经上级考核，成绩合格。

【抗旱救灾】 2010年，澂江县粮食局做好“二确保、一充足”的抗旱救灾工作，即：确保全县受灾群众，特别是特困群众一个不挨饿，配合县民政部门做好救灾救济粮食的发放工作，发放救济粮（大米）20万公斤；多方筹措粮食，确保市场粮食供需稳定；组织人员到河南、东北调集粮食，调购粮食53万公斤，保证库存粮食充足。同时，开展“抗旱救灾献爱心”捐款和结对抗旱心连心活动，局机关12名职工，捐款18740元，其中民政救灾捐款2000元，工会救济捐款1040元，共产党员抗旱救灾特别捐献15700元；深入新村村委会，了解掌握情况，帮助解决实际困难；抽调一名副局长下到包村联系点，深入田间地头，抗旱抓春耕生产；为使烤烟适时移栽和种植，补助新村村委会5000元，用于解决部份抽水电费，购买柴油、抽水管等抗旱物资，帮助农民群众解决燃眉之急，以实际行动为抗旱救灾贡献力量。

【关心弱势群体】 2010年，澂江县粮食局在春节等重大节日慰问困难党员、下岗职工及离退休人员34人，发放慰问金5600元；配合民政、城建部门，把符合低保条件的困难职工36户87人纳入低保对象，每季度按标准发放“城市低保生活费”，缓解职工的生活困难；协调有关部门，对收储公司困难职工中子女考取大学的家庭给予及时资助；投资22万元，为粮食小区及职工住宅楼103户住户改造多年未解决的生活用电用水问题；开展城市居民廉租房调查和审核，每季度按标准发放“城市低保生活费”和23户廉租房补贴。

【信访接待工作】　2010年，澂江县粮食局高度重视信访接待工作，成立以局长为组长、总支书记为副组长的社会矛盾调处领导小组，定时研究矛盾处理意见；制订《澂江县粮食局信访机制》，指定责任心强、业务熟的干部负责信访接待工作；认真排查和分析部门内部存在的问题和职工关心的热点，采取有效措施解决存在问题。全年接待各类来访人员10批60人，所反映问题全部得到妥善解决，杜绝和避免恶性事件和越级上访事件发生。

【档案工作】　2010年，澂江县粮食局完善档案管理规章制度，及时收集和整理各类档案资料，按时完成案卷上交，健全档案统计台帐，提高档案使用效率，档案室建设达到云南省党政机关档案室建设四星级标准，档案管理步入科学化、规范化、标准化、制度化轨道。

（朱正忠）

供销合作

【综述】　2010年，澂江县供销社完成商品销售5555万元，比行政效能考核指标4580万元增加975万元，超21.29%，比上年的4770万元增加785万元，增长16.46%；完成农副产品采购350万元，比行政效能考核指标240万元增加110万元，超45.83%；完成社办工业产值1660万元，比行政效能考核指标1270万元增加390万元，超30.71%，比上年的1520万元增加140万元，增长9.21%；组织行业培训460人次，比行政效能考核指标360人次增加100人次；实现利润20万元，比行政效能考核指标12万元增加8万元，增长66.66%。

【现代流通网络体系建设工作】　2010年，澂江县供销社做好乡村流通工程试点示范县工作。6月，通过多次筛选，正式上报3个项目意见书：澂江县生资公司农资连锁配送网络建设项目，澂江县采购公司日用消费品配送中心及网络建设，澂江县藕粉厂万亩荷藕种植基地及市场体系建设。9月，向中华全国供销合作总社申报藕粉厂10000吨荷藕深加工扩建的农开项目。10月，申报“十二五”期间“新网工程”预算说明项目2个，即：采购公司日用消费品连锁经营网络及县级日用消费品配送中心建设项目，总投资400万元，其中，日用消费品配送中心建设项目投资195万元，12月21日由市、县相关部门验收完毕投入使用；生资公司农资配送中心及直营店（回收点）建设项目。11月25日，省、市供销社检查组检查澂江县2009年省级农村现代流通网络体系建设项目专项资金使用情况，无违规现象。

【发展“两社一会”】　2010年，澂江县供销社加大对“两社一会”的指导、服务、扶持力度，推进“两社一会”迅速发展状大，扶持资金14.9万元（其中：省级9.4万元、县级5.5万元）。成立“两社一会”37个，其中，专业合作社16个，专业协会4个，综合服务社17个（其中标准化综合服务社项目申报8个）。至年末，全县有村级综合服务社61个，荚豌豆、大蒜、青花为主导产业的专业合作社76个（工商注册登记29个），农资商会及能源协会各1个。同时，根据上级社的安排部署，对“乡村流通工程”项目建设工作进行绩效考评，及时上报了省级“乡村流通工程”试点示范县、“两社一会”、县藕粉厂万亩荷藕种植基地及市场体系建设项和日用消费品连锁经营网络及县级日用消费品配送中心建设的四个项目执行情况报告。

【社属企业工作情况】　2010年，澂江县供销社多措并举，加强社属企业管理取得实效。澂江县藕粉厂严抓安全生产，节能降耗，开展QS食品安全认证，规范劳动用工制度，保障劳动者的合法公益。全年实现含税销售1090万元，完成年计划930万元的117.2%；农副产品采购350万元，完成年计划240万元的145.8%；社办工业产值1660万元，完成年计划1270万元的130.7%；实现利润11万元，完成年计划。县农资公司盘活资产，做好农资商品购销工作，全年购进各种化肥20250吨，比上年的15703吨增加4547吨，增长28.96%；销售各种化肥18900吨，比上年的15594吨增加3306吨，增长21.20%；实现商品销售2640万元，比上年的2414万元减少226万元，下降9.36%，利润亏损3万元。县采购公司全面倡导“向管理要效益”的经营思想，实现“三个转变”，即：由“柜长责任制”向“店长责任制”转变，由“管理小组管理体制”向“各部管理体制”转变，由“要我服务”向“我要服务”转变；全年完成商品销售1825万元，比上年的1653万元增加172万元，占年计划1820万元的100.27%，实现利润6万元。在抓好经营的同时，做好“两社一会”“万村千乡”市场工程建设工作，建成6个直营店、71个加盟店、1个配送中心的连锁经营网络，农家店的覆盖度达92%以上。

【效能政府四项制度】　2010年5月，澂江县供销社成立推行“效能政府”四项制度工作领导小组，制定实施方案，明确目标、范围、内容、步骤和要求。6月，将办公室财务岗位定为关键岗位和重点环节，制作行政行为监督登记表。拟定学习培训计划，确定年度工作重点，实行目标倒逼管理。按时上报效能政府四项制度的各类材料。

【创先争优活动】　2010年，澂江县供销社成立领导小组，制定《澂江县供销社关于深入开展创先争优活动的实施方案》；及时召开动员会，要求供销系统全体干部职工积极投身于创先争优活动中；制作创先争优活动宣传栏，将实施方案、学习活动计划、党支部和党员公开承诺进行公示；建立和完善党内情况通报制度、重大决策征求意见制度，推行党务公开，增强党组织工作的透明度，充分保障广大党员的知情权、参与权、监督权，使党员更好地了解和参与党内事务。

【党风廉政建设】　2010年，澂江县供销社深入开展理想信念和廉洁从政教育，加强对人、财、物的管理使用和关键岗位的监督，严格执行“三重一大”制度，深入开展党风党纪教育，坚决制止奢侈浪费。树立为农服务意识，抓住供销社“二次创业”的契机，积极参与农业产业化建设，促进农民增收，供销社发展。

【抗旱救灾捐资活动】 2010年，歙江县供销社积极开展抗旱救灾捐款和“供销社共产党员抗旱救灾先锋活动”，全系统抗旱救灾捐款60705元，其中，单位捐款56000元，个人207人捐款4705元。参加“供销社共产党员抗旱救灾先锋活动”特别捐资活动人数46人，捐款21690元。

【综治创安】 2010年，歙江县供销社妥善解决供销社改革改制中企业的土地、房产权属问题。切实抓好供销社创建“平安单位”工作，确保系统社会稳定，努力搞好矛盾纠纷排查，系统内没有出现越级上访的事件。做好财产安全统筹工作，及时与所属企业签订财产安全统筹合同书6份，按规定收取保费6.3万元，对参保企业发生被盗或受灾情况，按照《章程》规定的理赔范围及时赔付。

【资产管理】 2010年，歙江县供销社强化社有资产管理，积极盘活闲置资产，提高现有资产利用率，实现社有资产保值增值。坚持“公开、公平、公正”的原则，严格按照所有资产管理规定和相关程序，认真做好生资公司位于环城北路6号和闲置资产的处置工作。2010年12月17日将评估价1200万元的资产成功拍卖到3400万元。以降低经营成本，减轻债务负担，卸掉历史包袱，保障流动资金，从而缓解公司的亏损步伐，使企业能够轻装上阵，遏制经营日益下滑的趋势，扭转极为不利的被动局面。

（华玉萍）

中国人民银行澂江县支行

【综述】 2010年，人行澂江县支行围绕人行玉溪市中支党委提出的“抓队伍，夯基础；重特色，求创新；强履职，促发展”的工作思路，紧密结合地方政府发展目标，加强制度建设，严格管理，促进工作规范，切实发挥好金融对经济发展的助推作用。至年末，全县金融机构各项贷款207870万元，较年初增加32128万元，增长18.28％，各项存款411730万元，较年初增加89298万元，增长27.70%。

【征信管理】 2010年，人行澂江县支行定期开展系统数据核对工作，规范数据的报送和使用，指导、督促金融机构报送数据，做好错误数据的纠错、信用报告查询服务及异议申请的处理工作，年内受理企业信用报告查询6户、个人信用报告查询27人次；推动中小企业信用体系建设，加大对金融机构、中小企业的宣传培训，动员、引导金融机构利用企业信用信息基础数据库挖掘优质客户；下发《关于开展2010年贷款卡年审工作的通知》，对贷款卡年审的对象、时间、地点、所需材料及相关注意事项进行详细的说明，要求各金融机构通知企业按时办理贷款卡年审事宜。年审过程中，严格按照贷款卡年审操作程序和要求，对每一户年审企业报送的年审资料认真审核，规范操作，及时录入，保证质量。全年年审贷款卡90户，新办12户。

【债权维护】 2010年，人行澂江县支行认真做好问题金融机构处置后的央行债权维护工作。加强金融稳定再贷款管理，完善档案，落实对账制度，做好各项数据、报告、资料的报送工作；对原澂江县城市信用合作社再贷款本息16345864.12元进行债权确认，并向托管组递交《关于清偿人民银行专项再贷款的函》，要求托管组尽快处置当前账面上的货币资金，按比例清偿人民银行再贷款。

【央票兑付】 2010年，人行澂江县支行认真做好央票兑付管理工作。对农村信用社改革情况进行动态监测，考核农村信用社增资扩股、提高资本充足率和降低不良贷款比例的实施情况，全面监测分析农村信用社资产负债、信贷收支、经营财务变化和风险状况；督促农村信用社完善法人治理结构，强化约束机制，加强真实性、合规性考核，切实发挥资金扶持政策对转换经营机制，完善法人治理结构的正向激励效应，密切监测农村信用社新增贷款投向，督促农村信用社建立健全授权授信管理制度和责任追究制度。

【调查统计】 2010年，人行澂江县支行巩固金融统计业务工作，合理配置人员，精心组织，加强督促指导，确保全县金融统计工作顺利开展；在澂江县德安小额贷款有限责任公司挂牌营业后，支行加强与小贷公司的沟通协调，将小贷公司及时纳入金融统计范围；加强统计检查，年内现场检查3家金融机构，检查完成后及时召开金融联席会对现场检查中存在的问题进行通报，同时修订《澂江县金融机构综合业务工作管理考核办法》，规范金融统计工作；完善利率监测分析制度，掌握各行、社存贷款利率的实际执行情况，及时跟踪反馈利率调整政策的社会反响，探索利率政策在执行过程中存在的问题，寻求对策，为上级行制定政策提供帮助；开展小额贷款公司发展状况调查，澂江县中小企业融资状况调查，大学生“村官”创业调查，农村征信知识宣传普及状况调查，澂江县抗旱救灾金融服务情况调查，政府融资平台调查，花卉制度调查，水泥产业支持节能减排淘汰落后产能政策落实情况调查，金融支持农业产业化龙头企业发展情况调查，农户烟叶种植调查等工作。

【国库核算】 2010年，人行澂江县支行准确、及时、完整地反映各级预算收入、支出情况，全年办理预算收入22342笔，金额54118万元，一般预算支出1805笔，金额69479万元，授权支付业务4407笔，金额20310万元，退库业务179笔，金额440万元；积极做好前期各项协调工作，搞好财税库银横向联网系统参数的设置、联调测试及上线运行工作；做好国库会计数据集中系统（TCBS）上线、运行的准备工作，收集相关信息和数据，搞好学习和培训，为国库会计数据集中系统（TCBS）的上线、运行奠定基础；完成国库管理信息系统（TIMIS）的全面推广和上线工作，提升国库管理水平。

【反假货币】 2010年，人行歙江县支行充分发挥反假货币联席会议的作用，建立政府、公安、司法、工商联合的工作机制，协调有关部门开展反假货币工作；及时发布反假信息和新版假币特征，建立信息共享平台，密切关注假币新动向，保持信息的互通性、传递性；加大反假币宣传力度，把打击与宣传教育有机结合起来，加强沟通、协调，发现重大可疑情况及时报案；把抓堵制贩假币重点放在农村，加大小面额假币的查缴力度，以追源头、挖窝点、打团伙、破大案为指导思想，从源头上控制假币流入社会；推进反假货币网络建设，加强业务指导，广泛培养和聘用反假货币义务宣传员，形成一支遍布城乡的群众反假队伍；规范现钞处理设备管理，督促相关单位及时升级验钞机具，提高防范水平；开展假币收缴鉴定业务检查，重点检查邮政储蓄银行、农村信用社等反假货币工作相对薄弱的银行机构，促进反假货币工作深入开展。

【反洗钱】 2010年，人行歙江县支行全面强化金融业反洗钱监管工作，督促金融机构完成客户风险划分，健全内控制度，开展客户调查，提高大额和可疑交易报告实效性；充分利用反洗钱机制，做好可疑支付交易的监测、反洗钱行政调查和案件协查工作，积极开展打击“网络炒汇”、“网络赌博”、“银行卡犯罪”等反洗钱专项工作；充分发挥政府领导，人行牵头，各部门参与的部门联席会议制度的作用，健全各层次协调机制；开展调查研究，探索反洗钱工作的新途径、新方法，为上级行提供参考依据；抓好反洗钱“一法四规”为重点的宣传教育和培训，以“创新金融服务、支持经济发展”业务竞赛活动为契机，开展反洗钱知识测试活动，组织反洗钱岗位人员上网学习，参加反洗钱业务知识培训，提高反洗钱工作人员的业务能力。

【账户管理】 2010年，人行歙江县支行认真做好账户审批管理工作，全年办理账户开立、撤销465户，其中，基本账户221户、一般存款账户102户、专用存款账户96户、临时存款账户46户。强化账户的监管，规范行政执法和行政许可行为，严格执行账户审批资格证管理制度。开展人民币银行结算账户的年检和账户管理、使用检查工作，现场检查建行、信用社账户管理，发现问题，严肃处理，责令及时整改。

【安全工作】 2010年，人行歙江县支行认真落实安全目标防卫责任制和岗位管理责任制，执行值班守卫，严防各类案件和灾害事故的发生；落实社会治安综合治理目标管理责任制，创建“平安单位”和“无毒社区”，健全各类登记簿，在重点要害部位置放消防箱等灭火器材，严格按照操作程序和规定管好用好电视监控；严格要害岗位工作人员定期轮岗和强制休假制度，加强车辆管理，防止安全责任事故发生；开展一年一度的安全生产月活动，邀请专业人员专题讲座3场，张贴各种宣传画9张，在局域网上发布学习资料19份，组织职工观看《中华人民共和国禁毒法解读》宣传警示教育片1场21人次，开展安全生产专项自查1次，出黑板报专栏2期，编写安全简报6期。

【内部管理】 2010年，人行歙江县支行深入贯彻《中国人民银行岗位风险防范指南》，推广案件防范“三道防线”制度，建立以岗位内控为基础的案件防范体系。认真执行案件防范联席会议制度，加强对案件、事故隐患的分析研究；按照“一案三报告”、“三不放过”的要求，坚持每月对重点股室、要害岗位、重点部位进行检查，重大节日前做好安全检查防范工作，每季度开展各部门履行职责情况检查，全年检查4次；认真查找涉及党风廉政建设、业务操作、要害岗位管理、业务风险防范等方面存在的问题，提出整改意见，督促及时整改；坚持半年对要害岗位工作人员进行考核，落实岗位责任制，关注要害岗位工作人员的思想动态，定期和职工交心谈心，及时排查要害岗位人员的不良行为，预防案件和事故的发生。

【党风廉政建设】 2010年，人行歙江县支行确立由党组书记、行长亲自抓并负总责，分管领导具体抓，各股室负责的党风廉政责任制。认真落实“一岗双责”，引导干部职工自觉树立大局意识、廉政意识、勤政意识。年内，党组召开专题会议研究党风廉政建设工作4次；党组书记、纪检组长对新聘任股室负责人进行任前谈话2人次，履职谈话2人次，领导干部述职述廉9人次，副股长以上干部11人建立廉政档案；开展党风廉政建设责任制落实情况检查和各部门履行职责情况检查8次，分管领导每半年对分管的股室落实党风廉政建设情况进行检查2次；开展廉政形势教育、法纪条规学习、警示教育等12次，135人次参加；建立党风行风联系单位8个，向财税、金融机构等单位发放行风问卷调查表28份，收回28份，在收回的调查表中，党风行风评价满意率为100%。

【创先争优】 2010年，人行歙江县支行注重过程，重视实效，以班子建设、队伍建设为重点，推进“文明单位”创建工作上台阶、上水平，年内，被省、市、县分别表彰为文明单位。同时，开展“提升职工素质，促进经济发展”为主题的业务竞赛、“廉政文化书法竞赛”、“征信知识AB组对抗赛”等一系列特色活动，在上级行组织的各项比赛活动中屡获佳绩。在中支组织的运动会中，取得乒乓球女子单打、混双第一名，男子单打第三名，羽毛球混双第一名、男单第三名的好成绩；在“中华经典诵读”大赛和“红色经典歌曲”比赛中分获“红歌”比赛第一名和第三名，诵读比赛第三名的好成绩。

（王 才）

中国工商银行澂江支行

【综述】 2010年，中国工商银行澂江支行紧紧围绕“强行”战略目标，树立“四硬”经营理念，增强紧迫感、责任感，调结构、促转变，切实把机遇转变为现实优势，立足实际，创新经营举措支持地方经济发展。突出营销实践特色，完善内控管理，提升服务，狠抓业务发展，全年完成年初确定的目标任务。

【存款】 2010年，中国工商银行澂江支行认真分析形势，探求市场，深入研究市场潜力和发展前景，制定揽存措施，落实责任，以客户拓面为切入点，抓好代发工资、批量发卡、第三方存管及其它揽存增存工作，做好储蓄存款与代理国债、代理基金、理财业务的转换营销，形成储蓄存款和理财产品良性循环互动局面。对公司存款、机构存款和同业存款立足市场，着眼客户，重抓源头，统筹兼顾，综合营销，推动对公存款逆势上扬，从年初最高负增长9233万元，减少7617万元，年末负增加1606万元。年末人民币各项存款余额51718万元，较上年增加1155万元，增幅2.28%，其中，储蓄存款余额29267万元，较年初增2761万元，增幅为10.42%；对公存款余额22450万元，较年初负增加1606万元，减幅为6.68%。同业存款余额20003万元，较年初增17267万元，增幅为626.52%，创造该行历史上的最大增幅。

【贷款】 2010年，中国工商银行澂江支行积极开拓优质信贷市场，拓展新的信贷增长点，寻求公司贷款业务突破口，分析当地经济环境和企业特点，制定资产业务发展战略，完善营销机制，拓宽营销领域，围绕重点产品、重点项目、重点客户开展营销，重视结构调整，加大小企业贷款、个人住房、个人消费贷款投放力度，开办“网贷通”、个人循环贷款等信贷新产品。把发展贸易融资业务作为实现转型发展的一项重点工作来抓，实现贸易融资业务零的突破。年末各项贷款余额15062万元，较上年增5525万元，同业排名第二，其中，公司贷款余额为2000万元，较上年末增加820万元；个人贷款余额13062万元，较上年增加4705万元，全年发放各项贷款9338万元。个人贷款发放6658万元，收回1953万元，贸易融资业务700万元。

【中间业务】 2010年，中国工商银行澂江支行围绕“全面发力、重点突破、巩固优势、加快创新”的中间业务发展战略，以传统中间业务收入项目为基础，突出产品特色，力推新品，抢抓热点，深入分析中间业务收入主要构成，积极推进中间业务结构调整和增长方式转变，挖掘传统中间业务增收潜力，做好高附加值中间业务品种的营销拓展工作。实现中间业务收入336万元，市场占比达28.62%，取得增量上同业排名第二的好成绩。

【经营效益】 2010年，中国工商银行澂江支行紧紧围绕开拓发展这个中心，内强素质，外树形象，努力建设和谐团队，增强团队凝聚力和向心力，打造过硬员工队伍，强力推进业务的更快发展，努力提升同业竞争力，增大市场占比，实现拨备前利润857万元，较上年增261万元。

【案件防范】 2010年，中国工商银行澂江支行切实抓好党风廉政建设责任制、案件防范工作责任制的落实，细化管理人员和专业部门负责人的责任，强化重要风险点防范，把治理责任分解到相关专业部门，落实到具体岗位和人员，加强监督检查，狠抓案件防范和“三防一保”工作，全年实现安全经营，无案件事故。

【创先争优】 2010年，中国工商银行澂江支行深入开展创先争优活动，在全行掀起创建先进集体、争当先进个人的热潮，全体党员树立力争上游的思想，立足本职工作，创造工作业绩，争做“五个表率”优秀共产党员。全年创建“党员先锋示范岗”3个、“党员实践区”3个，形成奋发向上的浓厚氛围。把经营发展作为第一要务，坚定“三个没有”的发展信念，落实“三个主动”的工作方法，实现党建工作与业务发展紧密结合，促进党员处处发挥模范带头作用，带领全体员工为各项业务发展而奋斗。

【“内控案防制度执行年”主题教育活动】 2010年，中国工商银行澂江支行按照省分行部署开展的“夯实基础、强化管理”与“内控案防制度执行年”等主题教育活动，加强领导，强化措施，干部带头学习，带头实践，切实发挥引领作用和示范作用；按照“干什么，学什么，缺什么，补什么”的原则，认真组织职工学习内控制度、管理规定、工作规则，提高合规经营意识；结合主题教育活动要求查找问题抓整改，提高风险防控能力，促进全行基础管理、内控工作、安全工作成效明显，全年实现安全经营的目标。

【服务管理】 2010年，中国工商银行澂江支行从提升客户满意度出发，加强职工教育管理，在全行开展晨训活动，点评员工服务，促进观念转变，提高服务技能；加快网点装修改造，突出网点规划布局，为客户提供更为细致的服务；加快网点服务队伍建设，在推进柜面标准化服务的基础上，对客户实行分层次服务维护，确保各类客户的需求得到满足；聘请4名社会服务监督员，对网点的服务开展现场执行能力检查，发现并解决服务工作中存在的问题，提升服务管理水平。

（李晓瑜）

中国农业银行股份有限公司澂江县支行

【综述】 2010年，农行澂江县支行树立打造优秀大型上市银行办行理念，统筹兼顾，有效把握“改革、发展、控险”

工作主题，迎难而上，理顺机制，创新管理，全行业务经营、内控管理、队伍建设大幅提升，完成各项目标任务。

【业务经营】 2010年末，农行歙江县支行各项存款余额为71833万元，比年初增加13883万元，比上年增加2654万元，其中，储蓄存款余额38027万元，比年初增加3994万元；对公存款余额33624万元，比年初增加9707万元。各项贷款余额为67611万元，比年初增加5214万元，增长8.35%，余额存贷比为94.12%，增量存贷比为37.55%。其中，个人贷款余额7274万元，比年初增加1371万元，惠农卡新增发卡8133张，授信102户。实现中间业务收入408万元，稳居同行业首位。拨备前利润2389万元，实现拨备后利润2628万元。年内自营和委托不良贷款货币清收分别为2735万元和751万元。年末不良贷款五级分类余额为5013万元，比年初减2035万元，不良贷款占比为7.41%，较年初下降3.89个百分点，个人类不良贷款余额控制数为35.8万元，不良率下降为0.49%，其中，农户小额贷款不良额为22.9万，贷记卡不良率控制在2%。

【开展“大行德广 伴你成长 金钥匙春天行动”活动】 2010年，农行歙江县支行制定具体的营销方案，对“春天行动”的时间、组织机构、任务指标、营销策略、保障机制、考核办法、评比奖励等进行细化并提出具体措施和要求。完成市分行下达的“春天行动”八大类二十四个小项计划任务，14项指标超额完成市分行分配的任务，部分指标位居系统及同业前列。在一季度中，实现个人存款净增4023万元，基金销售2782万元，本利丰理财产品646万元。全年银期转帐新增开户2户，信用卡业务新增有效户106户，新增有效商户6户，借记卡及贵宾客户新增借记卡2619张，新增三星级以上客户37户，新增钻石客户1户，个人网银996户，手机银行782户，银行电话1826户，企业网银11户，企业电话银行9户。支行营业部被市分行授予一季度“春天行动”金钥匙理财奖，云湖分理处主任被省分行授予2010年度金钥匙春天之星称号。

【存款业务】 2010年，农行歙江县支行充分利用好业务关系、社会关系和领导关系进行存款资源的挖掘，重点营销3家预算单位和1家企业目标客户，新增存款近7000万元；维护好信贷存量客户资金归行率，坚持和强化存贷挂钩管理；认真分析县域经济形势，关注招商引资项目，加强与存量优良法人客户和储备项目单位的联系，开展市场调查，掌握客户需求动向，与客户建立稳定关系，搞好市场营销工作。

【信贷业务】 2010年，农行歙江县支行狠抓单位贷款营销维护和储备工作，切实抓好存量大客户的关系维护和效益提升工作，加强三农企业的信贷扶持，积极向实力强、讲诚信、有诚意的企业搞好营销服务，对其信贷需求开展评级授信准入工作，压缩信用程度低的小企业法人客户，发放贷款1321笔，金额30231万元，其中，个人贷款1290笔，金额5221万元，公司类贷款31笔，金额25010万元；积极开展信用等级评定和内部授信工作，审查、上报法人客户评级、授信资料21户，获批准评级21户，授信11户，在支行权限内评级、授信5户，直接认定6户（为不良贷款客户）；加大对“三农”和县域经济的金融支持力度，着重抓好三个贷款项目的落实：与就业局合作开办创业促就业贷款607户，与县妇联合作开办小额扶贫贷款125户，办理一手楼贷款6户，分别发放贷款2889万元、300万元和198万元。

【中间业务】 2010年，农行歙江县支行做好代收代付、代发工资、支付结算等传统中间业务工作，对所有应收手续费做到应收尽收，大力拓展结算尤其是非贷款企业的结算业务，推动结算业务稳定增长，实现各种结算业务收入94万元，比上年增73万元；提高贷款客户的综合回报率，推动投资银行业务发展，全年共实现投资理财业务收入143万元；采取以信贷业务为依托，从落实“双单作业”责任入手，扩大代理财产保险业务的投保范围，同时采取以加强对合作保险公司的监管为重点，严格按上月业绩确定和分配进点时间的措施，代理寿险业务；加大工效挂钩单项考核力度，完成代理基金销售手续费收入19万元的计划任务；高度重视信用卡和电子银行业务发展，公务贷记卡、白金贷记卡、POS商户和短消息服务方面收集24个单位464户个人资料，及时上报市分行409户进行审批，新增发放惠农卡8133张，个人网银、手机银行和电话银行等电子银行业务收入17万元。

【风险控制和化解工作】 2010年，农行歙江县支行深入不良贷款企业对不良贷款进行综合分析，跟综企业生产的进度、销路等，制定清收方案，截至年末，清收锦业公司银行承兑汇票垫款797万元，汇票垫款利息218元、贷款500万元、利息500万元，清收其它企业不良贷款540万元，委托清收、自营清收在系统内名列第一。加大对个人类逾期贷款的催收力度，年末个人类不良贷款余额控制数为35.8万元，个人类贷款不良率为0.49%，其中，农户小额贷款不良额为22.9万，不良率为1.81%。对于员工亲属形成的不良贷款损失类收回19.5万元。

【网点标准化服务培训】 2010年，农行歙江县支行对全体员工进行网点标准化服务的培训和导入工作，从工作服装、服务用语、晨会制度等进行导入，机关员工统一工作服装，坚持每周一早上召开晨会。导入后，员工的学习、工作态度变化明显，职业形象、精神面貌明显提升，网点标准服务水平大大提高。

【优化网点配置】 2010年，农行歙江县支行抓好安全防范设施建设工作，整合优化支行营业网点，撤并云湖分理处，加大前台营销队伍力量，调整对外营业时间，为营业室配备专职大堂经理和客户经理。对支行营业部的自助设备设施进行改造，新增仙湖分理处的自助设备设施。8月，按照《中国农业银行金库管理办法》对金库进行搬迁，认真落实守押工作职责，严格执行安全保卫制度，确保安全运营。

【业务技能培训】 2010年，农行澂江县支行加强员工业务培训，广泛开展岗位学习、练兵和技能比武，将学习考试、业务技能测试、技能比赛结果按年度与员工岗位工资适度挂钩，调动一线员工争当岗位技术能手的积极性，全面提升岗位技能人才队伍的综合素质、业务技能和服务质量，在参加玉溪市分行举行的第四届柜台业务技术比赛中荣获团体第三名；组织员工参加上级行举办的各类培训，推动全行员工队伍素质全面提升。

【送温暖活动】 2010年，农行澂江县支行积极开展送温暖帮扶解困活动，慰问特困员工1人，发放慰问金2000元，慰问困难员工2人，发放慰问金2000元，慰问困难党员1人，发放慰问金1000元，看望生病住院员工4人（次），住院离退休干部2人次；号召全行的广大党员、领导干部、团员青年及员工为抗旱救灾捐款4320元，为玉树灾区人民捐款3210元，奉献澂江农行的一片爱心。

（刘 熊）

中国建设银行股份有限公司澂江支行

【综述】 2010年，建行澂江支行紧密结合当地经济发展方向，以打造务实高效的员工队伍和优质的服务品牌为宗旨，大力发展中小企业和个人资产业务，经过全行员工的共同努力，各项业务呈现稳步增长趋势。

【基本经营情况】 2010年，建行澂江支行一般性存款余额55107万元，增幅为18.18%，其中，企业存款余额36788万元，增幅为23.12%；储蓄存款18319万元，比年初新增1570万元，增幅为9.37%。各项贷款余额5766万元，比年初下降1386万元；不良贷款余额58万元，不良率为1%，比年初下降21.82%；住房委托贷款余额9247万元，增幅为8.84%。全年实现中间业务收入257万元，利润678万元。

【员工培训】 2010年，建行澂江支行组织员工参加市分行举办的学习型团队培训，引入先进的营销技巧和观念，采取帮、带、教的手段，提高全体员工的营销技能；组织全行员工进行服务礼仪知识培训，通过培训，让每位员工认识到服务礼仪在现代银行服务中的重要性，提高服务意识和服务技能，综合素质得到提升。

【企业文化建设】 2010年，建行澂江支行加强党建和精神文明建设，深入推进企业文化，抓好以制度文化、行为文化、专业文化建设为核心的深层企业文化建设，增强员工的向心力和归属感，营造和谐共事的工作环境，努力做到以人为本求发展，以人为本促和谐。

【案件风险防范】 2010年，建行澂江支行对办公楼和营业场所的消防设施设备、监控设备进行改造和完善，加强营业场所、自助设备和自助银行等重点部位的安防保护，充分利用监控、报警以及监控报警联网系统等技防措施加强对出入口、通道、窗户等部位的监控，确保监控、报警设备能够全面、有效覆盖，并做好每日的安全检查工作，及时发现问题，消除安全隐患，切实防范案件风险发生。

（孙宏波）

中国银行股份有限公司澂江支行

【综述】 2010年，中国银行澂江支行领导班子坚持以科学发展观为指导，团结和带领全行广大干部员工，解放思想，与时俱进，紧紧围绕玉溪市分行三年发展战略目标及年度经营计划，扎实推进各项工作，强化风险内控管理，坚持依法合规经营，努力提升服务水平，完成各项主要业务发展指标。

【经营情况】 至2010年末，中行澂江支行人民币存款78422万元，外币存款37万元。人民币存款中，公司存款42322万元，比上年末增加5382万元，增幅为14.40%；储蓄存款35852万元，比上年末增加4806万元，增幅为15.48%；各项存款比上年末增加10382万元，增幅为15.26%。各项存款在全县金融机构中市场占有率为19.55%，位居同业第二，在四大国有商业银行中市场占有率为29.26%，位居第一。各项贷款余额41894万元，比上年末增加6786万元，增幅为21.85%，其中，公司贷款22110万元，比年初减180万元，零售贷款19785万元，比上年末增加6966万元，增幅为54.34%。各项贷款在全县金融机构中市场占有率为19.98%，位居同行业第三。本年实现本外币收入3310万元，支出2067万元，实现税后利润1242万元，较上年末减少193万元，减幅为13.45%。

【资产质量】 截至2010年末，中行澂江支行无不良贷款，不良率为零。

【中间业务】 2010年，中行澂江支行实现人民币中间业务净收入157万元，较上年末新增39万元，增幅为33.05%。

【零售贷款】 2010年，中行澂江支行发放个人零售贷款216笔，年末零售贷款余额为19785万元，较上年末增加6966万元，完成全年目标任务的90.47%，较大程度满足广大购房户的资金需求，有力地促进房地产业的发展。

【治漏除违专项治理】 2010年，中行澂江支行开展“治漏除违”专项治理活动，组织员工认真学习《中国银行营业柜员十个“严禁”》、《中国银行营业机构负责人十个“严禁”》、《中国银行股份有限公司员工违规处理办法》和《中国银行岗位合规手册》等法规，规范各项业务操作。活动的开展，杜绝违规操作行为，增强员工风险控制意识，从严防范各类案件和违规、违纪事件的发生，确保实现“不发一案，不误一人”的目标。

【企业文化建设】 2010，中行澂江支行大力加强企业文化建设，真正将“追求卓越”的核心价值观渗透到每个员工的日常言行中、体现在银行的规章制度里、反映到日常业务流程和管理流程中，与业务发展、产品创新、风险防范、内部控制和文优服务等工作紧密联系起来，真正使核心价值观在全行员工中扎根落地，使全行员工增强使命感和责任感，增强创新意识和竞争意识，提高自己的竞争能力，积极应对市场竞争。

【绩效考核】 2010年12月，中行澂江支行开展2010年度绩效考核工作。经个人总结（述职）、民主评议、组织审定和绩效考核领导小组研究、讨论，得出员工的最终评定等级上报市分行绩效考核领导小组。按等级分布的比例划分，A+员工占参加考核人数的10%，A级员工占20%，B级员工占70%，无C级和D级员工。

（般文涛）

澂江县农村信用合作联社

【综述】 2010年，澂江县农村信用合作联社深化改革建机构，加强管理促规范，完善内控降风险，审慎经营提质量，创新开拓增效益，突出重点抓支农，以人为本谋发展，圆满完成各项目标任务，为澂江经济社会建设做出贡献。

【存贷业务】 2010年，县农村信用合作联社各项存款大幅增长，资金组织实现新突破。12月末，各项存款余额143980万元，比上年末的92170万元增51810万元，增幅为56.2%，完成全年计划净增16000万元的323.8%。各项贷款增长势头强劲，投向投量体现“三增高”。各项贷款余额77537万元，比上年末的61538万元增15999万元，增幅为26%，圆满完成全年计划净增目标；全年投放各项贷款72914万元，收回各项贷款56915万元。在投向投量上，涉农贷款18105万元，较2009年涉农贷款9866万元增加8239万元；涉农贷款占比91.2%，较2009年的85.50%高出5.7个百分点；涉农贷款增速34.41%，较贷款平均增速8.41%高出26个百分点。存贷款市场份额稳步提高，市场竞争力进一步增强，年末，存款市场份额占34.97%，比年初28.58%提高6.39个百分点；贷款市场份额占37.3%，比年初35%提高2.3个百分点。

【收支情况】 2010年，县农村信用合作联社各项收支小幅增长，盈利水平得到提升。各项收入6220万元，比上年末的4883万元增1337万元，增27.38%，完成计划数6000万元的103.67%；各项支出5856万元，比上年末的4724万元增加1132万元，实现税前利润650万元，圆满完成计划任务目标。

【资本情况】 2010年，县农村信用合作联社实收资本快速增加，资本充足率大幅提升。年末实收资本5765万元，新募股金4298万元，投资股余额达5414万元，其中，自然人股3007万元（含职工股520万元），法人股2407万元。原资格股中有650万元转为投资股。资本充足率为9.12%，较上年末的2.35%提高6.77个百分点。

【不良贷款】 2010年，县农村信用合作联社不良贷款余额和占比稳步双降。至年末，五级分类不良贷款余额5881万元，比上年末的6259万元减379万元，不良贷款占比7.58%，下降2.59个百分点。其中，次级382万元，占比0.49%，可疑4977万元，占比6.42%，损失522万元，占比0.67%。

【拨备情况】 2010年，县农村信用合作联社流动性及拨备覆盖提高，抗风险能力增强。年末，存贷比为53.85%，存款备付率为45.20%，法定准备金存款12457万元。资产减值准备4308.43万元，比上年末增36.94%。贷款损失准备4302.12万元，不良贷款拨备覆盖率为75.11%，比上年末的50.67%增24个百分点；贷款损失准备充足率为132.79%，比上年末提高37.46个百分点。

【党建工作】 2010年，县农村信用合作联社全面实施党风廉政建设责任制，年初，召开党建工作会，制定方案，联社党委与各部室经理、各基层信用社主任签订目标考核责任书，认真开展反腐败、反浪费、反赌博、防案件的专项治理工作，利用各种会议、学习培训、专项检查等时机，狠抓规章制度建设和思想道德教育，促进社风好转；立足岗位开展创先争优活动，促进全体党员干部牢固树立“诚信服务、合作共赢”的经营理念，在所有营业机构推行“八项工作承诺制”，开展“五比、五学、五带头、五好”党员创建活动，亮出党员身份，公开服务承诺，接受社会监督；完成基层党组织的换届选举工作，完善党组织的领导体系，为各项工作的开展奠定坚强的组织保证。

【召开二届一次社员代表大会】 2010年7月6日，澂江县农村信用合作联社二届一次社员代表大会在西都大酒店隆重召开，17名职工代表、6名企业法人代表、34名群众代表齐聚一堂，共商发展大计。大会提出：坚持发展为第一要务，坚持改革方向，强化竞争意识，以人为本，加强党建和队伍建设，立足“三农”，服务城乡，强化管理，从严治社，推进农村信用社全面科学发展。中国银监会玉溪监管分局副局长杨杰、省联社玉溪办事处主任朱绍曦及主任助理王若宇、监管二处副处长殷红波、县人民政府副县长吴运龙、人民银行澂江县支行行长张玉云出席会议并作重要讲话。大会听取审议通过澂江县农村信用合作联社第一届理事会工作报告、监事会工作报告、财务工作报告及2009年利润分配方案、增资扩股方案。大会举行换届选举，民主选举产生新一届理事会和监事会，按照《章程》规定程序，理事会聘任新一届的经营班子。新当选的理事长杨云福、监事长张志刚作发言。

【抗旱救灾】 2010年，县农村信用合作联社，多次召开抗旱救灾专题会议，成立以党委书记、理事长为组长，各信用社主任为成员的抗大旱金融服务工作领导小组，深入阳宗、九村、海口等受灾严重的村、镇进行调研，对小春农业经济损失情况、当年春耕生产资金需求进行统计汇总，摸清支农资金需求；及时调整经营方针，加大对受灾农户的应急贷款投放力度，确保农户春耕生产和抗旱救灾必须的流动资金需求；开辟抗旱救灾服务专柜，实行贷款投向“四个优先”，即对农户抗旱和春耕所需物资等生产生活资料贷款优先保证，对农田水利基本建设资金优先安排，对科技兴农项目资金优先满足，对农业产业化发展资金优先发放；放宽贷款展期和借新还旧贷款条件，对受灾农户到期贷款、涉农企业到期贷款，确因受灾造成还贷困难的，给予展期，并对逾期贷款减免罚息，帮助灾区群众渡过难关；积极支持水库、沟渠、坝塘、饮水工程、抗旱机具或物资及小水窖、中低产田改造等农田水利建设和农户抗旱工作，确保抗旱资金到位，投放贷款23924万元支持水库、中低产田改造、饮水等项目。发动职工捐款救灾，全社干部职工107人开展捐款活动3次，捐款总额53940元，其中，一般职工捐款17710元、工会成员捐款1070元、党员干部捐款28060元、联社党委和总支捐款7100元，为支援抗旱救灾奉献一份力量。

【综合业务技能比赛】 2010年10月19日，县农村信用合作联社年度综合业务技能比赛在三楼大会议室举行，来自联社机关、营业部、各信用社代表团的24名优秀选手参加比赛。比赛设电脑汉字录入、EXCEL表格制作、翻打百张传票、点钞及假币识别、手工计息5个项目，实行计分制，每项20分，共计100分。比赛坚持在准确的基础上比速度，每项第一名计20分，第二名计19分，第三名计18分……以此类推，5项成绩之和即为选手个人总分。经过紧张角逐，各赛项优秀选手脱颖而出，县联社领导分别为优胜者颁发奖品和荣誉证书。

【创业“贷免扶补”小额贷款】 2010年，“贷免扶补”小额贷款主要是针对有创业能力的大学毕业生、农民工、复转军人、留学回国人员等提供信贷支持、税费减免、创业服务、资金补助等。要求申请“贷免扶补”小额贷款的创业人员在法定劳动年龄内，身体健康，拥有具体经营项目，并持有2009年1月1日以后注册登记的营业执照。创业人员从事的项目为除建筑业、娱乐业及销售不动产、转让土地使用权、广告业、房屋中介、桑拿、按摩、网吧、氧吧等以外的所有微利项目。贷款额度最高为5万元，对创业者实行免担保，免利息，贷款周期不超过两年。贷款按照自愿申请、承办单位推荐、农村信用社核贷、就业经办机构和财政担保贴息审查等程序办理。县农村信用合作联社主动与工会、个私协会等六家经办机构联系，紧密合作，按时、按质、按量圆满完成该项工作任务，本年发放“贷免扶补”贷款405户2025万元，畜牧专项贴息贷款346户1000万元，有力地促进全县经济社会发展。

【教育培训】 2010年，县农村信用合作联社制定学习培训计划，组织开展涉农贷款统计、信贷系统五级分类操作、核心系统“安贷宝”操作、贷款流程化操作、贷款评审专项、贷款法律风险、金碧卡系统、农信银系统、电子银行系统操作等9期业务培训，培训人员270多人次。同时，建立定期理论学习制度，每月组织机关干部职工学习2次，邀请县法院长期受理农村信用社贷款合同纠纷案件的资深法官开展贷款合同法律风险知识讲座，促进干部员工业务操作能力和风险防范意识得到提高。

【增资扩股】 2010年11月，县农村信用合作联社成立增资扩股领导小组，多次召开会议，全面分析本次增资扩股面临的新形势、新问题，主要领导亲自挂帅，深入企业摸底调查，研究制定详细的增资扩股实施方案及考核办法，明确任务指标和时间要求，责任到人。截至12月10日，增资扩股工作全面完成，募集资本金4298万元，实收资本累计达到5765万元，资本充足率得到大幅提高，抗风险能力逐步增强。

（鲁利云）

中国人民财产保险股份有限公司澂江支公司

【综述】 2010年，中国人民财产保险股份有限公司澂江支公司树立“促发展、增效益、防风险”的经营理念，全面加强公司班子执政能力建设和职工队伍建设，各项工作稳步推进。全年实现保费收入2567.2万元（含以前年度应收保费），完成计划的110.2%，与2009年相比增长21.4%，其中，车险实收保费1886.1万元，完成率为121.3%；意责险实收保费232.8万元，完成率为121.3%；财产保险实收保费294.6万元，完成率为98.2%；农业保险（含烤烟保险、能繁母猪保险），实收保费153.7万元。全年已结赔案4439件，支付赔款1140.59万元。

【理赔服务】 2010年，人保财险澂江支公司实施“保赔”分离，即销售人员和理赔人员分离，承保服务部门和理赔服务部门分离，在此基础上改变考核方式。销售人员以销售业绩为重点进行考核，理赔人员在提高工资待遇的基础上重点考核理赔服务质量。改变长期以来形成的“以业绩论英雄”，重发展轻管理，重保费轻服务等不利于公司全面发展的做法，调动理赔人员的工作积极性，强化理赔人员责任心，提高理赔效率，改善服务质量，在2010年的理赔服务质量考核中获得第一名。

【“携手中国人保　共享世博亚运”主题活动】 中国人民财产保险股份有限公司系统于2010年5月18日至7月18日面向社会推出五大服务主题活动：“新理赔无忧工程”、“我满意——客户服务体验日”、“观世博、看亚运——人保同庆”、“4008195518人保财险直通车特色服务”、“十一黄金周客户自驾游”。人保财险澂江支公司重点推出“新理赔无忧工程”，活动内容为理赔无忧：5000元以下非人伤、无物损案件，材料齐全，1小时赔付；便捷理赔：对于责任清晰，不涉及人伤、无物损事故且车辆损失金额在5000元以下的案件，只需填写《机动车辆保险快捷赔案处理单》，不再填写其他索赔单证，实现“一张纸”轻松理赔；四海通行：全国异地出险就地理赔。

【在县财政供养公务用车车辆定点保险招标中中标】 2010年12月7日，人保财险澂江支公司参加澂江县政府采购中心主持的2011～2012年度澂江县财政供养公务用车辆定点保险招标会，以最高分数独家中标，取得2011～2012年度澂江县财政供养公务用车车辆定点保险的承保资格。

【开通“4008195518”电话营销直通车】 2010年8月1日，人保财险澂江支公司正式开通“4008195518”电话营销直通车，客户只需拨打一个电话就能给自己的爱车省15%的保险费上保险。同时，理赔服务享受“理赔绿色通道”，案件处理优先、快捷、手续简化，承保和理赔都为客户节约大量的时间和精力。本年通过“4008195518”电话营销直通车，承保车辆447辆，实收保费143.16万元。

【“3G”移动查勘定损系统的推广应用】 2010年，人保财险澂江支公司在澂江率先推广应用3G移动查勘系统，该系统是“以客户为中心，以信息技术为支撑，以短信为纽带，以服务标准强制执行为手段，以促进业务发展、提升服务水平和精细化管理水平为目标”的业务全流程控制系统。主要功能：车险理赔的短信接触全程化、查勘（定损）调度的全程监控、“3G”手机移动查勘、重要客户服务、事故车辆送修、服务品质管理等。移动查勘定损系统的推广应用，解决理赔工作中存在的理赔难、理赔繁、速度慢等突出问题。

【手续费管理实现“五跟”模式】 2010年3月11日，人保财险澂江支公司全面实行手续费“五跟”，即“跟单、跟渠道、跟人、跟卡、跟账”的管理模式。

【完成资金省集中支付工作】 2010年12月，人保财险澂江支公司顺利完成资金省集中支付工作，加强资金管控，防范资金风险，提高资金使用效率，提升公司服务水平。

【党风廉政建设】 2010年，人保财险澂江支公司紧紧围绕公司的各项发展目标，突出重点，强化责任，狠抓落实，实施党风廉政建设量化考核与管理，加强公司廉政建设，强化内部管理，促进各项内控制度的落实，增强干部员工依法办事、合规经营的自觉性。对照玉溪市分公司和澂江县党风廉政建设责任书及责任目标考核办法逐一落实。

【社会治安综合治理】 2010年，人保财险澂江支公司开展创建“安全文明小区”、“和谐社区”、“文明家庭”、“文明单位”、“青年文明号”、“无毒社区”、“职工之家”等活动，做到认识到位、组织到位、措施到位和人员落实、经费落实、责任制落实、奖惩落实，层层落实社会治安综合治理工作。全年实现无刑事案件和治安案件、无干部职工犯罪、无火灾交通事故、无因工作失误引发的群体性事件、无“黄、赌、毒”问题、无干部职工传练邪教活动、无泄秘事件、无安全生产事故，为公司的建设发展创造良好的社会治安环境。

【履行企业公民职责】 2010年，人保财险澂江支公司积极开展捐资助学，爱心奉献活动。支持养白牛村委会抗旱救灾捐款10000元；捐赠七江小学办公设备及教学用品价值3000元；六一节向贫困山区小学捐资捐物10000余元；向澂江七中捐资助学20000元。

（朱有红）

中国人寿保险股份有限公司澂江县支公司

【综述】 2010年，中国人寿保险股份有限公司澂江县支公司紧紧围绕县委、县政府的中心工作，按照省公司“抢抓机遇，超常发展，从严管理，快速提升公司整体实力，加快实现‘优质、效益、形象’步伐”的总体要求，坚持以发展为主线，以效益为中心，以业务转型为重点，服务管理为支撑，重点攻关为依托，依法合规经营，增强持续发展能力。认真做好治本抓源头工作，做到业务发展服从于业务管理，业务管理服务于业务发展，以管理促发展，全年保费收入2485.63万元，续收率达到95%；支付各类案件赔款128.21万元，满期领取270.62万元，退保金支付93.57万元。

【拓展保险业务】 2010年，中国人寿保险股份有限公司澂江县支公司，制定全年的发展计划，把任务目标落实到每一个人，及时抓紧抓好。4月份，在右所补益村委会第一家开展“省级保险先进村”的创建工作，有效提升当地村民的保险意识和风险意识。随后在阳宗、凤麓、右所三个镇开展创建“省级保险先进村”工作。公司与县农行、工行、建行等兼业代理单位进行合作，并发文由其代理中国人寿保险业务，中介业务成了公司的亮点。一季度，集中发展鸿丰保险和“金彩明天”分红保险，保证业务上规模；二季度，重点发展两康险期交业务和短期险业务；三季度，以学平险为重点，始终坚持“个险上期交，团险占市场，短险出效益，代理上台阶”，抓好个人代理人队伍建设，加快个人业务发展；抓好团险工作，做好短期险业务发展，寻找新的业务增长点；把中介业务作为业务结构的三足之一，狠抓中介业务，使中介业务发展出现良好势头。

【工资与业务进度挂钩制度】 2010年，中国人寿保险股份有限公司澂江县支公司制定并实施员工工资与业务进度挂钩制度，把员工的利益与业务发展结合起来；实行全员展业，把任务指标分到每一个人；加强业务发展的跟踪督促，对业务进度实行每天一报。挂钩制度的执行，加强员工的责任心，调动员工的积极性，促进业务发展。

【业务管理】 2010年，中国人寿保险股份有限公司澂江县支公司开展核保和核赔会审，成立重大凝难案件委员会，加强对赔案的事前风险监控和事后跟踪检查，特别对合伙骗保的行为决不手软，加大对小额赔案和未决赔款的核查力度，严格落实驻院代表制度；加大理赔业务检查力度，采取有效措施，降低赔付率；优化业务处理流程，加强对业务单证、业务档案、业务印章的管理；重点推进柜面标准化建设工作，柜员执行持证上岗制度，强化系统化管理与考核，柜面实行“零现金收付费”，全面提升柜面综合服务水平；做好“1+N”客户服务项目实施工作，积极开展特色客服活动；加强客户服务制度建设，严格服务流程，规范回访流程，提高回访成功率，提升高端客户的满意度。

【案件防范】 2010年，中国人寿保险股份有限公司潋江县支公司积极开展以“强化风险管理，提高经济效益”为内容的主题教育，积极开展反洗钱工作，坚持检查依法合规经营，深入查找内控不足；认真落实案件防范工作责任制，逐级签订案件防范责任书，实行案件防范保证金制度；加大案件查访和信访力度，切实做好案件防范工作。

【成本控制】 2010年，中国人寿保险股份有限公司潋江县支公司强化预算管理，实施严格的成本管控，实行一把手“一支笔”的费用审批制度，严格费用报批流程和支出；规范各销售渠道企划案，降低展业成本支出，大力压缩业务推动费、产品说明会及大型企划支出，严禁倒贴费用做业务；精减各类会议和文件，压缩会议开支；转变工作作风，提高工作效率。

【加大人力资源制度改革】 2010年，中国人寿保险股份有限公司潋江县支公司深化人事制度改革，实施人才强司战略，广纳贤能，不断优化人才队伍建设，储备充实公司人才库，为全面建设储备能量；推广落实好新一代人力资源管理系统的上线工作，完善用工管理制度，促进人力资源管理的规范化、科学化和现代化建设。

【推崇“家”文化建设】 2010年，中国人寿保险股份有限公司潋江县支公司采取各种措施，加强工会、共青团组织建设，开展“职工之家”创建活动、“双先”评比活动，调动广大员工参与公司民主决策、民主管理、民主监督的积极性。积极开展“送温暖、献爱心”及“手牵手”活动，做好领导包片、部门挂钩基层的绩效考核工作。

（李跃辉　鲁绍芬）

中国太平洋财产保险股份有限公司潋江县支公司

【综述】 2010年中国太平洋财保潋江县支公司以科学发展观为统领，紧紧围绕“两强一堡”战略目标，按照“转方式、调结构、防风险、促发展”的总体要求，加强保险监管和保险服务，注重防范化解风险，有效发挥保险功能作用。采取积极有效措施，主动调整业务结构，降低综合成本率，开拓进取，扎实工作，车险经营品质得到明显提高，完成中心支公司下达的各项指标任务。

【经营情况】 2010年，中国太平洋财保潋江县支公司实现保费收入263.87万元，完成年度计划的131.9%，同比增长248.9%，其中，机动车保费收入259.94万元，占总保费的98.51%；人意险1.67万元，占总保费的0.6%；家财险0.54万元，占总保费的0.2%；企财险1.72万元，占总保费的0.65%。全年承保车辆867辆，其中，摩托车189辆，机动车678辆。支付赔款59.33万元，简单赔付率22.54%，立案数419件，代查勘案件195件，查勘案件614件，未结案件30件，结案率92.84%。

【依法合规经营】 2010年，中国太平洋财保潋江县支公司积极采取措施，组织员工认真学习分公司及中心支公司的有关文件精神，认清形势，统一思想，做到不违规支付手续费，承保业务严格执行费率折扣，不触摸“高压线”；严格执行交强险的各项费率规章制度，严把承保关，在保监委组织的几次检查、抽查中从未出现违规现象。在保险行业协会组织的交叉检查中，所检查的赔款案件、签发的保单、财务收支帐目，均未发现违规经营现象，受到检查组的好评。

【绩效考核制度】 2010年，中国太平洋财保潋江县支公司完善绩效考核管理办法，建立责、权、利相结合的长效激励机制。大规模业务、车队业务实行集体攻关展业，费用由支公司支撑，鼓励员工在完成好本职工作的同时积极拓展业务，实现多捞多得；加大对业务的考核力度，有效的推动业务的发展；积极捕捉保险相关信息，加强与潋江再峰集团、吉花水泥厂、宝通机械厂等企业联系，为业务的发展奠定了良好的基础。

【产、寿险互动工作初见成效】 2010年，中国太平洋财保潋江县支公司主动与寿险公司联系，加强有针对性指导、现场培训、学习、宣传产险业务知识，努力拓展交叉销售渠道业务，利用寿险营销人员多、销售经营思路广的优势帮助拓展业务，实现保费收入13.8万元，为产险公司做出贡献。

【保证理赔服务质量】 2010年，中国太平洋财保潋江县支公司始终把理赔要效益、理赔要客户满意作为理赔工作的中心和重点，着重解决三个方面的矛盾：提高理赔服务质量与降低赔付率之间的矛盾，承保质量与理赔质量之间的矛盾，业务员与理赔人员之间的矛盾。为解决理赔人员与车辆装备不足、结案率低、服务质量低的矛盾采取面向社会招聘充实理赔人员2人；积极向上级公司申请增加查勘车辆，成立理赔查勘小组；加强理赔人员的业务培训和职业道德教育，提高理赔人员的综合素质和专业技能；组织员工学习、领悟“保姆式服务”的涵义，保证理赔服务质量。

（张新蕾）

教 育

【综述】 2010年末，澂江县有普通高级中学1所，在校学生2155人；职业高级中学1所，在校学生1211人；初级中学6所（含阳宗），在校学生8181人；村完小39所，在校学生15426人；机关幼儿园1所，在园幼儿761人，民办幼儿园15所，在园幼儿2033人；农村学前班31个，在班幼儿839人。全县有教职工1712人，专任教师1560人。

【"抗旱保教"工作】 2010年，面对澂江发生百年一遇的特大干旱，县教育局成立教育系统抗旱救灾工作领导小组，全面组织抗旱救灾；对可能发生供水短缺的学校进行摸底排查，分析供水需求，制定科学合理的供用水计划和应急方案；加强学校抗旱基础设施建设，积极争取各级政府和县水利局支持，投入资金67.2万元为松元小学、尖山小学等28所饮水困难的学校修建蓄水池24个，安装输水管道2780米；高度重视安全防火工作，把森林防火教育作为学校安全教育的重要任务，完善校园火灾应急预案并组织师生进行演练，提高师生的安全防范意识和自护自救能力；加强节约用水的宣传教育，促进广大师生养成节约用水的良好习惯；争取各级各部门支援，送水到缺水学校，解决师生用水困难，全县各中小学校接受捐赠矿泉水4800箱、桶装水240桶。

【"三生"教育】 2010年，县教育局全面开展与学科课程相衔接的丰富多彩的"三生"教育实践活动，各学校以日常行为规范和思想道德养成教育为重点，对学生进行爱国主义和集体主义教育、诚信教育、法制教育、文明礼仪教育、网络道德教育。5月31日，举办澂江县小学生文艺汇演展示大赛；7月，表彰省级三好学生16名、优秀学生干部4名、先进班集体1个，市级三好学生14名、优秀学生干部7名、先进班集体1个；在全县中小学生中组织开展"节能、减排、环保"宣传、"禁毒防艾"征文及绘画比赛、"诚信立人，诚信立学，诚信立国"主题班会等活动；在清明节组织1万余名中小学生祭扫西龙潭烈士陵园。

【"两基"迎国检工作】 2010年7月，县政府成立"两基"迎国检领导小组，多次召开专题会议，研究"两基"重大事项，加强督导、检查、培训工作，县领导深入学校基层帮助解决问题。教育局成立片区业务指导组，加强对镇和各学校"两基"业务的指导，同时，与各学校签订《澂江县"两基"迎国检工作目标责任书》，明确迎"国检"的目标任务、工作要求和时间进度。各学校制定工作计划和日程倒计时安排表，按照"硬件从实，软件从严"的要求，层层落实责任，11月，各中小学完成"两基"迎国检的各项准备工作。

【"两基"迎国检宣传工作】 2010年9月~11月，全县各级各部门积极行动，广泛宣传，确保"两基"迎国检工作宣传到位，广播里有"两基"工作的声音、电视上有"两基"工作的影像、墙壁上有"两基"工作的标语、报纸上有"两基"工作的文章。县广播电视局滚动播出两基知识、宣传标语，介绍"两基"巩固提高工作情况等；各中小学、各村组利用板报、广播、升旗仪式、师生大会等方式，普及"两基"国检知识；每个镇设置三块以上"两基"迎国检永久性宣传标语，全县制作"两基"迎国检永久性宣传标语116条，悬挂宣传布标185条；县"两基"办公室印发《云南省基本普及九年义务教育、基本扫除青壮年文盲工作手册》360本、《澂江县基本普及九年义务教育、基本扫除青壮年文盲工作手册》2000本、各学校印发《澂江县"两基"迎国检致学生家长的一封信》23615份。通过广泛深入、形式多样的宣传，"两基"工作家喻户晓，深入人心。

【落实惠民政策】 2010年，县教育局认真落实国家“三免一补”惠民政策，投入资金1199.49万元，对全县28943人次小学生及13236人次初中学生实行“三免”，对4656人次小学寄宿制学生和8266人次初中贫困家庭学生进行生活补助，实现义务教育“三免”全覆盖，杜绝因贫失学的现象，保障农村中小学学生享受公平教育的权利，巩固“普九”成果，促进农村义务教育的健康发展。在全县广泛开展关爱留守儿童、关心残疾儿童、关注学困儿童的活动，教育部门、团县委、县妇联、残联、总工会积极配合，开展扶贫、助残、济困活动，确保所有贫困家庭子女接受义务教育。

【改善办学条件】 2010年，澂江县投入资金923.28万元，新建、扩建校舍10192.81平方米，排除危房10240平方米，全县中小学所有D级危房全部排除。广龙小学异地迁建综合楼、宿舍、教学楼、厕所工程，建筑面积2971平方米；万海小学异地迁建综合楼、宿舍、教学楼、厕所工程，建筑面积2971平方米；尖山小学教学楼、食堂、宿舍、厕所，建筑面积2251平方米，均全部完工。完成澂江一中食堂，建筑面积2000平方米，澂江二中学生宿舍楼、松元小学学生宿舍、吉花小学宿舍楼工程建设。松元、永和、提古、梁王、矣旧等八所小学厕所完工投入使用。启动右所中心小学教学综合楼工程建设。澂江一中、澂江五中、澂江九中、澂江三中、龙街小学教师廉租房均竣工验收，尖山小学教师廉租房已完工。投入资金872万元，采购图书22.2万册，计算机780台，中学理、化、生实验仪器6套，小学科学、教学实验仪器33套，装备实验室28个，添置音体美器材小学33套、初中6套。按学校类别配置教学仪器、实验器材、图书资料，极大地改善办学条件。至年末，全县初中全部建有理、化、生实验室，中心小学均建有微机室、电教室、仪器室、图书室、档案室、体育器材室、阅览室和少先队活动室，普通农村小学达到五室配备。

【学校安全管理】 2010年，县教育局建立健全学校安全管理规章制度和应急预案，层层签订责任书，做到各级政府、有关职能部门、学校层层抓落实。坚持“属地管理、归口负责”的原则，对食品卫生、恶劣天气、工程建设、地质灾害、交通状况等进行督查，通过联合办公、定期检查、限时整改等做法及时消除安全隐患。严格落实安全工作责任制，牵头组织公安、工商、卫生、文体等部门对学校周边环境定期不定期进行专项整治行动，取缔学校周边200米以内非法经营网吧，清除违规摊点，在学校周边设置明显的交通标志和标线，净化校园周边环境。完善各中小学校防雷、防火、防盗、交通安全警示等设施，增设消防通道，增派学校保安人员47名，投入资金130余万元，配备保安器材60多套，安装视频监控40套，从软件硬件上保障学校安全。全县各类学校将安全教育纳入课程计划，加强安全教育，提高师生安全防范意识；开展避险、逃生演练，提高学生自救自护能力；落实法制副校长、法制辅导员制度，密切警校联系，加强法制宣传教育。县各相关部门深入学校开展禁毒、防艾、消防、避震、交通安全等普法宣传教育。本年澂江县获全市学校安全工作一等奖，在学校安全管理方面实施的“小白兔担当蔬菜品尝员，水池养鱼防毒”的校园安全创新举措，被《中国教育报》头版头条刊登。

【普通高中教育成果喜人】 2010年，澂江县有907人报名参加高考，为全市按人口计算报考率最高的县，上线考生890人，高考上线率比2009年提高11.8个百分点，文科上线270人，上线率100%，理科上线519人，上线率99.05%，重点上线25人。

【职业教育】 2010年，县教育局把职业教育的改革与发展列为重要议事日程，以服务为宗旨，就业为导向，扩充规模为重点，从县内就业岗位短缺的实际出发，实施打破行政区域界限，全方位开放办学，专业随着市场走，就业依托经济圈的新举措，打造特色专业，开放办学，联合办学，促进职业教育步入良性发展的轨道。全年澂江职中完成招生452人，在校生达到1211人。毕业学生332人，就业328人，毕业生就业率达99%。

【幼儿教育】 2010年，县教育局坚持发展与规范并重，加强社会力量办园资格审批。4月，联合消防、卫生，组成联合检查组，检查全县民办幼儿园的办园设施、师资配置，引导、鼓励民办幼儿园、农村学前班科学发展，提高幼儿入园入班率。至年末，全县有机关幼儿园1所，在园幼儿761人；民办幼儿园15所，在园幼儿2033人；农村学前班31个，在班幼儿839人。全县3～6周岁儿童在园在班3633人，入园率为73.77%。

【队伍建设】 2010年，县教育局坚持“按需设岗、公开招聘、竞争上岗、择优聘用、严格考核、合同管理”的原则，实行教职工全员聘用制，严把教师进口关，公开招聘初中、小学教师28人，学历合格率100%，坚持新教师到农村和山区服务锻炼制度，全部到山区小学任教，提高山区教师整体素质；坚持按劳分配，效率优先，兼顾公平的分配原则，完善学校以岗位绩效工资为主的分配制度，建立重能力、重实绩、重贡献，向优秀人才、教学一线骨干和教师岗位倾斜的分配激励机制；实施教师交流制度，城区、坝区和山区学校实行“一对一”对口交流，交流教师23人；组织中小学教师1117人参加继续教育培训，举办“知行中国”小学班主任培训班，200名小学班主任参加；在忠窑小学开展参与式教学教师培训，举办“英特尔未来教育”项目学科教师培训，各中学领导和毕业班任课教师100人参加；派出18名教师参加国培计划（云南省农村中小学骨干教师置换脱产培训），启动澂江一中、四中、五中、九中、凤山小学、龙街中心小学、右所中心小学7所学校云南“现代教育示范学校”项目学科教师培训，学校领导和英语学科教师进行导入培训。全年教师参加各种培训1694人次。

【完善资助制度】 2010年，县教育局努力构建学生资助体系，把资助弱势家庭子女教育作为推进教育公平、实现教育惠民的重要任务抓紧抓实。认真贯彻中等职业学校国家奖学金、国家助学金资助制度、普通高中家庭经济困难学生资助制度，办理大学生生源地助学贷款145人，救助贫困大学生8人。

【实现普通高校招生“平安考试”】 2010年，县教育局、公安局、监察局、人事局、保密局等部门各司其职，通力配合，对考卷的运送保密、考风考纪教育、考生食宿行的安全、考点周边治安保卫、环境噪声控制、网络信息监控、电力保障等详细安排，加强考务工作人员的培训，为每一位考生提供优质周到的服务，让考生顺利舒心的完成升学考试，实现教育部提出的“平安考试”。

【规范教育收费行为】 2010年，县教育局严格财务管理制度，管好用好各项资金，提高资金使用效益和保障水平，执行公办高中招收择校生“三限”政策。联合财政、发改委、物价等部门，对全县义务教育阶段各中小学进行收费检查，规范教育收费，全面推行教育收费公示制度，坚决杜绝自立项目、巧设名目的违规收费行为，维护“云南省规范教育收费示范县”荣誉。

【参加“英国救助儿童会云南少数民族基础教育项目”培训班】 2010年1月7日，澂江县选派11名教师参加英国救助儿童会云南少数民族基础教育项目玉溪市第二期培训班。本期培训班历时5天，采用以学习者为中心的参与式培训方法，旨在通过创设特定情景，引导参与者在活动、表现和反思中学习他人的经验与观点，在交流与分享中学习他人长处，产生新的思想，达到新的认识，从而实现自我提高。培训内容主要涉及教师对儿童的能力培养和支持环境的建构，以及参与式教学设计和教师的专业成长等。

【中小学开展“纪念通海地震40周年防震减灾”系列宣传活动】 2010年1月5日，为纪念通海7.8级大地震，强化防震减灾宣传工作，增强全民防震减灾意识，澂江县各中小学校开展系列防震减灾宣传活动。教育局向全县各中小学校以及民办幼儿园发放《防震避震常识》宣传图片8000张、《应对地震灾害—公众互救自救常识》光碟50套，学校通过主题班会、播放光碟、宣传标语、黑板报等形式普及地震科普知识，让广大师生掌握防震、避震、自救、互救的知识和技能。1月11日，县教育局、县地震局聘请著名地震专家、云南省地震局震害防御处处长谷一山为学校师生开展防震避险知识讲座，全县各中学分管安全的副校长、政教主任，各村完小校长、少先队辅导员，民办幼儿园负责人以及学生代表300余人参加。

【县教育局领导视察学校抗旱保教工作】 2010年2月28日，新学期开学的第一天，县教育局副局长王东到海口镇视察学校抗旱保教工作。一到学校，王副局长一行顾不上喝口水就开始巡视校园，对学校食品卫生、饮用水卫生、学校的管理工作等进行详细察看，要求学校做好抗旱保教工作的同时注重食品安全卫生。教育局领导高度重视旱情较为严重的松元小学、新村小学、永和小学师生的饮水问题，及时协调有关部门给予解决落实。

【抗旱救灾捐款活动】 2010年，澂江发生百年一遇的特大干旱，3月3日，县教育局举行抗旱救灾捐款仪式，局机关领导干部和全县教职工踊跃向灾区捐款，捐资29.22万元；3月29日，举行“教育系统共产党员抗旱救灾捐献仪式”，全系统516名党员和干部职工捐款51.19万元。

【县领导深入学校指导抗旱保教工作】 2010年3月10日，县委副书记张云孙、县政府副县长李瑜琼，在县教育局副局长王东陪同下，到澂江四中、澂江九中、澂江职中、矣旧小学、小湾小学、补益小学、桃李小学、饮马池小学等检查指导学校抗旱保教工作。每到一所学校，张副书记、李副县长一行都要详细了解学校供水情况，水源情况，抗旱工作的具体措施，帮助学校提出具体解决办法。在饮马池小学，张副书记、李副县长一行同阳宗镇镇政府领导、饮马池村委会领导共同研究学校供水办法，筹资3万元从水源地引水到学校，修建蓄水池，解决学校用水问题，保障教育教学工作的正常运行。

【开展新学期学校安全检查】 2010年3月10～12日，县教育局联合公安、卫生、粮食等部门组成检查组，对全县中小学校、幼儿园的周边环境、校舍安全、食品卫生安全、消防安全等进行综合检查。检查中小学、幼儿园22所。检查中发现个别食堂冰箱储藏食物不符合要求，部分食堂和小卖部采买和出入库台账登记不全，个别食堂还使用散装大米及龙潭小学饮用水水质稍差，净莲寺小学厨房狭小、设施差，永和学前班还在卫生院内开办，二中、凤山小学校门口交通较为混乱，部分学校应急灯、灭火器配置数差等问题，下发整改文书16份、整改通知书1份、停办通告书1份。

【2009年中考质量分析暨2010年中考备考工作会】 2010年3月13日，县教育局召开2009年中考质量分析暨2010年中考备考工作会议，县教科所教研员、全县各中学校长、教学副校长、教务主任、初三年级班主任参加会议。会议对招生、中考组织、考试安全和备考工作进行具体安排，对2009年中考质量详细分析，要求及时整改存在的问题，统筹做好中考备考各项工作，促进澂江中考工作取得好成绩。

【县领导帮助学校解决缺水问题】 2010年，针对学校出现的旱情，教育局领导高度重视，全面部署抗旱保教工作，把抗旱保教工作列为首要任务来抓。县政府分管教育的副县长李瑜琼、教育局副局长王东多次深入学校了解学校用水情况，帮助学校协调解决抗旱保教工作中的实际困难。松元小学、阳宗小学、桃李小学、小湾小学、饮马池小学、养白牛小学新修6个蓄水池，可蓄水总量226立方米；投资5.5万元为永和小学、饮马池小学安装水管1380米；投资1.1万元为左所小学打水井一口。

【凤山小学举行争当“四个好少年”活动启动仪式】 2010年，在少先队建队60周年之际，胡锦涛总书记向全国少先队员提出“争当四个好少年”的殷切希望。3月22日，凤山小学举行争当“四个好少年”活动启动仪式，结合爱国主义教育、习惯教育、礼仪教育、“三生”教育的实施，在校园掀起一股争当“四好少年”的热潮。学校大队部以如何争当“四好少年”为主题开展童谣创编、撰写心得体会等一系列的活动，充分利用日常各项教育实践活动，将“争当四个好少年”活动做得扎实有效。

【安全教育日活动】 2010年3月29日，在全国第十五个中小学生“安全教育日”，全县中小学校普遍开展深入细致的安全教育活动。组织学生上一节安全教育课，观看一场突发事件发生后自我保护的录像片，使学生人人知晓在火灾、地震等突发灾害面前如何自我保护和逃生。部分学校组织学生进行应急疏散演习，提高学生安全意识和自救逃生的能力。

【澂江二中举行青少年模拟法庭】 2010年4月7日，澂江二中举行“第三期青少年模拟法庭”。模拟法庭围绕“青少年王某因打饭插队受到李小海（化名）举报，产生报复心理，邀约张某在球场边致人轻伤，是寻衅滋事罪还是故意伤害罪”这一具体案例而展开激烈讨论，真实再现王某、张某被公安执行逮捕，检察院向法院提起公诉后开庭审理的全过程。青少年模拟法庭的举行旨在向学生宣传法律常识，选择的案例贴近学生生活实际，审判长、审判员、公诉人、辩护人及被告人均由精心挑选的学生扮演。整个审判过程融知识性、趣味性为一体，使青少年切身感受法律的严肃性。

【学校工作联合大检查】 2010年4月20～27日，县教育局联合县卫生局、县工商局对全县中小学校进行督导检查。检查的内容是：各中小学“两基”迎国检21种表册整理归档情况，学校财务5种制度、7种表册帐目的规范管理情况，学校现代教育技术工作10项内容落实情况，学校“两室”建设管理制度、档案资料的收集整理、使用效益情况，学校德育工作的常规落实情况，学校食堂、食品小卖部领取食品卫生许可证情况，学校食堂从业人员健康体检情况，学校相关食品卫生安全管理制度与措施落实情况，学校食堂食品采购、贮存、加工、餐饮具消毒等各个环节卫生制度和卫生要求落实情况，学校自备供水、二次供水水质消毒、检测及达标情况，学校传染病防治工作落实情况。本次督导检查采用查阅材料和实地查看等方式进行，针对检查中发现的问题向校方进行现场反馈并及时下达整改意见通知书，要求立即整改。

【学校安全隐患专项检查】 2010年5月3～4日，县教育局组织2个安全检查组、10余人分赴全县各中小学、幼儿园开展学校安全隐患专项检查。检查的内容是：门卫值班安全，学校及校园周边安全隐患及应对措施，校内电网线路、锅炉管道及各类用火用气用油安全，饮食卫生和饮用水安全，易燃易爆物品及危险化学用品安全，大型的集体活动和校外活动安全，校舍安全，安全教育和心理健康教育落实情况。针对检查中发现的问题，责令学校及时整改落实，构筑一道坚固的安全防线。

【召开学校安全工作会】 2010年5月4日，澂江县召开学校安全工作会，县委副书记张云孙出席会议，县公安局和各镇分管教育领导、县教育局领导班子成员及各股室负责人、各中小学校长、分管安全副校长、幼儿园园长、民办幼儿园负责人等60余人参加会议。会议要求各学校加强领导、健全制度，明确措施，狠抓落实，切实搞好学校安全工作。

【教研活动】 2010年4月，澂江县九村中心小学与凤山小学联系，加强两校交流，共促学校教育科研水平的提高。两所学校分别派出2名教学能手到对方学校进行示范教学和专题讲座，200余名教师参加学习观摩，双方教师彼此交流心得，受益匪浅。4月29日，澂江县教育局召开全县初级中学数学教师培训会，玉溪四中副校长李培林老师主讲题目为《中考数学“习题”处理》、《圆的复习》，全县6所初中学校数学老师64名参加，部分七年级的数学教师也参加培训。4月30日，九村中心小学把《玉溪教育》编辑室主任杨争鸣专家请到学校作《中小学集体备课策略》专题讲座，82名教职工参加。

【召开学校安全治理整顿工作会】 2010年5月7日，澂江县中小学校园安全治理整顿工作会议在县教育局会议室召开，县委常委、政法委书记陆永泽，县政府副县长、公安局局长李荣坤，县公安局、教育局、卫生局、城建局、综治办、交警队、消防队、工商局、各镇派出所等单位负责人参加会议。会议要求各级各部门加强领导，制定方案，统一行动，认真排查，查找隐患，整改落实，积极配合做好学校安全治理整顿工作，消除各种隐患，为广大师生创造安全环境。

【召开全县中小学校幼儿园安全工作会】 2010年5月19日，县教育局在凤山小学阶梯教室召开全县中小学校、幼儿园安全工作会，县教育局副局长王东、张国强、陈雪晶出席会议并讲话，全县中小学校长、分管安全副校长，机关幼儿园园长、副园长，民办幼儿园负责人，县教育局各科室负责人，91人参加会议。会上，陈雪晶通报教育局巡查校园安全的情况，张国强传达全市学校安全工作会议精神，王东要求各学校、幼儿园要全面开展拉网式的排查，落实责任，对排查出来的各种安全隐患认真研究，及时整改，确保学校、师生安全。

【校园防暴应急演练】 2010年5月28日，县教育局在二中组织开展校园防暴应急演练，县公安局、卫生局、消防大队、武警中队等部门参与指导演练。县委常委、政法委书记陆永泽，县人民政府副县长、公安局长李荣坤，县人民政府副县长李瑜琼，全县中小学校长、分管安全的副校长观摩演练。演练场景：下午3点10分，学生下课正在操场活动时，一名“歹徒”手持菜刀冲进校园，砍伤两名学生，学校办公室得知这一情况后，拉响校园广播系统警笛，同学们在老师的带领下迅速而有序地撤离操场，集结到安全地带。学校的年轻男教师和保安人员迅速携带防爆工具包围歹徒并把歹徒逼到校园的一个死角。同时以最快的速度拨打110报警电话和120急救电话，救护车迅速赶到，抢救受伤的同学，警察赶到现场很快把歹徒制服。此次演练活动，增强师生的安全意识，让全体师生掌握必要的防暴避险方法。

【手足口病防控暨狂犬病防治知识培训工作会】 2010年5月27日下午，县教育局在青少年活动中心召开手足口病防控工作暨狂犬病防治知识培训工作会，全县小学、幼儿园分管卫生工作副校长（副园长）、具体负责传染病防控工作的教师（保健医生）、民办幼儿园负责人近100人参加培训。由县教育局副局长陈雪晶主持，邀请县疾控中心支部书记马重义作“关于学校当前防治手足口病、狂犬病有关知识”的专题培训。马重义利用多媒体手段讲解手足口病和狂犬病的概念特征、防控方法和消毒措施等有关知识及学校防控手足口病的具体做法。此次培训发放5000份狂犬病防治知识宣传单，参会教师还参与狂犬病防治知识的问卷调查。

【庆祝六一国际儿童节文艺汇演】 2010年5月31日，县教育局、县妇联在青少年学生活动中心共同举办庆祝六一国际儿童节文艺汇演。澂江县委副书记张云孙到会讲话，代表县委、县政府对少年儿童的节日表示热烈祝贺。全县12支小学代表队表演12个文艺节目，有舞蹈、钢琴、声乐等。精彩的演出，让人们看到澂江文艺教育的健康发展。

【各小学校幼儿园开展系列活动庆六一】 2010年6月1日，澂江县各小学校、幼儿园积极组织开展丰富多彩、健康向上的庆六一系列活动。活动的内容有：“喜迎全国少代会，争当五好小公民”中队主题队会、新队员入队仪式、绘画展、游园活动、文艺演出等。

【凤山小学开展法制宣传活动】 2010年6月2日，凤山小学在县公安局、县妇联帮助下，举行以“关爱儿童，严打拐卖犯罪”为主题的宣传活动。采取发放宣传单和现场讲解的形式，向学生宣传有关打击拐卖妇女儿童的相关法律法规、防拐常识和帮助未成年人健康成长中应当注意的问题。呼吁社会树立尊重、保护妇女儿童的良好风尚，关心、爱护未成年人。

【澂江二中组织开展诚信主题班会】 2010年5月31日，澂江二中开展以“诚信立人，诚信立学，诚信立国”为主题的班会课，用校园情景剧“心灵的抉择”提出问题，正反双方“七嘴八舌辩是非”进行辩论，最后用视频“我们的‘诚信’社会”对学生进行教育。玉溪市委宣传部、市教育局、澂江县委宣传部、县教育局及澂江二中学校领导参加并给予高度评价。

【召开“两基”迎国检业务培训会】 2010年7月13日，澂江县召开“两基”迎国检业务培训会。对义务教育档案表、云南省普及九年义务教育扫除青壮年文盲情况登记表、义务教育阶段适龄人口及在校生及0～18岁表、玉溪市扫盲档案表等四种电子档案进行培训。县教育局领导、基教科科长、全县中小学教务主任参加会议。

【召开教育系统“两基”迎国检工作会】 2010年7月14日，县教育局召开全县教育系统“两基”迎国检工作会。县教育局班子全体成员、各科（室）负责人、全县中小学校长参加会议。会上，县教育局局长刘世祥就“两基”迎国检工作作安排部署，教育局副局长王东对如何领会会议精神、扎实开展工作、按时按质按量完成“两基”迎国检的各项目标任务作具体要求。

【召开“两基”迎国检工作推进会】 2010年7月30日，县教育局召开“两基”迎国检工作推进会。教育局各科（室）负责人、全县各中小学校长参加会议。会议要求各科室、各中小学以12月31日为时间终点，实行时间倒逼管理，各项工作实行岗位责任制和问责制，做好迎国检工作。会议决定，8月1日起，抽调3名精干人员充实到“两基”迎国检办公室。

【学校食品卫生、生活饮用水、传染病防治知识培训】 2010年8月21日，县教育局和县卫生监督局在澂江大酒店召开学校食品卫生、生活饮用水卫生、传染病防治知识培训会，全县各中小学校、幼儿园分管领导及各学校食堂、小卖部负责人197人参加。县卫生监督局局长鲁智明就如何贯彻《中华人民共和国食品安全法》、《传染病防治法》作专题培训，县卫生监督局陈勇结合几起典型食物中毒案例，讲解2009年至2010年期间全国食物中毒概况，县教育局副局长王东从学校食堂、小卖部管理作开展“学校食品安全”的专题讲座。

【召开新学年校长培训会】 2010年8月26日，澂江县新学年校长培训会在凤山小学举行，全县各中小学校长、主任，教师进修学校校长、教科所所长，局机关各科室负责人120余人参加。会议由教育局副局长王东主持，局党委书记、局长刘世祥讲话，全面部署“两基”迎国检、学校安全管理、食品卫生安全及传染病防控、教师培训、招生、控辍保学等工作。

【新学年学校安全大检查】 2010年8月30~31日，县综治办、教育局、卫生监督局联合组成2个检查小组，对全县30余所中小学校安全进行全面检查。检查内容包括学校校舍安全、设备设施安全、消防用电安全、食堂小卖部饮食卫生安全、校园周边环境安全、学校交通安全、锅炉安全、剧毒化学药品安全、住宿生安全管理、学校安全管理制度等。检查中做到边检查、边整改，对存在的安全隐患立即召集学校班子成员进行研究，制定整改措施，落实整改责任。

【校园安全视频监控系统安装完成】 2010年3月份后，全国几起校园暴力伤害案的发生，将校园安全工作提到国家安全级别。为在校园周边筑起保护墙，保护师生安全，县委、县政府领导高度重视，10月，投入资金120余万元，在全县39所中小学校和幼儿园安装视频监控系统。把学校及幼儿园的校门口、操场、楼道出入口、财务室列为重点监控区域，安装摄像头418个。

【澂江县在玉溪市2010年中小学教师高效课堂教学竞赛中取得优异成绩】 2010年11月，由玉溪市教育科学研究所、玉溪市教育学会主办的“玉溪市2010年中小学教师高效课堂教学竞赛与研讨活动”落下帷幕。澂江县承办的高中语文和初中地理两个学科的竞赛活动在澂江一中、澂江二中圆满结束。本次活动以“高效课堂”为主题，小学组竞赛科目为语文、数学、英语、思品；初、高中组竞赛科目为语文、数学、英语、政治、物理、化学、历史、地理、生物。参赛教师为八县一区（高中组包括市直学校）每县（校）每科一人。澂江县取得喜人的成绩，右所中心小学英语教师张玉莲获小学英语教学竞赛一等奖；澂江四中数学教师李和、澂江五中地理教师徐宏伟分获初中数学、地理教学竞赛一等奖；澂江一中生物教师马玉华获高中生物教学竞赛一等奖；另外有12名教师获得二等奖，6名教师获三等奖。

（李兴生）

老年大学

【综述】 2010年，澂江老年大学开办文史、保健、书画、摄影、声乐、器乐、花灯、体舞、民舞、交谊舞等10个专业、13个班，聘请任课教师11人，第十一届学员人数达437人次。5月中旬，老年大学艺术团参加本县第21届“立夏节”文艺演出；6月上旬，组织师生赴丽江、中甸、宁浪泸沽湖参观游览；7月上旬，举行结业典礼，总结和安排工作，对52名优秀学员和13名优秀班干部表彰奖励；10月，学校领导参加在德宏芒市举行的云南省老年大学协会第十八次协作会暨老年教育理论研讨会，承办全县敬老节文艺晚会；12月初，学校领导率领教师和员工，到红河州三所老年大学考察、学习和参观；12月底，在全市老干部局长、老年大学校长会议上受到表彰，荣获老年大学工作先进单位称号。全年按计划完成教学任务，参加各种节日活动、慰问演出6场次，观众达近万人次。

【参加“人口杯”运动会开幕式演出】 2010年1月21日，玉溪市人口杯运动会在澂江体育馆举行，澂江县老年大学72人参演大型舞蹈《在灿烂的阳光下》。精彩的文艺演出，获得场上观众的热烈掌声。

【召开教师班长会议】 2010年2月21日，县老年大学召开教师班长会议，校长马庆福、副校长杨应康、李勇出席会议并讲话。布置下学期开学有关工作，下学期定于3月1日开学，7月中旬结束，课程安排基本不变。学校坚持“四个老有”方针，以提高广大学员综合素质为目的，以人为本，德育为先，提高教学质量和办学水平，服务于县委、县政府的中心任务。会议对加强艺术团建设、评选优秀学员和班干部、结业典礼、下学年招生工作作安排。与会人员26人充分发表意见。

【参加新农村文艺调演】 2010年2月27日，县老年大学参加由县文化局主办，县文化馆承办在澂江影剧院举行的澂江县迎新春“2010年新农村文艺调演”。参加调演的有全县12个文艺队，县老年大学艺术团参演一个大型舞蹈《相约火把节》，欢快的舞蹈给晚会增添良好气氛，得到观众的好评。

【艺术团选出新一届领导班子】 2010年3月16日，老年大学召开艺术团全体成员会议，31人参加。会议采取无记名投票方式，差额选举，产生艺术团新一届领导班子，选出李勇为艺术团团长，祁华琳、林士英、万增逵为副团长。会上，学校领导和新当选的团长、副团长讲话，决心把老年大学艺术团搞得更好。老年大学艺术团是中老年人业余文艺组织，组建六年来，得到社会各界的关心支持，思想、组织和作风建设得到加强，演出设施逐步增加，演出质量和水平大幅提高，为宣传党的方针政策，宣传改革开放，宣传家乡发挥积极作用。

【省老年大学领导到澂江调研】 2010年4月13日，云南省老年大学常务副校长、省老年大学协会秘书长严兴敬、副调研员赵志霞、办公室主任周瑞珍一行4人，在县老干局局长李成学的陪同下，到县老年大学进行调研和考察，对县老年大学取得的成绩给予充分肯定。

【参加“立夏节”文艺演出】 2010年5月9~11日，澂江县第二十一届“立夏节”在抚仙湖畔风之广场举办。澂江县老年大学艺术团在主会场大舞台上作专场文艺演出，登台演出的演员达50余人，上演的15个节目中，有欢快喜庆的舞蹈《弦子弹到你门前》、《相约火把节》、《老年康乐操》、《丰收舞》及抒情优美的《化蝶》、《女儿情》，有反映农村现实生活的花灯小戏《老两口约会》和反映基层干部清正廉洁、当官为民的《蜜中秘》，有反映文明经商的小品《山村小店》，有体现地方特色的山歌说唱《说澂江来唱澂江》等。节目内容丰富，形式多样，充分反映人民群众现实生活的人和事，寓教于乐，很有教育意义。

【召开学年工作会】 2010年5月20日，县老年大学召开学年工作会，校长马庆福对本学年的工作进行总结，安排布置本学年末的工作，提出下学年的办学计划和招生方案，教师、班长和员工25人参加会议。

【赴滇西北旅游参观】 2010年6月6～12日，澂江县老年大学组织师生33人赴丽江、中甸、宁浪泸沽湖参观游览。老同志一路欢歌笑语，互相团结，开阔视野，身心愉快。

【结业典礼】 2010年7月8日，县老年大学在劳保局礼堂举行结业典礼，副校长李勇主持会议，县委常委、组织部部长冯以春到会讲话，老年大学校长马庆福总结本学年的工作，提出下学年的工作意见。全校教师、学员260余人参加会议。会上，副校长杨应康宣读了《关于表彰本年度优秀班干部和优秀学员的决定》，对52名优秀学员和13名优秀班干部进行表彰奖励。

【结业汇报演出】 2010年7月8日晚上，澂江县老年大学在县影剧院举行2009～2010学年结业汇报演出。参加演出的有声乐、器乐、舞蹈、花灯、体舞、交谊舞及艺术团共10个班团的师生340多人次。演出的16个节目，内容丰富，形式多样，有阵容整齐的大合唱，有动听的二胡合奏，有优美抒情的民族舞蹈，有反映现实生活的花灯小戏及浓厚乡土气息的山歌说唱，具有很好的思想性、艺术性和观赏性。李瑜琼副县长等领导与上千名观众观看演出。

【召开教师节座谈会】 2010年9月9日，县老年大学在老干部活动中心四楼大会议室召开第二十六届教师节座谈会，参加座谈会的有在老年大学任课的老师，老干局、老干部活动中心、文化局、职中、县医院的领导及委员单位的代表。

【承办全县敬老节文艺演出】 2010年，澂江县老年大学承办县第二十三届敬老节文艺晚会。10月14日晚，老年大学艺术团在影剧院作专场文艺演出。县级有关单位的领导出席晚会，副县长吴运龙为晚会致开幕词，到会的观众达800余人。晚会上演欢快的舞蹈和反映老年人现实生活的花灯小戏11个节目，精彩的演出获得观众一阵阵热烈的掌声。

【参加云南省老年大学协会第十八次协作会】 2010年10月26～29日，县老年大学校长马庆福、副校长杨应康参加在德宏州芒市召开的云南省老年大学协会第十八次协作会暨老年教育理论研讨会，澂江县向大会提交了交流材料。

【召开班长、副班长座谈会】 2010年11月4日，县老年大学召开班长、副班长座谈会，马庆福校长传达“云南省老年大学协会第十八次协作会暨老年教育理论研讨会”精神，杨应康副校长系统地讲“班长副班长的工作职责”，以会代训，对班长、副班长进行培训，提高班级管理水平。

【召开教师座谈会】 2010年11月25日，为提高教学质量，县老年大学专门召开教师座谈会。会议由马庆福校长主持，参会教师积极发言，为办好老年大学建言献策。

【考察红河州老年教育】 2010年12月2～5日，县老年大学组织任课教师和员工一行15人，在县老干局副局长丁崇勇和老年大学校长马庆福的率领下，到红河州、个旧市、河口县和蒙自市老年大学进行考察、学习和参观，开阔了视野，学到了经验，增强办好老年大学的信心和决心。

【教学工作会】 2010年12月16日，县老年大学在老干部活动中心四楼召开教师、班长参加的教学工作会。会议由马庆福校长主持并总结2010～2011学年上学期工作，安排布置期末工作。县老年大学本学年开设10个专业13个班，在校学员达457人次，聘请任课教师11人。在全体师生员工的共同努力下，圆满完成本学期教学任务。

【参加摄制“MTV”】 2010年12月21日，县老年大学组织22人到湖畔圣水月亮湾海滨公园参加摄制“MTV”电视录像。展演两个小节目，分别是：交谊舞《我们在抚仙湖相会》和花灯歌舞《拉花姑娘》，每个节目用时2分钟左右，为宣传澂江做出贡献。

（马庆福　杨应康　李　勇）

医疗卫生

【综述】 2010年，全县医疗卫生单位围绕卫生事业发展目标，贯彻“以农村为重点”和“预防为主”的工作方针，全面推进卫生改革与发展。农村卫生工作和公共卫生体系建设得到加强，城镇医疗卫生服务明显改善，传染病预防与控制、妇幼保健等工作健康发展，各项卫生事业呈现出良好的发展势头。2010年末，全县有医疗卫生机构68个，其中，镇及镇以上医疗机构8个，县疾控中心1个，计生服务机构1个，门诊2个，学校医务室1个，村级卫生所33个，个体医诊所22个。卫生系统拥有固定资产总值7017.31万元，有在职职工591人，其中卫生技术人员516人（执业医师212人、执业助理医师32人、注册护士199人、药剂人员35人、检验人员24人、其他卫生技术14人）。另有乡村医生95人。每千人口拥有卫生技术人员2.63人，拥有病床数437张，每千人口拥有病床数2.22张。全年完成业务收入6823.08万元，门诊人次556547人，住院人次13326人。

【创先争优活动】 2010年，澂江县卫生局党总支及时召开党委班子会和动员大会，对“创先争优”活动作具体部署。成立以党总支书记张宝川任组长，局长田永华任副组长，各支部书记和各单位行政主要领导为成员的“创先争优”活动领导小组，制定“创先争优”活动计划和实施方案，认真组织实施。局党总支示范带头，带动各级领导班子加强思想政治学习，采取集体学习、个人撰写心得体会的方式，组织干部职工学习十七大等材料；坚持按照民主集中制议事，凡属重大事项，通过党委会集体研究和规定程序进行决策；党政主要领导以身作则，带头参加局里开展的各项活动，自觉做到思想认识到位、工作措施到位、领导精力到位，带领班子成员认真落实开展创先争优活动各项要求；结合庆祝建党 89 周年，举办主题为“我为党献歌”的诗歌朗诵活动，卫生系统 11 家单位参加，对 4 个先进基层党组织、19 名优秀党员和 9 名优秀党务工作者进行表彰奖励。

【公共卫生体系建设】 2010 年，澂江县卫生局把重点项目建设作为头等大事来抓，多次召开局长办公会，研究制定具体的工作计划和措施，对重点项目任务进行分解下达，明确责任人和责任领导，加强资金管理，推进公共卫生体系建设。完成可行性研究报告的编制并通过评审，10 月 9 日，启动县医院住院楼建设项目，建筑面积 10260 平方米，改造医技用房 2500 平方米，设置病床 214 张，投资 2390 万元（其中，中央投资 1800 万元、地方配套 590 万元），计划 2011 年 8 月完成主体工程；阳宗中心卫生综合楼新建项目占地面积 292 平方米，建筑面积 877 平方米，投资 148 万元（其中中央投资 100 万元、地方配套 48 万元），规划设计为 3 层，2 月 5 日竣工投入使用；龙街中心卫生院改扩建项目建筑面积 1525 平方米，投资 110 万元（其中中央投资 100 万元、地方配套 10 万元），3 月 23 日竣工投入使用；完成立昌、高西、吉花三个村卫生所建设项目，投入资金 57.8 万元。

【新型农村合作医疗】 2010 年，澂江县新型农村合作医疗工作得到稳步发展，参合率不断提高，全县参合人数达 136608 人，比上年增加 920 人，参合率达 96.01%；筹资水平提高到每人每年 140 元，县、镇定点医疗机构补偿比例提高 5 个百分点，分别为县级 55%、镇级 75%，住院封顶线由原来的 2 万元提高到 3 万元。另外，补充对恶性肿瘤等六种重特大疾病门诊费用补偿，参合患者在住院后仍需门诊治疗的，按门诊医药费的 40%给予报销，报销封顶线每人每年为 6000 元；加强对定点医疗机构的监管，县合管办与各定点医疗机构签订《责任目标书》，明确双方的权利和义务，严格执行审核和审批制度，定期组织人员进行跟踪考核，优化新农合服务，简化参合群众就医手续；积极接受审计部门审计，确保资金使用安全；参合农民普遍受益，“看病难”、“看病贵”问题有效缓解，全年减免补偿参合农民 339890 人次（其中门诊减免补偿 328715 人次，住院减免补偿 11175 人次），参合群众受益率达 248.81%，补偿新农合资金 1806.97 万元，比上年增加 321.88 万元，增长 21.67%，资金使用率达 90.15%；圆满完成 2011 年新农合筹资工作，全县参合人数为 114000 人（不含阳宗），参合率达 96.1%。

【支援农村卫生工作】 2010 年，澂江县制定《澂江县医疗卫生下乡对口支援人员工作考核细则》、《澂江县医疗卫生对口支援乡镇卫生院管理办法（试行）》，并从县级卫生部门选派 17 名业务精、责任心强的专业技术人员到各镇卫生院开展医疗卫生对口支援下乡活动，有力提高农村卫生整体服务能力。

【基本药物零差率销售工作】 2010 年 2 月 25 日，全县 5 个镇卫生院、32 个村卫生所全面启动基本药品零差率销售工作，3 个县级医疗单位严格按照优先使用基本药物的规定落实基本药物制度。县卫生局成立以局长田永华为组长，总支书记张宝川、副局长郭靖、张春亚为副组长，各相关医疗单位主要领导为成员的“澂江县基本药物零差率销售工作领导小组”，制定出台《澂江县卫生局关于贯彻执行基本药物零差率销售管理工作的实施意见》，加强宣传、培训，全面开展基本药物零差率销售管理工作。截至 11 月 30 日，各镇卫生院、村卫生所采购基本药物 519.29 万元，实行零差率销售让利群众 50 余万元；县级医疗机构采购基本药物 680.7 万元，占药品采购总量的 26.36%。

【医疗质量管理年活动】 2010 年，澂江县卫生局紧紧围绕“医疗质量与安全、诚信服务与费用”两大主题，开展“医疗质量万里行”、“以病人为中心医疗安全百日专项检查”、“2009～2010 医院管理年”等活动，成立领导小组、专家小组，制定实施方案。从突发公共卫生应急、人才培养、医疗服务、医德医风等方面加强管理，建立健全各项规章制度，形成长效管理机制。在实施过程中，对医院年度质量管理的重点工作进行督导、检查、评估。应对突发公共卫生事件的能力明显提高，医院感染事件和医疗事故纠纷明显减少。

【卫生队伍建设】 2010 年，县卫生局根据《澂江县 2010 年卫生专业技术人才招聘实施方案》，按照公开、公平、择优录用的原则，在全国范围公开招考 7 名大学本科毕业生，充实到县直各医疗卫生单位，为医疗技术水平的提高奠定基础。

【医师定期考核管理】 2010 年，全县完成医师资格考试报名 97 人，副高职称申报 16 人；完成学分验证 249 人，规范执业行为。

【处理突发事件】 2010 年，县卫生积极处理突发事件。一、针对手足口病、甲型 H1N1 流感疫情流行态势，采取各种措施，做好防控工作。（一）坚持内紧外松的原则，制定救治工作方案、卫生应急预案，调整充实防控领导组、医疗救治专家组、疫情报告组。（二）积极做好宣传工作，印制发放手足口病宣传单 20000 份、《手足口病防治知识手册》2500 余本、《手足口病防控知识》折页 3000 份，出黑板报 42 期，电子滚动屏宣传 2 期。（三）对全县 40 余所中小学校和 20 所托幼机构开展以防控手足口病为中心的专题检查。（四）做好防控医用物资储备工作，调购棉防护服 50 件、一次性防护服 60 件、N95 口罩 200 个、乳胶手套 500 双、胶鞋 50 双、脚套 200 双、体温表 200 只、听诊器 15 个、血压表 5 个、手电筒 40 个、过氧乙酸

5000ml/10 桶、84 消毒液 120 瓶、喷雾器 15 台，设置手足口病、甲型流感病床 52 张，各医疗卫生单位均设置发热门诊、预检分诊室（台），全面启动预检分诊工作。（五）加强业务技能培训，培训医务人员 658 人次。二、狂犬病防制。5 月 21 日，玉溪市人民医院确诊一例澂江籍狂犬病临床诊断病例，通过网络上报国家传染病报告管理系统。疫情发生后，县委、县政府高度重视，及时成立由卫生、农业（畜牧）、宣传、公安、工商、教育、财政等部门参加的疫情处置工作领导组，制定《澂江县狂犬病疫情应急处置方案》，各成员单位协同配合，措施到位，狂犬病疫情得到有效控制。（一）认真开展个案调查，密切追踪病犬去向，积极劝导家属，妥善做好死者遗体处置工作。（二）广泛开展宣传教育工作，提高群众认知水平。紧急印制宣传单 60000 份、张贴画 400 张，结合摸底调查和免疫接种工作，进村入户开展宣教工作。（三）严防职业感染的发生，对犬只捕杀工作人员、兽用狂犬病疫苗接种工作人员等接种狂犬病疫苗，接种 350 人。（四）科学划定狂犬病疫点、疫区和受威胁区，针对不同区域采取相应的防控措施。在疫点设置检查点，严防犬只的出入，同时，抽调民兵及镇、村、组干部 120 余人，在公安、农业、卫生的配合下，对所有犬只进行捕杀，对犬只圈舍、生活环境进行消毒，对捕杀的犬只尸体无害化处理后深埋，捕杀犬只 620 只。对疫区和受威胁区区域内所有犬只进行兽用狂犬病疫苗接种，接种兽用狂犬病疫苗 22051 头份，免疫率达 94%。（五）制定《澂江县人民政府关于加强犬类动物饲养管理和狂犬病防制工作的通告》，规定所有犬只实行圈养、栓养，按规定接种兽用狂犬病疫苗，对不按规定饲养的犬只进行捕杀，捕杀犬只 2541 只。（六）县政府紧急拨付防制经费 60 万元，保障防制工作的顺利开展，维护社会稳定。

【药品采购】 2010 年，县卫生局加强管理，认真执行镇卫生院药品集中询价采购和县级医疗机构跟标采购制度。全县 5 个镇卫生院、32 个村级卫生所纳入玉溪市卫生局确定的新型农村合作医疗药品招标采购的中标单位进行竞价采购。县卫生局加大对药品集中招标采购的督导力度，把此项工作列为对医疗机构卫生工作考核和党风廉政建设的重要内容。全年，县级医疗机构跟标采购药品品种 1254 种次，金额 3666.4 万元，采购中标药品品种占采购的药品品种的 100%；5 个镇卫生院集中采购药品品种 956 种次，金额 567 万元，采购中标药品品种占采购药品品种的 100%。

【基本公共卫生服务工作】 2010 年，县卫生局将居民健康档案的建立作为本年度项目工作的一项重要工作来狠抓落实。制定下发《澂江县基本公共卫生服务实施方案》，成立领导小组、技术指导组和绩效考核小组，从 4 月起，在全县广泛开展居民健康档案建档工作，截至 12 月底，全县（不包括阳宗镇）建立居民健康档案 104760 份，建档率达 75.29%，其中城市居民 12653 份、农村居民 92107 份。对特殊人群实行分类管理，年内，各项目实施单位为辖区内 65 岁以上老年人 7368 名建立健康档案，对 5769 人进行随访管理；筛查登记高血压患者 5715 人，随访管理 4080 人；筛查登记糖尿病患者 653 人，管理 491 人；发现重性精神疾病项目病人 1150 人，每月随访管理病人 300 人，随访 3300 人次；对 96 人纳入免费药物治疗。

【“百名医师下乡送健康、送服务”大型义诊】 2010 年，县卫生局以“服务百姓、弘扬医德、走进群众、惠及民生”为主题，开展“百名医师下乡送健康、送服务”大型义诊活动，为全县百姓，尤其是为松元、提古、小湾、左所等边远和民族聚集地方群众送医、送药、送健康，送医送药服务活动 4 次，药品 1 万余元，惠及群众 5000 余人次。

【及时上报公共卫生事件】 2010 年，县卫生局严格按照卫生部《突发公共卫生事件与传染病疫情监测信息报告管理办法》和《国家救灾防病和突发公共卫生事件报告管理规范》的要求，上报突发公共卫生事件 2 起，报告及时率 100%，处理及时率 100%，无漏报、瞒报情况。

【卫生县城创建工作】 2010 年，县爱卫会办公室、各镇、各爱卫会成员单位主要领导亲自抓，积极开展爱国卫生运动，改善县容环境。全县参与人数 5.57 万人次，动用各种车辆 642 台次，清除垃圾 23265 吨、清理沟道 152436 米，清理卫生死角 1395 处，居民区和单位卫生明显改观。对县城区内的乱停乱放、占道经营等行为进行治理，清除违章占道 119 处，刷洗到处乱贴的小广告 5011 处，美化环境。对全县 61 座公厕内外卫生进行整治，消毒饮用水源点 111 处，确保大旱期间城乡居民用水安全。投资 18 万元，投放毒饵 6.27 吨，投放灭蟑螂药 29 公斤、药物灭蚊灭蝇 182237 平方米、清除“四害”滋生地，有效控制“四害”密度。抽查食品、饮用水、公共场所 695 个，依法查处不合格单位 6 个，销毁不合格食品 65 公斤。活动期间，共发放艾滋病、结核病、计划免疫、母婴保健、职业病防治等各种宣传材料约 4.66 万份、制作宣教展板 122 块、黑板报 96 期。10 月，澂江县经过第十次省级卫生县城评比检查，得到专家的一致好评，巩固了全县“云南省甲级卫生县城”、“灭鼠先进县”的成果。

【改厕工作】 2010 年，县卫生局严格按照《玉溪市 2009 公共卫生服务项目农村改水改厕项目实施方案》的要求，完成 625 口三格式化粪池的农村改厕任务。同时，澂江县疾控中心监测 197 个水源点，取水样 469 份，超额完成水质监测任务。

【党风廉政建设】 2010 年，县卫生局强化措施，深入开展党风廉政、行业作风建设。落实党风廉政建设责任制，明确、细化责任，签订责任书，责任到人；组织召开卫生系统 100 余名干部参加的党风廉政暨行风建设会议，学习传达廉政工作会议精神，全面部署党风廉政和行风建设工作。加强职工教育，提高党员干部的廉政思想意识和拒腐防变的能力；

健全“三重一大”和责任追究制度，制定执法责任制及监督制约制度，将执法责任制、收费标准、财务等相关工作进行公示，自觉接受广大群众监督；开展医药乱收费专项治理，严格规范医疗服务收费行为，针对各医院巧立名目收费、药品销售乱加价、科室承包、不按规定执行药品收支两条线等问题进行督察，开展拒绝回扣、“红包”、“提成”、乱收费、卫生行业“十不准”规定的宣传教育，设立意见箱和收费监督电话，全年未发现违规违纪情况；强化广大医护人员“以服务对象为中心”和“以群众满意为标准”的服务理念，抓住重监督这一环节，局领导下基层开展暗访活动，对暗访中发现的问题逐一反馈，及时整改，同时，充分发挥“一岗双责”、行风监督员作用，加强对各单位负责人廉洁自律、单位行业作风的监督，促进行风建设。

（刘　伦）

卫生监督

【综述】 2010年，县卫生监督局有在职职工13人（男9人、女4人），具有大学本科学历的6人、大专学历4人、中专学历1人，高中学历2人。设置有二科一室，拥有办公业务用房1094平方米。局务管理实行局、科分级负责制，在做好各项卫生监督执法工作的同时，注重干部职工的政治思想教育。根据市卫生监督局《2010年卫生监督工作目标管理责任书》，制定《2010年澂江县卫生监督局对科卫生监督工作目标管理责任书》，并签定到各科室。建立和完善行政责任追究制度，与全局每位卫生监督员签订《执法责任书》，明确卫生监督员的职能职责。成立效能政府四项制度工作领导小组，建立健全各项规章制度，强化内部管理，使“效能政府四项制度”落到实处。开展对下岗职工、残疾人再就业优惠工作，全年优惠下岗再就业职工11人，减免卫生许可证、健康证、委托性卫生服务费550元。组织职工学习政治业务12次、召开职工大会12次、局务会48次、编制卫生监督信息15期。在玉溪日报上投稿2篇，宣传报道职业病防治法、抗旱救灾防病卫生监督工作情况。年末，各项工作取得显著的成绩，经玉溪市卫生监督局对2010年的卫生执法监督工作考核，综合评比，考核分数为99.60分，考核为优秀。1月，被澂江县委、县政府授予澂江县“第五届文明单位”称号。

【食品卫生监督】 2010年，全县有餐饮经营单位414个（户），其中，饭店215户，小吃店117户，快餐店6户，学校食堂和集体食堂76户。县卫生监督局以打击违法添加非食用物质和滥用食品添加剂专项整治工作为重点，积极开展预防性、经常性卫生监督工作，及时处理无卫生许可证经营、无健康证上岗的违法行为，全面推行食品卫生监督量化分级管理，食品卫生状况得到明显好转。年内，开展餐饮单位淡水鱼孔雀石绿的食品抽检监测工作，采集送检30个样品，结果全部合格。全年无食物中毒事故发生。

【公共场所卫生监督】 2010年，全县有公共场所经营单位304户，持有效卫生许可证304户，其中，住宿场所118户，公共浴室2户，美容美发场所134户，候车室1户，其他类别（茶室、酒吧、歌舞厅等）49户。全年，县卫生监督局开展经常性卫生监督检查629户次，合格614户次，合格率97.62%，未出现消费者投诉和举报事件。

【饮用水卫生监督】 2010年，全县有生活饮用水供水单位25户，其中，城镇集中式供水单位1户，乡镇集中式供水单位4户，二次供水单位20户，持有效卫生许可证的1户。供管水从业人员43人，均持有从业人员健康体检培训合格证。未持有卫生许可证的原因是没有集中供水水处理场所，无规范的水处理设施设备，不符合《集中式供水卫生规范》要求。全年，县卫生监督局开展生活饮用水供水单位经常性卫生监督25户次，合格21户次，合格率84%，监督检查覆盖率100%。

【学校卫生监督】 2010年末，全县有学校及幼儿园55所，其中职业中学1所，普通中学6所（不含原阳宗镇），小学32所（不含阳宗镇），幼儿园16所。有教职工1667人，在校学生数26185人。中学类学校有食堂15个（从业人员90人），学校及周边小卖部17个，周边食品经营单位2户；小学中有20所设有食堂向师生供餐（从业人员85人），学校及周边小卖部29个，周边食品经营单位4户，幼儿园共有食堂17个（从业人员21人），无小卖部和周边食品经营单位。针对甲型H1N1流感、手足口病等传染病流行的严峻形势，县卫生监督局加大学校传染病防治监督力度和学校卫生监管工作力度，积极开展学校卫生、手足口病、甲型流感防控、各项制度的落实、饮用水卫生消毒、食品安全的卫生监督检查工作。对全县境内的托幼机构、中小学校及职业高中进行两轮专项监督检查。由卫生部门组织培训，县教育局统一印发包括学校食品、传染病防治、饮用水卫生消毒管理等相关内容的各种记录本10余册，分发到所需各个学校、幼儿园，按要求对所开展的工作进行规范的记录。经督查，各学校都建立、健全学校传染病管理的相关各项规章制度，工作得到层层落实，责任落实到人。各班级都有统一印制的晨检记录登记表，记录表都及时、全面地进行登记。学校传染病疫情报告畅通，按要求做好学生因病缺勤登记和病因排查结果登记等工作，做到及早发现和杜绝学校各类传染病的发生和流行，以防控传染病的爆发和流行。

【医疗机构卫生监督】 2010年，全县有医疗卫生机构68家，其中，县、镇级医疗机构8家（县级3家、镇卫生院5家），县疾控中心1家，村卫生所33家，个体诊所22家，计生服务机构1家，门诊2家，学校医务室1家。6月，县卫生监督局完成医疗机构消毒隔离效果抽检工作，对36家医疗机构进行消毒隔离效果抽检，抽检101份样本，进行微生物学指标检测，对监测不合格的7家医疗单位及1家医疗废物处理不合格的卫生所进行罚款处罚，罚款16132元。年内，加大非法行医打击力度，全年处罚个体诊所及无证行医3户次，罚款12900元；取缔无证行医21户，现场没收进行诊疗活动的“三无”人员（无执业医师资格、无医疗机构执业许可证、无房屋设施）的医疗器械和药品3户次，没收医疗器械5件，没收药品30余种，价值1000余元，对10户有固定房屋设施的无证行医户立案调查。

【职业卫生监督】 2010年，县卫生监督局建立完善职业卫生档案36个单位，包括水泥、磷化工、水电、建材、化肥及饲料等行业，职业卫生建档率100%。年初，澂江县被卫生部定为基本职业卫生服务试点县，制定《基本职业卫生服务试点县实施方案》，组织技术服务单位人员和企业负责人培训37人次，开展摸底调查，拟定试点企业33家。全县全年无职业危害事故发生。

【放射卫生监督】 2010年，全县有射线装置工作单位6家，其中，县级医疗机构2家，县疾控中心1家，镇卫生院2家，个体诊所1家。放射工作人员15人，均按要求配带个人剂量仪。县卫生监督局加强监督，建立放射卫生档案6家，放射卫生建档率100%。对15名放射卫生工作人员进行培训，全县全年未发生放射事故。

【卫生行政执法处罚】 2010年，县卫生监督局加大执法力度，开展经常性卫生监督检查及消毒卫生监督抽检工作，根据检查发现问题和接受举报投诉，依法处理卫生违法行为。全年，依法实施各类卫生行政处罚28户次，处罚金52132元，没收违法所得7元，没收非法财物案值620元。其中，对食品卫生实施行政处罚1户次，处罚款500元；对公共场所实施行政处罚9户次，处罚款1600元；对非法行医、无证行医实施行政处罚10户次，处罚款33900元，没收违法所得7元，没收非法财物案值620元；对医疗机构消毒卫生管理、传染病防治实施行政处罚8户次，处罚款16132元。实施卫生行政处罚28起中，适用简易程序处罚6起，进入一般程序处罚的14起，进入听证程序处罚的8起，并责令违法经营户限期改正违法行为。

【重大活动及重要贵宾接待卫生保障工作】 2010年，县卫生监督局开展全市计生系统第四届运动会、乡镇干部培训会、县政协会、县人代会、五一节、县第二十一届“立夏节”、高考、中考、中秋、国庆旅游黄金周、澂江县创建卫生县城等大型活动食品卫生安全保障17次，出动人员180人次，车辆38辆次。全年，无食物中毒事件发生。

【从业人员健康体检及培训】 2010年，县卫生监督局按照文件要求，调整从业人员健康体检项目，取消乙肝项目，增加戊肝项目的检查。全县参加健康体检的食品从业人员2845人，合格2844人，检出“五病”人员1人，及时调离禁忌岗位，“五病”调离率100%；公共场所1027人参加健康体检，合格1027人。采取集中培训和深入企业培训的办法，开展食品从业人员《食品安全法》及食品卫生知识的培训工作，培训内容包括《食品安全法》、《餐饮服务许可管理办法》、《餐饮服务食品安全监督管理办法》等，举办培训班8期，培训898人次。开展公共场所从业人员培训6期，培训796人次，培训内容主要是公共场所卫生监督量化分级管理知识。

【元旦、春节食品卫生安全专项监督检查】 2010年1月至春节期间，县卫生监督局组织各镇卫生监督员对各自辖区范围内的饭店、快餐店、小吃店、集体食堂及包子加工店进行卫生监督检查，县卫生监督局负责县城饭店、快餐店、集体食堂、包子店的监督检查，中医院防保组负责小吃店的监督检查。在监督检查中，卫生监督员均向餐饮服务单位下达卫生监督意见书，要求餐饮单位抓好硬件设施建设，提供安全卫生的食品，不得加工食用草乌等有毒有害的中草药，确保消费者的身心健康。同时，卫生监督员与各单位签订《食品安全责任书》。此次活动，监督检查餐饮单位300余户次，出动卫生监督员22人次，监督车辆9辆次。

【开展县城综合整治餐饮行业监督检查工作】 2010年2月8日～10日，县卫生监督局以县城综合整治为重点对县城的餐饮业进行监督检查。在为期3天的监督检查中，卫生监督局正、副局长分别带队，对县城的饭店、快餐店、包子店、饮食摊（店）和小吃店等全面监督检查，检查的内容包括持证经营情况、店堂卫生、占道经营情况、卫生设施完善情况等。对食品加工处理场所不规范、占道经营及经营过程中产生的垃圾未按规定摆放、乱倒污水的餐饮单位，责令及时改造和完善。这次检查，出动卫生监督员30人次，监督检查饭店53个，饮食摊（店）和早点店69个，包子店14个。

【抗旱期间卫生监督工作】 2010年，澂江县遭遇百年一遇严重旱灾，县卫生监督局分别于3月5日、4月2日，出动卫生监督员12人次，车辆4辆次，深入重旱灾区海口镇的松元村委会、松元小学、永和小学、红坡村和九村镇的九村小学、东山小学、九转湾村、黄鸡庄村、上巴蕉箐村等地实地查看受灾后群众的生活饮用水、饮食卫生、传染病防治等情况，加强宣传指导，发放《食品放心工程宣传材料》、《饮用水卫生与健康》等宣传单500份；重点开展对县自来水厂、二次供水单位、部分学校及新的水源点、临时供水点的卫生监督检查，特别对集中式、二次供水的学校、村委会的水处理设施、设备、饮用水消毒剂、输水管道、水池等详细检查，采集旱灾区水源点水样86件，委托县疾控中心进行检验；加强对食品及餐饮经营单位监督管理，强化餐具消毒保洁工作，向广大群众宣传卫生知识；强化责任，实行24小时值班制度，明确各个卫生监督员职责。

【《职业病防治法》宣传周活动】 2010年，县卫生监督局制定计划和宣传方案，印制布标和宣传单，积极开展主题为

"防治职业病，造福劳动者—劳动者享有基本职业卫生服务"《职业病防治法》宣传周活动。4月28日，联合市卫生监督局、县广电局深入华荣水泥有限责任公司进行为期1天的《职业病防治法》宣传活动。宣传周活动出动人员11人，车辆3辆，发放宣传单、画册200余份，现场展示宣传展板16块，现场咨询160人次，召开农民工代表、工段长以上人员参加的座谈会30人次，发放张贴宣传画60张。

【禄充风景区从业单位负责人卫生知识培训】 2010年4月29日，县卫生监督局在龙街镇禄充村委会会议室，对禄充风景区食品从业、公共场所等单位的负责人进行卫生知识及相关法律法规培训，培训内容包括《食品安全法》、《餐饮服务许可管理办法》、《餐饮服务食品安全监督管理办法》、《公共场所卫生监督量化分级管理指南》等，65人参加。

【节日食品安全专项检查】 2010年五一节和"立夏节"来临之际，县卫生监督局组织监督员，以餐饮经营单位为重点，对县城及抚仙湖沿岸风景区的餐饮行业、公共场所经营单位进行专项监督检查，出动卫生监督员17人次，车辆5辆次，检查餐饮单位79家，公共场所经营单位68家，对存在问题的从业单位下达卫生监督意见书，要求从业单位限期进行整改。

【学校食品卫生、传染病防治、生活饮用水卫生知识培训】 2010年8月21日，县卫生监督局配合县教育局在澂江华业大酒店会议室举办了由学校食堂承包者、分管学校安全工作的老师、学校小卖部负责人参加的学校食品卫生、传染病防制、生活饮用水卫生知识培训班，培训144人。

【餐饮业负责人食品卫生知识培训班】 2010年9月27日，县卫生监督局在县疾控中心会议室举办由饭店、快餐店负责人参加的食品卫生知识培训班。这次培训采用多媒体教学方式，培训内容包括《食品安全法》、《餐饮服务许可管理办法》、《餐饮服务食品安全监督管理办法》、《餐饮服务许可审查规范》、餐饮单位卫生硬件设施的标准以及中秋、国庆"两节"期间食品安全保障、创建卫生县城的工作要求等，有122人参加培训。

【国庆节、中秋节食品卫生安全专项监督检查】 2010年9月28日，县卫生监督局抽调卫生监督员16人，对县城内的餐饮业、理发美发店、旅店业进行全面的监督检查，检查223户。对存在的问题提出整改意见，要求从业单位限期整改，以确保国庆节、中秋节期间食品卫生安全。

【参加举办镇、村食品安全协管员、信息员食品卫生安全知识培训班】 2010年11月17日，为抓好澂江县民间家庭宴请食品卫生安全工作，防止在家庭宴请过程中发生突发公共卫生安全事件，由县人民政府主办，县食品药品监督管理局承办，县卫生监督局协办，在县政府五楼会议室举办由镇、村两级食品药品协管员、信息员参加的食品卫生安全、药品监督知识培训班。培训的内容包括协管员的职责、家庭宴请过程中食物中毒和食源性传染病发生的原因及防范对策等卫生知识。

【职业病防治人员能力培训】 2010年9月16日，县卫生监督局与县疾控中心联合在县卫生局会议室开展职业病防治人员的能力培训。培训对象：县级医院、镇卫生院、社区卫生服务中心的专（兼）职职业卫生监督人员19人。培训的主要目的：提高辖区内各级各类从事职业病防治人员对职业病预防、信息检测、报告、控制、应急救治的能力。培训内容：职业病防治法律法规、标准，职业卫生监督检查、职业卫生技术服务专业知识及基本职业卫生服务试点县工作要求。

【用人单位负责人职业卫生培训】 2010年9月20日，县卫生监督局在县卫生局会议室举办辖区内用人单位负责人职业卫生培训。参加培训人员包括水泥、化工等行业企业的负责人或分管领导18人。培训内容：职业病防治法律法规、标准，职业卫生监督检查范围及基本职业卫生服务试点工作情况。

【基本职业卫生服务试点卫生监督检查】 2010年12月，县卫生局组织卫生监督执法人员及疾病预防控制技术人员，出动车辆6辆次，人员18人次，对辖区内存在职业危害因素的主要用人单位33家开展深入细致的监督检查和技术指导。检查的行业范围包括水泥、磷化工、水电、建材等，涉及职工总数2446人，接触职业有害因素1983人。检查的企业都建立职业卫生档案，但只有19家开展职业健康检查，建立职业健康监护档案。多数企业设置职业危害防护设施，如布袋除尘、通风、湿化等，但都较为简陋和不规范。针对存在的问题，下达卫生监督意见书，向每家企业发放基本职业卫生服务试点培训教材和职业病防治宣传单，发放教材66册，宣传单2000余份，接受咨询300余人次。同时，指导企业规范建立《用人单位职业卫生档案》及《职业健康监护档案》。

【执业医师、护士注册】 2010年开展医师注册16人，其中，执业医师12人、助理执业医师3人、辖区内变更注册的1人。开展护士注册23人，其中新注册19人、辖区内变更注册的4人。

（王　丽）

食品药品监管

【综述】 2010年，在市局和县委、县政府的正确领导下，县食品药品监督管理局以科学发展观为指导，以保障公众饮食用药安全为中心，坚持改革与监管并重，执法与服务并举，狠抓整顿规范食品药品市场秩序，扎实推进食品、药品监管工作的全面开展，圆满完成各项目标任务，全年未发生一起食品药品安全事件，确保全县人民群众的饮食用药安全。

【食品安全监管责任落实到位】 2010年，县食品药品监督管理局建立完善食品安全监管机制，依托“万村千乡市场工程”建立安全食品供应网、食品药品安全群众监督网和信息网；建立奖惩机制，开展对全县2009年度食品安全工作的目标考核，首度表彰奖励先进集体和个人；严格落实食品安全工作目标责任制，县政府与6个镇和8个食品安全监管职能单位签订目标责任书，各镇、各部门及时将目标责任下签到村委会、站(所)、学校、企业；拟定《2010年澂江县食品安全工作要点》，强化食品安全监管，推进食品安全整顿，同时，研究印发《关于做好抗大旱防大灾期间食品安全工作的通知》，对各阶段食品安全重点工作安排部署；加强协调，精心筹划，落实每季度一次食品安全形势通报轮值会议，实现每次会议主题鲜明、分析问题客观全面、解决措施具体多样；各镇、各部门成立应急机构，制定应急预案、子预案，加强对食品安全事故的日常防控和应急处置，完善食品安全月报制度和食品安全事故及突发事件报告机制，形成统一指挥、功能齐全、反应快捷、运转高效的应急处置机制。

【食品安全专项整治】 2010年，县食品药品监督管理局制定《澂江县2010年食品安全整顿工作实施方案》，开展食品安全专项整治活动。加强农资市场监督管理，加大蔬菜农药残留监管力度，出动执法人员130人次，执法车辆25辆次，检查农药经营单位250余家，检测农药残留样品1897个，合格1864个，超标样品53个，产品合格率达98.3%；开展食品生产流通环节专项整治，出动执法人员829人次，检查食品生产经营企业1574户次，取缔无照经营户（摊）23户，查处案件17件，查处假劣、过期等问题食品202千克；开展餐饮消费环节专项整治，重点整治餐饮企业和食堂经营场所卫生状况，切实加大厨房改造力度及从业人员持有效健康证查验力度，全面推进食品卫生监督量化分级管理制度；开展地沟油、不合格一次性筷子专项整治工作，出动执法人员45人次，车辆6辆次，检查4家餐饮具集中消毒单位，182户相关经营户，未发现有加工、使用地沟油及不合格一次性筷子行为；开展乳品和含乳食品专项监督管理工作，出动检查人员221人次，车辆51辆次，检查乳品和含乳食品源头（畜禽养殖）11户次，生产加工企业12户次，流通企业815户次，餐饮消费企业296户次，未发现生产经营问题乳品和含乳食品的违法行为；开展保健食品安全检查和广告监测活动3次，监测药品经营企业45户、超市3户，电视广告1400分钟。

【食品安全“三网”建设】 2010年，县食品药品监督管理局建立健全“万村千乡”市场工程，建设改造88个农家店，3个配送中心，“万村千乡”市场工程“农家店”在镇、行政村、千人以上自然村覆盖率均达100%，农村现代安全食品药品供应网初步形成；在6个镇成立食品药品安全协管站，聘请11名食品安全协管员、33名信息员，建立以镇协管员、村信息员为依托，消费者为主体的食品药品安全群众监督网和信息网；以分段监管为主、各监管部门监管职责明确、责任追究明晰的“监管责任网”基本建成。

【农村集体用餐监管】 2010年，县食品药品监督管理局加大农村集体用餐申报备案制度执行和日常监管力度，对就餐环境和厨房卫生差、制度落实不力的经营单位下发卫生监督意见书。开展对农村集体用餐食品安全状况调研工作，建立农村民间厨师档案，对厨师进行食品安全培训5期，人员567人次。建立食品安全事故报告和投诉举报处理制度，确保发生事故能及时应急处置。

【落实食品生产经营主体责任制】 2010年，食品药品监督管理局以建立完善食品生产许可准入制度为重点，督促企业建立进货、销售台帐及生产加工质量安全关键控制点记录、原材料进厂与产品出厂检验记录、食品出产检测报告、产品留样及消费者投诉处理记录等质量安全管理制度，切实落实企业主体责任。全力推进食品安全示范创建活动和食品安全信用示范户建设工作，创建食品安全信用示范户17户，申报8户“星级食品安全示范店”，对县内食品生产加工企业及小作坊实施分类建档，落实生产经营主体责任管理，把签订质量安全承诺书的食品生产小作坊72户纳入责任制管理范围。

【加强药械市场监管】 2010年，食品药品监督管理局抓好日常监督检查，加强对药品生产、销售、使用等环节监管，对涉药、涉械单位进行采购渠道、购货验收、储存养护、分类陈列、销售使用等全面检查，出动执法人员288人次，车辆57辆次，检查198户次；开展药品、特殊药品、甲型H1N1流感疫苗、非药品冒充药品、违法药品广告、中药制剂配制、医用氧、疫苗专项整治和元旦、春节等重大节假日药械安全专项整治活动11次；采用群众举报、明查暗访等多种方式，加大游医游贩的打击力度，依法取缔无证销售药品的流动摊点6户次，没收以非药品冒充药品进行销售的自制假药止咳散、有毒中药材马钱子等20余个品种；建立日常检查与办案衔接机制，加大行政执法力度，依法查处假劣药品违法案件34起；迅速行动，加强假劣药品稽查，完成中华清脑降压王、消渴平、虫草芪参胶囊、维尔康芦荟瘦身养颜胶囊等31次假劣药品稽查工作；充分利用电子远程监控系统，定人定岗定责，对药品经营企业的经营、购销情况进行适时监控，利用OA办公系统提高办公效率。

【药械检验】 2010年，县食品药品监督管理局强化跟踪抽验，提高抽验针对性，抽验疑有质量问题的65批次药品，医疗器械一次性使用卫生材料1批，下发检验报告书47批次，检出不合格药品20批次，靶向抽验不合格率达42.55%，查处率100%。

【换证工作】 2010年，县食品药品监督管理局以换发药品经营许可证为契机，督促企业改善相关设施设备，确保药品经营质量。走访全部换证企业，认真听取企业负责人意见，全面掌握换证实情；召开动员会，对换证工作提出具体要求并作统一安排部署；组织全县药品经营企业到经营环境好、管理规范的企业实地参观学习2次，加强企业间的交流；对药店在包括换证申请材料等方面进行系统培训，确保换证工作顺利推进；提前介入，主动、热情为每户药品经营企业从药店布局、标识、药品摆放等方面进行实地指导，确保每户药品经营企业改造后布局合理，规范经营；严格执行行政审批程序，落实受理、审查、决定三分离制度，全年受理31户药品经营企业，换证28户，注销3户。

【"GSP"再认证工作】 2010年，县食品药品监督管理局召开企业负责人和质量负责人"GSP"再认证工作动员部署会议，要求做好"GSP"到期再认证各项准备工作；组织全县药品经营企业到经营环境好、管理规范的企业实地参观学习，统一制作"药品质量管理制度"和"服务公约"等公示牌；开展"GSP"认证知识培训，建立健全并统一制作药品质量管理等各项制度，指导企业做好资料归类和档案资料管理，对"GSP"认证条款逐条讲解，提高药店负责人、质量负责人、从业人员对"GSP"认证工作的认识；组织执法人员进行帮扶督导，做好现场检查，严格按照评定标准，逐条检查，规范企业的药品购进、验收、贮存、销售及售后服务行为。

【特殊药品监管】 2010年，县食品药品监督管理局加强特殊药品的采购、保管等环节的管理，防止特殊药品流入非法渠道；开展蛋白同化制剂、美沙酮维持治疗点等专项检查，对使用特殊药品的单位建立监管档案，实行动态监管；加强计生药械监管，促进全县使用特殊药品的医疗机构按照"五专"要求进行管理，没有发现违法违规行为。

【规范药房建设】 2010年，县食品药品监督管理局采取多项措施，大力推进医疗机构规范药房建设，辖区内镇以上卫生医疗机构全部通过"规范药房"创建工作的验收，实现"组织机构健全、人员素质提高、制度健全落实、购进渠道规范、设备设施完善、环境整洁有序、用药用械安全"的目标，切实保障全县人民用药用械安全、有效。

【药品不良反应监测工作】 2010年，食品药品监督管理局确定45名监测联络员，多次召开药械不良反应监测工作培训会，下达最低监测指标，对工作做得好的单位给予表彰。至年末，全县镇以上8家医疗机构全部建立医疗器械不良反应监测网络，收集上报药品不良反应监测报告62例，医疗器械不良事件监测报告8例，药物滥用监测92例。

【开展违法广告专项整治】 2010年，县食品药品监督管理局加强药品、医疗器械广告监测工作，指定专人负责对主要媒体进行监控，定期收集和分析药品、医疗器械广告，对违法发布药械广告企业下发责令整改通知书；全面建立药品、医疗器械经营企业监管档案，将每户的日常监管情况、不良行为记录、行政处罚情况和有效证件的变更等资料归类建档，实施动态分级管理，推动企业依法、诚信经营；积极引导医药行业之间加强协调、交流、沟通，提升行业自律水平。全年，未发现药品经营企业现场摆放和销售或利用互联网等媒体发布虚假广告药品的情况。

【食品药品安全知识宣传】 2010年，县食品药品监督管理局扎实推进食品药品安全知识进农村、进校园、进社区、进家庭、进企业的"五进"活动，提高食品药品生产加工企业、经营户及群众的食品药品安全意识。组织县工商、卫生、商务、农业、粮食等部门利用节假日、赶集日设置咨询台为群众提供现场解答，展示假劣食品、药品，发放各类宣传资料3000余份，悬挂宣传横幅8幅，展示宣传挂图和展板16幅，接待群众咨询1000余人次；举办由药械从业人员、农产品种养殖企业和食品生产加工、流通、餐饮企业负责人参加的培训班5期，进行食品药品安全法律法规、食品卫生安全知识及食品药品标准等内容的培训，培训567人次；利用气象局覆盖城乡的电子显示器宣传食品药品安全常识和监管动态，发布食品质量检测信息，各镇和各村委会还利用广播、黑板报向群众宣传食品药品安全知识；及时收集、整理上报食品药品信息，编制信息66期。

【创先争优活动】 2010年，县食品药品监督管理局切实加强学习型党组织建设，推进学习型行业建设，深化内部管理，狠抓系统文化建设。确立推动科学监管，促进社会和谐，服务人民群众，加强组织建设的目标任务，深入开展"比学习，创一流素质；比团结，创一流队伍；比服务，创一流作风；比效能，创一流业绩；比奉献，创一流形象"的"五比五创"主题实践活动，创建"五个好"先进党组织，促进党员争当"五带头"优秀共产党员。

【学习型行业创建活动】 2010年，县食品药品监督管理局以创建学习型党组织和学习型行业为目标，认真开展"五个一"活动，即读一本书、写一篇心得体会、做一次调研、撰写一篇调研报告、做一次学习交流。采取集中学习与个人自学相结合、理论学习与业务学习相结合、走出去与请进来相结合、理论学习与工作实践相结合的方式，举办专题讲座、上党课、召开学习会、听报告，拓宽全局干部职工的知识领域，改进知识结构，提高素质增强监管能力。同时，采取行业系统培训，企业互相参观学习，建立企业内部自培机制等办法，加强药械从业人员的培训，推进创建学习型行业活动取得实效。

【加强内部管理】 2010年，县食品药品监督管理局以抓党建为突破口，推进民主管理，做到所有行政事务公开透明，集体决策；坚持每两天一次的党组碰头会，每周一次的局务会，每月一次的干部职工大会制度，做到股室负责人每周向局务会，局领导每月向全局职工大会总结上周或上月工作，提出下周或下月计划，并把每周工作重点张贴公示；坚持领导带头，以身作则，协同股室抓监管，促进各项工作顺利开展。

【作风建设】 2010年，县食品药品监督管理局提出三个观念、四种意识、“五心”、六种精神引领职工思想行为，加强机关作风建设。要求职工牢固树立三个观念：舒适安逸适应不了食药监管发展，马虎应付开展不了食药监管工作，思想僵化成就不了食药监管事业；强化四种意识：确保民众食药安全、奉献社会的责任意识，高瞻远瞩、居安思危的忧患意识，不断超越、勇创一流的争先意识，标新立人、锐意进取的创新意识；做到“五心”，即：面对日益繁重的食品药品安全监管任务全局干部职工要同心协力，为每一位群众提供热心服务，真心诚意对待每位同事和监管相对人，统筹安排、精心谋划，开展工作要用心，处理每项事务要细心；大力弘扬六种精神：敢为人先的拼搏精神、不计得失的奉献精神、忠于职守的敬业精神、求真务实的实干精神、精益求精的创新精神和共创佳绩的团队精神。

【建立完善考核奖惩制度】 2010年，县食品药品监督管理局建立行政行为监督、行政能力提升、行政成本控制、行政绩效管理等四项制度，“以责任制为核心，以目标任务为内容，以考核奖惩为约束，以目标监控为运作手段”的股室管理措施，并把目标任务的完成情况作为对股室年终考核和奖惩的依据，激发干部职工的工作热情，调动积极性。

【职工教育培训】 2010年，县食品药品监督管理局结合自身实际，制定年度学习教育计划，做好年度个人培训的记录、建档、保管等工作；组织干部职工学习党的十七大报告、科学发展观的论述、《食品安全法》、“效能政府”四项制度、食品药品监管及公务员管理相关法律法规等内容，参加各种公务员培训考试；注重对人才的培养，努力创造条件举办各类培训班，安排人员参加省、市局组织的执法培训及《宪法》、《食品安全法》、餐饮监管和保健食品化妆品监管培训；支持干部职工参加各种学历学位教育。

【党风廉政建设】 2010年，县食品药品监督管理局把党风廉政建设纳入总体规划，明确目标，与各股室签订责任书，把廉政建设放在首位，强化干部职工确保公众饮食用药安全的责任感和使命感；加强内外监督，内部监督主要是由局纪检组对各股室落实各项工作情况进行定期不定期的监督检查，外部监督主要是以公布举报电话、设立举报邮箱、举报信箱等形式，及时发现问题，并督促纠正；建立健全行政执法责任制、违法责任追究制，对每起执法案件进行案件回访。全年，没有引发一起行政复议和行政诉讼案件，未发生一起食品药品安全事件。

（杨进书）

疾病预防

【综述】 2010年，澂江县疾控中心在县委、县政府和县卫生行政主管部门的关心支持下，在省、市疾病预防控制中心的指导帮助下，以“控制疾病、促进发展、保护健康”为宗旨，贯彻“预防为主”的方针，坚持重点地区重点预防，重点疾病重点控制，重点人群重点保护的原则，积极开展创先争优活动，深入学习实践科学发展观，稳步推行效能政府四项制度建设，完善内部管理机制，加强业务人才培养，开展行风整顿，促进澂江疾控事业快速发展奠定基础。

【内部管理】 2010年，县疾控中心加强党风廉政建设，认真组织学习党风党纪知识，开展重温党史活动，特邀县纪委干部到中心讲授党课，筑牢思想防卫体系，改进党风行风建设；掀起学习“沈浩同志的先进事迹”的热潮，激发干部职工的工作热情，提高服务质量；推行效能政府四项制度建设，提高行政效能；健全内部管理制度，制定工作目标责任书，明确各科室工作职能和岗位职责；开展创建先进党支部、争做优秀共产党员活动，发挥共产党员的先锋模范作用；加强业务人才培养，多次派业务人员参加省、市组织的专业技术培训；开展各项爱心帮扶活动，帮助灾区群众和生活有困难的艾滋病感染者等病人及单亲儿童；开展平安单位创建活动，确保全年无群访、越级上访和吸毒、涉黄、参与邪教活动等事件的发生。

【突发公共卫生事件】 2010年，全县报告突发公共卫生事件8起，中心启动Ⅲ级应急响应，严格开展各项工作。及时向全县6个镇354个村民小组发放宣传贴画390张，宣传单60000张，进行全方位的宣传教育；在疫点设立卡点，严禁犬只的出入；各部门配合对疫点所有犬只进行捕杀，统一选址深埋；为严防职业暴露的发生，对一线工作人员免费接种狂犬病疫苗1091支，狂免蛋白84支，接种疫苗的工作人员350人。

【传染病监测】 2010年，县疾控中心为控制病媒生物引起的传染病，捕鼠350只，取脏器做细菌培养350份为阴性，鼠体表寄生蚤细菌培养108组为阴性，完成血清学血凝实验106份为阴性。全县报鼠疫“零报”84次，无鼠疫疫情发生。在县城范围内开展灭鼠前后两次鼠密度调查，设9个监测点，其中5个监测点共布块745块，每个监测点2人负责，调查结果：平均鼠迹密度灭前为3.88%，灭后为2.65%，为灭鼠防病工作提供科学依据。为控制肠道传染病的流行和蔓延，对县、镇医疗机构及个体诊所的医疗器械、消毒液、医务人员的手、工作台面进行采样监测，监测34个医疗卫生单位，其中，县级医疗单位4个，镇卫生院5个，村卫生所12个，个体诊所13个，共监测各类样品102份，合格91份，合格率89.22%。对全县各级医疗机构进行漏报及传染病报告质量调查，调查覆盖率为100%，调查门诊、出入院登记、化验室登记97131人次。

【国家级伤寒副伤寒综合防治项目】 国家级伤寒副伤寒综合防治项目自2008年

5月在澂江县正式启动，2010年8月31日结束。

【传染病控制】 2010年，县疾控中心做好卫生宣教、饮用水源的消毒、改水、改厕、卫生清理、灭蝇、灭蚊等工作，采购消杀药品发放到各镇，对矣旧、七江等旱灾严重的村委会免费消杀，免费发放价值5000余元的消杀药品，其中，漂白粉3250公斤，消毒灵片240瓶，消毒灵粉4800包，攻百害600包，有效地控制肠道传染病的暴发流行；加强霍乱和肠道致病菌的监测，采集县级4个医疗机构外环境污水水样20件，均未检出01.0139群霍乱弧菌。监测县中医院、县医院肠道门诊腹泻病人，检测标本81份，均未检出01.0139群霍乱弧菌、沙门氏菌、志贺氏菌。

【甲型H1N1流感防控工作】 2010年，县疾控中心及时调整甲型H1N1流感防制工作领导小组，下设流调组、疫情组、消杀组、检验组、采样组、后勤保障组等应急处置小组，建立24小时值班应急机制。对全体职工进行甲型H1N1流感知识培训，配备应急处置箱，储备必须的应急物资，做好应对疫情突发的准备工作。对全县中小学、幼托机构实行晨检报告制度，切实搞好甲型H1N1流感防控。

【"布鲁氏菌病"防控工作】 2010年5月，县疾控中心针对阳宗镇7个村委会从事畜牧交易、屠宰、养殖皮、毛、乳、肉加工的人员，开展一次"布鲁氏菌病"抗体监测，监测100人（其中，男性67人，女性33人），全为阴性。

【手足口病防控工作】 2010年1月，全国手足口病疫情呈明显上升趋势，为提前做好防控工作，县疾控中心加强医务人员手足口病防控培训。年中，采取电视、网络等传媒和现场宣传方式，充分利用三八节、"立夏节"等节假日开展宣传教育活动，多次组织人员深入发病率较高的镇开展知识讲座。全年手足口病较2009年上升幅度较大，但只出现重症病例2例，无死亡病例。

【地方病防治】 2010年，县疾控中心抓好碘缺乏病、地氟病等地方病防治项目的实施，以镇为单位开展防治知识宣传培训。加强碘盐监测工作，对全县5个镇20个村委会300份居民食用盐进行抽检，检测结果为：碘盐有295份，非碘盐有5份，碘盐覆盖率为98.33%，碘盐合格率为98.98%，全县居民合格碘盐食用率97.33%。6月4日，召开地方病防治工作联系协调会，研究解决海口镇热水塘村饮用含氟量高的地泉水导致村民氟斑牙的问题，争取财政资金10万余元对热水塘村进行改水，重新选择饮用水源，修建蓄水池，安装完善管网，引水到户，切实有效地解决困扰热水塘群众多年的饮用水问题。

【慢性病防治】 2010年，县疾控中心通过国家死因监测系统，科学分析全县慢性病的发病、死亡和分布动态规律，为评价卫生工作质量与效果提供依据，全县死因监测系统的录入工作稳步进行。按国家公共卫生服务均等化项目工作的要求，精神卫生工作重心下移，把患者档案、随访、录入等下放到镇卫生院，完善三级防治网络，采取分散式的方式对病人及家属进行精神病知识防治培训，强化重性精神病例管理。

【计划免疫】 2010年，县疾控中心向全县发放项目乙肝疫苗5270支、乙肝补种疫苗1668支、脊灰疫苗18320人份、卡介苗2490人份、无细胞百白破4114支、白破二联4000人份、乙脑2810支、流脑4110人份、麻疹疫苗10180人、麻腮风疫苗1851支、流脑A+C疫苗2885支、麻腮疫苗818支、甲肝疫苗1450支，下发计免0.5ml自毁型注射器35100支，0.1ml自毁型注射器1716支，1ml自毁弄注射器1085支，1ml一次性注射器3200支，保证全县儿童免疫的按时接种。一、计划免疫工作。（一）基础免疫，全县调查30个点219名儿童，其中建卡、建证率100%，卡证符合人数216人，卡证符合率98.6%；有卡痕数219人，卡痕率100%；五苗覆盖人数218人，覆盖率99.5%，五苗合格接种率为97.3%；乙肝疫苗首针24h及时接种率为93.2%。（二）加强免疫，1.5～2岁组麻疹疫苗、百白破三联接种率均为100%，甲肝疫苗接种率为98.4%；2岁组乙脑疫苗接种率为99.2%；3岁组A+C群流脑疫苗接种率为100%；4岁组脊灰疫苗接种率为100%；6岁组白破二联接种率为100%。二、完成AFP及麻疹、新生儿破伤风、乙肝的监测工作，做到按旬监测、按月上报，发现病例、及时上报。全年发现和报告AFP病例2例，对外地医院诊断报告的1例AFP病例进行随访。发现疑似麻疹病例2例，15岁以下新发乙肝0例。三、麻疹强化免疫，全年开展36次疑似麻疹旬报监测，发现2例疑似麻疹病例，经实验室诊断均排除麻疹病例。同时，对健康人群免疫抗体水平进行抽查，6月18～25日，对3个乡镇进行血清标本采集，采集标本372份，麻疹抗体监测阳性342份，阳性率为91.94%。四、项目乙肝疫苗接种，全县GAVI乙肝项目工作正常开展。接种乙肝疫苗4410针次，第一针乙肝疫苗应种1495人，实种1495人，及时接种1411人，乙肝接种率100%，及时接种率94.38%；第二针应种1490人，接种1452人，接种率97.45%；第三针应种1515人，接种1463人，接种率96.57%。15岁以下人群补种乙肝疫苗2333针次。五、甲型H1N1流感疫苗接种，对重点高危人群进行甲型H1N1流感疫苗接种12141人，未出现严重预防接种异常反应。

【食品卫生监测】 2010年，全县发生三起食物中毒事件，中毒人数19人，其中9人经现场调查采样，检出"9－12"型痢疾1例，10人为食用野生菌中毒。全年，县疾控中心完成澂江县藕粉厂委托检测藕粉18件，合格18件，合格率100%；检测消毒餐具8件，合格8件，合格率100%；对外来海产品霍乱检测10件，未检出01.0139群霍乱弧菌；抽检县城辖区内外环境生活污水21件监测霍乱弧菌，未检出01.0139群霍乱弧菌。

【环境卫生监测】 2010年，县疾控中心对辖区内申请办理卫生许可证的宾馆、旅店、歌舞厅、公共用品清洗消毒效果等12个项目进行监测，检测224户，监测456点次，合格423点次，合格率92.8%（不合格的主要原因为共用物品和空气微生物指标超标）。

【学校卫生】 2010年，县疾控中心监测3所中小学校生活环境、教学环境，综合评价均达到合格；指导中学、幼儿园开展传染病防治工作67所，抽检5所托幼机构消毒监测20件，合格18件，合格率90%；开展2所学校学生因病缺课统计，共424人缺课2412节，因病休学1人，已按时上报。全年，完成8所中小学校学生7779人健康体检工作，其中，中学2所2805人，小学6所4974人。

【职业卫生】 2010年，县疾控中心开展职业健康体检8个单位469人，检出接触噪声、高温、粉尘职业禁忌症5人。

【放射卫生】 2010年，县疾控中心对放射工作人员个人剂量监测按周期进行，监测5个医疗单位14名工作人员，监测率达100%；医用射线装置监测2个单位3台。

【从业人员体检】 2010年，县疾控中心依据食品卫生法规定检查的项目，对食品、公共场所从业人员体检2215人，检出乙肝表面抗原阳性3人，检出率0.14%，检出1例沙门氏菌；检出甲肝IgM抗体阳性3人，检出率0.11%；戊肝IgM抗体体检2213人，呈阳性4人，检出率0.18%；伤寒、副伤寒，痢疾杆菌均未检出。门诊化验289人次，其中，乙肝化验人数289人次，检出“大三阳”5人，检出率1.89%，“小三阳”21人，检出率7.95%，乙肝携带者8人，检出率2.77%；甲肝IgM抗体化验32人次，检出甲肝IgM抗体阳性1人，检出率3.13%；戊肝IgM抗体化验6人次，检测结果均为阴性。

【实验室质量控制】 2010年，县疾控中心针对2009年底管理评审中提出的问题进行整改，落实整改措施，对质量手册和程序文件的不适应项修改和完善，保障体系正常运行，促进体系文件更好地与实践相结合。

【结核病防治】 2010年，县疾控中心登记初诊病人605例，检出初治菌阳病人28例，登记28例，完成市疾控中心下达澂江的指标任务，检出初治涂阴肺结核病人1例，登记1例；检出结核性胸膜炎3例，登记3例，登记结核病人32例，全部进行规范化治疗。督导25镇次，应督导访视病人47人次，督导访视47人次，完成率100%，规则服药率100%。开展初诊病人查痰595人，查痰标本1785份，查痰率100%；随访病人查痰95人，查痰标本190份。涂阳病人2月末和3月末，痰菌阴转率100%。非结防机构网络报告肺结核和疑似肺结核病人253例，剔除重报29例，主动到位146例，主动到位率65.18%；转诊未到位78例，追踪78例，转诊病人追踪率达100%，追踪到位74例，追踪到位率达94.87%；转诊总体到位率98.12%，病例系统管理率达100%。

【麻风病防治】 2010年，县疾控中心监测麻风病人3例（三联2例，二联1例），其中MB（多菌型）2例，PB（少菌型）1例，全县未发现新病例。完成定期对MDT（联合化疗）治疗期的病人进行肝肾功能检查，对正在治疗的病人每月随访1次，对监测病人每年随访1次，涂片检查阳性者每年查菌1次的任务。

【艾滋病防治】 2010年，县疾控中心加强艾滋病的信息和病人综合管理，本年新发艾滋病感染者/病人23人，建档23人，在婚19人，配偶/固定性伴建档18人，占94.74%。其中，告知流调22例（1例在看守所内），告知率95.65%；为艾滋病病毒感染者/艾滋病病人提供安全套1418只；抗病毒治疗应转介38人，转介接受抗病毒治疗30人，成功率78.95%。高危人群干预：FSW人群每个场所每个月至少开展一次干预活动，全年干预682人，干预频次2767人次，发放安全套8174份，发放IEC材料634份；MSM人群25人，干预工作15人次，干预覆盖率为12%；IDU人群干预332人，干预频次12993人次，发放清洁针具49332付，回收35415付，回收率71.79%，发放安全套3864只，发放IEC材料覆盖291人；4月27日，澂江县美沙酮拓展点在阳宗北斗村卫生所挂牌运行，成为玉溪市第一家村级美沙酮维持治疗拓展点。累计入组治疗174人，新入组治疗132人，转诊病人42人。至年底，在治人数102人（澂江68人，阳宗34人），保持率81.34%。经对入组治疗病人的检测，梅毒、肺结核均为阴性，在服美沙酮过程中，未发生HIV阳转病例。

【健康教育工作】 2010年，县疾控中心把健康教育作为公民素质教育的重要基本内容来抓，认真开展农村、社区、学校、企事业单位的健康教育工作，贯彻《健康66条——中国公民健康教育素养基本知识与技能（试行）》。利用“爱国卫生月”及各种宣传日活动，自制并发放卫生科普知识宣传单、健康教育处方，接受群众健康咨询上万人次；深入凤麓镇4个社区举办“健康教育知识讲座”，内容包括甲型H1N1流感、手足口病、伤寒副伤寒、抗旱防病保健康等知识；组织6所学校学生听取艾滋病、饮用水卫生、狂犬病、抗旱防病、肠道传染病、地方病等卫生知识讲座；加强对医院等场所健康教育工作指导。全年发放23种宣传单13.6万份，问卷调查2175份、制作宣传展板39块，宣传栏11期，宣传布标35条，出动宣传车辆91辆次，宣传人员65人次，播出电视公益广告30次，举办各类培训班16期，培训781人，发放卫生顾问报4400份，上报卫生科普文章16篇，卫生信息49期，疾控工作简讯5期。

【科研论文】 2010年，县疾控中心发表国家级论文三篇，即：澂江县人群伤寒副伤寒抗体水平及病原学检测、浅谈基层疾病控制如何实施好质量体系管理、

1998～2008年澂江县伤寒副伤寒疫情动态分析。

（徐学英）

妇幼保健

【综述】 2010年，澂江县妇幼保健院深化新时期医药卫生体制改革，贯彻党的十七大精神，以“一法两纲”为准绳，坚持“以保健为中心，以保障生殖健康为目的，实行保健与临床相结合，面向群体，面向基层和预防为主”的妇幼卫生工作方针，紧扣预防艾滋病母婴传播、农村孕产妇住院分娩补助项目工作，规范医疗保健服务秩序，以基本公共卫生服务0～36个月儿童保健和孕产妇保健项目工作为契机，研究解决群众“看病难、看病贵”的问题，落实贫困救助，圆满完成各项工作任务。至年末，单位有业务用房2604平方米，病床20张，在职职工39人，其中，卫生技术人员33人，占职工总数84.62%，副高以上职称3人，中职12人，初职18人。

【孕产妇保健】 2010年，澂江县有产妇1912人，活产数1920人，住院分娩1919人，住院分娩率99.95%，比上年增0.23个百分点；新法接生1920人，新法接生率100%，比上年增长0.06个百分点。产妇建册1908人，保健率99.79%，比上年下降0.10个百分点；系统管理人数1852人，系统管理率96.42%，比上年上升0.22个百分点。在1912产妇中，筛查出高危产妇911人，高危孕产妇筛查率47.65%，比上年上升9.19个百分点，全部进行专案管理。住院分娩911人，高危产妇住院分娩率100%。

【儿童保健】 2010年，县妇幼保健院把全县4个社区居委会，36个村民委员会列为儿童系统管理点。全县有0～6岁儿童12404人，保健12196人，保健率98.78%，比上年降0.46个百分点。其中，0～2岁有5368人，系统管理5294人，系统管理率98.62%，比上年上升0.02个百分点；5岁以下儿童保健人数8413人，保健率98.18%。检出高危儿童1342人，高危儿童检出率15.95%，全部纳入专案管理。其中，中重度营养不良463人，患病率5.50%。血红蛋白实查人数3471人，检查率40.51%，中重度贫血人数2人，中重度贫血患病率0.06%。6个月以内婴儿母乳喂养调查1912人，母乳喂养1780人，母乳喂养率93.10%，纯母乳喂养1503人，纯母乳喂养率78.61%。

【孕产妇死亡监测】 2010年，全县育龄妇女死亡25例，其中，疾病死亡18例，占72%；意外死亡3例，占12%；服毒自杀死亡4例，占16%。抢救危急孕产妇19例，做到人员、车辆及时到位，抢救成功率100%。全年无孕产妇死亡，实现了连续4年无孕产妇死亡的可喜成绩。经漏报调查，无育龄妇女死亡及孕产妇死亡漏报。

【出生缺陷监测】 2010年，全县各医疗机构及家中监测到出生数1591人，其中县级医疗机构出生1568人，镇级医疗机构出生22人，村卫生所及家中出生1人。监测到出生缺陷儿36例，出生缺陷发生率22.63‰，比上年上升13.4个千分点，其中，县级监测到出生缺陷儿32例，发生率为20.41‰。按23类出生缺陷类顺位为：先天性心脏病、多指各6例，各占16.67%；外耳其他畸形5例，占13.89%；先天性脑积水3例，占8.33%；肢体短缩、食道闭锁、无耳各2例，各占5.56%；唇裂、唇裂合并腭裂、马蹄内翻足各1例，各占2.78%；未归类缺陷共7例，占19.44%。

【儿童死亡监测】 2010年，全县出生总数1936人，活产数1920人，死胎死产16例，围产儿死亡22例，发生率11.36‰。新生儿死亡8例，死亡率为4.17‰，婴儿死亡15例，死亡率为7.81‰，5岁以下儿童死亡22例，死亡率为11.46‰，5～6岁儿童死亡0例。0～4岁儿童死亡原因：早产和低出生体重3例，腹泻、肺炎、先天性心脏病、颅内出血、出生窒息、溺水各2例；先天性腹部肿瘤、意外窒息、交通意外、脊髓性肌萎缩症、中枢性发育落后、新生儿呼吸窘迫综合症、白血症各1例。

【预防艾滋病母婴传播工作】 2010年，县妇幼保健院建立凤麓镇社区服务中心、龙街镇卫生院、右所镇卫生院、海口镇卫生院和九村镇卫生院5个孕产妇检测点，在全县所有卫生院均开展孕产妇“HIV”筛查工作，使“HIV”阳性孕妇能在孕期尽早检出，使之能及时阻断。各医疗机构完成孕产妇“HIV”检测2584人，任务指标2000人，完成任务的129.2%。完成婚姻登记人群“HIV”抗体检测2721人，完成任务的194.36%。

【婚前医学检查工作】 2010年，澂江县婚检应检人数2778人，实际婚检2716人，婚前医学检查率97.77%，在婚检人群中，检出疾病95人，疾病查出率3.50%，已给予相应的医学指导意见。对2716名结婚登记人群进行梅毒检测。

【降低孕产妇死亡率和消除新生儿破伤风项目工作】 2010年，县妇幼保健院广泛开展健康教育和社会动员工作，做好农村孕产妇住院分娩补助政策宣传和孕产期保健的健康教育。印制《住院分娩、国家补助》和《住院分娩、母婴安全》等宣传页，向农村广大群众宣传住院分娩补助政策，为孕产妇住院分娩营造良好的社会氛围。将县内危急孕产妇呼救电话制作成不干胶彩色宣传画，让村妇幼员亲自到孕妇家中张贴于电话机旁或家中显眼位置，方便孕产妇在危急时刻呼救。制作《住院分娩、国家补助》和《住院分娩、母婴安全》并有呼救电话的喷绘布标语150余条，粘贴于户外群众集聚场所、社区等地。各镇还开展了形式多样的宣传工作，如出黑板报等。印制粉红色背景，母亲怀抱婴儿温馨图片的2010年日历4000张，下发到各镇农村孕妇和计划在年内妊娠、分娩的妇女手中。农村孕产妇补助情况：本年，全县农业户籍活产人数1594人，按政策补助1454人，补助率91.22%，补助金额46.47万元。由于2009年中央财政下拨补助资金21.8万元不够支付，所差部分由县妇幼保健院和医疗机构克服困难先行垫付。

【出生医学证明管理】 2010年，县妇幼保健院加强“出生医学证明”的管理，办好人生第一证，从4月1日起，指定专人到县医院协助产科医护人员办理“出生医学证明”，同时，及时进行访视和健康教育，了解机关单位人口和流动人口出生情况，为产后访视和健康教育工作的开展打好基础。

【新生儿疾病筛查工作】 2010年4月1日起，县妇幼保健院指定专人协助县医院完成新生儿苯丙酮尿症、甲状腺功能减低症进行宣传动员和采血工作。每例75元的筛查费由澂江县卫生局承担，207名监护人知情同意的新生儿享受免费服务。

【开设宫颈门诊】 2010年，县妇幼保健院结合澂江县卫生资源的具体情况，经过反复的论证分析，将助产服务工作并入县医院妇产科。把全力推进群体保健工作放在首要位置，首先开设宫颈门诊，完成阴道镜检查922人次，液基细胞检查723人次，HPV检测708人次，宫颈息肉摘除8人次，筛出并经上级医疗机构确诊原位癌2人，业务收入达40余万元，取得较好的经济效益和社会效益。

【信息管理及统计】 2010年，县妇幼保健院将2005年至2009年的数据绘制出带有比例图表的《基本情况表》、《妇幼保健网情况表》、《孕产妇保健工作情况表》、《儿童保健工作情况表》、《儿童及孕产妇死亡情况表》等5张县级上墙图表及6套24张镇级图表，写真成彩色背景并装框上墙，使5年以来妇幼保健工作的质量和成效一目了然。在满足省级台帐项目的基础上，对台账进行修改，充实内容，装订成册，供基层使用。

【临床业务】 2010年，县妇幼保健院完成门诊人数72860人次，比上年减少9261人次，完成计划的141.33%。其中妇女保健7436人次，妇产科临床22315人次，儿童保健1778人次，儿童临床29354人次，以上四项占83.56%，突出妇女、儿童保健和临床工作，体现机构的性能。全年，完成业务收入214.68万元，比上年增加40.75万元，完成年计划的178.90%。

（张 垚）

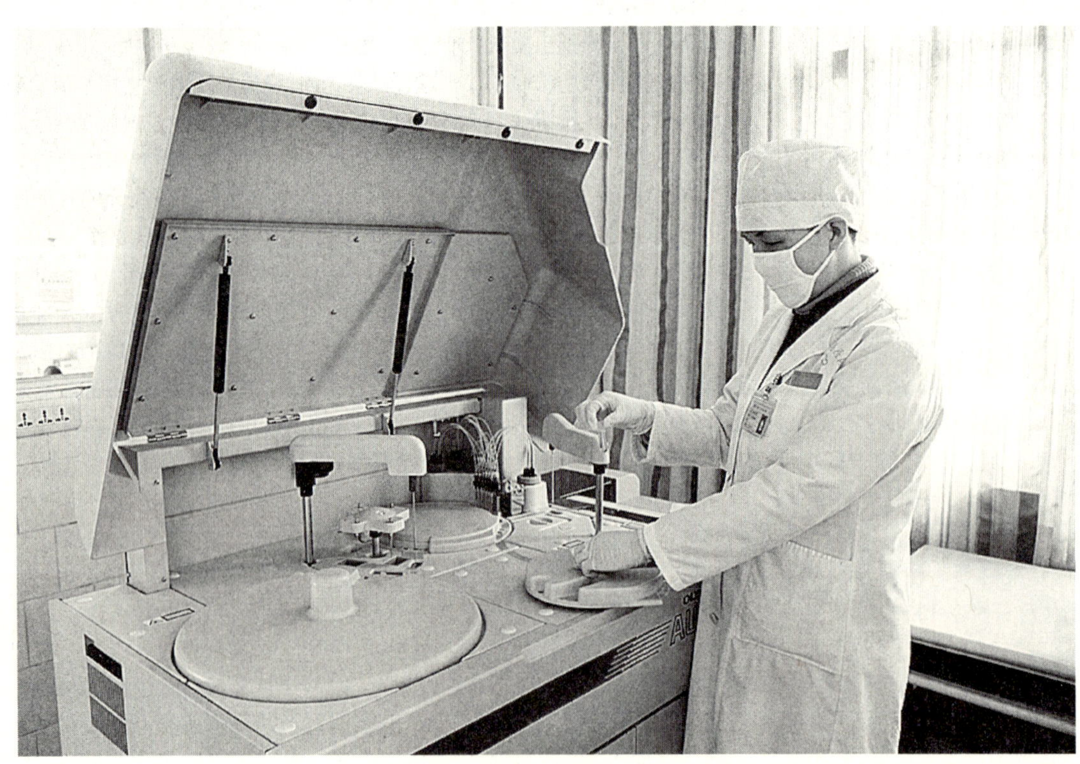

科 技

【科普惠农兴村建设示范工作】 2010年，县科技局在全县的7个村委会开展“六个一”科普惠农兴村建设活动。各村（社区）建有科技活动室和科技图书架柜，藏书量300～3000册，同时，开展科技讲座、培训、田间交流等科技活动。建科普宣传栏和黑板11块，开展以农村实用技术、科学生活知识、文明健康生活方式、致富信息等为主要内容的科普宣传。聘请科普宣传员7人，负责村（社区）科普活动室、科普宣传栏的日常管理工作，了解当地群众对科技的需求动态，做好资料收集、整理、发放，宣传栏内容更换、维护和科技活动的记录、归档。培育科技示范户41户，引进推广增收致富（技术）项目，为推进社会主义新农村建设，农民增收发挥示范作用。

【抗旱科技下乡服务行动】 2010年，澂江遭遇百年一遇的干旱，县科技局结合省科技厅下发的《农业科技抗旱成果及措施》，编印农业科技抗旱资料3万份，到全县各村委会广泛发放，从3月19日开始在全县进行“抗旱科技成果下乡服务行动”。同时，发放上级科技部门编印的“农业抗旱科技成果及措施简介”、“云南农村科普”、“科普手册”、“健康教育指导手册”等22160份，为抗旱保增收发挥积极作用。

【农函大办学】 2010年，县科技局联合团县委、县农业局农广校、县林业局等部门，在拥晖社区和补益、海口、新村等村委会开办农函大教学班。全县招收农函大学员1007人，设4个专业，19个教学班。其中，梨树栽培2个教学班，100个学员；家政服务1个教学班，50个学员；农家经营1个教学班，50个学员；蔬菜专业15个教学班，807个学员，结业率达到100%。

【科技项目申报】 为做好2010年的科技项目申报工作，县科技局向县内企业转发《云南省科技厅2010年科技项目申报指南》，并于3月2日组织召开澂江县2010年科技项目申报工作暨培训会，各镇镇长及科技专干、县内重点企业的负责人31人参加会议。会议学习《云南省科技厅2010年科技项目申报指南》，介绍省科技厅的科技计划、科技项目的申报要求与程序及“省市科技项目会商机制”、《中共玉溪市委玉溪市人民政府实施建设创新型玉溪行动计划的决定》等，宣传知识产权法规及专利申请激励政策。组织企业申报科技项目8项，其中2项获国家科技部立项，2项获省科技厅立项，3项获玉溪市科技局立项，争取科技项目经费198万元。县科技局与省、市技术转移中心共同申报省科技厅国际科技合作项目“芬兰生活污水处理及应用示范”1项获得立项。上报中国科协项目1个、省科协项目2个、市科协项目1个，4个项目均得到立项扶持，争取到中国科协、省、市科协项目资金31万元。

【县级科学技术奖评审】 2010年，县科技局积极宣传科学技术奖励政策，动员相关单位和个人积极申报县级科学技术奖，征集到2009年度科技成果4项。按照县科学技术奖的评定程序进行评定和公示，评出2009年度科技成果一等奖1项，二等奖1项，三等奖2项。推荐申报玉溪市科学技术奖项目2项，其中，“小菜蛾综合防治技术探索与应用”获玉溪市科学技术奖三等奖。

2009年度澂江县科学技术奖获奖项目

序号	获奖项目名称	完成项目单位	项目完成人员	获奖等级
1	澂江县艾滋病疫情态势分析及对策(1996-2008年)	澂江县疾病预防控制中心	孔祥生 刘彩琼 苏 锦 侯文俊 奚菊梅 张俊雄 王健全	一等奖
2	澂江县菜豌豆无公害生产技术集成与应用	澂江县农业技术推广站	李成春 李泉清 吴金花 李惠芬 陈 春 刘天华 戎春平 高玉玺 施红珍 王 勇	二等奖
3	小菜蛾综合防治技术探索与应用	澂江县植保植检站	速 伟 王 刚 李虹雨 赵嘉德 徇兰芬 马菊芬 陈秀梅 田兴盛 张亚伟 蒋 哲	三等奖
4	澂江县绿色膏肥容大丰引进与应用	澂江县农业技术推广站	费 勇 李成春 高玉玺 施红珍 马菊芬 张禄生 速 伟	三等奖

【知识产权试点工作】 在县科技局、知识产权局指导帮助下，2006～2010年，云南红塔卷烟胶厂开展企业知识产权试点工作，建立健全知识产权保护制度和促进知识产权的激励机制，举办知识产权知识培训，企业的生产技术、生产工艺、配方等得到有效管理，知识产权的保护意识和运用知识产权参与市场竞争的能力得到提高。2010年6月25日，企业开发的“有机型新型卷烟胶”和“环保安全型卷烟胶”，经玉溪市知识产权局主持的考核验收，获得通过。

【专利工作】 2010年，县科技局以企业知识产权试点工作为契机，以点带面，把知识产权工作延伸到全县重点企业。举办县内重点企业的负责人和技术人员参加的知识产权及创新意识的培训；向企业讲解知识产权对企业生存和发展的重要性，用澂江的企业由于不重视专利保护造成的损失和发生的纠纷教育引导企业积极申报专利，主动地指导和帮助有创新技术的企业申报专利；积极为专利申报人和专利授权人申报兑现省市的专利奖励；利用“4·26世界知识产权日”开展知识产权法律法规和政策的宣传。年内全县申请专利7项，其中，发明专利4项，实用新型专利3项；获得专利授权7项，其中，发明专利授权3项，实用新型授权4项；为受理的专利申请和授权的专利发放省、市专利奖励资金1.5万余元。

【科技人才工作】 2010年，县科技局认真组织全县行政事业单位和企业科技人员参加省市举办的各种学习和培训，向市科技局推荐玉溪市中青年学科带头人6名，1名当选为玉溪市中青年学科带头人。深入企业、事业单位及农村搜集各类专业技术人员、各行业中起带头致富表率作用或有较大贡献、有一技之长、技艺超群的各类人才信息。经过筛选，向玉溪市科技局人才库推荐上报34人，其中企事业科技人才32人，能工巧匠、乡土人才2人。

【科普活动】 2010年，县科技局利用一年一度“立夏节”的机遇，在抚仙湖北岸风之广场开展科技周活动，展出《节能减排》、《抚仙湖保护》、《节约能源资源、保护生态环境、保障安全健康》三个主题的展板24块，发放《云南科普报》、《抚仙湖水污染防治》、《健康教育指导手册》、《农业抗旱科技成果及措施》宣传资料3000册（页）。利用单位的科普宣传栏，定期开展防治水污染、节能减排、防灾减灾等科普知识4期24块。在澂江电视台播放《科普大篷车》电视栏目宣传科普知识，每周播放2期节目，重播2期。

【科普惠农“四送一训”活动】 2010年，县科协与山东曲阜金光生物科技有限公司联合开展为期8天的科普惠农“四送一训”下乡活动，向农民群众送资料、送技术、送新项目、送新成果，举办农家肥堆捂发酵的正确方法、农作物各个生长期需肥情况及科学施肥的方法、农作物病虫害防治、市场对农产品需求及消费前景—绿色食品、化学肥料的替代品—生物有机菌肥等农业实用技术培训137场，参训人员5840人次，培训采取集中讲解、到田间参观学习、教师与农民交流讨论等方式，受到广大群众的欢迎。

【“科普日”宣传活动】 2010年9月17日，县科技局在凤山公园门口小广场开展“科普日”宣传活动，活动以“节约能源资源、保护生态环境、保障安全健康”为主题，重点宣传“抗灾减灾、低碳生活、和谐发展”、贯彻《全民科学素质行动计划纲要》，展出《节能减排》、《抚仙湖保护》、《节约能源资源、保护生态环境、保障安全健康》三个主题的展板10块，发放《防雷避险手册》500本、《大众科普手册》250本。

【学术活动】 2010年，县科技局积极组织县级学会（协会）开展学术活动，举办学术交流3期，参加人员41人次；开展学术论文评选4期，参加人员170人次，在省、市级刊物发表学术论文5篇；召开学术年会4次，参加人员155人次；举办《手足口病防治知识》、《兽医案例分析》等学术讲座18期，参加人员1958人次；举办“最新伤口处理、菜豌豆平衡施肥”等知识培训班41期，参加人数3924人次；开展科普宣传15期，参加人数291人次，发放资料3500多份；开展“抚仙湖周边生态环境调查活动”，“镇级防疫基础设施建设”等专题调研6次，2572人次参加。县农学会收集2006年以来获省、市、县三等奖以上的优秀论文和对农业生产具有指导意义的文章47篇，审定论文31篇，编辑出版《澂江县农业文集（2006～2010）》。

【第六届优秀学术论文评选】 2010年，县科技局组织开展澂江县第六届优秀学术论文评选活动。收集优秀论文22篇，评选出一等奖2篇、二等奖3篇、三等奖5篇、鼓励奖12篇。推荐10篇优秀论文参加市第6届优秀论文评选。

【青少年科技教育活动】 2010年6月10日，县科技局与县教育局联合，组织中小学生开展“我的低碳生活—2010年青少年科学调查体验活动”。与县青少年活动中心联合，在全县中小学校组织中小学生开展科技创新，科幻绘画活动，收集作品485件，其中科幻绘画192幅、科幻作文274篇、科技实践活动3篇、教师论文16篇。选出作品405件参加省、市比赛，有9件作品受到表彰和奖励。积极做好第26届青少年科技创新大赛的各项准备工作。

（业艳华）

气　象

【综述】 2010年，澂江县主要气候特点：年降水量略少，年平均气温特高，年日照时数偏多。各时期气候特点是：上年秋季至本年初夏，降水量比常年偏少51.5%，长期持续高温晴热，冬季气温偏高，属于暖冬年，发生百年一遇特大干旱；本年立春后升温幅度大，出现持续高温，没有出现“倒春寒”天气；雨季开始期偏晚于5月第六侯，出现“插花旱”天气；汛期降水量较常年偏少25%，大春作物开花授粉和烤烟成熟期气温偏高，没有出现“八月低温”天气；9～10月降水量偏多，出现阴雨连绵天气；雨季结束期较常年推迟一个月，12月降水量特多，出现冬季暴雨天气。年内，降水量略少，热量充裕，干旱突出，气候持续变暖特征明显。

【降水】 2010年，澂江县境内降水量864.7毫米，属于略少年份，与历年平均值比减少90.6毫米，与2009年比多173.4毫米。其中，1～2月、11月偏少，3月、5～7月略少，4月、9月略多，8月特少，10月、12月偏多。上年9月至本年5月25日，长期维持晴天无云降水稀少天气，降水量仅有160毫米，与历年同期相比降低51.5%，县境内发生百年一遇特大干旱。1月至5月初，降水量仅有48.9毫米，为偏少年份，且日照时数长、风大，导致旱象突出，对工农业生产和部分山区人畜饮水造成影响，森林火险等级居高不下，护林防火形势严峻。大春栽种、烤烟移栽关键期的5月份，雨季开始期于5月26日为偏晚年份，初夏干旱突出，对田烟团棵、地烟移栽十分不利。汛期（6～8月）降水量474.4毫米，与常年比降低29.2%，导致各类水库坝塘蓄水下降43.9%。三秋季节（9～10月）降水量225.6毫米，与常年比多31.2毫米，且冷空气频繁，发生连绵阴雨天气过程。6月30日、7月22日、12月11日，县境内部分地方发生暴雨天气，出现洪涝灾害。特别是12月11日，出现降水量69.1毫米暴雨天气，是有气象记录（1959年9月开始气象记录）以来的最大值，对缓解干旱及蓄水十分有利。全年有雨日数105天，比上年减少16天，其中降大雨6天，降暴雨3天，日最大降水量108.9毫米，出现在7月22日，最长连续降水日数7天，出现在4月23～29日，降水量为28.8毫米，最长连续无降水日数37天，出现在2月19日至3月27日。

【气温】 2010年，县境内平均气温17.4度，属于特高年份，与历年平均值比高1.9度，与2009年比高0.2度，年平均气温是有气象记录以来最高的一年。各月气温变化特点：1～5月、7～9月、12月特高，6月、11月偏高、10月略高。最热月出现在5月，大于30度高温出现12天，是有气象记录以来高温日最多的一年，最冷月出现在12月。年极端最高气温32.9度，出现在5月6日，年极端最低气温1.6度，出现在12月16日。冬季气温均在零度以上，属暖冬年。3月份气温特高，没有出现“倒春寒”天气。大春作物开花授粉和烤烟成熟期无“八月低温”出现，入秋后气温持续偏高，“伏天”现象明显。各月平均气温与距平均比均为正值，符合全球气候变暖趋势。

【日照】 2010年，县境内日照总数2228.3小时，与历年平均值比多120.7小时，与2009年比多17.9小时，年日照百分率50%。日照时数最多出现在5月，为243.7小时，最少月出现在10月，为115.4小时。

【其它气象要素】 2010年，县境内平均风速1.4米/秒，年最多风向为静风，频率为15%，其次为南风，频率为13%，全年出现大风1次；地面极端最高地温69.4度，出现在5月23日，地面极端最低地温零下1.2度，出现在1月28日，地面日最低温≤0℃日数为4天；年平均气压823.9百帕，年平均相对湿度68%，年蒸发量1686.1毫米；初霜日出现在1月3日，终霜日出现在2月7日，初终间日数36天，全年有霜日数26天；初雷暴出现在2月18日，终雷暴出现在12月11日，有雷暴日数43天；全年有轻雾122天。

2010年澂江县气温、降水、日照统计表

	1	2	3	4	5	6	7	8	9	10	11	12	全年
降　水	2.2	3.8	10.4	32.5	85.6	148.9	168.9	71.0	127.0	98.6	28.2	87.6	864.7
与历年平均值比（+、-）	-8.6	-9.3	-4.5	4.8	-0.3	-17.7	-23.4	-119.0	13.8	17.4	-18.1	74.3	-90.6
气　温	11.3	13.8	16.3	18.9	22.4	21.2	22.0	21.7	20.8	16.1	13.0	11.2	17.4
与历年平均值比（+、-）	2.9	3.5	2.5	1.3	2.6	0.9	1.5	1.7	2.3	0.1	0.7	2.3	1.9
日　照	239.8	234.7	231.2	228.9	243.7	135.1	151.1	185.5	146.1	115.4	126.4	190.4	2228.3
与历年平均值比（+、-）	34.9	33.4	-20.9	-1.1	47.7	6.7	14.9	36.7	18.1	-11.9	-35.2	-2.6	120.7

注：降水单位为毫米；气温单位为摄氏度；日照单位为小时。

【气候事件及其影响】 2010年，澂江县境内发生的干旱、洪涝等气象自然灾害及影响如下：干旱灾，上年9月1日至本年5月25日仅有降水量160毫米，与常年比下降51.5%，发生百年一遇特大干旱，水库、坝塘蓄水为2031万立方米，与2009年同期相比下降31.35%，26个村、77个村民小组3.22万人严重受灾，7501头大牲畜饮水困难，农作物受灾面积达13万亩，占小春播种面积的75%，全县直接经济损失2.09亿元；洪涝灾，7月21日夜间至22日08时，受幅合低压西移影响，出现中到大雨、局部暴雨的强降水天气，最大降水量93.3毫米，在右所镇的吉里村。这次强降水造成右所、凤麓3258亩农作物受到洪涝灾害，其中：烤烟受灾面积622.5亩，蔬菜1603.5亩，水稻1009.5亩，玉米22.5亩。洪涝灾造成房屋倒塌5间，毁坏沟渠20米，直接经济损失约10万元。

【地面测报】 2010年，县气象站工作人员遵守测报岗位技术规定，坚持每周三组织业务技术和理论知识学习，认真执行集体观测、交接班和气象仪器维护制度，注重测场环境保护工作，积极参加玉溪市气象局组织的竞赛活动。开展新老观测场对比观测，全年观测、发报、报表错情率为零，没有发生一、二类责任性事故，经玉溪市气象局验收，四个“百班无错”合格，获集体全能第三名和个人理论单项三等奖。

【气象服务】 2010年，县气象局从防灾减灾、为社会各行各业服务需求出发，发布《澂江气象信息》47期，《重要气象信息专报》114期，发布手机短信气象信息服务45210人次。针对年内出现的特大干旱，森林火险居高不下的形势，与县护林防火指挥部搭建信息传输平台，每天传输气象信息，预测预报森林火险等级和其它气象信息。

【人工增雨】 2009年秋至2010年初夏，面对百年一遇的特大干旱，县委、县政府启动人工增雨应急预案，县气象局布设一个流动作业点，在春季抗旱中作业15次，发射增雨箭弹42枚，有效地增加降水，缓解旱情，降低森林火险等级。为解决秋季降水量降低25.26%导致全县各类水库、坝塘蓄水下降43.9%的问题，从8月下旬至9月底，县气象局在全县布设8个作业点，开展人工增雨增加蓄水工作，人工增雨35次，发射增雨弹179枚（颗），9月份降水量达127毫米，全县各类水库、坝塘增加蓄水25.34万立方米。

【人工防雹】 2010年，县气象局认真组织实施《2010年澂江县人工防雹实施方案》。6月，在梁王、尖山、立昌、红坡、松园、干磨石、东山、大龙潭布设8个防雹作业点；组建43人的防雹队伍，加强防雹人员岗前培训，全体防雹人员持证上岗；与各镇和防雹点签订《安全生产责任状》，狠抓各项措施的落实；投资5万元对各防雹点防雷安全设施进行整改，投资18万元全面更新新型发射装置。6月至9月上旬，实施人工防雹31点次，发射各类箭弹230枚（颗），有效地防御冰雹的发生，保护烤烟免遭冰雹的危害。

【气象综合信息电子屏服务系统】 截至2010年，县气象局在全县安装电子显示屏280块，其中，企事业单位46块、农村234块。电子显示屏可发布天气预报、突发事件预警、农业农村政策、科普知识、政务公开和农产品供求等信息，有29家单位依托电子显示屏发布为“三农”服务综合信息，对提高农村防灾减灾能力，构建和谐社会发挥作用。

民族民间传统文艺队在开幕式上表演，玉溪市滇剧团、县老年大学艺术团、县退管中心文艺队、县文联戏剧协会金艺文艺队分别上台演出，演出文艺节目22个，有滇剧《花田八错》、《铡美案》，花灯剧《蜜中秘》、《老俩口约会》、《骑马相亲》，小品《山村小店》，舞蹈《丰收舞》、《化蝶》、《相约火把节》、《老年康乐操》，独唱《儿行千里》，花灯舞蹈《摘石榴》、《卓玛》、《好日子》等。“立夏节”期间，县文化局还举办山歌比赛，来自贵州、昆明、玉溪、昭通、文山、红河、曲靖等7个地州市27个县的61名歌手报名参加。节日期间，约15万人次参与各种活动，商品销售额达400万元，“立夏节”的举办，对澂江的经济和旅游业发展起到积极的推动作用。

【阳宗小屯关索戏被推荐为国家级“非遗”保护名录】 2010年5月，阳宗小屯关索戏被文化部列入第三批国家级非物质文化遗产保护名录进行公示，这是玉溪市继玉溪花灯、滇剧、通海妙善学女子洞经音乐后第四个被列入国家级非物质文化遗产名录的项目。从2004年开始，县文化局就积极开展非物质文化遗产的调查、收集、整理申报工作，撰写调查报告42份，申报列为县级“非遗”保护名录的42项，列入市级保护名录的37项，列为省级保护名录1项（关索戏），列为省级“非遗”传承人的3项，即：关索戏传承人李本灿、松园彝族太平花灯传承人杨世清（已故）、阳宗海头村民间刺绣艺人适正兰。

【农村电影流动放映车落户澂江】 2010年5月12日，国家财政部、文化部等配送的电影流动放映车1辆（依维柯）落户澂江，总价11.79万元，是澂江县文化史上国家配送的高价位实物，尚属首次。

【举办“农家书屋”工程建设培训班】 2010年5月20日，县文化局举办“农家书屋”工程建设培训班，来自全县各镇分管文化的副镇长、镇文化中心主任、行政村相关工作人员70人参加培训。

【文化信息资源共享工程】 2010年7月，县文化局完成九村镇文化中心、凤麓镇文化中心的文化信息资源共享工程2个网点的建设任务，分别配备了7台电脑和卫星接收设备。

【开展纪念抗战胜利65周年电影放映活动】 2010年8月下旬至9月30日，县文化局在全县广大农村、凤山公园文化广场举办以抗日战争历史故事片、宣传片为主题的纪念抗日战争胜利65周年电影放映活动，放映科教片、故事片65场，观众达1.2万人次。

【公益电影放映工作】 2010年，县文化局在凤山公园文化广场开展“广场电影周周放，公益电影乐万家”活动，放映电影135场，其中，科教片65场，故事片70场，观众人数达2.8万人次。

【广场群众文化】 2010年，县文化局积极引导广大群众开展文化娱乐活动取得成效，参加活动的群众逐渐增多。日常每天在凤山公园文化广场活动，跳交谊舞的人数近200人，中老年文体队、扇花队200多人，民族健身舞队100余人，肚皮舞队50多人，老年健身操队40余人，青年健美操队80余人，花灯演唱30多人（旁听观众近100人），腰鼓30多人，青年街舞20多人。

【参加玉溪市新农村建设文艺创作培训班】 2010年8月9～13日，县文化局组织各镇文化干事、文化站站长和县文化馆业务干部11人参加玉溪市2010年新农村建设文艺创作培训班，培训内容为《公共文化服务体系建设》、《广场群众文化活动的组织和开展》、《非物质文化遗产田野考查与文化惠民》、《从生活到艺术创作》。通过参加培训，提高文化干部队伍业务素质。

【“农家书屋”工程建设】 2010年10月，县文化局顺利完成34个“农家书屋”建设，完成全县行政村“农家书屋”全覆盖的建设任务。

【召开全县词曲作者座谈会】 2010年6月15日，县文化局召开全县词曲作者座谈会，参加会议的有县文化局、县文产办、县文联的领导及全县词曲作者43人。会议为每位参会人员发放一本《生命摇篮·山水澂江》（澂江创作歌曲集），安排布置《澂江群众文化》征稿工作。

【省民族音乐编辑部暨市音协老师到澂江指导工作】 2010年6月1～2日，县文化局邀请省《民族音乐》编辑部暨市音协的殷海涛、周国庆老师等一行10余人到澂江指导工作。省、市的老师到禄充进行创作采风，游览笔架山、鱼村民居、车水捕鱼鱼洞景观，体验水上单车，戏游抚仙湖，还到帽天山参观古生物化石展览。同时，结合澂江文化活动的开展，对音乐创作、抚仙湖之夏音乐会、编辑澂江创作歌曲集等工作提出建设性的意见和建议。

【第三次全国文物普查】 2010年，县文化局积极开展第三次全国文物普查（第二阶段）工作，调查登记文物点104处，其中，复查56处，新发现41处，消失文物7处；存在的文物点按类别划分为古遗址6处，古墓葬8处，古建筑62处，石窟寺及石刻13处，近现代重要史迹及代表性建筑7处，其他1处。新发现的旧城学山遗址、阳宗新街古遗道、金鸡岩摩崖石刻群、禄充鱼洞生产遗址、窑房村冶炼遗址填补了澂江文物类别的空白；凤山古墓初步判断为魏晋时期。此次文物普查，采访群众1000余人，拍摄图片资料1500余张，绘制地理位置图97幅、平面图76幅。

【第二批县级重点文物保护单位保护碑建设】 澂江县第二批县级重点文物保护单位共31处，其中，2005年9月公布的5处（原中山大学办学旧址）已立保护标志，2006年5月公布的26处未立保护标志。2010年6月，县文化局投入资金2.6万元，完成余下的26个文物保护单位的保护碑的建设工作。

【国家级重点文物保护单位申报工作】 2010年，县文化局认真做好金莲山古墓群、学山遗址申报第七批国家级重点文物保护单位工作，经省文物专家组和国家文物局专家组评审通过，上报国家文物局。

【论文获奖】 澂江县周永安的论文《提高老式电影放映镜头的图像清晰度》，论述了通过减小放映镜头透光孔径并制成矩形光栏，减少干扰光，提高放映画面清晰度，尤其是画面四周的清晰度。该论文被发表在《现代电影技术》杂志2009年第6期上，获得2009～2010年中国电影电视技术学会放映专业委员会优秀奖。

（奚　祥）

文　联

【综述】 2010年，县文联坚持以邓小平理论和“三个代表”重要思想为指导，以学习实践科学发展观活动为契机，认真贯彻党的文艺方针，坚持“三贴近”原则，紧紧围绕落实科学发展观和县委、县政府的中心工作，重点开展义务写送春联、三县书画联展、《抚仙湖》杂志改版、培训骨干作者等文学艺术活动，形成全县文学艺术事业走向繁荣的良好局面。

【政治理论学习】 2010年，县文联狠抓政治理论学习，把理论培训、业务培训与文艺工作实践有机地结合起来，使理论学习贯穿于文联各项工作之中，提高文联干部和骨干会员的理论水平及业务素质。

【举办三县书画摄影巡回展】 2010年7月1日，县文联与江川县、通海县文联联合，举办澂江、通海、江川三县书画摄影巡回展。7月21～28日，在澂江凤山公园志舟搂展出，受到广大干部群众的极佳好评。

【办好《抚仙湖》杂志】 《抚仙湖》是澂江县唯一一本纯文学杂志。2010年，县文联对《抚仙湖》进行改版、改装、提质，将小16开本改为与国际接轨的大16开本，由原来的骑马订改为胶装、腹膜，将铜版纸改为蒙垦纸，将64P改为80P。除保证每期本地作者用稿率达60%以上外，还向全省乃至全国重量级作家、诗人约稿，以保证每期至少有一篇（首）好看的小说、散文、诗歌，吸引读者。本年，圆满完成《抚仙湖》杂志的编辑、出版工作，总容量40余万字，刊发各种类作品100余件，推出王海明专辑、赵丽兰专辑等“重点作者专辑”，在内页推出杨志伟书法、王永春书法、史洪进摄影、张权文摄影等。同时，与澂江玉报综合服务公司合作，及时将《抚仙湖》发到县内各镇、各部门。加大对外交流力度，通过邮寄，及时把《抚仙湖》交流到全省各地文联和部分外省文联，使《抚仙湖》成为宣传澂江的重要窗口之一。

【开展义务写送春联活动】 2010年2月5～9日，春节前夕，县文联组织书画协会与县老干部诗书画协会联合开展2010春节免费为民写送春联活动，写、送、代写春联5000余对。此项活动县文联坚持了12年，得到市文联、市书协的支持和参与。活动的开展，活跃春节气氛，丰富群众生活，深受广大群众喜爱。

【开展“我与身边的税收”征文活动】 2010年4月，县文联组织文学民间文学协会参与澂江县国税局、地税局主办的“我与身边的税收”征文活动，并在《抚仙湖》开办专辑刊登优秀作品。此项活动，开阔了作者视野，锻炼了作者。

【参加“立夏节”文艺活动】 2010年5月9～11日“立夏节”期间，县文联组织音舞协会、戏曲协会、摄影协会会员积极参加文艺活动。戏曲协会公演大型滇剧《王宝钏》，演员们演技精湛、声情并茂，观众热情高亢、喝彩不断；音舞协会的会员们或参加公演，或在小戏台轮番演出，更有自己搭台进行表演的，吸引一拨又一拨观众。特别是山歌比赛，更是高潮迭起，笑声不断，掌声连连；摄影家协会会员们细心观察，精心捕捉，创作出一幅幅精美的作品。三个协会的会员通过自己精彩的技艺，表达对美好生活的追求，鞭笞社会丑恶现象。

【组织骨干作者参加文学创作笔会】 2010年3月，县文联组织陈默则、紫藤、赵丽兰等文学骨干作者参加“2010玉溪市文学创作笔会”，澂江是参会作者最多的一个县。7月，组织陈默则参加“云南省第二届青年作家创作笔会”，玉溪市有两个作者参加，其中，宋艳珊为澂江籍作者。

（张丽萍）

体　育

【综述】 2010年，澂江县体育局以“三个代表”重要思想和党的十七大、十七届四中、五中全会精神为指导，开展深入学习实践科学发展观活动和创先争优活动，认真贯彻《全民健身条例》，以提高人民群众健康水平为根本目标，以培养、输送竞技体育人才，提高竞技体育水平为主要任务，为真正满足广大人民群众日益增长的文化生活的需要，实施农民体育健身工程，促进社会主义新农村建设，发展和谐体育，促进群众体育和竞技体育协调发展，广泛深入开展形式多样的体育活动，为构建和谐澂江作出应有的贡献。

【春节体育活动】 2010年2月14～16日（春节），澂江县体育局为丰富广大人民群众的体育生活，满足人们的健身需求，给节日增添喜庆气氛，在大年初一、初二、初三，组织开展篮球、乒乓球，象棋、围棋比赛。

【“立夏节”大众健身活动】 2010年5月9～11日，“立夏节”期间，澂江县体育局在抚仙湖北岸开展群众喜爱、趣味性强的健身活动，三天时间有1500余人参加活动，受到老百姓的喜爱和肯定。

【协助行业开展各种形式的体育竞赛】

2010年1月21～25日，澂江县体育局协助县计生局承办玉溪市人口计划生育委员会第四届“人口杯”运动会，项目有篮球、拔河、跳绳、双抠、钓鱼，全市各县区和市直单位的150多名计生系统工作人员参加；8月30～9月1日，参加承办玉溪市总工会第五届职工运动会，项目有三人篮球、拔河、双抠、羽毛球、乒乓球、登山，来自全市工会系统的150余名干部职工参加比赛，澂江代表队获团体第四名；9月14～17日，参加承办玉溪市劳动和社会保障局第四届企业退休人员运动会，来自全市13个企业的400余名退休人员参加老年排球、中国象棋、门球、地掷球的比赛，澂江代表队获团体第二名；9月26日，参加承办澂江县财政局会计协会自行车越野赛，来自全县各行业的60余名会计人员参加比赛。

【依托协会开展各种体育活动】 2010年2月3～4日，澂江县老体协举办迎春运动会，项目设门球、地掷球、小金属球、柔力球，54个代表队400余人参加；5月8日，县老体协举办“加加宁杯”运动会，项目有门球、地掷球、柔力球，280余人参加比赛；6月29日至7月1日，县老体协举办“冠军杯”塑质地掷球邀请赛，来自全市八县一区24个代表队123名运动员参加；7月12～15日，县老体协承办中国门球冠军赛玉溪市级选拔赛，来自全市13支代表队210名运动员参加；8月8日，县老体协举办“全民健身日”运动会及健身操展示，有400余名老年人参加；10月8～11日，县老体协举办敬老节运动会，项目有地掷球、小金属球、门球、乒乓球、羽毛球、柔力球，600余人参加；钓鱼协会在全年中，共举办或承办省级钓鱼比赛10余次，极大地带动全县体育运动的广泛开展。澂江牛食河垂钓中心成为全省举办各种钓鱼比赛的重要基地，给澂江旅游业带来无限的商机；信鸽协会全年共组织训放20余次，信鸽15000余羽，组织各种比赛10余次，多人在各种比赛中获奖；11月25日，县网球协会正式挂牌成立。

【开展各种类型的健身活动】 2010年8月8日，县委宣传部、县总工会、县体育局联合举办第二个“全民健身日”公路长跑活动及少数民族健身操展示活力，来自全县66个单位的1400余名干部职工，参加距离为3000米的长跑比赛；同日，县老体协的老年健身爱好者在凤山公园文化广场向观众展示少数民族健身操、柔力球、泰迪健身球，老年人的精彩展演，赢得2000余名观众的掌声；10月30日，参加承办2010年首届“艾维杯”环抚仙湖自行车邀请赛，来自16个国家和地区的600余名自行车爱好者参加比赛。

【农民体育健身工程】 2010年6月22日，市级援建的农民体育健身工程器材8幅篮球架运达澂江，县体育局及时配送到万海村委会、广龙村委会、尖山村委会、立昌村委会、小湾村委会、新村村委会、九村村委会等，12月，购置乒乓球桌配套给村委会，圆满完成本年度农民体育健身工程任务。

（祁加彬）

广播电视

【综述】 2010年，县广播电视局深入贯彻落实科学发展观，以新闻宣传为中心，以事业建设为基础，稳步推进电视台改革改版，突出个性，打造品牌，推进广播电视事业科学发展。全年采、编、播出电视新闻节目《澂江新闻》208期1743条，比上年增加235条，制作播出《新闻直通车》39期289条，播出公益广告699条次，各类宣传标语口号1317条次；在玉溪电视台播出（含新闻直通车）新闻611条，比上年增加61条；在玉溪大众台播出新闻168条，比上年增加79条；在玉溪广播电台播出新闻156条，比上年增加21条。开办知识问答专栏2个，制作播出村两委换届选举知识问答30期，效能政府四项制度知识问答10期，《法治澂江》22期，《廉政视窗》3期，《镇村大观》子栏目12期，《健康同行》12期，《烟农应知道》1期，《科普大篷车》115期。同时，狠抓节目质量，节目创优工作取得好成绩，电视新闻《潜入湖底清垃圾，潜水英雄显“特技”》、《永葆抚仙湖一类水质》荣获2009年度云南广播电视奖二等奖，电视新闻《“8·26抚仙湖保护日”千余人参加环保活动》荣获2009年度云南广播电视奖三等奖。大力实施“村村通”工程，完成总投资6.12万元，4个镇7个村177户“村村通”建设任务。按照“大容量、双向交互”的要求，提高广电网络市场竞争力，网络建设实现快速发展。

【创新宣传思路】 2010年，县广播电视局紧紧围绕县委、县政府中心工作，精心选题，细致策划，周密组织，统筹安排，全方位、多角度地进行宣传报道，采用系列报道、专题报道、电视访谈、电视讲话等多种形式，开办“落实全会精神，促进全面发展”、“两会专题报道”、“村委会书记、主任谈烤烟”和“先锋颂”等一系列重点栏目。创新新闻宣传思路和报道形式，积极策划全县推行效能政府四项制度和深化创先争优活动新闻宣传报道。深入基层，寻找新闻的“源头活水”。在森林防火和抗旱救灾工作中，迅速调整广播电视节目，开辟“严防死守，打赢护林防火攻坚战”、“抗旱保民生”和“松元村委会强党建，促发展系列报道”等栏目。采取多种形式关注百姓生活、反映百姓心声。围绕创办民生电视台，做好频道定位，加强对外合作交流，办新办活栏目、节目，办好电视民生新闻，唱响民生主旋律，着力构建平民化、大众化的新闻资讯服务平台，全面提高自办节目质量。改进栏目报道形式，做活时政新闻，扩大时政新闻容量，努力提升《澂江新闻》节目的时效性和知名度。

【电视台改革改版】 2010年，县广播电视局成立质量节目评审委员会，强化节目的监管考核，按照“内容创新、形式创新、手段创新”的总体要求，稳步推进电视台的改革改版。对节目进行全新改版，精确定位各中心栏目、节目的风格和特色。《澂江新闻》以“时政咨讯、权威报道、关注民生、服务百姓”为节目定位，每期《澂江新闻》时间长度为15分钟，在播发上突出“时效性”，对节目和栏目进行专业化包装，增强节目的可视性。科学化设置、板块化打造、风格化编排、差异化竞争，提高澂江电视台的影响力和知名度。改革后的《澂江新闻》，信息量不断增加，内容以时政为主，兼顾民生，插播简讯，节目规范，提升“生命摇篮，山水澂江”对外宣传形象。

【民生工程建设】 2010年，县广播电视局以事业建设为载体，创新思路，加快构建农村广播电视公共服务体系，强化督促检查，加强民生工程建设。组织力量深入调研，反复征求各方意见，编制广电“十二五”规划。制定全县数字电视传输技术方案，对已实施“村村通”的147个村组群众用户设备进行升级，圆满完成总投资6.12万元，4个镇7个村177户“村村通”工程建设任务。

【广电网络产业建设】 2010年，县广播电视局完成城市有线数字电视网络升级改造，推进农村数字电视整体转换，扩大山区有线电视覆盖率，促进信息服务和付费电视等增值业务发展；拓展广电宽带增值业务，提高广电网络市场竞争力，网络建设实现快速发展。全年新增有线电视用户529户，总户数达34128户，发展数字电视用户1415户，总户数达11842户，新增互联网宽带用户646户，总户数达1558户，已联网的有线电视安装率达到65.4%，覆盖率达87.8%。

【安全播出】 2010年，县广播电视局认真贯彻“不间断、高质量、既经济、又安全”的技术维护方针，加强对广播电视安全优质播出的监督和管理，实行定期检查，时时预防。实行领导带班制，加强安全防范教育，增强职工工作责任心，遵守操作规程，尽量杜绝各类事故发生；配合工商部门加大对市场非法销售安装“小锅盖”行为的查处和打击力度；加强无线发射设备维护检修和转播频道监管工作，定期开展安全播出大检查，及时发现和消除各种广播电视安全隐患，严防敌对势力的破坏和捣乱，防止重大安全事故的发生，确保广播电视制作、播出、传输线路、接收等技术系统和设施的安全运行。全年安全播出澂江电视台电视节目4312小时，实现安全播出零事故目标。

【队伍建设】 2010年，县广播电视局以深化开展“创先争优”活动为抓手，以提高干部队伍综合素质、综合能力为核心，制定培训教育计划，切实抓好干部职工的培训教育。抓好政治理论学习和思想教育工作，提高干部职工的大局意识、责任意识和科学发展意识；抓好政治纪律、宣传纪律、工作纪律教育，提高干部职工遵纪守法的自觉性；抓好工作作风教育、职业道德教育，提高干部职工的执行力和工作效率；抓好业务技术培训教育，提高干部职工的业务技能和服务水平，着力建设一支“政治强、业务精、纪律严、作风正”的广播电视队伍。

【获奖作品】 2010年，在云南广播电视奖评奖活动中，由刘利坤、贺萍撰稿，卯时钟编辑，刘利坤摄像，周庭梅播音的电视新闻《潜入湖底清垃圾　潜水英雄显“特技”》荣获2009年度云南广播电视奖二等奖；由刘利坤撰稿，刘利坤编辑，马娜播音的电视新闻《永葆抚仙湖一类水质》荣获2009年度云南广播电视奖二等奖；由李志雄、陈超撰稿，李淑冰、廖玉权编辑，马娜播音的电视新闻《“8·26抚仙湖保护日”：千余人参加环保活动》荣获2009年度云南广播电视奖三等奖；澂江电视台选送的新闻《悬崖峭壁开沟渠　引水抗旱抓春耕》荣获玉溪电视台2010年度优秀新闻作品二等奖。

（张顺强）

旅　游

【综述】 2010年，澂江县旅游工作按照中共澂江县委十届六次全会和县第十五届人大三次会议精神，认真落实会议确定的旅游发展目标、工作重点和工作要求，紧紧围绕“抓开发、打基础、树品牌、拓市场、增效益”的工作思路，积极推进抚仙湖生态建设与旅游改革发展综合试验区建设工作，进一步转变发展观念，创新发展模式，优化发展环境，提高服务质量，加快高端康体休闲度假旅游产品的引进开发，促进旅游、生态、文化良性互动，使全县旅游业继续保持良好发展势头。全年全县共接待游客173万人次，实现旅游总收入58799万元，分别同比增长11.67%和14.60%。

【《关于加快旅游产业发展的决定》出台】 2010年，为认真贯彻落实玉溪市旅游文化产业发展大会精神和县委提出的“五大战略”和“三大经济发展路子”，大力发展以旅游业为主的现代服务业，充分发挥我县的旅游资源优势和区位优势，做大做强旅游产业，努力把资源优势转化为经济优势，把旅游业培育成支柱产业。中共澂江县委、县人民政府研究出台了关于加快旅游产业发展的决定。决定从七方面作了全面的概括和阐述：一、提高认识，明确旅游产业发展的战略目标。二、优化旅游产业布局，建设精品旅游线路。澂江县旅游发展总体格局确定为“一个核心、两条走廊、三大功能区和四大旅游片区（1234）”：“一个核心”即澂江县范围内的抚仙湖沿岸区域；“两条走廊”即“昆—石—澂”（昆明—石林—澂江）旅游走廊和“玉—江—澂”（玉溪—江川—澂江）旅游走廊；“三大功能区”即东岸国际生态康体休闲度假旅游区、北岸休闲娱乐旅游区和西岸生态休闲文化旅游区；“四大旅游片区”即抚仙湖康体休闲度假旅游片区、帽天山科普探秘旅游片区、阳宗海旅游度假片区、梁王山旅游片区。主要开发“昆明（新机场）—阳宗海—帽天山—抚仙湖—昆明（新机场）”、“石林（或昆明城区）—阳宗海—帽天山—抚仙湖—昆明”、“昆明—抚仙湖—星云湖—玉溪—昆明”和“立昌—禄充—湖畔圣水—帽天山—海口”三条精品旅游线路。二、构建旅游产品体系，培育精品旅游品牌。以湖泊观光旅游产品为基础，以休闲度假旅游产品为核心，以乡村生态旅游产品、会议商务旅游产品为亮点，建设集观光体验、休闲度假、文化体验、科普教育、乡村生态、户外运动、自驾车体验、会议商务旅游、康体健身旅游等多种旅游形式为一体的、高中低端产品配套的六大类旅游产品体系。四、加快旅游产业体系建设，改善旅游产业发展环境。加快基础设施建设和完善景区旅游功能，推进标准化建设，建立旅游市场综合治理联合执法制度，形成长效管理机制。五、强化旅游宣传促销，积极拓展旅游市场。以“生命摇篮·山水澂江”为主题，全方位、多层次、多角度加强全县旅游目的地宣传，突出旅游产品特色，大力宣传推介休闲度假产品。六、加强组织领导，创新旅游业发展的体制和机制。坚持以观念创新促体制创新，以体制创新促管理创新，实现产品创新，逐步建立符合我县实际的旅游业发展创新体系。七、加大政策扶持力度，推动旅游产业快速发展。研究制定有利于旅游行业规范经营发展奖励扶持政策，用好用活旅游发展专项资金，对创建A级景区、星级酒店、特色餐饮、开发旅游商品等给予以奖代补。研究制定旅游宣传、境外招徕组团、产品包装和招商引资、旅游用地等方面的鼓励政策。

【澂江启航旅行社设立】 2010年3月15日，根据《旅行社条例》规定的国内旅行社设立条件，云南省旅游局关于同意设立临沧金塔旅行社有限责任公司等十家旅行社的批复，批准澂江启航旅行社成立。

【抚仙湖悦椿度假酒店正式营业】 2010年9月25日，抚仙湖悦椿度假酒店正式开门营业，成为抚仙湖周边首家高端国际度假酒店。近年来，澂江县紧紧抓住云南省旅游二次创业和云南桥头堡建设新机遇，依托自身丰富的旅游资源，结合抚仙湖保护的实际，牢固树立引进大项目，实施大环保，带动大发展的思路，加大旅游项目招商引资力度，推进重大旅游项目建设，正是在这样的背景下，湖畔圣水等重大旅游项目应运而生。该项目的建成极大提升了抚仙湖沿岸的旅游开发水平，改善了抚仙湖周边的旅游形象。同时，该项目也是澂江全面贯彻落实玉溪市委、市政府“一退够、二调优、三保护”战略部署，以抚仙湖水污染综合防治为切入点，切实把生态文明的理念贯穿于经济社会发展的各个环节，着力调整产业结构，把发展现代农业、新型工业和以旅游业为主的现代服务业与生态环境保护相结合的有益探索，在对抚仙湖流域生态保护，用高端旅游文化产业替代低效益高污染的环湖农业，调整抚仙湖周边产业结构等方面具有示范作用。

【阳宗旅游形象宣传牌工程】 2010年，为充分抓住澂阳公路通车的机遇，积极开拓昆明—石林—阳宗海—抚仙湖—玉溪—昆明精品旅游线路，展示澂江县优美的湖光山色和丰富多彩的历史文化，县旅游局积极组织实施了阳宗旅游形象宣传牌建设工程。累计投入资金50余万元，在昆石高速公路阳宗出口处竖立高18米、版面120平方米的双面旅游形象宣传牌两块，工程于5月20日竣工验收。

【抚仙湖云南原创音乐狂欢派对大型公益活动】 抚仙湖云南原创音乐狂欢派对大型公益活动于2010年8月7～8日在禄充风景区波息湾沙滩举行。此次活动由县旅游局主办，县文化局、县体育局以及笔架山庄协办，“LOFT金鼎1919”文化创业产业园、金鼎1号艺术空间承办，采用“政府引导，市场主导”的运作模式，以“保护水资源、关注抚仙湖”、“我们只有一个抚仙湖”为主题；以展示云南本土音乐风貌，展示云南原创音乐作品成果，展示抚仙湖优美的自然风光和度假休闲旅游品牌为宗旨；以户外沙滩演出、夏日沙滩激情派对、现场艺术创意集市为内容，组织云南本土12支演出乐队及特邀国内著名原创4支演出乐队，演出曲目达80多支。活动期间，云南电视台、昆明电视台、玉溪电视台以及云南信息港、云南旅游网等多家媒体作宣传报道，进一步提升了抚仙湖的知名度。

【《抚仙湖老年国际康体养生度假中心总体规划》通过评审】 2010年6月10日，《抚仙湖老年国际康体养生度假中心总体规划》评审会在西都大酒店举行，评审委员会由云南大学、云南财经大学、省旅游投资公司、玉溪市旅游局等单位有关专家学者组成。玉溪市旅游局、国土局、环保局、林业局、建设局、水利局以及县旅游产业改革发展领导小组成员单位负责人参加，市旅游局局长曾建志主持。通过听取汇报、审查相关的规划文本、图件等规划成果，认为该规划在分析项目发展背景与环境、资源及客源市场的基础上，提出了相应的发展战略、目标与定位，对其总体布局及功能分区进行了科学的规划，并对其旅游形象塑造、客源市场拓展、旅游产品开发以及重点旅游发展项目进行了较为深入的考虑，对项目投资估算与综合效益进行了分析，提出了项目建设的措施建议。该规划符合云南省旅游发展和养老事业发展的要求，对旅游资源的特色把握准确，基础调查工作扎实，对项目建设的市场状况把握准确，旅游产品定位较为科学，提出的战略措施具有较好的前瞻性；项目功能分区合理，旅游产品体系设计特色突出，旅游基础设施和服务设施规划合理；文本较为规范，图件齐全，符合旅游规划通则的基本要求。经专家组认真研究，一致同意该规划通过评审。

【《抚仙湖国际养生园总体规划》通过评审】 2010年12月2日，《抚仙湖国际养生园项目总体规划》联合评审会在省旅游局召开。省旅游局、省国土厅、省发改委、省环保厅、省住建厅等单位领导和多位知名专家教授参加了评审。省旅游局党组书记朱飞云、局长喻顶成、副局长余繁和玉溪市市长助理刘国宇出席会议并讲话，玉溪市旅游局局长曾建志及市直相关部门领导，县委书记崔明，县委常委、常务副县长李自乔，副县长朱应生及县相关部门领导参加会议，会议由省旅游局规划处处长杨许云主持。云南省财经委副主任、云南大学旅游研究所所长、教授罗明义为组长的13人评审专家组，通过听取汇报、审查相关规划文本、图件等规划成果，认为该《规划》编制规范，文本要素齐全，符合国家《旅游规划通则》及相关文件的要求，一致同意该规划通过评审。

【湖畔圣水项目建设】 2010年，湖畔圣水项目累计完成投资117500万元，销售房产751套；I期配套月亮湾湿地工程和抚仙湖悦椿度假酒店全面完工，于9月25日投入使用，引进新加坡悦榕集团经营管理的抚仙湖悦椿度假酒店9月25日正式开业；II期工程于7月开工建设。

【旅游培训班】 4月20～21日，县旅游局组织A级景区、旅行社、各旅游接待推荐单位、乡村旅游星级接待单位负责人、以及饭店部门经理以上管理人员70余人参加旅游服务知识培训班。培训期间，县旅游行业协会会长李亚雄以《企业之间的关系》为题进行了交流发言。邀请省内业内知名人士分别讲授了《市场营销》、《中外酒店管理文化》、《饭店质量管理》、《礼貌礼仪》等知识。通过培训，所有参训人员反映受益匪浅，对全面推进旅游服务质量起到促进作用。

【旅游技能大赛】 2010年9月27～28日，由县旅游局、县总工会、县劳动与社会保障局、县旅游行业协会共同主办的“2010年澂江县旅游服务技能大赛”在西都大酒店举行。本次大赛汇聚49名旅游行业精英，比赛内容分为前台、客房、中餐、西餐四个项目。经过为时2天的激烈角逐，共决出优秀组织奖3个，团体奖3个，个人一等奖4名、二等奖7名、三等奖10名，前台、客房、中餐、西餐四个项目一等奖获得者分别是澂江大酒店郭仟惠、澂江大酒店许薇、西都大酒店施侯菊、笔架山庄阮永利，团体第一、二、三名分别是笔架山庄、明珠假日酒店、非常阳光酒店，大赛获得了圆满的成功。

【旅游市场整治】 2010年6月2日，澂江县启动部门联动执法机制，开展旅游市场综合整治工作。出动人员100余人次，快艇3艘，清运车辆2辆，重点对禄充景区内的笔架山渔洞、金沙滩、古树湾沙滩、大洞沙滩进行全面的清理整治，共拆除违法乱建农户47户，取缔沙滩开馆经营户85户，违章建筑面积3500平方米，乱搭秋千18架，拖运渔船35只。通过综合整治，有效遏制旅游市场的违法违规行为，优化旅游市场环境，规范旅游市场秩序，提高旅游服务质量和旅游者的满意程度。

【旅游服务质量提升年活动】 2010年，为贯彻落实国家旅游局《旅游服务质量提升纲要》和进一步完善旅游服务质量体系，全面提升旅游服务质量，澂江县认真组织开展“2010年旅游服务质量提升年”活动。通过宣传、游客满意度调查、技能大赛、旅游培训、旅游市场专项治理、暗访检查、社会监督等方式，使澂江旅游服务质量全面提升，旅游企业和从业人员的质量意识、标准意识和品牌意识日益增强，旅游行业质量监督管理工作机制进一步完善，旅游秩序明显好转，游客满意度不断提高。

【景区建设】 2010年，按照《关于在全市开展创建平安旅游平安景区活动的通知》文件要求，县旅游局、县综治维稳办、龙街镇联合，在禄充4A级景区组织开展创建平安旅游平安景区活动。通过成立创安领导小组，制定创安实施方案，以及认真抓创安各项工作的落实，进一步推进旅游景区社会治安综合治理维护稳定工作，为游客创造安全、文明、舒适、秩序的旅游环境。

【王跃调研旅游工作】 2010年9月7日，玉溪市副市长、试验区管委会主任王跃率领市旅游重大项目协调服务小组一行到澂江调研旅游工作。听取澂江县县长苏绍华对澂江旅游重大项目推进的情况汇报后，针对抚仙湖国际老年康体养生度假中心项目建设提出要求，市旅游项目协调小组要启动相关工作程序，与澂江县相关部门对接，围绕年内开工建设做好服务工作。市发改委要尽快下发核准文件，以便该项目开展其它前期工作。县级各部门要积极主动做好相关工作，并尽快组织开展征地工作，10月份把土地报件报到省上。王跃强调抚仙湖国际老年康体养生度假中心项目其它相关手续审批权限在市级的，立即解决；审批权限在省级的，限定时间解决，要充分体现试验区先行先试的作用，加快项目的推进速度。

【老挝团到澂江考察旅游项目】 2010年7月2日，老挝北部五省旅游培训班31人到澂江考察湖畔圣水项目。

【国家旅游局领导到澂江考察旅游项目】 5月31日，国家旅游局规划财务司副司长张吉林等一行4人在省旅游局副局长余繁、产业促进处陈彤副处长陪同下到澂江考察湖畔圣水、抚仙湖国际养生园旅游项目。

（奚媛春）

澂江动物化石群

【综述】 2010年，澂江动物化石群的管理、保护和基础设施建设取得重大进展。投资2710万元的澂江动物化石群基础设施建设项目在2009年工作的基础上，又完成投资1400余万元，完成了供水工程、污水处理工程、大型标牌工程及林地恢复等项目。澂江化石地申遗工作进入关键阶段，完成申遗文本的修改、评审及提交联合国世界遗产中心预审等工作。进一步加强澂江动物化石群的宣传工作，完成了多次重要的接待任务。

【澂江动物化石群基础设施建设项目】 2010年，澂江动物化石群基础设施建设项目在2009年工作的基础上，主要完成了供水设施建设、污水设施建设、大型标牌工程及林地恢复等项目；管理用房及停车场项目正在建设中。截至2010年12月31日，该项目预计完成投资2400万元，其中，本年度完成1400万元；已拨付工程款1950万元，其中，本年度拨付1150万元。

【"澂江化石地"申报世界自然遗产工作】 2010年5月6日，按住建部的相关要求，云南省住建和城乡建设厅组织了"澂江化石地申报世界自然遗产文本评审会"，专家组原则上同意通过，并建议对文本修改完善。5月18日，省政府刘平副省长率市、县政府领导和相关部门人员赴京向住建部汇报申遗工作，得到了住建部领导的肯定和支持。8月18日，住房和城乡建设部城市建设司在北京组织召开了云南澂江化石地申报世界自然遗产专家论证会。12月底，申遗文本已通过联合国教科文组织世界遗产中心预审。国家住房和城乡建设部同意把澂江化石地作为中国向联合国申报2012年度自然遗产项目。

【积极开展地质遗迹保护工作】 2010年10月，由昆明万博展示设计有限公司设计和建设的帽天山化石首发点野外保护和展示工程正式开工。工程采用透明钢瓦大棚，模仿微网虫外形，用双桥结构保护并展示化石首发剖面。目前主体工程已完工，正在进行室内装修。

【国务院参事一行参观澂江动物化石群展馆】 2010年1月20日，国务院参事和省博物馆有关领导一行32人参观澂江动物化石群展馆。

【陈颙考察澂江动物化石群】 2010年3月29日，著名地球物理学家、中国科学院院士陈颙一行6人，在澂江县副县长朱应生及省地震局有关领导的陪同下，参观考察了澂江动物化石群展馆和帽天山国家地质公园。

【杨家明考察澂江动物化石群】 2010年4月7日，香港国家地质公园主任杨家明一行12人考察帽天山国家地质公园及参观澂江动物化石群展馆。

【美国前国防部副部长助理参观澂江动物化石群展馆】 2010年5月3日，美国前国防部副部长助理尼古拉斯·白拉图在云南师范大学校长杨林、玉溪市委组织部部长寸世成、澂江县副县长李瑜琼的陪同下参观澂江动物化石群展馆。尼古拉斯·白拉图曾任美国驻巴基斯坦、菲律宾、赞比亚等多国特命大使和驻加拿大、中国、日本高级外交官，1972年陪尼克松访华。

【张志明考察澂江动物化石群】 2010年5月20日，中央党校党建部主任张志明一行5人在澂江县委书记崔明及县委组织部部长冯以春等有关领导的陪同下参观了澂江动物化石群展馆和帽天山国家地质公园。

【澂江动物化石群展馆正式对外开放】 2010年，为满足申报世界自然遗产工作和国家地质公园旅游接待需要，国土资源部和玉溪市投资350余万元对澂江动物化石群展馆进行了装修布展。展馆分为主展厅、精品厅、恐龙厅和放映厅，整个展览采用文字、图片、模型、动画等手段对化石进行全面展示，并于2010年6月24日正式向广大公众免费开放。全年共接待各级各界到澂江动物化石群展馆参观考察人士5157人（次）。

【云南《澂江化石地申报世界自然遗产文本》通过专家评审】 2010年5月6日，由玉溪市人民政府组织，国家住房和城乡建设部、云南省住房和城乡建设厅及国内外有关专家参加的“澂江化石地”申报世界自然遗产文本评审会在玉溪市举行。来自云南大学、昆明理工大学、云南省地质矿产局、英国莱斯特大学的地质、古生物、世界遗产等方面的专家对文本初稿进行了认真审议和深入讨论。专家组认为：一、澂江动物群化石的发现被誉为是二十世纪世界上最惊人的发现之一，是“寒武纪生命大爆发”的极好例证，对人类了解生命起源和演化具有重要科学价值和意义。二、澂江动物群不仅具有显著的物种多样性，而且化石保存精美，特别是保存了大量生物软体组织化石，在世界上极为罕见。三、化石地是世界自然遗产的一种特殊类型，主要因为突出地反映了地球“生命的记录”而满足世界自然遗产标准和具有“突出普遍价值”。澂江动物化石的特征与内容，表明澂江动物群化石具有列为世界自然遗产的品质与价值。四、文本编写的格式基本符合“世界遗产操作指南”及其“附件5”关于申遗文本格式的规定。五、文本对自然遗产申报的三个核心内容，即“突出普遍价值”、“完整性条件”、“保护管理”进行了多次提炼、总结和阐述，为最终提交合格文本打下了很好基础。六、文本在格式、内容方面尚需要进一步修改完善。专家组原则同意通过云南“澂江化石地”申遗文本评审，建议按专家所提意见，对文本修改完善，上报国家主管部门。

【《共守一片蓝天》摄制组到澂江动物化石群展馆拍摄】 2010年6月11日，《共守一片蓝天》摄制组一行15人到澂江动物化石群展馆取景拍摄。同日，美国古生物学家一行5人在云南大学有关人员的陪同下参观澂江动物化石群展馆。

【美国古生物学家参观澂江动物化石群展馆】 2010年6月17日，美国古生物学家一行4人在昆明植物研究所有关人员的陪同下参观澂江动物化石群展馆。

【宋瑞祥参观澂江动物化石群展馆】 2010年7月13日，原地矿部部长宋瑞祥一行19人参观澂江动物化石群展馆。

【瑞典乌普萨拉大学领导参观澂江动物化石群展馆】 2010年8月7日，瑞典乌普萨拉大学地球科学系主任参观澂江动物化石群展馆。

【刘光正参观澂江动物化石群展馆】 2010年9月28日，国土资源部规划司规划处处长刘光正一行5人参观澂江动物化石群展馆。

【玉溪市人民政府聘请澂江化石地申遗工作顾问和专家】 2010年10月18日，副市长杨洋代表市人民政府，在澂江县聘请了国际古生物协会主席哈普教授为澂江化石地申遗科学顾问、云南古生物重点实验室主任侯先光教授为申遗专家，通过专家和科学顾问在国际业界的影响，促进澂江化石地申遗工作顺利推进。

【温家宝总理和刘延东委员对澂江动物化石群作出批示】 2010年，高劲松市长在全国人代会上提出重要建议：“建议国家支持澂江动物化石群保护地申报世界自然遗产。”之后专门上书温总理，请求总理关心重视澂江化石地申遗工作，并于2010年8月得到温家宝总理和中央政治局委员、国务委员刘延东的批示。

【中央机构编制领导小组办公室领导参观澂江动物化石群展馆】 2010年11月2日，中央机构编制领导小组办公室有关领导一行8人在澂江县李瑜琼副县长等领导的陪同下参观澂江动物化石群展馆。

（马兰春）

人口与计划生育

【综述】 2010年，澂江县人口和计划生育局计生局按照县委、县政府和市计生委的部署和要求，对照本部门2010年行政效能建设工作目标量化考评标准，坚持以科学发展观为指导，紧紧围绕年初确定的工作目标和工作重点，深化改革，锐意进取，不断完善以群众需求为导向的优质服务和计划生育村（居）民自治两项机制，突出抓好贯彻落实中央、省、市《决定》精神、“奖优免补”、流动人口计划生育管理和基层基础工作四项重点工作，结合县情实际，进一步强化全县各级人口与计划生育目标责任制，积极探索建立人口计生工作新机制，有条不紊地开展工作，确保人口和计划生育工作持续、稳定、健康发展。

【人口计生统计】 2010年底，全县人口总数139888人（不含阳宗镇），已婚育龄妇女数28476人，占总人口比重的20.36%；落实节育措施人数27130人（不含阳宗镇），比去年同期增加455人，节育率92.27%，采取长效节育措施人数25244人，比去年同期增加305人，三术率88.65%，避孕及时率98.04%（应落实1070例，实落实1049例）。出生人数1336人，同比增加152人，出生率9.56‰，计划生育率98.88%；死亡人数823人，同比增加11人，死亡率5.89‰；自然增长人数513人，同比增加141人，自然增长率3.67‰。

【全面落实“奖优免补”政策】 到2010年12月31日止，全县农业人口领取《独生子女父母光荣证》共1857户，省“奖优免补”网站录入率达100％，“奖优免补”资格确认、办证及审批严格执行程序，认真进行公示，奖扶资金足额配套，实行专户管理并足额及时兑现给群众。2010年，全县共兑现一次性奖励费87人4.35万元；兑现义务教育阶段奖学金928人次18.11万元；兑现养老生活费224人次21.936万元；兑现特别扶助费45人次5.28万元；兑现升学奖学金52人5.92万元；兑现新农合补助6341人次19.03万元。享受到升学加分的独生子女共39人。

【信息化建设工作】 为加强对育龄群众的服务和管理，提高全县人口数据的准确性，2010年上半年，澂江县共组织496名工作人员，投入12万元对6个乡镇40个村（居）委会393个村民小组的所有户籍人口和常住人口的个人信息进行了全面详细的调查登记。本次所调查登记的内容除了个人基本信息以外，还包括了文化状况、就业状况、健康状况、计划生育奖励扶助政策落实情况以及育龄人群的孕、育、节育情况等共74项内容，涉及的范围广，工作量大。通过全县计生干部的共同努力和相关部门的大力配合，2010年5月底完成了全县所有人员的调查登记以及全员人口数据录入和育龄妇女及家庭成员人口数据库的初始化工作，共录入信息46167户160245人。此项工作的开展，大大提高了育龄群众信息的全面性和准确性，为更好地服务育龄群众提供了科学的信息引导。

【开展优生促进工程】 2010年，澂江县开展的优生促进工程包括出生缺陷一级预防和农村妇女免费增补叶酸两个项目。澂江县被列为出生缺陷一级预防省级重点县，计生系统围绕宣传倡导、健康促进、优生咨询、高危人群指导、孕前优生健康检查、均衡营养等几个重点开展工作。全县确定目标人群人数1072人，免费增补叶酸1888人。全年发放宣传品9278份，婚孕前培训201期4409人次，技术人员培训12班次，218人次，孕前优生健康检查629对，孕前优生健康检查率为59%，超额完成任务的19%，经风险评估，对57例高风险人群经转诊、优生健康咨询指导及重点管理，使出生缺陷一级预防得到很好落实。在农村妇女免费增补叶酸预防神经管缺陷此项工作中，全年共发放叶酸片2039人次，12234瓶，圆满完成了上级下达的任务。

【依法行政】　县计生局对违法生育的行为进行依法处理，共立案186起，结案186起，结案率100%，其中，非婚生育119起，间隔不到生育29起，无证生育37起，违法多生育1起；当年出生当年处罚42起，往年出生今年处罚143起，往年出生违法多生育1起；共征收处罚金额250215元。所有案件都能做到事实清楚、程序合法、文书规范、引用法律法规适当，查处的行政案件，没有一件发生行政复议、行政应诉和上访。其次是深入细致做好信访工作。截至12月31日，各镇及我局共接待信访63件，涉及的主要内容有：办证问题17件；咨询44件，奖励优待2件。共办结信访案件63起，办结率为100%，满意率在98%以上。

【宣传教育】　2010年，县计生局为扎实推进全县人口和计划生育工作，提升人口和计划生育工作整体水平，进一步提高育龄群众的生殖保健和生殖健康水平，县、镇、村三级采取多种形式强化宣传教育工作，广泛宣传人口与计划生育法律法规，避孕节育、生殖保健知识，与服务对象开展“面对面”、“一对一”的宣传，在凤麓镇仪凤社区和龙街镇提古村委会创建人口文化大院，丰富群众文化生活，提高群众对计生知识的普及率和知晓率。全县农业人口总户数41905户、宣传品入户数41350户，人口计划生育宣传品进村入户率达98.6%。本着“为民、便民、利民”的服务原则，县计生服务站和镇计生服务所的工作人员携带仪器、药具，深入各村委会为育龄妇女开展健康检查活动。对流动人口提供与户籍人口同等的服务，为他们免费提供避孕药具，开展生殖健康检查服务，提供健康知识宣传、咨询。在宣传服务活动中，全县上下共组织开展健康检查服务1200余人次，政策咨询服务600余人次，发放宣传资料25000余份。坚持每年举办一期计生综合培训，强化各级计生干部的政策水平，提升技术服务队伍的服务能力。

【流动人口管理和服务】　2010年，县计生局严格按照“政府牵头、部门参与、条块配合、综合治理”的指导思想，充分发挥现居住地、街道和协会会员的作用，协同相关部门联合执法，每个季度进行一次流动人口清理工作。同时，对育龄流动人口开展与常驻人口同样的计划生育优质服务，不但在他们当中宣传流动人口管理办法、生殖健康、预防艾滋等知识，还提供优质的技术服务，“流入地管理为主，流出地积极配合”的管理体制得到进一步巩固和完善，确保了流动人口计划生育与常住人口同管理、同服务。

【计生协会工作】　2010年，澂江县计划生育协会充分利用有关节日进行计划生育工作的宣传教育。在协会“5·29”活动日，各镇计生协相继开展多种形式的宣传活动，丰富了协会会员的文化生活，同时更有效地提高了会员的计生知识知晓率。各级计生协会坚持开展民主评议计生工作，邀请社会各界人士监督评议计生工作开展情况，有效扩大了计生工作的监督范围。年初，县计生协会认真开展关怀帮扶活动，投入6万元资金对6户计生家庭实施了少生快富帮扶项目，帮扶的6户家庭均感受到了计划生育协会对他们的关怀和关爱。8月，根据省市安排，开展计划生育意外伤害保险的宣传动员工作，全县共承保6269户22032人，投保金额192750元；全年共赔付46244.85元，其中，参保人死亡2人，赔付10500元，意外伤害事件68件共赔付35744.85元。11月，全市基层计划生育协会现场会暨先进表彰会在澂江县召开，对澂江县计生协会工作的进一步巩固发展起到较好的推动作用。全县40个村（居）委会按照自治工作上台阶的要求，推进计划生育村（居）民自治规范化建设。2010年，共有21个村委会纳入村民自治规范化建设。村级每半年和年终召集部分村民代表和村里有威望的人召开民主评议会，参会人员对计生工作提出意见和建议，通过民主评议的方式，收集群众的意见和建议，增强了群众主动参与和监督计生工作的积极性，强化了村级领导干部的自治意识，使计划生育村（居）民自治工作又迈上了一个新台阶。

（张爱萍）

救灾救济

【灾情核查工作】　2010年，澂江县先后遭受干旱、洪涝、滑坡等自然灾害的袭击，特别是2009年9月以来，县境内气温持续高温，降雨甚少，日照甚多，干旱少雨，库塘蓄水严重不足，部分水源枯竭，出现了秋、冬、春连续干旱，为百年不遇的旱灾。给人民群众的生产生活带来严重的影响。据统计，受灾25298户91220人，大牲畜7501头，转移安置人口9户35人，直接经济损失18770.8万元。

【救灾救济工作】　2010年，澂江县认真贯彻执行国务院《自然灾害救助条例》，结合实际，制定了《澂江县2010年旱灾灾民救助实施方案》，进一步规范了救灾救济款物的管理发放工作。全县因灾造成群众缺粮4482户13259人，需救灾粮824.13吨346.14万元；需救灾资金2750户7456人121万元。妥善解决了五保户、低保户等的实际困难和问题，确保了受灾群众有饭吃、有水喝，有衣穿、有病能医等基本生产生活条件。

【捐赠款物接收工作】　2010年，澂江县民政局认真贯彻落实“政府主导，分级管理，社会互助，生产自救”的救灾工作方针，广泛动员，发动群众，立足本地生产自救，努力做好救灾救济工作。按照县委、县政府的统一部署，精心组织开展向灾区献爱心社会捐赠及共产党员抗旱救灾特别捐献活动，营造人人参与、全民抗旱的良好氛围，多渠道地募集社会资金，帮助灾区群众解决生产、生活问题。全县直接接收社会捐赠资金1497.36万元（包括物资折价34.38万元）。

【走访慰问困难群体】 2010年，澂江县为充分体现党和政府的亲切关怀，不断提高党群关系和干群关系，促进社会主义精神文明和物质文明建设，构建和谐澂江。根据县委、县政府的安排，结合实际，对全县特困户、五保户、重灾民户进行走访慰问活动，慰问重灾民户15户0.45万元、特困户93户2.79万元、城镇低保户18户0.54万元、五保户259户2.59万元，六十年代精减退职职工64户0.64万元。

【五保供养工作】 2010年，县民政局按照中华人民共和国国务院《农村五保供养条例》及《玉溪市人民政府办公室关于进一步加强和规范农村五保供养工作实施意见的通知》精神，对老年、残疾或者未满16周岁的村民，无劳动能力、无生活来源又无法定赡养、抚养、扶养义务人，或者其法定赡养、抚养、扶养义务人无赡养、抚养、扶养能力的，享受农村五保供养待遇。按照农村五保供养的规定，将符合条件的群众纳入五保供养范围，实施动态管理，做到应保尽保，按标施保（在院每月230元、分散每月180元）。现有农村五保供养对象270户277人，其中，集中供养149户149人，分散供养121户128人，全年共计拨发五保经费63.57万元。

【低保工作】 2010年，县民政局认真贯彻执行《云南省城市居民最低生活保障办法》，严格审批程序，坚持“三公开一监督”的工作制度，实施动态管理。2010年有城市低保对象1037户1632人，发放低保资金280.2万元，人均补助水平143.08元。有农村低保对象5423户5809人，发放保障金363.2万元。

【城乡医疗救助工作】 2010年，县民政局认真贯彻执行《澂江县城市医疗救助制度实施意见》，坚持量力而行、分类救助、稳步推进和公开、公平、公正的原则，2010年，城市医疗大病人员18人，支出救助金10.82万元；农村医疗救助人员144人，支出救助金32.31万元。帮助农村低保户、五保户缴纳2011年新农合保险费5028人15.08万元。为城市居民资助参保1823人0.47万元。

【城乡医疗救助一站式工作】 2010年，县民政局认真贯彻执行《云南省民政厅关于全面推行城乡医疗救助一站式即时结算服务管理模式有关事宜的通知》精神，结合澂江县实际，制定了《澂江县城乡医疗救助实行“一站式”服务工作实施方案》，从2010年10月1日正式实施。实施方案的出台将实现城镇、农村困难群众住院医疗救助与医疗保险、新农合补偿结算“一站式服务”。通过资源共享、信息共享、同步结算、统一监管，让城镇、农村困难群众享有便捷、高效的医疗保险、新农合补偿和医疗救助服务，有效提高医疗保险、新农合和医疗救助资金的使用率和覆盖面。

【临时救助制度工作】 2010年，县民政局为认真贯彻执行《澂江县城乡贫困居民临时救助制度实施意见》，临时救助城市贫困居民66人，发放救助金3.55万元。临时救济农村贫困居民1155人，发放救助金35.93万元。这项制度的实施，解决了贫困居民临时的生活困难，在维护社会稳定和经济发展过程中具有重要意义。

优抚安置

【退役士兵接收安置工作】 2010年，澂江县共接收退役士兵（官）69名（转业士官5名，有2名荣立二等功的二级士官）。其中，农村籍义务兵50名，城镇退役士兵（官）14名，转业士官5名。根据《云南省人民政府关于做好2009年冬季退役士兵接收安置工作的通知》和《云南省民政厅关于新修定的城镇退役士兵安置工作规程的通知》及云南省民政厅云南省人事厅关于印发新修定的云南省城镇退役士兵考试考核安置办法（试行）的通知精神，结合实际，制定了符合我县城镇退役士兵（官）安置改革的方案：一、要严把安置资格的审核关。二、加大“双考”安置工作政策的宣传力度。三、不采取考前培训。四、严格各项操作程序。相关部门和相关人员全程介入，加强监督，做到在阳光下操作，坚决杜绝违纪违规现象的发生。为确保澂江县城镇退役士兵（官）安置任务的圆满完成，制定了《2010年县属单位接收安置城镇退役士兵计划》。对19名城镇退役士兵（官）、转业士官进行了安置资格审查公示；有6名士官通过“双考”排序，选择到了满意的工作岗位，其余13名由于其他原因未能参加岗位选择，办理了自谋职业手续。

【优抚对象慰问工作】 2010年，县民政局慰问“三属”、残疾军人、在乡老复员军人272人，支出慰问金8.16万元；召开烈军属、复员退伍军人座谈会，支出经费8.6万元；慰问驻澂部队支出资金9万元，发出慰问信8300余份，共支出慰问金25.76万元。

【部队捐赠工作】 2010年，驻澂部队视驻地为故乡，在百年不遇的大灾之年，79人为灾区捐款3.97万元，为灾区送水投入人力330人次，出动车辆600台次，送水1250吨，矿泉水10箱，解决饮水困难8510人，架设饮水管道3000米。地方视军人为亲人，县一中10余年来坚持不懈地免费为某部培养军校苗子生，部队也坚持不懈地为学校军训新生。2010年，澂江县被省委、省政府、省军区授予全省“双拥模范县荣誉称号”。

【优抚对象医疗保障“一站式”工作】 2010年，为保障优抚对象医疗保障待遇，根据《军人抚恤优待条例》、《云南省军人抚恤优待规定》、《云南省优抚对象医疗保障实施办法》、《澂江县优抚对象医疗保障办法》，结合实际，县人民政府制定了《澂江县优抚对象医疗保障“一站式”服务实施方案》，并于2010年12月20日正式实施。其方案的主要任务是：推行城镇居民基本医疗保险、新型农村合作医疗与优抚对象医疗保障“一站式”服务，将原民政部门承担的优抚对象住院医疗救助结算、给付业务转由定点医院直接办理，实现优抚对象住院医疗救助与医疗保险、新农合补偿结算“一站式”服务。通过资源共享、信息共享、同步结算、统一监管，让优抚对象享受便捷、高效的医疗保险、新农合补偿和医疗救助服务，有效提高医疗保险、新农合和医疗救助资金的使用率和覆盖面。

【解“三难”工作】 2010年，县民政局共解决生活难14人支出经费2.4万元；住房难2人支出经费2.5万元；治病难20人支出经费3.43万元，共支出解三难资金8.33万元。

【两参人员身份认定及维稳工作】 2010年，县民政局严格按照中央、省、市有关文件精神，继续做好对部分参战退役人员身份的认定工作，克服困难，认真审核、严格审批程序，在上年度认定的基础上，上半年又认定了两批，补发了2007年8月至2010年6月认定的第一批人员生活补助费，支出资金49.03万元；接待两参来访人员300余人，处理上访信件15件。

社会事务工作

【社会团体登记工作】 2010年，县民政局认真做好社会团体和民办非企业单位的登记管理工作，严格民间组织审批制度，按照《社团登记管理条例》和《民办非企业单位登记管理条例》的规定，认真执行民间组织年度检审制度，全年共办理社团登记4件；办理民办非企业登记2件；办理收养登记15件。

【乞讨救助工作】 2010年，根据《城市生活无着的流浪乞讨人员救助管理办法》和民政部《城市生活无着的流浪乞讨人员救助管理办法实施细则》，澂江县完成了对流浪乞讨人员从收容遣送到社会救助的过渡，实现了将强制性收容遣送向“人性化”社会救助的转变，全年共救助流浪乞讨人员343人次，处理无名死尸4具，为全面实现社会安定，营造社会和谐的良好氛围作出了积极贡献。

【殡葬改革工作】 2010年，澂江县按照《澂江县殡葬改革实施意见》的要求，殡葬改革工作稳步推进。全年组织全局干部职工认真学习殡葬工作的相关法律法规和政策，发放宣传单6000份，悬挂布标7条，张贴殡葬改革实施意见70份，板报30期，电视宣传1期5天，做到家喻户晓，人人皆知，已火化50具，实现了澂江县火化率零的突破。为积极稳妥地推进殡葬改革工作健康协调发展，大力推进殡葬改革，县政府与各镇签订了《2010年澂江县殡葬工作目标管理责任状》，并在全县5个镇批准建设5个农村公益性公墓、1个中心城区（凤麓镇）经营性公墓，为全县的殡葬改革工作奠定了基础、开了好头，形成了县政府统一领导，密切配合的良好工作格局，为工作的深入开展提供了强有力的保障，奠定了坚实的工作基础。

【社会团体“小金库”清理工作】 2010年，县民政局按照玉溪市关于印发《玉溪市社会团体“小金库”专项治理工作实施方案》的要求，对全县23个社会团体“小金库”进行了全面清理，在全面清理整顿过程中，没有发现私设“小金库”的现象。

【地名命名工作】 2010年，县民政局为加强地名命名管理工作，决定对澂江县境内的环湖路进行命名，并通过召开听证会、征求意见等形式，通过召开听证会、征求意见，决定环湖路命名为：以东的为环湖东路、以北的为环湖北路、以西的为环湖西路；命名城镇居民住区1个（龙泉苑），保证了外来人员的正常生活，营造了澂江的美好环境。

【界线年检工作】 2010年，县民政局为加强界线管理工作，根据上级有关部门的安排部署，认真完成了江澂线的行政区域界线的联合检查工作，并签定了《行政区域界线联合检查报告》。

【婚姻登记管理】 2010年，县民政局认真贯彻执行《中华人民共和国婚姻法》和《婚姻登记条例》，按照《婚姻登记员守则》，严把婚姻登记关。2010年，全县申请结婚登记1533对，其中，准予结婚登记1513对，未准予登记20对；受理离婚登记申请362对，准予离婚登记342对，未准予离婚登记20对。结婚、离婚登记合格率达100%。

【第四届村委会和第三届社区居委会换届选举工作】 2010年，在第四届村委会和第三届社区居委会换届选举中，澂江县切实把换届选举工作作为全县人民的头等大事来抓，加强领导，精心组织，严格程序，全县村级组织换届选举工作圆满完成。换届选举工作从3月1日开始至4月12日结束，涉及全县36个村，4个社区，396个村（居民）小组，5887名农村党员和12万余选民。截至4月12日，40个村（社区）、396个村（居）民小组新一届领导班子和村民代表全部依法选举产生，全县共选出村（社区）“两委”班子成员351人，其中，“两委”委员交叉任职82人，占23.4%；书记、主任“一肩挑”的有11人，占27.5%，党员324人，占92.3%；连选连任205人，占58.4%；致富能手215人，占61.3%；少数民族干部有23人，占6.5%。高中、中专学历144人，占41%；大专以上学历47人，占13.4%。“两委”委员平均年龄44.7岁，其中，年龄最小的23岁，35岁以下的59人，占16.8%；35～50岁的222人，占63.3%，没有35岁以下年轻干部的村有10个。女委员有72人，占20.5%，有2个村没选出妇女干部。

老龄工作

【老年人优待证办理工作】 2010年，县老龄委为了进一步贯彻执行《老年法》，维护老年人合法权益，对老年人实行优待政策的落实，确保老年人依法享有的各项优待落到实处，切实做好全县办理发放《云南省老年人优待证》及宣传工作，现已办理老年证11806本。对年满70周岁的老年人看病实行优先优待，乘坐公交车、进公园、公厕等实行免费。

【老年人保健补助和百岁寿星长寿补助发放管理工作】 2010年，县老龄委为认真贯彻落实《云南省老年人权益保障条例》和《玉溪市老年人权益保障实施办法》，践行党的十七大提出的“学有所教、劳有所得、病有所医、老有所养、住有所居”的目标，大力弘扬敬老、养老、助老的传统美德和道德风尚，让老年人共享经济社会发展成果，促进社会和谐，根据《玉溪市人民政府公告》(第19号)精神和《玉溪市80周岁以上无退休金老人保健补助和百岁寿星长寿补助发放管理工作试行办法》的通知精神，对澂江县80周岁以上无退休金老人1952人实行按月生活补助发放，发放采取公开、透明的方法，做到不重、不漏、不错，使老年人满意、社会满意，其标准是：80～89周岁的无退休金老年人每月发给保健补助50元，90～99周岁的无退休金老年人每人每月发给保健补助100元，100周岁以上的老年人每人每月发给长寿补助金300元。全年共发放补助金139.1万元。

【百村建设工作】 2010年，县老龄委根据省、市《关于实施百村老年协会建设》的通知精神，按照“六个一”的要求，抓好“百村老年协会”建设工作，为全县老年群众组织解决实际问题，促进基层老年协会建设，逐步改善老年人的活动条件。按照标准，现有40个基层老年协会已有35个按达标，达标补助每个5000元。2010年又上报了龙街镇龙街村委会后撒马都村、海口镇永和村委会水尾小组、右所镇右所村委会大毛营村等为省、市百村建设示范点，一年来共投入百村建设经费25万余元。进一步规范了老年协会的设施，解决了实际困难，保障了老龄工作的健康发展。

【老龄目标管理责任制】 2010年，县老龄委为了积极应对澂江县人口老龄化日益突出的问题，强化各级各部门的责任，明确目标任务，切实加强老龄工作部门的自身建设，提高管理水平，推进老龄工作的规范化、制度化建设，促进老龄事业与经济社会协调发展。根据玉溪市老龄工作委员会关于《2010年老龄工作目标管理责任制》的通知精神，澂江县制定了《澂江县2010年老龄工作目标管理责任制》，并与各镇人民政府签订了《责任制》，明确了目标和任务。

【敬老节活动】 2010年，为维护老年人合法权益，弘扬敬老爱老的传统美德，创建和睦团结的幸福家庭，树立良好的社会道德风尚。县老龄委敬老节期间，举办了“敬老节”文艺晚会和诗书画展览；并对全县高龄特困老人开展扶贫济困送温暖助老工程活动，县老龄事业发展促进会支出慰问经费2.4万元慰问了高龄特困老人80人；各镇按1∶1的比例，也同时慰问了80位高龄特困老人。共慰问高龄特困老人160人，慰问金达48000元。

（崔成刚）

农村经济调查

【综述】 2010年，国家统计局澂江调查队深入贯彻党的十七大、十七届五中全会、中央经济工作会议和省委八届八次会议、县“两会”精神，紧紧围绕全省统计和调查工作会议精神和县委县政府中心工作，不断提高调查能力、提高调查数据质量和提高调查公信力，以促进调查事业科学发展和努力服务科学发展。开展了种植及畜牧业等农业生产情况调查，农村居民和城镇居民家庭收支调查，生产、流通消费等价格调查，规模以下固定资产投资和部分服务业调查，农村社会基本情况调查，规模以下工业、企业景气调查，企业集团和现代企业制度跟踪监测等，以及一系列涉及国策社情民意的经济社会重大问题专项调查。

【统计“五五”普法检查验收工作】 2010年，县统计局根据《国家统计局关于开展统计“五五”普法检查验收工作的通知》的要求，组织开展统计“五五”普法检查验收工作。澂江调查队重点结合新统计法和统计违法违纪行为处分规定的宣传，统计法颁布25周年纪念活动，普查和大型统计调查开展法制宣传，“12·4”全国法制宣传日和全国统计法制宣传旬活动开展情况进行检查。通过对统计“五五”普法工作进行全面检查验收，总结经验和成绩，查找问题和不足，推动《统计“五五”普法规划》的全面贯彻落实，进一步推动统计法学习宣传，弘扬依法统计精神，普及统计法律知识，增强统计法治观念，为提高统计调查能力、提高统计调查数据质量，提高政府统计调查公信力提供有力法制保障。

【统计执法检查】 2010年6月，县统计局、澂江调查队组织相关专业人员开展了统计执法大检查，检查采取动员、自查、抽查、处理和总结四个阶段，重点检查了是否存在未经批准擅自组织实施统计调查或者变更统计调查制度内容，伪造、篡改统计调查资料，违法公布统计调查结果，违法泄露统计调查对象资料等问题；对统计调查工作的组织领导和保障措施情况，是否按工作流程和工作规范化执行；粮食产量、主要畜禽抽样调查中的规模户数据、贫困监测、城乡居民收入、价格指数等重点指标；对统计调查对象，是否存在提供不真实或者不完整的统计资料，拒绝提供政府统计调查所需的资料等问题。检查工作到9月底结束。

【调查基础工作检查】 2010年，为深入贯彻落实《中华人民共和国统计法》，促进统计调查能力、统计调查数据质量和政府统计调查公信力提高，进一步规范农村统计调查基础工作，根据《国家统计局办公室关于开展农村统计调查基础工作检查的通知》要求，澂江县从7月中旬开始，在全县开展农村统计调查基础工作检查，重点检查农村统计调查基础工作，基础工作检查采取上下结合、点面结合、自查与抽查结合的办法，以各单位自查为主，县队抽查为辅的工作方式进行。

【工业品价格培训】 2010年1月13日，澄江调查队召开了工业品价格调查员培训会，11家工业企业的价格调查人员参加了培训，培训工作重点从工业品价格调查方法制度、基础性工作、出厂价格、PPI（各种工业品出厂价格）的变化、波动、统计调查台帐的填报要求等方面开展系统培训。

【农产品价格调查】　2010 年，粮、棉、肉等重点农产品价格持续上涨，引起了各方面的关注，按照国家统计局文件的要求，潋江调查队统筹安排、周密组织，严格、规范执行调查方案，开展了农产品生产价格调查、集贸市场价格调查、重点农产品价格调查工作，保证源头数据的真实、可靠，履行调查职能。

【旱情动态调查】　2010 年，潋江县遭遇了百年一遇的特大干旱，为认真贯彻落实省、市、县关于抗旱减灾的各项工作部署，及时收集各地旱情信息，为党政领导科学决策提供依据。潋江调查队开展旱情动态跟踪调查，重点从生产、生活情况方面开展调查，旱情持续对农业生产的影响程度，受灾情况是否进一步扩大；小春粮油受灾损失情况，春播中遇到的困难；加强市场跟踪，重点关注因小春减产导致粮、油、糖等的市场价格变化情况；农业生产由于旱情影响导致的趋势性、苗头性问题，对大春生产存在的隐性问题。政府针对饮水困难问题采取的措施，了解民众心声，查找政策盲点；跟踪政策落实情况，特别是通过入户调查反映补贴、物资的发放情况；农户存粮状况，春播期间的粮食供给状况，粮食供给是否影响到生产、生活等调查。

【农业生产形势调研】　2010 年，根据《国家统计局办公室关于加强当前农业生产形势调研工作的通知》精神，面对严峻的旱情，干旱持续给潋江县的春耕备耕工作以及后续农业生产造成了不利影响，及时发现农业生产中存在的问题，特别是趋势性、苗头性问题，对确保农业生产目标的实现至关重要。为及时掌握潋江县夏粮生产和春耕生产情况，准确把握农业生产形势，搞准粮食、畜牧业等主要调查数据，及时反映最新农业生产情况。潋江调查队按照有关文件要求，以农业生产和农民生活为主线，组织力量开展了田间、农户等调研工作，从多角度、深层次、全方位反映各地农业生产形势，切实掌握第一手信息，及时反映春耕生产、主要农产品价格变化和主要畜禽生产情况，以及作物长势、气象条件、存在问题等内容，此项调研工作于一、二季度末的 25 日前完成。

【电力调查】　2010 年，潋江县为不断提高全县电力供应服务水平，丰富和完善服务内涵，满足人民群众生活和生产的电力供应服务方面需求，保证电力事业的快速、健康发展，为党政部门完善电力政策和经济管理工作提供咨询建议。同时，促使电力企业进一步提高服务质量和提供优质、方便、规范、真诚的供电服务，促进电力充分发挥为全县城乡居民及整个国民经济和社会事业的健康发展积极的作用。潋江县调查队于 2010 年 12 月下旬组织开展了供电服务情况问卷调查，全县共抽选 200 户（包含企业）样本，抽选方法以 2009 年全县各镇家庭户和基本单位统计年报数量为抽选依据，其中，工业企业和重要客户 40 户，商业客户 10 户，城镇居民家庭户 75 户，农村居民家庭户 65 户，其他客户 10 户。

【样本轮换】　2010 年，根据国家统计局《关于开展全国农村抽样调查样本轮换工作的通知》要求，为不断改进现行农村、农业抽样调查方法的需要，更是提高农村抽样调查能力和提高数据质量的重要举措。潋江县开展了农村抽样调查样本轮换工作，本次样本轮换工作根据国家统计调查制度规定的农村抽样调查主题开展，相应的轮换主题类别为：农作物调查，包括农作物播种面积和主要农作物单产调查；农村住户类调查，包括农村住户调查、农民工监测调查、贫困监测调查；农产品生产价格调查。主要农产品中间消耗调查利用农产品生产价格的样本网点。整个农村抽样调查样本轮换工作分为两个时间段，第一阶段是样本抽选阶段，时间从 2010 年 4～7 月，完成新网点的抽选和报批工作。第二阶段是新网点的布置落实阶段，时间从 2010 年 8～11 月，完成新网点的开点、开户和试调查 / 试记账工作，2010 年 12 月 1 日正式启用新的调查网点。

【国内旅游调查】　2010 年，根据《国家统计局关于开展 2010 年农村居民国内旅游抽样调查的通知》要求，潋江调查队继续开展农村居民国内旅游调查。调查的主要内容是农村居民家庭及旅游者基本简况，旅游目的、方式，旅游中的各项花费，对旅游公共设施和服务质量的评价等。潋江县抽中调查的样本量为 40 户农村居民户。

【能源消耗调查】　2010 年，根据国家统计局的要求，为做好公共机构能源资源消耗统计调查工作，潋江调查队高度重视能耗统计调查工作，充分认识此项工作的重要性，认真组织，精心安排，明确责任，落实机关能耗统计调查工作。明确 1 名领导班子成员分管节能工作，指定专人负责能源资源消耗数据的采集、汇总及报表的填写报送。

【畜禽摸底清查】　2010 年，为维护畜禽监测样本的科学性和代表性，确保 2011 年工作的畜禽监测工作顺利开展和数据质量的稳步提高，根据《主要畜禽抽样调查制度》的规定，潋江县开展了 2010 年畜禽监测样本的摸底清查工作，摸底清查的对象为各类养殖品种的散养户、规模户和生产经营单位，根据摸底清查结果最终确定为 2011 年畜禽监测调查的生产单位和规模户，并建立规模户、生产经营单位名录库。

【畜禽监测】　2010 年，针对畜牧业生产形势较为复杂，价格波动相对较大，为了确保统计调查数据真实准确反映畜牧业生产情况及其发展趋势，保证畜禽监测工作的圆满完成，县调查队采取四点措施开展畜禽监测，按照国家畜禽监测方案的要求，以确保源头数据质量为重点，认真对散养户、规模户和生产经营单位开展入户调查，如实上报调查数据，切实保证年度数据质量的真实可靠；按照《畜禽监测数据质量控制办法》的想关要求，以报表的逻辑关系审核为重点，采取事前人工审核、程序审核等多种方式，减少数据错误，在确保数据质量的同时切实提高工作效率；加强数据评估；针对畜牧业生产形势较为复杂和畜禽产品价格上涨的现状，以生产情况、畜禽产品价格和后期发展趋势为重点到基层开展调研，准确把握生产形势。

【农产品价格样本轮换】 2010年，根据国家统计局农产品价格调查样本轮换方案要求，为保证农产品生产价格调查工作的顺利进行。澂江调查队高度重视农产品价格调查工作，切实把农产品价格调查作为准确把握农业农村形势和服务宏观决策的重点工作来抓，全力支持价格调查工作，及时协调解决工作中遇到的问题，开展了普通农户调查样本名单调查工作，圆满完成农产品价格调查样本轮换工作。

【秋粮调查】 2010年，澂江县农业气象条件异常，农情复杂，特别是夏粮受干旱影响，加之春播期间，受前期干旱影响，为搞准、搞实2010年的秋粮产量、真实反映全县粮食生产情况尤为重要。县统计局高度重视，加强组织领导，严格执行调查方案，抓好关键环节。在实测产量调查时，切实做好实割实测中小样本的放置、收割、晾晒、秤重等核心工作，保证源头数据的准确性。

（李永林）

劳动和社会保障

【综述】 2010年，在市劳动和社会保障局的指导下，在县委、县人民政府的正确领导下，澂江县劳动保障工作坚持以邓小平理论、三个代表重要思想、十七届四中、五中全会精神为指导，深入贯彻落实科学发展观，紧紧围绕年初市劳动保障工作会议确定的工作目标及县委十届六次全会和县人大十五届三次会议的部署和要求，围绕“保增长、保民生、保稳定”的目标，以着力保障和改善民生为主线，以就业、社会保障工作为重点，全面推动全县劳动和社会保障工作，劳动保障各项事业得到健康持续发展，全县就业再就业，养老、医疗、工伤、生育保险扩面任务均圆满完成或超额完成市县年初下达的指标任务。2010年，荣获澂江县总工会颁发的2009～2010年度创建“生态文明之家”先进单位；2009年度小额担保贷款一等奖；2009年度社会保险工作二等奖；2009年度全市退管工作二等奖；2009年度医疗保险“先进单位”。

【就业再就业工作】 2010年，全县就业再就业工作结合玉溪市创建创业型城市的工作要求，把创建创业型城市作为扩大就业的重要手段，以鼓励创业促进就业为切入点，不断完善、落实好社保补贴、小额信贷等鼓励创业促进就业相关政策措施，积极鼓励广大城乡劳动者通过自主创业实现就业，以创业带动就业，实现社会就业更加充分。继续宣传再就业税收优惠政策，做好落实再就业人员的税费减免。多渠道开发公益性岗位，帮助就业困难群体和“4050”等下岗失业人员实现再就业。全年实际完成城镇新增就业岗位2200人，完成市局下达城镇新增就业岗位1900人目标任务的115.8%；零就业家庭保持动态清零，下岗失业人员实现再就业910人，完成900人目标任务的101%；就业困难人员再就业人数完成470人，完成450人目标任务的104%；开发公益性岗位363个；稳定困难企业就业岗位420个，完成目标任务400个的105%；城镇新增登记失业人员675人，登记失业率2.85%，比控制目标任务3.5%低0.65个百分点。

【开展创业型城市创建工作】 2010年，结合玉溪市创建创业型城市的工作要求，发挥劳动部门职能作用，从提高劳动者创业意识和创业能力，改善创业环境着手，强化创业服务和创业培训，激发劳动者的创业激情、增强创业意识，在全社会形成尊重创业、支持创业的良好氛围，有效地促进劳动者创业，带动更多的人就业。全县新增创业企业52户，完成目标任务50户的104%；新增个体工商户243户，完成目标任务200户的121%；企业拉动新增就业人员完成1270人，完成目标任务800人的158.8%；创业带动就业比例实际超过目标数的1：3以上，创业后稳定经营一年以上的企业、个体工商户、作坊达95%；创业对新增就业的贡献率达到50%以上，实际达到66%以上；全员创业活动指数达20%以上，实际达到40%以上。

【落实“贷免扶补”和小额担保贷款政策】 2010年，继续推进鼓励创业“贷免扶补”小额贷款和“创业促就业”小额担保贷款。全年鼓励创业“贷免扶补”扶持创业55人，完成目标任务30人的183%，贷款金额2753万元。完成创业促进就业小额担保贷款2800万元，扶持失业职工600人，完成市局下达的小额信贷1000万元的280%，为澂江县有创业能力的大学毕业生、农民工、复转军人、留学回国人员、下岗失业人员自谋职业、自主创业提供了资金援助。

【创业促就业培训】 2010年，县劳动和社会保障局以鼓励创业“贷免扶补”扶持创业工作为重点，积极组织下岗失业人员、大学毕业生、农民工、复转军人、留学回国人员等人员参加技能培训。全年开展农民工培训、创业培训、再就业培训1703人，完成市局全年培训农民工1700人的100%。

【农村劳动力转移工作】 2010年，县劳动和社会保障局继续完善技能培训、输出运作、管理服务“三位一体”输出模式，不断提高劳务输出的组织化程度和管理服务水平。全年共转移农村劳动力2016人，完成市局下达全年转移2000人目标任务的100.8%。

【《再就业优惠证》年审工作】 2010年，县劳动和社会保障局认真做好《再就业优惠证》的检审管理服务工作，全年共检审《再就业优惠证》2003本。

【再就业资金管理使用】 2010年，澂江县共筹集再就业资金293.6万元，全年支出再就业资金201.07万元，其中，公益性岗位补贴48.86万元，社会保险补贴

138.66万元，培训补贴11.12万元，职业介绍补贴2.43万元。

【劳动力市场服务工作】　2010年，县劳动和社会保障局充分发挥劳动力市场就业服务设施优势，做好劳动力市场服务工作，促进再就业。1～12月，劳动力市场共采集登记空岗信息19条；登记求职人员2100人次。审批招工电视广告9户，举办了8次专场招聘会，实现再就业228人；为天辰、华业、再峰、志诚公司，云南空港物流、悦春酒店等企业组织供需见面交流会，成功地为650人找到工作。

【办理就业困难人员社会保险补贴】　2010年，根据《关于进一步解决改制企业有关劳动保障问题的通知》、《关于贯彻落实云南省人民政府鼓励创业促就业若干意见有关问题的通知》，对澂江县城镇户口符合以下七类条件的就业困难人员办理社会保险补贴工作：一、城镇登记失业的零就业家庭人员。二、连续失业一年以上的人员。三、享受城镇居民最低生活保障人员。四、残疾人。五、男满50周岁和女满40周岁人员（含距法定退休不足五年）。六、完全失去土地未就业的生活困难人员。七、已补满3年的改制企业人员截至2009年12月31日符合男满50周岁和女满40周岁的人员。2010年，共补贴720人次，补贴金额147.32万元，其中，中央资金补贴531人次109.54万元；地方资金补贴189人次37.78万元。

【举办大型劳务招聘会】　2010年，县劳动和社会保障局围绕全县招商引资大项目建设做好劳动保障工作，进一步解决抗旱期间农村劳动力转移就业。4月15日，澂江县劳动和社会保障局与抚仙湖悦椿度假酒店在澂江县劳动保障局举办大型劳务招聘会。招聘会前，县委县政府及县劳动保障局对这次招聘会高度重视，事前做了大量的工作，利用有线电视、网络、组织6个乡镇劳动保障所开展多方位宣传报道招聘信息，并专门针对此次招聘，邀请了玉溪市工业财贸学校职业指导教师就《如何应对面试》、《面试技巧》内容开课2节授课4小时。此次招聘会招聘前厅、客房、管理、交通、洗衣部等19个部门400多个岗位，全县共有936人大中专毕业生、下岗失业人员和农村富余劳动力到县劳动市场应聘，其中，大学毕业生240人，高中、中专、职业高中534人，初中162人。通过用人单位初试和面试，确定录用127人。此次招聘会有效促进了城镇下岗失业人员、农村富余劳动力和各类学校毕业生尽快实现就业，解决用人单位用工急需。

【失业保险工作】　2010年，全县参保单位404户，参保职工6805人；机关、事业单位失业保险覆盖率为100%；企业单位失业保险覆盖率为80%。超额完成市局下达失业保险参保人数6800人的指标。全年共办理发放保险5348人次，支付失业保险金239.45万元，发放率为100%，现领取失业保险金的在册人员为320人。

【社会保险扩面及基金收缴情况】　2010年，全县城镇职工基本养老保险参保13243人，完成13160人目标任务的100.6%，其中，企业职工养老保险参保人数6800人，完成6500人目标任务的104.6%；城镇基本医疗保险实际参保人数22475人，占21950人目标任务的102.4%；城镇居民基本医疗保险参保10929人，占预计参保人数11399人的95.9%；城镇失业保险参保6805人，完成目标任务6800人的100%；企业工伤保险参保5140人，完成目标任务5100人的100.8%，其中，农民工3953人，完成目标任务3950人的100%；生育保险参保人数5130人，完成5090人目标任务的100.8%。同期企业养老保险应征收基金2675万元，实际征收2414万元，基金收缴率97.7%。历年欠费回收54万元，欠费回收率52.4%。机关事业养老保险应征收基金5254万元，实际征收基金5245万元，基金征缴率99.8%，补收历年欠费380万元，欠费回收率24.8%。应征收工伤保险基金116万元，实际征收111万元，基金收缴率95.7%。历年欠费回收9.36万元，欠费回收率87%。应征收生育保险基金90.8万元，实际征收83.6万元，基金收缴率92%。历年欠费回收5.88万元，欠费回收率86%。

【企业退休人员基本养老金调整】　2010年，根据《关于2010年调整企业退休人员基本养老金的通知》文件精神，县劳动和社会保障局在规定的时限范围内为符合条件的933名企业退休人员增发养老金12.63万元，人均135元，调整后澂江县企业退休人员月人均养老金达1356元。

【企业工伤生育保险支付】　2010年，县劳动和社会保障局办理支付工伤待遇146起169人，支付工伤保险费用325.34万元。办理生育保险142人次；支付生育费用67.48万元。对2009年12月31日以前已享受伤残待遇并按月领取伤残抚恤金的原国有、城镇集体企业1～4级的9名工伤人员在春节前每人一次性发放生活补助费300元。对生活比较困难的1～4级工伤人员及14名工亡职工遗属发放慰问金4200元。及时为9名工伤职工调整了伤残津贴、护理费，月增支出940元，人均131元；为供养的12名工亡亲属调整了抚恤金，月增支出720元，人均60元。

【社保基金监管】　2010年，根据国家、省、市基金监督管理的相关规定，县局成立了基金监督管理科、社保保障监督委员会和五项社会保险检查领导小组，研究制定了全局社保基金监督管理制度，从基金预决算、基金报表、经办机构内部业务控制、财务管理、会计核算等方面进行了详细明确的规定，不断优化业务操作流程，建立基金管理责任制。在日常工作中，严格实行基金支出“内部联审”和“一支笔”签字制度，落实银行专户、财政、单位基金账户三方对账制度，对重点岗位采取“岗位分离、人员分设、权力分解”的办法，形成了经办人员之间的相互监督机制。通过明确岗位职责，强化责任追究，形成了岗位之间、业务环节之间相互监督、相互制衡的工作机制，从源头上、制度上防范和化解基金管理风险，确保了社会保险基金的安全。同时，在坚持与纪检监察、财政、审计等部门积极开展单位自查或重点抽查、全面检查或专项检查的基础上，3 月 18 日，市级检查组对澂江县 2009 年社会保险基金收支、管理情况进行检查，经过检查，澂江县社会保险基金严格执行收支两条线管理，严格按规定开设银行账户、传递票据、划拨资金和进行会计核算，个人账户按规定记录，基金按规定归集，按规定存储结余基金，执行国家规定的社会保险基金利率政策，无违规投资造成基金损失，基金的安全得到保障。

【社会保险缴费工资总额及申报核定工作】 2010 年，根据《云南省劳动和社会保险费征缴条例》及《澂江县人民政府关于统一澂江县 2010 年社会保险费工资总额的批复》文件要求，县局为进一步加强全县社会保险缴费工资总额和缴费基数的申报、核定工作，规范社会保险缴费行为，于 4 月 2 日对全县机关事业、企业参保单位对 2010 年社会保险缴费工资总额统一进行了布置。社会保险各经办机构相关人员集中审表，于 4 月 10 日前全部顺利完成 2010 年缴费基数申报核定工作。

【城镇职工医疗保险统筹情况】 2010 年，全县参加基本医疗保险单位 521 户，其中：机关事业 248 户，企业 272 户，其他 1 户；参保职工 11546 人，比上年同期增 575 人，增长 5.2%，其中，在职 9189 人，退休 2357 人，退休人员占总人数的 20%，比上年同期增 -40 人；个体参保 768 人；企业改制时退休交财政 464 人；农民工 1595 人。参加工伤、生育保险 248 户，参保人数 4381 人。参加离休干部医疗统筹 35 人，二等乙级以上革命伤残军人 12 人，比上年同期减少 1 人。参加大病补充医疗保险单位 521 户，参保人员 11546 人。

全年应收基本医疗保险费 2037 万元，实收 2035 万元，收缴率 99.9%。应收公务员补充医疗保险 55 万元，实收 55 万元，收缴率 100%。应收大病补充医疗保险 195 万元，实收 181 万元；收缴率 93%。应收工伤保险 25 万元，实收 25 万元，收缴率 100%；应收生育保险 19 万元，实收 19 万元，收缴率 100%。同期全县共支付基本医疗保险基金 2401 万元，其中，统筹基金支付 1351 万元，个人账户支付 1050 万元。

【城镇居民医疗保险】 2010 年，玉溪市被列入第二批城镇居民基本医疗保险试点城市，根据市委、市政府的安排布置，澂江县积极做好启动实施的各项工作。城镇居民医疗保险工作自启动实施以来，县劳动保障局高度重视，进一步明确了与公安、民政、残联、卫生、各镇、社区工作职责，全面做好了政策宣传、人员培训、申报登记、数据采集录入工作，做到统一政策宣传口径、统一到户口所在地申报登记、统一申报登记时间、统一申报所需资料、统一经办点五统一，保证了全县城镇居民医疗保险的稳步推进实施。截至 12 月底，共办理申报登记 10929 人，占预计参保人数 11399 人的 95.9%，完成市 2010 年的参保登记任务。

【“两定”管理规范医疗服务】 2010 年，县医保中心继续强化对定点医疗机构监督管理，严格按协议规范医疗机构医疗服务行为，加强了审核结算工作力度，完善了年终考核办法，进一步细化了对定点医疗机构、药店的管理和考核，有效地提高了服务质量和服务水平，进一步规范医疗行为。县医保中心与医疗机构签订协议，明确医保和定点医疗机构双方权利与义务，对费用支付范围、处罚内容和双方行为作规定，使医保和定点医疗机构各司其职，管理到位。有效地利用医保统筹基金，保障了职工的基本医疗。通过对定点医疗机构考核，对存在的问题有针对性地限期整改，促进医院不断改进自身管理存在的不足，有效提高了管理水平和服务质量。同时不断加强审核结算工作力度，严格按“三个目录”认真审核，采取日常审核和到定点医疗机构实地抽查相结合的方式，对定点医疗机构参保职工住院情况、收费情况进行检查，保证参保职工各项待遇得到落实。截至 12 月，共审核扣出不合理费用支出 1.0 万元。

【企业退休人员管理服务】 截至 2010 年 12 月，全县共有企业退休人员 969 人，其中，企业退休 813 人，自谋职业者 151 人，1 至 4 级工伤人员 5 人。按照企业退休人员社会化管理服务的要求，全县按居住地设自管大组 8 个，自管小组 26 个，现已全部纳入社区、镇按居住地管理，社会化管理率达 100%，超过了年度 98.5%的任务目标数。全年主要开展了以下工作：组织退休人员政策、法规和业务学习 20 余次，参加人员 700 余人；积极组织文体活动，全年共组织演出 20 余场，节目 30 余个，体育活动 3 次，分别获得“迎春运动会”门球比赛第二名，地掷球比赛第二名和柔力球比赛优胜奖，节目获奖经费 9000 余元；为 596 人改制企业移交退管中心管理服务的退休人员和 112 人按自谋职业者退休的退休人员申报了医疗保险，为 302 人退休人员收取职工互助医疗费 29240 元，报销职工互助医疗费 54 人 32000 元；春节慰问改制企业退休人员 714 人 49980 元，重阳节慰问 727 人 43620 元，慰问退休困难职工 15 人 4500 元，看望住院病人和死亡退休人员 110 余人次 6050 余元，发放自管大组组长、副组长电话补贴费 18 人 4860 元，补助文艺体育活动费 500 元；落实改制企业新遗属生活补贴费 46 人 21980 元，合计支付 131490 元，做到节日慰问不重不漏；接待来访和政策咨询 130 余人次，撰写退管信息 12 篇。这些工作的落实，确保了退休人员管理服务的到位，为促进和谐退管工作打下了坚实的基础。

【玉溪市第四届企业退休人员运动会在澂江举行】 2011 年 9 月 14 ~ 17 日，玉溪市第四届企业离退休人员运动会在澂江举行，来自市直和 1 区 8 县退管中心、红塔集团、交通集团、云铜社保等 13 个代表团 391 名运动员相聚澂江参加玉溪市第四届企业离退休人员运动会。本次运动会既是发扬奥运精神、响应国家全民健身号召，丰富离退休人员生活的一项重大举措，也是离退休人员社会化管理服务的一项重要内容。参加本次运动员中年龄最大的78岁，最小的45岁。比赛共设置门球、地掷球、气排球、象棋等4个运动项目。运动会期间，运动员本着“友谊第一、比赛第二”的原则，以饱满的热情、昂扬的斗志、良好的状态投入比赛，赛出水平、赛出风格。本届运动会13支代表队391名运动员在老年气排球、门球、塑质地掷球、中国象棋4个项目比赛中。经过3天激烈而紧张的比赛，4个项目各项赛程圆满结束。红塔集团代表队荣获门球比赛第一名；峨山县代表队荣获老年气排球比赛男子组第一名；澂江县代表队荣获老年气排球比赛女子组第一名；市直代表队荣获塑质地掷球比赛第一名；澂江县代表队许康荣获中国象棋比赛第一名。市直代表队、澂江县代表队、红塔集团代表队、峨山县代表队分别荣获比赛团体第一名、第二名、第三名、第四名。

【澂江县在玉溪市第四届企业退休人员运动会上获佳绩】 2010年9月14～17日在为期3天的玉溪市第四届企业退休人员运动会老年气排球、门球、塑质地掷球、中国象棋等4个比赛项目中，经过激烈的角逐，澂江县代表队在气排球女子组、中国象棋比赛中均获得第一名的可喜成绩，同时还获得中国象棋比赛第四名。

【做好离退休人员养老金管理发放】 截至2010年年末，全县领取养老金企业离退休人员共有977人，澂江县共发放养老金1546万元，为826名退休人员发放一次性生活补助费24.80万元，为符合条件的933名企业退休人员月增加了基本养老金，月增加12.63万元，人均增加135元。调整后澂江县企业退休人员月人均养老金达1356元。同期机关事业离退休人员1238名，共发放离退休费用4735万元。及时为4名离休干部发放兑现了2010年生活补贴0.93万元。

【被征地农民农村社会养老保险参保工作】 自2007年12月17日出台《澂江县被征地农民农村社会养老保险暂行办法》(1号公告）后，《暂行办法》实施近年半时间，截至2009年6月，全县仅有96名失地农民参保，参保比例仅为应参保对象的1.09%。2009年7月出台《澂江县被征地农民农村社会养老保险暂行办法》补充规定。2010年，县农村养老保险管理中心严格落实《澂江县被征地农民农村社会养老保险暂行办法》和《澂江县被征地农民农村社会养老保险暂行办法》补充规定，认真开展宣传动员、强化规范业务管理和培训，参保业务办理、资金收缴工作及被征地项目审核关等各项农保工作，被征地农民农村社会养老保险参保工作取得重大突破。截至12月31日，共参保6237人（应参保7581人，其中，农业人口6530人及外招外嫁、农转非1051人），参保率达82.3%，共筹集资金3033.4万元，其中个人缴费1983.11万元，政府配套补助952.32万元，集体补助97.98万元。参保人员累计发放月生活费508.54万元，到期领取养老金人数865人，发放养老金87.29万元。

【劳动执法年审工作】 2010年，县劳动和社会保障局审查各类用人单位600户，涉及劳动者14563人，年审覆盖率达99%。其中，国有企业13户，涉及劳动者837人；县外投资企业11户，涉及劳动者769人；集体及股份制企业5户，涉及劳动者311人；外商投资企业2户，涉及劳动者10人；私营企业85户，涉及劳动者4516人；个体经济组织340户，涉及劳动者3690人；国家机关65户，涉及劳动者1475人（其中，编制外用工73人）；事业单位78户，涉及劳动者2955人（其中，编制外用工356人）。通过年审，补签劳动合同806人。审查用人单位规章制度30件，依法纠正5件；新增养老、医疗、工伤、生育、失业保险2户计337人；追发劳动者工资3.97万元。重点对10家用人单位下发了限期整改指令书，要求限期整改。

【整治非法用工打击违法犯罪专项检查】 2010年，为建立健全联合执法的有效机制，由县劳动保障局、公安局、监察局等9部门联合执法，集中力量在全县统一开展用人单位工资支付、禁止使用童工、未成年工劳动保护和用人单位劳动合同执行等情况进行专项检查和日常巡查，从一定程度上加大对非法用工用人单位、侵害农民工合法权益行为的打击力度，确保劳动者的合法权益得到维护。2010年，专项行动共出动人员65人次，车辆20辆次，集中力量重点对210户存在问题的用人单位进行检查，其中，小砖瓦窑厂25户、沙石料厂3户、磷化工7户、建筑企业3户，其他用人单位172户，涉及劳动者2285人。全年共发放宣传资料2386份，共受理投诉举报案件21件；主动发现并查处的案件共19件；审查33户用人单位报送的书面材料，涉及劳动者3484人。依法处理涉及劳动合同签订、社会保险等劳资纠纷，全年涉及农民工案件结案数34件，案件涉及农民工人数338人，追发农民工工资金额69.56万元。每名专职监察员巡查用人单位户数63户；举报投诉结案率为100%；对28家用人单位下发了限期整改指令通知书，并要求用人单位为350名农民工办理社会保险参保手续。处罚案件10件，处罚金额2.4万元，其中，对9户未参加劳动执法年审的用人单位给予行政处罚，处罚金额共计1.9万元；对1户非法使用童工的用人单位给予行政处罚，处罚金额0.5万元。

【清理整顿人力资源市场秩序】 2010年，3月25～31日由劳动和社会保障局牵头，会同公安、人事、工商行政管理部门开展了联合专项检查活动。检查清理整顿范围主要是县城工商企业密集区、流动人口聚居地、职业组织机构聚集地等场所，主要是检查是否有私招乱雇的现象。此次行动共检查职业中介机构12户，家政服务6户、检查用人单位120户、劳动力市场1家。检查中没有发现私招乱用现象，发现有1家中介所业务宣传广告牌上有介绍职业字样，已当场责令改正。其他家政服务机构、劳动力市场没有发现违反职业中介管理规定的情况。通过这次专项检查加强了职业中介的监管，规范了用人单位招工行为，为广大劳动者创造公平、有序的就业环境，切实维护劳动者的合法权益。

【《澂江县农民工工资保证金制度实施办法》听证会准备工作】 2010年，澂江县劳动和社会保障局按照有关要求制定了听证工作实施方案，积极做好准备工作，发布第1号听证公告。2010年8月23日，在澂江县阳光政府四项制度网站和澂江县劳动保障网站上发布了《关于举行澂江县农民工工资保证金制度实施办法听证会的公告》(第1号)，公布了听证事项、听证代表名额及其产生方式、听证时间、听证地点等相关内容。确定听证会参会人员。8月27日前确定了听证主持人和县政府法制办、县财政局、县建设局、县交通局、县水利局、县劳动和社会保障局的7名决策发言人；核实确定了18名听证代表，并将《澂江县农民工工资保证金制度实施办法》等相关材料，在听证会举行3日前送达听证代表。听证代表包括：县人大代表、政协委员、法律工作者、新闻工作者、企业代表、农民工代表、本县相关部门代表，其中，企业和农民工代表10人。占听证代表人数的55.56%。此外，邀请了县政府法制办和县纪委1名工作人员为听证监察人；安排了听证记录人；邀请了澂江电视台到会报道和监督。发布第2号听证会公告。8月30日，在第1号公告发布的网站发布了《关于举行澂江县农民工工资保证金制度实施办法听证会的公告》(第2号)，公布了听证会的具体时间、地点和听证主持人、决策发言人、听证监察人、听证代表名单等相关内容。准备材料和会场布置。9月7日前，起草并准备好了听证主持人、听证人使用的材料和会场发放的材料，完成了会场布置的各项工作。

【《澂江县农民工工资保证金制度实施办法》听证会】 根据《全面推进依法行政实施纲要》的规定和县政府关于推行重大决策听证制度的要求，为了在实施农民工工资保证金制度的工作中充分发扬民主、反映民意、集中民智，提高建立农民工工资保证金制度管理的科学性和合理性，2010年9月8日下午3时至5时30分，澂江县劳动和社会保障局在澂江县总工会三楼会议室举行《澂江县农民工工资保证金制度实施办法》听证会，对澂江县劳动和社会保障局牵头拟定的《澂江县农民工工资保证金制度实施办法》是否科学、合理、可行，听取社会各方面的意见和建议。听证会由县劳动和社会保障局副局长主持，县政府法制办、县财政局、县建设局、县交通局、县水利局、县劳动和社会保障局的7名决策发言人到会；18名听证代表、2名听证监察人到会；1家新闻媒体到会报道。

【出台《澂江县农民工工资保证金制度实施办法》】 为维护劳动力市场，规范用人单位工资支付行为，保障农民工合法报酬权益，从源头上治理和预防拖欠、克扣农民工工资的行为，根据《云南省农民工权益保障办法》、《云南省人力资源和社会保障厅关于进一步推进农民工工资保障金制度建设的通知》、《玉溪市农民工工资保证金制度暂行办法》的规定，2010年9月28日，结合澂江县实际情况，在举行听证会的基础上，澂江县出台了《澂江县农民工工资保证金制度实施办法》。农民工工资保证金制度的建立，对遏制拖欠农民工工资频繁发生的势头、保障农民工的合法权益、维护社会稳定起到积极的作用。截至2010年12月31日，共有7家单位按规定缴存农民工工资保障金108万元。

【农民工工资支付情况专项检查】 为规范劳动用工行为，维护农民工的合法权益，2010年，县劳动和社会保障局对全县范围内小砖窑厂进行定期不定期的劳动用工专项检查。重点检查对象是招用农民工较多的加工制造、建筑施工、小砖（瓦）窑厂、餐饮服务及其他中小型劳动密集型企业、个体工商户，检查内容主要是对各用人单位是否按照国家关于工资支付有关规定及最低工资规定支付农民工工资的情况；企业经营者拖欠工资后逃匿的情况；用人单位与农民工签订劳动合同等遵守劳动保障法律法规的情况。另外在检查过程中，由于工作需要，澂江县还邀请昆明市劳动监察支队联合执法，在联合执法中互相配合，互相学习，使劳动执法效果再上新台阶，通过定期不定期劳动执法，维护了劳动者的合法权益。

【参加云南省劳动监察工作经验交流会】 2010年，澂江县劳动保障监察工作围绕劳动保障工作开展了一系列执法监察活动，2010年全年共查处各类违反劳动法律法规的案件10起，在促进经济发展和社会稳定中发挥了重要的作用，特别在开展对非法用工及未进行劳动用工登记的用人单位给予行政处罚此项工作中取得重要突破，得到了省市的充分肯定。2010年3月，澂江县劳动和社会保障局劳动监察大队作为玉溪市劳动保障系统唯一一家参加了云南省劳动保障执法监察工作经验交流会。在云南省召开劳动监察工作经验交流会上，专门对未进行用工登记的用人单位给予行政处罚工作进行了经验交流。

【定点药店认定工作】 2010年，县劳动和社会保障局为加强基本医疗保险定点药店的服务管理，保障基本医疗保险的服务需求，维护参保人员的基本医疗权益，方便参保人员购药，根据劳动和社会保障部、国家药品监督管理局《关于印发城镇职工基本医疗保险定点零售药店管理暂行办法的通知》和《澂江县城镇职工基本医疗保险定点医疗机构、零售药店准入和退出管理暂行规定》文件规定，县局通过收集，整理资料，经过严格审查，于2010年4月6日共批准了云南白药大药房有限公司澂江连锁店、澂江县凤麓镇康福大药房、云南玉溪人民医药有限公司福尔康大药房澂江店、澂江县福升大药房、澂江南北大药房、云南鸿翔药业有限责任公司一心堂澂江连锁二店共6家药店为澂江县城镇职工基本医疗保险定点零售药店，全面加强基本医疗保险定点零售药店的服务管理，方便参保人员就医、购药，保障基本医疗保险的服务需求，维护参保人员的基本医疗权益。

【开展劳动争议仲裁】　2010年，澂江县劳动和社会保障局在加大力度排查化解劳动争议矛盾纠纷的基础上，严格按照《信访条例》认真调处群众来信来访；依法行使劳动仲裁职能，做到以事实为依据，以法律为准绳，正确履行政府的服务职能，牢固树立为人民服务的宗旨，规范申诉程序和仲裁制度，做到“快立、快调、快裁、快结”，把矛盾纠纷有效地化解消除在基层。全年，共接待各类来访人员445人次，接待企业政策咨询85户（次），答复信访件10件。对涉及本部门政策的，答复率为100%。截至12月底共依法受理劳动争议案件10起，其中集体劳动争议2起，通过调解和解撤诉5起，开庭审理裁决5起，当期受理率和按期结案率均达100%，涉及职工30人，为职工挽回经济损失150万余元，维护了职工的合法权益。积极指导各类用人单位抓好劳动合同解除、终止、签订工作，同期全县用工单位699户，在岗职工15141人，其中，农民工7355人。签订劳动合同人数14916人，其中农民工签订合同人数6647人。全县劳动合同签订率达98.51%，农民工劳动合同签订率达90.37%，劳动争议调解员持证上岗率达100%。

【企业退休审批】　2010年，县劳动和社会保障局严格退休审批标准和条件，按程序办事，对达不到退休条件和要求的职工耐心细致宣传解释政策，对符合退休条件的职工积极抓紧时间办理。全年共为69名从业人员办理退休手续，其中，正常退休56名，提前退休13名，真正为他们办了实事、好事，实现老有所养、老有所依、老有所靠。

【劳动能力鉴定和工伤认定】　2010年，县劳动和社会保障局认真执行《云南省劳动鉴定工作规则》，依据劳动能力鉴定标准，对工伤职工劳动功能障碍程度和生活自理障碍程度进行鉴定，并建立健全工伤档案。全年共组织劳动能力鉴定8次36人，其中，因工21人，因病15人。积极做好工伤认定工作，1～12月认定工伤9次193人。

【职业技能培训】　2010年，县局根据玉溪市劳动和社会保障局《关于做好2010年机关事业单位技术工人职业资格评定工作的通知》精神，认真组织2010年全县机关事业单位工人技术等级培训。全年共组织39人符合职业资格申报条件的机关事业单位人员参加中式烹调、汽车驾驶员、摄影师等工种培训，其中，高级工29人，中级工7人，技师3人，培训取证率达100%。

【“四项制度”监督管理】　2010年，县局按照省、市、县相关文件精神要求，建立实施“责任政府”、“法治政府”、“阳光政府”、“效能政府”四项制度领导机制、工作机制、监督机制、考核奖惩机制，按时制定并报送重大决策听证、重要事项公示、重点工作通报、政务信息查询目录，进一步健全举报、投诉、监督机制，将各项制度涉及的目标任务、工作重点和措施落实到每个季度和月份，按月进行重点工作通报，确保各个“四项制度”落实到位。开通了“96128”信息查询专线，指定了信息查询联络员4人，业务服务事项6项。2010年全年发布阳光政府四项制度重要工作通报44条，平均每月3.6条，开展重大决策听证1项、重要事项公示2项，超额完成了县上下达的目标任务。

【创先争优活动】　2010年，按照县委关于深入开展创先争优活动的总体安排部署，县劳动和社会保障局党支部高度重视，深刻认识开展创先争优活动的重要性和必要性。结合部门职能职责实际，党支部认真制定创先争优活动方案，始终以大力促进就业再就业；加强社会保障、劳动执法监察、劳动合同管理；妥善处理劳动争议仲裁案件；推进农村劳动力转移培训和劳务输出为着力点，精心组织、周密部署，做到了指导思想明确，主题实践鲜明，目标任务具体，活动内容丰富，方法步骤可行，组织领导加强，工作要求严格。活动中，局党支部全体31名党员均制定了《党员公开承诺书》，承诺以高度的责任心做好每一项工作，真正“立足岗位，做好保障，为困难群众排忧解难”。

【召开专题民主生活会】　2010年11月4日，结合学习贯彻落实《党员领导干部廉洁从政若干准则》，县局在认真学习、广泛征求意见、交心谈心、撰写发言提纲的基础上，组织召开了局班子专题民主生活会。会上，班子成员围绕“贯彻落实党员领导干部廉洁从政若干准则，切实加强领导干部作风建设”这一主题，联系思想和工作实际，对照《廉政准则》规定的52个“不准”和党政领导干部选拔任用工作四项监督制度，认真查找自身在学习、工作、生活等方面作风方面，特别是廉洁从政和提高执行力方面存在的突出问题，认真剖析存在的问题，深挖问题根源，并对存在问题进行剖析，深入查找原因，制定整改措施，明确努力方向。班子成员畅所欲言，实事求是地开展批评和自我批评，民主生活会气氛活跃、和谐，达到了自我教育、互相帮助、共同提高、改进工作的目的。

【开展综合治理宣传月活动】　2010年3月，澂江县劳动和社会保障局深入开展以“化解矛盾、综合治理”为主题的宣传活动，大力营造“综治维稳宣传月”浓厚氛围。在宣传中，澂江县劳动保障局充分动员全局各科室力量，通过制作宣传资料，开展送法律送宣传进企业、进厂矿等活动，深入宣传《劳动合同法》、《就业促进法》。督促企业认真贯彻执行《劳动合同法》和《就业促进法》的有关规定，与劳动者签订劳动合同；进一步规范企业工资支付行为，建立健全预防和解决拖欠工资、特别是农民工工资问题的长效机制；对企业拖欠工资问题进行清理整顿，依法督促企业偿还拖欠职工的工资，共检查了128户企业工资支付情况，涉及人数3265人，金额541423元。通过在各用人单位设立法律宣传点，面对面向职工讲解了养老保险、医疗保险、失业保险、工伤、生育保险的有关方针政策、法律法规，对职工提出的疑难问题进行了一一解答。同时，我局还认真加强矛盾纠纷排查，抓紧处理信访突出问题，做到抓宣传、推工作，使平安创建活动深入人心，为澂江发展稳定构建良好的社会环境。据统计，此次综治维稳宣传活动劳动局全系统共免费发放包括《劳动合同法》、《未成年人保护法》等在内的十余种资料共计1630余份，向劳动者进行法律讲解及受理咨询400余人次。

【重点岗位监督】 2010年，结合《中国共产党党员领导干部廉洁从政若干准则》的各项规定，县局针对本单位各部门关键部门、关键环节、关键岗位等廉政风险点，及时研究制定了《澂江县劳动和社会保障局关于贯彻落实〈廉政准则〉的具体办法》，强化防范工作措施，确定了社会保险基金监督、企业退休人员工资计算与发放、失业保险金发放三个关键岗位和重点环节进行行政行为监督。严肃责任追究推进责任制落实，始终坚持“两手抓、两手都要硬”和“谁主管、谁负责”的原则，紧紧抓住责任追究这个关键环节，对违反党风廉政建设责任制有关规定的人和事，严格实行责任追究，不搞“下不为例”，不搞“集体负责”，切实做到责任界定清，追究档次明。在责任追究中牢牢抓住“三不放过”，即责任者没有得到处理不放过，原因没有找到不放过，解决和预防措施未落实不放过。

【制定廉政承诺书】 2010年，县局结合县劳动保障部门职责职能，制定了县劳动和社会保障局部门廉政承诺书，在干部职工大会上公开承诺的同时，通过本单位政府信息公开网站向社会进一步公开，广泛接受社会监督。在此基础上，局属各部门领导干部结合自身职责职权，制定了个人廉政承诺书，在大会上公开承诺接受全系统干部职工监督。并对本单位实质副科以上领导干部建立廉政档案，实行个人述廉。全局共制定部门廉政承诺书1个，实职副科领导干部个人廉政承诺书6个。

【成立澂江县劳动和社会保障局人民调解委员会】 2010年，为切实加强新时期人民调解工作，更好地发挥人民调解在化解基层社会矛盾纠纷、维护社会稳定和构建和谐社会的活动，认真处理好澂江各用人单位干部职工矛盾纠纷工作，经澂江县司法局批准，11月8日，县劳动和社会保障局成立人民调解委员会，人员由县劳动保障局局属各单位负责人组成。

【扶贫帮困及慰问】 2010年春节，澂江县劳动和社会保障局认真落实《澂江县科级以上党员领导干部帮扶困难党员制度》，抓好领导干部帮扶困难党员工作，局系统6位领导干部走访慰问了所帮扶的尖山村委会的6名困难老党员，人均送去300元慰问金和一桶菜籽油。同时，积极开展春节送温暖慰问活动，走访慰问了207户困难职工，其中，特困失业职工29户、困难在岗、失业职工133户、特困农民工20户、退休11人、工伤1～4级14人，支付慰问金82800元，向他们致以春节的问候和祝福，送去党和政府的关怀和温暖。

（吴　玲）

扶贫开发

【综述】 2010年，县扶贫办以“服务三农，服务贫困群众”为目标，以“建设法制政府、责任政府、阳光政府、效能政府”为动力，在百年不遇的大旱面前，认真开展扶贫工作，在抗旱救灾中发挥积极作用。全年14个整村推进项目全部完成，有效促进贫困地区经济社会的协调和可持续发展。

【易地扶贫工作】 阳宗镇山秧箐易地扶贫搬迁项目总投资338万元，其中，扶贫资金69万元，自2009年8月下达任务以来，县扶贫办会同阳宗镇深入项目点调查，认真听取搬迁群众意见，商讨制定搬迁方案，积极协调落实各项资金，及时开展搬迁工作。至2010年6月，43户126人的搬迁任务圆满完成。进行土地平整15352平方米，修建混凝土挡墙长624.3米计637立方米，建设人饮水池一口计45立方米，架设水管管道3090米，安装50千伏变压器一台，架设输电线路1200米，户均120平方米的安居住房建设完成，同时每户建设三配套沼气池1口，69万扶贫项目专项资金全部下拨项目点。根据阳宗镇于2010年7月由昆明市托管的实际，县扶贫办及时同市扶贫办联系，于2010年6月底前完成阳宗镇山秧箐易地扶贫搬迁项目的县级专项检查验收工作。

【整村推进扶贫工作】 2010年，县扶贫办积极主动同各镇、村、组联系，以抗旱保民生的高度政治责任感和使命感，深入各贫困村组，早计划、早安排，及时解决群众生产生活的困难，在省市项目资金未到的情况下，由施工队垫资，于3月开工实施已纳入2010年规划内的整村推进扶贫项目。项目涉及4个镇10个村委会14个村民小组，覆盖1566户5368人。投入资金595.5万元，其中，扶贫部门投入210万元，其他部门投资和群众自筹及投工投劳385.5万元，该项目全部按计划建设完成并通过县级检查验收，扶贫资金按要求拨付100%。14个项目共进行村庄道路硬化6303立方米，支砌挡墙1153.6立方米，水沟2974米，新建公厕8所共56坑，新建科技活动室8所2744平方米，产业扶持1480亩，建人畜饮水池3个，安装水管8849米、装气象电子显示屏9块，标志碑14块。

【劳动力转移培训】 2010年，面对百年不遇的严重旱情，为防止农民收入减少、降低返贫率，县扶贫办把贫困地区劳动力转移培训作为抗旱减灾，农民增收、降低返贫率的重要工作来抓紧、抓好。以市场需求为导向，本着实际、实用、实效的原则，突出技能培训，以达到培训好，能输出，稳就业，能增收的目标；选择优势行业，选拔重点培训对象，有目的的进行重点培训。全县共培训人员163人，超额完成市办下达培训120人的任务。

【扶贫项目资金管理及制度建设】 2010年，县扶贫办在充分调研的基础上，结合实际对部份贫困村组根据旱情和施工等自然条件提前安排开展整村推进扶贫项目建设，及时解决贫困群众之所急，同时避开雨季，保证顺利完成扶贫项目建设任务；明确要求各镇在整村推进扶贫项目的实施中，必须确保财政扶贫专项资金的安全，专项资金使用管理规定，专款专用；加强整村推进扶贫项目的质量管理、廉政等制度建设，从项目建设规划、招投标、公示公告、施工管理、廉政纪律等方面作出具体安排，按照《云南省人民政府扶贫开发办公室关于实行扶贫项目廉政承诺制、贫困群众廉政评议制、贫困群众廉政评议员制的通知》，要求各镇依纪依规，廉洁自律，自觉接受贫困村组群众的监督，把好事办好，最大限度的发挥扶贫资金的使用效益。

【贫困人口调查】 加强调查，了解贫困情况，及时掌握贫困村、组分布，是做好扶贫工作，完成“服务三农，服务贫困人口”的关键，特别是在遭遇大旱的时候，把贫困情况掌握好，可以更好的制定符合实际的“十二五”扶贫规划，为全县社会经济的发展提供决策依据。2010年，县扶贫办经过调查得出，全县至2009年底尚有低收入人口24957人，贫困人口同往年相比有所上升，造成贫困人口增加的主要原因是干旱减收。到2010年底，全县人均纯收入在1196元以下的贫困人口还有0.49万人，占全县总人口的3.5%，全县354个村民小组，326个自然村有一半以上的村组基础设施还较薄弱，有10个自然村0.1万多特困群众基本丧失生产生存条件，需实施易地搬迁扶贫。

【扶贫资金专项检查】 2010年，县扶贫办认真配合审计部门开展2009～2010年财政支农资金的审计工作，同时，制定方案，认真开展“小金库”的专项治理工作，自查面达到100%，按照规定及时填报各种报表，真实反映单位“小金库”治理工作的各种情况。通过清查，县扶贫办从未设立过“小金库”，单位帐户按规定开设，且都置于财政、监察等部门的监控之下。

（苏志刚）

市级先进集体

2010年2月，省国土资源厅授予澂江县国土资源局为“抗旱救灾地下找水突击行动先进单位”。

2010年，县财政局被玉溪市委、市人民政府评为“玉溪市第三批新农村建设工作队及指导员工作先进派出单位”；“玉溪市第六届文明单位”；

2010年，澄江县防震减灾局在云南省地震局地震监测质量评比中，水平摆观测、气氡观测和水温观测获优秀奖。并获地震预报效能评比二等奖。2011年，在玉溪市防震减灾局地震趋势研究报告评比活动中获二等奖。

2010年2月，澂江县国土资源局被玉溪市政府考核评比为“2009年度国土资源管理目标责任考核一等奖”。

县级先进集体

2010年，县水利局党组织被玉溪市委组织部评为“共产党抗旱先锋行动先进基层党组织”；澂江县防汛抗旱指挥部办公室、澂江县抗旱服务站、澂江县排灌总站、澂江县水电勘测设计队、澂江县九村镇水土保持工作站被玉溪市防汛抗旱指挥部、玉溪市水利局评为抗旱先进集体。

2010年，澂江县国税局在文明创建活动中被中共澂江县委、县人民政府授予澂江县第五届（2010～2012年）文明单位荣誉称号，在云南省国税系统创先争优活动中，被中共云南省国家税务局党组授予先进党支部荣誉称号。

2010年1月，澂江县森林公安局在2009年度宣传工作中获“玉溪市森林公安局先进集体”称号。同月，澂江县森林公安局抚仙湖林区派出所在接受国家、省、市森林公安局检查指导工作中，成绩突出，获市森林公安局“先进集体”称号。

2010年2月，澂江县国土资源局被市国土资源局考核评比为“2009年度全市国土资源系统党风廉政建设优秀单位”及“2009年度地质灾害防治先进集体”，同年，澂江县国土资源局被市国土资源局考核评比为“市国土资源系统信息宣传工作先进集体二等奖”。

【澂江县2010年度政法工作先进集体】

(10个)

司法局　森林公安局

消防大队　武警澂江县中队

交警大队　法院环境资源保护审判庭

法院立案庭　检察院公诉科

检察院反渎职侵权局　凤麓派出所

【澂江县2010年度社会治安综合治理维护稳定工作先进集体】

(29个，按综合考核分由高至低排序)

县委办　人大办　组织部　宣传部

团县委　妇　联　统战部　法　院

检察院　公安局　司法局　财政局

纪委办　工业商贸和科技信息局

地税局　妇幼保健院　林业局

县人民医院　疾控中心

文化旅游广电和体育局

政协办　工商联　中医院

烟草公司　九村镇　海口镇

右所镇　凤麓镇　龙街镇

【澂江县2009年度落实党风廉政建设责任制先进单位】

县委办　人大机关　政府办

政协机关　组织部　宣传部

政法委　县妇联　总工会　检察院

工商局　药监局　发改委　水利局

国土局　人事局　民政局　审计局

体育局　司法局　龙街镇　阳宗镇

凤麓镇

【澂江县2009年创先争优评比活动优秀班子】（共6个）

县委办　政府办　组织部　财政局

凤麓镇　龙街镇

【澂江县村（社区）“两委”换届选举工作先进集体】（13个）

一、先进镇（2个）

海口镇　九村镇

二、先进村（社区）（11个）

凤麓镇仪凤社区

龙街镇忠窑村

龙街镇尖山村

龙街镇高西村

龙街镇立昌村

右所镇右所村

右所镇小西村

阳宗镇新街村

阳宗镇桃李村

海口镇松元村

九村镇龙潭村

【2010年度推进惩治和预防腐败体系建设暨党风廉政建设责任制先进单位】

县委办　人大机关　政协机关

纪委办　组织部　宣传部　政法委

党　校　妇　联　发改委　人事局

水利局　林业局　审计局　体育局

粮食局　国税局　经　委　药监局

司法局　凤麓镇　龙街镇　海口镇

【澂江县2010年创先争优评比活动优秀班子】（共6个）

县委办　政府办　组织部　政法委

宣传部　右所镇

【澂江县2010年度新农村建设先进派出单位】（5家）

纪委　水利局　政法委　检察院

党校

【2009年度禁毒工作先进集体】

凤麓镇人民政府、县广电局、团县委、县妇联、县公安局禁毒大队。

【2009年度道路交通安全管理工作先进集体】

凤麓镇人民政府、九村镇人民政府、县教育局、县烟草公司、县供电公司

【2009年度消防安全工作先进集体】

县委办公室、县政府办公室、九村镇人民政府、县公安局消防大队、县中医院。

【澂江县2008～2010年度防治艾滋病人民战争先进集体】

县卫生局、县公安局、县民政局、龙街镇人民政府、九村镇人民政府。

（适丽招）

先进个人

【市级先进个人】

2010年，县财政局沈绍坤被玉溪市人民政府授予“2009年度抚仙湖保护管理工作先进个人”称号；

2010年9月，澂江县森林公安局马偲焜被玉溪市委、市政府评为“玉溪市2006～2010年度森林防火先进个人”。6月，被省森林公安局授予三等功奖励。2010年10月，县森林公安局郭春宇被玉溪市委评为“创先争优活动先进个人”。

【县级先进个人】

2010年，澂江县国土资源局祁涛被市国土资源局考核评比为“2009年度地质灾害防治先进个人”。澂江县国土资源局李凌云被市国土资源局考核评比为“市国土资源系统信息宣传工作先进个人”。

2010年，澂江县防震减灾局夏开平被玉溪市防震减灾局评为玉溪市防震减灾工作先进个人。

2010年，县水利局徐菊仙、潘文兵、李进、李彦文、张伟、李伟、李天文、张文、梁天荣、马惠玲被玉溪市防汛抗旱指挥部、玉溪市水利局评为2010年抗旱先进个人。

2010年，龙街镇高西村西街子五组村民吕秀兰被授予云南省巾帼建功标兵荣誉称号；吕秀兰花卉、苗木种植基地被命名为云南省巾帼创新业示范基地。

【澂江县2009年创先争优评比活动优秀干部】（共30名）

一、部门主要领导：（共10名）

陈黎彬　张华生　沈绍坤　吴正坤
孙锦江　马云华　孙继华　郭　亮
任自能　吴渔琛

二、部门副职：（共20名）

刘燕萍　徐国坤　王绍伟　张芳芳
洪志华　陆永志　郭　毅　赵开华
邹希敏　杨正旺　李　勇　陈永林
俞　琴　杨爱斌　刘仁春　沈云坤
赵　昌　郭迎春　李国民　王宏伟

【2009年度禁毒工作先进个人】 谢晋（县禁毒办）、适任辉（县公安局）、张智（县财政局）、洪表（县司法局）、张国强（县教育局）、郭靖（县卫生局）、张顺强（县广电局）、李娜（团县委）、戎胜凯（县总工会）、邹罗保（凤麓镇）、郑祥碧（龙街镇）、李运辉（右所镇）、郑永（阳宗镇）、王建春（海口镇）、周应敏（九村镇）

【2009年度道路交通安全管理工作先进个人】 吉勇（县交通局）、张国强（县教育局）、付绍昆（县工商局）、杨崇顺（县国税局）、王云江（县地税局）、付树文（县建设局）、朱志伟（县公安局）、万江（凤麓镇）、李春林（龙街镇）、李运辉（右所镇）、郑永（阳宗镇）、杜保俊（海口镇）、周应敏（九村镇）、黄培东（县供电公司）、高有德（县烟草公司）

【澂江县2008～2010年度防治艾滋病人民战争先进个人】 徐林坤（县委宣传部）、朱志舟（团县委）、马瑞（县妇联）、柴奎（县总工会）、郭靖（县卫生局）、袁国涛（县防艾办）、谢晋（县公安局）、邹永兵（县教育局）、朱炳才（县民政局）、张枫（县广电局）、张平（县财政局）、张爱萍（县计生局）、李迎春（凤麓镇）、余斌（龙街镇）、李伟刚（右所镇）、沈倩楠（海口镇）、王同坤（九村镇）、崔刚（县人民医院）、马良（县中医院）、李艳春（县妇幼保健院）、刘彩琼（县疾控中心）、张国庆（龙街卫生院）、郭丽芳（右所卫生院）、张海萍（海口卫生院）、付乾坤（九村卫生院）

【澂江县2010年度政法工作先进个人】（20个）

政法委：杨　旭
法　院：鲁云峰　李云伟　马利亚
检察院：李　江　罗玲芬　杨文梅
公安局：赵灿恩　王江卫　贾文平
　　　　洪　坤　何国强　蒋经学
　　　　如　龙　陈光华　何俊慷
　　　　谷　磊（武警）
　　　　骆宏斌（消防）

司法局：李敏灿
森林公安局：李洪刚

【澂江县2010年度社会治安综合治理维护稳定工作先进个人】

县委办：徐德禹　组织部：梁　青
宣传部：钟丽聪　统战部：杨正华
法　院：马继莲　检察院：李丽玲
公安局：白红伟　财政局：张　平
纪委办：梁　艳
工业商贸和科技信息局：李家德
林业局：杨家志
文化旅游广电和体育局：赵开华
政协办：沈　虹　中医院：陈　莹
烟草公司：文云祥　交通局：龚如兵
抚管局：张艳红　国税局：杨崇顺
统计局：郭　亮　水利局：鲁德胜
教育局：封任辉　工商局：万　文
安监局：鲁　鹏　政法委：任晓克
财政局：张　智　九村镇：王　芬
海口镇：王建春　右所镇：万龙箐
凤麓镇：马永平　龙街镇：贾立金

【澂江县2010年见义勇为先进个人】

刘灿金，男，1966年4月10日出生，澂江县海口镇海口村委会海口村村民；

焦大庆，男，1969年10月16日出生，澂江县公路路政管理大队干部；

王正恒，男，1971年10月6日出生，澂江县仙湖宾馆经理；

苗　甜，男，1986年11月23日出生，澂江县龙街镇高西村委会西街子小组村民；

谢顺龙，男，1972年3月3日出生，澂江县禄充笔架山旅游开发有限公司员工；

张　毅，男，1987年10月5日出生，共青团员，澂江县禄充笔架山旅游开发有限公司员工；

高　辉，男，1983年2月28日出生，中共党员，澂江县公安局九村派出所协警员。

【澂江县2010年度综治维稳政绩考核先进工作者】

妇　联：夏文俊　团县委：李　娜
教育局：王　东　公安局：张少崇
司法局：洪　表　凤麓镇：孙锦江
右所镇：张　建　海口镇：郭恩达
龙街镇：张世杰　九村镇：陈永林

【澂江县村（社区）“两委”换届选举工作优秀工作队员】（40名）

县换届办：李顺平　张义丹　罗玲芬
洪　表　许鸿平　钟洪高
李向阳　许绍东　张小娟
王　涛
凤麓镇：郭　毅　董云莉　陈彦坤
马　涛
龙街镇：张华生　李海平　吕　平
王翠萍　罗绍福　陈玉珍
钟丽清
右所镇：赵　昌　李明宇　梁　磊
宗秀英　任仕华
阳宗镇：丁崇勇　郑　永　赵永安
杨国梁　王正福
海口镇：鲁德胜　刘庆华　王　双
张志伟
九村镇：张　枫　李秀丽　王同坤
尹文雄　李宛静

【澂江县2010年创先争优评比活动优秀干部】（共31名）

一、部门、镇（街道）主要领导（共10名）

沈绍坤　孙锦江　夏文俊　刘世祥
郑玉江　马云华　干亚波　郭恩达
洪　表　赵丽华

二、部门、镇（街道）副职（共21名）

赵　昌　旃太胜　刘燕萍　王志华
马玉伟　陈永林　胡有能　李敏灿
戎胜凯　马　瑞　万龙箐　张少崇
王　芳　赵丽铢　曹晓勇　李国民
吴利明　张　枫　邵贵能　阮学才
许云松

【澂江县2010年度新农村建设优秀工作队队长和优秀指导员】

一、优秀工作队队长（2人）

文　艳　杜　衡

二、优秀指导员（12名）

何　云　廖玉权　李云波　魏　兰
李庭松　王雪娇　海馥玲　李　亮
马春芸　李　娟（县交通运输局）
洪　飞
李　娟（县工业商贸和科技信息局）

人物简介

毛永贤　男，生于1972年5月，云南省澂江县人。1994年云南大学历史系历史教育专业本科毕业，获历史学学士学位，同年7月到澂江县第一中学从事高中历史教学工作至今。2003～2005年西南师范大学研究生进修班学习结业。2004年至今担任学校副校长。

工作17年来，始终站在教学第一线，不断学习专业理论知识，研究教育教学理论，钻研教育教学方法，探索有效教学模式，有良好的职业道德，较为丰富的教学经验、较强科研能力和较高的教学水平，11年承担高中毕业班教学，成绩突出。2003年和2009年被评为澂江县优秀教师；2004年被评为玉溪市优秀教师；2007年被评为云南省中小学勤工俭学先进个人；2010年被评为中学高级教师。

李春贵　男，生于1970年3月，云南省澂江县人。1992年云南师范大学物理系应用物理专业本科毕业，获理学学士学位，同年7月到澂江县第一中学从事高中物理教学工作至今。2004年至今担任澂江一中总务处副主任。

工作19年来，始终站在教学第一线，不断学习专业理论知识，研究教育教学理论，钻研教育教学方法，探索有效教学模式，有良好的职业道德，较为丰富的教学经验、较强科研能力和较高的教学水平。工作中勇挑重担，服从组织分配，工作勤奋，任劳任怨，作风民主，以身作则，富有创新和进取精神，多次被评为学校先进教师、优秀班主任和先进教育工作者。2003年、2007年曾两度被评为澂江县优秀教师，2010年被评为中学高级教师。

谢开亮 男，生于1970年12月，云南省澂江县人。1993年云南师范大学中文系汉语言文学专业本科毕业，获文学学士学位，同年7月到澂江县第一中学从事高中语文教学工作至今。1998～2000年，云南师范大学语文研究专业研究生进修班学习结业。1999～2004年担任语文教研组组长，2004年至今担任教务处副主任。

工作18年来，始终站在教学第一线，不断学习专业理论知识，研究教育教学理论，钻研教育教学方法，探索有效教学模式，有良好的职业道德，较为丰富的教学经验、较强科研能力和较高的教学水平，15年承担高中毕业班教学，成绩突出。主持研究的课题《课程综合化对教师提出的要求》荣获国家级二等奖，《人文精神——高中文言文教学的突破口》等10余篇论文获国家级、省级一、二等奖。2000年被认定为澂江县语文学科骨干教师，2001年和2007年被评为澂江县优秀教师，2008年被评为玉溪市优秀党外人才，2010年被评为中学高级教师。

任志强 男，生于1965年3月，云南省澂江县人。1988年毕业于玉溪师校体师班。同年7月到澂江县第一中学从事高中体育教学工作至今。1989年9月至1992年7月，就读于云南师范大学体育学院函授专科，1997年9月至2000年7月就读云南师范大学体育学院函授本科。

工作23年来，始终站在教学第一线，不断学习专业理论知识，研究教育教学理论，钻研教育教学方法，探索有效教学模式，有良好的职业道德，丰富的教学经验、较强科研能力和较高的教学水平，多年来承担高中毕业班体育教学和体育专业考生训练工作，成绩突出。1991年9月被评为澂江县先进教育工作者，五年被评为学校先进教师。论文《中学体育教育的目标任务研究》等八篇论文获国家级、省级一、二、三等奖。2009年9月被云南省钓鱼协会授予优秀裁判员称号，4次被澂江县体育事业局授予篮球优秀裁判员称号，2010年被评为中学高级教师。

杨　荣 男，生于1963年10月，1983年7月毕业于玉溪师范学校，同年分配到右所任教。1989年8月调入澂江二中任教至今。参加工作以来，连续26年担任初三毕业班的化学课教学工作。1996年获全国初中化学奥赛云南园丁奖；2000年被认定为县级骨干教师；2001年被评为澂江县优秀教师；《初中化学中的情境教学探索》等论文获国家级一等奖；连续6年辅导学生参加云南省中学化学竞赛15人次获玉溪市一等奖；2002年5月，被评为中学一级教师。2004年被评为玉溪市优秀教师；2004年至今担任澂江二中总务主任和工会主席工作。2010年7月，被评为中学高级教师。

叶如红 女，1962年1月出生，现年49岁，大学本科学历。1981年7月参加工作，先后在澂江三中、凤麓中学、澂江二中任教，教龄30年。2003年6月被评为中学一级教师，2010年7月评为中学高级教师。30年来，一直立足初中教学工作第一线，并多次担任班主任，所教学生成绩在学校同级中名列第一，多次被县、乡镇、学校评为优秀教师、“新长征突击手”、“三·八”红旗手。近10年，履职考核4优6合格，多篇教学科研论文荣获国家、省、市级奖励。2007年11～12月，参加县市两级组织的“教学能手”选拔赛，分别荣获县一等奖和市二等奖。所辅导的青年教师、学生多人获各级奖励。

高云仙 女，汉族，1969年8月出生，1990年7月毕业于玉溪师范学校物理系专科班，2001年10毕业于云南师范大学数学系（函授本科）。1990年7月参加工作，2003年6月被认定为中学一级教师，2010年9月被认定为中学高级教师。在教学中，植入新的课程理念，大胆尝试体验式教学，让学生通过自主学习，合作探究、质疑，走上讲坛讲解，把课堂还给学生，充分发挥学生的主体地位，调动了学生的积极性、主动性。自制了教具《RLC日光灯震荡电路》，《双重连锁三相电动机正反转控制电路》示教板，指导学生参加数学竞赛，技能大赛，培养了学生的思维能力和动手能力，促进了教学质量提高。

2006年，2008年履职考核为优秀，2002～2006年连续5年被评为学校先进教师，2009年被评为县优秀教师。工作之余，认真钻研业务、积极进行教育科研。教育科研课题《心理健康教育在职业教育中的作用》在2007年举办的“玉溪市职业院校教研成果展评”活动中获三等奖；论文《数学教学中问题情景的创设》在全国乐教杯教育论文大赛中获一等奖；《论职中学生健康心理的培养方法》获第二届全国敬业杯教育教学论文大赛一等奖，并刊登在《中国教育科研与实践》上。《用多媒体技术辅助物理教学》在2007年云南省教育科研论文竞赛中获三等奖。《用迭代法和计算器解决实际问题浅探》在2001年玉溪市教科所组织的职业高中教师教育教学论文评选活动中获一等奖。《浅谈班级管理的方法》在玉溪市2005年12月举办的职业院校教学论文及案例评选中获二等奖。2007年、2008年、2009年连续3年被评为优秀班主任。

马顺华 男，生于1963年2月1日，云南省澂江县人。1982年玉溪师校澂江分校毕业，同年7月到九村小学任教，1987～1990年到玉溪师专数学专科离职进修3年，同年8月到澂江七中任教。1991年9月至1994年8月在高西小学附中任教。1994年9月至1998年8月在禄充小学附中任教。1998年9月至今在澂江县第五中学任教，其间，1995年9月至1998年7月在云南师范大学数学本科函授毕业。2001年9月至2003年7月在西南师范大学进修数学研究原理方向研究生毕业。2005年5月至2007年2月申请到怒江州泸水县老窝乡中学支教，任副校长，回五中后任总务副主任。

工作29年以来，在教育教学过程中不断学习专业理论，研究教育教学理论、教学方法，探索有效教学模式，有良好的职业道德，丰富的教育数学经验，培养出无数的优秀人才，也带出了许多教育教学的骨干，曾8次被评为县级优秀教师，1次被评为市级优秀教育工作，曾撰写的论文“分组教学模式”获国家级一等奖。2010年被评为中学高级教师。

马增寿 男，回族，生于1965年12月，云南省呈贡县人。1988年云南省广播电视大学政治教育专业毕业，大学专科学历，同年7月参加教育教学工作至今。1988年7月至2004年7月在云南省昆明市呈贡县吴家营乡吴家营中学任教，2004年8月至2005年7月在云南省玉溪市澄江县第七中学任教，2005年8月至今在云南省玉溪市澄江县第九中学任教。自参加工作以来，担任过班主任、教研组长、年级组长，1999年至今任工会主席。

工作23年来，始终站在教学第一线，由于责任心强，教育教学方法得当，有11年是从事毕业班的教育教学工作，教育教学成绩突出，多次受到上级教育主管部门和学校的表彰。2002～2003年，被澂江县人民政府评为优秀教师；2003～2004年，被澂江县右所镇党委、政府评为优秀教师；2007～2008年，再次被澂江县右所镇党委、政府评为优秀教师。重视教育教学反思，勇于进行教学改革，注重撰写教育教学论文，2009年8月撰写的论文《浅谈初中思想品德课的心灵减负》在西南地区举办的教师教学研讨大会上荣获壹等奖。在社会工作中，2008年被澂江县总工会评为“优秀工会积极分子”；2009年被云南省总工会评为“云南省和谐家庭”。2010年被评为中学高级教师。

唐 理 生于1969年9月，云南省澂江县人。1990年云南广播电视大学英语系专科毕业，同年8月分配到澂江县第七中学从事初中英语教学。1996年9月调到澂江县第九中学从事初中英语教学工作至今。2006年9月至今担任初中班主任。

从事教育教学工作20年来，始终站在英语教育教学第一线。不断学习专业理论知识，积极进取，具备较强的专业技术水平，积累了丰富的教学经验，2003年被评为中学一级教师，2010年评为中学高级。教育教学成绩突出，2003年、2004年被评为右所镇优秀教师；2007年被评为澂江县优秀教师。教学之余，将教育教学心得撰写成文，论文《初中英语教学中学生自主学习能力的培养》获第五届全国中青年教师（基教）优质课大赛二等奖并发表于《西部教育论坛文集》，《浅谈农村中学英语教学中学生的两极分化》获云南省教科院三等奖。

董书兴 男，1957年12月出生，1977年12月毕业于玉溪农校农学专业，同年分配到澂江县农科所工作，1979年4月调九村乡农科站，1989年4月调右所乡农科站，1993年10月调县农广校工作至今。1984～1989年任九村农科站站长，1993～2001年任县农广校校长兼农业培训中心站负责人，1993年12月评聘为农艺师。1996年被评为全省农技推广先进工作者，1999年被澂江县委授予1996～1998年度优秀共产党员称号，2001年获全国农业广播电视教育先进工作者，参与完成的“澂江县绿色膏肥容大丰引进及应用”获2009年度玉溪市农业局科技推广三等奖，排名第十，2010年获全国农业科普先进工作者荣誉称号。撰写的“提升农村基层干部学历教育势在必行”、“澂江县农村劳动力转移就业培训现状及对策”和“浅谈农广校办学中存在的问题与对策”三篇文章被《云南农业》、《云南农业科技》和《农民科技培训》选登，其中“提升农村基层干部学历教育势在必行”一文，经《中国农业科技》编辑部审核，推荐参加由中国农业协会主办的“2010年全国农业优秀科研论文”评选，荣获“全国农业优秀科研成果”一等奖、“全国农业科普先进工作者”荣誉称号；“澂江县农村劳动力转移就业培训现状及对策”获2007年澂江县科协第四届优秀论文三等奖。

费 勇 男，1969年4月出生，中共党员，1990年7月毕业于云南省农业大学植保系植保专业专科，同年8月分配到澂江县阳宗镇农科站工作，

1995年9月调到澂江县农业技术推广站工作至今。从事专业技术推广工作21年，2010年10月被评为高级农艺师。21年来，热爱农业技术推广事业，忠于职守，无私奉献，坚持在农业生产第一线开展新品种、新技术的试验、示范、推广工作，用实际行动为"三农"服务。共获省、市、科技成果奖17项，其中，地厅级科技奖5项（一等奖2项，二等奖2项，三等奖1项）；县处级奖励12项。获云南省农业厅农业技术推广先进个人1次，县处级先进个人奖3次；市县科技论文奖6项。另外，2006年以来，在《中国农学通报》、《云南农业科技》、《玉溪农业》等刊物上发表科技论文10篇。

马菊芬 女，1970年8月出生，1993年7月毕业于云南农业大学植保系植保专业，获农学学士学位，同年8月分配到澂江县龙街镇农科站（2008年11月调整为龙街镇农业技术农机工作站）工作。2000年7月评聘为农艺师。2005年度、2009年度被评为龙街镇先进工作者。获科技推广成果奖2项，完成及参与农业新技术试验、示范7项。发表、获奖学术论文三篇。编写龙街镇农业规划、技术措施、报告20余篇，撰写乡镇农业信息200余篇，得到市、县、镇采用80余篇，在玉溪农业信息网站发布101条。2010年9月被评为高级农艺师。

（适丽招）

澂江县第六次全国人口普查宣传工作实施方案

依法开展第六次全国人口普查，是掌握基本国情的重要手段，是保障和改善民生的基础性工作，是和平时期最大的社会动员。为了全面做好我县第六次全国人口普查宣传工作，根据国务院和省、市政府人普办的相关要求，结合澂江实际，现就开展澂江县第六次全国人口普查宣传活动制定如下方案。

一、指导思想

以邓小平理论、“三个代表”重要思想和科学发展观为指导，认真贯彻《全国人口普查条例》、《第六次全国人口普查方案》、全国、全省、全市人口普查宣传工作会议精神，全面落实国家、省、市人口普查宣传方案的实施。通过报刊、广播、电视、互联网等各类新闻媒体进行广泛深入的社会动员，进一步增强各级领导干部组织好人口普查工作的责任意识和执行力，为顺利做好人口普查工作提供优质组织保证和条件保障。进一步提高各级普查机构及每个普查工作人员的荣誉感、使命感和良好的职业道德意识，确保普查在法律法规的框架内依法进行，确保人口普查数据及时、准确；进一步使广大社会公众明确认识依法提供普查信息是应尽的义务，了解人口普查基本政策，大力支持人口普查，积极参与人口普查，认真配合人口普查。

二、宣传重点

（一）做好《全国人口普查条例》和《第六次全国人口普查方案》的持续宣传。通过持续宣传，使《条例》的各项规定深入到各类普查对象、各级领导干部和每一位普查工作人员的心中脑中，自觉落实到行动中，真正成为规范普查行为、提高普查组织水平、提高普查数据质量和公信力的有力武器。

（二）做好普查各种政策的准确解读。国务院人普办已经或将陆续出台一批保证普查数据准确可靠、促进被调查户如实申报的政策规定，我省也以这些政策为基准，出台符合本地实际的政策措施，各新闻媒体要积极协同各级普查机构，有计划有步骤地做好政策解读。

（三）做好正式入户登记前各项重点活动的采访报道。根据人普办的安排，及时转载（播）党和国家领导参加人口普查登记活动的情况，跟踪报道省委、省政府领导及市委、市政府领导参加人口普查登记的活动情况；跟踪报道领导同志积极参加人口普查登记和各地人普办领导入户检查和指导人口普查登记情况；采访报道普查人员不辞辛苦、认真工作的情况及积极配合普查登记、如实申报普查资料的住户和个人典型。

三、认真做好第六次全国人口普查倒计时60天新闻宣传

（一）澂江电视台从9月1日起，在“澂江新闻”节目前播出人口普查倒计时提示语“距第六次全国人口普查登记还有天”。从10月1日起，开设人口普查宣传专栏（名称自定），播发公益广告，组织人普问题解答访谈，播发标语口号。

（二）澂江信息网从9月1日起，刊登人口普查倒计时提示语，开设人口普查宣传专栏，组织“人口普查政策解读”系列访谈。

（三）各媒体11月1～10日期间，刊播“人口普查进行时”提示语“今天是第六次全国人口普查登记第X天”。

四、认真做好“人口普查宣传月”活动

（一）我县在10月11日前，举行宣传月启动仪式。通过举行宣传月启动仪式，掀起人口普查宣传热潮。

（二）根据省、市要求，积极组织第六次全国人口普查知识竞赛。通过这项活动让更多的人来关注人口普查，关心人口普查，了解普查知识，增强普查意识，自觉参与和配合人口普查。

（三）努力营造人口普查工作的社会氛围，各镇人普办也要根据自身实际情况，自行组织编写宣传材料，绘制宣传画，制作本镇宣传光盘、录像带、幻灯片等人口普查宣传品。在主要街道、车站、集镇、商店等群众较多的地方设立人口普查宣传牌、橱窗，张贴宣传画、标语；文化站可以开展小型多样的宣传活动；发动作家、民间艺术家创作群众喜闻乐见的人普文艺节目，开展形式多样的群众性文艺活动。县人普办在收到国务院人普办统一印发的《人口普查宣传手册》、《国务院第六次全国人口普查办公室普查公告》（按照普查指导员人手1册、每个普查区5至6张）后，要立即发放和张贴到位。

（四）办好流动宣传活动。组织人普宣传车进乡村，大张旗鼓开展流动宣传，在公交等车辆上粘贴人普公益广告和标语口号，走街窜巷宣传人口普查。特别是在普查宣传的关键时期，要进行全方位的流动宣传，宣传内容可从国家印发的宣传手册摘编广播。宣传车的数量，县级不少于4辆、乡镇不少于2辆。

（五）创新形式，做好社区、村民小组宣传工作。充分发挥街道居委会、社区物业管理单位和村民委员会的作用，组织发放国务院《致被调查户的一封信》；办好人口普查墙报、黑板报及其它形式的宣传活动；利用气象部门电子显示屏幕滚动宣传人普法规、解读人普政策、提示人普注意事项；人普宣传画由国务院人普办按城镇和乡村分类，印制了两套，每套两张，下发到村（居）委会，每个村（居）委会1套两张；在国家印制的基础上，省人普办也印制了相当数量的宣传画，9月15日前可发放到县人普办，各镇要将人普宣传画和标语张贴到村民小组或自然村，每村宣传画不得少于4张，标语不得少于20条；村委会要利用广播，使用当地语言，播放适合当地村民生活特点的人普宣传内容。通过上述活动，真正使人普宣传走进千家万户，融进人人心坎。

（六）认真组织好“人口普查宣传一堂课”活动。10月11日至15日，国务院人普办将联合教育部，在全国中、小学校开展“人口普查宣传一堂课”活动，培养中小学生的普查意识，并通过他们带动家庭中的其他成员积极参与人口普查，达到“小手拉大手”的活动目的。县人普办协调教育部门积极贯彻落实国家的文件精神，组织好一堂课宣传折页的发放工作，确保中小学生人手1份；做好一堂课宣传片光盘的复制工作，确保有条件的学校能在一堂课上播放宣传片；一堂课的师资，由县人口普查办公室直接对老师进行培训，并确保将学到的内容原汁原味地传递给学生。

（七）播放公益广告和倒计时。从9月1日开始，各级新闻媒体、互联网、手机网络（3G）刊登、播发人口普查公益广告、宣传口号和入户登记倒计时。11月1日起，倒计时改为登记进行时，这两项工作到11月10日结束。公益广告可使用国家发放的广告片，也可自行设计，倒计时和进行时要按照国家统一要求，以天为最小计时单位。

（八）召开新闻通报（气）会。县人普办要制定宣传月活动的新闻通报制度，选择活动的节点和重大活动，向当地媒体通报活动开展情况，发布人普信息，提示新闻报道重点，把握新闻导向。

（九）做好入户登记时的宣传工作。通过普查指导员和普查员耐心宣传国务院《致被调查户的一封信》，解读隐私保密政策和长、短表的不同作用等，打消普查对象的心理屏障和思想顾虑，使之积极配合普查登记，如实申报普查数据。

（十）中国移动澂江分公司、中国联通澂江分公司、中国电信澂江分公司要积极配合做好我县第六次全国人口普查宣传口号的手机短信宣传。

（十一）各级各部门在单位门口悬挂人普宣传标语，各人口普查领导小组成员单位安排1至2辆车辆张贴人普宣传标语。同时动员部分私家车主加入人口普查志愿宣传行列。

（十二）各大酒店、居民小区的单元门上张贴人普宣传标语或宣传画。

五、几点要求

（一）高度重视人口普查宣传工作，切实加强组织领导。第六次全国人口普查是一项庞大的社会系统工程，涉及千家万户和每一个人，在当前社会经济条件下，其所面临的情况比以往更复杂，难度更大。如何动员全社会理解、支持人口普查工作，引导人们积极参与到这项工作中来，关系到人口普查的质量和功效，也是各级宣传部门和新闻单位面临的迫切问题。对此，各新闻单位必须从全局和战略的高度，遵照各级宣传部门和人普办的统一部署，把人普宣传工作切实摆到重要议事日程上来，加强对本单位人普新闻宣传的组织领导，做到人普新闻宣传工作层层有人抓，处处有人管，事事有人做，切实发挥好人普新闻宣传的主渠道和引领作用。

（二）指定专人负责人口普查新闻宣传工作。新闻单位要保持对全县人口普查各阶段重大活动的及时跟踪和超前谋划。要认真研究，周密安排，精心选定一名或二名新闻业务强、能吃苦耐劳的记者，负责与人普办沟通联络，确保双方互动紧密，步调一致。

（三）始终把握好正确的新闻宣传导向。人口普查宣传工作不仅涉及面广，而且政策性很强，各媒体一定要把握好宣传导向，在宣传内容、提法和表述上必须同《全国人口普查条例》、《第六次全国人口普查方案》、普查的相关政策、各项工作细则、填表说明等国家统一规定相一致。对人口普查政策以外的问题，也要按照国家现行政策和有关法规进行宣传解释。宣传报道要以正面宣传为主、以动员全社会参与人口普查为主、以动员普查对象配合人口普查为主，特别是不能随意采用网上信息，原则上不采用非指定记者的稿件。

（四）做好督促检查，推动人普宣传工作扎实开展。从9月1日开始，市委宣传部和市人普办督查组将依据本方案要求，深入基层督促检查。我县也要积极做好人普宣传的督促检查工作，切实推动我县人普宣传工作的扎实开展。

（五）各镇人普办要根据宣传方案要求，做好文字、图像、视频资料的采集、整理、保存，制作专题片等工作。宣传工作将作为全县人口普查工作考核的一项重要内容。

澂江县加强抚仙湖保护管理综合行政执法实施方案

为认真贯彻落实《云南省抚仙湖保护条例》和《玉溪市人民政府关于加强抚仙湖保护管理综合行政执法的实施意见》(玉政发〔2010〕92号),建立抚仙湖纵横协调的综合行政执法和环境卫生管理长效机制,加大综合行政执法力度,形成以预防、教育、监管、处罚为一体的综合行政执法新格局,提高抚仙湖综合管理水平,确保抚仙湖全面恢复Ⅰ类水质,特制定本实施方案。

一、指导思想

认真贯彻落实科学发展观,深入实施生态立县战略,牢固树立"因湖立策、治湖为先、治湖为本、湖清民富"的理念,坚定不移地实施"一退够、二调优、三保护"的保护治理方针,坚持依法治湖、属地管理、专群结合、全民参与的原则,充分利用法律、行政、经济等手段,全面加强抚仙湖综合行政执法能力建设,提高抚仙湖综合管理水平,确保抚仙湖全面恢复Ⅰ类水质。

二、目标任务

(一)有效遏制和减少抚仙湖一级保护区内的环境违法违规行为。加强执法监管能力建设,建立"县大队—镇中队—监督员"监管机制,强化各镇、县直各相关部门联动机制;与司法审判机关密切配合,在抚仙湖一级保护区内构建横向到边、纵向到底,集预防、教育、监管、处罚为一体的执法监管体系,形成统一管理、统一指挥、集中执法和县、镇、村联动的工作机制,不断提高行政执法管理水平,实现依法治湖。

(二)切实改善抚仙湖沿岸环境卫生脏乱差状况。加大沿湖三镇环卫工作投入,完善监管考核奖惩机制,实施"户三包、组保洁、村收集、镇转运、县处置"垃圾无害化处置体系,充分调动沿湖村、组和群众积极性,提高抚仙湖环卫管理水平,实现垃圾日清日运,入湖河道保洁保畅。

(三)群众保护湖泊意识得到明显提高。将抚仙湖保护纳入村规民约,加大宣传教育力度,通过开展多形式、多领域、多层次的法律法规宣传教育活动,全面提高公众自觉参与保护抚仙湖的意识,唤起和增强全社会保护抚仙湖的责任感和紧迫感,营造浓厚的抚仙湖保护氛围和良好的执法管理环境。

三、基本原则

(一)依法治湖与加强管理相结合的原则。认真贯彻落实《云南省抚仙湖保护条例》,加强沿湖环境卫生管理,建立健全执法监管体系和环卫管理机制,规范执法程序,加大执法力度,减少和杜绝违法违规行为的发生。

(二)属地管理与分级负责相结合的原则。按照"简政放权、属地管理、书记镇长负责"和"强化管理、严格执法"的要求,落实分级负责、划片包干监管权责,形成上下联动、权责明确、分工协作、齐抓共管的工作格局。

(三)执法监管与宣传教育相结合的原则。加大执法力度,从严从快查处违法违规行为。加大宣传教育力度,提高各级、各界对抚仙湖保护的关注度和参与度,形成人人重视环境保护,营造爱湖护湖的良好氛围。

(四)专业管理与群众参与相结合的原则。在加强抚仙湖综合行政执法队伍建设的同时,充分发挥监督员、环卫工人、志愿者及广大群众的监管作用,形成专业执法队伍与群管队伍相互促进、相互配合、共同参与的良好局面。

四、保障措施

(一)理顺机构

1. 撤销玉溪地区抚仙湖渔业管理站澂江分站。

2. 撤销抚仙湖环境卫生监督管理站。

3. 撤销澂江县抚仙湖管理局综合执法大队。

4. 撤回2007年从10家单位抽调的20名工作队员。

5. 成立澂江县抚仙湖综合行政执法大队,设大队长1名(由抚仙湖管理局一名副局长兼任),副大队长1名。下设5个中队,分别为:水域中队、机动中队、龙街中队、右所中队、海口中队,各设中队长1名,从执法队员中选任。

6. 成立龙街、右所、海口三镇环卫站,各设站长1名(由分管环保工作副镇长兼任站长),与镇环建中心合署办公,实行两块牌子、一套班子、一支队伍。

(二)人员配置

1. 澂江县抚仙湖综合行政执法大队设事业编制20名(玉溪地区抚仙湖渔业管理站澂江分站、澂江县抚仙湖管理局综合执法大队、抚仙湖环境卫生监督管理站共17名正式职工划并澂江县抚仙湖综合行政执法大队),其余3名空编人员通过招考或选调方式配齐。

2. 聘用执法协管员50人(属编外全日制合同用工),负责协助开展抚仙湖综合执法工作。由县抚仙湖管理局负责,县劳动人事部门配合,在全县范围内面向社会公开招聘。执法协管员实行一年一聘,由澂江县抚仙湖综合行政执法大队负责管理。

3. 选配抚仙湖执法监督员200人(属非全日制临时用工),实行一岗双职,负责开展以抚仙湖沿岸为重点的环境卫生清扫、保洁和抚仙湖综合执法监督工作。由沿湖三镇按配额在沿湖村组聘请，选配计划和聘请人员名单报县抚仙湖管理局核准，并报市抚仙湖管理局备案。其中：龙街镇110名，右所镇70名，海口镇20名。抚仙湖执法监督员实行一年一聘，由沿湖三镇环卫站负责管理，县抚仙湖管理局和县抚仙湖综合行政执法大队负责业务指导。

（三）增加投入

1．人员经费每年207万元。其中：执法协管员50名，每人每月1450元（含人员工资、社会保险），全年共87万元；执法监督及环卫工人200名，每人每月500元，全年共120万元。

2．抚仙湖沿岸垃圾清运费每年100万元。其中：龙街镇50万元，右所镇35万元，海口镇15万元。

3．增加综合行政执法工作运行经费每年12万元。新增2辆执法车和1艘执法艇运行费每年7万元，50名执法协管员办公经费每年5万元。

以上经费共计319万元，列入县财政年度预算，统一核拨到县抚仙湖管理局，实行收支两条线管理。沿湖三镇环卫工人人员经费和垃圾清运费由县抚仙湖管理局按工作实际和考核结果核拨，实行收支两条线管理。

4．增加执法工作经费来源。将县抚仙湖综合行政执法大队罚没收入50%用作执法工作经费，实行收支两条线管理。

5．执法装备投入30.8万元。县抚仙湖综合行政执法大队购置执法车2辆、摄像机、照相机、执法服装和防卫器械等装备费共需61.6万元，按市、县各50%比例承担，县财政配套30.8万元。

6．加强抚仙湖北岸环卫装备。澂江县抚仙湖环境卫生监督管理站现有的2辆清运车、1辆装载车划拨给龙街镇（垃圾清运车1辆、装载车1辆）和右所镇（垃圾清运车1辆）管理使用。

（四）明确工作职责

1．龙街镇、右所镇、海口镇环卫站负责辖区范围内环境卫生管理和垃圾清运工作，重点抓好抚仙湖沿岸环境卫生管理和垃圾清运工作。

2．县抚仙湖综合行政执法大队负责全县辖区内抚仙湖执法监管工作，对下属中队实施监督管理和组织协调，处置应急事件，完成交办任务。水域中队、机动中队负责查处抚仙湖水域违法案件、跨镇违法案件和处置应急事件，协助其他中队开展工作。沿湖三镇执法中队负责本辖区内日常巡查、执法及监管工作。

3．增加县抚仙湖管理局沿湖环卫监管和抚仙湖资源保护费征收管理职能，负责抚仙湖沿岸环境卫生监督、检查、考核和经费管理工作；负责我县抚仙湖资源保护费的征收管理工作。

五、健全制度

（一）建立健全日巡查、重点时段巡查、周联络、月总结、年考核的监管机制，完善书记镇长联席会议制度、月查处制度和有奖举报制度，不断提高保护抚仙湖的综合监管水平。推动有奖举报制度落到实处，提高群众参与保护抚仙湖的意识。

（二）建立健全“县对镇、镇对村、村对组”环卫监管考核机制，考核结果与工作经费核拨挂钩。完善“属地管理、分级负责、包干到片”的抚仙湖保护管理执法工作评价和责任追究制度，加大综合监管力度，强化整体工作效能。

六、做好抚仙湖资源保护费征收管理工作

根据《云南省财政厅、云南省发展和改革委员会关于抚仙湖资源保护费有关问题的通知》（云财综〔2009〕142号）、《云南省物价局、云南省财政厅关于抚仙湖资源保护费收费标准及有关问题的通知》（云价收费〔2010〕73号）、《玉溪市抚仙湖资源保护费征收管理办法》（市政府第26号公告）和《玉溪市抚仙湖资源保护费征收管理实施细则》（市抚仙湖管理局第2号公告）等文件精神，切实做好抚仙湖资源保护费征收管理工作。

七、加强组织领导

为进一步加强对抚仙湖保护管理综合行政执法和抚仙湖资源保护费征收管理工作的组织领导，确保取得实效，县政府决定成立以分管副县长为组长，县政府办副主任、抚管局局长和政府法制办主任为副组长，审计局、监察局、人事局、编办、财政局、公安局、地税局、旅游局、工商局、建设局、国土局、经委、商务局、水利局、环保局、卫生局、农业局、林业局主要领导，龙街镇镇长、右所镇镇长、海口镇镇长等为成员的澂江县抚仙湖保护管理综合行政执法领导小组。领导小组下设办公室在县抚仙湖管理局，由县抚仙湖管理局局长兼任办公室主任。领导小组办公室负责抚仙湖保护管理综合行政执法和抚仙湖资源保护费征收管理工作的组织、协调、落实等具体工作。沿湖三镇政府成立相应工作机构，加强对抚仙湖保护管理综合行政执法工作的组织领导。

澂江县人民政府关于修订《澂江县砂、石、粘土、页岩矿产资源采矿权价款收缴使用管理暂行办法》有关条款的通知

各镇人民政府，县直各委、办、局：

为进一步规范我县砂、石、粘土、页岩矿产资源出让价款的收缴、使用和管理，根据上级对探矿权、采矿权价款收入管理的有关文件精神，经县政府2010年4月27日第四十次常务会议研究，决定对我县2007年出台的《澂江县砂、石、粘土、页岩矿产资源采矿权使用费和价款收缴使用管理暂行办法》（澂江县人民政府公告第3号）进行修订，现将修订的具体条款通知如下：

一、将第二章第六条修订为：

由澂江县审批登记发证的砂、石、粘土、页岩矿产资源采矿权价款，按规定扣除成本后的纯收益集中缴入县财政指定的“非税收入专户”。该纯收益扣除上缴中央的20%后，依据属地原则按照县级50%、镇（村、组）50%的比例安排使用。

二、将第二章第七条修订为：

县、镇两级的采矿权价款专项用于矿产资源勘查、地质灾害防治、矿产资源保护项目和管理性支出。

矿产资源勘查项目支出主要用于支持我县经济发展急需的重要矿产资源勘查项目。

地质灾害防治项目支出主要用于矿山地质灾害防治和矿山地质环境恢复治理项目。

矿产资源保护项目支出主要用于促进矿山合理开发利用和保护矿产资源项目。

管理性支出主要用于：出让矿业权项目的前期勘查；矿业权审批、登记业务；矿业权纠纷调处，维护正常矿业秩序；矿产资源开发利用方案的编制、评审审查；矿产资源规划，矿产资源管理信息建设与监督管理工作；法律法规宣传；业务培训；矿业权招标拍卖挂牌过程中的场租、佣金、公告、评估、资料等费用；解决与矿业权设置有关的群众工作所需的支出。

三、修订内容自2010年1月1日起执行。

2010年5月17日

澂江县新农村建设工作队及指导员管理办法

为深入推进社会主义新农村建设，加强对社会主义新农村建设工作指导员（以下简称“指导员”）的管理，确保指导员工作顺利开展，根据《中共玉溪市委办公室、玉溪市人民政府办公室关于印发<玉溪市新农村建设工作队及指导员管理办法>的通知》（玉办发〔2010〕41号）和《中共澂江县委办公室转发县委组织部、县新农村建设领导小组办公室、县农业局<关于下派社会主义新农村建设工作队的实施意见>的通知》（澂办发〔2007〕15号）文件精神，结合我县实际，特制定本管理办法。

第一章 总 则

第一条 按照“镇为单位、县镇协调、村（社区）配合”原则，指导员由县委组织部会同县新农村建设工作队领导小组办公室（以下简称“新农队办”）统一管理，由各镇党委具体负责日常管理。

第二条 坚持下派指导员与培养锻炼干部相结合、派驻村的需要与选派干部的特长相结合，坚持每个镇一支工作队、每个建制村（社区）一名指导员，实行一年一轮换，每批指导员任期一年，鼓励连任。

第三条 每个镇设队长、副队长各一名，实行队长负责制，新农村指导员要服从队长的领导和管理，副队长协助队长开展工作。

工作队队长兼任镇党政副职。驻村指导员兼任村（社区）“两委”副职。

第二章 职责任务

第四条 指导员要认真把握新时期新阶段加强“三农”工作、推进社会主义新农村建设的战略部署，按照“生产发展、生活宽裕、乡风文明、村容整洁、管理民主”的要求，协助和配合所驻村（社区）党组织、村（居）民委员会开展工作，努力当好村情民意调研员、政策法规宣传员、富民强村服务员、矛盾纠纷调解员、制度建设督导员和组织建设指导员，扎实工作，努力使所驻村（社区）经济发展明显加快，农民收入明显增加，村容村貌明显改观，各项事业明显进步，基层组织明显加强。

第五条 指导员要结合所驻村（社区）的实际情况，力所能及地为当地群众办实事、好事，及时帮助群众解决热点、难点问题。新农村指导员的具体任务主要按照省、市、县选派干部驻村担任社会主义新农村建设指导员的工作要求，根据所驻村（社区）的实际情况，创造性地开展工作。

学习党在农村的各项方针政策，密切联系群众，严格执行记民情日记和服务承诺等制度；服从队长的领导和管理。

定期向镇党委、派出单位和县新农队办报告工作。

第六条 工作队队长要负责帮助指导员制订工作计划，定期组织指导员学习交流，协调解决指导员工作生活中遇到的困难和问题，配合镇党委做好指导员管理工作。

第七条 派出单位要把指导员驻村的帮扶工作纳入本部门和本单位工作的议事日程，本着“指导员当代表，单位做后盾，领导负总责”的原则，经常到所驻村了解情况，加强指导服务，从物力、财力和技术等方面给予派驻村支持，对指导员在政治上关心、工作上支持、生活上帮助，为指导员驻村开展工作创造有利条件。

主动协助镇党委和村委会做好指导员的管理工作。主要领导每年到驻村调查指导工作不能少于2次。指导员驻村（社区）期间，与原工作脱钩，派出单位不得要求其提前返回。

第三章 日常管理

第八条 指导员的日常管理由各镇党委负责。县委组织部、县新农队办与各镇党委共同抓好新农村指导员的教育、管理工作，组织指导员开展学习，不断提高他们的理论素养；帮助指导员制定工作计划，明确工作任务与目标。同时，要经常到各村（社区）检查指导工作；要定期召开工作例会，听取指导员的工作汇报，及时帮助他们解决工作、生活中的实际问题和困难；加强指导员队伍动态管理，对不胜任、不适应或表现差的指导员有责任建议调换。

第九条 指导员必须参加镇党委、政府召开的有关工作会议和村（社区）“两委”会议；是中共党员的可参加村（社区）总支会议；工作队队长应出席镇党委、政府召开的重要会议。

第十条 县委组织部主要负责指导员选派、驻村分配和工作队队长、副队长的任命和组织考核工作。

县新农队办主要负责组织协调和管理，协助组织部门做好指导员的选派和评比表彰工作，对下派指导员进行驻村前的培训，加强与同级有关部门的协调，帮助指导员解决好生活和工作中的困难和问题。

第十一条 工作例会。县新农队办每年至少召开2次工作例会，听取指导员的工作情况汇报，及时掌握工作动态，研究解决工作中遇到的困难和问题。各镇党委和工作队每月召开一次新农村建设指导员工作会议，听取工作汇报，交流工作经验。

第十二条 指导员驻村（社区）期间，行政关系保留在原单位，享受原单位正常的工资、奖金、福利等待遇，不影响正常的工资调整和职称评定；省、市级下派指导员往返差旅费由派出单位按相关规定给予解决。

指导员党（团）组织关系应转至所驻村（社区），参加所驻村（社区）的党（团）组织生活。

第十三条　指导员驻村（社区）后，要积极开展调查研究工作，及时了解村情民意。各村（社区）要认真听取指导员对村（社区）提出的各项工作意见和建议，积极帮助指导员解决生活和工作中的实际困难和问题。

第十四条　村（社区）要把指导员作为村（社区）“两委”班子中的一员，保证指导员对重大事项及上级党委、政府方针政策的知情权、参与权和决策权。

第十五条　安全管理。切实加强对指导员的安全教育和安全管理，注重解决指导员在交通、居住、人身、饮食等方面存在的隐患，严防安全事故的发生。

第四章　工作制度

第十六条　教育培训制度。县委组织部、县新农队办牵头，各成员单位密切配合，采取集中授课、专题讲座、召开座谈会等灵活多样的形式，让指导员及时了解农村工作的新理论、新政策、新情况、新要求，增强农村工作能力，提高服务水平。

第十七条　工作汇报制度。指导员每半年以书面形式向县新农队办、镇党委和派出单位汇报思想和工作情况。县新农队办要保存好指导员的汇报材料，作为年度考核的重要依据；每季度召开一次全县新农村建设指导员工作队长、副队长工作汇报会；县新农队办每半年向县委组织部汇报工作情况。

第十八条　督查制度。由新农队办牵头，会同新农村建设工作队领导小组成员单位定期不定期对指导员工作情况进行督促检查。如发现问题，视情节轻重，对本人提出口头批评或发出整改通知，限期整改。县新农队办要做好全县指导员工作情况的巡视、监督和管理工作。

第十九条　请销假制度。指导员驻村期间不得擅自离岗，确因特殊情况需请假的要办理请假手续。指导员请假应事先向所在村（社区）领导汇报，经同意后形成书面报告逐级报批。请假1天的由各镇新农村指导员工作队队长审批、备案，并报告所在镇党委；请假2—3天的须报所在镇党委审批、备案；请假3天以上的由县新农队办审批、备案，假满回村后应及时销假。不请假擅自离岗的，以旷工论处。指导员的休假，原则上由所在镇党委、政府统筹安排。

第二十条　建立驻村日记管理制度。指导员驻村期间，要坚持写驻村日记，日记要有具体内容，杜绝把驻村日记写成“流水账”。工作队队长要坚持记录本镇指导员的工作开展情况，以及指导员的思想、生活状况。驻村日记列入指导员半年和年度考核内容。

第五章　激励约束

第二十一条　参照市委、市政府的相关规定，县级下派指导员驻村生活补贴自2010年7月起执行每人每天15元的标准。由指导员凭驻村考勤表（考勤表须经所驻村或社区领导签字盖章、工作队队长签字），报县新农队办审批备案，以实际驻村天数到派出单位核发。

省、市级下派指导员驻村生活补贴由派出单位按相关规定给予解决。

第二十二条　指导员的年度考核，由各镇党委根据一定比例，按优秀、称职、基本称职和不称职评定档次进行年度考核，年度考核结果报县委组织部和县新农队办审核备案，考核结果作为基层锻炼经历存入个人档案。考核评优不占派出单位指标，考核结果与派出单位工作人员同等对待。指导员表现优秀、实绩突出的，给予表彰、奖励，并将年终工作鉴定送交派出单位，作为今后培养和提拔使用干部的重要依据。

第二十三条　驻村工作期间，每个指导员每月向县新农队办上报两篇工作信息；驻村工作结束后，每个指导员写出书面总结，由村（社区）“两委”班子成员进行民主评议，评议结果报县委组织部和县新农队办备案。

第二十四条　指导员要服从当地党委、政府的统一领导，尊重农村基层干部，执行村（社区）党总支、村（居）民委员会和村（居）民代表会议作出的决定，不得越权或违反村（社区）工作制度随意表态或盲目行事。对违反组织纪律，造成一定影响的，按干部管理权限，由派出单位给予必要的党纪、政纪处分。

第二十五条　指导员要加强自身修养，严格执行廉政纪律，做到“五不准”，即：不准在所驻村（社区）报销应由个人负担的各种费用；不准用所驻村（社区）的公款吃请；不准私自使用机关和企业的车辆；不准收受所驻村（社区）发放的各种补贴；不准参与有损于党员干部形象的各种活动。

第二十六条　对群众不满意、工作表现差、工作绩效不明显的指导员，要给予通报批评并责令整改，对不服从教育管理或拒不整改落实的，予以撤换。指导员全年驻村时间低于200天的一律取消派出单位和指导员本人评优评先资格；旷工或无正当理由离岗连续超过20天或一年内累计超过30天的，当年考核为不称职，一年内不得提拔任用。

第二十七条　县直部门、单位选派指导员驻村及帮扶工作情况，列入班子考核的重要内容。对没有按时完成帮扶任务、选派的指导员驻村期间被调整、撤换或年终考核不称职的，要追究派出单位领导的责任，并予以通报批评。对工作成绩突出的部门、单位，给予通报表彰。

第二十八条　指导员的日常管理工作要列为各镇党委目标管理责任制考核的重要内容。对指导员管理不善造成严重后果的，要追究镇党委负责人的责任。

第六章　附　则

第二十九条　本办法适用于各级选派的指导员。

第三十条　本办法由县委组织部、县新农队办负责解释。

第三十一条　本办法自发布之日起施行，《澂江县社会主义新农村建设工作指导员管理办法（试行）》（澂新农队办〔2007〕3号）同时废止。

中共澂江县委　澂江县人民政府
关于加快旅游产业发展的决定

为认真贯彻落实玉溪市旅游文化产业发展大会精神和县委提出的“五大战略”（生态立县、农业稳县、工业强县、旅游富县、开放活县）和“三大经济发展路子”，大力发展以旅游业为主的现代服务业，充分发挥我县的旅游资源优势和区位优势，做大做强旅游产业，努力把资源优势转化为经济优势，把旅游业培育成支柱产业，促进全县经济社会持续快速健康发展。经县委、县政府研究，作出如下决定：

一、提高认识，明确旅游产业发展的战略目标

旅游产业是推动经济社会发展的重要产业，加快旅游产业发展，对推动新农村建设、调整产业结构、保护生态环境、扩大对外开放、拓宽就业渠道、增加群众收入、转变生活方式、弘扬民族文化、实现区域经济社会协调发展具有十分重要的意义。大力发展以旅游业为主的现代服务业，符合科学发展观的要求，符合澂江县情特点。全县各级各部门要将发展旅游产业作为全面落实科学发展观的突破口和切入点抓紧抓好。

（一）坚定加快旅游业发展的信心和决心。我县旅游业经过二十多年的发展，已经初具一定的产业规模和市场影响力，在加快推进抚仙湖—星云湖生态建设与旅游改革发展综合试验区建设的过程中，要进一步解放思想、转变观念，坚定加快旅游产业发展的信心和决心。

（二）增强加快旅游业发展的紧迫感。我县旅游业正处于从低投入向高投入转型升级的关键时期，各级党委、政府及有关部门要进一步增强危机感和紧迫感，与时俱进、开拓创新，用更新的思路、更大的力度、更有力的措施，推进旅游产业快速发展。

（三）明确旅游业发展的指导思想。全面落实科学发展观，按照县委确立的“五大战略”、“三大经济发展路子”的总体要求，贯彻“抓开发、打基础、创品牌、拓市场、增效益”的思路，紧紧抓住云南旅游“二次创业”和抚仙湖—星云湖生态建设与旅游改革发展综合试验区建设的机遇，以建设世界知名、中国一流的高水平国际湖泊型康体休闲度假旅游目的地为发展目标，依托抚仙湖和帽天山两大核心优势资源，以国内外旅游市场发展趋势为引导，切实加快生态环境、产品体系、度假社区、旅游乡镇和旅游服务体系建设，着力推动旅游发展方式转变、旅游管理体制改革和旅游发展政策探索与创新，提高全县旅游业的发展能力、创新能力、市场竞争力和综合实力，进一步推进澂江县现代服务业和经济社会的全面快速健康发展。

（四）加快完成旅游业发展的总体目标。到2015年，抚仙湖—星云湖生态建设与旅游改革发展综合试验区基本建成，接待海内外游客200万人次，年均增长5%，其中境外游客力争达到5000人次；旅游总收入10亿元人民币，年均增长15%以上。旅游服务质量明显提高，市场秩序明显好转，可持续发展能力明显增强，力争到2015，年旅游产业规模、质量、效益基本达到旅游经济强县水平，旅游业成为我县的支柱产业。

二、优化旅游产业布局，建设精品旅游线路

（五）优化旅游产业空间布局。我县旅游发展总体格局确定为“一个核心、两条走廊、三大功能区和四大旅游片区（1234）”。

——“一个核心”即我县范围内的抚仙湖沿岸区域。要把这部分区域作为我县旅游业加快发展的重点和增长极，通过核心区域的发展带动全县旅游产业产品的整体提升。

——“两条走廊”即“昆—石—澂”（昆明—石林—澂江）旅游走廊和“玉—江—澂”（玉溪—江川—澂江）旅游走廊。通过不断加强与昆明市和玉溪市两大旅游客源地和旅游中转站之间的联系，巩固和拓展旅游客源市场，加强区域旅游合作，同时不断将客源市场经昆明市向其他省、市延伸，经玉溪市扩展至南亚和东南亚。

——“三大功能区”即东岸国际生态康体休闲度假旅游区、北岸休闲娱乐旅游区和西岸生态休闲文化旅游区。

——“四大旅游片区”即抚仙湖康体休闲度假旅游片区、帽天山科普探秘旅游片区、阳宗海旅游度假片区、梁王山旅游片区。

（六）开发建设精品旅游线路。在拓展境外游客方面，主要开发“昆明（新机场）—阳宗海—帽天山—抚仙湖—昆明（新机场）”旅游线路，主推康体休闲度假旅游产品。在开拓国内旅游市场方面，针对观光休闲游览旅游者和自驾车旅游者开发建设“石林（或昆明城区）—阳宗海—帽天山—抚仙湖—昆明”、“昆明—抚仙湖—星云湖—玉溪—昆明”和“立昌—禄充—湖畔圣水—帽天山—海口”三条精品旅游线路。

三、构建旅游产品体系，培育精品旅游品牌

（七）旅游产品体系建设定位。以湖泊观光旅游产品为基础，以休闲度假旅游产品为核心，以乡村生态旅游产品、会议商务旅游产品为亮点，建设集观光体验、休闲度假、文化体验、科普教育、乡村生态、户外运动、自驾车体验、会议商务旅游、康体健身旅游等多种旅游形式为一体的、高中低端产品配套的综合性产品体系，满足多样性市场需求。

（八）旅游产品体系建设重点。围绕旅游产品体系的建设定位，着力打造湖泊观光、休闲度假、文化体验、户外运动、乡村旅游和会议商务六大类旅游产品体系。

——湖泊观光旅游产品。主要开发自然风光旅游产品、田园风光旅游产品、环湖观景自驾车旅游项目，重点对现有观光旅游产品进行提升和完善，对旅游景点进行合理调整与设置，推出升级版的观光旅游项目。

——休闲度假旅游产品。加快太阳山国际生态旅游休闲度假社区、抚仙湖国际养生园、湖畔圣水项目、仙湖山水国际度假园、国际康体养生中心、仙湖圣境旅游度假村的建设，以及旅游小镇和旅游生态社区建设，主要开发建设一批高端的康体、休闲度假产品、温泉SPA产品，建成高、中端商务度假和独具魅力的国际休闲度假旅游目的地。

——文化体验旅游产品。依托澂江动物化石群、抚仙湖渔文化、水乡文化等，积极开发科学文化体验旅游产品——帽天山国家地质公园，湖泊文化体验旅游产品——抚仙湖渔文化项目，民俗文化体验旅游产品——立夏节、高香文化节、火把节、关索戏等，特色餐饮体验旅游产品——铜锅饭、铜锅鱼等，不断提升我县旅游产业的文化内涵。

——户外运动旅游产品。依托抚仙湖和梁王山等优势旅游资源，积极开发帆船运动产品、环抚仙湖徒步穿越旅游产品、湖滨和山地野营自助旅游产品、野外拓展旅游产品、野外定向运动旅游产品、极限运动旅游产品、环抚仙湖自行车赛事等。强调大众参与性，注重产品的生态、环保、康体、休闲特色。

——乡村生态旅游产品。以我县独具特色的乡村自然人文生态环境以及良好的区位优势为基础，实施乡村旅游富民工程，发展“农家乐”、休闲农庄等乡村旅游产品。鼓励农民及企业采取景区带动、企业主导、公司+农户、承包租赁等多种形式参与乡村旅游的开发，不断提高旅游接待水平，促进农村劳动力转移和群众增收。

——会议商务旅游产品。主要依托良好的休闲度假设施，积极开发会议和商务型旅游产品，形成区域性的商务会议旅游中心，提升我县旅游产业的整体质量。

（九）加强文化与旅游的融合。将旅游业发展与文化产业建设有机结合起来，积极探索文化与旅游结合的有效途径和方式，深入挖掘和整理以金莲山为代表的古滇文化、关索戏等丰富的文化资源，用旅游传递文化，以文化提升旅游品味。

（十）大力开发特色旅游商品。用发展烤烟的精神发展旅游产业，充分利用我县的自然山水风光、帽天山古生物化石群、渔文化和传统民俗文化等资源，积极挖掘和开发手工艺品、风味食品和旅游用品等特色旅游商品。

四、加快旅游产业体系建设，改善旅游产业发展环境

（十一）加快基础设施建设。按照抚仙湖全面保护、部分禁控、重点开发的战略方针，坚持基础设施优先发展的原则，实施抚仙湖环湖截污治污、人工湿地建设、湖滨带修复等环境保护和生态建设工程；加快呈澂高速公路建设，积极配合做好昆明绕城高速公路建设，不断改善游客进入我县的交通条件；完善环湖公路沿线旅游厕所、观景台、标识等旅游基础设施，将其建设成为一流的自驾游精品线路。

（十二）完善城区和景区旅游功能。要从提高游客可进入性、安全性和游览便利性的角度出发，不断加大旅游配套设施建设力度，在主要交通要道口、车站、景区（点）和星级以上酒店等公共场所设置符合国际规范的地图、指示牌等标示牌系统。大力建设和普及符合环保要求的生态旅游厕所和生态停车场，完善垃圾收集和清运系统，最大限度降低旅游业对生态环境和生物多样性的负面影响。

（十三）推进景区和宾馆酒店的标准化建设。鼓励个人、企业、经济组织投资建设景区、宾馆酒店，加快老景区和现有的宾馆酒店按A级景区、星级宾馆的标准提档升级。

（十四）挖掘饮食文化培育特色餐饮。商务、卫生、旅游、文化等部门要积极引导餐饮企业和个体工商户挖掘我县的民族餐饮和地方特色餐饮，有效拓宽地方经济的发展空间，提升地方餐饮业的知名度及综合竞争力，促进休闲餐饮、旅游餐饮、喜庆餐饮、节假日餐饮等特色发展。组织开展地方美食、餐饮名师名店争创活动。

（十五）加强旅游人才培训和管理。制定旅游人力资源开发规划，将旅游人才培训和技能培训纳入全县人力资源开发和劳动职业技能培训计划，积极培养和引进各类旅游专业人才和管理人才。加强旅游从业人员思想道德、业务素质和诚信建设，不断增强服务意识，提高服务水平。努力培养一批熟悉县情、了解澂江历史文化特色和懂经营、善管理、能创新的复合型旅游人才。

（十六）依法规范旅游市场。认真贯彻执行《云南省旅游条例》，加强旅游行业法制建设，提高执法水平，严格实施旅行社、星级宾馆酒店、A级景区的申报和年检制度；建立旅游市场综合治理联合执法制度，形成长效管理机制。发挥旅游行业协会在旅游业发展中的媒介、自律、服务和监督作用，建立责任制，规范行业管理。大力倡导诚信经营和诚信服务，营造良好的旅游经营环境。强化旅游安全意识，认真执行旅游安全管理规定，采取有力措施，防止旅游安全事故的发生。公安、交通、工商、卫生、旅游等部门要密切配合，切实做好节假日旅游高峰期抚仙湖沿岸主要景区的社会治安、交通疏导、道路安全、卫生防疫和紧急救援工作，确保游客安全。

五、强化旅游宣传促销，积极拓展旅游市场

（十七）确定旅游市场发展定位。以昆明及其周边城市观光游览和休闲娱乐游客为基础，以康体休闲度假游客为主体，以商务会展游客为重点，以科普科考、历史探源等特种旅游为补充的旅游市场发展新格局。从旅游市场的地域指向上看，以省内市场为主，辐射国内、国际市场，积极开拓成都、重庆、贵州等周边旅游市场。

（十八）创新宣传促销手段。以“生命摇篮·山水澂江”为主题，全方位、多层次、多角度加强全县旅游目的地宣传，突出旅游产品特色，大力宣传推介休闲度假产品。加强与省内各新闻媒体的合作，不断提高客源地的知名度和美誉度；高质量办好立夏节、高香文化节、火把节等形式多样的旅游节事活动，以节造势，以势引人，拓宽旅游客源市场范围，实施“引团入澂”工程，提升澂江旅游的吸引力和竞争力。

六、加强组织领导，创新旅游业发展的体制和机制

（十九）*加强政府主导*。各级政府要把旅游产业发展列入重要议事日程，建立健全分层管理的旅游产业发展目标考核机制，党政主要领导要亲自抓，形成领导重视、政府主导、部门联动、全民参与的良性旅游发展机制。县旅游产业改革发展领导小组统一领导和协调解决全县旅游发展中的重大问题，各有关部门要按照职能分工，主动配合，积极支持，共同培育旅游支柱产业。各镇要抓好旅游产品的开发建设，主要领导亲自抓、负总责，并将旅游业建设情况作为各镇绩效考核的主要指标。发改委要把旅游发展特别是旅游基础设施建设、旅游重点项目建设和旅游产业政策纳入国民经济和社会发展规划。交通、林业、水利、国土、环保、建设、文化、体育、民宗等部门要共同搞好旅游资源的综合利用和开发。公安、交通、工商、物价、技术监督、安监、卫生等部门要加强对旅游运输、旅游价格、旅游市场、旅游食品等方面的监管。交通、建设、工商等部门要为旅游形象广告提供优惠和便利。

（二十）*创新旅游产业发展机制*。积极发挥企业在旅游产业发展中的主体作用，按照“引进一批、提升一批、整合一批”的思路培育一批旅游骨干企业，努力改变我县旅游企业“小、散、弱”的状况。在有利于加强自然和人文资源保护的前提下，积极尝试将旅游资源所有权与经营权、管理权分离，推进旅游景区（点）企业化管理、市场化经营进程。

（二十一）*大力培植旅游业发展创新体系*。坚持以观念创新促体制创新，以体制创新促管理创新，实现产品创新，逐步建立符合我县实际的旅游业发展创新体系。

（二十二）*加快建立旅游业投融资新机制*。按照市场经济体制的要求，在保护好生态环境资源和文物的前提下，按照“谁投资、谁受益，谁开发、谁保护”的原则，鼓励集体、个人通过独资、合资、合作、股份制等形式投资开发旅游产业。积极引进县内外投资者以收购、租赁、联营、股份合作等多种形式投资开发旅游项目、兴办旅游企业；引导和鼓励金融机构加快开发适应旅游企业需要的金融产品，加大对旅游业的信贷支持。

七、加大政策扶持力度，推动旅游产业快速发展

（二十三）*加大财政投入*。县委、县政府决定每年投入不少于500万元设立旅游发展专项资金，纳入年度财政预算，滚动使用，充分发挥旅游发展专项资金在产业发展、产品开发、规范管理中的作用，鼓励社会资金投入。争取国家、省、市在生态建设、旅游产业、基础设施方面的政策及资金支持。

（二十四）*加快旅游产业规划的实施*。严格执行《抚仙湖—星云湖生态建设与旅游改革发展综合试验区总体规划》，加强对规划项目建设的管理，避免低水平、同质化、重复建设导致恶性竞争。

（二十五）*着力改善旅游投资环境*。转变政府职能，简化办事程序，强化服务意识，改善旅游投资软环境。凡是企业利用自有资金或各种贷款资金投资我县旅游项目，只要符合国家产业发展政策、有利于生态环境保护、优先解决好群众利益，均应简化审批程序，实行项目备案制。发改委、环保、国土、林业、抚管、建设、文化、水利等相关职能部门对项目建设应给予大力扶持，旅游行业主管部门应加强对项目建设的指导和跟踪协调服务。

（二十六）*加强政策扶持*。要研究制定有利于旅游行业规范经营发展奖励扶持政策，用好用活旅游发展专项资金，对创建A级景区、星级酒店、特色餐饮、开发旅游商品等给予以奖代补。清理不合理收费，切实减轻旅游企业负担。旅游饭店实行与一般工业企业同等的水、电、气价格；公安、消防等执法人员进入星级饭店景区检查应持检查证。研究制定旅游宣传、境外招来组团、产品包装和招商引资、旅游用地等方面的鼓励政策。

中共澂江县委员会　澂江县人民政府

2010年6月7日

索 引

说 明

一、本索引采用主题分析索引，索引范围包括各部类条目、表格，彩页内容未作索引。为便于检索，在澂江及辖区内有的企事业单位和在澂江发生的事件名称前的“澂江”、“云南省”或县名除易产生歧义者外，均予以省略。

二、本索引按汉语拼音音序排列，即以索引条目第一字的音序为准，第一字相同则按第二字的音序排列，依此类推。同音不同字按笔划顺序排列。

三、索引款后的阿拉伯数字表示该索引内容所在的页码，数字后的字母（a、b、c）表示栏别，即版面从左至右的1、2、3栏。

四、本索引使用“参见、附见”系统，空2字起排的款目为上一主题的“附见”。同一主题的“参见”只标页码，索引款后如同时出现两个或两个以上的数字，则表示该主题“参见”于不同地方。

五、栏目、类目用黑体表示，索引后的“表”表示该内容为表格。

六、以数字或字母开头的款项为便于查找，不按该数字或字母的音序排入相应音序中，集中排列于“数字、字母”栏中。

A

B

E

F

G

H

J

K

L

P

Q

R

S

X

Y

Z

数字 字母

中共澂江县委组织部

县委常委、组织部部长　冯以春

中共澂江县委组织部是县委主管党的组织工作、干部工作和人才工作的职能部门。共设办公室、干部科、组织科、党员干部教育科、干部监督科、组织史编纂办公室、农村党员干部现代远程教育办公室、公务员人才科、信访举报中心9个科室。

近年来，县委组织部紧紧围绕县委工作大局，以服务全县经济社会发展为中心，以加强领导班子和干部队伍建设、深化干部人事制度改革、发展党内民主、从严管理干部、加强人才队伍建设、夯实基层党建基础为重点，提升各级领导班子科学执政能力、领导干部发展富民能力、基层党组织带民增收能力和组工干部服务发展能力，为全县经济社会又好又快发展提供坚强的组织保证和人才支撑。

班子成员（左起）：刘燕萍　李光全　冯以春　洪　春

为深化创先争优活动，县委组织部紧紧围绕"五好五带头"创建目标，以"五项考核制度"（即：科级领导班子和领导干部创先争优考核制度、村级组织绩效考核制度、党建目标责任制考核制度、党员目标责任制管理制度和干部职工年度履职考核制度）为载体，抓学习、明思路，找差距、谋发展，定承诺、比奉献，推动创先争优活动深入开展，涌现出一批先进典型。在开展的"共产党员抗旱先锋行动"中，全县各级党组织广大党员、群众踊跃捐款225.56万元，其中，捐款1000元及以上的1336人，建成"共产党员爱心水窖"669口，发放困难资金132.5万元，惠及农户2650户。

2011年4月15日，澂江县2011年组织工作暨创先争优表彰会召开。

进一步深化干部人事制度改革，出台《澂江县党政机关、事业单位中层干部竞争上岗实施意见》、《澂江县晋升科级领导职务资格基本知识考试试行办法》、《澂江县选拔任用科级领导干部初始提名试行办法》、《澂江县差额选拔任用科级领导干部试行办法》，积极稳妥推进干部人事工作制度化、规范化。加大基层一线干部培养、锻炼、使用力度，扩大干部选拔任用提名、推荐、考察、使用等各个环节的民主化程度、科学化水平，选人用人公信度和满意度不断提高。

部　长：冯以春
电　话：0877-6911777
地　址：县委行政办公区院内
邮　编：652500

2011年7月14日，澂江县2011年公开选拔挂职干部和晋升科级领导职务资格考试同时举行。

玉溪市未成年人思想道德建设工作
先进单位
玉溪市精神文明建设指导委员会
二〇一〇年十二月

2010年度推进惩防体系建设暨落实党风廉政建设责任制
先进单位
中共澂江县委
澂江县人民政府
二〇一一年一月

二〇一〇年度社会治安综合治理维护稳定工作
先进集体
中共澂江县委
澂江县人民政府
二〇一一年一月

文化产业特色县
云南省文化体制改革和文化产业发展领导小组

中共澂江县委宣传部

县委常委、宣传部部长　华丽萍

中共澂江县委宣传部是县委主管意识形态的综合职能部门，代管澂江县精神文明建设指导委员会办公室。内设澂江县文化体制改革和文化产业发展领导小组办公室、理论宣传科、综合科、办公室。现有编制10人。

十一五期间，县委宣传部紧密结合澂江实际，围绕全县改革发展稳定大局，认真落实科学发展观，深入扎实抓好宣传思想文化工作，用中国特色社会主义理论武装干部、教育群众，理论武装工作有声有色；围绕中心、服务大局，坚持正确的舆论导向，大力营造全县经济社会各项事业发展的良好氛围；围绕“生命摇篮·山水澂江”这一宣传主题，积极打造外宣精品，加强宣传阵地建设，对外宣传整体实力和影响力不断增强；深入推进社会主义核心价值体系建设，精神文明建设成效明显；坚持一手抓群众性、公益性文化事业，一手抓经营性文化产业的发展，促进全县文化的大繁荣大发展；以开展创先争优和学习型党组织建设活动为契机，进一步加强干部队伍建设，宣传思想文化战线保持昂扬向上的精神状态，务实创新的工作作风，为全县经济社会又好又快发展提供强有力的理论指导、舆论支持、精神支柱和文化条件。

电　话：0877-6911222
地　址：县委行政办公区院内
邮　编：652500

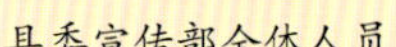
县委宣传部全体人员

镇领导班子

澂江县凤麓镇

凤麓镇是澂江县委、县政府所在地，是全县政治、经济、文化、交通中心。辖区总面积8.8平方公里，人口21301人，人口自然增长率0.95‰，耕地1161亩。镇党委、镇政府牢固树立“经营城市、管理城市、发展城市”的理念，团结和带领全镇干部群众，发展壮大集体经济，促进经济社会快速、协调、健康发展。

2010年，全镇实现生产总值113632万元，比上年增长14.4%（按可比价计算）。完成地方财政收入3039万元，比上年增加1307万元，增长75.4%，完成县对镇地方财政收入目标考核1900万元的159.9%。农民人均纯收入6947元，比上年增长13.6%。

全年，完成揽秀社区农业二组商住家俱城、澂波社区农业一组饮食文化城和农业二组危房改造工程3个建设项目，推进揽秀社区百货零售市场及农民安居工程、仪凤社区农业一组和二组农民安居工程、拥晖社区办公综合楼及住宅楼建设工程、澂波二组家具城改造工程4个项目。

镇党委书记：孙锦江
镇　　长：马永平
电　　话：0877-6911456、6912033
地　　址：澂江县凤麓镇凤翔路南7号
邮　　编：652500

揽秀综合市场二期工程项目

廉租房二期工程

澄波农业一组饮食文化城

镇党委书记　赵丽华

镇　长　张世杰

镇人大主席　马正坤

澂江县龙街镇

龙街镇位于澂江坝子西部、县城西南，镇域总面积为175.8平方公里，由山、坝、湖组成，境内最高点梁王山，海拔2820米，为滇中最高峰；最低点抚仙湖，海拔1721米。2010年，实现生产总值35,282.39万元，同比增10%；农村经济总收入174,900.5万元，同比增5%；地方财政收入4,105.77万元，增收518.45万元，同比增14.45%；乡镇企业营业收入185,201.4万元，同比增10.57%；固定资产投资完成23,187.9万元，同比增11%；农民人均纯收入5,373.4元，同比增4.4%。禄充4A级风景区全年共接待国内外游客71万人次，同比增7.6%；实现旅游直接经济收入4,970万元，同比增30%；门票收入280.9万元，同比增5.4%。

镇领导班子

2011年，完成左所退耕还林口粮田建设，马料河水库灌浆工程及塘子田水库、巨龙河水库、大冲水库、小冲水库溢洪道建设，梁王石门、高西旧街子、朱家山、尖山路岐、岔河整村推进扶贫项目，双树拖柏民族团结示范村建设，农村公益事业“一事一议”财政奖补项目，地震民居安全工程，梁王河环境综合治理工程，五中、龙街中心小学廉租房建设，万海小学、广龙小学、尖山小学易地搬迁新建项目，左所长岭岐镇级公益性公墓建设项目。

电　话：0877-6684845
地　址：澂江县龙街镇龙祥路85号
邮　编：652500

二〇〇九年度澂江县抚仙湖保护管理工作目标责任书考核
一等奖
澂江县人民政府
二〇一〇年二月

奖：保护抚仙湖
先进单位
玉溪市人民政府
二〇一〇年八月

共产党员抗旱先锋行动
先进基层党组织
中共玉溪市委组织部
二〇一〇年七月

澂江县2010年重大动物疫病防制工作
先进单位
澂江县防治重大动物疫病指挥部
二〇一〇年十二月

龙街镇第十一届人民代表大会第四次会议第一次全体会

庆祝中国共产党成立90周年文艺演出

镇团委开展保护抚仙湖宣传活动

青年志愿者清扫沿湖垃圾

组织干部职工为烟农栽烟

新建图书室

提古村委会新农村建设

左所水库项目建设

镇党委书记　余安全

镇　长　王志华

镇人大主席　戎胜凯

澂江县九村镇

镇领导班子

党政班子联席会议

九村镇位于澂江县城东北部，属典型的山区镇。境内有丰富的磷矿石，储量居全县之首，具有易开采，品位高的优点。全镇的经济作物主要有烤烟、林果，粮食作物主要有稻谷、玉米、小麦。全镇辖九村、龙潭、东山、七江4个村民委员会。2010年，全镇完成生产总值4.7亿元，比上年同期增长13.1%；固定资产投资2.78亿元，同比增长8.59%；地方财政收入完成3050万元，同比增长55.59%；农民人均纯收入6227元，增长13.07%；人口自然增长率控制在6‰以内。

2011年，镇党委、镇政府将充分发挥气候、资源、区位三大优势，加快农村经济结构、农业产业结构调整，突出基础设施建设重点，在认真抓好农业经济的同时，做大做强工业经济，壮大第二、三产业，搞好生态环境建设，发展优势特色产业，开创工作新局面。

电　话：0877-6717117
地　址：澂江县九村镇九龙街18号
邮　编：652500

中国共产党澂江县九村镇第三次代表大会召开

未成年人心理疏导教育

集镇新貌

集贸市场

蛟龙潭新村

渔塘新村

公交车开通

澂江县第二轮（2008年-2010年）
防治艾滋病人民战争工作

先进集体

澂江县人民政府
二〇一一年三月

二〇一〇年度社会治安综合治理维护稳定工作

先进集体

中共澂江县委
澂江县人民政府
二〇一一年一月

检察长褚绍明出庭支持公诉

党组班子研究工作

澂江县人民检察院

澂江县人民检察院于1979年4月1日恢复重建，截至2010年底有干警42人，内设机构13个。在县委和上级检察机关的领导下，县检察院紧紧围绕“社会矛盾化解，社会管理创新，公正廉洁执法”三项重点工作，积极开展“恪守检察职业道德，促进公正廉洁执法”和“创先争优”活动，各项工作得到健康发展。反贪、反渎、检察宣传调研工作取得全市检察机关第一的好成绩；侦监、预防、民行工作和创新做法多次受到上级业务部门肯定。队伍建设成果显著，大学本科以上学历比例达85.7%，检察官人数占政法专项编制的82%。精神文明创建工作荣获云南省第十二批精神文明单位称号；控申科被高检院评为第四届文明接待室；反渎职侵权局取得全省反渎综合工作考核第2名；2个集体和3名干警分别被市院荣记三等功各一次；2篇市重点调研课题论文获市院评比第一名；党风廉政建设工作分别被县委和市检察院评为先进集体，1名副检察长连续多年被县委、县政府评为创先争优优秀领导干部；1名干警在“全国检察机关深入查办危害能源资源和生态环境渎职犯罪专项工作”中被评为先进个人；1名干警被高检院授予“全国十佳反渎侦查工作业务标兵”荣誉称号，为澂江经济社会发展提供坚强有力的司法保障。

检察长：褚绍明　　　　　　　　　电　话：0877-6914348
地　址：澂江县凤麓镇凤翔路南16号　　邮　编：652500

当事人送锦旗表示感谢

党支部开展知识竞赛活动

法治宣传

检察官宣誓

澂江县人民法院

院长王海明在县人民代表大会上作法院工作报告

澂江县人民法院成立于1950年6月，主要负责法律规定由基层人民法院管辖的刑事、民事、行政第一审案件以及法律规定或上级人民法院指定管辖的其他一审案件。审判大楼占地24亩，建筑面积7078平方米。设有大、中、小法庭9个，配有立案大厅、接待室、律师休息室、羁押室等审判辅助设施。审判大楼功能齐全、设施完备。现有干警53人，内设立案、民事、刑事、行政、执行等14个部门。

多年来，澂江县人民法院在县委的领导和上级法院的指导下，在县人大和县政协的监督、县政府的大力支持下，紧紧围绕县委、县政府中心工作，依法履行审判职能，全面加强自身建设，为全县经济社会又好又快发展提供强有力的司法保障。

最高人民法院江必新副院长到澂江法院调研

兑付执行款

院　长：王海明
电　话：0877—6685465
地　址：澂江县凤麓镇澂波路西段
邮　编：652500

刑事案件庭审

强制拆除违章建筑

院党组班子成员

澂江县发展和改革局

局　长　王亚波

澂江县发展和改革局组织实施全县国民经济和社会发展年度计划，全力做好经济运行分析；不断深化项目管理，积极争取各类建设项目和建设资金，协调各方力量抓好全县重点项目建设；贯彻实施有关价格、收费法规和政策，监督检查价格和收费政策的执行，促进全县经济社会平稳较快发展。

2010年，全县完成生产总值36.15亿元，比上年增长13.5%；全社会固定资产投资完成24.2亿元，比上年增长40.57%；"十二五"规划编制工作圆满完成，编制1个总体规划纲要和25个重点研究课题以及23个重点专项规划；不断加强价格监管监测和价格监督检查，维护市场价格秩序；服务"三农"、服务贫困群众，完成1个易地扶贫搬迁项目和14个整村推进扶贫项目。

电　话：0877-6911221
地　址：澂江县凤翔路北14号
邮　编：652500

局领导班子

澂江县二OO八年度社会治安综合治理维护稳定工作
先进集体
中共澂江县委
澂江县人民政府
二OO九年二月
2009年行政效能建设工作目标考评
先进集体
澂江县人民政府
二〇一〇年二月
2010年度推进惩防体系建设暨
落实党风廉政建设责任制
先进单位
中共澂江县委
澂江县人民政府
二〇一一年一月
奖：在2009年下派新农村建设指导员工作中被评为
先进派出单位
中共澂江县委
澂江县人民政府
二〇一〇年二月
三建公司

澂江县农业局

局领导班子

澂江县农业局是主管全县农业生产、农业经济、乡镇企业和农业产业化的县人民政府的主要职能部门，承担着全县农业技术推广、农村经营管理、农民负担管理、农业行政执法、农业科技教育、农业信息服务、农业环境保护和新品种试验、示范、引进、推广等工作职能。内设办公室、政策法规股、种养科、财务科等8个职能股室，下设农技推广站、种子站、经作站、农经站、农机站、土肥站、植保站、能源站和农业广播电视学校、动物卫生监督所、动物疫病控制中心、畜禽改良站、农业综合执法大队、水产站等14个事业站（所）。现有在岗干部职工149人，其中，机关26人，科技人员106人，有镇级科技人员77人，村级科技人员136人。

2010年，在县委、县政府的领导下，澂江县农业局开拓创新，求真务实，坚持以科学发展观为指导，大力实施科技兴农战略，加大农业结构调整力度，推进农业产业化经营，全县形成了粮食、烤烟、蔬菜、畜牧、花卉五大产业，农业、乡镇企业和农业产业化工作取得显著成绩。

局　长：王留东
电　话：0877-6911139
地　址：澂江县凤麓镇仙湖路东13号
邮　编：652500

市人大领导视察左所村委会生物发酵床生猪养殖

视察小麦示范样板

市人大领导视察农产品交易市场

油菜间苗移栽

农业新技术试验—黄瓜嫁接

澂江县林业局

局领导班子

澂江县林业局主要从事森林资源的培育和保护工作，内设办公室、森林防火科、林政科、森防站等4 个职能科室，下属森林公安局、营林站、种苗站、林权管理服务中心、抚仙湖林场、梁王山自然保护区管理所等6个单位。2010年，县林业局紧紧围绕林业建设项目的目标任务，通过实施防护林工程2009年第四批扩大内需2.3万亩防护林工程项目、云南省澂江县2009年度巩固退耕还林成果林业项目、核桃竹子产业建设项目、“十一五”水污染防治等建设项目，积极修订配套完善林权制度改革的规定办法，普及推广林业实用技术，依法治火、从严护林，森林资源得到有效培育和保护。

局　长：熊　林
电　话：0877-6911185
地　址：澂江县凤麓镇环城北路45号
邮　编：652500

林业有害生物（小蠹虫）喷药防治施工现场

退耕还林

特色经济林

特色经济林

澂江县水利局

市水利局领导视察石寨河水库除险加固工程

2010年，澂江县水利局完成水利投资6807万元，水利企业运行效益在经受百年不遇干旱的情况下，总体运行良好。全年，完成新增水浇地0.54万亩，新增节水灌溉和恢复灌溉面积0.46万亩，蓄水1198.67万立方米；完成山区“五小”水利工程建设1495件，投资1410万元；完成中小型水库除险加固3件，病险水库治理21座，渠道清淤补漏385公里，渠道防渗2.1公里；治理水土流失面积19.2平方公里；建成农村人畜饮水工程146处，解决33429人及7501头牲畜的饮水困难；征收水资源费53.1万元；全县渔业产量1610吨；完成农村小型水利体制改革。

局领导班子学习贯彻中央文件精神

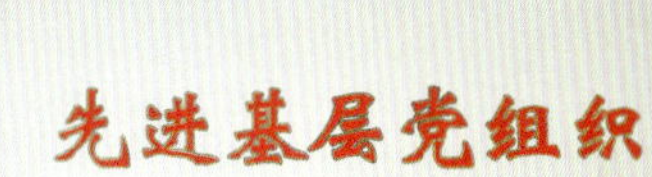

共产党员抗旱先锋行动

先进基层党组织

中共玉溪市委组织部

二〇一〇年七月

共产党员爱心水窖

局　长：任自能

电　话：0877-6911115

地　址：澂江县凤麓镇凤翔路北14号

输水隧洞施工

新建左所水库正在进行大坝土石方回填碾压。

澂江县交通局

新修的梁王河公路

2010年，澂江县交通局紧紧围绕县委、县政府的中心工作及交通建设发展思路，以国家扩大内需和新农村建设为契机，创新工作方式，克服专业技术人员少、资金匮乏的困难，在做好澂阳二级公路投资、债务审计工作的同时，加快农村公路建设步伐，提高农村公路的通达、通畅能力。对梅玉至东山农村示范公路、矣旧至独发箐农村公路及澂阳二级公路的路基、路面、桥梁、隧道及交通安全设施工程进行质量检测评定，抓紧梨花路工程建设前期工作，完成梁王河路面修复工程、环湖路安保设施、绿化景观工程建设。

澂阳路绿化工程

局　长：杨云波

电　话：0877-6911512

地　址：澂江县凤麓镇环城北路15号

邮　编：652500

修建好的矣旧至独发箐公路

环湖路绿化及安保工程

澂江县住房和城乡建设局

局　长　师燕忠

仙湖路绿化景观改造工程

澂江县住房和城乡建设局属澂江县人民政府建设行政主管部门，设规划科、办公室、建管科、公用事业科、房地产管理科、村镇科6个科室，加挂城市综合执法局牌子。下属建设工程质量监督管理站、房产管理所、给排水公司、城建监察大队、路灯管理所、城市园林绿化管理所、工程交易中心、垃圾焚烧处理中心、西浦公园管理所、设计所10个企事业单位。主要职责是宣传、贯彻执行国家省市县规划、建设、管理的法律、法规、规章和标准、规范；主管本县行政区域内的规划工作，编制或修编城市总体规划，根据城市总体规划制订控制性详规和专业规划，并组织实施；主管城市建设、村镇建设、住宅与房地产业、市政公用事业、建筑市场管理、市政监察、住房制度改革等工作，编制城市建设项目的投资计划，并组织实施；管理建设工程的报建、发包、承包、招标、投标、定额、质量监督、安全生产、文明施工及勘察、设计、施工、监理、造价咨询等中介服务工作；对从事建设行业生产经营活动的单位和个人进行资质管理，开展培训、帮助提高业务素质。

2010年，澂江县启动实施行政中心建设、污水处理厂扩建、垃圾焚烧厂建设等重点项目，2009~2010年完成26500平方米廉租住房建设，2010年完成县城总体规划修编、2200户农村民居地震工程、老城区路灯改造、湖畔圣水段路灯建设等重点工程、仙湖路绿化景观建设，补植西浦公园绿化景观树1400余株，对仙湖路上段、澂波路中段、翠竹中路、环城东路等主干道进行大修，分别在凤翔路、澂阳路等路段设置限高设施。制定实施《澂江县绿色图章管理规定》，开展澂江县城市绿地和树木认建认养活动。加挂城市管理综合行政执法局牌子，组建成立垃圾焚烧处理中心、西浦公园管理所，为把澂江建设成为以旅游业为龙头的现代服务型生态城市奠定基础。

领导班子

电　话：0877-6911716
地　址：澂江县凤麓镇振兴路16号
邮　编：652500

污水处理厂扩建工程开工仪式

县领导实地察看垃圾焚烧厂建设

县领导将廉租住房钥匙分发给廉租住房户
户

2010年新建的10000平方米廉租住房

建设局干部职工认建认养栽植建设林

正在建设中的行政中心

澂江县地税局

局党组书记、局长　罗仕祥

县地税局、县检察院联合召开税检共建联席会议

税法宣传队深入禄充风景区

通过业务测试巩固税政业务培训效果

保护母亲湖也是地税人的责任

税收新政策宣传

澂江县地方税务局于1994年8月24日正式挂牌成立，属正科级行政单位，实行省、市地方税务局与地方政府双重领导，以省、市地方税务局为主的领导体制。负责县域内4836户纳税户的地方税收征收、3836户缴费户的社会保险费、工会经费及抚仙湖资源保护费代征工作。内设机构7个，即办公室、人教监察股、税政股、规费股、计会股、征管股、法规股。直属机构4个，即一分局、二分局、三分局和稽查局，其中，一分局为征收分局，主要负责全县辖区内的地方税费征收工作；二分局为管理分局，主要负责县属及其以上企业事业单位和凤麓镇、阳宗镇2个镇的税费管理工作；三分局为管理分局，主要负责龙街镇、右所镇、九村镇、海口镇4个镇的税费管理工作。全局现有在职干部职工48人，退休人员4人，助征人员17人。在职人员中，女职工21人，男职工27人。中共党员19人，占总人数的40%。大专以上学历45人，占总人数的94%，在职研究生2人。职工最大年龄52岁，最小年龄32岁，平均年龄41.81岁。

电　话：0877-6911420
地　址：澂江县凤麓镇环城南路91号
邮　编：652500

全家福

澂江县环境保护局

2010年，澂江县环境保护局以党的十七大精神为指导，以创先争优活动为契机，认真贯彻落实省政府九大高原湖泊水污染综合防治领导小组第五次会议和全市环境保护及湖泊保护治理工作会议精神，按照县委十届六次全会的总体部署，坚定“生态立县”战略，牢固树立“生态立县，环保优先”理念，加强抚仙湖阳宗海环境综合治理，严格环境执法，提高环境管理能力，为促进澂江经济社会又好又快发展作出积极贡献。

局　长　夏彦东

局领导班子

环保知识讲座

“6·5”世界环境日宣传

县人大调研环保工作

环境日宣传

澂江县抚仙湖管理局

澂江县抚仙湖管理局成立于2005年2月，有正式干部职工28人。内设办公室、综合科。直属机构：澂江县抚仙湖综合行政执法大队（下设：龙街、右所、海口、水域、机动中队）。主要职能：宣传、贯彻执行抚仙湖保护的有关法律、法规；实施抚仙湖保护的开发利用规划；登记、检验渔业船舶，实施捕捞许可制度，发放捕捞许可证、垂钓证，征收渔业资源增殖保护费；发放非机动船入湖许可证，负责水上安全管理工作；加强抚仙湖沿岸环境卫生监督、管理、检查、考核工作；负责澂江县抚仙湖资源保护费的征收管理工作等。

东大河现场调研

检查太阳山国际生态旅游休闲度假社区建设施工现场

2010年，在县委、县政府的正确领导和上级业务部门指导下，澂江县抚仙湖管理局紧紧围绕“生态立县”发展战略，牢固树立“因湖立策、治湖为先、治湖为本、湖清民富”的治湖理念，认真贯彻“一退够、二调优、三保护”精神，坚持依法治湖、属地管理、专群结合、全民参与的原则，严格执行《云南省抚仙湖保护条例》等相关法律法规，以《抚仙湖流域水环境保护与水污染防治规划》批准实施为契机，层层签订《抚仙湖保护管理目标管理责任书》。8月1日，启动抚仙湖资源保护费征收工作，截至12月31日，征收抚仙湖资源保护费119.15万元；1~10月出动垃圾清运车1608辆次、装载机201台次对抚仙湖沿岸及老环湖路垃圾池垃圾进行清运，清运垃圾23025吨。8月24日，成立沿湖三镇环卫站，11月4日，正式移交到各镇，实现机构设置和监管“全覆盖”。发挥抚仙湖径流区建设项目审批领导小组办公室协调服务职能作用，为抚仙湖径流区建设项目审批工作提供优质、高效、便捷的服务。全年受理前置审批项目28个，其中，县级审批建设项目10个，通过审批7个，否定3个；上报市抚仙湖沿岸建设项目审批领导小组审批的

局 长：赵宏高
电 话：0877-6914499
地 址：澂江县凤麓镇环城南路95号
邮 编：652500

项目21个，通过16个，待批5个。认真宣传贯彻抚仙湖开封湖银鱼捕捞和渔业生产安全相关规定、政策，强化监管、严厉打击使用违禁网具捕捞、偷捕偷捞等违法违规行为，维护抚仙湖正常渔业生产秩序。全年办理捕捞许可证273本，出动338车（船）次、1388人次，收缴船只13条、违规网具111张、网绳3550公斤，电鱼设备6套、灯光诱捕灯具180套，销毁违禁拖网8张，收缴地笼35个，查处渔政案件96起、涉案人员223人次。 为加强非机动船入湖安全监管，与县旅游局、县安检局、交通局及沿湖三镇组成检查组，分3次对县境内抚仙湖水上交通安全进行大检查，出动人员36人次，车辆10辆次。检查中发现安全隐患3处，当场整改2处，限期整改1处，发出整改复查意见书4份。在“8·26”抚仙湖保护日活动期间，举行抚仙湖保护日专题会议，与共青团澂江县委联合开展“8.26”抚仙湖保护日环保宣传活动。发放各类宣传材料5000余份，环保购物袋6000个。组织全县机关干部职工开展抚仙湖湖滩及入湖河道垃圾打捞、清扫活动，全县出动机关干部1200余人次，打捞垃圾650余吨，清运垃圾650余吨。参与东大河流域水污染治理与清水产流机制修复试点工程建设，使抚仙湖保护治理逐步走向科学化、综合化路子，为确保抚仙湖Ⅰ类水质作出积极贡献。

协管员岗前培训

抚仙湖资源保护费征收

抚仙湖保护日清理河道垃圾

环卫工作移交当地政府

澂江县教育局

——“两基”工作纪实

澂江县“两基”迎国检展室

澂江县“两基”迎国检展室

一直以来，澂江县把“齐心协力攻‘两基’、科学谋划求发展”作为教育工作的主题。县委、县政府举全县之力，排除中小学危房，至2009年底，筹措资金5696.72万元，排除中小学危房28355平方米，新建校舍76974平方米。2010年，投入资金923.28万元，新建、扩建校舍10192.81平方米，排除危房10240平方米，全县中小学所有D级危房全部排除。2004~2009年，投入资金347.1万元，改善中小学现代信息技术教育装备，完成远程教育项目试点学校建设，建成光盘播放点9个，卫星收视点44个。投资97.87万元，装备大屏幕投影教室1个，配置多媒体教室10个，新建计算机教室2个，采购图书5万册。2010年投入资金872万元，采购图书22.2万册，计算机780台，中学理、化、生实验仪器6套，小学科学、教学实验仪器33套，装备实验室28个，添置音体美器材小学33套、初中6套。全县初中全部建有理、化、生实验室，中心小学均建有微机室、电教室、仪器室、图书室、档案室、体育器材室、阅览室和少先队活动室，普通农村小学全部达到五室配备，极大地改善了办学条件。2002年以来，撤并校点57个，改扩建寄宿制小学17所。至2009年，实现义务教育阶段学生“三免”全覆盖。2010年，全县有普通高中1所、职业高级中学1所、初级中学5所、小学31所、幼儿园15所；制定《澂江县控制中小学辍学管理办法》，将国家的惠民政策落实到每一个学生身上。小学适龄儿童入学率达99.92%，辍学率仅为0.24%，初中毛入学率为116.82%，辍学率2.32%；15周岁人口初等教育完成率达99.53%；17周岁人口初级中等教育完成率达98.13%；全县中小学校长任职合格率100%，培训合格率100%。确立了“以校本培训为主，学历提高、校外培训、校际交流为辅”的四结合培训模式，启动中小学教师综合素质校本培训，以“中山大学教育学院澂江培训基地”为平台，多次邀请中山大学知名教授和各类专家，对全县中小学校长、骨干教师、班主任1058人次进行培训，促进广大教师的整体素养全面提升。

“两基”工作的扎实开展，有力促进中小学教育质量的不断提升，连年小学毕业升学率达到100%，初中毕业生升入高中阶段学生的比例达80%以上，高考成绩逐年提升，2010年文科上线率100%，理科上线率99.05%。澂江县的“两基”工作达到“实验教学普及县”目标，先后获得“中华扫盲奖”和“全国‘两基’先进县”的殊荣；2001年，被省政府授予“云南省两基工作先进地区”称号；2006年，被省七部委授予“云南省教育收费示范县”称号；2008年，被评为“云南省教育工作先进县”，2010年，被评为“云南省两基工作先进单位”。

“两基”迎国检中学校新配备的计算机教室

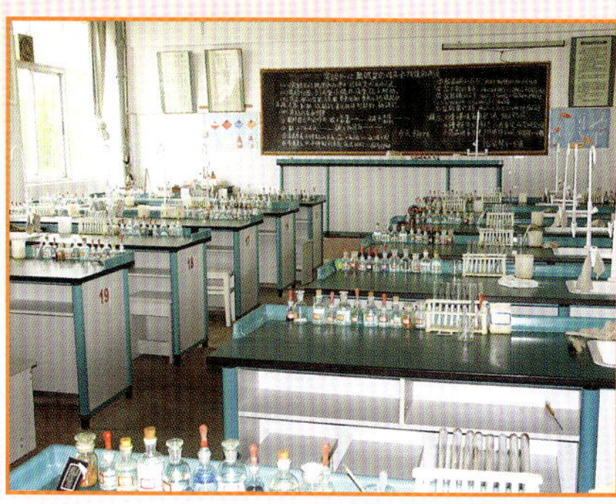
“两基”迎国检中学校新配备的化学实验室

“两基”迎国检中学校新配备的物理实验室

“两基”迎国检中学校新配备的图书室

尖山小学新教学楼

尖山小学新校园一角

万海小学教师宿舍

广龙小学新校园大门

澂江县第一中学

校　长　孙建明

澂江一中自办学以来，坚持“以质量求生存，以质量促发展”的办学理念，教学质量得到提高，教育教学秩序井然，校风、教风、学风良好，社会效益显著。2010年，学校各级各类考试成绩喜人：非毕业班会考合格率平均达96%；高考成绩创造历史最高水平，891名考生上线，上线率达到97.48%，重点上线人数、本科上线率、各科平均分数均超过2009年；各科平均分居全市8县1区前列。荣获省、市、县授予的多项荣誉奖项，得到全县人民的认可。

一年来，学校党支部深入开展创先争优活动，充分发挥党支部战斗堡垒和共产党员先锋模范作用，抓好领导班子建设，发挥领导班子表率作用；完善规章制度和激励机制，调动广大教职工的主动性和积极性；通过各种措施提高教师职业道德素质、专业素质、教育教学水平；积极构建“社会、家庭、学校、学生自主教育”相结合的德育工作网络，加强“三生教育”，培养学生良好的道德情操和行为习惯；在借鉴和探索中积极推进高中新课程改革。

电　话：0877-6767360
地　址：澂江县龙街镇西龙潭
邮　编：652500

县领导到校检查工作

县委副书记张云孙、副县长陈挺到学校视察

2011届高三年级高考百日冲刺誓师大会

课外活动

多媒体教学

课间操

澂江县第二中学

澂江二中创建于1973年，至今已有38年的历史。校园占地46.6亩，建筑面积16455平方米。现有教学班36个，在校学生1997人，教职工126人。

近年来，学校加大基础设施建设力度，先后建成物理实验室、化学实验室、生物实验室各两个，音乐教室、舞蹈教室、手工制作室、体育活动室、游泳池、运动场、阅览室、图书室各一个；同时拥有微机室3个，有微机161台，把初三年级的10个教室改造为10个大屏幕投影教室，在澂江县开创了多媒体进教室的历史先河，并开通远程教育信息网。这些硬件设施的配备，为学校素质教育迈向成功奠定坚实基础。

2000年学校晋升为省一级初级中学，连年来多次被评为文明单位，荣获多项荣誉，同时还是军民共建先进单位、云师大教学研究与实习基地。

1998、1999、2000、2001届毕业学生创下中考4连冠优异成绩；2004、2005届再创中考2连冠的记录；2008年，学校两名同学再夺全县中考成绩桂冠；2010年中考状元仍属澂江二中。

校　长　张云蛟

电　话：0877–6911261

地　址：澂江县凤麓镇环城北路　　邮编：652500

领导视察

开学典礼

校领导班子

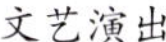
文艺演出

禁毒宣传活动

党员活动

环保小卫士签名活动

澂江县卫生局

局　长　田永华

局党总支书记　张宝川

局领导班子

澂江县卫生局是政府的职能部门，承担全县医疗救治、卫生监督、疾病预防、妇女儿童保健、爱国卫生运动、初级卫生保健及新型农村合作医疗管理的职能。内设办公室、业务综合科、爱国卫生运动委员会办公室、防治艾滋病工作领导小组办公室、初级卫生保健领导小组办公室和新型农村合作医疗管理委员会办公室。现有干部职工18人。

2010年，在县委、县政府的领导下，在上级卫生行政部门的指导和帮助下，全县医疗卫生单位围绕卫生事业发展目标，坚持“以农村为重点”和“预防为主”的工作方针，贯彻落实中共中央、国务院《关于深化医药卫生体制改革的决定》，全体干部职工团结协作，真抓实干，开拓创新，全面推进卫生改革与发展。全县农村卫生工作和公共卫生体系建设得到加强，城镇医疗卫生服务明显改善，传染病预防与控制，妇幼保健等工作健康发展，各项卫生事业呈现出良好的发展势头。

局　长：田永华
电　话：0877-6911182
地　址：澂江县凤麓镇迎春巷14号
邮　编：652500

卫生下乡活动启动仪式

警示教育

澂江县食品药品监督管理局

召开食品安全工作会并表彰先进个人

2010年，澂江县食品药品监督管理局从完善创建体系、健全工作机制入手，强化内部管理，全面实施“效能政府”四项制度，贯彻落实党风廉政责任制，深化机关文化建设，创新监管思维，转变观念，强化服务，促进企业提档升级；创新培训形式，高标准，严要求，扎实推进GSP再认证工作；创新监测机制，加强培训指导，三项监测工作取得重大突破；创新宣传方式，将食品药品安全常识送至万村千乡。整合监管资源，聘请11名食品药品协管员，33名信息员，建立覆盖城乡的食品药品安全群众监督网和信息网，建立健全监管机制体制，确保监管责任落实到位，突出重点，全力整顿和规范食品、药品市场秩序，切实保障澂江县人民群众饮食用药安全。取得全市8县1区食品药品安全监管考核第一名的好成绩，荣获澂江县2010年度党风廉政建设工作先进单位。

局　长：杨进书
电　话：0877-6910190
地　址：澂江县凤麓镇红枫路3号
邮　编：652500

聘任食品药品安全协管员、信息员

食品安全专项检查

违法药品广告整治　打击游医药贩

组织GSP认证培训

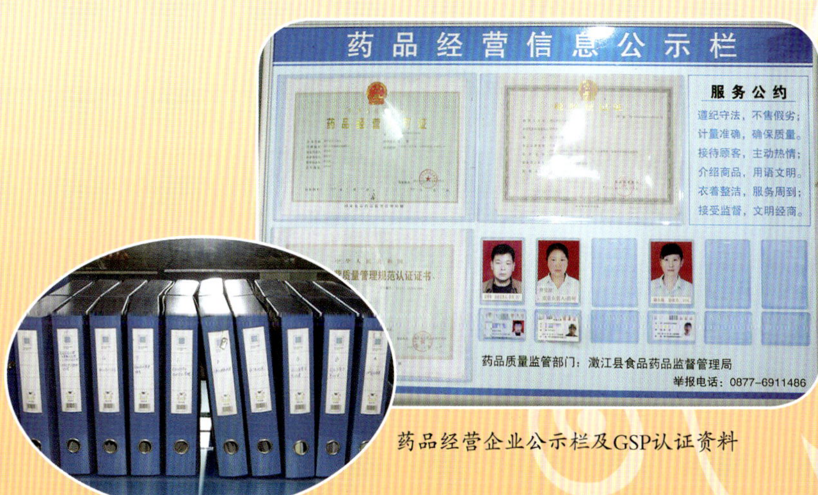

药品经营企业公示栏及GSP认证资料

《食品安全法》宣传活动

澂江县人民医院住院综合楼改扩建

住院综合楼改扩建工程奠基典礼

玉溪市发改委副主任李瑜琼视察住院综合楼改扩建工程项目工程进展情况

澂江县人民医院

澂江县人民医院始建于1951年8月，历经60年风雨历程，已发展壮大成为一所二级乙等医院。医院占地面积2.15平方米，房屋、设备总价值3399万元。现有在职员工253人（含45名合同工），临床科室12个，医技科室4个，开设病床214张，承担着全县17万人民群众的基本医疗服务和急诊救护任务。澂江县人民医院是昆明医学院成人教育学院、玉溪卫校的教学医院和普洱卫校、昆明骨伤科学校的实习医院。近年来，先后购置了美国AU5彩色B超、GElogiQ7多功能彩色B超、GE500 mA X光机、GE全身螺旋CT；日本富士能电子胃镜、奥林巴斯AU-400全自动生化分析仪；德国Darger麻醉机、STOY三晶片电视腹腔镜系统、西门子数字化X光机（DR）；体外冲击波碎石机、多参数心电中心工作站、中心供氧装置、层流手术室4间等万元以上设备400余台（套）。

医院在引进高端医疗设备的同时，更加注重人才培养，诊疗水平显著提高，各临床、医技科室为患者提供舒适的就医环境和优质的医疗服务，已能成功地开展普外、骨外、颅脑、妇产科、五官科等多种较复杂的手术以及微创泌尿外科、腹腔镜胆囊切除、超声乳化白内障复明手术等，每年手术1700余例。

提高医疗质量和技术水平是医院永恒的主题，医院全体人员将继续解放思想，推进科学发展，赢得更加灿烂的明天。

院　长：杜玉萍
电　话：0877—6911792
地　址：澂江县凤麓镇环城北路29号
邮　编：652500

副县长陈挺视察住院综合楼改扩建工程项目建设

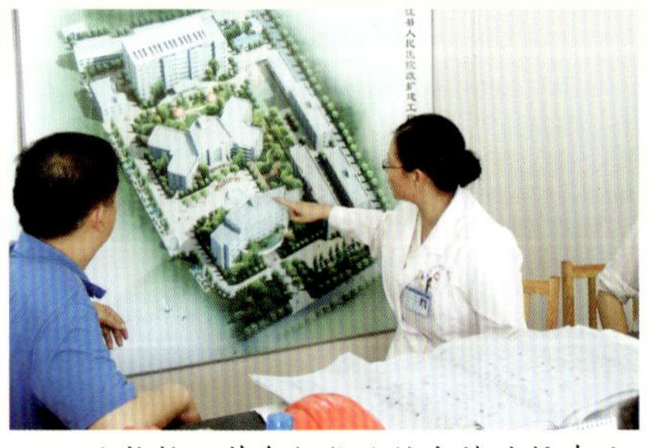

院长杜玉萍介绍住院综合楼改扩建后医院总体规划

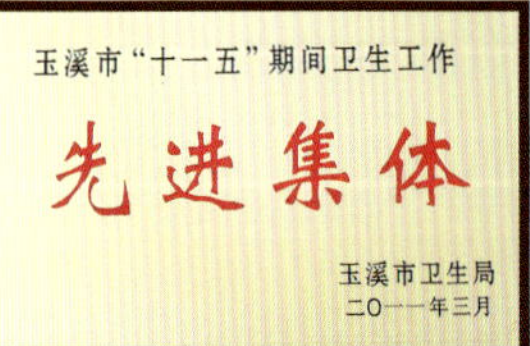

院长杜玉萍与中层干部签定责任书

日本奥林巴斯AU400全自动化分析仪

"迎建党·庆三八"文艺汇演荣获一等奖

院　长、党支部书记　张云飞

院领导班子

澂江县妇幼保健院

基层督导

澂江县妇幼保健院始创于1955年，1998年正式更名为澂江县妇幼保健院，是一所在妇女儿童领域中开展以保健服务、疾病治疗、科学研究为一体的具有保健特色的医疗机构。获“爱婴医院”和“一级甲等妇幼保健院”等称号。

截至2010年，全院有业务用房2604平方米，病床20张，在职职工39人，其中，卫生技术人员33人，占职工总数84.62%，副高以上职称3人，中职12人，初职18人。2010年，县妇幼保健院以《母婴保健法》为依据，以妇女儿童发展纲要为目标，加强基层网络建设，积极推行健康教育、保健服务、咨询指导、疾病诊治的服务模式，开展妇女保健、儿童保健、婚前保健和计划生育等服务。出生缺陷、5岁以下儿童死亡、孕产妇死亡“三网监测”工作；预防艾滋病母婴传播工作、农村孕产妇住院分娩补助项目工作、基本公共卫生服务项目0～36个月儿童保健和孕产妇保健服务稳步推进。

院长、党支部书记：张云飞
电　话：0877-6911163
地　址：澂江县凤麓镇仙湖路东9号
邮　编：652500

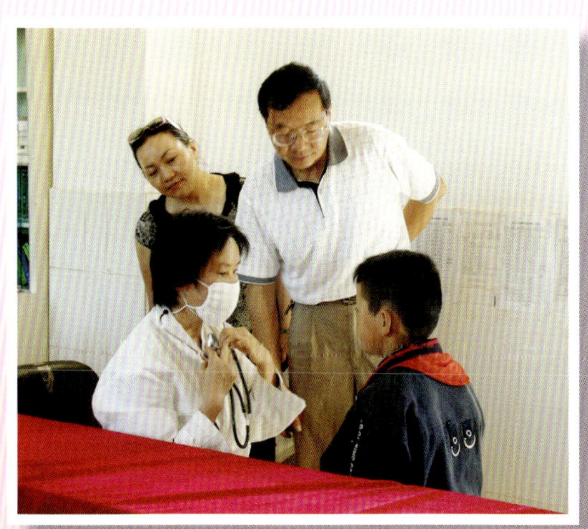
儿童体检

医疗办公楼

局长、经理、书记 杨 坤

公司领导班子

澂江县烟草专卖局（分公司）

澂江县烟草专卖局（分公司）成立于1984年，主要从事烟叶生产收购和卷烟经营。下设7个科室，11个烟叶工作站（点），现有员工128人，其中，在职职工89人，内退11人，退休28人。有大专以上学历63人，研究生学历4人，专业技术人才51人，职业技能人才15人，精于烤烟生产辅导员300人。

2010年，全县计划收购烟叶765万公斤，其中，指令性计划650万公斤，出口备货50万公斤，专项计划65万公斤。实际收购烟叶665.97万公斤，其中，指令性计划收购550.97万公斤，出口备货收购50万公斤，专项计划收购65万公斤，收购金额9650.87万元，上等烟比例51.58%，中等烟比例28.93%，下低等烟比例19.49%，均价14.49元。

2010年，全县销售卷烟7792箱，超计划892箱，超12.94%；单箱销售收入20314元，超计划2514元，超14.13%。其中，一类烟销售702箱，超计划208箱，超42.23%。

局长、经理、书记：杨 坤

电 话：0877-6911772
地 址：澂江县凤麓镇振兴路33号
邮 编：652500

公司领导为优秀零售户颁发奖金

宣传烟草专卖法律、法规

中国农业银行澂江支行

行　长　马金坤

2010年，农行澂江县支行紧扣省市分行年度工作会议精神，在市分行党委和县委、县政府的正确领导下，强化树立打造优秀大型上市银行办行理念，全面落实面向“三农”的市场定位，统筹兼顾，有效把握“改革、发展、控险”工作主题，迎难而上，进一步理顺机制，创新管理，全行业务经营、内控管理、队伍建设有了较大提升，较好地完成全年各项目标任务。

农行澂江县支行设三个对外营业机构，2010年末，有55名在职职工。各项存款余额为71833万元，其中，储蓄存款余额38027万元，对公存款余额33624万元。各项贷款余额为67611万元，其中，个人贷款余额7274万元。2010年，农行澂江县支行加大对“三农”和县域经济的支持力度，年内着重抓好三个贷款项目的落实：一、与就业局合作开办创业促就业贷款607户，发放贷款金额2889万元；二、与县妇联合作开办小额扶贫贷款125户，发放贷款金额300万元；三、惠农卡新增发卡8133张，授信102户。全年实现中间业务收入408万元，稳居同业首位。实现拨备后利润2628万元。

电　话：0877-6916696
地　址：澂江县凤麓镇凤翔路南4号
邮　编：652500

支行办公楼

庆祝中国农业银行A+H股成功同步上市

阳宗分理处

支行领导班子

网点文明标准服务导入

员工业务技能测试

支行仙湖分理处

自助设备服务区

澂江县农村信用合作联社

理事长　杨云福

澂江县农村信用合作联社是服务于“三农”和县域经济的地方性金融机构，前身是诞生于20世纪50年代初期的澂江县辖区内农村信用合作社，现已经历了60年的发展历程。

近年来，县农村信用社以科学发展观为指导，秉承“立足三农，服务城乡，支持中小企业，促进地方经济健康发展”的市场定位理念，全力组织实施“金农网”、“双基工程”、“服务创优工程”，全面提升农村信用社的服务水平和竞争能力。为支持“三农”发展，农村信用社充分满足农村经济多元化、个性化服务需求，不断创新信贷产品，先后推出了票据贴现、林权抵押贷款、小额扶贫贴息贷款、农户小额建房贷款、“贷免扶补”小额创业贷款等新产品。同时，以省联社科技为支撑，加大服务产品创新，先后推出了金碧一卡通、金碧惠农卡、贷记卡、公务卡和网上银行、手机银行、电话银行业务，全面拓宽了服务渠道，承办“惠农一折通”、新型农村养老保险、失地农民养老保险和农村合作医疗保险等多项“民生工程”金融服务。目前，全县农村信用社已成为服务产品丰富、服务功能全面、具有较强竞争力和可持续发展能力的地方性特色银行，在澂江经济社会发展中发挥更加重要的作用。

截至2010年末，全县农村信用社各项存款余额143980万元，各项贷款余额77537万元，存、贷款和涉农贷款规模均居全县金融机构首位，是澂江县支持“三农”发展的主力军和支持地方经济社会发展的重要金融力量。

今后，全县农村信用社将一如既往地坚持服务“三农”宗旨不动摇，坚持“诚信服务、合作共赢”的理念，竭诚为城乡各界提供高效优质服务，为和谐澂江建设作出积极贡献。

联社领导班子

消防安全演练

退休职工座谈会

县农村信用合作联社党总支换届选举大会

县农村信用合作联社第二届第二次社员代表大会

银行业“公众教育日”宣传活动

征信宣传

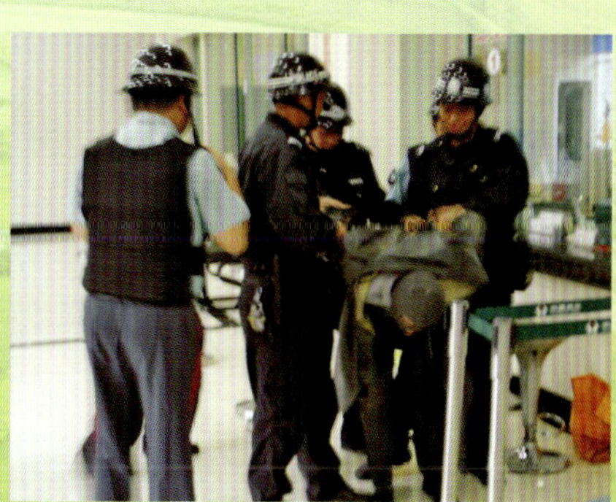
防抢劫演练

联系电话：0877-6685756
地　　址：澂江县凤麓镇仙湖路东30号
邮　　编：652500

公司领导班子：
左 起：副经理李文辉、刘峰、党支部书记刘勇、执行董事兼经理杨鸿明、副经理何体庆、工会主席曹晓东、总工程师缪晓东

澂江供电有限公司

云南电网公司巡视检查组到公司检查

公司领导班子到基层慰问

澂江供电有限公司始建于60年代，2001年6月，股改为澂江供电有限责任公司；2005年10月31日整体上划成为云南电网公司的全资子公司。公司设有办公室、财务部、人事部、生产技术部、安全监察部、营销部6个职能部门，设配电营业所、输变电管理所、调度所3个二级机构。现有在册正式员工123人，其中，本科39人、专科35人、中专7人、技校1人、高中13人、初中及以下27人。有专业技术人员65人。县境内有220千伏变电站1座，容量36万千伏安；110千伏变电站4座，容量38.3万千伏安；公司管辖35千伏变电站2座，容量2.6万千伏安；35千伏线路3条23.24千米，10千伏线路740.83千米；400伏线路958.15千米；配电变压器1212台，容量14.78万千伏安；资产总额9509.53万元。

2010年，澂江供电有限公司供、售电量均突破历史最好水平，完成供电量5.88亿千瓦时，同比增长42.49%；完成售电量5.76亿千瓦时，同比增长51.63%；综合线损2.06%，同比下降5.90个百分点；实现利润664.45万元；上缴税金819.71万元；供电可靠率城区99.747%，农村99.444 %；综合电压合格率98.18%。完成大修投资852.92万元，资本性支出1,527.05万元。

近年来，公司先后被云南电网公司授予“云南电网公司文明单位标兵”、“农电基础管理工作先进单位”、“线损四分管理先进单位”，被云南省委、省人民政府授予“云南省文明单位”，被南方电网公司授予“中国南方电网公司县级供电企业五项基础管理达标企业”等荣誉称号。5个供电所全部达到南网公司供电营业规范化服务示范窗口标准，档案管理达到国家五星级标准。

总经理：杨鸿明
电　话：0877—6916795
地　址：澂江县凤麓镇环城北路13号
邮　编：652500

公司执行董事兼经理杨鸿明、党支部书记刘勇听取亚运保供电电网运行情况介绍

公司领导为孩子们送上学习用品

14项基础管理达标初验会

35kV海口输变电工程开工典礼

抗旱小分队整装出发

公司档案五星级达标验收

中国移动云南公司澂江分公司

中国移动集团云南有限公司澂江分公司简称“中国移动云南公司澂江分公司”，隶属于中国移动通信集团云南有限公司玉溪分公司，公司为客户提供移动语音、数据、IP电话和多媒体业务以及彩信、彩铃、手机报等50余种个性化增值业务。2010年，手机视频、G3、手机电视等多元化业务的推出为客户架起全新沟通平台，引领精彩、高效的3G生活。公司以“正德厚生，臻于至善”的核心价值为指引，以做世界一流企业为目标，不断创新发展模式，提升客户价值，促进企业从优秀到卓越的新跨越。经过10余年的建设与发展，中国移动云南公司澂江分公司已建成一个覆盖范围广、通信质量高、业务品种丰富、服务水平一流的综合通信网络，网络规模和客户规模居全县第一，为澂江经济社会发展作出积极贡献。

送抽水机解决养白牛小学师生166人的饮用水问题

召开“农村移动信息富民工程”2010年总结表彰会，对18个村委会及先进个人进行表彰奖励。

开展送温暖活动，将棉被送到养白牛小学孩子们的手中

经　理：许　广
电　话：13988446918
地　址：澂江县凤麓镇凤翔路北1号
邮　编：652500

中国电信股份有限公司澂江分公司

经　理　孙天龙

中国电信股份有限公司澂江分公司隶属中国电信股份有限公司玉溪分公司，常年为客户提供固定电话、宽带互联网、天翼3G移动业务、IPTV数字电视、视频监控、全球眼以及数字中继电路出租、主机托管、商务领航等综合信息服务。公司秉承“用户至上，用心服务”工作理念，以全面创新、求真务实、以人为本的核心价值观为指引，追求企业价值与客户价值共同成长，让客户尽情享受信息新生活。

澂江电信分公司一直狠抓各项基础管理工作，积极探索，深化业务发展，坚定不移的以“全业务规模发展”为工作方向和目标，建立内外部“互为客户服务”的服务理念，加强学习与服务沟通，提高团队执行力，努力创造良好的生态环境，为澂江经济社会和信息化建设又好又快发展作出积极贡献。

电　话：0877-6685713

地　址：澂江县凤麓镇仙湖路70号

邮　编：652500

澂江县第五届（2010年—2012年）

文明单位

中共澂江县委
澂江县人民政府
二〇一〇年一月

文明行业

中共云南省委
云南省人民政府
二〇一〇年九月

云南澂江恺达塑胶有限公司

授予：澄江恺达塑胶有限公司
（2006-2007年度）
“守合同、重信用”企业
澄江县人民政府
二〇〇八年七月

2009年度云南省银行业
守信用客户
云南省银行业协会

云南省塑料行业协会
会员单位
二〇〇九年七月

云南澂江恺达塑胶有限公司是集设计、研发、生产、销售和技术服务为一体的高新技术企业，是云南省内规模最大的生产各种口径（ϕ20mm—ϕ1600mm）高密度聚乙烯供水管道、燃气管道、双壁波纹排水管道（ϕ200mm—ϕ1600mm）、矿砂输送管道、PP—R 管（ϕ20mm—ϕ110mm）的专业公司。公司坐落于滇中明珠抚仙湖畔，投资8000余万元，占地40000平方米，布局合理，环境优美、交通便利。公司以“一流技术、一流管理、一流品牌、一流服务”为企业宗旨，力创名优品牌。

公司秉持以人为本理念，科学管理，严格按照 ISO9001：2000 质量管理体系要求，建立了以“6S”为中心的生产现场管理系统和严格的成品检测程序，有力保证产品的高质量和高品位。

公司坚持“科学管理、质量第一、优质高效、争创名牌”的质量方针，坚持“求真务实、开拓创新、优质高效、用户第一”的企业精神，竭诚为中国的塑料管道发展和环保事业的进步做出积极贡献。

2010 年，为满足市场需求，公司新建 36000 吨 / 年的直缝管道、螺旋管道（ϕ15mm—ϕ1600mm）项目，生产和安装技术得到比利时、澳大利亚、瑞士、德国、芬兰等国专家的有力支持。热忱欢迎各界朋友来公司参观指导。

董事长：任树平
电　话：0877-6767588
地　址：澂江县龙街镇飞机场轻工业园区
邮　编：652500

恺达塑胶

“HDPE”双壁波纹排水管

生产车间

“HDPE”供水管

厂区环境

钢带管

生产车间

澂江县磷化工华业有限责任公司

董事长　业润东

污水循环池

澂江县磷化工华业有限责任公司地处磷矿资源丰富的澂江县东郊，距昆明60余公里，是中国外经贸部批准的享有进出口权的私营企业。

公司以“科技兴企，团结奉献，全抓共管，确保产品质量，服务质量更好”为方针，以“选精料，促精制，出精品，拿金奖，赢得（上帝）衣食父母放心满意”为目标，开展各项经营活动。经过5年的努力，被评为云南省百强企业及玉溪市私营企业五十强。2000年10月，经云南评审中心认证、考核，取得ISO9002质量体系认证证书。

2010年，公司已拥有相当规模的磷矿储备，4.5亿元的资产总值，研发出黄磷、工业磷酸、低砷磷酸、食品磷酸、三聚磷酸钠等磷系列产品及磷酸包装桶等。拥有年产黄磷3万吨、磷酸10万吨、三聚磷酸钠3万吨、磷酸包装桶150万只的生产规模。产品远销20余个国家和地区。公司生产的食品级和工业级磷酸品质已达到欧美国家使用标准。成为“采矿—生产—包装—销售—出口”一条龙企业。

“诚实守信，平等互惠”是公司的承诺。公司设备技术先进、产品优良，信誉可靠。诚邀有识之士，真诚合作，共同谱写创业的华章。

董事长：业润东
总经理：文　光
厂　址：澂江县九村镇东溪哨工业园区
电　话：0877—6717056
邮　编：652500

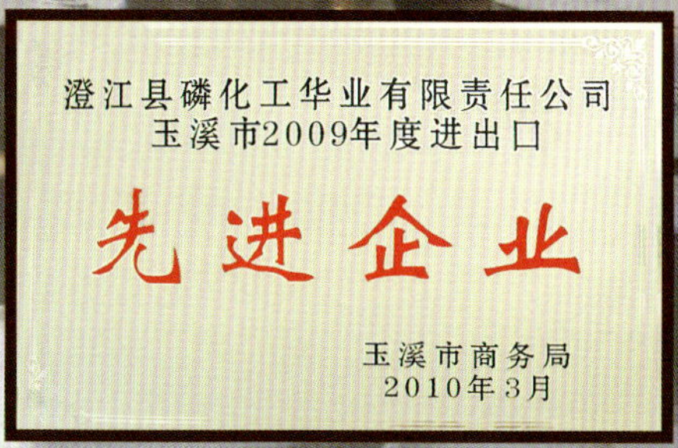

玉溪市优强企业
中共玉溪市委
玉溪市人民政府
二〇〇六年十二月

云南省著名商标
商标注册人：澄江县磷化工华业有限责任公司
使用商品（服务）：磷，磷酸
2008年11月-2011年11月
云南省工商行政管理局
二〇〇八年十一月

澄江县磷化工华业有限责任公司
玉溪市2009年度进出口
先进企业
玉溪市商务局
2010年3月

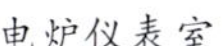
电炉仪表室

布袋收尘器

电　极

黄磷尾气综合利用项目

云南澂江华荣水泥有限责任公司

法人代表　业润彬

云南澂江华荣水泥有限责任公司占地面积约13.3公顷，距澂江县城约9公里，距抚仙湖最近直线距离为12公里，距澂阳公路2公里，隶属澂江县华业集团。

云南澂江华荣水泥有限责任公司，原名澂江县水泥厂，始建于1977年，当时属县办集体企业。2003年经县委、县政府批准企业整体改制为民营企业，澂江县华业公司按照现代企业制度的要求，对改制后的澂江县云珠建工开发有限集团进行收购、重组成立澂江县磷化工华业有限责任公司水泥厂。2007年，华业公司根据国家《水泥工业产业发展政策》、《水泥工业发展专项规划》和省市水泥产业政策要求，决定淘汰现有10万吨机立窑，实施异地技改，投资建设2×2000吨/天新型干法熟料水泥生产线。该水泥生产线采用世界先进的新型干法五级旋风预热炉分解水泥生产工艺，以降低环境污染物排放量、综合利用工业废渣、提高当地环境质量和企业综合效益为目的，以先进的旋窑生产工艺代替原有生产方式，实现产业技术的更新换代。项目总投资4.5亿元，工程于2007年6月28日破土动工建设，第一期2000吨/天新型干法水泥熟料生产线于2009年3月8日竣工，第二期2000吨/天新型干法水泥熟料生产线于2010年12月8日竣工，试生产一次成功，生产装置运行正常平稳，产品的产量、质量均达到设计要求，日产熟料4000吨，年产熟料1200万吨，年产水泥1600万吨，生产的“明珠牌”水泥得到广大用户的认可和好评，已形成辐射澂江、昆明、玉溪及周边地区一套完美的营销网络，产销率达100%，出厂水泥合格率100%，富裕强度合格率100%，主要产品品种：“明珠牌”普通硅酸盐水泥32.5级、42.5级、52.5级。包装、散装均有销售。

公司管理经营方针

科技兴企，团结奉献，全抓共管，确保产品质量和服务质量更好；

选精料，促精制，出精品，拿金奖，赢得（上帝）衣食父母放心满意。

公司管理目标

生产过程严格执行各项质量法律法规，国家行标准和《水泥企业质量管理规程》要求；

顾客满意度≥95%；

较大安全事故为零；

环保不达标排放为零。

优质求信誉 名牌创效益 创新促发展 追求无止境

公司经营宗旨

诚实守信，平等互惠；

诚迎有识之士，广交天下朋友，真诚合作，共同谱写创业华章。

董事长：业润东
法定代表人：业润彬
总经理：文　光
电　话：0877-6717288
地　址：澂江县九村镇东溪哨工业园区
邮　编：652500

化验自动化中控楼

点火仪式

生料配料

新型干法旋窑烧成车间

水泥粉磨系统

水泥成品

澂江磷化工金龙有限责任公司

总经理　李金平

澂江磷化工金龙有限责任公司距昆明市62公里，距昆明火车货运站50公里，交通、通讯极为便利。成立于1996年3月，1997年7月正式建成2×3000吨/年黄磷生产线，经过几年的发展，公司培养了一批懂技术、善经营、重管理和有开拓性的管理人员，锻炼了一批有文化、有专业知识、技术水平高的职工队伍，黄磷生产装置均超过设计能力，产品质量保持全国同行业前列。

通过新建、技改，现总产能达到2.2万吨/年，公司已达到符合国家标准环保、节能、减排的要求，公司现拥有职工180余人，技术管理人员30余人，固定资产11939万元，因受电量影响，2010年生产产量11942吨，实现销售收入12881万元，利税600余万元。

公司树立"以质量求生存、以信誉求发展"的经营方针，2002年通过中国质量管理体系ISO9001—2000质量认证，产品质量一直保持同行业先进行列，2002年经国家外经贸局批准享有自营进出口权，获得国家进出口企业资格证书，2003年被市政府评为"五十强私营企业"，2004年全市企业合同评比，被评为"重合同、守信用"企业，2005年被云南省银行业协会评为A级信用单位。产品质量优于国家标准，受国内外客户青睐，客户稳定，销售资金回收率达100%。

电　话：0877-6919122

地　址：澂江县东溪哨工业园区

邮　编：652500

厂区大门

磷酸厂主厂房

办公楼

配电室

磷酸厂区

澂江县藕粉厂

澂江县藕粉厂建于1986年，2000年改制为股份合作制企业，总资产1120万元，占地面积3199平方米，有现代化加工厂房2500平方米，年生产2000吨纯藕粉的自动化生产线1条，从业人员160人。生产“仙湖牌”藕粉共5大系列20余个品种，产品采用高科技和独特传统生产工艺精制而成，清香速溶，质量高，营养丰富，纯天然无污染，实用方便，包装精美，深受消费者喜爱。产品多次荣获殊荣，2005、2008年被省政府认定为首批“云南省著名商标”，2008年通过QS食品安全认证。

法人代表：张德元

电　　话：13187737867

厂　　址：云南省澂江县凤麓镇仙湖路西25号

邮　　编：652500